勞工法系列

就業安全法
理論與實務 增訂3版

楊通軒 著

五南圖書出版公司 印行

三版序

　　本書在2017年9月二版一刷，距今已近三年，其間，配合著我國勞動市場的轉變，就業安全的相關法規也有新增或修正者，尤其是集中在就業服務法的部分。本書此次修正，納入中高齡者及高齡者就業促進法、外國專業人才延攬及僱用法、就業保險促進就業實施辦法、就業促進津貼實施辦法等法規，並且檢視臧否中央勞政機關的函釋。環視我國及一些國家在2019年底、2020年初爆發武漢肺炎（新冠肺炎），其對於勞動市場產生相當大的影響。其他國家為因應此一嚴峻的情勢，多有著重於就業安全的手段者，例如德國修法放寬彈性申請失業給付及其他給付的方式、延長或提高失業給付或縮短工時津貼的額度，此應可以提供我國參考之用。

楊通軒

國立中正大學研究室
嘉義縣民雄鄉
2020年7月23日

二版序

　　本書在2012年1月初版一刷，距今已四年有餘，其間，配合行政組織的再造，中央勞政機關在2014年2月已經從行政院勞工委員會改制為勞動部，其所屬職業訓練局也改制為勞動力發展署，組織架構並也有所調整。勞工保險局的改制相對較小，勞工保險監理委員會則裁併至勞動部。而在六都成立後，原本中央集權的就業安全思想與規定，也逐漸納入權限均分與職責共享的觀念，透過委託或委辦逐步加以實踐。並且，就業服務法第33條之1授權就業服務及促進就業的功能也逐步發揮。再觀規範就業安全的三個主要法律（就業服務法、就業保險法、職業訓練法），以及其相關子法也都有一些重要修正，中央勞政機關的計畫、方案及函釋也不斷推陳出新。因此，本書的內容自然有必要加以檢視及更新。

楊通軒

國立中正大學研究室
嘉義縣民雄鄉
2017年7月28日

序

　　隨著僱用結構的改變，傳統的正常僱傭關係已然起了變化，所謂的全時的、長期的僱用，多有轉為部分時間、定期的或臨時的工作者。再加上彈性化的運用，假象的自營作業者興起，侵蝕或掉出僱傭關係的結果，使得早年工作即生活的觀念，逐漸地被現實所動搖。有工作者，常迴瀾夢醒於工作貧窮（working poor）中；沒有工作的人，則是苦於不斷拉長的待業期間。青少年失業率的高漲、中高齡勞工的被解僱惡夢、長期失業者的居高不下，使得失業率的問題一直都是個燙手山芋，也是個頭號的政治問題。

　　現代國家講求積極的促進就業政策，鼓勵並要求失業者或求職者要積極、主動地找尋工作，而不只是消極地領取失業給付或失業保險金。從失業給付、就業服務到職業訓練，一個整合性的就業政策於焉到來。此其中，必須要有理論建構、一個現代化的就業服務及職業訓練體系、企業內訓的責任思想，以及擁有工作意願的失業者或求職者。因此，我們要問：現行就業安全法制的理論依據為何？就業保險與社會救助有無整合的必要或空間？公立就業服務及職業訓練機構是否符合現代化結構的要求？對於非典型工作高度發展的現象（尤其是派遣勞動），中央主管機關有何對策與良方？

　　我們知道，國際社會人才爭奪戰日益激烈，既要好好培養自己國人成為領導階層，避免被他國挖角。另一方面，也要挖空心思巧取豪奪他國的人才。所以，對內要勵行終身學習、繼續訓練，對外要吸引他國年輕學子及專業人才前來，閉關自守已不符合時代，能夠順應時勢，才能再領風騷，才能使失業的人民「拔諸水火，而登於衽席之上」。此正如晁錯〈論貴粟疏〉所言：「聖王在上而民不凍饑者，非能耕而食之，織而依之也，

為開其資財之道也。」就勞工主管機關而言,就正在為人民創造就業機會。末了,此書的完成,仍然希望達到《易經》所曰:「鳴鶴在陰,其子和之。」;《詩經》所云:「鶴鳴於九皋,聲聞于天」的迴響。果能如此,清遠閑放如野鶴,應該是不在遠了。

楊通軒

台北市、北投

2011年8月30日

目 錄

第 3 編　就業服務法制

第 4 編　職業訓練法制

第 1 編

基礎理論／基本問題

第一章｜就業安全法之內容、機關設計及與勞動市場安全之關係

第一節　就業安全法之內容與連結

壹、概說

如以整體的社會安全法觀之，就業安全法規僅係其中一環而已。如以社會保險法係社會安全制度的核心措施而論，就業保險法（以下或有簡稱就保法）當是居於就業安全制度的樞紐位置。就我國實定法觀之，憲法第十三章（基本國策）第四節係唯一明定「社會安全」（第152條～第157條）的規範所在[1]。雖有認為憲法增修條文第10條第8項也屬社會安全條款，惟其並未出現「社會安全」的用語。上述憲法及憲法增修條文有關社會安全的規定，也被司法院大法官會議解釋所肯認及引用，使得社會安全制度成為我國民主社會主義[2]或福利國家不可動搖的一部分[3]。依據司法院大法官會議解釋，勞工保險係國家為實現憲法第153條保護勞工及第155條、憲法增修條文第10條第8項實施社會保險制度之基本國策而建立之社會安全措施。……（修正前）勞工保險條例（以下或有簡稱勞保條例）第27條規定，「被保險人之養子女，其收養登記在保險事故發生時未滿六個月者，不得享有領取保險給付之權利。」固有推行社會安

---

[1] 或者說，基本國策「社會安全」的專節及幾個條文的規定，是社會安全權利的具體實踐。同說，陳新民，論「社會基本權利」，人文及社會科學集刊，第1卷第1集，1988年11月，頁200。

[2] 柯木興，社會保險，2007年，頁21；姚蘊慧，民主社會主義與福利資本主義之緣起與實踐—意識型態與國家發展觀點之分析，國立政治大學中山人文社會科學院博士論文，1999年5月，頁3以下。所謂民主社會主義，是指採取民主議會路線的社會主義，與社會民主主義是採取社會主義的路線的民主體制，尚有不同。依本書所見，中華民國憲法前言及第1條，均為民主社會主義的具體表現。在民主社會主義之下，承認市場經濟與私有制，以財富再分配手段推動社會保險、全民福利等政策，承認工業或產業民主，並且採取中央與地方因地制宜的彈性權力分配。

[3] 在解釋理由書中，大法官進一步說明：勞工保險係國家為實現憲法第153條保護勞工及第155條、憲法增修條文第10條第8項實施社會保險制度之基本國策而建立之社會福利措施，為社會保險之一種，旨在保障勞工生活，促進社會安全。

全暨防止詐領保險給付之意[4]……。並依前述解釋意旨就遺屬津貼等保險給付及與此相關事項，參酌有關國際勞工公約及社會安全如年金制度等通盤檢討設計（釋字第549號）。繼而，大法官會議在未引用憲法條文及憲法增修條文的情況下，直接認為勞工保險乃立法機關本於憲法保護勞工、實施社會保險之基本國策所建立之社會福利制度[5]，旨在保障勞工生活安定、促進社會安全[6]。喪葬津貼之規定……，自有別於一般以被保險人本人發生保險事故之給付，兼具社會扶助之性質，應視發生保險事故者是否屬社會安全制度所欲保障之範圍決定之。……限制其不得請領喪葬津貼，係為社會安全之考量所為之特別規定，屬立法裁量範圍，與憲法第7條、第15條規定意旨向無違背（釋字第560號）。

從上述大法官會議解釋，可知其確認憲法第十三章第四節「社會安全」（第152～157條）及憲法增修條文第10條第8項社會安全條款的基本國策，具有憲法保障的位階。勞工保險屬於社會保險制度或社會福利制度的一環，並且為社會安全制度或社會安全措施的主要內涵。社會安全制度除了年金制度外，尚有其他的制度有待於立法者參酌有關國際勞工公約後通盤檢討設計。針對社會安全制度所欲保障之範圍及對象（例如是否包含外國籍人士），立法者基於立法裁量權，得為社會安全之考量而做特別規定[7]。

其實，雖然各界對於社會安全的意義或概念的看法不盡一致，對於社會安全制度所應該涵蓋的制度或保障也有所差異。但是，社會安全的出現係為確保人民的生存權（憲法第15條）卻是無疑的。社會安全與生存權間具有相當密切之關係[8]。也就是說，透過國家或適當組織的力量，對於生活貧困或有特定危險事故及厄運者，提供適當的、最低生活的安全保障，其具有尊重人權的重大意義。為達到此一確保生存權的目的，各國大多透過社會保險、社會救助及福利服務的手段為之[9]。

如從生存權的保障觀之，則不惟各式各樣的社會保險，連為數眾多的勞

---

[4] 由此表達，可知勞工保險與道德危險間的關係。

[5] 由此表達，可知年金制度為社會安全制度的內涵之一。

[6] 此一解釋主文，用語近似於第549號的解釋理由書。差別點除了未引用憲法及憲法增修條文外，此處是使用「社會福利制度」，第549號的解釋理由書則是使用「社會福利措施」。

[7] 例如依據就業保險法第5條規定，其適用對象並不包括外國籍勞工。這表示外國籍人士在我國的社會安全權利，並不完全受到保障。

[8] 林紀東，中華民國憲法逐條釋義（一），1998年，頁243。

[9] 柯木興，前揭書，頁23。

動保護法令均屬之，甚至連勞資關係的和諧、勞工參與或產業民主、社會對話（勞資合作原則）均可納入其中。而這正是我國憲法第十三章（基本國策）第四節「社會安全」（第152～157條）的規範方式，也就是一種廣義的社會安全制度。司法院大法官會議釋字第422號即是從生存權保障的角度，引用憲法第15條及第153條規定，認為耕地三七五減租條例屬於憲法所稱保護農民之法律，其第19條第1項第3款規定，出租人因收回耕地，違反耕地三七五減租條例係為改善租佃制度，安定農村社會的宗旨[10]。只不過，此種廣義的社會安全制度的立法方式，與國際上及學者間大多採取狹義的社會安全定義者殊異[11]。也就是說，廣義的社會安全制度中的勞動保護、勞工參與及財產保障，固然均在確保勞工的生存，也與社會（基本）權同義[12]，但是，卻與狹義的社會安全僅侷限於社會保險、社會補償及社會救助者不同。

　　所以，依據狹義的或嚴格意義的社會安全定義或概念，社會安全制度係指一種提供人民由生到死，在面對疾病、傷害、失能／殘廢、老年、死亡[13]、職業災害、失業、照護需求、家庭過度負擔、貧窮等各種社會風險時，給予社會保障以免於貧乏、恐懼而維護人性尊嚴的社會機制[14]。其主要係透過國家的力量，給予人民最低生活的安全，此具有相當經濟性的意義，保障人民的生存權，落實人權的價值與要求。

　　就憲法第十三章第四節憲法體系中的位置觀之，其係在第三節「國民經濟」（第142～151條）之後，隱含著節制私人資本之用意（第145條第1項），也是憲法第142條「民生主義」的具體實踐。如再回顧我國憲法第十三章（基本國策）第四節「社會安全」（第152～157條）的制定與施行，其實與國際間社會安全思想的興起及社會安全制度的推動，有併肩駢步的態勢。一般認為美國國會1935年所通過的社會安全法案（Social Security Act），係社會安全名詞的由來。惟社會安全思想的提出及推動，已在第二次世界大戰後，1941年

---

[10]　另一方面，司法院大法官會議解釋第549號及560號解釋均未引用憲法第15條的生存權作為解釋依據。

[11]　柯木興，前揭書，頁24；郭明政，社會憲法—社會安全制度的憲法規範，收錄於蘇永欽主編，部門憲法，2006年，頁342以下。

[12]　依據許慶雄的見解，社會權包括生存權、環境權、學習權、工作權、勞工基本權等與國民社會經濟生存有密切關係的人權。許慶雄，社會權論，1992年，頁13。

[13]　惟此一因面對死亡風險而須要受到社會保險適用之人，究竟要多廣？是否包括未受被保險人扶養之兄弟姐妹？我國勞保條例第條63條第2項五（二）持否定的態度。

[14]　柯木興，前揭書，頁24以下；郭明政，社會安全制度與社會法，1997年，頁98以下。

大西洋憲章、1942年英國貝佛里奇報告書、1944年費城宣言、1948年世界人權宣言都有與社會安全保障相關的規定。台灣在2009年3月31日以條約案通過、並自2009年12月10日施行兩公約，其中的經濟社會文化權利公約（International Convent on Economic, Social and Cultural Rights, ICESCR）第9條，亦明確規定，「本公約締約國人民享有社會安全的權利，包括社會保險」[15]。

　　上述狹義的或嚴格意義的社會安全制度，即為國際勞工組織（International Labor Organization, ILO）1952年所通過之第102號有關社會安全之公約（社會安全最低基準公約）所採。依之，社會安全應包括傷病、生育、職業災害、失業、殘廢、老年及死亡、以及醫療等給付。同樣的內涵，亦見之於歐盟1408/71命令之第4條規定[16]。至於德國社會法典所規定之社會安全之種類，其對象似乎並未較廣，只是設計更為精緻（例如第二部基本生活保險、第八部兒童及青少年救助）及更為具體化（例如第十一部社會的照護保險）而已，另外，第十部社會行政程序也提供程序法上的保障。值得一提的是，德國1969年公布施行之僱用促進法（Beschäftigungsförderungsgesetz, BFG），將職業訓練、職業介紹／推介就業及失業保險一併規定於該法中，以求就業安全制度的落實，僱用促進法在1997年被修正為社會法典第三部，立法者更進一步將其內容擴充成為就業促進法（Arbetisförderungsgesetz, AFG）（或稱就業保險法）[17]。其兩大任務分別為「工作機會之改進」及「失業之防止」，尤其要防免永久性失業的形成[18]。類似德國作法者，例如加拿大1996年之就業保險法，以之取代1940年之失業保險法。

　　如前所述，就業安全制度只是社會安全制度的一環，就業安全法規也是社會安全法規的一部分。或者說社會安全制度中的部分制度或規範（例如社會

---

[15]　至於公民與政治權利公約（International Convent on Civil and Political Rights, ICCPR）則未對社會安全有具體規範，而只就生存權有所規定。

[16]　相關內容，請參閱楊通軒，歐洲聯盟勞工法律之研究，中原財經法學，第7期，2001年12月，頁174、190；氏著，歐洲聯盟勞動派遣法制之研究—兼論德國之勞動派遣法制，中原財經法學，第10期，2003年6月，頁9以下。1408／71命令後來被2004年4月29日的VO Nr. 883／2004命令（協調社會安全制度命令）所取代。另請參閱Gregor Thüsing, Europäisches Arbeitsrecht, 2. Aufl., 2011, 66. Rn. 77, 78.

[17]　2008年1月1日開始施行的中華人民共和國就業促進法，亦內含了就業服務、職業培訓及失業保險的規定，只是，相較於就業服務及職業培訓，在該法中，中國全國人民代表大會常務委員會對於失業保險制度的規定，不論是量的或質的規定，都相對的不足。

[18]　鍾秉正，社會保險法論，2012年，頁183。

救助法），亦適用於就業安全制度，形成前後運用或彼此互補的地位[19]。至於就業安全制度中，主要也是以失業保險為核心手段。所以，就業保險也必須符合社會保險的一般目標，發揮所得重分配及安全保障的功能[20]。亦即，一般認為所得維持（income maintenance）為達成經濟安全的關鍵因素，就業保險也在追求此一目標。為達到此一目標，原則上就業保險也是採取強制加保原則。因此，如從廣義的就業安全制度角度觀之[21]，則我國憲法第十三章（基本國策）第四節「社會安全」（第152～157條）的諸多規定，亦可適用於就業安全，例如第152條之充分就業、第153條制定保護保護勞工之法律、第154條勞資雙方協調合作原則、第155條社會保險制度之實施及適當之扶助與救濟、甚至第156條婦女兒童福利政策[22]等。另外，憲法增修條文第10條第8項基本國策中，也明定「國家應重視社會救助、福利服務、國民就業、社會保險等社會福利工作，對於社會救助和國民就業等救濟性支出應優先編列」。

　　只是，如從學者的或國際上所持的狹義的社會安全制度的保障種類觀之，僅有「失業」一項與就業安全有關，也就是說，經由提供失業保險以對抗失業的危險。在此，僅是在確保所得中斷的生活來源（所得／財富重分配的功能），即失業給付（失業保險給付）及失業救助（或社會救助）而已，並不包括職業訓練及就業服務。惟此種只專注於失業給付（失業保險給付）及失業救助（或社會救助）的就業安全，應該是早期消極性失業給付思想的時代，與目前強調失業給付的積極性功能或就業安全是在促進工作安全的思想並不相符。現代意義與精神的就業安全制度，除了提供失業的最低生活安全外，尤其在減少失業的風險，為此，功能健全及全方位的職業訓練（第二專長訓練、繼續訓練、終身學習）及能洞燭機先、跳脫窠臼的就業服務，即是其必要的支柱，也就是就業安全的必然要素[23]。從憲法釋義學的角度看，無論憲法第15條之工

---

[19]　具體的例子是，當一位失業勞工請領失業給付後，如長期未能就業，則在具備其他要件下，即會成為社會救助法的適用對象。中華民國憲法增修條文第10條第8項之基本國策，即規定「社會救助和國民就業（有關之）救濟性支出應優先編列」。

[20]　就業保險也與勞工保險一樣，會面臨道德危險（moral hazard）的問題，包括勞工選擇職業時的考慮因素（職業、地區及雇主等）、以及失業時的延緩求職意願（繼續坐享失業給付）。所以，有些國家在失業給付的設計上，會較傷病給付來得少。

[21]　相較於狹義的就業安全包括就業服務、職業訓練、就業保險三者，論者有謂加上「職場安全」，即為廣義的就業安全者。

[22]　例如勞動基準法第44條以下之童工、女工保護，性別工作平等法之女工保障規定、以及就業保險法之育嬰留職停薪津貼之規定，均為憲法第156條的具體表現。

[23]　論者中也有認為就業安全制度包括就業服務、職業訓練及失業保險三部分，其中，「以職業

作權或第152條之充分就業，實際上已隱含經由提供職業訓練及就業服務的手段，以達到幾近零失業的勞動市場的憲法構思。所以，在立法者接受憲法委託或按照制度性保障理論[24]，制定就業服務法（以下或有簡稱就服法）、職業訓練法（以下或有簡稱職訓法）、就業保險法及其他相關法規的情況下，人民即得據之向國家主張各種權利，但非謂人民有向國家請求提供工作位置的權利[25]。

　　上述失業給付與職業訓練及就業服務的緊密結合，均在於促進就業及提升企業競爭力。就業服務法第三章「促進就業」（第21條～第33條之1），除了將就業服務與職業訓練結合規定外，也有針對特定人員僱用的獎助或補助措施。這表示，如何提高雇主的僱用及留用意願，也是促進就業所必須面對的問題。由此可知，就業保險或就業安全制度顯然與勞動市場及就業政策息息相關。健全的勞動市場及就業政策，可以減少非自願性失業及磨擦性失業的產生[26]。所以說，欠缺規劃完善及劍及履及的勞動市場及就業政策，就業保險將無法竟其全功。具體的做法，則是在產業政策或促進產業發展的法規中，納入促進就業的規定，例如在產業創新條例中，補助中小企業增僱員工，創造就業機會（第11條）。又例如依據中小企業發展條例第36條之2規定，為因應國際經濟情勢變化，促進國內中小企業投資意願及提升國內就業率，經濟景氣指數達一定情形下，新投資創立或增資擴展之中小企業達一定投資額，增僱一定人數之員工且提高該企業整體薪資給付總額時，得就其每年增僱本國籍員工所支付薪資金額之百分之一百三十限度內，自其增僱當年度營利事業所得額中減除（第1項）。前項員工年齡在二十四歲以下者，得就每年增僱本國籍員工支付薪資金額之百分之一百五十限度內，自其增僱當年度營利事業所得額中減除

　　訓練為主軸」、職業訓練居於最重要的一環。李允傑、郭振昌、吳俊明，就業安全制度，2012年，頁1以下；陳麗卿，我國委外職業訓練制度之研究，國立中正大學勞工關係學系碩士論文，2014年7月，頁12。

[24] 李玉君，論就業安全之社會基本權，勞動基本權學術研討會論文集，2004年10月14日、15日，頁539以下。

[25] 我國學者間多引用德國用語「主觀的公權利」（subjektiv-öffentliche Rechte）。請參閱李玉君，前揭文，頁537註腳27；陳新民，前揭文，頁115以下。

[26] 既然失業並非勞工個人生理上的事故或主觀意願可以掌握，而是社會及經濟結構所造成的事故，即會產生保險費不應由勞工負擔，而應如職業災害保險般，由雇主獨自負擔保費的主張。只不過，這裡會出現另一個問題：雇主對於社會及經濟結構所造成的事故，是否即能掌握或者主導轉向？

（第2項）。

　　吾人如環顧台灣的就業安全法制，針對憲法第15條之工作權、憲法第十三章第四節（第152～157條）、以及憲法增修條文第10條第8項中有關就業安全的部分，無論是採取憲法委託或制度性保障理論，上述憲法條文之概括性或抽象性規定，早已經立法者制定職業訓練法（1983年12月5日公布施行）、就業服務法（1992年5月8日公布施行）及就業保險法（2002年5月15日公布施行），完成積極促進就業法規的建構。因此，立法怠惰並不存在於我國。惟如為使就業保險之失業給付、推介就業及職業訓練發揮更大的成效，則除了把握勞動市場及產業環境的現狀，立法者如何與時俱進地細膩化、精緻化法律規定[27]，中央及地方勞政機關如何在配合新的方案、計畫下，有效地推動、促進就業的法規與政策，才是我國就業安全制度所面對的問題。只是，本書以為組織完善且有效率的職司就業安全制度的行政機關，實是居於關鍵的地位，而這是中央勞政機關在組織改造時，所應該立法或修法解決的。當然，面對著我國政治結構及生態的改變，如何重組或調整中央與地方勞政機關的權責劃分，包括分工、或授權、或委託（辦），也攸關推動就業安全制度的成敗或良窳。

　　綜上之說明，在台灣，有必要將職業訓練、職業介紹及失業保險一體規定，以樹立一個「整合性就業政策」，即政府應體認到唯有將三者緊密地結合在一起，始能發揮促進失業者迅速進入或回到就業市場之目的[28]。如以失業保險而言，應將之與充分就業政策配合，而非僅將之作為給予失業給付之福利制度，以防免被保險人因投機因素所產生的道德危險[29]。故應以其就業保險基金（必要時伴隨著就業安定基金）協助（包括以各種計畫或方案呈現之）就業服務、職業訓練，以收預防及抑止失業之效。如以職業訓練而言，則應課（尤其是公立）訓練機構負起職業介紹之責任，以免受訓者仍然徘徊於失業之林。總的來說，我國就業安全法規已涵蓋職業訓練法、就業服務法及就業保險法，以求完全發揮促進就業之目的。近年來，因應著2008年下半年世界金融風暴，我國不僅加強各種與職業訓練有關方案或計畫的推動，更是增訂了就業保險法的

---

[27]　必要時，可能要考慮「還要立什麼法？」以補充現時法規的不足。

[28]　至於在實務的作法上，公立就業服務機構先後採取「三合一就業服務模式」及「就業服務一案到底模式」。前者，早在1999年開辦勞工保險失業給付辦法之際，即已開始採行，之後在2003年就業保險法施行時，予以強化辦理。後者，則是在2012年11月全面推動施行。

[29]　就此看來，就業保險法第27條之回覆卡、第29條之失業再認定、第30條之二次以上求職紀錄，均是在減少投機因素，要求被保險人本身盡力結束失業狀態，具有其正當性與必要性。

相關子法，企圖將三者更加緊密連結，以求發揮實效。而在2019年底、2020年初爆發武漢肺炎（新冠肺炎）後，中央勞政機關並且推出「勞動部因應嚴重特殊傳染性肺炎協助專區」，將失業給付、減班休息、安心即時上工、微型創業等法令或措施加強整合、或新增措施（例如增辦一次「108學年度第2學期失業勞工子女就學補助」）實施，以防範或縮短失業的情況。惟其並無就業服務或申請失業給付的彈性作法，例如允許以電話或網路申請、或允許失業給付期間延長，這是其有所不足之處。

貳、就業保險

環顧世界各國失業保險的政策及法令發展，會發現普遍有越來越強的預防失業思想，即其認為失業保險的最重要預防措施是職業介紹與諮詢。例如德國社會法典第三部的就業保險法，即採取「促進及要求原則」（fordern und fördern）的作法，勞工被要求要用盡各種方法以結束失業的狀況，以及要配合職業介紹所轉介工作的各種措施。這也是社會保險中，所必然隱含的自助與互助的基本要求。而且，勞工至遲在結束工作前（接獲預告解僱時）3個月，即應將之通知職業介紹所，完成求職登記（§ 38 I SGB III），以便職業介紹所能立即採取因應措施[30]。

在台灣，依據中央勞政機關2011年2月15日訂定施行之「就業保險失業認定作業原則」，失業給付申請人每月進行失業再認定時，將依就業保險法第27條強制推介就業，申請人須依規定繳回推介就業回覆卡，否則將不予認定。這是基於就業保險係以積極促進就業之立法目的而來。至於就保法第30條規定之二次求職記錄，並不可作為推介就業回覆卡之用。亦即兩者皆屬失業給付之申請人辦理失業再認定之必要程序，適用法條不同，尚難併同論之[31]。

另外，基於就業保險之積極促進就業功能，就服機構應透過嚴謹之就業諮詢及各種輔助性的照顧措施，推介適性工作及安排職業訓練，並應確實按照就保法第13條至第15條規定辦理，對於無工作能力或無就業意願（含客觀上只圖

---

[30] 這與台灣就業服務法第33條第1項規定，「雇主資遣員工時，應於員工離職之十日前，通報當地主管機關及公立就業服務機構」，尚有不同。

[31] 行政院勞工委員會100年7月7日勞保1字第1000140244號函。另請參閱行政院勞工委員會職業訓練局102年12月12日職法字第1026500301號訴願決定書。論者有謂此一作業原則有無逾越母法或違反法律保留原則者，姑且不論此一法律見解，吾人如從積極的促進就業措施思想出之，強制推介失業勞工就業，此一行政規則應係一正確之舉。

接受職業教育訓練）者，應拒絕發給失業給付或職訓生活津貼[32]。

參、就業服務

一、以就業服務法的規定為準

（一）就業服務免費原則（就服法第13條）

　　這是指公立就業服務機構針對求職人或受僱員工而言[33]。此一就業服務免費原則，亦應適用於接受中央主管機關委託辦理就業服務及促進就業之相關機關（構）、團體（就服法第33條之1）。雖然就業服務的功能已經逐漸多元，然不可諱言的，其主要是在職業介紹及促進就業。而且，其所推介或就業促進的工作並不限於求職人或失業人之前所從事的或類似的工作，而是應盡力促成職業及區域勞動力的流動，其經歷過從職業介紹國家獨占原則（Alleinvermittlungsrecht）、到自由推介就業的時代[34]。依據私立就業服務機構許可及管理辦法第4條第1～4項規定之語意，私立就業服務機構的收費對象為雇主[35]，這是因為私立仲介機構有如事業單位的外部人事單位，在企業聘用人員時提供專業的諮詢，有助於聘人的時程縮短、提高決策的品質、降低用人錯誤的風險、以及具體簽訂僱用契約時提供輔助（居間契約）。

　　惟如依據2010年3月2日修正施行之「私立就業服務服務機構收費項目及金

---

[32]　行政院勞工委員會96年7月3日台勞保1字第0960140216號函。

[33]　Bruns, Arbeitsförderungsrecht in Großbritannien im Vergleich zum deutschen Recht, 1996, 107.但是，就業服務法第13條的本文只是規定，「公立就業服務機構辦理就業服務，以免費為原則。」既是原則，那麼何時可以例外收費呢？

　　又，相對於台灣，2008年1月1日開始施行的中華人民共和國就業促進法第35條規定，同樣採取免費原則，此從其用語「縣級以上人民政府建立健全公共就業服務體系，設立公共就業服務機構，為勞動者免費提供下列服務」，可以得知。值得注意的、而且與免費原則有一定關聯的，是第37條第1款規定，「地方各級人民政府和有關部門不得舉辦或者與他人聯合舉辦經營性的職業仲介機構。」違反者，依同法第63條規定，由上級主管機關責令限期改正，將違法收取的費用退還勞動者，並對直接負責的主管人員和其他直接責任人員依法給予處分。

[34]　國際勞工組織1949年收費就業服務機構（修正）公約（第96號公約）及1997年私立就業服務機構公約（第181號公約）、1997年私立就業服務機構建議書（第188號建議書）參照。

[35]　至於私立就業服務機構許可及管理辦法第4條第4項規定，聘僱契約生效後40日內，因可歸責於雇主之事由，致聘僱契約終止者，求職人得請求私立就業服務機構免費重行推介一次，「或退還50%之介紹費」。解釋上，此處「退還50%之介紹費」，應係指退還給勞工而言，以作為彌補勞工喪失工作的損失。

額標準」第4條規定，營利就業服務機構接受本國求職人委任辦理就業服務機構，得向本國人收取登記費及介紹費、就業諮詢費、職業心理測驗費等費用。如依據該條第1款規定，登記費及介紹費合計不得超過求職人第一個月薪資百分之五。由此可知，相應於國際勞工組織（ILO）1949年第96號「收費就業服務機構（修正）公約」（Convention concerning fee-charging employment agencies (revised), No. 96）的要求，台灣私立就業服務機構爲求職人從事推介就業等業務，可以收取一定數額的費用。

（二）縮減工作時間工作（無薪假／減班休息）之選擇 （就服法第23條）

此一條文之目的，應係在避免大量解僱勞工的出現[36]。此條文之中央主管機關，依據就服法第6條第1項規定，係指勞動部。但實際上應係由勞動力發展署（2014年2月17日前爲職業訓練局）負責執行[37]。相對於此，大量解僱勞工保護法第4條第1項規定之（被通知解僱計畫書之）主管機關，按照同法第3條第1項規定，中央主管機關亦係指勞動部，而非勞動力發展署。惟兩個條文實應密切配合使用，本書以爲主管無薪假／強制休假及大量解僱的主管機關，都應是勞動力發展署，而非勞動部（勞動關係司）。如此，始能使積極促進就業措施發揮更大的效果[38]。這裡可能存在法規錯置或授權不清的問題，亦即：依據就服法第23條第2項授權制定的「就業促進津貼實施辦法」，其中並無減少工作時間的補貼或津貼的規定，而是只規定一般的就業促進津貼（第4條第1項）。至於因減少工作時間的薪資補貼，實際上見之於就保法第12條第4項授權訂定的「就業保險促進就業實施辦法」第二章僱用安定措施（第5～17條），尤其是第13條至第17條規定。

（三）資遣之通知（就服法第33條、第68條第1項規定）

在雇主具有法定事由而資遣勞工時，除應依勞動基準法（以下或有簡稱勞基法）第11條以下之規定，以法定標準給付資遣費外，並應遵照預告期間爲契

---

[36] 惟對於違反者，就業服務法並無處罰規定。有關無薪休假之相關法律問題，請參閱章文梵，台灣企業實施無薪休假的研究，國立中正大學勞工關係學系碩士論文，2013年7月。

[37] 依據2015年12月31日修正發布施行之就業促進津貼實施辦法第4條第2項規定，前項津貼發放業務，得委任、委託公立就業服務機構或職業訓練單位辦理。

[38] 參照MünchArbR/Richardi, 2. Aufl., 2000, § 15 Rn. 22.

約終止之意思表示。依照本書作者的見解[39]，資遣費涉及就業保險法失業給付的領域，惟因在勞動關係中具有損失補償之性質，其作為過渡金，與失業給付共同構成勞工找尋到下一個（好）工作前的生活來源。所以，按照2005年7月1日開始施行的勞工退休金條例第12條之規定，資遣費受到最高六個月的上限限制，顯見資遣費的思想並未被立法者完全揚棄。

　　除了勞基法及勞工退休金條例的相關規定外，基於促進就業的思想，就業服務法第33條並且有通報資遣員工的規定。雇主應在員工離職之日前，將包括擔任工作、資遣事由及需否就業輔導等事項，列冊通報當地主管機關及公立就業服務機構。公立就業服務機構於接獲通報資料後，應依被資遣人員之志願、工作能力，協助其再就業，雇主如未通報資遣，雖不至於使得解僱無效，但會受到新台幣3萬元以上15萬元以下罰鍰之制裁。然，此處的「列冊通報」，可否視同就業保險法第11條第1項第1款規定之求職登記？本書以為從提早發動積極促進就業措施角度觀之，固然不無討論之餘地，但是，此處「列冊通報」的義務人是雇主，而就保法第11條第1項第1款求職登記之義務人是被保險人，兩者的主體不同，因此尚難等同處理。

（四）民間仲介機構可以推介就業（就服法第35條）

　　自從國際勞工組織（ILO）1949年第96號「收費就業服務機構（修正）公約」（Convention concerning fee-charging employment agencies (revised), No. 96）以來，私立就業服務機構即已可從事職業介紹及就業安置業務[40]。此一思想並且為我國1992年5月8日的就業服務法第35條所承受，依之，私立就業服務機構得從事職業介紹或人力仲介業務等就業服務業務。為推動就業服務業務，私立就業服務機構並應僱用一定數額及資格之就業服務專業人員（就服法第36條）。違反僱用就業服務專業人員之規定者，處新台幣6萬元以上30萬元以下罰鍰（就服法第67條第1項）。

　　不過，無論是理論上或實際上，民間仲介機構通常只會對容易找到工作者推介就業（例如視覺功能障礙者不在其內），而且只會推介具吸引力的工作位

---

[39]　楊通軒，個別勞工法—理論與實務，六版，2019年7月，頁88。

[40]　至於國勞組織1997年的第181號「私立就業機構公約」（Convention concerning private employment agencies, No. 181）及第188號「私立就業機構建議書」（Recommendation private employment agencies, No. 188），則更將私立就業機構的業務放寬至從事營利性的派遣勞動，另外，並強調非典型工作及勞動市場彈性化的必要性與重要性。

置（所謂只挑葡萄乾吃者Rosinenpicken）[41]，或者，會配合雇主推介就業（例如外籍勞工、派遣勞工）。又，對於雇主違法的招工行爲或工作條件或環境（例如涉及歧視），民間仲介機構往往也不會加以指正。這理由無他，雇主是支付費用的人。相對於此，公立就業服務機構所推介就業的人，常是低技術工人或無技術工人或弱勢族群（就服法第24條第1項），形成民間仲介機構與公立就業服務機構互相補充的現象。

二、就業保險法賦予被保險人一主觀的權利？

基於失業保險、就業服務及職業訓練綜合一體的就業促進思想，就業保險法中並且有就業服務的規定，尤其是在第12條、第13條、第14條及第15條規定，其中當屬第12條的規定最爲重要。該等規定與就業服務法上的規定密切搭配、形成綿密的保護網。國家遂有義務不斷地改善或修正就業服務體系、法規及就業服務機構的設計，以落實憲法第15條工作權之保護內涵。這也是我國採取社會國原則／福利國原則的表現。雖然如此，並不能因此就導出適用就業保險的被保險人已經擁有一請求推介就業的權利，即其並無一要求適當推介就業的請求權[42]。蓋就業保險法除了明定失業給付、提早就業獎助津貼、職業訓練生活津貼及育嬰留職停薪津貼各種保險給付（就保法第11條第1項）外，其在第12條第1項只是規定，公立就業服務機構爲促進失業之被保險人再就業，「得提供就業諮詢、推介就業或參加職業訓練」，其顯無賦予一請求權之意。

肆、職業訓練

一、以職業訓練法的規定爲準

在失業保險、就業服務及職業訓練三位一體的整合性就業政策下，有關

---

[41] 爲了避免歧視行爲的出現及落實公平就業，2008年1月1日開始施行的中華人民共和國就業促進法第26條規定，職業仲介機構從事職業仲介活動，應當向勞動者提供平等的就業機會和公平的就業條件，不得實施就業歧視。違反此一規定者，依據同法第62條規定，勞動者可以向人民法院提起訴訟。再依據同法第68條規定，違反本法規定，侵害勞動者合法權益，造成財產損失或者其他損害者，依法承擔民事責任；構成犯罪的，依法追究刑事責任。

[42] 反對說，Bruns, a.a.O., 105：一個主觀的公法的權利（ein subjective-öffentliches Recht）；另請參閱楊通軒，前揭書，頁144。

人力資源提升的部分，主要是規範在職業訓練法中[43]。該法中的職業訓練方式（職訓法第3、7條以下規定），包括有養成訓練、技術生訓練[44]、進修訓練、轉業訓練[45]，此等訓練方式與先進國家的訓練方式相較，仍然具有幾許的相同。其目的，主要是在傳授準備就業的求職人或已經在職的勞工，職場上所需的實際工作或操作技能，附帶地認識並學習一些理論[46]。所以，各種職業訓練均以實務的工作技能為主、理論的介紹與學習為輔。只不過，隨著人口老化的來臨，先進國家多有轉而強調終身學習及繼續訓練（continuing vocation）者，以隨時提升受訓者的資格能力。在僱傭／勞動契約或集體契約、團體協約中，往往也有繼續訓練的約定。所幸，在2011年11月19日修正公布施行的職業訓練法中，除了增列不少與現代職業教育思想一致的規定（職訓法第4條之1、第31條之1、第31條之2）外，也適度地增加防弊及處罰的制裁（職訓法第39條之1、第39條之1），俾益於職業教育訓練的正向發展。其中，第4條之1[47]明定中央勞政機關負有協調、整合之權責，更是攸關我國職業訓練的總體規劃及推動執行的成敗。雖然其仍需要增訂及修正相關的法規，也需要相關機關（構）及團體的配合，但其對於我國人力素質的提升，應該可以樂觀期待。

---

[43] 2015年7月1日修正公布施行。另外，勞基法第64條以下，也有技術生權利義務的規定。至於高級中等學校建教合作實施及建教生權益保障法，則是在規範就讀於職業學校、附設職業類科或專門學程之高級中學及特殊教育學校之建教生的職業教育訓練及其權利義務事項。

[44] 有關技術生權利義務的詳細論述，請參閱楊通軒，技術生法律地位及其權益保障之研究，東吳法律學報，第22卷第4期，2011年4月，頁65以下。

[45] 原第3條第2項及第三章第五節之殘障者職業訓練，在2011年11月19日修正時予以刪除。並且，移至2015年12月16日修正公布施行的身心障礙者權益保障法第33條及第34條規定處理。依之，除了各級勞工主管機關應訂定職業重建服務計畫（含職業訓練、就業服務）外，直轄市、縣（市）勞工主管機關為提供第33條第2項之職業訓練、就業服務及前條之庇護性就業服務，應推動設立下列機構：一、職業訓練機構。二、就業服務機構。三、庇護工場。

[46] 所以，職業訓練與職業教育銜接，後者主要是在學校或教育機構中學習理論知識，附帶地進行一些實際的操作技能。由於職業訓練主要在傳授實務的技巧與經驗，所以，外聘的講師理應以在該領域的工作者為主（例如老師傅），學術工作者少量即可。

[47] 依據職業訓練法第4條之1規定，中央主管機關應協調、整合各中央目的事業主管機關所定之職能基準、訓練課程、能力鑑定規範與辦理職業訓練等服務資訊，以推動國民就業所需之職業訓練及技能檢定。

二、就業保險法的特殊規定

（一）公立就業服務中心的全日制職業訓練

伴隨著失業給付之申請，基於職業訓練先行原則[48]，就業保險法及其施行細則乃有職業訓練的規定。此處的職業訓練方式，就業保險法既未指明，則似應回歸到職業訓練法的規定而包括養成訓練、技術生訓練、進修訓練、轉業訓練[49]。又，依據就業保險法第11條第1項第1款規定，失業被保險人必須向公立就業服務機構辦理求職登記，而公立就業服務機構於14日內仍然無法安排職業訓練者，始得請領失業給付。反面言之，如果已經安排職業訓練，被保險人即應接受職業訓練，並且可以請領職業訓練生活津貼（就保法第19條）[50]，否則，無正當理由拒絕職業訓練，公立就業服務機構應拒絕受理失業給付之申請（就保法第15條第2款規定）。

雖然依據就業保險法第11條第1項第1款規定，公立就業服務機構為失業被保險人所安排職業訓練，並不限於全日制的職業訓練，被保險人之參加全日制的職業訓練，只是其請領職業訓練生活津貼的條件而已（就保法第11條第1項第3款、第19條、就保法施行細則第16條）。惟在解釋上，為達成職業訓練有效提升失業者就業技能，並儘速促成其返回職場之目標，失業者所接受之就保法上之職業訓練，應以全日制的訓練為限（即禁止部分時間的職業訓練）[51]。

職業訓練生活津貼既是跟隨全日制的職業訓練而來，若失業者於接受全日制職業訓練期間另有工作[52]，則基於社會保險適當保障原則及職業訓練生活

---

[48] 行政院勞工委員會96年7月3日台勞保1字第0960140216號函：基於就業保險之積極促進就業功能，就服機構應透過嚴謹之就業諮詢，推介適性工作及安排職業訓練，並應確實按照就保法第13條至第15條規定辦理，對無工作能力或就業意願者應拒絕發給失業給付或職訓生活津貼。

[49] 至於身心障礙者的職業訓練，雖然已回歸身心障礙者權益保障法，但似應仍有職業訓練先行原則之適用。

[50] 中央勞政機關認為經公立就服機構安排參加全日制職業訓練，於受訓期間「已安排職業訓練」，已不符合就保法第11條第1項第1款規定之失業給付請領要件，故不得於職業訓練期滿前申請失業給付【問題是：這意味期滿後即可以？】。行政院勞工委員會99年5月7日勞保1字第0990022099號函。

[51] 中央勞政機關亦採同樣的見解，其認為被保險人經公立就業服務機構安排參加「非」全日制職業訓練者，並未符合該法規定之職業訓練生活津貼請領要件。惟為協助失業者有效學習就業技能，達成儘速協助受訓者就業之目標，准其得請領失業給付，以保障其職業訓練期間之生活。行政院勞工委員會92年10月28日台勞保1字第0920054762號函。

[52] 此一「另有工作」，包括受訓學員在職業訓練中心工讀而加保勞工保險者。行政院勞工委員

津貼發放之立法目的，即應停發職業訓練生活津貼[53]。另外，為避免就保資源浪費及提升失業被保險人參加職業訓練成效等考量，被保險人參加全日制職業訓練，於受訓期間短暫就業數日即自行離職，即不得繼續請領職業訓練生活津貼[54]。但，在接受職業訓練課程中，如因不可抗力或其他特定原因調課，致未符合全日制職業訓練規定時，是否仍得請領職訓津貼？對此，雖然行政院勞工委員會99年4月6日台勞保1字第0990140105號函的反面解釋，似乎持肯定見解。惟，本書認為並不可採。先就「其他特定原因」而言，其所謂特定原因的範圍太廣，即已不適當。至於不可抗力部分，中央勞政機關早也認為應即於不可抗力因素消失後隨即補訓（課），且如實際訓練起迄期間符合就保法施行細則第19條規定要件者，得核予職訓生活津貼[55]。

伴隨著上面之問題，就業保險法第11條第1項第3款之參加全日制「職業訓練」，是否限於職業訓練中心？對此，似應持肯定之見解。中央勞政機關亦認為：「就業保險法第11條第1項第1款規定，並未規定該等自行參訓者，於受訓期間不得申請失業給付，且實務上，公立就業服務機構未必能全然掌握被保險人失業期間自行參訓情形，基於法律保留原則及平等原則，被保險人自行參加民間或政府自辦、委辦之全日制職業訓練者，如符合第11條第1項第1款規定，得申請失業給付[56]。」這裡的差異點是：未在職業訓練中心參訓者（含民間自辦及接受政府委辦者），無法請領職業訓練生活津貼。

（二）依據「就業保險之職業訓練及訓練經費管理運用辦法」之訓練

中央勞政機關依據就業保險法第12條第4項授權規定，制訂「就業保險之職業訓練及訓練經費管理運用辦法」，以下或有簡稱職訓經費運用辦法（2003年1月1日發布施行，最近一次為2015年9月25日修正[57]發布施行）。這是就業保

會99年10月27日台勞保1字第0990140442號函。

[53] 行政院勞工委員會99年2月24日台勞保1字第0990140037號函。惟有問題的是，失業者可以繼續接受職業訓練？或者職訓機構可以將其退訓？本書以為後者為是，即其符合就保法第19條第2項規定「經訓練單位退訓」之情事。

[54] 行政院勞工委員會100年5月12日台勞保1字第1000140150號函：查職業訓練之目的在透過有系統之訓練，提升民眾職業能力，以達成就業目標；另目前職業訓練資源有限且錄取率低，參訓者應專心學習，若訓練期間請假就業，將造成中途退訓或課程無法銜接，並影響學習效果之問題，不利其後續就業。

[55] 行政院勞工委員會93年11月16日職公字第0930043574號函。

[56] 行政院勞工委員會92年10月28日台勞保1字第0920054762號函。

[57] 修正發布第12條、第16條，自2016年1月1日施行。

險法有關職業訓練的規定所在[58]。茲說明其重要的規定內容如下：

1. 職業訓練對象（參訓學員）（職訓經費運用辦法第2條）

有兩類：一是曾參加就業保險之失業者、二是在職之被保險人。這也可以導出該辦法所指之職業訓練之實施方式，係侷限在進修訓練及轉業訓練，而不包括養成訓練、技術生訓練及身心障礙者訓練。也就是說，排除了初入職場者。

只不過，勞動力發展署辦理被保險人失業後之職業訓練，其法律依據是「就保法第12條第3項規定」，而非本辦法，況且歷年來勞動力發展署之訓練方式也包括（委外及自辦的）「職前訓練」（不一定是養成訓練或技術生訓練），顯示出其已超出本辦法的訓練之外。此種不依法行事的方式，已紊亂了本辦法與職業訓練法訓練方式的界線，亟需加以導正[59]。另外，以往在推動立即充電計畫及充電加值計畫期間，被保險人失業後之職業訓練並無特別加強，令人難以理解。

再者，鑑於全球景氣的衰退，勞動力發展署在2008年底至2009年中面對為數眾多的縮短工作時間（無薪假）的就業市場挑戰，推出一系列協助企業人力資源提升計畫，包括立即充電計畫及獨立成項的充電加值計畫（兩者經費來源均是就業保險基金，而且均是事業單位內的進修訓練或繼續訓練。至於訓練津貼部分，前者參訓學員無訓練津貼可領，後者則有訓練津貼請求權），前者的辦理依據是「就保法第12條第3項規定」，而非本辦法；後者更是沒有法律依據，其施行的合法性依據僅是預算通過勞工保險監理委員會（以下或有簡稱勞保監理會）的審議（含併決算）及中央勞政機關的決定而已，顯示出其僅是一倉促的緊急性措施（雖然，實證經驗顯示充電加值計畫具有緩和事業單位裁員行動的效果）。一直到2011年1月14日發布施行的就業保險促進就業實施辦法第5條以下（僱用安定薪資補貼），始有法律依據。相較於先前施行的充電加值計畫，就業保險促進就業實施辦法第5條以下的規定顯得嚴格許多，面對未

---

[58]　但是，勞動力發展署所推動的重要計畫或方案，似乎多有不在此一辦法範圍之內者，例如產業人才投資計畫、提升勞工自主學習計畫。其似乎是勞動力發展署依照就業服務法第6條第3項規定所訂定者。而根據職業訓練局云云，產業人才投資方案的訓練課程規劃，多有配合行政院產業政策，因應貿易自由化（ECFA）影響及產業發展趨勢所為者。

[59]　同樣地，在勞動力發展署官網中所極力推動的「青年職業訓練」，其中的「青年就業旗艦計畫」，雖有計畫目的、計畫說明、適用對象、申請（報名）方式，卻唯獨欠缺計畫依據。這對於勞政機關來說，雖然運用方便，但也顯示出便宜行事的心態。

來可能再度來臨的高失業現象，僱用安定薪資補貼的實際適用機會並不大，凸顯出其仍然僅是一非常態的法律措施的本質，其安定人心的作用似乎要大於實際的效用，這也無怪乎至今為止，僱用安定措施均無啟動之必要。

2. 補助對象

(1) 參訓學員（職訓經費運用辦法第10條）（含失業後之職業訓練及在職訓練）

　①一般參訓學員：補助80%的訓練費用。

　②本辦法第8條第2項規定之對象（包括就服法第24條第1項規定之人員[60]；與中華民國境內設有戶籍之國民結婚，且獲准居留依法在台灣地區工作之外國人、大陸地區人民[61]；因犯罪行為被害死亡者之配偶、直系親屬或其未成年子女之監護人；因犯罪行為被害受重傷者之本人、配偶、直系親屬或其未成年子女之監護人；其他經中央主管機關認為有必要者等）：補助全額訓練費用。

　③每一參訓學員三年內最高補助總金額為新台幣7萬元。有問題的是，這似乎是產業人才投資方案（含「產業人才投資計畫」及「提升勞工自主學習計畫」）三年7萬元規定之所在。但是，由於「產業人才投資方案補助要點」[62]及產業人才投資方案的計畫簡介裡，並未說明計畫依據，所以，此一方案的辦理依據也可能是就業保險法第12條第3項規定，而非是本辦法。而且，兩者至少在適用對象[63]及全額補助對象之參訓學員[64]上有所不同。本書推想勞動力發展署有意

60　相較於本條項有「中高齡者」，青少年並未被納入其中。

61　這是配合2010年1月1日修正施行之就服法第5條第1項第2款的規定而設？

62　104年9月30日發訓字第1042500699號令修正發布。

63　根據產業人才投資方案的補助對象為：年滿15歲以上具就業保險、勞工保險或農民健康保險被保險人身分之在職勞工，且符合下列資格之一：1.具本國籍。2.與中華民國境內設有戶籍之國民結婚，且獲准居留在台灣地區工作之外國人、大陸地區人民。3.符合入出國及移民法第16條第3項、第4項規定之單一中華民國國籍之無戶籍國民，及取得居留身分之泰國、緬甸、印度或尼泊爾地區無國籍人民，且依就業服務法第51條第1項第1款規定取得工作許可者。4.跨國（境）人口販運被害人，並取得工作許可者。

64　根據產業人才投資方案的全額補助對象之參訓學員為：1.學員屬特定對象勞工（低收入戶或中低收入戶中有工作能力者、原住民、身心障礙者、中高齡者、獨力負擔家計者、家庭暴力被害人、更生受保護人及其他依就業服務法第24條規定經中央主管機關認為有必要者）。2.65歲以上者。3.因犯罪行為被害死亡者之配偶、直系親屬或其未成年子女之監護人；因犯罪行為被害受重傷者之本人、配偶、直系親屬或其未成年子女之監護人。

將兩者進力結合，以發揮最大的訓練效果。值得注意的是，勞動力發展署每年為此一方案所編列的訓練費用過多，似乎將其做為訓練的重點。另外，目前訓練內容大體上已符合當初以實務為導向的設計。在進行上，此項訓練並非在企業內訓練，性質上為繼續訓練／進修訓練。

④ 參訓學員中途退訓時，會影響受託或受補助訓練單位之費用取得（職訓經費運用辦法第11條）。參訓學員取得結訓證書或學分證明，且缺課時數未超過總訓練時數五分之一者，始得申請訓練補助費用（職訓經費運用辦法第12條）。在此，所謂退訓，似乎不分參訓者有無可歸責事由，以其退出訓練即屬之。但是，本書以為，如果具有天災事變等事由，而無法繼續原來的訓練時，訓練單位似應俟該事由經過後，再視狀況繼續訓練或終止訓練。

(2) 訓練單位

① 補助費用的標準，依委託辦理或補助辦理而定（職訓經費運用辦法第9條）。

② 在採委託辦理時，以每一參訓學員訓練費用之單價為經費之計算方式。

③ 在採補助辦理時，補助額度上限為計畫書總經費之80%。但經專案核定[65]或對於失業者職業訓練，得全額補助。

④ 補助辦理研習會、觀摩會及相關活動，補助額度上限為計畫書總經費之70%。

⑤ 受委託或受補助訓練單位得請求之補助費用，視參訓學員中途時其實際參訓時數是否未達1/4、達1/4但未達1/2、以及已達1/2以上，而分別不予核發、核發半數、以及全額核發（職訓經費運用辦法第11條）。

3. 訓練職類的擬定及類別

(1) 中央主管機關得邀請專家學者、機關代表組成審核小組規劃調整[66]職業訓練職類、職業訓練經費核定、審查職業訓練計畫、職業訓練績效考

---

[65] 此處專案核定者，究竟指的是甚麼？可以確定的是，例如立即充電計畫或充電加值計畫均不在其內。

[66] 意即「變動」。

核（職訓經費運用辦法第4條）。

(2) 依本辦法所得辦理之職類有：①水產養殖及其他農藝園藝類。②土石採取及其他金屬採取類。③食品、紡織加工、金屬加工、電子、通信及其他製造類。④電路裝修、冷凍空調工程及其他營造類。⑤餐飲管理及其他飯店餐飲類。⑥汽車駕駛及其他運輸類。⑦國際金融投資及其他金融保險類。⑧電腦系統設計、資料處理、管理顧問及其他專業技術服務類。⑨照顧服務及其他福利服務類。⑩汽車修護、污染防治、美容美髮及其他服務類。⑪其他經中央主管機關視產業發展及就業市場情況公告之職類等總共十一大項職類（職訓經費運用辦法第5條）。

雖然如此，本書認爲這些訓練職類是否能與職業訓練法的訓練（種類）搭配運用、互補有無？其規劃／選取的標準爲何？是否能隨時配合就業市場狀況調整以符合需求？

4. 職業訓練經費運用範圍（職訓經費運用辦法第6條）

(1) 職業訓練實施所需之費用。例如：
　①失業者參訓期間勞工保險費。
　②結訓學員推介就業之服務費。倒是，此一服務費是給誰？公立就服機構？民間仲介機構？
　③行政作業費。
　④工作人員費。

(2) 辦理職業訓練品質管控及評核費用。

(3) 參訓學員參加民間自辦之職業訓練費用。

　然而，此一訓練費用的規定有無問題？是否爲超出本辦法第3條規定訓練單位以外之民間自辦訓練單位？從就保法第12條第3項及第4項之規定，可以得出補助民間單位？從本辦法第3條及其他條文觀之，本辦法似乎僅在規範受委託或受補助訓練單位的費用補助。

(4) 其他經中央主管機關專案核定之費用。

5. 強化職訓稽核管控機制，提升培訓機構品質（職訓經費運用辦法第13條）

中央主管機關應派員實地訪查訓練辦理情形及績效（第1項）。訓練單位有辦理職業訓練不善，經中央主管機關書面通知限期改善，屆期未改善、虛僞

不實或浮報經費等情事者，中央主管機關得視其情節，依下列規定分別處理：
(1)不予委託或補助。(2)撤銷或廢止委託或補助之費用。(3)停止辦理原核定之
訓練班次。(4)二年內不予受理計畫之申請。(5)二年內不予委託或補助（第2
項）。訓練單位有前項第二款規定情形，經中央主管機關書面通知限期繳回，
屆期仍未繳回者，依法移送強制執行（第3項）。

　　雖然如此，為免受補助單位不實浮報經費，勞動力發展署似應隨時檢討
作業規範，並建立事後複（抽）查機制[67]。另外，似可考慮在內控上，設立一
程序上具有獨立性的監督制度（姑且稱為「內部審查會」）[68]，以對於各種職
業訓練的申請案進行審查，除了，其每年擬定審查計畫，進行一般性的及專案
性的審／調查，甚至在重大的計畫案時，可以隨時進行審查。當然，針對職業
訓練計畫所可能涉及的貪污舞弊，仍然由政風室負起預防貪污及打擊貪污的責
任[69]。

6. 「充電再出發訓練」的疑義

　　在2011年10月起，台灣各地又再次興起縮短工作時間（無薪休假或行政
假[70]）之火[71]。中央勞政機關除了再度啟動通報機制外，並且發布（性質上屬
於行政指導）「因應景氣影響勞雇雙方協商減少工時應行注意事項」（以下簡
稱減少工時應行注意事項）[72]及一系列的函釋，也輔導勞資雙方依（性質上同
樣為行政指導）「勞雇雙方協商減少工時協議書（範例）」（以下簡稱減少工

---

[67]　聯合型計畫的弊端：展圓國際股份有限公司案，2005～2008年間承辦訓練課程有浮報訓練補
　　　助費。台北高等行政法院99年度訴字第01827號和解筆錄。其中，發現職訓局並無稽核單位
　　　（類似組織）或人員查核認定其與展圓公司所達成之和解，是否確實符合已盡善良管理人應
　　　有之注意義務。

[68]　此正有如德國聯邦職業介紹所內設的內部的審查會（interne revision），惟其在組織上直屬
　　　於董事會，並且向董事會及行政委員會（Verwaltungsrat）報告。由其權限的設計，倒是與台
　　　灣的勞工保險監理委員會有幾許的類似，只是其兼具有政風的功能。詳細的說明，請參閱
　　　Bundesagentur für Arbeit, Geschäftsbericht 2009, 23 f.

[69]　這一切，例如在產業人才投資方案補助要點第13點、第15至17點、以及充電再出發訓練計畫
　　　第15至20條均有明確規定。

[70]　行政院勞工委員會87年4月24日勞動2字第0980070071號函參照。

[71]　依據勞動部2016年11月16日所發布的新聞稿，截至2016年11月15日止，經通報因應景氣影響
　　　勞雇雙方協商減少工時事業單位共計26家，實施人數573人。本期多數事業單位之實施人數
　　　在50人以下，以金屬機電工業人數較多，實施期間未超過三個月，實施天數多為每月五至八
　　　天。

[72]　行政院勞工委員會100年12月1日勞動2字第1000133284號函參照。

時協議書（範例））進行勞動契約重要勞動條件的變更，以體現雇主並無權單方要求勞工無薪休假。要求企業暫時性減少工作時間，必須以因受景氣因素影響致停工或減產、為避免資遣勞工、並與勞工協商同意為前提，而且減少後的工資不得低於基本工資。本書觀上述「減少工時應行注意事項」、「減少工時協議書（範例）」及中央勞政機關所做之相關函釋，雖然大多符合勞動契約變動之法理（含平等待遇原則、衡平原則）[73]，但仍有部分逾越行政指導之界線，而已進入行政命令的範疇，其合法性及有效性即屬可疑。因此，面對雇主違反勞動契約之變動工作時間、工資等行為，固然應以違反契約之制裁或勞基法第14條第1項第5款、第6款加以處理。惟如係違反法律保留原則之行政指導，即宜從維持法律解釋有效性的立場，採取限縮解釋。舉例而言，事業單位如確因受景氣因素影響致停工或減產，是否應優先考量採取減少公司負責人、董事、監察人、總經理及高階經理人之福利、分紅等措施？另外，事業單位是否應先與該工會協商？由於公司法或其他的企業法制、工會法或團體協約法並無強制性的要求，所以，減少工時應行注意事項第4點的規定並無強制力，而是完全由事業單位／雇主自由決定[74]。又，如果確實符合受景氣因素影響致停工或減產之客觀條件，則在協商減少工時及工資時，如果工時已經大量減少，從勞雇雙方合意約定「無酬的免除勞務」的法理觀之[75]，對於按月計酬之全時勞工，其每月工資似乎即無不得低於基本工資之由（減少工時應行注意事項第6點參照）。否則，雇主或者將縮減工時止於（換算成）基本工資之上[76]、或者尋求以勞基法第11條第1款或第2款的事由終止勞動契約[77]。最後，從勞動契

---

[73] 例如行政院勞工委員會98年4月24日勞動2字第0980070071號函。只是，該函釋謂「惟對支領月薪者，仍不得低於基本工資。」實屬可疑。只不過，「每月工資不得低於基本工資」係中央勞政機關的中心思想及基本立場。行政院勞工委員會97年12月22日勞動2字第0970130978號令始開其端。並且同日廢止90年7月16日台90勞動2字第0029826號函及96年7月24日勞動2字第0960071719號函之適用。

[74] 同樣地，由於公司法或其他的企業法制並無規定，所以，依據減少工時應行注意事項第12點規定，事業單位於營業年度終了結算，如有盈餘，除繳納稅捐及提列股息、公積金外，對於配合事業單位實施減少工時及工資之勞工，於給予獎金或分配紅利時，宜予特別之考量。亦即，並無強制力。

[75] 楊通軒，個別勞工法—理論與實務，六版，2019年7月，頁330以下。

[76] 所以，如依此一行政指導，台灣充其量只能稱為有限度的縮短工時工作模式而已。另外，此一部分的討論，請參閱章文梵，前揭書，頁67以下。

[77] 如果行政指導得不遵守依法行政原則，則契約實務上之留職停薪，其合法性恐怕都會受到懷疑。最起碼會引發一個疑問：雇主在勞工留職停薪期間，是否應繼續發予一定的工資？不得低於基本工資？

約約定的變更及僱用安定的角度看，協商縮短工時工作本應侷限在一定的短暫時間內，惟其是否「以不超過三個月爲原則」，似乎仍應以法律明定或有法律授權的行政命令訂定爲宜（減少工時應行注意事項第8點參照）。

　　約在同一時間，中央勞政機關在2011年10月26日訂定施行「充電再出發訓練計畫」[78]，以協助在職勞工因應重大天然災害、景氣情勢對就業穩定性之影響，鼓勵利用暫時減少正常工時時段，參加訓練課程，持續發展個人所需技能，維持生計，並穩定就業。觀其用語「重大天然災害、景氣情勢對就業穩定性之影響」，似乎較上述減少工時應行注意事項之「事業單位受景氣因素影響致停工或減產」來得放寬。所謂「景氣情勢對就業穩定性之影響」或「景氣情勢變動」（充電再出發訓練計畫第4點），解釋上並不以全球性或地區性或全國性的經濟情勢嚴重惡化爲必要，惟由於重大天然災害或景氣情勢變動等事由之適用範圍，必須由勞動力發展署另行公告，所以，似乎以國內的一定地區或一定行職業受到影響爲前提，並非以個別事業單位因經濟景氣變動影響生產或銷售即可。無論如何，事業單位必須有暫時縮短工作時間（無薪休假），兩者則是相同，所以都是在解決經濟景氣所引起之勞動市場問題。此一「充電再出發訓練計畫」自2011年10月26日訂定施行後，已經3次修正，最近一次是在2015年10月25日修正施行[79]。顯然，中央勞政機關多年來已將之作爲常態性計畫，內容也越發地完整。只不過，如此重要的計畫，卻未明定其法律依據爲何。本書以爲就業服務法第23條第1項並無授權規定[80]，所以應是在第6條第3項第1款規定。

　　上述法律依據的釐清，其實會牽涉到最根本的問題，亦即：此一計畫在法制上的地位爲何？在2010年5月3日「就業保險促進就業實施辦法」公布施行後，其中第二章僱用安定措施已有縮減工時與依其比例減少薪資（辦法第7條）及職業訓練（辦法第12條）的規定，是否即應回歸該規定處理？此不免令人生疑。惟似乎難以遽以肯定。主要是充電再出發訓練計畫係一常態性或一般性的規定，其目的在推動訓練課程以提高個人的技能，故適用的條件或標準無須太高。相反地，就業保險促進就業實施辦法之僱用安定措施卻是一面對高失

---

[78]　行政院勞工委員會100年10月26日勞職訓字第1000508239號令訂定。此一部分的簡單介紹，韋文梵，前揭書，頁97以下。

[79]　勞動部104年10月25日勞動發訓字第1040504472號令參照。

[80]　至於依據就業服務法第23條第2項所訂定的「就業促進津貼實施辦法」，雖然具有行政命令的法律位階，但同樣並非此一計畫的依據所在。

業率的非常措施，不僅啓動的條件較爲嚴格，適用的規定也較爲嚴謹。因此，無怪乎就業保險促進就業實施辦法僱用安定措施與「充電再出發訓練計畫」的標準及規定不盡一致或有彼此衝突之處，此種雙軌並存的情況恐將繼續一段時間。至於中央勞政機關所做因應景氣影響勞僱雙方協商減少工時的相關函釋，如其與就業保險促進就業實施辦法僱用安定措施規定相牴觸，本書以爲應以後者的規定爲準。

　　雖然如此，爲免規範或解釋的衝突，並且符合法治國家依法行政的要求，本書以爲可將「充電再出發訓練計畫」中涉及與就業保險促進就業實施辦法僱用安定措施有關的部分或涉及根本的原理原則部分，修正移至就業保險促進就業實施辦法僱用安定措施中，只留下程序性的及行政面的規定即可。例如補助事業單位訓練費用（充電再出發訓練計畫第9點）、補助參訓勞工訓練津貼（充電再出發訓練計畫第5點）的規定。

三、其他問題

（一）就業保險法並無賦予失業者一職業訓練請求權

　　雖然基於福利國的思想，國家應該盡力協助人民接受職業訓練。但是，由台灣憲法第15條工作權保障演繹而來之自由選擇訓練處所的基本權保障，並未賦予受訓者有請求僱用或訓練的請求權。自由選擇訓練處所，仍然只是表示人民有對抗國家干預的防禦權（Abwehr）而已。由憲法第15條及第152條規定而來之就業政策，固然包括創造就業機會，提供職業輔導、職業訓練及就業服務給未就業或已就業者，使有工作能力而且願意工作的人，能在自由選擇或接受職業的前提下，進入勞動市場從事工作。但是，有關的就業服務、推介工作服務、參加職業訓練等，並未賦予人民請求權[81]。

　　如就職業訓練來說，由國家訓練資源有限的角度，當無法滿足每一位想要接受職業訓練者的需求。另一方面，如果憲法或就業保險法賦予一請求權，即會導出如下之問題：是否企業主有一提供訓練位置的義務？受訓者可否要求在企業內接受訓練？因此，不獨在台灣，即使在德國也都未賦予一職業訓練請求權。

---

[81]　Bruns, a.a.O., 132.

（二）加入（強）在事業單位內的職業訓練，以落實就業的目的？

就職業訓練法的規定觀之，固然事業單位／機構也可以辦理各種職業訓練，尤其是技術生訓練及進修訓練[82]。但是，不可諱言的，現行實務上職業訓練之進行，主要還是依賴公立職業訓練中心完成。例如被保險人失業後之職業訓練、產業人才投資方案等。這雖然與我國獨特的產業環境及勞動市場有關（尤其是小型及微型企業無能力進行訓練），但也造成不少訓用不合一的狀況，有待於改進。而為了達到行政效率的提升及課程開發與訓練能量輔導建置，勞政機關將職業訓練委外辦理的件數已逐步增加，其對於勞工就業技能及職涯發展確有正面的助益。

（三）賦予民間仲介機構安排職業訓練？

依據就業服務法第35條第1項規定，私立就業服務機構得經營之就業服務業務，包括職業介紹或人力仲介業務、接受委任招募員工、協助國民釐定生涯發展計畫之就業諮詢或職業心理測驗、其他經中央主管機關指定之就業服務事項，可見安排職業訓練並不在其內。惟依據就業服務法第33條之1規定，中央主管機關得將其於本法所定之就業服務及促進就業掌理事項，委託相關機關（構）、團體辦理之。而觀察同法第三章「促進就業」，其中針對婦女再就業（第26條）、殘障者及原住民（第27條）、低收入戶或中低收入戶中有工作能力者（第29條）、退伍者（第30條）、更生保護人（第31條），均有職業訓練的規定。因此，依據就服法第33條之1之受託機關（構）、團體，理當得辦理職業訓練。

另外，依據就業保險法第12條第2項規定，前項業務（提供就業諮詢、推介就業或安排參加職業訓練）得由主管機關或公立就業服務機構委任或委託其他機關（構）、學校、團體或法人辦理。此處的「其他機關（構）、團體或法人」，理論上即包括民間仲介機構。如此，當能與公立就業服務機構互相配合、互補有無，但也可能形成競爭的關係。

---

[82] 事業單位按照充電再出發訓練計畫所辦理的訓練課程，除了勞動力發展分屬所委辦的課程外，還包括自己所辦理之員工訓練課程（充電再出發訓練計畫第5點第5項）。

第二節　積極的促進就業措施

壹、就業諮詢（Beratung）（就保法第12條第1項、第2項、第5項規定）

一、就業諮詢的意義（就保法第12條第5項規定）

　　就業諮詢是一種職業導引，以提供有用資訊或意見的方式，協助求職者或失業人了解本身的專長、興趣與價值觀、激勵求職意願與信心[83]、傳授面談與職場經驗，以提升就業競爭力及找到合適的工作（人盡其才），其包括一般性的諮詢、個別職業的諮詢、提供選擇職業、轉業或職業訓練的資訊與服務[84]。也包括提供就業促進研習活動或協助工作適應之專業服務[85]，理論上也應該包含勞動市場現況的介紹。惟並不包括心理諮商（就保法第12條第5項規定之「協助工作適應之專業服務」，並不包含心理諮商）。嚴格而言，就業諮詢僅侷限在提供諮詢者與失業者間的對話過程，並不包括以工作小組或團體進行方式協助失業者自助的過程[86]。

　　惟有關就業諮詢之最詳細規定，毋寧是在中央勞政機關2011年2月15日制訂施行的「就業保險失業認定作業原則」。依據該作業原則第4點規定，公立就業服務機構執行失業（再）認定之就業諮詢業務，應依下列原則辦理：(一)受理申請人求職登記、申請失業認定及失業給付後，至少提供一次簡易諮詢服務。(二)於申請人申請失業（再）認定期間，至少每三個月安排參加一次就業促進研習活動，每次至少四小時。(三)居住於離島偏遠地區之申請人，因交通不便，經公立就業服務機構專案評估，作成評估紀錄，並報請機關（構）首長核定者，得免依前款規定辦理。(四)申請人有強化公立就業服務中心就業諮詢

---

[83] 一般認為在不景氣時，「先求有，再求好」；在景氣時，「先卡位，以免錯失良機」。

[84] 在中央勞政機關於2012年11月全面推動「就業服務一案到底」模式後，其中也包括就業服務員所提供的就業諮詢，以達到更深化及全程的終身職涯服務。這表示就服員必須具備就業諮詢的專業知識與技能。

[85] 台灣就業服務法第17條規定，公立就業服務機構為協助國民選擇職業或職業適應，應提供就業諮詢。2008年1月1日開始施行的中華人民共和國就業促進法第24條，也是就業諮詢的規定，惟其範圍較廣。依之，「地方各級人民政府和有關部門應當加強對失業人員從事個體經營的指導，提供政策諮詢、就業培訓和開業指導等服務」。

[86] 有關就業諮詢模式之說明，請參閱王琮郁，我國「就業服務一案到底」措施之評估—以勞動力發展署為例，國立中正大學勞工關係學系碩士論文，2015年3月，頁32以下。

服務計畫所定情形者，應確實依該計畫規定提供簡易就業諮詢、個案管理就業服務或就業促進研習活動等就業諮詢服務。(五)申請人因傷病診療持有證明，無法參加就業諮詢者，於其請領失業給付期間，擇期再安排。(六)申請人未有本法第14條第1項各款規定之情事，拒絕公立就業服務機構安排之就業諮詢，依本法第15條規定，拒絕受理其失業給付之申請。(七)經公立就業服務機構依前款規定，拒絕受理其失業給付之申請，申請人再次提出申請時，視為重新申請失業認定及失業給付，仍有十四日之等待期。(八)公立就業服務機構受理前款申請人重新申請失業認定及失業給付，仍依第1款及第2款規定辦理就業諮詢。

二、就業諮詢先行原則（就保法第15條第2款）

亦即在辦理求職登記後，應先接受公立就服機構之安排，參加就業諮詢。失業勞工如無就保法第14條第1項第1款及第2款之情事而拒絕就業諮詢者，其申請失業給付會受到公立就服機構的拒絕受理（就保法第15條第2款規定：閉鎖期／禁止期）。惟其一旦回心轉意接受就業諮詢，即可申請。

在實務的處理上，針對請領職業訓練生活津貼的疑義，中央勞政機關認為：由於被保險人已依就業保險法第25條規定，在非自願離職退保之日起二年內辦理求職登記，應得認定被保險人有請求就業保險相關給付之意思表示，雖公立就業服務機構認定其為非自願離職、且安排職業訓練已逾二年請求權時效期間，則被保險人如無「怠於行使請求權之情形」，仍可請求核發職業訓練生活津貼[87]。繼而，對於失業勞工請領失業給付屆滿後、得否再請領職業訓練生活津貼一事，中央勞政機關進一步認為：如公立就業服務機構已安排就業諮詢或已積極提供適性之職業訓練班次，惟勞工無本法第14條情形拒絕參加，並有紀錄可考外，尚難遽認其有前開函釋「怠於行使請求權之情形」[88]。言下之意為肯定見解。辜且不論在「職業訓練先行原則」之下，此種例外地「先領失業給付、而後再接受職業訓練」，並且請領職業訓練生活津貼是否合法或合於積極促進就業措施的設計，在此，就業諮詢原則仍然受到尊重。

有問題者，失業給付申請人參加就業促進研習活動課程，因故提出請假申請，公立就服機構得否准假？雖然就保法第14條已規定一定情形下未參加就業

---

[87] 行政院勞工委員會95年7月4日勞保1字第0950056540號函參照。

[88] 勞動部103年10月8日勞動保1字第1030140352號函參照。

諮詢或職業訓練，仍然得請求失業給付。惟其所規定的兩種情事是否直接適用於失業給付申請人參加就業諮詢之事前請假或事後請假？並非無疑。惟本書持肯定的見解，即如有兩種情事之一，公立就服機構即得准假。惟如果非上述兩種情事之一，但勞工具有正當理由且持有證明文件者（例如有喪事或子女腸病毒），則公立就服機構亦應視個案狀況，就所提事由查明正當屬實者，予以准假，另擇期（下個月）上課，惟勞工恐無法請求當月之失業給付。

三、就業諮詢通常在推介就業時一併進行

雖然就業諮詢通常在推介就業時一併進行，但是，依據個別就業諮詢原則（Grundsatz der individuellen Arbeitsberatung），諮詢必須依循失業者／求職者或勞工所關心的事項、其知識能力、專長與個人關係、以及雇主廠場的利益而為。就業諮詢的費用也是來自於保險費。

四、就業諮詢亦得委託民間仲介機構辦理（就保法第12條第2項）

依據就業保險法第12條第2項規定，前項業務（提供就業諮詢、推介就業或安排參加職業訓練）得由主管機關或公立就業服務機構委任或委託其他機關（構）、學校、團體或法人辦理。此處的「其他機關（構）、團體或法人」，理論上即包括民間仲介機構，形成其與公立就業服務機構互相搭配之情形。至於就業諮詢服務所須經費，係就業保險法第35條規定之費用，由公務預算支應，而非由就業保險法第12條之就業保險基金支付。即使就保法第12條第3項第2款之「其他促進就業措施」，解釋上也不包括提供就業諮詢服務在內。此與就保法第12條及第35條規定之計畫項目有所區別，不得混用。

五、補助求職交通費用／補助金（就業保險促進就業實施辦法第22條）

配合公立就業服務機構就業諮詢及開立介紹卡推介就業，公立就業服務機構在受理失業被保險人之求職登記，辦理下列適性就業輔導事項：(一)職涯規劃。(二)職業心理測驗。(三)團體諮商。(四)就業觀摩（就業保險促進就業實施辦法第46條）。而且，為促成就業，如推介地點與日常居住處所距離三十公里以上或為低收入戶或中低收入戶。惟其合併就業促進津貼實施辦法之求職交通補助金，每人每年以四次為限（就業保險促進就業實施辦法第24條）。另外，

得申請異地就業之交通、搬遷及租屋費用。就此看來，就業促進津貼實施辦法之適用對象，包括就業保險被保險人及非被保險人。只是，在台灣，即使到外地求職，也無膳宿費用的補助。

貳、推介就業

一、推介就業免費原則（就服法第13條）

依據就業服務法第13條規定，公立就業服務機構辦理就業服務（推介就業，Arbeitsvermittlung），以免費爲原則（推介就業免費原則，Prinzip der Unentgeltlichkeit）。相對於此，私立就業服務機構依據就業服務法第35條規定及國際勞工組織（ILO）1949年第96號「收費就業服務機構（修正）公約」、1997年第181號有關職業介紹之公約，已可爲求職人從事推介就業等業務，並且向僱用人收取一定數額的費用[89]。

二、推介就業先行原則／強制推介原則

亦即在請領失業給付之前，應先接受公立就業服務機構的轉介工作（就保法第13條），即所謂推介就業先行原則／強制推介原則（Vorrang der Vermittlung in Arbeit）。否則，其申請失業給付會受到公立就服機構的拒絕受理（就保法第15條第1款規定：閉鎖期／禁止期）。惟其一旦回心轉意接受推介就業，即可申請。

三、加強推介就業原則？

即依中央勞政機關2011年2月15日發布施行之「就業保險失業認定作業原則」五(二)的規定，失業者之領取失業給付，除兩次求職失敗記錄外，尚需每月至就服站推介的廠商面試一次到二次，失敗後始能領取，其目的固在加強推介，但卻也無形中提高失業給付的門檻[90]。況且，就保法第30條規定並無此一額外要求。

依據「就業保險失業認定作業原則」，中央勞政機關並且認爲失業給付申

---

[89] 依據第181號公約第7條規定，不得直接或間接向求職人收取任何費用或成本。

[90] 「刁難失業給付竟指定面試」，蘋果日報，2011年4月5日，A14版。

請人每月進行失業再認定時，將依就業保險法第27條強制推介就業，申請人須依規定繳回推介就業回覆卡，否則將不予認定。這是基於就業保險係以積極促進就業爲立法目的而來。至於就保法第30條規定之二次求職記錄，並不可作爲推介就業回覆卡之用。亦即兩者皆屬失業給付之申請人辦理失業再認定之必要程序，適用法條不同，尚難併同論之。而在2011年度，職業訓練局爲加強推介失業給付申請人之就業，乃要求申請人在失業給付期間，至少每三個月要參加一次就業促進研習活動，這連帶地也使「就促研習人數」較2010年同期增加許多。

四、可以委託民間仲介機構辦理（就保法第12條第2項）

　　德國是在1994年7月26日修正的僱用促進法（Beschäftigungsförderungsgesetz, BFG）中，始允許私人在一定條件下，可以從事推介就業。在台灣，爲促進失業之被保險人再就業，依據就業保險法第12條第2項規定，前項業務（提供就業諮詢、推介就業或安排參加職業訓練）得由主管機關或公立就業服務機構委任或委託其他機關（構）、學校、團體或法人辦理。此處的「其他機關（構）、團體或法人」，理論上即包括民間仲介機構。因此，私立就業服務機構當可從事推介就業的業務。

五、推介就業尚須遵守中立原則

　　推介就業尚須遵守中立原則（Prinzip der unparteilichen Vermittlung），這是從國家中立原則，尤其是行政中立原則而來，意思是指就業服務機構推介就業時，不得偏於特定政黨、利益團體或個人。但是，對於具有特殊身分或具有弱勢地位之個人，例如學生（就服法第18條）、缺乏工作知能之求職人（就服法第19條），公立就業服務機構當得強化其職（就）業輔導或推介其就業。

六、下一步：強化公立就業服務機構與民間仲介機構的合作？
　　或者如現在的情況：各做各的？

　　在全球化競爭的環境下，爲了發揮職業介紹的功效，避免失業狀況的出現，強化及擴大公立就業服務機構及與民間仲介機構的合作即有其必要。亦即兩者間不僅是許可或管制的關係（就服法第34條），而且也是合作夥伴（就保法第12條第2項）。有些就業服務工作，私立就業服務機構投入較深，相對

的，資料也較齊全，有助於推介工作的進行，公立就業服務機構似應透過管道善加利用。

同樣地，中央主管機關亦應強化與地方主管機關或相關機關團體的合作（就服法第33條之1）。亦即委辦直轄市、縣（市）主管機關或委託相關機關（構）、團體辦理就業服務及促進就業事項。

參、職業訓練

一、職業訓練／津貼先行原則（就保法第15條第2款）

職業訓練的目的，是在經由各種訓練避免勞工陷入危機（krisensicher），並且增加其移動性及適應變化快速的職場環境。職業訓練並非僅是一「為開班而開班」的過程，而是除了必須與經濟現況、產業環境密切結合外，也必須為國家預計發展的重點產業儲備人才[91]。本來，就業服務法第20條即有如下之規定，「公立就業服務機構對申請勞工保險失業給付者，應推介其就業或參加職業訓練。」惟尚難窺知職業訓練先行原則。在積極的促進就業措施的思想下，始確定失業被保險人應先接受公立就服機構之安排，參加職業訓練[92]。失業勞工如無就保法第14條第1項第1款及第2款之情事而拒絕參加職業訓練者，其申請失業給付會受到公立就服機構的拒絕受理（就保法第15條第2款規定：閉鎖期／禁止期）。惟其一旦回心轉意接受就業諮詢，即可申請[93]。

雖然如此，長久以來，職業訓練生活津貼發放的件數及金額均不多，似乎職業訓練先行原則並沒有被落實。此從中央勞政機關2016年1月到9月的職業訓練生活津貼的申請件數介於一千多件到兩千多件，而所發放的職業訓練生活津貼的金額，每月大多在4,000萬元左右，即可推知。在實務上，被保險人先請領完失業給付，而後接受職業訓練請領職業訓練生活津貼者，仍然不乏其人。

---

[91] 所以，必須接受有系統的成本效益評估。

[92] 目前，其他以具有被保險人身分為前提之職業訓練，較重要的有：就業保險之職業訓練及訓練經費運用管理辦法第2條第2款、產業人才投資方案計畫要點第2點、提升勞工自主學習計畫第4點、充電起飛計畫第6點、充電再出發訓練計畫第4點。

[93] 這裡會面臨的另一個問題是，參加職業訓練者，目的並不在藉由受訓提升再就業能力，而是在領取職業訓練生活津貼。如此，當會影響推介就業率的高低。

二、主要是回到職業訓練法處理，公立職業訓練中心扮演主要 的角色

　　對於職業訓練的規範，主要是在職業訓練法中，其對於職業訓練的方式，包括有養成訓練、技術生訓練、進修訓練、轉業訓練等。因此，對於提升人力資源的訓練，主要應該回到職業訓練法施行，尤其是第4條之1表現出其立法企圖心。只不過，該法的規定稍嫌簡略，對於施訓者及受訓者的身分及其間的權利義務幾乎沒有規定[94]，連帶地影響到當事人進行職業訓練的意願。

　　所以，現行實務上的職業訓練，多有不依據職業訓練法而行者，或者依據「就業保險之職業訓練及訓練經費管理運用辦法」、或者依據職業訓練局所擬定的方案或計畫（例如產業人才投資方案／計畫、提升勞工自主學習計畫、充電起飛計畫[95]、充電再出發訓練計畫、青年就業旗艦計畫）而行，且其主要是在公立職業訓練中心訓練[96]。只是，配合著例如「企業人力資源提升計畫」，在事業單位內完成進修訓練者，已逐步提升，這毋寧是個好現象。惟更為重要者，應是大力落實由事業單位自行進行養成訓練及技術生訓練，藉由工作崗位訓練，達到留用受訓者的目的。

三、限於全日制職業訓練（就保法第11條第1項第3款、第19條、就 保法施行細則第16條）

　　為達到失業給付、就業服務及職業訓練三位一體的整合性就業政策，就業保險法中也有職業訓練的規定，且為達到有系統地提升人力素質的目的，其限於全日制的職業訓練。

---

[94] 有關受訓者之權利義務，主要是規定在其他的勞工法令及社會法令裡（含）。例如勞工保險條例第6條第1項第6款、勞工保險被保險人因執行職務而致傷病審查準則第22條之1。

[95] 此一計畫係針對行政院因應貿易自由化產業調整支援方案而制定施行，理論上，其適用對象限於會受到貿易自由化影響者。故其計畫目的為加強輔導各產業從業人員參訓，提升工作知識技能與就業能力，並協助事業單位發展人力資本，持續提升勞工職場能力，穩定就業及促進再就業。

[96] 惟近年來委外訓練占所有訓練的比例及人數也不斷地增加。請參閱陳麗卿，我國委外職業訓練制度之研究，國立中正大學勞工關係學系碩士論文，2014年7月，頁7。理論上，委外訓練單位所規劃的訓練計畫及安排的訓練事宜，應該與公共職業訓練機構所辦理的訓練，形成互補、互益的訓練產業。

四、接受職業訓練的人能否請求發給就業促進津貼／尋職津貼？

如依就業促進津貼實施辦法第2條第1項第1款之規定「非自願離職者」，理論上即包括就業保險法第11條第3項規定所指之對象。只是，針對非自願離職者，就保法既有職業訓練生活津貼之規定，則同一人應不得再依就業促進津貼實施辦法第4條第1項第3款及第18條以下之規定，重覆請求給付。

五、繼續訓練與解僱最後手段原則之關係

最近幾年，針對雇主於具有勞基法第11條各款事由時之終止勞動契約，台灣法院實務上多有主張解僱最後手段原則者[97]，學者間多有附和之者。惟其主要是要求雇主要先進行調職（由勞基法第11條第4款所導出）。本書則是認為，在解僱最後手段原則的理論下，應該也可以得出雇主應先試行進修訓練、轉業訓練[98]或繼續訓練的可能性，不得直接進行資遣。而且，不問雇主有無獲得公立就業服務機構的補助（例如2009年時的充電加值計畫或目前的充電再出發訓練計畫），均應受到適用。其實，勞工或工會要求雇主在僱傭／勞動契約或團體協約中，約定應實施進修訓練、轉業訓練或繼續訓練，主要是在企業正常經營時，提升本身的工作技能及終身學習，而非在將之作為確保勞動關係存續的手段。

肆、創業協助／設立補助

一、屬於國家鼓勵勞動者創業的政策

創業協助／設立補助（Existenzgründungszuschuss），其目標在藉由自謀職業，脫離失業的環境。至於國家的做法可以小額擔保貸款、減免稅收、或行政

---

[97] 值得注意的是，在一件身心障礙者被以勞基法第11條第5款不能勝任工作的解僱案件中，最高法院99年度台上字第1309號民事判決認為：「被上訴人係依勞基法第11條第5款規定終止兩造間之僱傭契約，並非依同條第4款之規定，以業務性質變更而有減少勞工之必要，又無適當工作可供安置之原因，終止兩造間之僱傭契約，自不問有無其他適當工作可供安置」。本書認為此一判決，雖未明言否認解僱最後手段原則，但實際隱有此意。至少，所謂的解僱最後手段原則已經受到大大的限縮，如要肯定之，必須透過修法的途徑為之。

[98] 最高法院96年度台上字第2630號判決「施以教育課程」。解釋上即為進修訓練、繼續訓練或轉業訓練。

性收費減免爲之。在鼓勵的創業方面，基於貸款額度的限制，自然以小資本企業爲限，例如文化創意產業、觀光產業、各種農特產品的開發行銷等。

依據2014年12月25日修正施行之「就業保險失業者創業協助辦法」第1條及第16條規定，創業協助經費由就業保險基金支付，而非稅捐。所須貸款由銀行提行貸款資金，政府提供貸款戶九成五信用保證，免提擔保人（創業協助辦法第9條）。依據就業保險法第2條規定，就業保險之主管機關，在中央爲勞動部。惟觀勞動力發展署網路之就業保險失業者創業協助申辦流程，似乎是由勞動力發展署所屬分署、就業中心負責執行，而與創業有關的業務（例如微型創業鳳凰貸款）[99]同樣也是由勞動力發展署執行。

二、在積極促進就業的思考下，是否具有一個創業協助先行原則？

也就是說：是否可以將就保法第14條及第15條規定類推適用於創業協助？對此，本書以爲應採否定見解。這是因爲受僱與創業畢竟不同，當事人所應具備的條件（尤其是企業經營的能力與野心）不同，難以單純積極促進就業的思想而導出[100]。

三、自行創業者（創業者）所需具備之要件

(一)必須滿15歲以上、65歲以下之勞工。

只是，本書認爲15歲似乎太過年輕，將就保法中加入就業保險的年齡移植到此，並不妥當。由於就業保險失業者創業協助辦法並無微型創業鳳凰貸款要點第3點第2項之規定。所以，解釋上所創業者，並不以微型廠場爲限。不過，由於創業協助辦法第6條第4款規定，申請貸款者應爲所創事業的負責人。所以，必須有關負責人的年齡，必須依據公司法或企業法令或特別法令而定，

---

[99] 依據行政院勞工委員會1999年2月16日所發布之微型創業鳳凰貸款要點辦理。對象爲婦女、中高齡者。以及年滿20歲至65歲、設籍於離島之居民。行政院勞工委員會1999年2月16日勞福1字第0980135064號令訂定發布施行。勞動部在2016年7月15日勞動發創字第1050501987號令修正發布第3、4、5、7、8、9、11、12、24點條文；並自即日生效。最近一次修正爲2016年12月7日勞動發創字第1050510592號令修正發布第7、22、23、24、25、26點條文；並自即日生效。

[100] 依據2008年1月1日開始施行的中華人民共和國就業促進法第2條規定，「國家把擴大就業放在經濟社會發展的突出位置，實施積極的就業政策」。惟依據同法第7條規定，同樣只是採取「鼓勵勞動者自主創業」而已，並不強制失業者創業。

例如依據公司法第108條第1項規定，公司應至少置董事一人執行業務並代表公司，最多置董事三人，應經2/3以上股東之同意，就有行為能力之股東中選任之。公司法第128條第2項也規定，限制行為能力人不得為股份有限公司發起人。

　　(二)必須是就業保險被保險人而失業者（創業協助辦法第3條、第8條第1項第1款及第6款）。惟此並未賦予失業者有一法律請求權。

　　(三)申請創業貸款者應參加一定的準備課程（創業協助辦法第6條第1款及第2款）。

　　(四)申請人必須具備一定之資格，尤其是經中央勞政機關輔導依法設立登記（創業協助辦法第6條第3款）。此處，既是「設立登記」，即表示係新設立一事業／廠場，如果是參與經營、繼續經營或擴大經營，均不在其內。

　　(五)創業者必須全心全力經營及管理事業／廠場（創業協助辦法第6條第4款：應為所創事業的負責人）。只是，其並無微型創業鳳凰貸款要點第6點第2項「且未同時經營其他事業」之限制。

　　(六)創業者必須無破產或無支付能力不足之情形，也必須無接受微型創業貸款或已清償貸款[101]等情形（創業協助辦法第7條）。

　　(七)創業計畫書必須包含經營計畫（創業協助辦法第8條第1項第2款），惟毋須包括銷售量評／預估。而且，創業計畫書必須經中央勞政機關審查通過，亦即審查其計畫執行的可行性（創業協助辦法第8條第2項）。

　　(八)貸款用途以購置或租用廠房、營業場所、機器、設備或營運週轉金為限（創業協助辦法第12條）。由此看來，貸款似乎不能用來建立廠房，此是否妥當？

　　(九)申請人必須依據中央勞政機關所定之書表格式填寫資料後，提出申請（創業協助辦法第17條）。

四、待釐清之問題

　　綜觀創業協助辦法的規定，仍有以下問題待釐清：

　　(一)依據創業協助辦法第2條第2項規定，受託辦理創業協助措施業務之團體，似乎沒有。

---

[101]　與此不同的是，依據微型創業鳳凰貸款要點第4點規定，貸款人即使未清償貸款，仍得再申請貸款一次。

(二)排除政治團體（政黨）。其與就業保險促進就業實施辦法第2條第2項規定並不相同。理由為何？

(三)創業者是否應先作求職登記、並且遵守十四日的等待期？

(四)創業者必須先領完失業給付、未能就業或接受職業訓練，始能申請創業協助？惟此可以例外不適用於身心障礙者等特定身分者。

(五)承上，或者說，失業者可以一邊請領失業給付、一邊申請創業協助？由中央勞政機關與／或公立就服機構審查決定之？

(六)在創業期間，中央勞政機關是否應該再給予健康保險費補助？或年金保險呢？

(七)申請人是否必須為生活扶助戶或無資力者（bedürftig）？

(八)申請創業者是否應該有優先族群之設計？例如18～24歲者？身心障礙者？

(九)承上，是否應設置優先協助的產／行業或雇主類別？例如手工藝業、小吃業[102]？

(十)申請人遲延攤還本息時，會遭遇到何種不利益（創業協助辦法第10條第2項、第14條）？

(十一) 最後，中央勞政機關是否應定期地統計創業者的存活率及經營的狀況，以作為擴大或縮小辦理創業協助、或者如何改善參考之用？

伍、公法救助關係下的促進就業措施

一、意義與型態

所謂公法的救助關係，係指依據傳統行政法的理論，政府基於特定的政策目的，以公法關係進用人員，以完成特定的任務，並且藉以落實福利國的或社會國的目標者[103]。從歷年行政機關／構的各種措施來看，包括行政院「永續促進就業小組」之「短期僱用措施」、行政院勞工委員會之「公共就業方案」、「多元就業開發方案」、「88臨工專案」、黎明就業方案、以及希望就業計畫方案等均屬之[104]。在此，本書以為行政機關及中央勞政機關似應針對所提出的

---

[102] 此在微型創業鳳凰貸款要點第5點即是如此規定。

[103] 依據2008年1月1日開始施行的中華人民共和國就業促進法第52～54條規定，其所謂的「公益性崗位安置」，即與台灣的公法救助關係相同。

[104] 行政院勞工委員會92年9月29日勞保1字第0920051811號函參照。

短期就業方案進行效益評估，自我檢討，以有效率地進行促進就業。

二、最後手段原則

在幫助失業者就業的手段選擇上，各種促進就業措施應該只能作為最後手段使用，畢竟其是一個人為創造的工作，這在德國也一樣。亦即其針對促進就業措施（Arbeitsbeschaffungsmaßnahmen, ABM），將其定位為額外增加的、為公共利益（im öffentliche Interesse）創造的工作（§§ 260 f., 263 I SGB III）。其目的通常係為將長期失業者（或者中高齡失業者、難以推介工作的人schwer vermittelbare Arbeitslose、特別須要促進的族群besonders förderungsbedürftigen Personengruppen）等高失業率族群，從市井上／馬路上重新納入勞動市場而為（亦即聯邦就業總署將之作為應付長期失業者的工具），例如為修建散步步道（Wanderweg）而僱用一批工人，或者在環境清潔與景觀維護、觀光領域（例如我國金門觀光的解說人員）招聘使用此類人員，其通常係有利於鄉鎮或地區而為。所謂「額外增加的zusätzlich」，係指如無促進措施，企業並不會進用人員或者在往後的日子才會進用人員而言。通常，公法的促進就業措施有一個特色，即政府會不斷地推出不同的計畫或方案，以吸納失業者進來。一旦公部門短期促進就業計畫結束後，再就業率並不高。

三、部分的勞動條件或社會保險法的保障

在公法救助關係下，用人單位（行政機關／構）可以給予工作者部分的勞動條件或社會保險法的保障，例如2009年8月28日「莫拉克颱風災害重建特別條例」第13條第2項規定及第14條第1項規定的立法方式[105]。

四、侷限在特殊的事故

惟行政機關的啟動公法救助關係並非毫不受限制，而是應該將之侷限在特殊的事故。這是指天災、事變、突發事件等超出人力控制之外的天然災害或社會動亂，且造成一定地區或一定數目的人群受害。至於國家經濟上的風暴，則必須達到會動搖人心的程度（例如亞洲金融風暴或2008～2009年的世界金融風暴）或者失業率已達相當高點，迫使政府採取短期人力安置措施始可。

---

[105] 楊通軒，前揭書，頁161。

　　而且，只有在為降低失業率之短期促進就業措施、且其僅屬短期失業率的上揚或失業率未達相當高點的嚴重程度，而政府機關之推動措施受到預算編列之限制者，始有成立定期的勞動契約之可能。另外，為免政府機關捨棄一般的促進就業措施而不為，本書認為理應將政府機關的公法救助關係定位在最後手段，亦即俟各種促進就業措施（例如採取全面延長失業給付到九個月、各種僱用獎／補助措施）無效後，始能啟動[106]。

五、比較法的觀察

　　從比較法來看，在德國，雖然促進就業措施的優先考量，係創造一長期性的工作位置。但是，實務上大多在補助到期時，雙方的僱傭關係即隨之終止，而聯邦勞工法院（BAG）也認為此並無違反勞工法理[107]，其認為促進就業的補助期間，可以作為定期勞動契約的事實上理由（sachlicher Grund）。其次，在德國，經由促進就業措施所補助的勞動關係，適用一般的勞工法原理原則[108]，勞工也可以加入失業保險及其他社會保險。再者，在德國，當勞工要接受養成職業訓練或一個工作、或者要參加一項提升工作能力的措施、或者想要提前終止促進就業措施時，即可立即地終止雙方法律關係（§ 270 I SGB III）。在上述最後一種狀況時，雇主也可以立即終止勞動關係（§ 270 II SGB III）[109]。

第三節　就業安全機關之設計與改造

壹、中央主管機關下的一環

　　台灣自1988年以來，即已啟動政治爭議極高的行政組織再造工程，在精簡、彈性化及效能三個原則的指導下，經過二十幾年的寒暑，終於在2009年通過行政院組織法的修正，再配合2004年的中央行政機關組織基準法的規定（其

---

[106] 楊通軒，前揭書，頁164以下。

[107] BAG, AuR 89, 61.

[108] Kittner, Arbeits- und Sozialordnung, 32. Aufl., 2007, 1048.同說，Bruns, a.a.O., 127.惟這與本書所採的看法不同，即基於其公法上的目的，理論上應將雙方間的法律關係定位為非勞動契約。英國法之（Employment Action）亦是採取此種看法。

[109] 針對促進就業措施，在台灣，吾人似亦可思考以就業保險基金或就業安定基金提供貸款給失業者，以促進其就業的可能性。相同見解，Bruns, a.a.O., 128.

中尤其是各部會三級機關以五十個爲限）[110]，在2011年的立法院會期，各部會的組織法已經在陸續修正通過。其中，與就業安全機制尤其有關的，是行政院勞工委員會的轉型爲勞動部，及其下所轄的、也隨之改制的職業訓練局及勞工保險局（以下或有簡稱勞保局）、勞工保險監理委員會。

　　就台灣勞工法規及社會法規的落實來看，主要係由行政機關負起責任，雖然在工會法第5條工會任務中，包括有勞工政策與法令之制（訂）定及修正之推動（第4款），惟此規範構想究竟落實狀況爲何？並非無疑。所謂由勞資雙方團體的自我管理或勞工參與（含社會對話）的情況，毋寧係少數，這也不足爲怪。畢竟社會法規都是公法性質（特別行政法），而一大部分的勞工法規，性質也是屬於勞工保護法的公法法規，其落實自有待於行政機關的強力監督與檢查。惟勞工法規及社會法規的督促、執行，也可能涉及其他機關，或者由其負責或者須要其配合，例如內政部、教育部、科技部及交通部等。又如針對科技部所屬科學工業園區內事業單位聘僱外國人從事就業服務法第46條第1項第1款專門性或技術性工作，勞動部依據相關法律（科學工業園區設置管理條例第6條第1項第12款、第19款及第3項[111]；科學工業園區勞工業務處理辦法第3條及第4條[112]；行政程序法第15條第2項、第3項[113、114]），委託科技部所屬新竹科

---

[110] 「政府組織改造考驗完全執政的虛與實」，工商時報，2009年1月21日，A2版；「中央機關總量管制擬取消」，自由時報，2009年1月21日，A7版。

[111] 依據科學工業園區設置管理條例第6條規定，管理局掌理園區內關於外籍或僑居國外專門性或技術性人員聘僱之許可及管理事項（第1項第12款）。關於勞工行政、勞工安全衛生、公害防治及勞動檢查事項（第1項第19款）。第1項各款所定事項與各機關有關者，其處理辦法，由國科會商有關機關定之，授權管理局代辦該業務（第3項）。

[112] 依據科學工業園區勞工業務處理辦法第3條規定，「本辦法所稱勞工業務，指本條例第6條第1項第19款規定之勞工行政、勞工安全衛生及勞動檢查事項，屬中央勞工行政主管機關及直轄市、縣（市）政府主管之事項（第1項）。前項勞工行政，指除勞工安全衛生及勞動檢查事項外之勞資關係、勞動條件、兩性工作平等、職工福利、職業訓練、就業服務及其他有關勞工行政事項（第2項）。」依據第4條規定，科學工業園區之勞工業務，分別由中央勞工行政主管機關或直轄市、縣（市）政府委託科學工業園區管理局或分局辦理。令人疑惑的是，本辦法第3條第1項之勞工業務，並未包括本條例第6條第1項第12款之外籍專門性或技術性人員聘僱之許可及管理事項，此似爲立法的疏漏，蓋即使是本條例第6條第1項第19款規定之事項，管理局或分局也必須受到委託始得辦理。此與管理局或分局辦理本條例第6條第1項第12款之事項之需要受到委託，並無不同。

[113] 依據行政程序法第15條規定，行政機關因業務上需要，得依法規將其權限之一部分，委託不相隸屬之行政機關執行之（第2項）。前二項情形，應將委任或委託事項及法規依據公告之，並刊登政府公報或新聞紙（第3項）。

[114] 本來，依據就業服務法第33條之1，也有中央主管機關委託相關機關（構）、團體辦理的規定，但其限於「就業服務及促進就業」事項，而根據同法第2條第1款規定，「就業服務：指

學工業園區管理局、中部科學工業園區管理局及南部科學工業園區管理局，自2015年4月1日至2017年3月31日期間，執行許可業務。惟受委託單位執行上開許可業務，其相關規定悉依就業服務法及其相關法令規定辦理[115]。管理局或分局應依勞動相關法律及法規命令，辦理科學工業園區之勞工業務（科學工業園區勞工業務處理辦法第5條）。在此，不僅執行的法律依據相同，許可所採的審查標準、態度亦應求其一致。

同樣地，針對經濟部所屬加工出口區內事業單位聘僱外國人從事就業服務法第46條第1項第1款專門性或技術性工作，勞動部依據相關法律（加工出口區設置管理條例第10條之3[116]；行政程序法第15條第2項、第3項），自2015年4月1日至2017年3月31日期間，委託經濟部加工出口區管理處執行許可業務[117]。又，針對交通部所屬自由貿易港區內事業單位聘僱外國人從事就業服務法第46條第1項第1款專門性或技術性工作，勞動部也依據相關法律（自由貿易港區設置管理條例第9條第2項第4款[118]；行政程序法第15條第2項[119]），自2016年7月1日至2018年6月30日期間，委託交通部航港局執行許可業務[120]。上述兩項委託，公告事項均要求受委託單位執行上開許可業務，其相關規定悉依就業服務法及其相關法令規定辦理。

另外，勞工法規及社會法規的施行，也可能由隸屬於中央主管機關的非行政機關負責，例如組織改造前（2014年2月17日）性質屬於（比照）金融機構的勞工保險局及勞工保險監理委員會、以及屬於行政機構的勞工安全衛生研究所。至於地方勞工行政機關，當然也負責執行勞工法規及社會（保險）法規。

協助國民就業及雇主徵求員工所提供之服務。」顯見外國人之聘僱不在其內。也因此，中央勞政機關委託的法律依據，遂不包括就業服務法第33條之1。

[115] 勞動部104年3月31日勞動發管字第1040502666號公告參照。

[116] 依之，「區內事業聘僱外國人從事就業服務法第四十六條第一項第一款專門性或技術性工作之許可業務，中央勞工主管機關得委託管理處或分處執行，管理處或分處應依就業服務法相關規定辦理」。

[117] 勞動部104年3月31日勞動發管字第10405026662號公告參照。

[118] 依據自由貿易港區設置管理條例第9條第2項規定，自由港區管理機關就自由港區內下列事項之管理，應經目的事業主管機關之委任或委託：勞工行政、勞工安全衛生及勞動檢查（第1款）；外籍或僑居國外專門性或技術性人員聘僱之核發（第4款）。其所謂「核發」，指核可發給之意。

[119] 此處，法律依據並未引用第19條第3項，法規引用似有遺漏。

[120] 勞動部105年7月20日第1050508258號公告參照。

台灣地方的勞工法規及社會（保險）法規為數甚少[121]，其有訂定者，不問是自治條例或其他的規章，大多出自於照顧勞工的目的，少有與該地具有特殊的勞工事務有關。所以，長久以來，地方勞工行政機關及社會行政機關之執行或推動中央政府所制定的勞工法規及社會法規，事實上並無自治事項或委辦事項[122]的區別或意識，而是當作自己所通過的法令在執行。此不僅在六都（六個直轄市）上路後，即使在之前，都已發生權限劃分的問題。雖然，很多勞工法規及社會法規的執行，都涉及全國（一致）性或跨越直轄市、縣市的問題，但是否即可做為中央主管機關集權處理的理由，恐怕還有思考的空間。惟無論如何，由中央勞工主管機關與地方勞工主管機關設立一個溝通平台（交換資訊、分析資訊、以及採取後續的動作），定期地及不定期地交換意見與分配權責之執行，應該是有必要的。如前所述，在民主社會主義之下，中央與地方本應採取因地制宜的彈性原則，分配權力[123]。

　　吾人回顧過去從內政部勞工司到成立行政院勞工委員會的歷程，即可知其具有濃濃的政治味。主要是中國國民黨在1986年的國大及立委選舉中雙雙失利，所以當時的蔣經國主席指示「儘速研究在中央設立勞工局，以強化勞工行政效率」。其實，在當時，除了中央有內政部勞工司之外，還有台灣省政府社會處、台閩地區勞工保險局、台閩地區勞工保險監理委員會、內政部職業訓練局、台灣省勞工檢查委員會等，隨著1987年勞工委員會的成立，上述機關也同時或逐步地納編於勞工委員會，成為一個功能健全的中央行政機關。而在勞工委員會成立後，勞工安全衛生研究所於1992年8月成立，勞工退休基金監理會於2007年7月成立。另外，配合行政院勞工委員會的成立，台灣省勞工處、高雄市勞工局及台北市勞工局等三個地方勞工行政主管機關，也在1988年1月15日同一天掛牌上路[124]。

　　觀察台灣有關勞工法規及社會法規執行權限的劃分，會發現只有隱晦不明的勞資雙方自治團體或勞資政三方團體權限的歸屬規定[125]，至於勞工主管機關

[121] 目前，台灣的直轄市及縣（市）政府並未另行舉辦任何勞工保險或就業保險。勞工保險條例逐條釋義，2011年12月，頁16參照。

[122] 地方制度法第2條第2款、第3款參照。

[123] 姚蘊慧，前揭文，頁3。

[124] 請參閱勞工委員會編著，勞動百年專書，第七章行政組織，2011。另外，有關德國聯邦勞動及社會部之發展過程，請參閱MünchArbR/Richardi, 2. Aufl., 2000, §15 Rn. 6 ff.

[125] 基於協約自治原則，勞雇團體固可對於工作條件進行協商及簽訂團體協約，但立法者仍然擁有規範的權限。另外，依據團體協約法第3條本文規定，「團體協約違反強制或禁止之規定

權限的規範，主要見之於中央勞政機關（勞動部）組織法及其所屬三（四）級機關（構）的組織法規定[126]。本來，在憲法沒有規定的情形下，假設行政院或中央勞政機關規劃增設新的三級機關或內部單位，只要修正勞工委員會組織法及其他相關的組織法／組織條例即可，當然，其成立與否，立法院有最後決定權。例如隨著勞動部成立的（三級機關）職業安全衛生署，即是在功能性、專業性的考量下，經由立法院綜合考量全國三級機關總額限制下，立法成立的。

惟爭議最大的，毋寧是中央勞政機關與地方勞政機關管轄權限的劃分。對此，憲法及地方制度法已有原則性的規定。依據憲法第108條第13款規定，勞動法及其他社會立法，由中央立法並執行之，或交由省縣執行之。地方制度法第18條第5款規定，關於直轄市勞工行政事項（勞資關係、勞工安全衛生），為直轄市自治事項。同法第19條第5款規定，關於縣（市）勞工行政事項（勞資關係、勞工安全衛生），為縣（市）自治事項。在個別的勞工法規或社會法規中，也屢有「本法所稱主管機關，在中央為勞動部；在直轄市為直轄市政府；在縣（市）為縣（市）政府」的規定，不過，這一切似乎未能終局地釐清權限分配的爭議。

值得注意的是，面對著我國政治組織的改造及地方政府（尤其是直轄市政府）勞工事務及社會事務權責分配之要求，除了一些勞工法規及社會保險法規的修正外[127]，中央勞政機關自2015年8月17日以來，即陸續發布幾號公告[128]，依據就業服務法第6條、第12條、第33條之1、地方制度法第2條第3款、第14條及行政程序法第15條第3項等相關規定，公告委辦○○市政府，在特定期間內，辦理○○就業中心業務。例如勞動部公告自2016年3月1日至2019年2月28日期間，委辦桃園市政府辦理中壢就業中心業務[129]。至於所委辦的事項如下：一、求職求才之就業媒合服務。二、職業訓練諮詢與就業服務推廣、諮詢及推

者，無效。」意即「禁止協商」事項，完全依據法律規定為準。

[126] 尤其是勞動部勞動力發展署組織法第2條之掌理事項規定。

[127] 例如以勞工保險費的補助而言，勞工保險條例第15條在2012年7月1日修正施行前，原本由中央政府及直轄市政府共同補助。惟在修正施行後，已全部由中央政府補助。

[128] 分別為勞動部105年5月3日勞動發就字第1050504526號公告（中壢）、勞動部105年3月2日勞動發就字第10505017611號公告（豐原）、勞動部104年8月17日勞動發就字第1040509489號公告（鳳山）、勞動部104年8月17日勞動發就字第1040509891號公告（岡山）、勞動部104年8月17日勞動發就字第1040509725號公告（三重）、勞動部104年8月17日勞動發就字第10405097251號公告（新店）、勞動部104年8月17日勞動發就字第10405097252號公告（板橋）。

[129] 勞動部105年5月3日勞動發就字第1050504526號公告參照。

介相關業務之辦理。三、就業保險失業認定。四、申請聘僱外國人前之國內招募與求才證明核發、外籍勞工轉換及承接業務。五、轄區資源網絡之建立及推動。六、各項福利服務資源之轉介。七、特定對象之就業服務及就業促進。八、本部辦理促進國民就業事項（如本部各項促進就業津貼之辦理）。九、本部辦理各項因應天災或重大勞動市場變動等情事之相關就業措施。十、其他本部辦理有關就業中心業務事項（不含創業、技能檢定、多元就業開發方案審核作業及直接聘僱聯合服務中心等）。

　　上述幾號有關委辦的公告，雖然只限定在一定期間，但已啓動以往中央勞政機關集權處理的權力轉輪，讓直轄市政府也擁（負）有一定的權責，對於就業服務及促進就業最理想功能的發揮，或將有所裨益。只不過，本書以爲中央勞政機關所引用的法律依據，並非全有授權委辦的明文。或者更確切的說，針對就業服務及促進就業事項，除了就業服務法第33條之1有委辦直轄市、縣（市）主管機關的規定外，同法第12條並未有所規定，同法第6條第2項及第3項更是只在切割中央勞政機關與地方主管機關掌理的事項而已。至於委辦的事項「三、就業保險失業認定」，涉及就業保險法第25條公立就業服務機構的認定權限，亦未見該條文有委辦或授權認定的規定。至於就業保險法第15條第2項之委任或委託辦理規定，也僅限於「爲促進失業之被保險人再就業，得提供就業諮詢、推介就業或參加職業訓練」，解釋上並不包括失業認定。而就地方制度法第2條第3款，「委辦事項：指地方自治團體依法律、上級法規或其他規章，在上級政府指標監督下，執行上級政府交付辦理之非屬該團體事務，而負其行政執行責任之事項。」其所謂的「依法律」，應該係指（如就業服務法、就業保險法等）個別的勞工法律或社會法律而言。由此觀之，此一公告所引用的法律依據，恐怕大多未能符合中央法規標準法第5條第2款，「關於人民之權利義務」應以法律規定的要求。或許行政機關以爲行政程序法第15條第2項、第3項已足夠作爲委辦的依據，惟歸根結底之計，似乎仍在儘速修正就業服務法及就業保險法等相關法律規定。

　　另外，同樣與政治組織的改造及地方政府（尤其是直轄市政府）勞工事務及社會事務權責分配之要求有關者，係中央勞政機關授權直轄市主管機關或有關機關所進行的勞動檢查。本來，在勞動部成立後，中央勞政機關的勞動檢查，是由隸屬於勞動部職業安全衛生署之北區職業安全衛生中心、中區職業安全衛生中心、南區職業安全衛生中心負責執行。惟在勞動檢查法（以下或有

簡稱勞檢法）於2015年2月4日修正施行時，已在第5條明定授權的依據[130]，故被授權的直轄市主管機關只要依照勞動檢查法辦理，並接受中央勞政機關的監督指揮即可。例如勞動部首次依據勞動檢查法第5條第1項，授權台中市政府所屬勞動檢查處執行所轄行政區域之部分勞動檢查業務，並自2015年5月1日起生效[131]。其所指部分勞動檢查事項，包括勞動條件及職業安全衛生、及其他應辦理之事項（勞檢法第4條第4款）。在公告事項中，除了將轄區範圍所指的各個工業區列出外，並且將監督檢查對象擴大到所列工業區以外之所有製造業[132]。

　　在授權台中市政府後不久，勞動部再次授權新北市政府所屬勞動檢查處執行所轄行政區域之部分勞動檢查業務，並自2015年7月1日起生效[133]。有關部分勞動檢查事項，同樣是勞動條件及職業安全衛生、及其他應辦理之事項（勞動檢查法第4條第4款參照）。具體而言，為：(一)該轄區內之勞動基準法等相關勞動法令之勞動條件監督檢查。(二)該轄區內之勞動檢查法及職業安全衛生法之監督檢查。但不包括下列由本部（勞動部）所設勞動檢查機構或指定代行檢查機構辦理之審查、檢查業務：1.勞動檢查法第26條之危險性工作場所。2.職業安全衛生法第16條危險性機械及設備之檢查。

　　吾人觀上述兩個授權公告，都只是部分勞動檢查事項而已，其重點應是集中在勞動條件及職業安全衛生事項。惟，究竟勞動（工作）條件的意義為何？並未在勞動基準法及其他相關勞動法令（例如職業安全衛生法）中加以定義。一般習以勞動基準法所規定之有關勞工之權益事項，作為勞動條件，包括工資、工作時間、童工與女工的工作環境與條件、退休、職業災害等，此固屬無疑。惟並非勞動基準法所未規定者，即非勞動條件，例如依據勞動基準法第8條規定，「雇主對於僱用之勞工，應預防職業上災害，建立適當之工作環境及福利設施。其有關安全衛生及福利事項，依有關法律之規定。」由該條文的反面解釋，安全衛生及適當的福利（設施）事項亦為勞動條件，其所指的相關法律，應是職業安全衛生法及職工福利金條例。而有關適當之工作環境，也是規

---

[130] 本條項所明定的授權，係與就業服務法第6條、第12條、就業保險法第12條、第25條等規定最大差異之所在，也避免法律依據不明的窘境。

[131] 勞動部104年4月9日勞職授字第10402007122號公告參照。

[132] 隨著本公告的發布施行，勞動部乃廢止原行政院勞工委員會102年3月8日勞檢1字第1020150297號函，並自2015年5月1日生效。

[133] 勞動部104年6月30日勞職授字第10402020681號公告參照。而隨著本公告的發布施行，勞動部乃廢止原行政院勞工委員會102年1月11日勞檢1字第1020150015號函，並自2015年7月1日生效。

定在職業安全衛生法及其相關子法中。

　　進而言之，即使規定在勞動基準法中者，也並非一定是勞動條件，例如第83條有關勞資會議之舉辦。蓋此類勞雇合作機制之辦理，本身只是創造較佳的工作環境及條件的手段或途徑，究難將有無舉辦勞資會議，視為勞動條件的良窳，甚至賦予勞工一請求設立與舉辦的請求權。這正如工會的設立一般，是在追求其任務之實現，無法將「雇主有無設立工會」或「雇主有無讓工會成立或打壓工會」視為勞動條件。試想，事業單位中有無工會的存在，是否與該事業單位受僱人的勞動條件有直接關聯？或者說：假設有一工會成立後，並不戮力於工會任務之實現，而是工會幹部以之為己謀利的工具，而且收取高額的會費，加以工會會員額外的義務與責任，使得工會會員面臨來自雇主及工會雙重的壓力與負擔，如何得謂為較佳的工作條件？

　　其實，目前有關勞動條件之定義，似乎只見之於中央勞政機關的一項函釋[134]。針對有關（舊）團體協約法第16條所稱勞動條件之定義及適用範圍，中央勞政機關認為，「係指為保障勞工之最低收入與工作安全及健康生活的必要條件而言。如工資、工時、休息、休假、加班之規定，童工女工之保護安全衛生設備、福利設施、僱用與解僱等；其最低標準於勞動基準法中已有明定。」如此的解釋，除了僱用與解僱外，與本書所談的勞動條件並無不同。惟即使是與僱用及解僱有關者，是否均為勞動條件？也並非無疑。較無爭議的，是勞基法第11條以下之解僱保護規定（含服務證明書的給與）。相反的，「與僱用有關者」究竟意義為何？即為隱諱不明。依據勞基法施行細則第7條第4款規定，勞動契約應約定有關勞動契約之訂定事項。惟，其所謂的勞動契約應訂（約）定事項，似非指契約以書面或口頭的方式為之、或者勞動契約的開始日而言。至於雇主具有正當事由之定期契約之簽訂、約定合理適當的試用期間、以及雇主只願意與求職人或勞工簽訂部分時間工作契約或電傳勞動，似乎亦非此處的僱用事項。所以，此處與僱用有關的勞動條件，應該是指違約金（勞基法第26條）、競業禁止條款（勞基法第9條之1）、最低服務年限條款（勞基法第15條之1）及調動（勞基法第10條之1、團體協約法第12條第1項第1款）等事項的約定而言。

　　除了勞動（工作）條件的檢查外，兩個直轄市政府在職業安全衛生法及勞動檢查法中之監督檢查，其所受到的授權範圍似乎不盡相同。在此，由於職業

---

[134] 行政院勞工委員會77年4月7日台勞資二字第06600號函參照。

安全衛生法及勞動檢查法所規定者，並非僅限於直接與勞動條件有關（含工作環境）[135]，因此，所授權的監督檢查範圍，即會及於非勞動條件事項（例如安全衛生設備）。倒是，語意不清的是，「勞動檢查法之監督檢查」究竟所指為何？對此，應該是指被授權行使勞動檢查法之檢查權限而言。吾人如觀勞動檢查法第4條之勞動檢查事項範圍，除了勞基法及職業安全衛生法之事項外，還有依本法（勞動檢查法）規定應執行之事項（第1款）及其他依勞動法令應辦理之事項（第4款）。如此一來，勞動檢查法第26條之危險性工作場所及依勞動法令應辦理之事項（例如勞資會議之舉辦），即在檢查事項之列。這在台中市政府所屬勞動檢查處的被授權，並未被排除。但是，新北市政府所屬勞動檢查處的被授權監督檢查，除了不包括勞動檢查法第26條之危險性工作場所外，也排除職業安全衛生法第16條危險性機械及設備之檢查，顯見中央勞政機關以其具有特殊的危險性，而決定由職業安全衛生署所屬的職業安全衛生中心自行檢查，此種行政裁量應屬適當而有據，理論上也應一體適用於台中市政府的授權檢查，以確保工作者的安全。

另外欲一言者，由於勞動檢查法第4條第4款之檢查事項為「依勞動法令應辦理之事項」，因此，從法律領域的區隔而言，似乎不包括社會保險法令，也就是說，有關勞工保險及就業保險事項之勞動檢查，應該由中央勞政機關（勞動保險司）及／或勞動部勞工保險局進行，而非由職業安全衛生署或其所授權的直轄市政府執行。而且，既謂依勞動法令「應」辦理之事項，自然不包括雇主得任意決定的事項在內。所以，只有法律所定的福利事項（例如職工福利金條例所定者），始有勞動檢查的適格，其他任意性的福利設施[136]或措施[137]，應該給予雇主自由決定的空間，不得將之納入檢查項目。惟一旦自由設置福利設施後，其是否符合法令（含勞動法令）所定的標準及要求，即應接受勞政機關的檢查。

對於勞雇團體參與勞動政策與勞動事務可再一言者：由於勞工事務與其他事務不同，其往往牽涉到勞雇雙方當事人的利益得失。所以，無論是中央勞

---

[135] 例如職業安全衛生法第6條第2項第2、3款及第18條第3項參照。

[136] 例如依據性別工作平等法第23條規定，雇主僱用受僱人100人以上時，始須設置哺（集）乳室及托兒設施或適當之托兒措施。因此，解釋上，僱用的受僱人未滿100人時，雇主僅係自行決定是否設置而已。又例如同法第19條之減少或調整工作時間，係以受僱人30人以上為準，故如未滿30人時，同樣是自由決定的範疇。

[137] 例如勞基法施行細則第10條所規定的恩惠性給付（年終獎金、三節節金、賀禮等）。

政機關、中央勞政機關所屬的三級機關本身或者其中，所設立的委員會，其委員的出任係由勞雇雙方團體所推派或者保留給勞雇團體，以給予勞資雙方社會對話的機會（這種組合與事業單位內由勞雇雙方同數委員所組成的勞資會議不同），例如基本工資審議委員會、勞工保險監理會、勞工退休基金運用局、性別工作平等會、積欠工資管理委員會、以及就業安定基金管理委員會等。按照各相關組織法規或者中央勞政機關特設[138]的規定，由勞雇雙方所推派的代表均具有出席權，而非只是列席而已，故其對於所討論的事項，不僅只是參與，也具有一定程度的決定權或建議權。同樣地，在地方勞工行政機關或社會行政機關，也有不同委員會的設置。這一些，都具有共同參與政策決定的功能，也表示雙方在透過意見溝通、形成共識，共同參與勞動生活問題的解決。

　　雖然如此，相較於強調社會的自我管理的國家，台灣由勞雇團體分擔公共任務的思想，相對較不發達。論者間早有提出勞資自治或團體協約自治之主張者，但是，無論相關法規（尤其是勞動三法及勞資會議實施辦法）的規定[139]或是勞動實務的實踐，勞雇雙方團體所扮演的角色或所發揮的實效，實際上均極為有限。倒是，在一些個別的勞工法規中，有工會或勞工參與的規定（例如勞基法第32條第1項、大量解僱勞工保護法第4條第2項規定），這表示勞雇雙方還是比較仰賴行政機關的介入調處。這種現象，是否會隨著新勞動三法（工會法、團體協約法、勞資爭議處理法）在2011年5月1日的施行而改觀？恐怕仍需一段時間的印證。舉例而言，雖然在工會法第5條工會任務中，包括有勞工教育之舉辦（同條第5款）、會員就業之促進（同條第6款），團體協約法第12條第1項第2款並且明定團體協約得約定「就業服務機構之利用」[140]。惟此等集體勞工法的規定顯得抽象且語意不清，影響團體協約當事人促進就業角色及功能的發揮。本來，立法者只能將規範設計好，中央勞政機關也應給予勞雇雙方自行處理的空間，但是，勞雇雙方彼此的信賴度及協商與爭議的熟練度，仍然須

---

[138] 以勞工保險監理會而言，除了勞工保險條例第5條第1項規定，為監督勞工保險業務及審議保險爭議事項，由有關政府代表、勞工代表、資方代表及專家各占四分之一為原則，組織「勞工保險監理委員會」行之。另外，在2014年2月17日勞工保險業務改由勞動部管轄後，勞動部於2015年6月4日特設勞工保險監理會，並賦予該會一定之任務。此中勞保條例第5條第1項與勞動部的內規不一致的現象，使得中央勞政機關的勞工保險業務監理有左支右絀之感。所幸，103年2月14日行政院院台規字第 1030124618 號公告第5條第1項所列屬「勞工保險監理委員會」之權責事項，自2014年2月17日起改由「勞動部」管轄。

[139] 例如工會法第5條第4款規定，工會之任務包括勞工政策與法令之制（訂）定及修正之推動。

[140] 此處「就業服務機構之利用」，其所謂「就業服務機構」，應以就業服務法第2條第2款之定義為準。

要一段時間的累積，且須先由自身的利益（勞動條件）、逐步擴大到與勞僱利益相關聯的公共任務的追求。

貳、組織改造下的設計思考：行政機關化？團體協約自治的弱化？

　　台灣在2011年行政組織改造的過程中，基於行政院組織法及中央行政機關組織基準法的規定，除了行政院勞工委員會改制為勞動部，且其轄下處室科調整外，勞動部三級機關構均受到改制／組：職業訓練局改制為勞動力發展署、勞工退休基金監理會改制為勞動基金運用局、勞工安全衛生研究所改制為勞動及職業安全衛生研究所、以及勞工保險局由事業機構性質改制為行政機關、勞工保險監理委員會裁併至勞動部。另外，包括經過立法院的決議，新設的職業安全衛生署。整體來看，勞工委員會本身及所屬的機關與機構，都已受到相當程度的改造，其組織及權限也都受到相當程度的增減，影響未來行政行為之施行（當時，行政院勞工委員會王如玄主任委員在2011年4月27日立法院第七屆第七會期司法及法制委員會、社會福利及衛生環境委員會第1次聯席會議所作「勞動部暨所屬機關（構）組織法草案口頭報告」提到：為「打造人性、安全、平等、尊嚴勞動環境，提升台灣勞動競爭力」，並許勞工一個「人人有尊嚴工作」的未來願景）。其中，尤以勞動力發展署及勞動部勞工保險局的改制更是直接影響到就業安全成效的落實，故其設計的良窳，將直接反映在積極促進就業措施的成果上[141]。

　　再以中央勞政機關組織改造前身負推動及監理就業保險及勞工保險業務的勞工保險局及勞工保險監理委員會的組織（比照公營金融保險事業機構）而言，多年來即一直有如下之主張：是否應將其行政機關化？由國家管理、國庫負擔？脫離國營事業的歸類[142]？此其中，尤以立法院多年的決議最為醒目。即自2002年以來，立法院分別在2002年、2003年、2004年、2005年、2009年及2011年審議勞保局預算時，決議要求勞保局組織定位改列為行政機關，並編列公務預算，俾合體制。其主要理由為：勞保局的勞保業務，與國營事業管理法第2條及第4條前段規定之國營事業的定義不合，其主張的依據為司法院大法官

---

[141] 反對說，台灣勞工陣線2011年4月21日「揭露勞動部升格五大爭議」記者會：整體而言，了無新意，改變之格局甚小，爭議之處甚多。

[142] 行政院勞工委員會勞工保險局，甲子紀事—勞工保險60年，2010年，頁233以下。

會議釋字第560號解釋理由書。依之，勞工保險係國家為實現憲法保護勞工、實施社會保險等基本國策所建立之社會福利制度，旨在保障勞工生活安定，促進社會安全。立法院並且認為勞工保險具有強制性及公法之性質，勞保局所收取之各項保險費係代收代付性質，非其營收。勞保局人事費及維持行政運作所須費用，全部由其主管之行政院勞工委員會以編列公務預算方式撥付補助，顯見其性質為行政機關。另外，性質同屬社會保險專責機構之中央健康保險局組織法業已於2009年1月23日修正公布，並自2010年起回歸行政機關用人制度，編列公務預算。

　　觀察立法院幾年來決議案的內容，另外提到：行政院於政府改造中，應釐清該局走向，朝精簡人事方向，改制為公務機關；勞工保險局預算應依預算法第4條及第18條第1款規定，改列為行政機關，並編列公務預算支應業務所需，以利有效經營管理勞工保險相關業務。

　　從上述立法院決議所提的各種理由觀之，顯然，立法院認為勞保局改制為行政機關，在體制上及經營上較為正確而有利。然而，實者，勞工保險原則上採取強制保險，因此，應該由國家專設保險機構辦理[143]，而許多國家多有由政府擔任保險人負責保險業務之管理與執行者，但是，即使如此，也不一定要以行政機關的方式為之[144]，由司法院大法官會議釋字第560號解釋理由書，也導不出應以行政機關辦理的意旨。又，釋字第560號解釋理由書與釋字第533號解釋文的文字敘述不同，後者謂：「中央健康保險局依其組織法規係國家機關，為執行其法定之職權……。」在此，不可否認的是，其實憲法並未明定社會保險運作的組織，而是授權由立法者決定之，其可以行政機關的方式運行，也可以針對不同的社會保險，設立各自獨立的保險人操作之[145]。再者，勞保局在改制為行政機關後，其行政管理或經營管理績效確實能夠較好？恐怕需要經過多年實證的經驗才能斷定（同樣的問題也發生在改制前勞工退休基金監理會的定位上，亦即在立法院的要求下，其乃捨棄行政法人的架構，而改採行政機關。但是，長遠而言，此種運作方式真的較好？與世界主流國家的作法是否悖離？立法院寧願以監督的方便而捨棄經營的績效，此舉是否無疑？）。至於立法院所提到的勞保局應朝精簡人事方向著手，中央勞政機關在2010年、2011年的組

---

[143] 柯木興，前揭書，頁127以下。

[144] 范瑋真，我國就業保險制度法規範之研究，2006年，頁3、29、32、34、36。其中，尤以頁34處的見解實屬正確。

[145] BVerfGE 36, 383, 393; 39, 302, 315, 377; 89, 365, 377.

織改造中或者之後，是否有確實遵守？包括委外業務的緊縮？尤其是在其業務有外移到別的行政機關（例如職業安全衛生署）時，會不會發生原來的人事未能精簡、而每年透過國家考試進用的公務員日益增多的現象，這都有待於持續加以觀察。整體而言，本書以爲改制前勞工保險及就業保險業務以非營利組織或由政府委託或委任機構辦理，確實能夠發揮公法保險的功能。

　　在勞保局的組織改制中，與其有一定程度連動的，是勞工保險監理委員會的改制與去留。蓋勞保監理會不僅監理勞保局業務的執行，尚且，依據勞保條例第68條規定，勞保監理會的預算係由勞保局編列送立法院審查[146]。勞保局如改制，勞保監理會不可能單獨成爲事業機構，編列預算。依照當時論者的說法，基於以下三點理由，勞保監理會應改制爲行政機關：一、與勞工保險監理委員會性質相近之機關，均爲行政機關性質，包括全民健康保險監理委員會、全民健康保險爭議審議委員會、公務人員退休撫卹基金監理委員會等。二、相較於2007年3月立法通過的勞工退休基金監理會，勞保監理會的業務更廣，保險基金之監督業務僅爲財務監督中之一項，其業務性質更爲行政機關屬性。三、多年來，勞保監理會無法單獨編列事業預算（無營業收支），預算均由勞保局統籌編列，此種現象常被立法委員所質疑，允宜回歸正常[147]。

　　依據勞動部組織法，勞保監理會業務及人員裁併至勞動部，根據中央勞政機關的看法，這是爲使勞工保險政策與監理合一，避免組織功能疊床架屋。這代表勞動部必須由內部單位（勞工保險司、勞動法務司）配合所屬任意編組的委員會（勞保監理會、爭議審議會），兼負起原來勞保監理會的監督及審議工作，相關單位的組織及人員隨之設計及配置，以求達到原來勞保監理會及爭議審議委員會的效能。

　　雖然如此，在改制前，勞保監理會依據勞工保險條例第5條規定、就業保險法第3條規定、職業災害勞工保護法第5條第1項規定，以及勞工保險監理委員會組織條例第2條及第5條規定，針對法定的監督事項，監理會本係勞工委員會的參與機關／意思決定機關，未經其參與審議決定，在法律上不生效力[148]。

---

[146] 事實上，勞保條例第68條係規定「勞工保險機構」辦理本保險所需之經費，而未明定勞工保險監理委員會，只是，實務上多將「勞工保險機構」解釋爲勞工保險局及勞工保險監理委員會而言。在改制前後，勞保條例第68條並未有所修正。惟103年2月14日行政院台規字第1030124618 號公告第68條所列屬「勞工保險監理委員會」之權責事項，自2014年2月17日起改由「勞動部」管轄。

[147] 謝志雄，台灣勞工保險監理制度，2007年，未出版，頁54以下。

[148] 郝鳳鳴，以最高法院勞工保險民事判決爲例探討勞工保險係公法或私法關係之疑義，收錄

此一由法律明定的法律上的參與權限，將隨著裁併過程前後，相關法令的修正或廢止，而不復存在。也就是說，行政院公告勞工保險條例第5條第1項及就業保險法第3條第1項、第2項所列屬「勞工保險監理委員會」之權責事項，自2014年2月17日起改由「勞動部」管轄[149]。而且，總統府也在2015年6月24日公布廢止勞工保險監理委員會組織條例[150]。隨之而來的，是由辦法或要點規定委員的產生及所有的參與權限，雖不見得只是諮詢的性質，但是，此一權限的變動，對於相關機關及相關當事人權利義務的影響，當不可謂不大。

再一言者，如從比較法上來看，德國的就業保險、職業災害保險、年金保險及健康保險等各種社會保險，固然係由各種社會保險的承保機構（Sozialversicherungsträger）以自我管理的方式負責推動，且在德國聯邦勞工與社會部（Bundesministerium für Arbeit und Sozialordnung, BMAS）也設有專門負責的司處。但是，其仍然設計有聯邦保險局（Bundesversicherungsamt, BV）的專業監督機關，以職司各種社會保險承保機構的監督（聯邦保險局並且受理職業災害當事人有關職災保險案件的申訴。在該局中，保費計收與給付的監督部門共有二十位職員，其中有十二位兼辦申訴案件的受理與調查）。其監督方式有：一、透過諮詢提供建議，並對各同業公會的工作計畫與預算有批准權（決定權）。二、透過申訴案件的受理、調查來達到監督的功能（這正有如台灣勞工保險監理委員會中有爭議審議委員會的設置，其中一個很重要的目的，即在於藉由爭議案件的審議，發掘現行法令是否有無法保障被保險人權益之處，以便建議上級機關適時地修正不合時宜的法令，此稱為「爭議審議的回饋功能」）。三、檢查——依據年度檢查計畫抽查各同業公會的所有事務。四、對於同業公會重大的違法事件可予以處罰或代為執行。吾人從其整體職權來看，與改制前台灣行政院勞工委員會勞工保險監理委員會的職權，有一定程度的雷同性。德國聯邦保險局並且每年出版報告，其中臚列各種社會保險的實際績效，鑑往知來，以作為下一年度改善的參考。在中央勞政機關組織改造過程中，如能將台灣的勞工保險監理會朝向德國聯邦保險局的方向修正，將原本的組織架構及監理業務與權限擴大，或許也是另一個選項，對於我國社會保險的

於：行政院勞工委員會勞工法規研討會，1997年4月，頁15-19；張琦玲，論我國勞工保險被保險人紓困貸款制度之存廢，中原大學財經法律系碩士論文，2009年7月，頁55以下。

[149] 103年2月14日行政院院台規字第1030124618號公告參照。

[150] 104年6月24日總統華總一義字第10400073941號令參照。行政院勞工委員會已在103年2月14日勞人1字第1030100169號令發布廢止勞工保險監理委員會辦事細則。

推動或許能夠開創另一種風貌。

雖然如此，我國中央勞政機關及立法者並未採取德國聯邦保險局的專責監理機關的立法方式，而是單純地將監理回歸到勞動部，其政策方向是「精簡合一」以避免「疊床架屋」，此種改變（含勞工保險監理會委員的組成），使得我國未來勞工保險、就業保險及職業災害保護專款的監督（先不論再納入其他社會保險的監督），必須一定程度的改弦更張。因此，在此種政策思考下，本書以為在勞保監理會及勞保局的改制過程後，必須確保並接受改制基本原則及改制優點的檢驗。就改制的基本原則而言，不外乎：一、要確保社會國／福利國原則之具體實現，平衡分擔雇主、勞工及政府之（保費）責任。二、確保勞保與就保永續經營、業務財務（基金）爭議處理順暢／程序上的保障。三、人員安定、既得權保障（僱傭關係及工作條件）。四、公平原則、平衡考量人員權益的保障與國家財政之負擔。尤其是改制後退休年金的負擔。

至於在改制的優缺點方面，優點上較為確定的是：一、預算不會被立法委員質疑（含績效獎金），可以單獨編制預算。二、符合我國多數監理機關的設計。但是，是否會提升行政效率？或是可以留下優秀人才，並且有利於與行政機關優秀人才之交流[151]？則是令人質疑。試想，如果勞工保險及就業保險的政策及立法仍然由勞動部的勞動保險司負責，而勞保局只負責執行面的問題，以及如果勞保局的業務仍然如目前般的操作，其業務性質與一般行政機關的業務本就差異甚大，其有多大吸引力引起其他行政機關人員與之交流？恐怕甚難樂觀。

同樣地，勞保監理會改制的如下缺點，也必須接受學術的論證及全民的檢驗，亦即：一、增加國家用人費用及行政費用（尤其是中長期觀之）；二、人事僵硬，不利於不具公務員資格者入會工作；三、尤其重要的是，以勞保監理會而言，將必須改由「勞、資、政、學」組成，取代原先由「勞、資、政、專」四方代表組成的結構，以致於弱化勞工保險監理會，一方面是代表性委員（利益代表制），另一方面為專業性委員的「共同參與監督管理的設計與精神」，尤其是失去勞資雙方的共同參與，便難以將勞資雙方的利益及早涵攝於監理運作中，也就是團體協約自治的弱化。此種勞資雙方委員監督的弱化，將會直接反映在勞保局業務推動的良窳上。雖然，自1979年勞保條例第三次修正後，勞保監理會已喪失對於勞保局的指揮權（含人事任免權），雙方間成為一

---

[151] 持肯定說者，參行政院勞工委員會勞工保險局，前揭書，頁233以下。

種平行監督關係[152]。但是，透過有關保險業務及基金管理運用之建議權／事前或事後監督，監理會仍然扮演一個不可或缺的角色[153]。本來，基於勞保監理會組織及人員配置的專業性、功能性及常態性，其提供給監理委員、中央勞政機關及勞保局、職訓局等相關單位的意見不僅嚴謹合理、也具有施行可能性，但配合組織的任務編組，其運作將難免逐步類同於中央勞政機關相關任務編組委員會的運作方式，此有待於吾人慎思防範之道。

參、組織改造下的設計思考：勞動力發展署與勞工保險局職務的連結？

　　就勞動部組織法及其所屬三級機關（構）的組織法觀之，顯然已超脫原先行政院成立勞工委員會時的政治性考量，而是回歸到勞動事務所應有機關（構）的實際考量。即其以現時及未來勞動事務與社會事務的解決，作為修法及立法基礎，這毋寧係進步的表徵。本來，中央勞政機關的改造，即必須與經濟社會的變遷連動思考，不能閉門造車。除了現時性外，還必須具有未來性的因子，尚且必須與其他部會（尤其是經建部會）的機關設計一併思考，才能解決複雜的勞動問題，畢竟勞動問題仍不外乎經濟問題的展現。還有，台灣的勞動市場及經濟市場，也只是世界市場的一環，彼此互相連動、既合作又競爭，在勞動部改造時，絕對不能只將眼光侷限在台灣的市場，而應放眼於區域市場（如日、韓、中國等個別國家或亞洲地區）及全球市場，勞動部的組織即應朝此之設計。在這時，如果考量台灣的國際地位特殊，與其他國家及國際組織（尤其是ILO及OECD等組織）的關係敏感，則以非政府機關的方式成立的公法社團、公法財團或其他的團體，即有必要。否則，恐難敲開建立關係及進行互動的開門磚。再想想看，當中國、日本及韓國已經在ILO及OECD等國際（勞工）組織活躍時，台灣如仍然固守行政機關化及中央集權化的思想，不積極思考改善現況之道，則此種不利的競爭態勢，恐將更加劇地反灼到我國健康的產品競爭力及勞動生產力，最後，連帶地大幅拉低全民的薪資所得。所謂的working poor不就是我國整體競爭環境不如人的反射？

　　因此，在勞動部的成立時或之後，本書主張勞動部有必要適度地去中央集

---

[152] 整個發展歷程，參行政院勞工委員會勞工保險局，前揭書，頁46、75。

[153] 反對說，范瑋眞，前揭書，頁43：「擴大參與勞工保險局有關勞工政策決定時的建議權」。
惟就目前法制現況而論，其似乎是弄錯了，蓋勞工委員會才有勞工政策的決定權。

權化／分權化（decentralized），不必將所有的事務都獨攬到中央機關執行。並不是有全國一致性的事務或跨越縣市的勞動事務，都必須完全由勞動部執行，重要的是如何設計組織及單位，讓其他地方政府機關、行政法人、及非政府組織也能更有效地執行任務。單純地用「體系一元化」、「服務在地化」做為中央集權的理由（就業服務、勞動檢查），固然言之成理（參照ILO第81號勞動檢查公約）。但是，更要思考的是，適度地分權化是否更能達到就業安全及勞動檢查的原始目的？就業環境瞬息萬變，非典型就業人口暴增，地區性特有就業市場問題，用舊有的理念及組織架構，是否能確保穩定就業及勞動環境安全健康的目的，並非無疑[154]。因此，上述有關勞動部委辦直轄市政府辦理就業中心業務及授權台中市政府、新北市政府執行部分勞動檢查業務，毋寧係一正面的發展，值得期待。另外，雖然勞工保險業務仍然由改制後的勞動部勞工保險局負責，而裁併至勞動部的勞工保險監理會也仍在執行審議及業務監理權限，惟因應分權化的呼籲，仍應慎思並適度地增設一些非政府組織，由其負責推動勞動事務及社會保險事務。例如成立公法社團或財團，負責國際事務的連繫與推動，並且與勞動部負責國際事務的科處密切配合，專責目前我國政府機關所難以處理的問題。與分權化也有一定關聯者，係中央勞政機關依據就業服務法第33條之1規定，加強委託相關機關（構）、團體辦理就業服務業務。例如勞動部自2016年4月9日至2016年12月31日期間，委託「社團法人台灣產業促進會」於中彰投地區（包含台中市、彰化縣、南投縣等縣市）辦理弱勢婦女就業服務業務相關事宜[155]。此一業務的委託辦理，亦值得肯定[156]。

　　另外，基於政治組織的不確定論及政策重心的與時俱進，行政院勞工委員會固然已改制為勞動部，但是，本書以為基於以下的理由，未來將其名為「勞動與社會部」或「勞動及人力資源部」或許係另一可以思考的選擇。就勞動保險的推動而言，不只是勞動保險司，還有勞動部勞工保險局、甚至改制後的勞工保險監理會也都負有一定責任，且當初勞動保險司規劃的科也是暴增許多，有如勞動部的第一大司，顯示其業務的龐雜，已非其他司處可比。更重要的

---

[154] 「五都爭權，朱立倫槓上勞工委員會」，聯合晚報，2011年2月24日，A4版。再依據報導，新北市已經在2011年9月21日成立勞動檢查處，初期先設立營造業科及製造業科，之後再爭取勞工委員會授權，執行其他的勞檢業務。請參閱「新北成立勞檢處，盼勞工委員會授權」，雅虎地方新聞，2011年9月20日。

[155] 勞動部105年5月16日勞動發特字第1050505523號公告參照。

[156] 惟依據就業服務法第33條之1委託辦理事項，包括就業服務及促進就業，此處所委託辦理者，僅限於就業服務而已。

是，對於勞工生活的照顧，恐怕會有越來越重的比例由社會國家負擔，而非如現在大部分由雇主負擔的現象。在這種前提下，將中央勞政機關稱名為「勞動與社會部」似乎並無不妥。至於勞動及人力資源部，則是著眼於就業安全業務的龐雜，而且，人力資源不僅涉及青少年，尚且與終身學習有關，如考慮到將來可能與教育部青年發展署業務及國家發展委員會的人力發展處業務整併，並且再適度地擴大納入教育部及內政部的相關業務（尤其中低收入戶中的有工作能力及工作意願者推介就業），則將中央勞政機關稱名為勞動及人力資源部顯然具有正當性及較具吸引其他部會人力加入的魅力[157]。

只不過，在定位為勞動部的前提下，勞動力發展署的組織定位，似乎也可以再思考。試想，一個負責推介就業、職業訓練、外勞事務等龐大業務、而且所屬人員極眾的組織，其所做所為都是直接與民眾接觸且在提供服務者（民眾也會直接感受其服務的好壞），是否確實有必要設計為行政機關？如果改制前職業訓局都有兩千位左右的外包人員從事各種業務執行，除了（如批評者所言）將之聘為正式人員或補足兩千位的公務人員外，是否可以反向思考令其成為如改制前勞工保險局般的事業機構、或者如安全衛生研究所般的機構，而在勞動部中成立如（相對於勞保局的）勞動保險司的相對單位，以提供政策的指導及法令的解釋或者相互配合等，效益不是更佳？不是更具彈性而可以因應各種狀況？不此之圖，而唯欲行政機關化，恐怕未來不斷快速增長的就業服務業務，將會遠遠超過勞動力發展署所能提供的能量之外。

最後，在定位為勞動部的前提下，在勞動力發展署的業務方面，本書仍然認為應將勞保局發放就業保險給付業務，回歸到勞動力發展署。蓋基於就業保險法（例如第25條）的規定，被保險人離職證明文件審核、就業諮詢、就業推介及非自願離職之認定，應由公立就業服務機構負責，而勞保局負責審核其加保資格及給付條件等，據以核給保險給付[158]。雖然中央勞政機關認為兩個機關的權責已明確劃分。但是，多年下來，實務上仍難免兩個單位間搭配上所發生的問題，包括行政行為法律性質的認定及錯誤發放給付而無法追回的案例。從比較法上來看，德國聯邦就業總署（Bundesagentur für Arbeit, BA）即是就業安全業務的負責單位，不會發生如台灣般的如此現象，其行政效率

---

[157] 「顧人怨？青輔會沒人想轉勞動部」，聯合晚報，2010年6月5日，A5版；「組織改造教部搶青輔會惹惱勞工委員會參照」，聯合晚報，2011年5月12日，A7版。

[158] 行政院勞工委員會92年8月20日勞保1字第0920042357號函參照。

也自然提高。再一言者，有鑑於台灣與世界各國人才的爭奪戰，我國人力資源的提升具有迫切的必要性，爲此，職業訓練中心有必要思考轉型或重組其業務，另外，有必要設立一位階高的專責的職業訓練研究中心（姑且稱爲台灣職業訓練研究中心），將之直接隸屬於勞動部，負責職業訓練的研發，以收實效。亦即位階上不宜將之設在勞動力發展署之下（德國聯邦職業訓練署，Bundesintitut für Berufsbildung）即係依據德國基本法第87條第3項第1句規定，所設立之聯邦直接的研究職業訓練機構，其受到受到聯邦教育與研究部的法律監督Rechtsaufsicht）。

　　附帶一言者，配合勞動力發展署的改制，似應將就業服務法第23條縮減工作時間工作（無薪假）的主管機關，予以調整。緣此一條文之目的，係在避免大量解僱勞工的出現。此條文之中央主管機關，依據就服法第6條第1項規定，係指勞動部，但實際上應係指勞動力發展署而言。相對於此，大量解僱勞工保護法第4條第1項規定之（被通知解僱計畫書之）主管機關，其中央主管機關亦係指勞動力發展署而言。兩個條文應該密切配合使用。本書以爲主管無薪假及大量解僱的主管機關，都是勞動力發展署，而非勞動條件及就業平等司，如此，始能使積極促進就業措施發揮效果[159]。

第四節　社會（就業）安全與勞動市場安全

　　一位勞動者的生活資料來源，在勞動關係存續中，固然主要是由企業主所給付之工資（報酬）及任意性給付（尤其是恩惠性給付及其他福利）而來，但是，在面對失業等所得中斷的情境時，即必須以社會安全的手段予以適當彌補。所以，涉及勞動市場安全的勞工法令，常與社會安全法規形成互動互補的關係[160]。前者尤其是在避免勞動關係的結束及大量解僱的發生，後者則在提供失業給付。在台灣，針對保險年資已達一定年數者、領取老年給付者、以及職業災害勞工醫療期間退保者，立法者特別訂定特殊法規予以保障，形成勞工法規與社會保險法規前後銜接，避免勞工或失業者保障空白的現象出現，值得一併予以關注。

---

[159] 參照MünchArbR/Richardi, 2. Aufl., 2000, § 15 Rn. 22.

[160] 例如針對資遣，勞基法第11條以下已有資遣事由、預告期間及資遣費計畫等之規定，而就業服務法第33條則有通報當地主管機關及公立就業服務機構之規定。

壹、勞工法與社會安全法的互動（建立社會保障與促進就業的連動機制）

一、勞工法與社會法──一對充滿爭議的兄妹

勞工法與社會法，係為了解決工業革命後私法社會（Privatrechtsgesellschaft）所產生的社會問題，而生根與茁壯。蓋在私法社會中，工業的生產手段大大地強化了勞工的依賴性，並且升高了對其肉體的及精神的工作能力的要求。而在另一方面，想要藉由傳統的私法的或公法的照顧制度，來解決勞工所遭遇的急難，也越發的不足。因此，德國學者Wieacker在其所寫的「近代的私法史」（Privatrechtsgeschichte der Neuzeit）中，即認為：「對於社會的或經濟的問題，其解決的方法不在於私法，而是在於行政法、經濟法、以及社會法中」[161]。

此種以勞工法與社會法來處理社會的問題，並非是井然有序或是平靜無波的，實際上常是主客不明或是暗潮洶湧的。這是因為勞工法與社會法發展的歷史長短不一、立法者常未能一併考量增修勞工法與社會法的規定，以處理社會問題，[162]以及兩個法的領域在性質上有所不同所致。其中，就歷史的發展而言，每個國家在勞工法與社會法的進程上容或有所不同。在德國，早在19世紀末的俾斯麥時代（Bismarck），就已開始社會法的造法運動，尤其是二次世界大戰後的社會法典化運動，致使社會法（社會保險法）已成為一個體系龐雜但卻又井然有序的法律領域。相對地，勞工法卻尚未法典化，零（碎）散的規定往往使得當事人要花費一番的功夫，才能找得到想要的法條。[163]如在台灣，勞工法與社會法的發展歷史較短，雖然近年來勞工立法的速度頗快，[164]但兩者似

---

[161] Wieacker, Privatrechtsgeschichte der Neuzeit, 2. Aufl., 624.

[162] 但原則上兩者是緊密連結的，例如社會保險（勞工保險條例）之保險費的繳費義務（Beitragspflicht），係依據勞工法上的工資（Arbeitsentgelt）定義與額度而定。請參閱勞保條例施行細則第27條。Schmidt, Zum Harminisierungsbedarf arbeits- und sozialrechtlicher Konfliktlösungen, AuR 2001, 423.

[163] 請參閱Hanau所引用Martin Becker, Arbeitsvertrag und Arbeitsverhältnis in Deutschland, 1995, Vorwort.

[164] 依據「農漁勞老 政府重點照顧」，中國時報，2005年5月20日，A11版，其中有一段話：「2000年到2004年更是推動勞動法制改革，成果最豐碩的四年，也是台灣勞工法制從落伍到進步的歷史轉捩點。四年中共完成六項新立法，包括兩性工作平等法、職業災害勞工保護法、大量解僱勞工保護法、就業保險法、公共服務擴大就業暫行條例、勞工退休金條例。四

均尚未達到法典化及體系化的地步。

如再就法的性質而言，勞工法中之勞動契約法是屬於私法，適用私法自治原則（Privatautonomie），而非締約強制（Kontrahierungszwang）及制度強制（即由一定的機制處理）（Institutionenzwang）。在訴訟外，對於勞動契約所生的請求權，當事人之一方得允許他方當事人延期清償（Stundung）或者拋棄請求權[165]。在訴訟上則是適用當事人自治原則（Parteimaxime），當事人得自由地達成和解（Vergleich）。為了確保勞資雙方的和睦及法律安定性，勞工法上通常有除斥期間（勞基法第12條第2項及第14條第2項參照。另請參閱最高法院100年度台上字第1393號判決）或消滅時效的設計。至於為提供勞工必要的保護，絕大多數是經由強制性的或半強制性的私法（zwingendes bzw. halbzwingendes Privatrecht）方式達成。[166]由於勞工法的規範方式，是將社會問題在勞資雙方當事人間尋求解決之道，學者因而稱之為「內部處理」的方式，[167]但雙方亦可以透過調解、仲裁、裁決或訴訟程序解決爭議。

相反地，社會保險法係強制的公法的設計，[168]性質上屬於特別的行政法（Sonderverwaltungsrecht）。個人的權利與義務完全由法律所明定，而其相對人則是擁有公權力的社會保險承保機構（Sozialversicherungsträger）（在台灣是勞動部勞工保險局及衛生福利部中央健康保險署等機關，在德國則是由勞雇共組的公法社團負責），（勞資雙方）當事人不得以私人的約定，而企圖改變法律的規定。在訴訟上，並不適用起訴權衡原則（Opportunitätsprinzip），訴訟進行則是採取職權調查原則（Amtsermittlungsgrundsatz）（行政程序法第36條）。[169]顯然地，立法者係將紛爭抽離當事人間之具體個別關係，藉由第三人所主導的機制（例如爭議審議）來解決問題，因此為「外化處理」的模式。[170]

　　項修法工作，包括勞基法縮短工時、彈性工時；勞保老年給付放寬與年資併計、勞保紓困貸款。」

[165] 依據勞基法施行細則第9條規定，「依本法終止勞動契約時，雇主應即結清工資給付勞工。」在此，並未處理延期清償或拋棄請求權的問題。

[166] Preis, Koordineirungskonflikte zwischen Arbeits- und Sozialrecht, NZA 2000, 914.

[167] 蔡維音，評釋字第578號，月旦法學雜誌，第111期，2004年8月，頁187。

[168] Zöllner/Loritz/Hergenröder, Arbeitsrecht, 6. Aufl., 2008, 33.

[169] 對於有關社會保險案件之爭議，在台灣係依據行政訴訟法進行其程序，至於在德國則是依據1953年的（獨立於社會法典外的）社會法院法（Sozialgerichtsgesetz）來進行審理。

[170] 蔡維音，前揭文，頁187。

二、爲了確保所得中斷時的第一層及第二層保障的設計

　　爲了確保勞工在所得中斷時的生活來源，無論是歐洲國家或台灣均有第一層保障及第二層保障的設計，此即涉及社會法（尤其是社會保險法）與勞工法（尤其是勞工保護法）的關係與互動。立法者必須在綜合國內各種因素（例如財政狀況、是否賦予雇主較重的社會保險的角色）後，決定以何者爲主？何者爲輔？蓋雖然同樣是所得中斷，但其原因可能是普通疾病、職業災害、生育、失業、或退休，在處理上並非採取同一方式不可。[171]如果僅以所謂「保護勞工之內容與方式應如何設計，屬於立法自由形成的範疇」一語帶過，似乎略顯單薄。[172]

　　實者，長久以來，勞工法與社會法即被視爲屬於同一整體的、息息相關的（zusammengehörig）法律領域，德國勞工法學者Hanau甚至稱之爲「有如雙胞胎般的（siamesische Zwillinge）緊密相連、甚而無法分割」。[173]勞工法與社會法的基本問題，即在於決定那些族群應被納入強制保險的體系內，以提供其強制性的保護。由於兩者間的關係密切，社會保險法初期甚至被視爲勞工保護法的一部分。之後，經過長期的演繹，學者間始逐漸認爲公法的勞工保護法與社會保險法係不同的法律領域。在面對經濟成長快速，企業需求人力殷切之時，立法者即應思制定大量的勞工保護法、改善法定的社會保險的給付、並且開放其他的族群加入。[174]而在經濟成長遲滯，失業人口不斷增加時，勞工法即會適度地走向鬆綁，[175]社會法也會提高領取給付的門檻或降低各種給付、要求失業者積極主動找工作，同時也會要求勞工加強私人預護。

　　此種隨著經濟成長或衰退，所作的勞工法與社會法上規定的調整，實際上隱含著一項中心的思想，亦即：是擴大社會保險義務或是增加勞工法上的請求權，對於勞工的工作位置的危害較大？對此，德國學者早期是認爲過度擴增勞

---

[171] 例如在勞工遭遇普通疾病的情形，依據台灣勞工請假規則第4條第3項及大多數的歐洲國家係以社會保險給付的方式處理，唯有丹麥、英國、及德國係要求雇主要繼續給付薪資給勞工。其中，德國係要求雇主先給付六個星期的工資後，如勞工尚未痊癒，再由社會保險承保機構（Sozialversicherungsträger）給付，相當程度地賦予雇主社會保險承保機構的角色與責任。

[172] 司法院大法官會議釋字第578號及596號解釋均有如斯之用語，請參照之。

[173] Hanau/Peters-Lange, NZA 1998, 785.

[174] 通常是指非勞工而言，包括自營作業者、委任經理人、實際從事勞動的雇主等。但也可能包括政策性決定事項（例如受僱於未滿5人事業單位的勞工）及外國籍勞工等。

[175] 此包括勞工法的去規範化、放寬解僱保護的規定、增加訂定定期契約的可能性、以及取消普通疾病的薪資繼續給付的規定等作法。

工法上的請求權影響較大，但近時學者則認爲如考慮與社會保險連動的薪資的附帶費用的急速增加，[176]則擴大社會保險義務顯然影響較大。此種前後態度的轉變，對於台灣立法者在選擇勞工所得中斷時的幫助措施時，或可提供一些啓示。無論如何，不能單純地想像「社會保險共同體要比個別雇主，較能承擔擴大社會保障所帶來的費用」，而一味地加重社會保險給付的責任。

三、勞工法與社會法──誰先？誰後？

勞工法的源起與目的，係在於確保勞工的生存。惟其有不足之處，遂有社會法（尤其是社會保險法）來加以補強。雖然勞工法或社會法的解決方式，都可以達成社會保護的任務，而且在功能上，兩者也具有等值性，因此在法政策上，也具有相當程度的可替代性。落實到法律的設計上，則可以見到累積（兼得）的方式（例如勞保條例老年給付與勞基法的勞工退休金）、或者抵充的方式（例如勞保條例職業災害給付／補助／補償與勞基法的職業災害補償）。[177]凡此，均顯示出有必要對於各法律領域之關係再加以說明。

（一）社會法的主導（與勞工法的優先）地位

首先，爲了實現社會保險之社會保護的作用，必須將其與勞動關係及勞動契約的事實密切連結。因此，在勞工遭遇所得中斷時之社會給付的高低，係以勞工依據工資額度所收取的保險費的高低爲準。對於此種現象，社會法的學者將之稱爲「優先地位」（Präjudizialitätslagen），[178]以示一個法律領域所使用的概念（例如工資），可以優先適用於另一個法律領域。[179]此種「優先地位」理論當然會直接地影響私法交換關係的形成。企業經營者並且認爲社會保險將會加重勞動關係中「勞動」這項成本，而考慮將之以其他工作方式或契約關係

---

[176] 有關德國薪資的附帶費用的一覽表，請參閱Boemke/Föhr, Arbeitsformen der Zukunft, 1999, 57.

[177] 在德國的制度設計上，尚有「前後相連」的方式，亦即在勞工普通疾病時，先由雇主繼續給付工資六週，如尚未痊癒，則由社會保險承保機構給予七十八週的傷病給付（Krankengeld）。

[178] Eichenhofer, Internationales Sozialrecht und Internationales Privatrecht, 43; V. Maydell, FS Kissel, 761, 769; Fuchs, Zivilrecht und Sozialrecht, 148, 152 f.

[179] 惟社會法學者也有對於「優先地位」提出質疑之音者，認爲應該依據各自的目的而做概念的修正、或者各自對於概念的內容加以確定。例如藉由「社會保險法的僱用關係理論」（die Lehre vom sozialversicherungsrechtlichen Beschäftigungsverhältnis），社會保險法上的「勞工」概念已與勞工法上的「勞工」概念有所不同，前者的範圍已較後者爲廣。請參閱Schimidt, Arbeitsrecht und Sozialrecht, RdA 1999, 125 ff.

〔例如微量工作者、假象的自主者（Scheinselbständiger）、或者自由業者或者線上工作者〕完成。[180]

　　除了優先地位理論之外，對於勞工法與社會法之關係，德國學術界及實務界長久以來均認為社會法在法律體系上具有主導的地位，亦即對於社會爭議案件的解決，社會法上的規定具有優先適用性。勞資雙方當事人依據勞工法令所做的合意，不得牴觸社會法的強制規定，例如勞資雙方不得在勞動契約中約定「雇主無須為勞工投保勞工保險」（德國社會法典第一部第32條；台灣勞保條例第71條、第72條第1項、第2項）[181]或者雙方約定將非工資做為投保勞工保險的工資（台灣勞保條例第72條第3項）。又例如勞工法上一直要求必須具有客觀上的理由始能訂定的定期勞動契約及勞工法上的平等待遇原則，惟其一旦碰觸到具有特定政策意義的（幫助）就業措施（Arbeitsbeschaffungsmaßnahme, ABM）（德國社會法典第三部第260條以下），則在以僱用越多人員（越好）的考量下，即被排除適用。由此顯見為達到社會法上的就業目的，甚至是歷史悠久的勞工法的制度與原則，也必須屈膝退讓，以顧全大局。[182]

（二）社會法的補充地位

　　社會法固然具有主導的地位，但不可忘記的是，其本質上也僅有補充的及補償的、或者所得中斷補充作用（Komplementär- und Kompensations- bzw. Ausfallfunktion）而已。從釋義學的角度來看，所謂對於勞工法的補充作用，是指作為強制保險的社會保險係以「無自主性的僱用」（unselbständige Beschäftigung）為前提要件。而所謂的補償的或所得中斷補充作用，是指社會法一直僅在具從屬性的受僱人喪失工作能力時，始會介入處理。[183]以職業災害保險法為例，其補充的或所得中斷補充作用即甚為明顯：遭遇職業災害的勞工，可以向社會保險承保機構（勞動部勞工保險局）請求職業災害給付，而平常的保費則是由雇主所繳交。[184]

---

[180] BAG v. 9.5.1996, AP Nr. 19 zu § 1 KSchG betriebsbedingte Kündigung.

[181] BAG v. 18.11.1988, NZA 1989, 389 = AP Nr. 3 zu BGB § 611 Doppelarbeitsverhältnis.

[182] Preis, a.a.O., 915 f. 但德國通說係將ABM作為勞動契約看待。

[183] Schimidt, Arbeitsrecht und Sozialrecht, a.a.O., 125.

[184] 就社會保險機構給予職業災害勞工給付而言，德國的社會法典第七部第104條以下規定，雇主可以完全免除民法上的損害賠償責任，亦即可以獲得責任的優遇。德國聯邦憲法法院甚至認為民法上所規定的精神上的慰撫金（Schmerzensgeld），雇主也可一併獲得免責。相反

　　然而，原本僅有補充的及補償的、或者所得中斷補充作用的社會法，卻因為社會立法過程而逐漸地被打破：由於社會保險法自行採取與勞動關係脫鉤的保險事故（Versicherungsfall）的定義，致使所得中斷補充作用遂被忽略；[185]而當社會保險逐步地將非勞工、但卻與勞工具有差堪比擬（vergleichbar）保護必要性之人納入，[186]傳統的補充作用也隨之消失。德國1999年的社會法典第四部第7條將受僱人的概念加以擴充，即是打破社會保險法補充作用的一個著例。[187]而社會法典第十一部之照護保險（Pflegeversicherung）更是與補充作用毫不相關，蓋其雖課雇主繳交保費的義務，但其所發生的保險事故的風險，卻是與勞動關係風馬牛不相及。這應該也是我國在制定長期照顧保險法時，所應該注意的，至少勞雇雙方所繳交的保險費，應該與勞保條例及就業保險法的勞雇雙方保險費比例有所不同。

貳、勞工法與社會保險法的例示

一、大量解僱勞工保護法

　　面對經濟不景氣致大量失業時，中央主管機關固可依據就業服務法第23條規定，鼓勵雇主與工會或勞工協商，採取縮減工作時間、調整薪資、辦理教育訓練等方式，以避免裁減勞工；中央主管機關並得採取相關措施或補貼／助，以促進就業。依據2010年5月3日發布施行的就業保險促進就業實施辦法第5條以下之僱用安定措施，中央主管機關於每月領取失業給付人數占該人數加上每月底被保險人人數之比率，連續三個月達2.2%以上，且該期間之失業率未降低時，得辦理僱用安定措施[188]。

的，在台灣，勞保條例的職災給付與民法上的損害賠償僅是抵充關係而已。有關德國法制的部分，請參閱BVerfG v. 8.1.1992, BVerfGE 85, 176 = NJW 1992, 1091. BVerfG v. 8.2.1995, NJW 1995, 1607.

[185] 這裡應該也可以包括「不在承保範圍內的工作所致之傷病，亦屬職業災害者」。依據行政院勞工委員會97年10月20日勞保三字第0970140478號函：「勞工保險條例第2條第2款、第6條第7款及第8款規定，無一定雇主，或自營作業而參加職業工會者、漁會之甲類會員，因從事非本業或與本業專長無關之工作，於工作場所因執行職務而致傷病者，得請領職業災害保險給付。」

[186] 例如勞保條例第8條第3款之實際從事勞動之雇主，即是此類人員。

[187] Preis, a.a.O., 917.

[188] 該辦法自訂定以來，至今已經修正八次（最近一次為2019年4月16日），終於將第5條「每月

　　相應於上述之規定，勞工法令為規範企業大量裁員作法，避免大量勞工被裁員解僱，也有相應的規定，其主要係規定在大量解僱勞工保護法中。依據大量解僱勞工保護法第1條規定，「為保障勞工工作權及調和雇主經營權，避免因事業單位大量解僱勞工，致勞工權益受損害或有受損害之虞，並維護社會安定，特制定本法；本法未規定者，適用其他法律之規定。」由該條文觀之，其固然論及了被解僱勞工的利益、雇主的利益、以及公眾的利益與整體勞動市場的情勢，惟究竟以何者為最主要之目的？由於會影響條文之建構及行政機關面臨大量解僱時所應採取之態度，似有必要加以說明。

　　雖然大量解僱勞工保護法之目的，亦含有保護個別勞工利益之用意，惟多數的學者仍然認為其主要目的係在於勞動市場政策上[189]。亦即讓勞工主管機關在接獲通知後，能立即地對於即將到來之大量解僱預作準備、在勞動市場上設法尋覓出缺的職位、提供轉業訓練、以及儘量避免被解僱者變成長期的失業者[190]。甚且，依據大量解僱勞工保護法第8條規定，主管機關於協商委員會成立後，應指派就業服務人員協助勞資雙方，提供就業服務與職業訓練之相關諮詢（第1項）。雇主不得拒絕前項就業服務人員進駐，並應排定時間供勞工接受就業服務人員個別協助（第2項）。對於實際上並非絕對必要的大量的解僱，勞工主管機關得採取法所允許的各種措施，諸如提供貸款，加以防止或適度緩和，以避免失業潮的出現。

　　因此，大量解僱勞工保護法之立法用意，係在於透過其所設定之要件及程序，以限制雇主的大量解僱，而非賦予主管機關對於個別勞工被解僱之有效性，加以審查。雇主是否有權終止與個別勞工間之契約，係屬於勞基法或民法之範圍，兩者不可混淆。經由其所設定之要件及程序，如通知程序（Anzeigepflicht），乃得以拖延雇主的解僱速度或者逼迫雇主採取分批解僱之方式，讓勞工及主管機關有多餘的時間加以因應。又對照大量解僱勞工保護法

領取失業給付人數占該人數加上每月底被保險人人數之比率，連續三個月達2.2%以上，且該期間之失業率未降低時」，加以修正為「連續三個月達百分之一以上」，以符合實際的需要。

[189] 楊通軒，前揭書，頁418以下。

[190] 除此之外，依據大量解僱勞工保護法第15條第1項規定，為掌握勞動市場變動趨勢，中央主管機關應設置評估委員會，就事業單位大量解僱勞工原因進行資訊蒐集與評估，以作為產業及就業政策制訂之依據。中央勞政機關並且依據大量解僱勞工保護法第15條第2項規定，制定了「大量解僱勞工時勞動市場變動趨勢評估委員會組織辦法」，以掌握勞動市場變動趨勢。

第2條所設定之解僱比例或人數觀之，實即含有（鼓勵或要求）分散解僱之用意，因此只要雇主所解僱勞工之人數低於該條所設定之比例或人數，即為法之所許，並無法加以苛責，亦無權利濫用可言。[191]

　　大量解僱勞工保護法之立法目的，既然主要是在勞動市場政策上，則其規範的重點當在於通知義務及勞工參與的設計。至於資遣費、退休金之問題，則應回歸到勞基法的規定。為了讓勞工主管機關能較圓滿地處理，大量解僱勞工保護法第4條第1項所規定之六十日是否足夠？並非無疑。是否宜在立法上賦予勞工主管機關適度延長之權限（以延長次數或日數的方式為之）？[192]又雇主係對於勞工主管機關負有通知義務，具有保護公眾利益之用意，因此勞工在勞動契約中同意放棄向主管機關通知之約定，應為無效。[193]有問題的是，如勞工係在面臨大量解僱時，始同意雇主可無需向勞工主管機關通知或逕自接受解僱之意思表示者，該意思表示是否當然無效？對此，吾人以為不可一概而論，就其接受解僱之法律行為，應已生效，蓋大量解僱勞工保護法第4條之六十日的期間，並非如同德國解僱保護法第18條所規定之禁止（解僱）期間（Sperrfrist），雇主的解僱行為並未被禁止。又，大量解僱勞工保護法第4條第1項所規定之雇主向勞工主管機關通知之義務，雖為行政法上之義務，且大量解僱勞工保護法第17條亦有罰鍰之規定，惟如果勞工已接受（大量）解僱之意思表示者，是否仍有加以處罰的必要？似非無疑。[194]

　　由於雇主欲進行大量解僱的原因，除了有惡意關廠歇業之情事外，大多係因本身未能因應瞬息萬變的市場變動，以致經營上面臨重大的困境，故欲藉由急速地大量解僱以斷尾求生。因此，大量解僱勞工保護法所設定之程序及要件規定，將會延緩雇主之解僱行為。故為降低雇主在等待政府機關處理及與勞工方面之相關代表進行協商之期間，所可能導致更大之不利，勞工主管機關實應採取積極性的輔助措施，如提供貸款及提供金錢上的實質救助，以幫助企業存

---

[191] 因此，立法過程當中有立法委員認為大量解僱保護法恐將方便企業主分批裁員、規避法令，一旦執行不當，該法將變成「保護大量解僱勞工法」。其立論殆值得商榷，蓋其未能正確認清該法之立法目的也。

[192] ErfK/Ascheid §18 Rn. 1, 10. 又德國解僱保護法第18條第2項即有賦予勞工主管機關延長解僱禁止期間（Sperrfrist）一個月的規定。

[193] BAG v. 11.3.1999, NZA 1999, 862 f. 惟如勞工係在面臨大量解僱時，始同意雇主可無需向勞工主管機關通知或逕自接受解僱之意思表示者，其放棄行為或雇主之解僱行為均為有效。

[194] BAG v. 11.3.1999, NZA 1999, 862 f. 即表示勞工如同意雇主可無需向勞工主管機關通知，其所為之放棄行為有效，嗣後雇主即毋需再向主管機關通知矣。

活下來。[195]

二、其他法令：性別工作平等法、身心障礙者權益保障法、原住民族工作權保障法

（一）性別工作平等法

依據性別工作平等法（以下或有簡稱性平法）第1條規定，為保障性別工作權之平等、貫徹憲法消除性別歧視、促進性別地位實質平等之精神，爰制定本法。而為了達到性平法的目的，促進婦女就業，除了就業服務法、職業訓練法及就業保險法的規定外，性平法中另有協助婦女就業的特別規定，例如第6條規定，「直轄市及縣（市）主管機關為婦女就業之需要應編列經費，辦理各項職業訓練、就業服務及再就業訓練，並於該期間提供或設置托兒、托老及相關福利設施，以促進性別工作平等（第1項）。中央主管機關對直轄市及縣（市）主管機關辦理前項職業訓練、就業服務及再就業訓練，並於該期間提供或設置托兒、托老及相關福利措施，得給予經費補助（第2項）。」

性平法中的促進就業規定有：第8條之教育訓練禁止性別歧視；第16條第2項之育嬰留職停薪期間得繼續參加原有之社會保險，其所負擔之保險費得遞延3年繳納；第17條之育嬰留職停薪者申請復職，雇主除有特定理由外，不得拒絕；第23條之托兒設施或措施；第24條之主管機關為協助離職者之再就業，應採取就業服務、職業訓練及其他必要措施[196]。另外，性別工作平等法施行細則第9條規定，受僱者依性平法第16條第2項規定繼續參加之社會保險，不包括參加勞工保險之職業災害保險；第10條規定，依性平法第16條第2項規定繼續參加之社會保險者，其投保手續、投保金額、保險費繳納及保險給付等事項，依各該相關法令辦理。再者，中央勞政機關依據性平法第16條第4項規定，制訂了「育嬰留職停薪實施辦法」，以規範留職停薪期間的相關事宜。

（二）身心障礙者權益保障法

身心障礙者權益保障法及原住民族工作權保障法，均可歸類於特殊勞工保

---

[195] 在極端的例子下，主管機關可能會面臨如下之兩難：是要盡可能地避免或延緩大量解僱，以暫時性地保留所有或大部分勞工的工作位置，但卻會加速企業的滅亡呢？或者是放寬大量解僱之管制或審查，給予企業較大的空間，以暫時性地大量解僱勞工，但卻會長久地保住企業的生機並且拯救一部分、甚至大部分的工作位置？

[196] 問題是，要怎麼做？其相較於一般失業者或求職者，有何特殊處？或特別加強之處？

護法的一環，惟其規範的重點是身障者及原住民的職業訓練與職業推介，也規定了公務機構及事業單位應該僱用的最低比率[197]。但是，並未加強公務機構及事業單位「強制僱用」的義務，[198]而是以行政罰鍰（代金）取代之。[199]

身心障礙者權益保障法中的促進就業規定有：第16條之（包含應考、進用、就業等之）身心障礙者之保障；第33條之無障礙個別化職業重建服務；第34條之庇護性就業服務；第35條之職業訓練、就業服務機構及庇護工場之設立；第38條之身心障礙者職業扶助（最低僱用比例）；第42條規定之身心障礙者於支持性就業、庇護性就業時，雇主應依法為其辦理參加勞工保險、全民健康保險及其他社會保險，並依相關勞動法規確保其權益。

（三）原住民族工作權保障法

2001年11月2日開始施行之原住民族工作權保障法，係一以具有原住民身分者為對象之保障法，由於規範內容較為詳盡，堪稱為原住民族工作權的基本法。[200]雖然如此，如觀其第1條規定，「為促進原住民就業，保障原住民工作權及經濟生活，特制定本法。本法未規定者，適用其他法律之規定。」可知其係以促進就業為主要目的，並未嘗試以一部專法將現行有關原住民工作之相關重要事項儘量納入其中，故一旦發生勞動契約上的爭議，往往仍需回歸到一般

---

[197] 楊通軒，前揭書，頁20以下。

[198] 有關強制僱用之問題，實際上即是涉及求職者有無一訂立勞動契約的請求權。對此，最高法院96年度台上字第296號民事判決及最高法院97年度台上字第2544號民事判決雖有些微地討論到，但並未深入釐清之。讀者或可自行思考正確的解決之道。

[199] 有關身障者部分，請參閱台灣台北地方法院93年度勞簡上字第52號民事判決、高雄高等行政法院93年度訴字第577號判決。台灣新竹地方法院95年度勞簡上字第7號民事判決、台灣高等法院95年度勞上易字第22號民事判決。在2014年4月18日作成的司法院大法官會議釋字第719號解釋，認為政府採購得標廠商員工逾百者應進用一定比例原住民，未進用者令繳代金之規定，尚無違背憲法第7條平等原則及第23條比例原則，與憲法第15條保障之財產權及其與工作權內涵之營業自由之意旨並無不符。再依中央勞政機關2014年9月統計，全國公、私立義務單位16,330家，法定應進用53,209人，實際進用73,461人，已超額進用2萬252人，超過法定應進用人數38.06%，未足額進用單位1,648家（占應進用家數10.09%），其中公立單位59家，私立單位1,589家為大宗(占未足額家數96%)，私立未足額單位則仍以民營事業機構1,532家（96%）為最多，其中83%（1,326家）不足進用1人。

[200] 惟台北市政府在1999年12月所制定的「台北市促進原住民就業自治條例」，保障原住民進入公部門之工作權，使得台北市政府成為全國第一個採行「平權法案／優惠性差別待遇」（Affirmative Action）的機關。請參閱顧慕晴、盧姵緁，我國公部門原住民工作權保障之研究，國家菁英季刊，第4卷第1期，2008年3月，頁21。

性的勞動法規處理。[201]

在勞動市場法或就業安全網上，可以給予原住民較優的待遇，以促進其就業。因此，除了在原住民族工作權保障法中，有「依政府採購法得標之廠商，於國內員工總人數逾一百人者，應於履約期間僱用原住民，其人數不得低於總人數1%。[202]僱用人數未達標準者，應繳納代金」（原住民族工作權保障法第12條第1項、第3項）之規定外，[203]另有相當多的條文（原住民族工作權保障法第13條以下、就服法第24條第1項第4款等），目的均在促進原住民的就業，其在法理上及實際需要上均無疑義。蓋以「代金」之繳納而言，僅係令雇主負擔一定之費用，並未強制雇主非僱用原住民不可，亦即並未賦予原住民一「僱用請求權」，不致於過度侵害雇主憲法上所保障之財產權或營業權。[204]

整體來看，原住民族工作權保障法中的促進就業規定有：第4條及第5條之比例進用原則；第12條第2項之職前訓練；第13條、第14條及第15條之促進就業措施（包括提供就業諮詢、職場諮詢、就業媒合、職業訓練及設立職業訓練機構等）；第18條之臨時工作。

三、被裁減資遣被保險人繼續參加勞工保險及保險給付辦法

（一）內容

本辦法的目的，是在加強與社會保險的接續，針對具有一定加保年資之中、高齡勞工，於其被裁減資遣時，除了勞工法令上的資遣（費）相關規定外，立法者於1988年2月3日修正勞工保險條例增列第9條之1規定，以提供其普通事故保險的保障。中央勞政機關並且於1988年7月31日發布施行「被裁減資遣被保險人繼續參加勞工保險及保險給付辦法」，以具體規定相關事宜。按照勞動部勞工保險局的統計資料，均有相當的裁減續保者人數，顯示被裁減資遣的中高齡勞工多有尋求此一途徑繼續加保者。

---

[201] 此從原住民族工作權保障法第20條第1項本文之規定「原住民勞資爭議，依據勞資爭議處理法規定辦理」，即可推知。

[202] 論者認為此種職務與職位之保障，反而有限制的嫌疑，使得人們以為原住民僅會從事此種工作而已，理應予以限制，只要規定員工總人數的一定比例即可。林柏年，原住民族工作權保障機制之建構—以原住民族工作權保障法為例之探討，立法院院聞，第32卷第11期，2004年11月，頁96。

[203] 另一個問題是，可否將進用機關與機構由公部門擴展至私部門？

[204] 楊通軒，前揭書，頁21。

　　吾人如觀第9條之1的立法理由，即可知其已適度地加入商業保險的作法。蓋其謂：由於工業自動化及經濟循環影響，間有投保單位大批裁減資遣勞工，其中不乏中、高年齡者，於遽然離職後，因轉業困難，不僅無法繼續參加勞保，且未達老年給付條件，致老年生活無從保障，爰增定本條第1項，俾利繼續加保至請領老年給付之日止。惟為防止浮濫，乃對續保資格加以限制，即規定保險年資滿十五年者，始得由原投保單位辦理續保。又該等人員因已非在職勞工，故僅須參加普通事故保險即可。

　　從立法理由觀之，似乎其主要目的是在確保被保險人可以請領老年給付。但是，實者其是提供普通事故保險，故除了傷病給付之外，均可獲得保障（被裁減資遣被保險人繼續參加勞工保險及保險給付辦法第8條規定參照）（包括生育給付）。這裡之所以排除傷病給付，是因為傷病給付旨在確保未能工作喪失或中斷收入，未能領得原有薪資之薪資補助。但參加續保者，本無工作之實，即無喪失原有薪資可言[205]。反面觀之，如果被裁減資遣人員再次受僱工作，即應依被裁減資遣被保險人繼續參加勞工保險及保險給付辦法第5條第1項規定，由原來的續保單位辦理退保，並且由新的投保單位辦理加保。

　　由於勞工保險係在職保險，所以勞工保險條例第9條之1規定，即屬例外規定，例外規定當然不容／宜又採擴大解釋。依據勞工保險條例第17條第5項規定，第9條之1規定之被保險人逾二個月未繳保險費者，以退保論。被保險人如未依規定期間繳納保險費至原投保單位，經原投保單位向保險人申報退保者，理論上，保險人即應據以受理退保[206]。

　　從實務的運作上來看，不問是最高行政法院或中央勞政機關，前者是採取嚴格以對的立場，但後者則有嚴有寬。例如最高行政法院94年2月3日判字第181號判決認為：被裁減資遣之人員仍具有工作能力，只是因轉業困難，為保障其生活，故令其續保至可以請領老年給付時止。相反地，勞工保險條例第57條規定之「不能繼續工作」[207]，係指被認定為喪失工作能力，無法實際從事本業或他業工作而言。故被保險人依勞保條例第57條終止效力者，不得依同條例第9條之1規定參加續保。

　　至於中央勞政機關的函釋中，有認為不得參加續保者：定期契約屆滿者

---

[205] 勞工保險監理委員會，勞保爭議大觀園，2010年6月，頁97。

[206] 用語緩和、但不宜採者，行政院勞工委員會99年12月25日勞保2字第0990140461號函：保險人即「得」據以受理退保。

[207] 在2008年8月13日，勞工保險條例第57條修正為「終身無工作能力」。

（例如立法委員及監察委員的助理）（行政院勞工委員會94年9月9日勞保2字第0940050685號函行政院勞工委員會94年9月9日勞保2字第0940050685號函、94年2月2日勞保2字第0940003040號函、91年5月29日勞保2字第0910027017號函）、受領臨時工作津貼者與用人單位間非僱傭關係（行政院勞工委員會90年2月16日台90勞保2字第0004672號函）。也有認為得參加續保者：因案入監服刑者（行政院勞工委員會91年5月23日勞保2字第0910025753號函）、遭遇職業災害之請領職業災害保險給付者（行政院勞工委員會90年8月27日台90勞保3字第0041469號函）、因精省原投保單位改隸致聘僱契約不再續約而離職者（行政院勞工委員會89年10月4日台89勞保2字第0041132號函）、請領勞工保險失業給付者（行政院勞工委員會88年3月31日台88勞保1字第013034號函）、依公司所訂自動退休辦法退休並領得退休金者（行政院勞工委員會85年12月3日台85勞保2字第143110號函、85年1月31日台85勞保2字第143110號函）、依投保單位裁減計畫被裁減而領取退休金之員工（行政院勞工委員會85年7月27日台85勞保3字第126066號函）、因處理事業單位善後事宜實際並未離職者（行政院勞工委員會83年10月18日台83勞保2字第88134號函）、被保險人被事業單位主動資遣或自請資遣者（行政院勞工委員會81年7月14日台81勞保2字第21075號函、79年8月4日台79勞保2字第17140號函）、被保險人被資遣而未受領資遣費者（行政院勞工委員會79年7月30日台79勞保2字第17914號函）。

　　針對上述中央勞政機關之函釋，最具爭議性的，應是88年3月31日台88勞保1字第013034號函。蓋其認為被保險人在請領失業給付期間，仍得參加續保。惟吾人認為此一解釋過度擴充續保的範圍，違反保險法理，正確處理之道，應是失業給付具有排除的／優先的功能／地位，被保險人在領取失業給付期間不得參加續保。試想，勞工在失業期間，同樣不得（繼續）參加就業保險。

　　另外，81年7月14日台81勞保2字第21075號函及79年8月4日台79勞保2字第17140號函中所指之被保險人向事業單位「自請資遣」者，應係指勞雇雙方合意資遣而言，並不包括勞工自行辭職。而且，在謹守被裁減資遣參加續保係屬任意規定而非強制加保規定的前提下，行政院勞工委員會80年7月30日台80勞保2字第18839號函所謂的「符合續保辦法第3條規定者，投保單位應於離職之當日為之辦理續保手續，……。至於原投保單位未於員工離職當日辦理續保，造成保險效力喪失，影響勞工權益之賠償問題，當屬民法侵權行為，仍應依民法規定辦理。」其所謂「符合續保規定者」，應將之限於被保險人已表示自

願加保者，以免不當擴大適用範圍。只不過，非自願性離職且保險年資滿十五年以上之被保險人，不諳續保辦法規定，致遭遇事故時無法領取相關之保險給付，致生民怨，在該續保辦法未廢止之前，勞動部勞工保險局似應研擬建立主動通知失業被保險人參加續保之機制，以收實效。

（二）評釋

如上所述，可知在續保的情形下，依據勞保條例第9條之1規定，被裁減資遣人員可以繼續參加勞保至請領老年給付時為止。亦即被保險人可以依據勞保條例第58條第2項規定，一次請領老年給付。在2010年1月1日後，解釋上被保險人如欲請領老年年金，則依勞保條例第58條第4項規定已無二年請求權時效之問題，故其可於年滿60歲時，依勞保條例第58條第1項第1款規定行使權利。或者，於未滿60歲之前，勞保條例第58條之2第2項規定，提前申請減給老年年金給付[208]。

雖然，為避免續保規定的不當擴大適用，中央勞政機關也有採取嚴格解釋的立場，但是，根本的問題，還是此一續保辦法難免與勞工保險的在職保險法理不相吻合。而且，依據被裁減資遣被保險人繼續參加勞工保險及保險給付辦法第6條規定，被裁減資遣之被保險人續保時，其投保薪資以裁減當時之投保薪資為準。由於被裁減人員當時的薪資可能較高（否則，有何需要續保？），而依據勞保條例第15條第5款規定，在保費的負擔方面，被保險人負擔80%，其餘20%由政府補助，這不僅涉及公義的問題，也進一步擴大勞保基金的財務缺口。這種保費分攤的方式，使得續保甚至優於商業保險，也連帶導致不少被裁減資遣人員不願繼續尋找工作或不願屈就於薪資較原來工作為低的工作，更間接影響中高齡勞工失業率的下降[209]。

所以，法理上，在2008年10月1日國民年金法施行後，原來勞保條例第9條之1之續保對象，即應依法轉納入國民年金法的適用對象，否則對於其他未工作者或年資不達十五年而被裁減資遣者，並不公平。況且，國民年金法第7條

---

[208] 勞工保險監理委員會，前揭書，頁91。

[209] 還有一個問題：在裁減資遣續保人員領取勞保相關給付並退保時，由於勞保當月保險費係延後一個月始開始計費開單及有繳費寬限期，難免會發生被保險人未繳納保險費，但勞保局已先為給付，事後再向被保險人或受益人催收保費不得而形成呆帳之情形。基於權利義務對等原則，並避免續保規定的被濫用，勞保局似應於續保人員申請給付並辦理退保時，先行開單（計算至退保日），請其繳納保險費，而後再行給付。至於技術上的困難（包括資訊作業系統的配合修正），勞保局亦應儘快排除之。

已明定得併計他保險之年資後請領老年給付，故該等人員並不會喪失日後請領年金的機會[210]。

四、領取老年給付後繼續加保職業災害保險者？

同樣從保護中高齡勞工的角度出發，但與勞保條例第9條之1續保規定不同的是：中央勞政機關在1998年以解釋的方式，擴大領取老年給付者可以繼續參加職業災害保險。從勞動部勞工保險局的統計資料中，可知有相當多已領取老年給付者，再受僱參加職災保險者，形成一個「一大堆領取老年給付的人仍然在職場的」奇特的現象。此不禁令人疑惑：這些已經領取老年給付者，為何還（眷戀地留）在原事業單位或其他事業單位工作？是單純因為老年給付無法應付退休生活的日常支出？這是我國執政者希望繼續使用熟練的退休人力的措施？還是我國的退休年齡及年資的規定不夠完善所致？

依據勞保條例第9條第4款規定，在職勞工年逾65歲繼續工作者，得繼續參加勞工保險。本條款係任意加保的規定。其立法理由為：「本條例第6條所定加保年齡上限，係指首次加保者，如60歲（後修正為65歲）之前參加勞工保險，不論其60歲（65歲）時係繼續加保中或60歲（65歲）再加保，均允許其繼續加保，亦符合勞動基準法第54條強制退休之規定。」可知其係提供65歲之前已工作者，（繼續）加保之機會[211]，具有一定程度促進中高齡勞工就業之寓意，故其正當性自不待言。

然而，隨著行政院勞工委員會87年3月31日台87勞保3字第012789號函的出現，原來勞保條例第9條第4款在職勞工年逾60歲（後修正為65歲）繼續工作得繼續加保之規定，已被逐步違法擴大濫用。依據該函：(一)凡領取老年給付再受僱於勞工保險投保單位之勞工，投保單位得為其辦理參加職業災害保險。(二)該等參加職業災害保險之被保險人，於保險有效期間發生保險事故者，得依勞工保險條例規定請領職業災害保險相關給付。請領職業災害保險給付或死亡給付者，勿須扣除已領取老年給付之月數。(三)投保單位為前開勞工辦理職業災害保險，應全體參加，不得選擇性辦理。之後，跟隨著第012789號函，中央勞政機關再以87年8月15日台87勞保3字第034607號函表示：年逾60歲已領取

---

[210] 行政院勞工委員會100年7月5日勞保2字第1000018890號函參照。

[211] 行政院勞工委員會86年7月8日台86勞保2字第028623號函、86年11月17日台86勞保2字第046516號函參照。

其他社會保險養老給付之退休人員，如再受僱工作，投保單位得為所屬勞工辦理參加職業災害保險。

　　中央勞政機關並且認為為配合政府促進中高齡勞工再就業，並保障已領取老年給付之參訓學員之安全，其於受訓期間得由訓練機構為其辦理參加勞保職業災害保險（行政院勞工委員會90年6月27日台90勞保3字第0025940號函）。在2008年間，中央勞政機關再度以97年1月10日台勞保3字第0970140011號函重申已領取老年給付者，得再參加職業災害保險及其發生職災保險事故時，其請領職業災害保險給付或死亡給付者，勿須扣除已領取老年給付之月數。惟其已將「(三)投保單位為前開勞工辦理職業災害保險，應全體參加，不得選擇性辦理」予以刪除。中央勞政機關並且廢止87年3月31日台87勞保3字第012789號函。在2008年，中央勞政機關再度將已領取老年給付後之參加職災保險之人、擴充及於「再受任於勞工保險投保單位之委任經理人」，並同樣自2008年1月10日起適用（行政院勞工委員會97年4月2日勞保3字第0970140123號函）。

　　上述中央勞政機關以97年1月10日台勞保3字第0970140011號函廢止87年3月31日台87勞保3字第012789號函，是否代表中央勞政機關已有逐步限縮此種退休後加保職災保險的意識？恐怕無法如此斷定。此可從勞動部103年11月19日勞動保3字第1030140437號令再次獲得印證。依之，「(一)核釋勞工保險條例第58條第6項規定，已領取勞工保險老年給付再從事工作或於政府登記有案之職業訓練機構接受訓練者，投保單位得為其辦理僅參加職業災害保險。該等被保險人於保險有效期間發生保險事故者，得依勞工保險條例規定請領職業災害保險相關給付。請領職業災害保險失能給付或死亡給付者，不須扣除已領取勞工保險老年給付。至於年逾65歲已領取公教人員保險養老給付、軍人保險退伍給付、老年農民福利津貼或國民年金保險老年年金給付者，如再從事工作或於政府登記有案之職業訓練機構接受訓練，投保單位亦得為其辦理僅參加職業災害保險，並自中華民國104年1月1日生效。(二)廢止改制前之行政院勞工委員會（現已改制為勞動部）102年10月16日勞保3字第1020140540號令，並自104年1月1日生效。」

　　所以，整個來看，其仍然係維持民國87年解釋的基調，例如其認為已領取老年給付再受任於勞工保險投保單位之「委任經理人」，亦得參加職災保險；又，中央勞政機關認為關於「已領取老年給付」之時點，解釋為「於原投保

單位退職並申領給付」[212]。基於此，已領取老年給付之被保險人只要短暫退職（例如退職一天），即可在原投保單位加保職災保險，否則只能到其他事業單位工作並加保。只不過，中央勞政機關也有採取限縮解釋者：被保險人加保期間發生職災保險事故，其領取勞年給付前投保薪資不併計入再參加職災保險後之投保薪資[213]。

本書以為上述領取老年給付及「其他社會保險養老給付之退休人員」之得否加保職業災害保險，其實最主要還是涉及老年給付的目的。蓋無論是社會保險的養老給付或企業給的退休金，其均在確保勞工退休後所得中斷之風險，使其得老歸林下、安享天年。所以，退休的意義，就是永久地離開職場。一個一面退休，一面卻在原職場繼續工作的勞工，不僅破壞退休的意義、破壞社會法的補償的或所得中斷補充作用，而且會帶來災難（Mißstand）[214]。在制度上，如要繼續使用熟練的中高齡勞工的人力，應是修法延後退休年齡，且以65歲為鵠的。勞工退休條例（以下或有簡稱勞退條例）的60歲仍然過於年輕，勞保條例第6條則已修正為65歲。勞基法第53條之55歲更是過於年輕而不當。反而，自2008年5月14日修正施行之勞動基準法第54條第1項第1款之（強制退休年齡）65歲，較為折衷適當。理應將該款規定的年齡一律適用於各種社會保險的養老給付及勞退條例、勞基法之退休年齡。

所以，本書以為：以有利於中高齡勞工之就業，作為已領取老年給付之勞工再參加職災保險之理由，並不恰當。試想，假設雇主配合或要求勞工請領老年給付而退保，之後，該勞工再回到原事業單位工作而加保職業災害保險，如此，雇主不僅可以減少普通事故保險費之負擔，也可以因為勞工參加職災保險而分攤其勞基法中職災補償責任，至於退職勞工之繼續參加職災保險，當然會危及勞保財務的健全。在勞保年金實施、各項給付不斷擴大的情況下，有步驟地檢討並廢止此一繼續參加職災保險的解釋令及作為，應係一不得不採取的行政作為。

末了，在2019年12月4日制定公布「中高齡者及高齡者就業促進法」[215]

---

[212] 行政院勞工委員會91年1月17日台90勞保3字第0063947號函。

[213] 行政院勞工委員會94年1月3日勞保3字第0930065084號函。

[214] 楊通軒，前揭書，頁498。

[215] 依據勞動部2020年4月30日新聞稿，《中高齡者及高齡者就業促進法》原經行政院指定於2020年5月1日施行，近期因新冠肺炎疫情影響國內產業，勞動力運用有緊縮趨勢，勞動部積極推動多項勞工紓困方案，專法將俟疫情紓緩後再施行。

後，吾人觀其第1條第2項並無「本法未規定者，適用勞工保險條例」之規定，本書以為已領取老年給付之勞工再參加職災保險之現況，並不會有所改變。

五、依據勞保條例第67條第1項第4款規定向勞保基金申請貸款？

在確保勞工的經濟安全及社會安全上，勞保基金究竟應該擔負起何種責任？尤其是在幫助勞工解決一時性的經濟困難？為此，台灣立法者以提前動支老年給付的理由[216]，在2003年1月20日修訂增列勞保條例第67條第1項第4款規定，將「對於被保險人之貸款」納入勞保基金的運用範圍（即投資項目之一，雖其與其他投資運用顯然有別）。中央勞政機關並且依據勞保條例第67條第1項第4款及第3項規定，連續數次公告訂定「勞工保險局辦理○○○年勞工保險被保險人紓困貸款」（例如99年12月30日以勞保1字第0990140534號公告），將其定位為政策性紓困貸款，申請者必須具備一定資格[217]，並非一體適用於所有的勞工[218]。只是，基於民眾對於提出生活困難證明文件的反彈，勞保局一開始即未嚴格審查申請貸款者「困」的資格。尚且，勞工如申請獲得貸款，即應按中央勞政機關所訂的利率繳交利息，其並非無息貸款。自2003年起至2019年，勞保局即按照該辦法辦理十六次的貸款，對於生活困難的被保險人的紓困已發揮一定的功效，惟撥款金額也節節上升，已占勞動基金運用局所有可運用投資金額相當大的比例，另一方面，逾期未還轉催收款也居高不下，形成另一

---

[216] 這個理由，主要是立基於申請人紓困貸款的申請條件之一，是必須參加勞工保險年資滿十五年，而這已經符合勞保條例第58條「保險年資合計滿十五年」的要件。惟所謂「提前動支老年給付」，似係以被保險人必然會成就請領老年給付的年齡（60歲或55歲）為前提，而這是否為必然？例如50歲的甲勞工離開職場，因其保險年資合計已滿十五年，故雖未再重入職場且加保勞工保險，其仍得在年滿60歲時，依據勞保條例第58條第1項第1款請領老年年金給付。由此一點觀之，所謂「提前動支老年給付」，似乎言之成理。惟若甲未滿60歲前死亡或終身無工作能力，即無可能成就請領老年年金的條件，所謂「提前動支老年給付」之說，即不成立。雖然如此，依據勞工保險未繳還之保險給付及其貸款本息扣減辦法第5條第1項第1款、第7條第1項，被保險人或其受益人請領終身無工作能力之失能給付或死亡給付時，勞動部勞工保險局即得對保險給付實施扣減。

[217] 亦即生活困難需要紓困、參加勞工保險年資滿十五年、無欠繳勞工保險費、未借貸本貸款，或曾借貸已繳清貸款本金及利息。

[218] 所以，如欲一體適用於所有的勞工，則勢須變更勞工紓困貸款名稱，惟此為本書所不採。至於失業勞工得否申請紓困貸款？本書亦以為否定為宜，蓋從勞保條例第29條第5項、第7項及第67條第1項第4款的規定用語觀之，均以「被保險人」為資格條件，失業勞工既已不具此一資格，自然不得提出申請。況且，失業勞工所得中斷的生活確保，本應循失業給付或社會救助的途徑為之。

種形式的呆帳。

　　吾人從紓困貸款的由來及其（所公告之）貸款人資格未納入如金融市場借貸之借款人信用、還款財源、用途及目的等條件，即可知其具有強烈公益的目的[219]。本來，勞保基金係所有參加勞保成員基於社會連帶關係所成立共濟組織的共同財產，並非勞工個人的私產（與雇主按照勞工退休金條例所提繳的退休金不同）[220]，且其以發生一定的保險事故為給付條件，本不應／宜做為借貸之用。故其以具有一定特殊的社會政治情況，且執政者必欲貫徹施政的目的，始得例外地作為借貸之用。果如此，即應嚴格審查紓困的各種條件始可。況且，為明瞭被保險人與勞保局之間的權利義務關係，雙方必須簽訂一行政契約[221]。如果對於紓困條件僅作寬鬆的審查，甚至坐令貸款者將之作為理財工具，則政策上實應將貸款來源轉為個人帳戶之勞工退休金始為正確之途[222]。當然，為此必須修正勞工退休金條例退休基金管理運用及盈虧分配辦法第4條規定。

　　另外，在規劃上，為了避免貸款勞工無法或拒絕清償貸款，2003年1月20日修訂的勞保條例第29條第3項即規定，「被保險人有未償還第六十七條第一項第四款之貸款本息者，於被保險人或其受益人請領保險給付時逕予扣減之。」中央勞政機關並且依據勞保條例第29條第7項規定，制定「勞工保險未繳還之保險給付及其貸款本息扣減辦法」，以具體規範扣減保險給付之種類[223]、方式及金額等事項。

　　理論上，針對勞工無法或拒絕清償貸款的行為，既然已經有辦法規定扣減的作法，勞保局當無須擔心基金的不保。實者，經過幾年的貸款下來，發現最大的問題，是在勞保基金短期資金調度的困難，並且影響操作的績效。畢竟，以低於一般市場的放款利率借貸，並非基金最佳的運用／投資。如果有勞工將之作為低利理財之用，更非當初建立貸款制度的初衷。因此，如前所述，本書以為貸款的資格，實應回到具有生活困難需要紓困的身分。

---

[219] 惟此種貸款卻是比附援引商業儲蓄個人保單價值準備質借之概念而來。林雯雯，我國勞工紓困貸款制度實施成效之評估，國立政治大學勞工研究所碩士論文，2015年6月，頁4。

[220] 司法院大法官會議釋字第549號解釋參照。

[221] 張琦玲，論我國勞工保險被保險人紓困貸款制度之存廢，中原大學財經法律系碩士論文，2009年7月，頁72以下。

[222] 林雯雯，前揭書，頁43以下、97以下。另外，改由個人帳戶辦理貸款尚有如下優點：得依個人帳戶存款金額量定貸款額度、申請時間得依勞工需求隨時提出。

[223] 如對照第5條第1項第1款、第7條、第8條規定，得被做為扣減的保險給付，除了老年給付、死亡給付或終身無工作能力之失能給付外，還包括生育給付、傷病給付及失蹤津貼。

　　就保險人之扣減權利觀之，主要係基於權義衡平原則，對於受領權人於請領給付時如亦負有溢領給付之返還請求權。而且，勞保基金貸款之本息為全體勞工所共有之特殊專屬債權，不適用一般債權請求權消滅時效之規定。這也牽涉到在法律的解釋上，「勞工保險未繳還之保險給付及其貸款本息扣減辦法」所規定之扣減，究竟與抵銷有無不同？對此，吾人可以觀2009年11月25日修正的勞保條例第29條第3項的立法理由：按保險事故發生時間未可預期，現行條文於2003年修正時，增列但書規定，係供作被保險人如有未償還貸款而發生保險給付時之抵銷依據，其立法意旨顯已有意排除請求權消滅時效之適用，惟未為具體明確規定致生疑義。此外，使用「抵銷」之用語，亦與民法第334條所定二人互負私法上之債務互為抵銷之情形有別。為求明確周延，爰將現行條文第1項但書規定修正移列為第3項，並將「抵銷」一詞修正為「扣減」。可知立法者有意以扣減區別抵銷，即以其為公法上之行為，與民法上的抵銷不同。

六、職業災害勞工醫療期間退保繼續參加勞工保險辦法

　　本辦法係依據「職業災害勞工保護法」第30條第2項規定訂定之。亦即依據該法第30條第2項規定，「前項勞工自願繼續參加普通事故保險者，其投保手續、保險效力、投保薪資、保險費、保險給付等辦法，由中央主管機關定之。」其較為重要的規定有[224]：參加勞工保險之職業災害勞工，(一)於職災醫療期間退保自願繼續參加勞工保險普通事故保險者，得向勞工團體，或向勞動部勞保局委託之有關團體辦理加保手續，或逕向勞保局申報加保。原投保單位亦得為其職災被保險人辦理續保手續。本法所稱勞工團體，指依工會法規定設立之工會（本辦法第2條）。(二)繼續加保者，應於原發生職業災害單位離職退保之當日起五年內辦理續保手續（本辦法第3條第1項）。前項勞工於原發生職業災害單位退保之日起五年內，有再受僱從事工作加保後又職離退保情形者，得辦理續保（本辦法第3條第2項）。(三)繼續加保者，其保險費由被保險人及本法第3條規定之專款（以下簡稱專款）各負擔50%。但依本辦法初次辦理加保生效之日起二年內，其保險費由被保險人負擔20%，其餘由專款負擔（本辦法第5條第1項）。(四)繼續加保者之投保薪資，以離職退保當時之投保薪資為準，繼續加保期間不得申報調整投保薪資（本辦法第6條第1項）。(五)繼續加保者得請領同一職業傷病及其引起疾病之職業災害傷病給付或醫療給付（本辦

---

[224] 勞動部105年3月21日勞動保3字第1050140134號令修正發布。

法第7條第1項）。繼續加保者依前項規定請領職業災害傷病給付或醫療給付期間內，因同一職業傷病及其引起之疾病致失能或死亡者，仍得請領其得請求而未請求之職業災害失能給付或死亡給付（本辦法第7條第2項）。(六)繼續加保者於續保後發生之事故，除不予傷病給付外，其他保險給付應依勞保條例規定辦理（本辦法第8條）。(七)繼續加保者再受僱於符合勞工保險條例第6條及第8條規定之投保單位期間，不得依本辦法繼續加保（本辦法第9條）。(八)繼續加保者在尚未符合請領老年給付條件前，因死亡或失能程度經評估為終身無工作能力者，其保險效力至死亡或全民健康保險特約醫院或診所診斷為實際永久失能之當日終止（本辦法第10條）。(九)職災勞工領取失能給付，且經評估為終身無工作能力者，不得繼續加保（本辦法第12條）。

　　本來，依據勞保條例施行細則第22條第2項規定，被保險人因遭遇傷害或罹患疾病在請假期間者，不得退保。又依同條例第72條規定，投保單位不依規定辦理投保手續者，除應受罰鍰的制裁外，勞工如受有損失，投保單位並應負損害賠償責任。有關勞工保險加、退保係採申報制度，勞工於職災持續醫療期間，所屬投保單位如未依規定辦理退保致生權益損害，依規定應由投保單位負責賠償，如有爭議，應向當地勞工主管機關請求協調或依民事訴訟途徑解決[225]。此一法律上的解決途徑，並不會因為醫療期間續保辦法的施行而受影響。至於被非法解僱部分，勞工也可以提起確認僱傭關係存在之訴（民法第487條規定）。

　　由於此一醫療期間續保辦法亦是在職保險的例外，為避免勞雇雙方共謀濫用，故不宜擴大解釋。因此，職業災害勞工保護法第30條第1項規定之參加勞工保險之職業災害勞工，於職業災害醫療期間「終止勞動契約並退保」者，應將之侷限於勞保條例施行細則第22條第2項規定（依其反面解釋，其係指雇主不遵守該條項規定，將在醫療期間的職災勞工非法解僱而言）、雇主依據勞基法第13條但書之合法終止契約、以及職災勞工之定期契約到期等之情形。亦即，並不包括職災勞工自行離職或與雇主合意終止契約之情況。

[225]　行政院勞工委員會88年4月13日台88勞保3字第015440號函。

第 2 編

就業保險法制

第二章 | 就業保險法的歷史發展

第一節 從勞工保險失業給付實施辦法到就業保險法 ——一個意識型態的轉變

自1968年7月23日起,台灣勞保條例第2條規定即列有「失業給付」一項,且其第74條規定,有關失業保險的費率、實施地區、時間及辦法,由行政院以命令定之。1973年4月25日修正的勞保條例第85條甚且規定,「失業保險之保險費率,按被保險人當月之月投保薪資之百分之二至百分之三計算⋯⋯。」

之後,行政院於於民國87年12月28日以87勞字第63669號令發布,自1999年1月1日起正式施行「勞工保險失業給付實施辦法」,提供失業勞工失業給付以維持其基本生活。在該時,失業給付仍然擺脫不了政治因素及意識型態的干擾,迫使國家只能防禦性地、小範圍地嘗試推動此一制度。

台灣是在2003年1月1日開始施行就業保險法,將失業給付由勞保體制脫離,採取單一化的保險制度,但仍委任勞保局辦理、並由勞工保險監理委員會監理。其思想應是:對於勞工來講,失業是個意外事故,但是,對於國家社會來講,失業卻是一個常態或者說難以揮去/甩開的火藥(Dauerbrenner)(燙手山芋)。2003年1月1日施行的就業保險法,其更重要的意義,是適度地加入預防失業的思想與作法[1],彰顯出失業給付、職業訓練及就業服務整合的就業促進法制的時代來臨。其背後的政策思維脈絡,同於歐洲聯盟1997年所提出的「積極促進Activation」就業的要求[2]。

隨著就業保險法的實施,產生了兩個法律問題。一是新舊法交接的請領問題:一、在勞工保險失業給付實施辦法施行期間非自願離職,符合失業給付請領條件,於就保法施行後,得依就保法規定,請領職業訓練生活津貼[3];二、在勞工保險失業給付實施辦法施行期間請領失業給付,且在就保法施行後,失

---

[1]　但是,並沒有僱用安定措施。

[2]　李健鴻,「積極促進」治理下就業保險失業給付制度為何就業成效不彰?發表於:第九屆海峽兩岸社會保障制度學術研討會,2010年10月15日。

[3]　行政院勞工委員會92年5月7日勞保1字第0920020851號函。

業給付請領期限未屆滿前,再就業並參加就業保險三個月以上者,得依就保法規定,請領提早就業獎助津貼[4]。二是新舊法交接的解釋令適用問題:行政院勞工委員會90年3月23日台90勞保1字第0011324號函及行政院勞工委員會90年11月5日台90勞保1字第0052493號函,於就保法施行後,仍繼續適用[5]。

2009年3月31日修正、並且自同年4月22日開始施行的就業保險法,係2003年以來最大的增修,增定了就業安全保障適用的幅度與廣度,俾益勞工無窮,包括延長加保年齡、納入外籍/大陸/港澳地區配偶、增加育嬰留職停薪津貼、延長給付期間、以及增加給付額度等。惟,此一修正卻也大大地增加就業保險給付金額,可能造成加速就業保險基金的枯竭,必須要甚思應對之道(尤其是按照就業保險法第9條第2項第3款規定,「本保險增減給付項目、給付內容、給付標準或給付期限,致影響保險財務」者,中央主管機關應於前條規定之保險費率範圍內調整保險費率)。這裡其實牽涉到一個更重要的問題:在社會福利支出中,就業保險應占多少比例才合理[6]?

雖然,依據就業保險法第40條規定,勞保條例的部分規定(例如第17條第3項暫停給付)也被準用,尤其是社會保險的原理原則[7]。但是,也有不準用者,例如同一月份有二個以上投保薪資,其保險給付之月投保薪資不合併計算。蓋就業保險與勞工保險係兩個各自獨立的保險制度,保費計收、給付項目及請領條件各不相同。就業保險法並未明文規定被保險人同時受僱於二個以上投保單位時,其投保薪資得合併計算,且合併計算將致另一份工作未離職或屬自願離職者亦得請領給付,顯有違本法保障勞工於失業期間基本生活之立法意旨,亦恐導致勞工以本法第13條規定為由拒絕推介之工作,不利促進就業[8]。

第二節 從消極的失業給付到積極的就業促進措施(調整僱用的結構)

失業給付只是消極的暫時滿足被保險人的所得中斷,但是,就業保險法帶

4　行政院勞工委員會92年6月9日勞保1字第0920024601號函。

5　本書以為:其實還有行政院勞工委員會92年3月14日勞保1字第0920013910號函。

6　林更盛,台灣就業保險法的結構,問題與展望,發表於「二十一世紀勞動法的新發展」,2001年9月14、15日,頁15。

7　行政院勞工委員會94年7月14日勞保1字第0940038802號函。

8　行政院勞工委員會98年2月28日勞保1字第0980140697號函。

有先進國家就業促進法的本質，在以各種積極的促進就業措施，達到幫助失業者重回職場的目的。綜觀就業保險法的規定，約帶有以下幾個特色：

壹、結合就業服務及職業訓練而成的縝密就業安全網

也就是其內含消極的工資替代（passive Entgeltersatzleistungen）及積極的勞動市場給付（推介就業、職業訓練等）。而在（部分的）工資替代部分，除了傳統的失業保險金／失業給付（針對失業時及為促進就業的職業的繼續訓練）外，在2010年5月3日就業保險促進就業實施辦法發布施行後，也包括僱用安定薪資補貼（第9條規定）[9]不同的給付型態。另外，充電再出發訓練計畫第5點也是採取直接給予勞工薪資補貼的補助訓練津貼的作法，而且，訓練津貼補助數額與勞工參訓期間之勞工保險月投保薪資，合計不得超過前一年現職之事業單位投保期間最高六個月平均月投保薪資。但投保期間未達六個月或當年度進用之勞工，以現職單位實際投保期間平均月投保薪資計算。

貳、越來越強的預防失業思想

這意思是指失業保險的最重要預防措施是職業諮詢與介紹。與其在失業後提供失業給付／失業保險及其他積極的促進就業措施，如能在勞工失業之前即提供各種輔助，包括進修訓練及繼續訓練，其效果可能更為有效，所支出的費用也可能較為節省。另外，在現時，充分就業的意義必須重新加以詮釋，所謂的零失業的情況已不在存在、也難以想像。即使在標榜具有中國特色的社會的市場經濟的中國，其就業促進法第2條也只是標明國家把「擴大就業」放在經濟社會發展的突出位置，實施「積極的就業政策」。所謂的共產主義或社會主義國家不存在失業的神話，也早已走入歷史。

參、修法強化公立就業服務機構與民間仲介機構的合作及分工？

尤其是面對簽訂ECFA後，台灣與中國之間廠商與人員的往來移動，所可能引起的失業問題及職能的提升問題，特別是短暫間急遽形成的大量失業

---

[9] 在德國，縮短工作時間津貼（Kurzarbeitergeld）是傳統的促進就業工具之一。

人口，可能不是公立就業服務機構所能單獨解決，而是必須與其他行政機關配合解決。在此，除了中央勞政機關在2011年4月15日發布施行「充電起飛計畫」[10]，以因應貿易自由化，加強輔導各產業從業人員參訓，提升工作知識技能與就業能力，並協助事業單位發展人力資本，持續提升勞工職場能力，穩定就業及促進再就業。另外，須注意到私立仲介機構的業務通常只集中在少數有獲利可能性的職業或部門，尤其是將其重心置於勞動派遣業務。此種業務選擇的現象，有必要予以適度地導／矯正，並且思考賦予其新的就業服務項目的可能性。

第三節　從規範的缺失／不足到未來修法的準備

就業保險法固然在2009年3月31日作了大幅度的翻修，但是，仍然有規範不足之處，有待於未來修正。試舉例如下：

一、依據就業保險法第25條第2項規定，對於辦理求職登記之失業被保險人，公立就業服務機構如未能於十四日內推介就業或安排職業訓練時，應於翌日完成失業認定，並轉請保險人核發失業給付。此種「失業認定」與「失業給付」由不同機關負責之現象，除了現實上會發生誤發給付而無法或難以追回的情況，也會造成人力及物力浪費[11]，理應予以改正，如能將就業保險的各種給付修正改由公立就業服務機構（勞動力發展署）給付，才是正確之舉。

二、依據就業保險法第11條第1項第4款規定，被保險人之保險年資合計滿一年以上，子女滿3歲前，依性別工作平等法之規定，辦理育嬰留職停薪。由其文義得知，只有受僱的失業被保險人，始有育嬰留職停薪的請求權。然而，隨著人口政策的推動，是否有必要將育嬰留職停薪津貼修正為適用於所有的勞工？即自行辭職者（無資遣費請求權）、初次就職者、職業工會工人亦適用？並非無討論的空間[12]。至少對於先前為受僱勞工參加就業保險者，緊接著選擇從事自營作業者，似應給予請領（當次）育嬰津貼的權利。

---

[10]　100年4月15日勞職訓字第1000508066號令訂定施行，最近一次為104年12月17日勞動發訓字第10405127081號令修正施行。該計畫適用於為因應貿易自由化產業調整支援方案的事業單位，對象為在職勞工、自營作業者及失業勞工。

[11]　參照范瑋真，我國就業保險制度法規之研究，2006年，頁32。

[12]　有關受僱人及自營作業者在德國社會法上的差別對待，可參閱Rainer Schlegel, Beschäftigte versus Selbständige – Deutsches Sozialrecht, NZA 2016 Beil. 1, 13 ff.

　　三、在失業率未達相當高的程度時，傳統的積極促進就業措施，固然已足以使用。即使將來台灣失業率再創新高，達到就業保險促進就業實施辦法僱用安定措施的啓動條件[13]，亦可相當程度避免失業率的再升高。雖然如此，參考先進國家的作法，有將勞動派遣作爲職業介紹的工具（Arbeitsvermittlungsmittel），以降低失業率者，德國即爲著例。此亦可提供我國立法者參考之用。惟本書以爲應將其置於與僱用安定措施的失業率標準時，立法者始須思考增訂勞動派遣的促進就業工具[14]。

　　四、再從程序面觀之，也有必要思考就業（社會）保險爭議救濟程序之進一步完備。也就是說，雖然相關訴訟體制發展尚未成熟、且現行社會保險爭議劃歸行政訴訟領域並無太大爭議，故似無設置社會法院之必要[15]。這就我國民眾大多未體認到社會保險案件的特殊性，固然是如此[16]。但是，隨著就業（社會）保險爭議案件的增加，慢慢地，即有必要思考以專庭或專院處理之必要性[17]，在此，先效法勞工案件以勞工法庭的方式處理，設立社會法庭，應是可思之道。在中間過度時期，亦可思考設立一勞工與社會法院，以同時審理勞工案件及社會保險案件，並非必然要分別設立獨立的勞工法院及社會法院[18]。

第四節　社會安全／保險的未來挑戰

　　基於福利國／社會國理想而來之社會安全法制，尤其是社會保險法制，

---

[13] 依據就業保險促進就業實施辦法第5條第1項規定，中央主管機關於每月領取失業給付人數占該人數加上每月底被保險人人數之比率，連續三個月達1%以上，且該期間之失業率未降低時，得辦理僱用安定措施。

[14] 依據2008年1月1日起開始施行的中華人民共和國就業促進法第23條規定，「各級人民政府採取措施，逐步完善和實施與非全日制用工等靈活就業相適應的勞動和社會保險政策，爲靈活就業人員提供幫助和服務」，這是否代表中國政府除了非全日制用工（即部分時間工作）外，勞務派遣也可以作爲靈活就業的工具？

[15] 范瑋眞，前揭書，頁113、114。

[16] 即使中央勞工主管機關的訴願會亦往往未認清社會保險案件的本質，這是首須加以檢討改正者。

[17] 依據勞工保險條例施行細則第98條之1規定，「勞工因雇主違反本條例所定應辦理加保或投保薪資以多報少等規定，致影響其保險給付所提起之訴訟，得向中央主管機關申請扶助」。此一規定是在勞工法庭的架構下，提供法律扶助而已。而隨著勞動事件法自2020年1月1日起施行，專業的勞動法庭的裁判制度已正式啓動。

[18] 楊通軒，集體勞工法──理論與實務，2019年8月，六版，頁13以下。

已然逐漸地面臨危機，其主要的影響因素如下：勞動環境的改變、在各種社會保險給付中增入不相干的給付、在全球化下所促成的資本的國際間移動、工作機會的減少、個人化的趨勢、新的家庭計畫及個人生涯規劃的型式等。此等因素逐步地滲入到社會安全制度的根基，乃引起：原本以全時工作爲基礎之社會安全制度，如何面對大量轉向部分時間工作及派遣勞動（甚至非法工作Schwarzarbeit[19]）的勞動環境？原本主要以雇主及勞工所繳交的保險費所支撐的社會安全制度，如何面對不斷升高的工資附帶成本（Lohnnebenkosten）及隨之而來的國際競爭的不利？再以代間契約（Generationsvertrag）而言，一個生命週期不斷延長及實際工作期間不斷增加的現代，如何面對隨著出生率下降而不斷縮小的下一代、尚且該族群的教育訓練期間不斷延長及退休不斷地提早[20]？

在上述各種因素所肇致的遽變環境下，社會安全制度遂受到結構上錯誤發展之苦，馴致不得不作出調整之道[21]。雖然吾人不至於要廢棄或根本地改變社會安全體系，但卻也不得不思考降低社會給付的可能性（否則，就要大幅地提高保費）。另外，或者也可以思考將現在的社會保險法朝向彈性的制度發展，例如將現行以受僱人薪資爲準的收取保費作法、改爲以受僱人或工作者【作者按：尤其是自營作業者】的財產爲準的收取保費作法；以及揚棄傳統地以人生三分法（教育訓練、工作及退休）爲準的收取保費思考，而改以彈性的階段過程的收取保費思考。無論如何，在未來，社會法將會更明顯地受到經濟的規範條件的影響，而隨著出生人口的不斷降低，一個想要以高水準的社會給付的福利國家想法，乃會逐漸地不可而得或者變得不切實際。因此，有必要在思想上及制度上都改弦更張。

---

[19] 非法工作，包含非法外勞及不繳稅的工作。

[20] Maier, Historische Voraussetzungen des Sozialstaats in Deutschland, 2002, S. 29.

[21] Pitschas/Sodan, Die Zukunft der sozialen Sicherungssysteme, VVDStRL 64 (2005), 109, 125ff.

第三章 | 就業保險法制的基本問題

第一節　失業保險之憲法保障及社會安全

壹、憲法保障（社會國／福利國原則）

一、生存權？

生存權之內涵，包括生命之尊重及生活之延續，其中，失業給付恆與生活之延續相關。為了呈現具有人性尊嚴之生命之尊重及生活之延續，有關就業保險法規定之各種給付，包括失業給付、提早就業獎助津貼、職業訓練生活津貼及失業之被保險人全民健康保險保險費補助[1]，核屬勞工保險之保險給付，可適用所得稅法第4條第1項第7款規定，免納所得稅[2]。

二、工作權的保障？

論者間有謂從憲法第152條基本國策之規定，「人民具有工作能力者，國家應予以適當之工作機會。」無法直接引出國家已賦予人民請求失業給付的基本權[3]。惟從社會法治國追求社會實質正義的目的來看，實應積極地提供福利給人民，人民並得要求國家積極給付，人民遂擁有一給付請求權（例如社會保險請求權）。只是，此種由保險而生的給付請求權，係奠基於先行繳付保費的前提上，應由貢獻度的累積而成立，故其與工作權較無關，而是與所有權或財產權的保障較有關聯。

---

[1] 還有育嬰津貼呢？

[2] 92年7月14日台財稅字第0920454711號令、行政院勞工委員會92年7月23日勞保1字第0920040652號函。另請參閱司法院大法官會議釋字第472號及第485號解釋。

[3] 李惠宗，沒有起算點的消滅時效期間？—從就業保險法第11條及第24條談法律陋洞填補的界限，台灣本土法學，第92期，2007年3月，頁134。

三、財產權的保障？

　　一個公法的、社會保險法的地位（sozialversicherungsrechtliche Positionen），是否具有憲法上財產權的保障？並非沒有疑義。蓋傳統財產權的保障，係指民法第765條以下所規定的所有權保障而言。社會保險法的地位與原本意義的所有權已相去甚遠，況且，社會保險法的地位也不得讓與他人，這也與所有權的權能包括處分權不同[4]。另外，與傳統所有權不同的是，此一社會保險的地位最主要並不是基於被保險人自己的繳交保費而來，而是最主要由雇主所繳交的保費及輔助地由政府補助的保費所形塑而成（雇主繳交七成、政府補助一成、勞工繳交兩成保費）[5]。

　　雖然如此，於今日，在確保個人生存的重要性上，相較於傳統的所有權，社會保險法的地位甚至具有更重要的意義。德國聯邦憲法法院即表示：所有權的保障係一基礎的基本權，其與個人的自由權具有內部的關聯性。其目的在確保基本權人在財產法領域的自由空間及使其藉之自我負責地組織生活。在現今的社會，多數國民的生存依據，較少是私人的財產，而較多是經由勞動契約及與之相關的社會連帶的生存照顧（Daseinsvorsorge），後者在歷史上即與財產權的思想相連結。因此，個人對於請求年金保險給付的權利，已經取代私人的照護[6]。

　　其實，就台灣憲法第15條財產權的保障而言，也應該包括形式上為獨占性的權利（Ausschließlichkeitsrecht）（一身專屬權）以及為私的利益（privatnützig）歸屬於權利人之社會保險法的地位（sozialversicherungsrechtliche Positionen）在內（就業保險法第22條規定觀之）[7]。此一社會保險法的地位，如其植基於被保險人非少量的自己給付（Eigenleistungen）且係作為確保其生存之用者[8]，享有財產權／所有權的保障。此不外乎被保險人要先繳交一定年限的保險費以取得一定的保險年資。在此，雇主所繳交的保費，也應視為被

---

[4]　但是，在台灣，老年給付及失能給付雖具有一身專屬性，惟，傷病給付則屬財產上之權利，非一身專屬權。台北高等行政法院93年簡字第956號判決參照。另請參閱勞工保險監理委員會，勞保爭議大觀園，2010年，頁21以下。

[5]　Muckel, Sozialrecht, 2. Aufl., 2007, 38 ff.

[6]　BVerfGE 53, 257, 290 = NJW 1980, 692, 693. Sieh. auch BVerfGE 100, 1, 32 f.

[7]　BVerfGE 53, 257, 290 f.; 97, 271, 284.

[8]　BVerfGE 69, 272, 303 f.: 此處所謂社會給付確保生存之意義，並非指個別被保險人的需要，而是以社會給付的一般目標為準。

保險人自己繳交的保費[9]。年金保險、失能年金保險及失業給付／失業保險金
（Arbeitslosengeld）的請求權均屬之，假設勞工經由繳交保費，在法定的等／
期待期間（Wartefrist）已取得全部的期待權（Anwartschaft）者，亦屬之[10]。惟
此處的社會保險法的地位，並不包括就業保險法中不需要「期待期間」的各種
給付，例如職業訓練生活津貼、育嬰津貼及僱用安定津貼。

　　同樣不具有財產權保障地位的是：遺屬年金請求權（勞保條例第63條規
定）。蓋此並非一歸屬於被保險人的私人利益的法律地位、亦非基於單一被保
險人個別可以計算的（zurechenbar）給付而來，其毋庸係一主要起因於照顧的
給付，蓋遺屬年金受領人之取得請求權，並不以自己繳交保費、或者被保險人
要多繳交保費為前提[11]。

　　由上觀來，就業保險被保險人之遺屬之請領就業保險給付或津貼，亦應做
同樣的解釋。雖然，行政院勞工委員會認為：就業保險法並無針對被保險人之
遺屬為相關規定，亦無準用勞工保險條例有關受益人之規定。本案被保險人如
已提出申請就業保險給付或津貼，並經認定符合相關請領要件，但於保險人尚
未核發前死亡，其給付或津貼得由其法定繼承人承領之，不因給付行政作業期
間而影響權益[12]。

　　最後，即使社會保險的地位具有財產權的保障，但基於憲法第23條之規
定，仍然可以予以限制，只要符合比例原則即可。在此，如為使社會保險越能
發揮功能，越可承認社會保險地位限制的合法性（即降低其所有權的保障）。
也因此，整體上來講，社會保險法的地位是「一個相對弱勢的法律地位」[13]。
在未來，幾乎可以確定的是，存在於社會保險體系（尤其是年金保險）的功能
性及給付能力與所有權保障間的緊張關係，將會引起社會各界的熱烈討論[14]。

四、平等權及平等原則？

　　以平等權或平等原則作為主張就業保險給付之法律依據，主要係發生在自

---

[9]　BVerfGE 69, 272, 302.

[10]　BVerfGE 72, 9, 18 ff.

[11]　BVerfGE 97, 271, 285.

[12]　行政院勞工委員會98年2月4日勞保1字第0980060744號函。但是，此種見解是否正確？應該
　　是一身專屬權才對？至少要排除不需要「期待期間」的各種給付？

[13]　Gitter/Schmitt, Sozialrecht, § 3 Rn. 34.

[14]　Lenze, NJW 2003, 1427; ders., NZS 2003, 598.

營作業者及短期內重複遭受失業事故者身上，蓋該等人被排除適用就業保險法之各種給付[15]。

貳、失業保險與社會安全／經濟安全

一、社會安全

　　社會安全，係指國家針對特定事故，透過各種組織或制度來保障人民的生活，預防問題的發生，並且改進、保障人民之生活[16]。其主要功能是在彌平勞工因各種社會風險所引起的生活困境，促成社會的平等與正義。其是立基於社會連帶及輔助救濟的思想，並以所得再分配爲其特徵。

二、經濟安全

　　造成經濟不安全之主要因素，是個人所得中斷或減少[17]。而所得中斷或減少的因素，則有失業、疾病、傷害、老年等。但也有通貨膨脹及天災事變等原因。其中，失業是造成所得喪失的最主要因素。爲了彌補人民的所得中斷或喪失、並且進而達到確保經濟安全之目的，國家可以建立社會安全制度（主要是社會保險制度）爲之，另外，私人也應善用商業保險、儲蓄及投資等方式。

三、就業安全

　　就業安全包括勞工在職中及求職中／失業中的機制設計[18]。其涉及社會法及勞工法面向的制度設計。即以勞工在職中的就業安全，其目的是在確保勞工能有長期的、穩定的工作，免於受到非法的解僱（無理由的、任意的及突發的[19]解僱）[20]。因此，自然必須配合勞動契約法中解僱最後手段原則的建置

---

[15]　范瑋真，前揭書，頁8、15。

[16]　范瑋真，前揭書，頁20以下、36。

[17]　范瑋真，前揭書，頁21以下。

[18]　范瑋真，前揭書，頁22以下。

[19]　就此看來，雇主依據勞基法第16條第3項無預警的解僱，雖然只是跳過10日或20日或30日（的短暫的）預告期間，但仍然有違就業安全。

[20]　另外，從廣義的角度看，調職（無論是合法或非法）似乎也有違就業安全。對此，就業保險法第11條第3項之勞基法第14條，即包括非法調職之情形。至於雇主基於合法適當的調職

（特別是資遣費的置入）。至於勞工在求職中／失業中的機制設計，包括失業給付、職業訓練及就業服務，以使其有一技之長，並且在有效且迅速地推介就業的服務下，儘早地回到職場。惟對於未能回到職場者，尤其是長期失業者，因其已無失業給付可領，於其具有工作能力及工作意願的前提下，國家似應再輔以就業促進津貼或／失業救助的手段，助其回到職場。這裡也牽涉到另一個問題：我國現有的社會救助法的各種規定，是否確能達到失業救助的目的？

四、新工作貧窮的問題

　　勞工保險的社會目的，也包括預防貧窮在內。現代社會隨著彈性化時代的來臨，非典型工作及微量工作的大量增加，導致受僱者的收入大為減少。以往認為無工作始會有所得中斷的現象，現在新增了有工作但收入不足的情況。為了彌補收入的不足，避免貧窮的出現，究竟是較適合以社會保險／社會風險的方式加以處理？或者是透過社會扶助的方式解決？亟待各界慎思之[21]。這也表示：在實務作法上，公立就業服務機構在推介就業時，實應盡力避免可能導致勞工落入工作貧窮的工作，例如部分時間工作（特別是微量工作）、派遣勞動工作。

參、社會安全手段之選擇：社會保險？社會救助？

　　基於社會國原則的憲法委託，針對具體地規範社會衡平（sozial Ausgleich）及社會安全，立法者擁有廣泛的形成空間。畢竟社會國原則的範圍及內涵頗為不確定。立法者為了實現社會的目的，原則上可以自由選擇進行的手段。例如其可決定捨棄行政機關的作為而去尋求民間社會福利團體的協助；惟無論如何，倒是不可以將國家的作為只界定在輔助性的角色。再就社會安全的確保而言，其並不要求以特定的形式為之。因此，社會保險制度在社會國原則中，其並不具有一個絕不受到挑戰的存續保障（Bestandschutz）。畢竟憲法中並未確保保險原則（Versicherungsprinzip），而是國家在體制轉換的架構內，可以引進一個完全以稅捐支持的社會安全制度以取代之。也因此，同樣

（例如企業經營上的考量），依據勞基法第10條之1所列的五款規定，實際上也隱含著就業安全的設計。

[21]　湯淺誠，反貧困，早安財經文化有限公司，2011年，頁1以下。

地，社會保險中的個別給付，也無法以社會國原則為由，而謂其絕對受到憲法保障，只不過，在降低社會給付時，必須受到憲法中財產權保障的檢驗而已[22]。

上述社會安全手段的選擇，實際上還涉及立法者有權決定那些風險應由法定的保險或公法的保險機構承擔，或者將之劃歸由商業保險承擔（例如勞工退休金條例第35條以下的年金保險），甚至將經營風險留由雇主負擔（例如勞基法之退休金及職業災害補償規定）。再者，法定保險與商業保險也常處於競合或互補的地位，連動適用才能有效解決所發生的社會風險。例如甲的職業為職業駕駛，受僱於乙貨運行，乙已為甲加保勞工保險。某日甲運送貨物途中，被一酒醉駕駛的丙所撞傷。針對甲因執行職務受傷，其醫療費用及工資損失的補償，分別由全民健康保險局及勞工保險局獲得給付。之後，理論上中央健康保險署（以下簡稱健保署）及勞保局可以轉而（代位行使）向丙請求所支出費用的清償。這是因為原本甲對於丙的損害賠償請求權，已經移轉給健保署及勞保局所承受（在此，甲因為受傷而可以對丙主張之精神上的損害賠償，並未移轉）。倒是，假設丙已加保強制責任險（Haftpflichtversicherung），則健保署及勞保局對於丙的損害賠償請求權，應該轉而（代位行使）向責任保險人主張（全民健康保險法第82條第1項第1款），否則責任保險人將會因此免於負責（惟勞工保險條例第34條或第36條中並無代位行使之規定。這是否代表勞保條例中所規定之傷病給付、失能給付及死亡給付，本身即具有責任保險之性質？論者間有持肯定說者[23]。但是，本書認為傷病給付的本質為工資的替代，除了勞工保險條例第34條及第36條的規定外，在台灣還涉及勞基法第59條第2款規定的抵充問題。亦即：勞基法第59條第2款的本文規定，固然有抵充之適用。惟雇主依據勞基法第59條第2款但書規定所為之「一次給付四十個月平均工資以免除工資補償責任」，此項補償因勞保條例並無任何給付之規定，故兩者間不生抵充之問題。尤其重要的是，第三人所為之民事賠償與勞基法第59條規定之職業災害補償有別，兩者間並不生抵充之問題。[24]由此觀之，在丙已加保強

---

[22] Muckel, a.a.O., 48.

[23] 黃茂榮，投保責任保險不排除侵權責任，收錄於：民事法判決評釋（I），1978年，頁310以下。

[24] 行政院勞工委員會86年5月10日台(86)勞動三字第018255號函、83年4月20日台(83)勞動三字第19701號函參照。

制責任險之情形，勞保局於給付甲職業災害補償費後，並不得轉而（代位行使）向責任保險人主張，甲可以兼得責任保險人的賠償。

第二節　失業保險之原理原則及架構設計

壹、保險原則之適用

　　就業保險與勞工保險、農民保險同屬社會保險的一環，係立法者有意透過組成同質性之風險共同體、大數法則之計算，以分攤典型的生活風險。立法者在決定施行特定社會保險種類時，必須納入由共同體成員繳納保費來支應財源、依循風險分攤及損益相抵原則來運作等基本思想[25]，此即為保險原則（Versicherungsprinzip）。並且，應該適時估算未來收支（例如少子化的時代，當然會影響保費的收支，也會連帶影響退休年齡的延後）及財務狀況，以作為調整費率、給付水準或撥補之政策參考依據。

　　上述之損益相抵原則（或稱損益平衡原則、收支相等原則）是否適用於社會保險？並非無疑。顧名思義，損益相抵原則係指保險費收入總額，與保險給付支出總額維持相等數額而言。此在商業保險基於成本及利潤的考量（量入為出），固然是如此。惟在社會保險，由於採取不同於商業保險的理念（量出為入）、特性及內容，尤其是社會保險的公益性、兼具社會福利的性質及採取強制加保主義[26]，使得保費的收入是否足敷保險給付的支出，並不能單從損益的角度來看。所以，社會保險中的勞工保險與就業保險，除了少數具有商業保險的本質（例如勞保條例第9條之1的被保險人）或由政府補助大部分的保費者（例如勞保條例第8條第1項第4款的被保險人）外，即不能直接地、當然地適用損益相抵原則。雖然如此，基於社會保險的保險給付，主要還是來自於勞雇雙方繳交的保費所集結而成的保險基金，保險費率每三年一次的精算，也隱含著鞏固保險財務基礎的用意（整體收支的對價平衡考量）[27]。尚且，中央主管

---

[25] 蔡維音，勞工保險中之保險原則—從勞保事故之認定談起，月旦法學教室，第48期，頁95-101。

[26] 強制加保主義具有一定程度抑制道德風險的用意及功能。否則，積極參加保險者，往往是較易發生危險事故者，例如帶病者或健康欠缺者、工作較具危險性者、以及在職場上較易陷入失業狀況者。

[27] 勞工保險條例施行細則第26條之1、就業保險法第9條參照。

機關在勞工保險及就業保險有虧損時，負有撥補之責（勞保條例第69條）。再者，由於在國際上社會保險與商業保險在某些方面的整合（接近）[28]，因此，我國法院實務[29]及學者[30]間似乎均持肯定的見解[31]。只不過，誠如其他學者所見[32]，收支相等原則之適用於社會保險，並非硬性地要求當年度收支的平衡，而是要以總體觀點來處理財務收支之情形[33]。另外，收支相等原則中之保險費的概念，商業保險與社會保險亦有所不同。前者，指純保費外，另有附加保險費（loading）以充作行政事務費、利潤、租稅等項支出，兩者合計為總保險費。後者，則是指純保費而言，其行政事務費由政府負擔（勞保條例第68條、就保法第35條）。

一、在職保險原則、並且採取申報制度

　　社會保險與商業保險在成立、生效、內容及終止上雖不相同[34]。惟社會保險之制度設計仍不脫保險原理，故其運作亦遵守（互助自助性的）「危險共同體」與「對價平衡」二大理念，此與私人保險之保險相對性倒是無何不同。另外，社會保險雖屬強制保險，具有法定身分之人均有權利，並且有義務加入保險，保險人並且不得無故拒保（早期，台灣勞工保險實務上，保險人曾經長期拒絕勞工「帶病投保」，惟目前已經揚棄此種作法）。但是，就勞工保險及就業保險而言，被保險人並非自動的取得社會保險的保障，而是須要完成加保的法定程序（勞保條例第11條、就保法第40條）。在此，投保單位並應誠信申報工資等資料。因此，社會保險雖為公法關係，但不能完全排除私人保險中應有要約與承諾之行為。解釋上，在投保單位（代要保人／被保險人）[35]將加保申

---

[28] 柯木興，前揭書，頁130以下。

[29] 最高行政法院91年度判字第156號判決。

[30] 孫迺翊，再探勞工保險之法律關係—以最高行政法院91年度判字第156號判決為出發點，收錄於：勞工保險條例精選判決評釋，2016年，頁33、35。

[31] 而且，收支相等原則的財務結構基礎，會受到被保險人或受益人的逆選擇的侵害。這一點，在商業保險及社會保險並無不同。

[32] 柯木興，前揭書，頁58以下、124以下。

[33] 這應該是指以特定種類的社會保險（例如勞保、就保）全部運作的時間及配合保險費率的精算，並調整保費為計算基礎。

[34] 蔡維音，評釋字第578號解釋，月旦法學雜誌，第111期，2004年8月，頁188。

[35] 雇主基於附隨義務，應為勞工申報加保勞工保險，因此，其遂有為勞工代收保費繳交保險人、以及代為申請各種保險給付之義務。由此觀之，在勞工保險過程中，雇主／投保單位的

報表送交保險人或郵寄之當日，要保人／被保險人已完成為加保勞工保險而要約的意思表示。而基於社會保險不須核保原則，在保險人未以特定理由拒絕加保時[36]，表示其已為承諾，雙方成立一行政契約關係[37]。所謂的申報主義，意指要保人／被保險人必須為加保的要約行為。此一申報主義與社會保險的強制加保主義並不相合。惟不可否認地，以勞工保險及就業保險為例，仍然允許立法者基於立法形成自由、衡量我國的產業環境及勞資關係的現況，而未嚴格遵守強制加保（例如勞保條例第8條第1項第2款之受僱於未滿5人的事業單位）或甚至兼採商業保險的任意加保（勞保條例第8條第1項第1款、第3款）。另外，在申報主義下，並未允（默）許或鼓勵勞僱雙方「以不加保勞工保險／就業保險」作為僱用條件[38]，違反者，雇主尚且會受到行政罰鍰的制裁（勞保條例第72條第1項參照）。再者，對於任意加保的對象（勞保條例第8條、第9條、第9條之1），採取申報主義尤具有法律上的意義，因被保險人擁有是否加保的最後決定權。至於一旦加入勞工保險，而投保單位高薪低報或低薪高報者，保險人即可自動調整投保薪資。

　　雖然如此，針對勞工保險條例第11條之申報主義，我國社會保險學者多有加以訾議者。其認為社會保險乃基於法律強制性而不須訂定契約，故被保險人與保險人間並無正式的契約關係存在。保險給付的條件與內容係由法令所訂，而非保險人與被保險人合意約定而來，故其為一法定的給付權利或法定債之關係（說）[39]。此一說法固有所見，惟以「保險給付的條件與內容係由法令所訂，而非由被保險人與保險人協商而定」，做為否定行政契約說之依據，仍非無疑。蓋行政契約與私法契約畢竟有其不同處，並非截然適用契約自由原則或債權平等原則，而是有其行政行為強制力的本質，故得適度地加入強制的規定與要求。這也是與強制加保主義相配合的。若不允許被保險人與保險人個案

義務對象是勞工／被保險人，而非保險人。

[36] 例如不具受僱人身分、或者依據勞保條例施行細則第16條規定，「投保單位有歇業、解散、撤銷、廢止、受破產宣告等情事或經認定已無營業事實，且未僱用勞工者，保險人得逕予註銷或廢止該投保單位（第1項）。投保單位經依前項規定註銷或廢止者，其原僱用勞工未由投保單位依規定辦理退保者，由保險人逕予退保（第2項）；……」，解釋上，在投保單位有歇業、解散、撤銷、廢止、受破產宣告等情事或經認定已無營業事實等情事時，如其列冊向保險人加保，保險人即得拒絕承諾。

[37] 林明鏘認為行政契約關係，比較吻合契約法制與現實上之彈性需求。林明鏘，行政契約與私法契約，收錄於氏著：行政契約法之研究，2006年，頁147以下。

[38] 如果勞工具有強制加保的資格，此一約定也因違反民法第71條之強制禁止規定而無效。

[39] 柯木興，前揭書，頁59、127；孫迺翊，前揭文，頁37以下。

地、自由地協商及約定保險給付的條件與內容，則恐將影響社會保險的推動與落實。

二、自給自足原則及保費共同負擔原則

（一）貢獻原則及權利義務對等原則

這正如同如同商業保險般（保險法第174條規定「社會保險另以法律定之」參照）。在請領失業給付之前，被保險人必須先繳交一定年限的保險費（職業災害保險除外），反面言之，在未繳清保險費及滯納金前，保險人暫行拒絕給付（勞保條例第17條第3項、就保法第40條）[40]。在其他國家，繳交保費年限的長短，還會涉及領取失業給付期間的長短，等到一旦發生保險事故時，社會保險的照護作用（Vorsorgefunktion）一變而為修補的作用及補償的作用（Restitutions- und Kompensationsfunktion）[41]。

（二）保費額度以工資高低為準

原則上，保險費額度係以工資（未完稅／毛所得）（勞基法第2條第3款規定）高低為量定標準、例外地始直接地以風險高低為準（指職業災害保險之經驗費率）（此與商業保險不同）。此種以所得高低計付保費的作法，帶有「財富重分配」的目的。惟，理論上投保薪資額度越高及投保年資越長，其所得到的給付額也應越高，這卻是與商業保險所強調的「對價性」相同。以投保年資長短，來量定領取失業給付期間的長短，曾經在「勞工保險失業給付實施辦法」時施行過，但在就業保險法實施後反而不採取此種作法，其是否妥當？並非無疑[42]。

例外地，就業保險法也有在未考慮投保年資下，以特定身分（身心障礙者）及年齡、家庭狀況所為的（針對失業給付及職業訓練生活津貼的）差別對待（就保法第16條第1項及第2項規定、第19條之1規定），論者間有稱之為「差序治理就業體制」，並且多所批評者[43]。本書亦以為此一歧視對待似應考

---

[40]　如果是第9條之1之被保險人，則可能以退保論，並且追還所領取的保險給付（勞保條例第17條第5項）。

[41]　A.A.BSGE 14, 95, 97：一旦發生保險事故，原來的社會保險關係即隨之結束。

[42]　在勞工保險的傷病給付及老年給付，保費繳交期間越長，傷病給付期間越長（勞保條例第35條、第36條）及老年給付額度越高（勞保條例第59條）。

[43]　李健鴻，身分政治下的財務不公平：就業保險制度變革之評析，台灣新社會智庫，2009年2月2日。

慮是否具有客觀理由？至少對於年齡設定一界限（例如55歲），以其已無再就業之機會而降低給付，並且導向退休或社會救助的途徑？再者，如係為延長失業給付的期間，則正途應係回到全面的（不分身分的）延長失業給付，我國2010年9月10日發布施行的就業保險延長失業給付實施辦法，即在規範此一問題。只不過，此一辦法的啟動具有嚴格的前提要件。

　　值得一提者，德國政府為解決武漢肺炎此一特殊時期的勞動環境問題，在立法上及行政上均有採取彈性的作法。在立法上，國會在2020年5月15日公布施行「第二社會保障包裹法（das Zweite Sozialschutz-Paket）」，給予領取失業給付期間在2020年5月1日至2020年12月31日間結束者，自動延長3個月領取時間、以及提高縮短工時津貼（Kurzarbeitergeld）的保障[44]。而且，由於防護疫情的考量，以往必須親自前往就業署或職業介紹所辦理登記或面談的相關要求，也都改成以電話聯繫或網路申辦等彈性方式為之。就業諮詢、推介就業也是如此辦理。失業者得填寫完失業給付申請表格後，親自攜帶投入職業介紹所的信箱或交付郵寄，至於需要面談者，嗣後再補行即可[45]。亦即就業保險法第141條之親自做失業登記，已經受到修正。至於不符合申請失業給付資格者，如其申請失業給付II的基本保險保障，同樣是用電話、網路的方式為之。

（三）適時精算確保基金收入

　　為因應就業保險基金的逐步縮小，勞保局應依據就業保險法第9條第1項規定，適時地辦理精算並充分揭露隱藏債務，俾供政策參考及外界監督[46]。依據就業保險法第9條第1項規定，「本保險之保險費率，保險人每三年應至少精算一次，並由中央主管機關聘請精算師、保險財務專家、相關學者及社會公正人士九人至十五人組成精算小組審查之。」勞保局在2009年完成就保費率精算，建議最適費率與目前就保保險費1%相同，勞保局並且表示就保屬短期保險性質，無潛藏債務問題。雖然如此，吾人以為隨著就業保險基金支出的不斷擴大，勢必會影響就保基金的榮枯，故精算並調整費率係一必然之舉。另外，為

---

[44] Arbeitslosengeld I: Bezugsdauer wird verlängert. https://www.haufe.de/sozialwesen/sgb-recht-kommunal/alg-i-bezugsdauer-wird-verlängert - 238- 514618.html. Arbeitslosengeld wird länger gezahlt. https://www.arbeitsagentur.de/news/zweites-sozialschutz-paket-arbeitslosengeld- wird länger gezahlt

[45] Arbeitslos wegen Corona – und was nun? https://www.galssdoor.de/blog/guide/arbeitslos-wegen-corona-und-was-nun/

[46] 類似的規定，亦見之於勞保條例施行細則第26條之1，依之，「保險人應至少每三年精算一次本條例第十三條所定之普通事故保險費率，每次精算五十年」。

回歸就業保險的本質與目的，立法者似應檢討與就業保險基金不相干或無直接相關之給付，包括育嬰留職停薪津貼（就業保險法第10條第1項第4款參照）、以及協助雇主改善工作環境及勞動條件、促進職場勞工身心健康、工作與生活平衡、促進職業災害勞工穩定就業、提升工會保障勞工就業權益之能力（就業保險促進就業實施辦法第50條至第52條之2參照），即屬其中數例。

三、政府負擔行政事務費用及撥補

（一）負擔行政費用

　　勞動部勞工保險局辦理就業保險所需經費，在法律的規定上經過轉折演變。首先在2010年1月1日就業保險法第35條修正施行前，其舊條文規定為「辦理就業保險所需經費，由保險人以當年度保險費收入預算總額3.5%為上限編列。」即並無「由中央主管機關編列預算撥付之」之用語，引起各界以「就業保險基金支應人事及行政費用，已違反就業保險法規定」之批評。蓋就保法第10條第1項及第12條第3項、第4項規定，已具體規定保險費之給付項目及可支用範圍。且依據就保法第34條規定，就保基金除法定運用、保險給付及提撥項目外，禁止移作他用或移轉處分。再者，除了勞保條例第68條規定外，其他的社會保險也規定行政事務費由政府撥付。最後，依據就保法第4條規定，既然勞保局辦理就保業務，係受勞動部之委任，則由勞動部撥付行政事務費，亦屬自然之理[47]。

　　之後，在2010年1月1日就業保險法第35條規定修正施行後，乃將條文內容修正為辦理保險所需經費，由保險人以當年度保險費收入預算總額3.5%為上限編列，由中央主管機關編列預算撥付之。（勞保條例第68條規定亦有同樣意旨。不同的是，辦理勞工保險所需經費預算的編列，應經勞工保險監理委員會審議通過[48]）無論如何，政府只在一定額度內負擔就業保險及勞工保險的行政事務費用，而非全部負擔[49]。

---

[47]　雖然如此，德國聯邦就業總署／聯邦職業介紹所辦理就業保險法之行政費用，仍然是由所收取的保費負擔。而且，南韓1993年12月27日的僱用保險法（Employment Insurance Act）第80條第1項第1款及第7款規定，基金之用途包括辦理僱用安定事業及職業能力開發事業、失業給付支給之執行經費等其他因施行本法所需之經費。

[48]　依據103年2月14日行政院院台規字第1030124618號公告第68條所列屬「勞工保險監理委員會」之權責事項，自2014年2月17日起改由「勞動部」管轄。

[49]　鍾秉正，社會保險法論，2012年，頁139；范瑋真，前揭書，頁36：國家管理及國庫負擔，

　　配合2012年行政院組織調整，勞工保險局改制為行政機關，原本辦理就業保險及勞工保險所須經費，即應改由行政經費支付之，故應依預算法第36條規定自行編列公務預算辦理。另外，原為辦理就業保險及勞工保險財務收支所設置之營業基金，性質上已有所不宜。似參考全民健康保險法第83條規定，明定財務收支由保險人設置之特種基金，以作業基金方式辦理[50]。

（二）撥補

　　在中央勞工保險局未成立前，一旦勞工保險基金虧損時，由中央主管機關審核撥補／付（勞保條例第69條規定）。此一撥補規定，也為就業保險法所準用（就業保險法第40條規定）[51]。以現時就業保險基金而言，截至2016年9月，基金運用規模為1,072億7,170萬餘元，並無潛藏債務。但是，勞保基金在2106年9月的運用餘額雖達6,999億元，但其責任準備提列不足早已逾兆元，各種勞保給付的潛在財務壓力極為嚴重（尤其是符合請領老年給付的被保險人人數眾多，所需的老年給付金額龐大）。勞動部官員也指出，預估2018年勞保基金入不敷出，2027年基金破產。立法院於審查98年度勞工委員會預算案時，曾決議行政院於勞工保險年金制度實施前，清算勞工保險潛藏債務總額，自2009年起分十年平均編列預算撥補。惟行政院並未從之。之後，立法院於審查2010年度及2011年度勞工委員會預算時，接續要求勞工委員會提出勞保財務缺口之有效補救辦法，以利勞保年金之永續發展。民間呼籲將政府負最終支付責任的聲音也始終不斷。理論上，中央勞政機關及行政院面對立法院的決議或要求，應該已有擬定撥補計畫，惟之所以遲未能具體行動者，主要應該還是經費來源的問題，例如是以舉債的方式支應？或者以增稅的方式籌措財源？

　　為了預為處理潛藏債務，首應思考撥補之前是否應先調高保險費？即就業

這也是與商業保險最大的不同。依據勞保條例第98條規定，本條例第68條所稱之經費，包括辦理保險業務所需人事、事務等一切費用。

[50]　在行政院勞工委員會改組為勞動部前，即已提出就業保險法第35條修正草案，「本保險之財務收支，由保險人設置之特種基金，以作業基金方式列入年度預算辦理」以及勞保條例第68條修正草案，「勞工保險之財務收支，由保險人設置之特種基金，以作業基金方式列入年度預算辦理。」該修正後的就保法及勞保條例，已賦予政府全額負擔就業保險及勞工保險的行政事務費用之義務與責任。惟這兩個修正草案並未通過立法院的修法審查。

[51]　依據論者所見，在德國，自1957年起，政府即透過預算方式，每年均對年金保險制度，從整體制度的支付面，而非個別被保險人的保費或支付，提供補助。政府補助是年金保險財務來源之一。傅從喜、林志鴻、張秋蘭、藍科正，德國、日本、美國及韓國社會年金保險制度面臨問題及改革方向之研究，內政部委託研究報告，2008年9月，頁53。

保險法的1%保費是否太低（第8條）？如基於保險財務自給自足原則，中央勞政機關自應依據2008年8月修正通過的勞工保險條例的費率自動調整機制，逐步地調高保險費率[52]。但是，即使是費率自動調整機制，恐怕亦無法應付高齡化及少子化所帶來的保費急遽下降的事實，勞保負債世代移轉將會越形加重。亦即往後欲取得請領年金資格者，其所須支付的保費越高。

其次，在撥補之前，政府是否應先採行借款給勞動部勞保局的措施？德國的就業保險法即是採取借貸的作法（§§ 360, 363, 365 SGB III），即使政府未提供貸款，勞保局似乎也應該先設法向金融機構貸款，若不足，才予以補助。

另外，既名撥補／付，即不能危及保險是個風險共同體的本質，故所占額度不能過高，且只是在幫助保險承保機構度過一個結構上的危機而已。換言之，假設補助的額度過高，且成為一個常設的機構／制（Dauereinrichtung），則其將一變而為政府的照護（Staatliche Vorsorge）或者是一個負有經濟政策目的的補貼（Subventionierung）機制[53]。

貳、失業給付最後原則／職訓（津貼）先行原則？

一、相對於積極的促進就業措施

這是指積極的促進就業措施應該先行，例如職業訓練生活津貼、創業貸款利息補貼等。這體現出失業給付的候補性格。依據就業保險法第17條第2項規定，被保險人領取職業訓練生活津貼期間，不得同時領取失業給付。

二、相對於其他的公法給付（例如傷病給付）

在失業被保險人有權領取其他的公法給付時，基於公法給付各有其目的，例如也具有替代工資的本質，因此失業給付請求權即不會發動。依據就業保險法第17條第2項規定，被保險人領取勞工保險傷病給付期間，不得同時領取失業給付。

---

[52] 依據勞動部勞工保險局2018年11月15日所發布的公告，依照勞工保險條例第13條第2項規定之費率調整機制，自2019年1月1日起，普通事故保險費率調高為11%（含就業保險費率1%）。職業工會、漁會被保險人因不適用就業保險，故自2019年1月1日起，其勞工保險普通事故保險費率，應按被保險人當月投保薪資10%計算。

[53] Bley/Kreikebohm/Marschner, Sozialrecht, 9. Aufl., 2007, 151.

三、相對於公法救助措施

例如被保險人領取臨時工作／津貼期間，不得同時領取失業給付[54]。此一思想，同時見之於就業保險法第17條第2項規定、就業保險促進就業實施辦法第26條第1項第1款、就業促進津貼實施辦法第10條第1項第1款。也屢次為中央勞政機關所強調[55]。

參、強制保險與免除加保

一、強制加保

就業保險與勞工保險相同，一方面採取強制加保主義，另一方面卻又採取申報主義。就前者而言，基於社會保險的連帶保障及風險分攤性質，被保險人與投保單位均為強制加保的義務人，雙方不得合意免除加保。惟如從就業保險與勞工保險係在職保險的角度看，具有法定身分之人實具有依法參加的公法上權利（司法院大法官會議釋字第568號及第609號解釋參照）。基於國家實現勞工保護（憲法第153條）及（憲法第155條、憲法增修條文第10條第8項）基本國策而建立之社會安全措施（司法院大法官會議釋字第549號解釋參照），保險人並不得無故拒絕納保[56]，就業保險與勞工保險也不存在核保的問題。再者，就業保險法及其相關子法中已經明定保費的負擔比例[57]、各種給付的項目、條件與標準，保險人與被保險人、或者投保單位與被保險人間均無另行約定的自由，也就是採取「法定主義」，排除私法自治（含契約自由原則）之適用[58]，這都是與商業保險最大的差異所在，後者採取「任意主義」與「保險主義」。另一方面，由於採取申報主義，難免有勞工未加保就業保險的情況，至於未申報加保者，不問是可歸責於勞工或投保單位，於發生就業保險法中的給

---

[54] 林更盛，前揭文，頁5。

[55] 行政院勞工委員會92年9月29日勞保1字第0920051811號函、行政院勞工委員會93年9月3日勞保1字第0930043624號函。

[56] 所以也無帶病加保之問題。只不過，就業保險也是在職保險，不得掛名加保，而且，無工作能力者或無工作事實者亦不得加保。司法院大法官會議釋字第609號解釋參照。

[57] 與勞工個人發生風險的高低無關，而是按勞工薪資的一定比例負擔。與勞工保險保費的計算相同，具有所得重分配的效果。

[58] 台北高等行政法院100年度簡字第565號判決參照。

付事故時，即無請求給付的權利。尚且，勞工或投保單位並應受到罰款的制裁（就保法第37條、第38條參照）。就業保險，既是國家有意的政策性保險，但另一方面也要考慮大多數人的負擔能力。而且，在採取強制性保險的情形下，必然會侵害人民的自由權及財產權，所以必須接受憲法第23條「公益條款」、「法律保留原則」以及「比例原則」的檢驗[59]。

（一）到職日起算（含農業勞工、定期契約工）

　　依據就業保險法第5條第1項規定，所有中華民國籍的受僱勞工，如其年滿15歲以上，65歲以下，即應以其雇主或所屬機構為投保單位，參加就業保險為被保險人。此一受僱勞工，係採取社會保險法上的勞工概念，其範圍雖然與勞工法上的勞工概念大體上相符。但是，為使受僱勞工儘量納入社會保險的保障，其外延即可擴充至勞工概念之外。換言之，就業保險法上之受僱勞工（受僱人）概念，實應將其作為勞工法上勞工概念的上位概念看待[60]，其範圍並不限於適用勞動基準法之勞工，而是及於尚未被納入勞基法適用之勞工[61]。又，理論上，就業保險法上之受僱勞工，其範圍應同於勞工保險條例第6條之受僱勞工[62]。只不過，基於就業保險法的立法宗旨與勞工保險條例所定者殊異，勞工保險條例第6條第1項第7款及第8款之自營作業者、以及第6條第3項的外國籍員工（含外國籍委任經理人、外國籍家庭幫傭或看護工、外國籍漁補工作者），即不在就業保險法強制加保對象之列。吾人亦不得以就業保險法第40條有本保險「效力之開始及停止」準用勞工保險條例之規定，而認為勞工保險條例第6條第1項第7款與第8款、第3項亦在準用之列[63]。

　　既然此一受僱勞工係採取社會保險法上的勞工概念，則民營事業單位的勞工不論，行政／公務機關（構）中的勞工、甚至連公營事業中單純勞工身分者，均應加入勞工保險。至於公營事業移轉為民營，[64]其所留用之人員由公保改投勞保，雖已領取公保養老給付，但係配合政府政策轉換投保身分，其轉

---

[59]　鍾秉正，前揭書，頁132。

[60]　楊通軒，個別勞工法—理論與實務，六版，2019年7月，頁175以下。

[61]　反對說，范瑋真，前揭書，頁49；徐郁涵，我國就業保險法之研究—兼論南韓法制，國立中正大學勞工研究所碩士論文，2015年6月，頁65。

[62]　最高行政法院96年度判字第01162號判決參照。

[63]　否則，勞保條例第8條、第9條及第9條之1均可準用矣。

[64]　行政院勞工委員會95年10月25日勞保1字第0950114177號函參照。

保後仍繼續受僱工作並無離職退休之事實，其等既仍在同一事業單位工作而非退休人員，應依規定納入就業保險法之適用對象。此一函釋所應注意者有二：一者，所留用人員所領取之公保養老給付，不問其給付標準是否比照或等同「公教人員保險養老給付」，其並非就保法第5條第1項第2款規定之已領取「公教人員保險養老給付」之退休人員，故仍具有加保勞工保險及就業保險之資格；二者，依據公營事業移轉民營條例第8條第4項規定，「移轉民營時留用人員，如因改投勞保致損失公保原投保年資時，應比照補償其權益損失。」這表示留用人員本得改投保勞工保險，而且其損失之原公保權益會獲得補償。這也是公部門勞資關係在社會保險的表現。雖然本條例第8條第4項只規定「改投勞保」，但根據就業保險法第6條第2項規定，其亦取得就業保險被保險人身分[65]。

較為特殊的，是依照台灣地區與大陸地區人民關係條例第21條第1項規定，大陸地區人民經許可進入台灣地區者，除法律另有規定外，非在台灣地區設有戶籍滿十年，不得登記為公職候選人、擔任公教或公營事業機關（構）人員。因此，自不得由公教或公營事業機關（構）申報參加勞工保險及就業保險。對於大陸地區人民表面上符合此一規定受僱而加保就業保險者，嗣後發現違反此一規定而被僱主終止勞動契約時，即不符合就業保險法第11條第3項之非自願離職之條件[66]。再者，中央勞政機關解釋認為，若該等人士擔任無涉公權力行使及國家安全機密之工作人員、短期促進就業人員等職務，即非屬該規定之規範範圍，而仍得參加勞工保險及就業保險[67]。本書以為：大陸地區人民依據第21條第1項經許可進入台灣地區者，與依據同條例第20條專為僱用目的進入我國者，殊有不同，故其係有可能擔任無涉公權力行使及國家安全機密之工作人員或短期促進就業人員等職務。一旦其擔任此等職務，雖中央勞政機關

---

[65] 對於未留用之人員，依據公營事業移轉民營條例第8條第2項規定，「應辦理離職。其離職給與，應依勞動基準法退休金給與標準給付，不受年齡與工作年資限制，並加發移轉時薪給標準六個月薪給及一個月預告工資；其不適用勞動基準法者，得比照適用之」。就此看來，公營事業移轉民營條例已經明定留用與未留用人員之資遣費、退休金、權益損失補償、以及離職給與。雖然如此，對於未留用並且領有離職給與之人員，如其非自願離職、而是改組轉讓的新舊僱主約定不留用者，似乎即有請領失業給付之權利。此所以中央勞政機關解釋認為公營事業移轉民營化型態及個別員工離職事由不盡相同，仍應就具體個案事實，依就業保險法相關規定予以認定。勞動部103年11月3日勞動保1字第1030140385號函參照。

[66] 行政院勞工委員會101年2月29日勞保1字第1010140048號函參照。在此並不區分係可歸責於那一方之事由，而是單純從國安政策上的考量。

[67] 行政院勞工委員會100年12月8日勞保1字第1000095434號函參照。

之用語爲「得」參加勞工保險及就業保險，實際上係「應」參加勞工保險及就業保險之意。

另外，也頗爲特殊的是各國駐台使館及代表機構，也應依就業保險法之規定爲其僱用之員工申報投保。惟如其所僱用之員工屬於1961年維也納外交關係公約第33條第2項規定之非接受國國民、且不在接受國永久居留、並受有派遣國或第三國社會保險辦法保護者，則不在此限。對於未依就保法加保者，勞政機關自得依該法第38條規定裁處罰鍰[68]。此處的「非接受國國民」，指非我國國民而言，反面言之，各國駐台使館及代表機構僱用我國人民者，應爲之加保就業保險。

針對就業保險法第5條第1項之受僱勞工，不在其內者有：承攬人、外國籍勞工（含外國籍委任經理人）。承攬關係下之勞務提供者，既具有獨自面對企業經營風險的本質，即不得持承攬契約辦理失業認定，申請失業給付[69]。至於外國公司與其在我國境內所指定之訴訟及非訴訟代理人及其在台分公司之經理人間，均屬於委任關係，亦無就保法之適用[70]。同理，我國籍的委任經理人及實際從事勞動之雇主，亦不得主張就保法之適用。

至於在就保法第5條第1項之受僱勞工，固應將無一定雇主之職業工會會員包括在內，蓋其除受僱於依法免辦登記且無核定課稅或依法免辦登記且無統一發票購票證之雇主或機構者外，如有受僱事實，於其受僱期間，即應以其雇主爲投保單位參加就業保險，以保障其就業安全[71]。理論上，此類無一定雇主者（打零工者），於其受僱期間也應該以其雇主爲投保單位參加勞工保險，只因其「短進短出」或「隨進隨出」之性質，而便宜地令其加保職業工會，以避免勞工保險的漏洞出現。但是，由於此一函釋認爲如有受僱事實，於其受僱期間，即「應」以其雇主爲投保單位參加就業保險，這表示其已成爲強制加保就業保險的對象。如此一來，即可能發生無一定雇主者受僱期間加入就業保險，但卻仍然加保勞工保險的怪異現象。這是否會導致社會保險理論前後矛盾？值得吾人思考。又，同樣有問題的，是地方民意代表僱用之助理得否加保就業保險？對此，就保法第5條第2項第3款之依法辦理「登記」之雇主，固可擴張

---

[68] 行政院勞工委員會101年12月12日勞保1字第1010089340號函參照。

[69] 行政院勞工委員會101年3月3日勞保1字第1010054487號函參照。

[70] 行政院勞工委員會100年12月23日勞保1字第1000140449號函參照。

[71] 惟自營作業者因非屬受僱勞工，尚非就保法之適用對象。行政院勞工委員會92年10月29日勞保1字第0920059120號函、92年11月13日勞保1字第0920063360號函參照。

解釋為不以商業登記或營業登記為限，而是包括各種的「事業登記」，例如農場登記（農業勞工）[72]，惟是否得如中央勞政機關解釋所言，將中央選舉委員會核發之當選證書，亦屬此處之「登記」[73]？實不無疑問。這主要是（中央及地方的）政治工作者參選究竟與經營企/事業的本質不同，前者具有公意的完成與公益的促進的目的及使命，後者則在私利的追逐與實現。因此，當選證書與「事業登記」自然有所不同。從事公益活動的政治工作者本為廣義的公務人員，其本應加保公務人員保險，以求與其身分權益的保障一致，法理上似不得將之區分為「中央民意代表及其助理加入公保」，而「地方民意代表及其助理加入勞保與就保」。在此另須注意者，按照中央勞政機關此處的解釋，「地方民意代表之助理應加入就保」，這與其「地方民意代表及其助理得加入勞保」的見解並不一致。解釋上，其可能的結果是：地方民意代表的助理具有就業保險的保障，但卻無勞工保險的保障。如此的割裂處理，固然可以勞工保險與就業保險具有各自獨立的體系而合理化，但是否符合社會保險保障的原意及勞保與就保規範上的邏輯一致性要求，則是不無疑義。

在強制加保對象中，無疑地，定期契約工係一特別值得注意的族群。在此，首先要注意定期契約工的特殊問題，亦即就業保險法第11條第2項規定，「被保險人因定期契約屆滿離職，逾一個月未能就業，且離職前一年內，契約期間合計滿六個月以上者，視為非自願離職，並準用前項規定。」顯然其並不採取同條第1項第1款「於非自願離職辦理退保當日前三年內，保險年資合計滿一年以上」的期待權期間的設計。其所要求者，是「因定期契約屆滿離職」，所以，被保險人定期契約尚未屆滿即自行離職，即不在保障對象之列[74]。如是

---

[72] 台北高等行政法院94年度簡字第910號判決參照。

[73] 依據行政院勞工委員會98年6月22日勞保2字第0980076239號函，「地方民意代表之助理，如其雇主為地方民意代表，應以該地方民意代表為投保單位，辦理參加勞工保險，地方民意代表本人並得與其自聘助理以同一投保單位參加勞工保險」。有問題的是，中央勞政機關係將地方民意代表及其助理之投保勞工保險置於勞保條例第8條第1款之「受僱於第六條第一項各款規定各業以外之員工」而作出解釋，即其係屬於任意保險之人員。但觀其解釋用語卻又是助理「應以該地方民意代表為投保單位，辦理參加勞工保險」，而地方民意代表本人「並得與其自聘助理以同一投保單位參加勞工保險」，呈現出一個「應加保」、一個「得加保」之狀況。惟依本書所見，該函釋意旨，係指地方民意代表助理僅得以地方民意代表為投保單位加保，不得加保於職業工會，至於地方民意代表一旦申請設立投保單位為其自聘助理加保，其本身亦得一併加保。整體而言，地方民意代表得自行決定是否設立投保單位為自己及其助理加保，而非謂地方民意代表的助理為強制加保的對象。

[74] 行政院勞工委員會97年11月20日勞保1字第09700082774號函參照。

在定期契約中非自願離職，即應依就業保險法第11條第3項處理[75]。其較為特殊的，是要求被保險人定期契約屆滿離職，「逾一個月未能就業」。在積極性勞動市場政策之下，這表示失業勞工必須在一個月內積極尋職，並且提出二次尋職的記錄，以便其行使請領就業保險的給付。較有問題的是，其所謂「準用前項（第1項）規定」，是指第1項的1～4款規定都準用？或者準用失業給付規定即可？從其文義來看，似乎是四款規定都準用，這可從就保法第11條第2項的立法說明「就長時間從事定期契約工作，於契約期滿一個月無法就業者，視同非自願性失業。」獲得印證。顯然，立法者的用意在於放寬就業保險給付的條件。此一立法態度也為中央勞政機關所接受，並且進一步認為「被保險人定期契約屆滿離職前一年內，是否從事不定期契約工作，或曾以定期契約申請失業給付，則非所問[76]」。

上述立法機關及行政機關的態度，在就保法施行細則第14條之1中，似乎進一步獲得落實。依之，「依本法第十一條第二項規定，準用本法第十一條第一項第二款得請領提早就業獎助津貼之被保險人，不包括於失業給付請領期間屆滿前，再受僱於原投保單位參加本保險者。」肯定其得準用提早就業獎助津貼，只是排除其於失業給付請領期間屆滿前，再受僱於原投保單位參加本保險者。而且，不論其回任原單位所擔任之職務年資為何，均不得請領提早就業獎助津貼[77]。

綜觀上述立法機關及行政機關放寬領取就業保險各種給付的條件，其立場固有所本。吾人以為其或有鼓勵勞工勇於接受臨時性工作的用意，以累積其勞動契約期間。雖然如此，定期契約畢竟有其特殊性或臨時性，而且從貢獻原則來看，其繳交的保費期間也不長，想要將第2款、第3款及第4款規定準用於定期契約工，並不恰當，況且，第1項第4款的育嬰留職停薪津貼已經設定了一定的條件。因此，本書以為只要準用失業給付規定即可[78]。而且，由於勞基法

---

[75] 行政院勞工委員會97年12月19日勞保1字第0970082223號函、98年1月23日勞保1字第0980060623號函參照。如勞資雙方對勞動契約之性質、勞工離職事由有所爭議，則應由當地縣（市）政府勞政主管機關協處，此非屬公立就業服務機構權責。

[76] 行政院勞工委員會102年9月9日勞保1字第1020076782號函、102年12月13日勞保1字第1020140643號函參照。

[77] 行政院勞工委員會101年10月11日勞保1字第1010140401號函、102年3月22日勞保1字第1020140160號函參照。

[78] 有關臨時工的例子，請參閱最高行政法院96年度裁字第01312號裁定（前審為台北高等行政法院94年度簡字第00910號判決）（林雪芬即大雪山有機農場）。

第9條定期契約之種類有短期性、臨時性、季節性及特定性等四種，定期契約的期間也有六個月、九個月、依契約而定之期間之不同。因此，定期契約工所繳交保費之期間並不相同，與符合社會保險貢獻原則之要求自然有所差異。如以特定性工作而言，幾乎與不定期契約工無所差異；但如是短期性及臨時性工作，則仍有相當的差距。所以，如能參酌國勞組織（ILO）第102號公約第24條第4項之設計，給予各種不同的定期契約工差異期限之給付期限或／及給付水準[79]，或能更滿足社會保險之原則。就目前法律規定來看，至少基於「逾一個月未能就業」的要求，失業勞工必須提出一個月內積極尋職而未獲錄用的二次尋職的記錄，始得請領失業給付。

　　其次，針對下列爭議性的定期契約工，中央勞政機關也表示其看法：公務機關職務代理人、公私立學校代理老師、研發替代役男。其中，公務機關應具任用資格之職位未能補實而僱用之職務代理人或公、私立學校所聘任之代理老師，均為定期契約，若因代理期滿或代理原因消失而離職，其逾一個月未能就業，且離職前一年內，契約期間合計滿六個月以上，符合就業保險法第11條第2項因定期契約屆滿離職之規定，視為非自願離職[80]。至於研發替代役男與其用人單位間為勞基法第9條之特定性工作，如因契約屆滿而離職，符合就保法第11條第2項之規定者，則得依就保法相關規定申請失業給付[81]。前者（公務機關職務代理人、公私立學校代理老師）似乎可申請就保法第11條第1項第1～4款之各種給付，後者（研發替代役男）則是侷限在申請失業給付，兩者間似乎有所差異。惟不知其理由為何？依理而言，公務機關職務代理人及公私立學校代理老師亦是特定性的定期契約，其所能享有之就保法上之權利，研發替代役男理應亦享有之。

（二）部分時間工作者

　　這是指就業保險法第5條第3項規定，受僱於二個以上雇主者，為免增加就業保險費之負擔，得擇一參加本保險[82]。在此，部分時間工作者只是得擇一加

---

[79]　例如就保法第16條及第19條之1之六個月或九個月期間、以及月投保薪資之六成或最高至八成之給付水準之設計。

[80]　行政院勞工委員會93年3月5日勞職業字第0930201600號函、94年10月6日勞職業字第0940506157號令參照。

[81]　行政院勞工委員會102年10月1日勞保1字第1020140525號函參照。

[82]　最高行政法院96年度裁字第00924號裁定（前審為台北高等行政法院94年度簡字第00662號判決）（中華民國著作權人協會）。

保而已，並非得不加保，因此仍屬強制加保之對象。在此，選擇權係在勞工，而非雇主，至於其係選擇工資較多者或較少者，並不問。但是，同一月份有二個以上投保薪資，其保險給付之月投保薪資不合併計算。蓋就業保險與勞工保險係兩個各自獨立的保險制度，保費計收、給付項目及請領條件各不相同。就業保險法並未明文規定被保險人同時受僱於二個以上投保單位時，其投保薪資得合併計算，且合併計算將致另一份工作未離職或屬自願離職者亦得請領給付，顯有違本法保障勞工於失業期間基本生活之立法意旨，亦恐導致勞工以本法第13條規定爲由拒絕推介之工作，不利促進就業[83]。

　　須注意者，在實務上，從事部分時間工作者，常是在領取失業給付期間實際工作者。如此，其一方面仍須加保就業保險，而另一方面也會衍生就業保險法第17條第1項「實際工作收入是否超過基本工資」之問題[84]。較有爭議的，是被保險人辦理失業給付申請案前，重返原任職公司從事部分工時工作，其是否仍符合申請失業給付資格？對此，中央勞政機關認爲，失業給付請領規定並未限制被保險人離職後，不得重返原公司工作，惟勞工於非自願離職後，隨即重返原公司任職，如係勞資雙方合意創造離職事由，領取保險給付，並非勞動契約眞正終止，仍應依就業保險法第36條規定辦理；另勞工如於請領失業給付前另有工作，即應依第31條規定，失業期間或受理失業給付期間另有其他工作收入者，應於申請失業認定或辦理失業再認定時，告知公立就業服務機構，並依第17條規定辦理[85]。

　　另外，也有從事定期契約工作者，同時在他處從事部分工作。此將致使定期契約工無法滿足就業保險法第11條第2項「未能就業」之條件[86]。至於定期契約工離職一個月內已另行從事部分工時工作，如其在從事部分工作後十四日內自行離職，視爲就業尚未確定，其仍得依就業保險法第11條第1項請領保險給付[87]。更且，對於被保險人非自願離職後，如從事部分工時工作且投保薪資低於基本工資，而其在工作超過十四日後自行離職者，不得申請職業訓練生

---

[83]　行政院勞工委員會98年2月28日勞保1字第0980140697號函。另請參閱勞保條例第19條第2項規定。

[84]　行政院勞工委員會104年1月15日勞動保1字第1030140456號函參照。

[85]　行政院勞工委員會98年2月23日勞保1字第09800140049號函參照。

[86]　行政院勞工委員會103年10月8日勞動保1字第1030140341號函參照。

[87]　行政院勞工委員會95年6月7日勞保1字第0950028702號令、102年9月9日勞保1字第1020076782號函參照。

活津貼[88]。另有問題的是，依據就保法第5條第3項規定，「受僱於二個以上雇主者，得擇一參加本保險。」部分時間工作者並不得選擇在二個以上雇主處參加就業保險，而且，即使只由一個雇主加保，也不得將在其他雇主處賺取之工資，合併計算爲投保薪資。雖然如此，在實務上或有雇主或勞工不諳此一規定或基於其他原因，而分別參加就業保險之情況，則其法律效力爲何？尤其是部分工時工作勞工面臨非自願離職時，得否申領失業給付或享有就業保險法第10條第1項第2款至第4款之其他給付的權利？對此，中央勞政機關認爲「有關就業保險被保險人受僱於2個以上雇主，同時非自願離職，基於社會保險給付不重複保障原則，並考量就業保險立法目的及整體制度之衡平，不得分別核發失業給付。」[89]顯然其重點在「社會保險給付不重複保障原則」，而非全部否認被保險人有一失業給付請求權。只是，此時似乎不宜再給予被保險人選擇「以哪一個工作」參加就業保險之權利。另一方面，由於保險人已接受被保險人的加保，且收取所有加保工作的保險費，因此，基於權利義務對等原則及社會保險適當保障原則，似應責令勞工保險局按二個以上加保的工作中、投保薪資最高者，核發失業給付。至於就業保險法第10條第1項第2款至第4款之其他給付，亦同受保障。

（三）傷病給付、職災給付、育嬰津貼、各種津貼期間繼續加保

　　基於強制加保主義，被保險人即使在領取傷病給付、職業災害給付、及各種津貼期間，也必須繼續加保，雇主不得予以退保。以傷病給付而言，依據勞保條例第18條規定，「被保險人發生保險事故，於其請領傷病給付或住院醫療給付未能領取薪資或喪失收入期間，得免繳被保險人負擔部分之保險費。前項免繳保險費期間之年資，應予承認。」這表示在被保險人領取傷病給付或醫療給付期間，仍然適用強制加保主義。此一規定屬於勞保效力之開始與終止有關者，故依就保法第40條規定，爲就業保險所準用。與此相關者，依據舉重以明輕之法理，即使（尚）未領取傷病給付或醫療給付之期間，更應適用強制加保主義。因此，遭遇職業災害之勞工，雇主依法並不得在醫療期間終止契約並且導致其退保。惟職業災害勞工一旦自行離職（非職業災害勞工保護法第24條規定之各種情形之一），即可能導致其喪失勞工保險及就業保險之保障。爲此，

---

[88]　行政院勞工委員會101年6月13日勞動保1字第1010140227號函參照。另請參閱行政院勞工委員會96年8月13日勞保1字第0960140331號函。

[89]　勞動部109年3月9日勞動保1字第1080140674號函參照。

職業災害勞工保護法第30條規定，乃例外地允許職業災害勞工得繼續參加勞工保險普通事故保險，至符合請領老年給付之日止，不受勞工保險條例第6條之限制。由於其係在職保險之例外，因此，並不得擴大解釋適用至就業保險。再者，理論上在領取育嬰留職停薪津貼期間，也應該強制繼續加保，只不過，依據性平法第16條第2項規定，卻是採取任意加保的規定。

（四）公法救助關係期間也應加保？

有疑問的是，在公法救助關係期間是否也有強制加保之適用？對此，本書採取否定見解，這是因為公法救助關係本非勞動關係，原則上並無勞工法及社會法之適用。但是，立法者可以於法規中明定部分的勞工法規及社會保險法規之適用，例如2009年8月28日「莫拉克颱風災害重建特別條例」第14條第1項規定，「用人單位應為前二項所進用之人員，於進用期間依法辦理參加勞工保險及全民健康保險；其不符合勞工保險條例加保資格規定者，用人單位應為其投保其他平安保險或意外險。[90]」惟依據第13條第2項規定，「災區失業者得至用人單位從事臨時性工作，獲得臨時工作津貼，不適用勞基法、就業保險法及勞工退休金條例之規定。」顯然，在立法者立法形成自由之下，該等進用之人員享有勞工保險之保障，而無就業保險之適用。基於此，即會一方面產生「應加保」勞工保險，但另一方面卻又「不得／免除」加保就業保險之情形。所以，用人單位（行政機關）即應遵照法令規定，給予工作者部分的勞動條件或社會保險法的保障[91]。

二、免除加保（Versicherungsfreiheit）

本來，受僱者均應強制加保，但是，基於一定的原因，工作者卻可以毋須加保或甚至不得加保[92]。茲說明如下：

---

[90] 依據第14條第1項規定，從事臨時性工作之災區失業者於具備加保勞工保險之資格時，用人單位有為之加保之義務，至於所謂加保資格，必須1.勞工；2.實際從事勞動，因此，理論上由於該等人員是公法的救助關係，用人單位即無為之加保勞工保險之可能或義務。

[91] 楊通軒，前揭書，頁160以下。

[92] 針對非適用就業保險法之勞工保險被保險人，其普通事故保險費率，應自就業保險法施行之日起，按被保險人當月之月投保薪資1%調降。行政院勞工委員會91年12月31日勞保1字第0910068404號函轉行政院91年12月27日院台勞字第0910061906號函參照。

（一）就業保險法第5條第1項規定之「不得加保」者

此包括自僱者的自營作業者及不具中華民國國籍之受僱者。

1.職業工會會員（自營作業者）

如前所述，職業工會所屬之會員，除受僱於依法免辦登記且無核定課稅或依法免辦登記且無統一發票購票證之雇主或機構者外，如有受僱之事實，於受僱期間，應以其雇主爲投保單位辦理加保，以保障其就業安全，故此處非屬就業保險之適用對象，僅指自營作業者而言[93]。

針對勞工保險本條例第6條第1項第7款及第8款規定之自營作業者，勞工保險條例施行細則第11條第2項予以明定爲，「指獨立從事勞動或技藝工作，獲致報酬，且未僱用有酬人員幫同工作者。」雖然如此，「獨立」「從事勞動或技藝」工作的語意並非當然明確。可以確定的是，其係單純以從事勞動或技藝工作（例如磨刀業者、縫紉業從業者），獲致報酬者[94]，惟其報酬並非固定或可預期的，而是視各種狀況而定的浮動式的；其並不接受相對人的指揮命令，係獨自面對企業經營風險者（其與相對人間，或爲承攬或爲委任或爲無特定對象的技藝表演者）；其既然不得僱用有酬人員幫同工作，則其並非微型廠場；其既有從事勞動或技藝工作的事實，有些自營作業者即會完成營業（利）登記或／及商業登記。再進一步言之。就「獨立」而言，係指「個自」或「個人」的意思，並不允許以合夥方式經營事業[95]。惟幫同工作的家屬如係無酬者，由於其間或者爲家屬間的互相協助（家事勞動的一環）或者爲無償委任，並非僱傭關係，故無損於其「獨立」的本質[96]。由於自營作業者有從事勞動或技藝工作的事實，往往會涉及營業（利）登記或／及商業登記的問題。此一登記行爲，並不會影響其加保勞工保險的資格。有問題的是，從事的勞動如果係以

---

[93] 行政院勞工委員會92年10月29日勞保1字第0920059120號函參照。

[94] 根據行政院勞工委員會82年10月23日台82勞保2字第60111號函，針對以部分勞動或技藝爲手段，終以買賣、銷售爲目的的賺取差價獲取利潤之事業者，不得由職業工會加保。同樣地，未從事勞動或技藝工作，僅以買賣、銷售爲目的的賺取差價獲取利潤之事業者，亦不得由職業工會加保。例外地，售票員及攤販職業工會會員，如符合產、職業工會分業標準表之組織成員規定者，准由本業職業工會加保。

[95] 反對說，黃茂夫、張朝金，失業保險與就業服務實務，1999年，頁314。

[96] 惟此處的僱用「有酬人員」幫同工作者，按照中央勞政機關的見解，並不包括隨同工作之配偶、直系血親、媳婦及入贅之女婿。換言之，這些人得與自營作業者申報加保同一職業工會。行政院勞工委員會82年10月23日台82勞保2字第60111號函、82年11月27日台82勞保1字第69830號函參照。

買賣、銷售賺取利潤爲目的或依法應辦理營業（利）登記者，除非是攤販或售票員，否則即不得以自營作業者身分加保[97]。針對自營作業者，因其非屬受僱者，難以認定其投保資格，也就是難以認定其就業或失業的狀況（失業是指失去從事一從屬性工作的機會）。主要是難以認定失業的狀況。而且，不會發生如同勞工丟掉工作後生活不保的情況，欠缺保護必要性。再者，其投保薪資的調整難以實施[98]，且於保費徵收、給付發放等行政管理較不易執行。

雖然如此，論者間也有認爲不納入自營作業者，違反平等原則[99]，基於國家保護義務，自應將之納入就業保險法適用對象。再以育嬰留職停薪津貼而言，如將育嬰作爲人口政策的一環，自應跳脫「受僱者」的窠臼，將自營作業者納進來。而在職業訓練（津貼）方面，如果論者認爲自行辭職者也可請求，則自營作業者是否可作同樣的思考？

本書以爲：

(1)由於自營作業者係個體工作者，必須面對企業經營的風險，其是否不會發生如同勞工丟掉工作後生活不保的情況，以至於欠缺保護必要性？並非無疑。又，考量勞動環境的變動，受僱者與自營作業者會加速輪動，國家應鼓勵非受僱者自行創業，走出自己的路。自營作業者實具有勞動市場調節的功能。爲此，國家應該設計一定制度，給予自營作業者保障，例如我國勞工保險條例以保費補助的方式，已經給予自營作業者包括老年給付（年金）在內的保障。至於就業保險法的適用對象如欲擴大到自營作業者，除了應克服投保資格認定及投保薪資調整的程序問題之外，同樣地，也必須確定係以（強制？或自願／任意？）保險的方式或稅收的方式，來籌措就業保險各種給付的費用來源，在此，並不只是育嬰津貼可以考慮適用的問題，也就是，不單純只是由政府編列財源支應的問題。而是在就業保險已是獨立於勞工保險外的制度下，參考其他國家的作法，思考在就業保險法中，針對自營作業者設立獨立的體系與制度，舉凡不同的認定程序（投保資格及投保薪資調整）、薪資分級與費率、給付種類或內容等，以符合其特殊性質[100]。

---

[97] 爲此，行政院勞工委員會82年7月28日台82勞保2字第24213號函、82年10月23日台82勞保2字第60111號函特別彰明「自營作業職業工人加保認定原則」。

[98] 陳靖玟，我國自營作業者社會保險制度之研究，國立政治大學勞工研究所碩士論文，2011年，頁53以下。

[99] 范瑋眞，前揭書，頁15。

[100] 徐郁涵，前揭書，頁85以下。

(2) 法理上較無問題的是，對於之前曾經有強制加保之勞工，之後成為自營作業者，可以考慮讓其自願申請繼續加保。但應設定一定的條件（例如要求其申請加保前已至少工作六個月。又例如德國社會法典第三部第28a條第1項第2款規定：每週至少自營作業十五小時）。另外，在德國，自營作業者與任意加保的勞工，原則上由其自行負擔全部的保險費，政府無須編列預算補助。

(3) 另外，有鑑於勞保條例關於職業工人加保的規定、再加上職業工會（人）在勞工保險實務的運作上，也已發生不少流弊或不合理之處（例如定率調整投薪資15%的作法），相較於產業勞工並不公平。因此，在思考讓自營作業者有限度地適用失業保險之際，應有必要一併調整勞保條例的規定及勞保實務的作法，讓自營作業者的加保回歸常態。

2. 外國籍勞工（含家庭幫傭及看護工）

外國籍員工得否主張社會基本權的保障，係屬於憲法基本權適用主體的問題。其係以權利性質作為外國籍員工（外國人）得否享有的判斷依據。如係作為人與生俱來之權利的基本人權，例如自由權（人身自由、信仰自由[101]等），其與本國人享有同等的保障。惟另一方面，由於憲法第7條及就業服務法第5條第1項均無「國籍」之規定，基於列舉規定「明示其一、排斥其他」之性質，顯然制憲者及立法者均有意將外國籍員工（外國人）排除在禁止歧視的適用對象之外，即國家及雇主得為合理的差別對待。此並無非法歧視可言。這是指與國家主權或與國家特定政治及經濟條件有關之基本權，例如參政權（含政治性的結社自由）、遷徙自由、工作權與社會權，外國人即不得主張享有之。緣社會權在本質上具有階段性，國家必須視本身的財政與經濟發展而逐漸拓展保障的範圍及提升保障的水準，假設給予外國人工作權或失（就）業保險的保障，則在面臨失業或甚至低薪的勞動環境下，將會侵害國人的工作權或就業保險基金所能提供的各種給付保障。也是基於這樣的考量，所以，針對外國籍員工有無喪葬津貼給付的權利，司法院大法官會議第560號解釋由社會安全制度之社會適當性角度，肯定立法者基於裁量而限制給付範圍，並不構成歧視。其解釋文曰，「依勞工保險條例規定，其給付主要係基於被保險人本身發生之事由而提供之醫療、傷殘、退休及死亡之給付。同條例第62條就被保險人之父母、配偶、子女死亡可請領喪葬津貼之規定，乃為減輕被保險人因至親遭逢變故所增

---

[101] 也就是說，外國籍員工也享有信仰宗教的自由，雇主不得任意予以限制或禁止。

加財務負擔而設，自有別於一般以被保險人本人發生保險事故之給付，兼具社會扶助之性質，應視發生保險事故者是否屬於社會安全制度所欲保障之範圍決定之。中華民國81年5月8日制定公布之就業服務法第43條第5項，就外國人眷屬在勞工保險條例實施區域以外發生死亡事故者，限制其不得請領喪葬津貼，係為社會安全之考量所為之特別規定，屬立法裁量範圍，與憲法第7條、第15條規定意旨尚無違背。」其理由書亦提到，「就社會扶助之條件言，眷屬身居國外未與受聘僱外國人在條例實施區域內共同生活者，與我國勞工眷屬及身居條例實施區域內之受聘僱外國人眷屬，其生活上之經濟依賴程度不同，則基於該項給付之特殊性質，並按社會安全制度強調社會適當性，盱衡外國對我國勞工之保障程度，立法機關為撙節保險基金之支出，適當調整給付範圍乃屬必要，不生歧視問題。」

再觀勞工保險條例及就業保險法的規定。依據勞工保險條例第6條第3項規定，「前二項所稱勞工，包括在職外國籍員工。」由於第6條第1項之投保單位為事業單位（僱主）、團體或機構，可知此處之外國籍員工應是指產業外勞無疑，其為強制加保勞工保險的對象[102]。至於家庭幫傭及看護工固非強制加保的對象，但是，實務上雇主多有以自然人身分任意為其加保勞保者[103]。至於在就業保險方面，一方面並無如勞保條例第6條第3項的相同規定，另一方面就業保險法第5條第1項第1款已經明定「具中華民國國籍者」[104]。這並非謂外國籍員工不會遭遇失業的命運，例如就業服務法第59條第1項第3款「雇主關廠、歇業或不依勞動契約給付工作報酬經終止勞動契約者」，即是失業的狀況。其在經中央主管機關核准轉換雇主或工作前，並無就業保險法的保障。由於就業保險法第5條第1項第1款已經明定立法者的意志，雇主遂不得以就業保險法第40條準用勞保條例之規定，繞道任意加保而為外國籍員工加保就業保險。雖然如此，有鑑於外國籍勞工（含家庭幫傭及看護工）在台灣工作的期間越來越

---

[102] 依據就業服務法第61條規定，「外國人在受聘僱期間死亡，應由雇主代為處理其有關喪葬事務」其實，何止喪葬事務，雇主既為外國籍員工的投保單位，即應依勞保條例的規定，代為處理所有與勞工保險有關的事務。

[103] 行政院勞工保險局92年8月1日保承新字第09260043310號函則是針對本國籍幫傭、褓姆加保勞工保險的手續及提供相關證明的要求。

[104] 依據國籍法第2條第1項規定，有四款情形之一者，屬中華民國國籍。須注意者，依據國籍法第3條第1項規定，不具中華民國國籍者，實際上包括外國人及無國籍者兩類人員。至於無國籍人，依據國籍法施行細則第3條第1項規定，係「指任何國家依該國法律，認定不屬於該國國民者」。同條第2項並且列有三款無國籍人之情形。

長，且在期間內也可能面臨失業的狀況（或者還要轉換雇主），則賦予其任意加保的權利或甚至採取與勞保條例第6條第3項相同的規定，似乎已漸有正當的理由，則修正或適度放寬就業保險法第5條第1項第1款「中華民國國籍」規定，並非絕對的禁忌。惟目前在未修法之前，所有外國籍的勞工（含委任經理人[105]、幫傭或看護工、漁捕工作者）均不得加入就業保險。

（二）就業保險法第5條第2項規定之「不得加保」者

依據就業保險法第5條第2項規定，第1項所列人員具有第2項所列三種情形之一者，不得參加就業保險。其中，第2項第3款係指受僱於微型廠場不得加保，目的在避免增加微型廠場的經營成本，實務上少見爭議案例[106]。至於第2項第2款則是因為受僱人或公教人員已在領取老年給付或養老給付，足以保障其退休後之生活，為了落實退休的本質，不宜令該等人員重入職場。至於第2項第1款則是因為該等人員已參加以職類區分之公教人員保險或軍人保險，受到專屬法規的適用，理論上已受到較好的保障，且在傳統公務人員「終身職身分保障」理論下，也不會面臨失業的命運，故禁止其再加入就業保險。上述第2項第2款之規定，在我國全面翻轉為禁止年齡歧視的時代來臨前，仍然具有其正當的法律基礎。

此處先一言者，第5條第2項規定的下列人員「不得參加本保險」，究竟是指：1.自始不得參加？2.已參加者，一旦領取老年給付，即不得申領各種給付？或者3.對於原已參加勞保（就保）者，如已符合第11條第1項之條件，應該可以申請領取？顯然，自始不得參加本保險者，包括第1款及第2款之人員。惟第2款之人員也可能是原參加勞工保險或公教人員保險已領取老年給付，而被排除再請領就業保險法之各種給付者。這表示：原參加勞工保險及就業保險者，其轉投公教人員保險或軍人保險時，原投保之勞工保險及就業保險即應停止，並且應依就業保險法第40條準用勞工保險條例第76條，參加就業保險之年資應予保留。如其非基於就業保險法第5條第2項第2款之領取養老給付，而是基於其他事由中斷公教人員保險或軍人保險，並且再度加保就業保險者，其保險年資即應併計。如此，始能符合憲法保障財產權（失業給付）及就業保險法保障各種給付及津貼的宗旨。

---

[105] 行政院勞工委員會100年12月23日勞保1字第1000140449號函釋參照。

[106] 如上所述之地方民意代表僱用之助理應參加就業保險，係少數的爭議個案之一。行政院勞工委員會100年8月23日勞保1字第1000140286號函參照。

有問題的是，雖然法律明定「不得參加本保險」，但是，一方面並無法防堵第5條第2項第2款之人員再度重入職場工作，另一方面也可能難以去除雇主僱用這些人員的動機（反而可以節省就業保險費），一旦如此，反而會造成法律的保護漏洞？如何加以防堵？或者說，應課以僱用人何種責任？對此，我國就業保險法並無規定，但是在德國法上，卻是有課處僱用人特別捐（Abgabe）的規定，值得我國參考[107]。

以下即針對第5條第2項第1款及第2款規定再略加說明：

1. 依法應參加公教人員保險或軍人保險

這裡首先會面臨一個問題：依法應參加公教人員保險者都不會失業嗎？公務員不是也會被資遣（公務人員任用法第29條規定）[108]？尤其是私校教職員依法應參加公教人員保險，其不需要就業保險保障嗎[109]？蓋依據學校法人其所屬私立學校教職員退休撫卹離職資遣條例之規定，顯然私校教師也會面臨資遣的命運。只不過，相較於民營事業單位的勞工，軍公教人員的身分與權益保障顯然優厚許多，即使依據公務人員退休法第7條、第9條第2項及第31條第4項規定，公務人員面臨資遣時，仍然得請領一次退休金。再加上公部門勞資關係的特色，排除其加保就業保險遂有所本[110]。與此意義不同的是，參加公教人員保險或軍人保險者，無論是否另從事其他工作[111]，依就業保險法第5條第2項第1款規定，不得參加本保險[112]。這表示軍公教人即使依據法令（陸海空軍軍士官任職條例第18條、公務員服務法第13條、公立各級學校專任教師兼職處理原則）得為一定業務及時數的兼職，但仍不得以所兼職的工作加保就業保險[113]。

---

[107] § 172 SGB VI; BVerfGE 14, 312. Bley/Kreikebohm/Marschner, a.a.O., 147 f..

[108] 惟公務人員任用法第29條已經在2010年7月28日刪除，全文移至公務人員退休法第7條以下規定。意義不同者，行政院勞工委員會95年1月18日勞保1字第0950002559號函：對於依照公務人員任用法第29條規定，被資遣且領有公教人員保險養老給付者，於其嗣後再就業時，准其依就業保險法規定參加就業保險。

[109] 鍾秉正，前揭書，頁179以下。

[110] 同說，徐郁涵，前揭書，頁72以下。

[111] 這應該是指兼職。

[112] 行政院勞工委員會96年6月29日勞保1字第09601402601號函。在這裡，參加公教人員保險者，也包括私校教師在內。

[113] 惟這只是針對就業保險而言，並不及於勞工保險。也就是說，軍公教人員如在民營企業兼職，仍應加保勞工保險。否則，在兼職期間將無任何社會保險的保障（理論上，兼職並非軍公教人員在執行原來的任務，故軍公教保險並不提供保障）。此與勞保條例第76條所規定之情形並不相同。

在案例類型上，與就業保險法第5條第2項第1款規定不同的是：依「公務人員保險專案認定要保機關被保險人退保轉保辦法」相關規定，「比照」領取公教人員保險養老給付者，應納入就業保險法之適用對象[114]。因該等人員係配合政府政策轉換投保身分，其轉保後仍繼續受僱工作，與因工作年資或年齡符合公保養老給付要件而退休者不同，且其所領取之養老給付，與用為安養退休後經濟生活之「退休金」不同，本質上應係比照公保養老給付計算標準核發之年資損失之「補償金」性質[115]。此一「比照」領取公教人員保險養老給付者（即以退休金或退休年金給付），將之解釋為「補償金」，且不問其補償金額度之高低，一律應納入就業保險，也是公部門勞資關係社會保障的表現。

另一個案例類型是：公營事業移轉為民營型態，所留用之人員由公保改投勞保，雖領取公保養老給付，惟仍繼續工作而無離職退休之事實者，得參加就業保險[116]。如上所述，本書以為此處雖然用「得參加就業保險」，但並不是下面所講的「任意加保」，而是應加保。

又，仍然與就業保險法第5條第2項第1款規定不同的是：公教人員保險被保險人於2005年1月21日以後退出公保時，因不合請領公保養老給付條件而依公教人員保險法第15條之1保留公保年資者，如依勞工相關社會保險法規規定，僅得改投就業保險，於加保期間依勞動基準法、勞工退休金條例相關法規退職時，應檢附權責單位出具改投就業保險及依勞動基準法、勞工退休金條例相關法規核付退休金之證明文件，比照公保法第15條之1相關規定，請領公保養老給付[117]。

本款另一項具爭議性的問題是，依法應參加農民健康保險條例者，得否參加就業保險？也就是說，針對非「公教人員或軍人」（就保法第5條第2項第1款）之農民，其得否以法律保留原則為由，而主張得參加就業保險？對此，先就第2款所規定之已領取勞工保險老年給付或公教人員保險養老給付而言，中央勞政機關認為，「查就業保險法（以下稱為本法）第5條並未規定，已領取軍公教人員退休（俸）、勞工退保金或軍人保險退伍給付，而未領取勞工保險老年給付或公教人員保險養老給付者，不得納入參加就業保險，基於法律

---

[114] 行政院勞工委員會92年4月22日勞保1字第0920019081號函參照。惟這是指：強制加保。

[115] 雖然如此，是否仍應視其所領取的公保養老給付數額之多少，再來決定其性質究為退休金或補償金？

[116] 行政院勞工委員會95年10月25日勞保1字第0950114177號函。

[117] 銓敘部100年3月31日部退一字第1003345026號函。

保留原則，勞工保險局依法受理渠等勞工之加保並核給津貼或給付，於法並無不合[118]。」言下之意，第5條第2款係列舉規定，不在其內者，即使已經領有老年照顧的給付，仍得參加就業保險。基於同樣的意旨，針對已經領取老農津貼者，其仍得參加就業保險[119]。

果然依照上述中央勞政機關所採取的法律保留原則，則第5條第2項第1款僅係明示公教人員保險及軍人保險者（負面表列），並未包括依法參加農民健康保險條例者，則其似乎即得本於法律保留原則而參加就業保險。此在台北高等行政法院102年度訴字第469號判決中，原告即是做如此之主張。對此，中央勞政機關並未表示其見解，其所做成的相關函釋大多侷限在被保險人非自願離職後，於領取職業訓練生活津貼或失業給付期間，於農、漁會辦理參加農保或勞保者，是否得繼續請領職業訓練生活津貼或失業給付？其一律認為農民健康保險與勞工保險皆屬各職域之社會保險，有實際從事工作者，始得加保，如被保險人已於農、漁會辦理參加農保或勞保者，即非失業勞工身分，不得再請領職業訓練生活津貼或失業給付[120]。

惟台北高等行政法院在102年度訴字第469號判決中，依據農民健康保險條例第5條、第6條、農暇之餘從事非農業勞務工作認定標準第2條、以及行政院農業委員會、內政部、行政院勞工委員會的函釋，推論出以農業為專任職業之受僱者，即使遭事業單位資遣，亦不具有失業勞工的身分，不得接受推介職業訓練及請領職業訓練生活津貼。即使根據就業保險法第1條之立法目的，就業保險之保險對象仍為現正受僱之勞工，基於社會保險強調社會公平性及法定權利原則，以不重複保障為原則，倘發生給付事由，應僅得擇一保險請領，且當事人之權利與義務悉據法律或命令為之，與一般商業保險強調繳費與給付之間的關聯性，尚屬有別。本案原告原即由台中市大肚區農會辦理參加農保迄今，原即具有農保身分，其因受僱於○○公司，再加入勞保及就業保險，其工作期間僅○○日，是原告係以農業為專任職業，應無疑義，則其縱經○○公司資遣，亦不具有失業勞工身分。上述台北高等行政法院的見解，無非係基於農

---

[118] 行政院勞工委員會96年6月29日勞保1字第09601402601函參照。

[119] 行政院勞工委員會100年11月17日勞保1字第1000032618號函參照。

[120] 行政院勞工委員會101年4月3日勞保1字第1010140118號函及101年4月3日勞保1字第1010140118I號函附101年3月19日會議紀錄結論、101年6月13日勞保1字第1010140227號函、101年11月27日勞保1字第1010140413號函、及勞動部103年10月8日勞動保1字第1030140341號函參照。

民健康保險條例第6條規定，「農民除應參加或已參加軍人保險、公教人員保險或勞工保險者外，應參加本保險為被保險人。但同時符合國民年金保險加保資格者，得選擇參加該保險，不受國民年金法第7條有關應參加或已參加本保險除外規定之限制；其未參加本保險者，視為選擇參加國民年金保險（第1項）。已參加本保險者，再參加前項所列其他保險時，應自本保險退保。但僅再參加勞工保險職業災害保險或於農暇之餘從事非農業勞務工作再參加勞工保險者，不在此限（第2項）。依前項但書規定同時參加本保險及勞工保險或其職業災害保險者，發生同一保險事故而二保險皆得請領保險給付時，僅得擇一領取；其自本保險退保者，退還期前繳納之保險費，不受第13條第2項規定限制（第3項）。第2項農暇之餘從事非農業勞務工作之認定標準，由中央農業主管機關定之（第4項）。」再按農暇之餘從事非農業勞務工作認定標準第2條規定，「農民於農暇之餘從事非農業勞務工作再參加勞工保險者，其期間每年不得超過一百八十日[121]。但參加政府基於公法救助或促進就業目的所辦理之短期就業措施或職業訓練期間再參加勞工保險者，不受一百八十日之限制」。

　　至於行政院農業委員會則是根據農民健康保險條例第6條規定及參酌內政部的函釋[122]，認為農民除已參加軍人保險、公教人員保險、勞工保險者外，應一律參加本保險為被保險人，其立法精神係在避免同一人同時享有兩種以上之社會保險。再根據農暇之餘從事非農業勞務工作認定標準第2條序文規定，可知非農會會員得於農暇之餘從事非農業勞務工作，依就業保險法第5條第1項規定，該非農會會員有受僱事實者，即應參加就業保險，爰參加就業保險法之非農會會員，其受僱期間每年未超過一百八十日者，似難謂其非以農業為專任職業……[123]。

　　而後，內政部除了行政院農業委員會的函釋外，並且表示[124]，「二、基此，符合前揭（即農民健康保險條例）第六條規定之農保被保險人，若以農會會員資格身分參加農保復僅參加就業保險者，其仍可繼續參加農保，本部前於

---

[121] 作者按：這並非否認農民農暇之餘從事非農業勞務工作者，得同時兼具勞工身分，而且，即使不得加保勞工保險或就業保險，其受僱期間仍然得到勞基法及其他勞工法令之保障。附帶一言者，針對原係加保學生保險之具有受僱身分的學生助理之加保勞保或就保，似乎亦得參考此標準處理其保險權益。

[122] 內政部79年4月20日台內社字第790934號及80年12月6日台內社字第8009539號函釋。

[123] 行政院農業委員會98年6月1日農輔字第0980126317號函釋。

[124] 內政部98年6月19日台內社字第0980111257號函釋。

2009年4月9日業以台內社字第0980063418號函復貴局在案；惟若已僅參加就業保險者，俟後於取得農會會員資格並欲參加農保者，因農會會員爲農保之強制納保對象，且就業保險非屬前揭第6條規定之軍、公教、勞保，爰仍可以農會會員資格參加農保。三、又，以非農會會員資格身分參加農保復僅參加就業保險者，依農委會前揭98年6月1日函釋『參加就業保險之非農會會員，其受僱期間每年未超過一百八十日者，似難謂其非以農業爲專任職業』，該等農保被保險人仍可繼續參加農保，反之，受僱期間每年超過一百八十日者，即難謂其係以農業爲專任職業，則須於每年受僱之第一百八十一日起自農保退保……。」

　　吾人觀上述農委會、內政部、勞工委員會及台北高等行政法院有關參加農保者得否再參加就業保險之見解，主要係根據農民健康保險條例第6條第1項、第2項及農暇之餘從事非農業勞務工作認定標準第2條規定而爲。行政院農業委員會係以行政裁量的手段，以農暇之餘受僱期間每年是否超過一百八十日，作爲是否以農業爲專任職業的認定標準，進而導出被解僱時是否具有失業勞工身分的依據。農委會以其專業委員會的身分訂定此一判斷標準，其專業性及正當性應屬無疑。有問題的是，農民健康保險條例第6條第2項僅有勞工保險，而無就業保險之規定，非農會會員是否即得依法律保留原則，而主張參加就業保險？對此，如從社會保險的體系觀之，就業保險與勞工保險本屬不同的保險制度，其保費計收、給付項目及請領條件各不相同。因此，參加就業保險並不受參加勞工保險的影響。就此看來，即使參加農保者，如其有受僱的事實，似乎亦具有參加就業保險的資格。然而，除了就業保險法的特別規定外（不以5人以上事業單位爲限、限於具有中華民國國籍者等），原則上投保單位爲被保險人申報加保勞工保險者，即同時亦加保就業保險。解釋上，農民健康保險條例第6條第2項應無例外准許受僱期間每年未超過一百八十日，得單獨加保就業保險之用意。蓋既謂該等農民具有專業職業農民的身分而不具失業勞工身分，則自然無令其單獨參加就業保險的需要。因此，整體而言，本案除法律保留原則之外，更應回歸到農民健康保險條例的規定，並且避免重覆加保不同職域保險，而紊亂社會保險的目的。在此，上述中央勞政機關在幾號函釋中所表示的「於領取職業訓練生活津貼或失業給付期間，於農、漁會辦理參加農保或勞保者」，本書以爲解釋上也包括非自願離職之前，即已參加就業保險者而言。

2. 已領取勞工保險老年給付或公教人員保險養老給付

　　如上所述，實務界多認爲已參加者，一旦領取老年給付，即不得申領各

種給付。例如有判決意旨略謂，「對於已領取勞工保險老年給付者，因退休後之生活即有基本之保障，如得請領失業給付，即屬社會保險之重複保障，是就業保險法第5條第1項第2款乃明文規定已領取勞工保險老年給付者不得參加就業保險，且因其並非就業保險法之被保險人[125]，自不得依就業保險法第11條第1項第1款規定請領失業給付」、「又縱原告果於91年8月退職退保後即行提出文件申請，且符合『非自願離職』之認定要件，惟原告既經領取老年給付，對其退休後維持基本生活已有適當保障，要非就業保險法所保障之失業給付對象」[126]。

最具代表性者，最高行政法院99年度裁字第3384號裁定（前審爲台北高等行政法院99年度簡字第179號判決）意旨：就業保險係以「勞動年齡階段」之受僱者爲保障對象，逾此者則藉由國民年金或勞工保險老年給付給予退休後基本生活保障，而非屬就業安全體系範疇。而所謂勞動年齡階段之設定，恆隨社會情況而改變，92年1月1日施行之舊就業保險法第5條第1項以「年滿15歲以上，60歲以下」受僱之本國籍勞工爲被保險人。而98年5月1日修正施行之新就業保險法第5條第1項已將納保年齡提高至65歲。惟新法雖將勞動階段年齡提高，但立法政策上採取不溯及既往原則。

同上法院判決之否定見解，而且更進一步深化者，中央勞政機關解釋認爲：對於60歲之前非自願離職符合失業給付請領條件者，並未規定其年逾60歲不得請領失業給付。只要未逾就業保險法第24條之二年請求權期間即可。惟勞工已領取勞工保險老年給付或年滿60歲得領取老年給付者，因核屬退休人員或依法得強制退休人員[127]，基於社會保險不重覆保障原則，即不得核給失業給付[128]。至於勞工如經雇主依勞基法第54條第1項第2款規定強制退休者，因核屬退休人員，非就保法所欲保障之對象，不得申請失業給付[129]。

上述中央勞政機關的見解，本書以爲有進一步說明的必要，蓋就業保險

---

[125] 其實，本書認爲這一句話實有問題，其是誤解了已領取老年給付者，即「不得參加本保險」的語意，蓋原來屬於就保法的被保險人，並不會因爲領取老年給付而變成「非就保法之被保險人」。

[126] 最高行政法院95年度裁字第01787號裁定（前審爲台北高等行政法院94年度簡字第00172號判決）。

[127] 語病？勞工保險有強制退休？依本書所見，這應該是指勞工（被保險人）提出請領老年給付時，其應依勞保條例第58條第3項「應辦理離職退保」而言。

[128] 行政院勞工委員會92年8月29日勞保1字第0920039348號函。

[129] 行政院勞工委員會99年6月18日勞保1字第0990071949號函。

與勞工保險係兩個各自獨立的保險制度，保費計收、給付項目及請領條件各不相同[130]，而且就業保險基金與勞工保險基金各自獨立，費率個別，被保險人經年累月繳交二種以上保險費，以提供各種不同保險事故的給付。由此看來，似乎無論是強制退休人員或年滿60歲得領取老年給付者，理論上均可先請領完失業給付，後再請領老年給付。雖然如此，勞工保險與就業保險具有共通的理論基礎與相同的保險理論，例如社會保險不重複保障原則，被保險人在面臨保險事故時，或有可能同時適用數種勞工保險給付（勞保條例第65條之3參照）或同時適用勞工保險給付與就業保險給付之情況，如此一來，即有必要考量整合保險給付的必要，以免過度保障。因此，被保險人在請領老年給付與失業給付或職業訓練生活津貼時，即應受到社會保險不重複保障原則之拘束。反過來說，基於社會保險不重覆保障原則，退休人員或依法得強制退休人員不得再請領失業給付，則理論上被保險人也不得先請領失業給付，而後再請領老年給付才對。也就是說，對於領取失業給付者（有繼續工作意願者），其後如立即或短暫時間內即請領老年給付（無繼續工作意願），則應令其繳還失業給付。論者更謂，至少對於主觀上並無退出職場的被保險人，如其只因家計開銷浩繁而被迫提早請領老年給付者，應提醒其「請領老年給付後即不得再申請失業給付」，並由勞保局將該等文字註記於失業給付核發通知書上[131]。

同樣具有疑義的是，就保法第5條第2項第2款固然是規定「已領取勞工保險老年給付或公教人員保險養老給付」者，惟對於已領取軍公教人員退休（俸）、勞工退休金或軍人保險退伍給付者，是否亦有適用？對此，中央勞政機關認為法律既然未將之納入規定，則基於法律保留原則，勞保局依法受理渠等勞工之加保並核給津貼或給付，於法並無不合[132]。同樣地，即使已經領取老農津貼，由於並非屬於就保法第5條第2項三種情形之一，即應依規定參加就業保險，並於符合請領要件時，得申請相關保險給付[133]。本書以為：中央勞政機關所持之法律保留原則固有所據，而且，就保法第5條第2項第2款似乎係一列舉規定，即採取「明示其一、排斥其他」的規範方式。但是，如觀其立法理由，「核屬退休人員，已有各該保險給付照顧其退休後之生活，故不予納入本

---

[130] 行政院勞工委員會98年2月18日勞保1字第0980140697號函參照。

[131] 勞工保險監理委員會，前揭書，頁237以下。

[132] 行政院勞工委員會96年6月29日勞保1字第09601402601號函參照。

[133] 行政院勞工委員會100年11月17日勞保1字第1000032618號函參照。

保險之投保對象。」其係採取抽象的、類型化的「勞工保險老年給付或公教人員保險養老給付」已能基本地或適足地照顧退休後之生活，而不問具體個別退休的勞工或公教人員所領取的老年給付或養老給付的數額高低。換言之，也有部分的退休人員只能領取微薄的老年照護金額而已。果然如此，則與領取軍公教人員退休（俸）、勞工退休金、軍人保險退伍給付或老農津貼者，本質上似乎即無所差異。因此，領取軍公教人員退休（俸）、軍人保險退伍給付或按照老農津貼條例領取老農津貼者，均應擴大解釋爲在就保法第5條第2項第2款適用之內。所以，依本書所見，就保法第5條第2項第2款係以已領取公保養老給付者爲對象，如果「符合公保養老給付請領條件並退出公保者，於領取公保養老給付前，尙未享有該給付保障，如再受僱從事工作，仍應依規定參加本保險。」[134] 其規範重點係在「已領取公保養老給付者」，而不問其係一般公務員（事務官）或政務人員[135]。針對勞工而言，如其按照勞基法或勞工退休金條例申請退休，由於與勞工條例老年給付的體系不同，在其未同時請投保單位申領老年給付的情況下，勞工的領取勞工退休金，並不會影響勞工的勞工保險及就業保險。

（三）領取失能給付者？

　　理論上也應該予以排除。吾人如觀中央勞政機關的解釋函[136]，「被保險人因傷病致失能並經醫師診斷爲終身無工作能力者，已不符合就業保險法第11條第1項第1款所定失業給付之請領要件，自不得繼續請領失業給付，所請給付應核付至診斷爲終身無工作能力之日止」。其反面解釋，即不得加保就業保險。由該解釋函，應該也可以得出，勞工如果已經評估終身無工作能力，請領失能年金，則其已不得再參加就業保險。

　　同理，領取失能給付者，亦不得參加政府所舉辦職業訓練或請領職訓生活津貼，即其應與就保法第5條第2項第2款「已領取勞工保險老年給付」採取同一之解釋。蓋職業訓練的目的在促成受訓者返還職場，其與請領失能年金者已

---

[134] 勞動部107年7月19日勞動保1字第1070140309號函參照。

[135] 因此，依據勞動部108年8月23日勞動保1字第1080140390號函：「有關依政務人員退職撫卹條例第1條第2項規定退職且領取公教人員保險養老給付者，再受僱從事工作，准予依就業保險法規定參加就業保險。」其見解應屬有誤而不可採。況且，該函釋又創造了就保法所未規定的「任意／自願加保」類別，已經逾越母法而無效。

[136] 行政院勞工委員會100年4月13日勞保1字第1000140073號函。

無工作能力、致無法返還職場者不合。除非未來法制上係採取部分失能也可請領部分失能年金，始有令其參加職業訓練之意義。惟目前實務上，並未禁止該領取失能年金者參加職業訓練或請領職訓生活津貼，亦未要求其返還年金或停發年金，只是一方面希望建立參加職業訓練與請領失能年金之勾稽機制，另一方面則冀望將來勞保條例失能年金評估機制建立後，針對失能者經過重建及專業評估後仍無法工作者，始具有請領年金之資格。雖然如此，本書以為此一處理方式緩不濟急，且未能認清真正問題之所在，無助於問題的根本解決。

（四）學生（含技術生、建教合作班學生），至於實習生則視狀況而定

　　無論是一般學生、技術生或建教合作班學生[137]，即使其在學習中外表有在從事勞務的提供，其仍然屬於整體學習目標的一環，無法改變雙方間係一教養關係的本質，故難以認為雙方為一勞動關係。至於實習生則要視狀況而定，如果其身分是勞工時，當然可以加入就業保險，反之則否。就此看來，對於非學生身分的失業勞工，如其於請領失業給付期間接受教育中心安排至建教合作單位實習，訓練單位並且給予實習交通津貼，其本質仍然是在學習，實習交通津貼實是訓練津貼的一部分，雙方間並未成立僱傭關係，該實習收入並非就業保險法第17條第1項所稱之另有收入[138]。

　　有問題的是，如果學生向第三人提供勞務，以賺取工資（即打工行為），則其是否應該加入就業保險？對此，有認為勞工並不以專職（Hauptbeschäftigung）為前提，因此學生可以失業，只是因為其不具有可被使用性（Verfügbarkeit）（具工作能力及繼續工作意願），所以不得請求失業給付[139]。惟本書以為具學生身分的工讀生，並不存在失業的問題，因此自始不得加入就業保險。

（五）於職業訓練單位參加勞保之受訓學員及「青年職涯啟動計畫」學員

　　雖其得以職訓單位為勞保投保單位，但由於兩者間並無僱傭關係，該受訓學員並非就業保險之適用對象。此從職業訓練中心受訓學員「因參加中心內工

---

[137] 行政院勞工委員會99年10月12日勞保1字第0990140433號函參照。另外，根據中央勞政機關的見解，對於依照台灣地區與大陸地區人民關係條例來台探親，並欲就讀建教合作班者，並不得加保勞工保險。行政院勞工委員會102年5月10日勞保2字第1020011749號函參照。

[138] 反對說，行政院勞工委員會95年7月14日勞保1字第0950114027號函參照。

[139] Bruns, a.a.O., 37.

讀而參加勞工保險」，致喪失申請就業保險職業訓練生活津貼[140]，應可反面解釋為單純接受職業訓練而未工作者，即不得參加勞工保險與就業保險。在此，就保法第40條之準用勞保條例規定，並不包括第6條第1項第6款及勞工保險被保險人因執行職務而致傷病審查準則第22條之1。

另外，「青年職涯啟動計畫」係採結合民間單位辦理，參加該計畫之學員，是於事業單位中以工作崗位模式施訓，係屬訓練計畫。依計畫內容所訂，事業單位與參訓青年間係簽訂訓練契約，而非勞動契約；其發給受訓學員之給予為訓練津貼，而非工資，故其關係顯非僱傭關係，要無就業保險法之適用[141]。

（六）應徵召服兵役者？

對於應徵召服兵役者，能否加入就業保險？如從就業保險法第5條第2項第1款規定「依法應參加軍人保險者」觀之，似乎並不區分職業軍人與義務役軍人，因此應採否定見解。此與勞保條例第9條第1款規定「應徵召服兵役者」得自願加保者（保費仍應繼續繳納），不同。惟從比較法上來看，在德國，對於應徵召服兵役者或服替代役者，由聯邦政府代為繳交失業保險費（§ 347 SGB III）。此種立法應可提供我國參考之用。

（七）公法救助關係下受僱者

公法救助關係，係國家為度過天災事變或高度的失業率時，基於人民生存照顧之義務，所採取之行政措施。蓋行政機關基於其法定職權，為達成特定之行政上目的，於不違反法律規定之前提下，自得與人民約定提供某種給付，並使接受給付者負合理之負擔或其他公法上對待給付之義務，而成立行政契約關係（司法院大法官會議釋字第348號解釋）。在法規無特別明定或用人單位未與工作者約定按照（特別）法令規定適用勞工法規及社會法規的情形下，公法救助關係下的受僱者免除加保，理由是雙方間並無僱傭關係。以下茲舉數例說明之：

1. 「臨時工作津貼」、「永續就業工程計畫」、「多元就業開發方案」以及「重建區弱勢戶就業輔導方案」屬公法救助，該等業務所遴用人員，不適

---

[140] 行政院勞工委員會99年10月27日勞保1字第0990140442號函參照。

[141] 行政院勞工委員會97年1月15日勞保1字第0970140027號函。

用就業保險法[142]。

2.「以工代賑」臨時工，如屬公法救助關係者，非就保法適用對象。惟如屬私法僱傭關係之範疇，則應參加就業保險[143]。另外，政府進用之以工代賑臨時人員如符合就保法第5條第1項規定之要件，即應由進用【作者按：既屬進用，即非僱用？即非勞工？】單位為其辦理參加就業保險。……。另考量該等被保險人係屬定期進用，如其依就保法第25條規定辦理求職登記，即有就保法第11條第2項規定之適用[144]。再者，以工代賑人員如已參加就業保險，且於定期契約期限屆滿，依就保法第11條第2項規定辦理。……。且代賑工作如為定有期限之契約，於契約期限屆滿前，因資格不符而離職退保者，除代賑工於申請時有虛偽之意思表示、違反契約或工作規則等可歸責之違規情事外，其餘非自願離職且符合上開同條第1項保險給付請領條件之規定者，得請領該條規定之保險給付[145]。依本書所見，以工代賑進用之人員，性質上既屬公法救助（公法契約）關係，本質上即具有一定期間，且得以重覆地訂定。但其與勞基法第9條之定期契約性質殊異。自不應以就保法第11條第2項規定予以處理。

3. 被保險人於非自願離職後，經依臨時工作津貼、永續就業工程計畫、多元就業開發方案、公共服務擴大就業計畫等推介工作，於津貼給付期滿或計畫執行完成後仍未就業，得於非自願離職、退出就業保險之日起二年內，依規定申請失業給付[146]。

4. 被保險人於非自願離職後，經推介參加臨時工作津貼、永續就業工程計畫、多元就業開發方案、公共服務擴大就業計畫等，於津貼給付期滿或計畫執行完成後仍未就業，如經職訓諮詢適訓而參加全日制職業訓練者，得於非自願離職、退出就業保險之日起二年內，以原非自願離職單位開具之離職證明書，依規定申請職訓生活津貼[147]。

---

[142] 行政院勞工委員會92年2月25日勞職業字第0920200306號函、行政院勞工委員會92年7月10日勞保1字第0920204994號函。另參閱台北高等行政法院94年度簡字第23號判決。

[143] 行政院勞工委員會94年9月9日勞保1字第0940050566號函。惟「以工代賑」有無可能屬私法僱傭關係之範疇？有待斟酌。

[144] 行政院勞工委員會95年7月24日台勞保1字第09501140181號函。

[145] 行政院勞工委員會95年10月23日勞保1字第0950114192號函。只不過，本書認為，代賑工之資格不符而離職退保，也是其本身的事由，應難歸責於進用者。

[146] 行政院勞工委員會92年9月29日勞保1字第0920051811號函。本號解釋的意旨，是指用原來失業勞工的身分申請。惟這些公法救助措施應該先於失業給付進行？有如職業訓練先行原則？

[147] 行政院勞工委員會93年9月3日勞保1字第0930043624號函。如依該解釋，那麼，職訓生活津

（八）在領取失業給付期間另有工作者

假設被保險人在領取失業給付期間另有工作，不問其每月工作收入有無超過基本工資（就業保險法第17條第1項規定參照），均不得再以其工作加保就業保險。

（九）日僱勞動者

在日本，針對所謂的日僱勞動者，僱用人無須為其加保就業保險。但是在台灣，[148]就保法似乎並未排除之，不問其是部分時間工作者或屬於定期契約的一環／種，雇主均應為其加保。

三、納入任意加保的設計？

就現行的就業保險法觀之，似乎只有強制加保及免除／不得加保的規定。然者，豈其然乎？如從就業保險的目的或本質觀之，是否亦有任意保險存在餘地？如同勞保條例第8條、第9條及第9條之1的設計？或者，更重要的是，依據就業保險法第40條準用勞工保險效力之開始及終止，解釋上是否包括勞保條例第8條、第9條及第9條之1等規定？對此，中央勞政機關似有持肯定見解者。惟其見解似有進一步說明的必要，蓋勞工保險效力之開始及終止，原係指勞保條例第11條及該條例施行細則第16條之規定而言（司法院大法官會議釋字第568號解釋參照），是否包括同條例第8條、第9條及第9條之1等規定？並非無疑。如從勞保條例規定的體例觀之，第8條、第9條及第9條之1都是「被保險人」任意加保規定，與勞工保險效力之開始及終止並無關聯。然而，進一步分析之，第8條之人員均係尚未加保者，至於第9條之1的人員則係已被裁減資遣者，兩者與第9條之五種在職人員的「繼續參加勞工保險」之本質尚有不同。所以，就業保險法第40條準用勞工保險效力之開始及終止，應該及於勞保條例第9條規定，但並不包括同條例第8條及第9條之1等規定之情形。惟勞保條例第9條規定之五種被保險人，其中第4款之年逾65歲的在職勞工，由於已經超過參加就業保險的年齡上限，所以應不在準用之內。如此的區隔對待，庶幾符合就業保險的目的或本質，也未違反法律保留原則。至於其他人員的任意保險，則除非立法者修法增列任意保險規定，否則基於法律保留原則，行政機關並無權透過

貼領滿後，還可以申請失業給付？

[148] 范瑋真，前揭書，頁60以下。

解釋的途徑創造任意保險的種類或對象。也就是說，就目前法制觀之，勞保條例第9條之1之被裁減資遣人員屬於免除／不得加保對象，而同條例第8條之人員或者已被納為強制加保就業保險的對象、或者被列為免除／不得加保對象，所以均不在討論對象之列。以下所討論者，除了勞保條例第9條第1、2、3、5款規定人員外，主要是集中在下列幾種勞動者或工作者或軍務工作者身上。

至於準用勞保條例第9條第1、2、3、5款規定，以及一旦修法設立任意加保就業保險項目後，即會涉及到保費的負擔問題。理論上，既是任意加保，則其保險費理應全部由其自行負擔才對。這在德國，自營作業者與任意加保的勞工，即是原則上由其自行負擔全部的保險費。但是，在台灣，依據勞保條例第6條第1項第7款及第8款，自營作業者屬於強制加保的對象，而且，依據第15條第2款規定，（針對職業工會工人）政府還要補助40%的保險費。只不過，依據就業保險法第5條第1項「受僱勞工」的規定，自營作業者並不得加入就業保險。再依據勞保條例施行細則第35條規定，應徵召服役、留職停薪、因案停職或被羈押之被保險人繼續參加勞工保險期間，其保險費由投保單位負擔部分仍由投保單位負擔外，由本人負擔部分，有給與者於給與中扣除；無給與者，由投保單位墊繳後向被保險人收回。此一規定得否準用於就業保險，本書以為實有疑義。以下茲舉數例說明之：

（一）因傷病請假致留職停薪，得／准予繼續加保

勞工因傷病假致留職停薪，主要係規定在勞工請假規則第5條。依之，「勞工普通傷病假超過前條第一項規定之期限，經以事假或特別休假抵充後仍未痊癒者，得予留職停薪。但留職停薪以一年為限。」觀此一條文，須要注意者有三點。一者，此一條文用語「得予留職停薪」，似係從雇主的角度出發，表示雇主亦得不予留職停薪。惟所謂「得予」或「得不予」留職停薪，並非謂雇主得單方決定或指示勞工留職停薪而言，而是「得同意」或「得不同意」之意，由於涉及勞動關係主要義務的暫時改變，必須由勞雇雙方合意變更勞動契約始可。二者，此一留職停薪期間最長以一年為限。勞工如在一年到期仍然普通傷病未痊癒者，雇主僅得令其復職或以勞基法第11條第5款之不能勝任工作終止契約。惟這並非謂雇主以勞基法第11條第5款不能勝任工作終止契約，必須以勞工普通傷病假達到一年後始可為之，而是在「經以事假或特別休假抵充後仍未痊癒」後，再給予一定合理期間療養即可。蓋依據勞工請假規則第4條第1項之普通傷病假，除了「一、未住院者，一年內合計不得超過三十日」，

期間相對較短外，「二、住院者，二年內合計不得超過一年」及「三、未住院
傷病假與住院傷病假2年內合計不得超過一年」，期間已經長達一年，實不宜
令雇主在「1年＋1年＝2年」的長期間內，負擔不參與生產的經營上的成本。
三者，本條僅針對普通傷病假而規定，至於職業傷病假的部分，依據勞工請假
規則第6條的規定，「勞工因職業災害而致殘廢、傷害或疾病者，其治療、休
養期間，給予公傷病假。」亦即只要在治療、休養期間，雇主必須給予公傷病
假，並無約定留職停薪之可能。然而，依據勞工保險條例第9條第3款「因傷病
請假致留職停薪，職業災害未超過二年者」。顯然，雇主仍然得與職業災害勞
工約定留職停薪。在此，雇主必須先依勞基法第59條第2款給予有薪的二年的
醫療期間，之後，勞工如未能痊癒，經指定之醫院診斷，審定為喪失原有工作
能力，且不合第3款之殘廢給付標準者，雇主「得一次給付四十個月之平均工
資後，免除此項工資補償責任」。由於雇主只是免除工資補償責任，雙方的勞
動關係仍然繼續存在，雇主必須令勞工復職、或者依據勞基法第11條第5款終
止勞動契約，若不此之圖，則可與勞工合意留職停薪。至於其最長期限，勞工
請假規則並未規定，勞工保險條例第9條第3款「因傷病請假致留職停薪，職業
災害未超過二年者」，也只是針對任意加保期間設限而已，對於勞雇雙方合意
留職停薪期間並無拘束力。惟勞雇雙方當得參考之。有問題的是，勞工經治療
終止後，經指定之醫院診斷，審定其身體遺存殘廢者，勞雇雙方得否約定留職
停薪，徐圖勞動關係的進一步發展？對此，似應為否定之見解，蓋勞基法第
59條第3款已經明定：「雇主應按其平均工資及其殘廢程度，一次給予殘廢補
償。」況且，留職停薪的目的，係希冀再度回到職場，如果勞工已經審定殘廢
必須永久地離開職場，則何來留職停薪之必要？

　　再如上所述，中央勞政機關解釋認為依據就業保險法第40條規定，本保險
效力之開始及停止準用勞工保險條例規定。因此，就業保險被保險人因傷病請
假致留職停薪，得／准予繼續加保[149]。本書以為此一解釋之依據，係勞工保險
條例第9條第3款規定。由於第9條第1、2、3、5款係被保險人「繼續參加勞工
保險」，性質上屬於勞工保險效力之開始之規定，故藉由此一解釋，中央勞政
機關乃明確化就業保險法上的任意加保項目，其應無違反憲法第23條之法律保
留原則（司法院大法官會議釋字第609號解釋參照）。但此處的保費，究竟應
由誰繳交多少？吾人如依勞保條例施行細則第35條規定，保費即由投保單位、

---

[149] 行政院勞工委員會98年11月20日勞保1字第0980140571號函。

被保險人及政府共同負擔。惟在德國，勞工在領取普通傷病給付及職業傷病補償費期間，由承保機關代其繳交年金保險及失業保險的保險費（§ 170 I Nr. 2a SGB VI; § 347 Nr. 5 SGB III; § 22 BVG）。只是，在德國實務上，通常仍由領取給付或補償的勞工，繳交半數的保費。這是採取與其他任意加保者不同對待的作法，給予因傷病請假致留職停薪者較佳的待遇，值得我國參考。

（二）被資遣之公務人員

根據中央勞政機關的見解，「依公務人員任用法第29條規定資遣且領取公教人員養老給付者，嗣後再就業，准予依就業保險法規定參加就業保險」[150]。由其用語觀之，似是將之歸類為任意加保。由於其係涉及公務人員之「資遣」，難免使人將之視同勞基法第11條及就業保險法第11條第3項規定處理。然而，原公務人員任用法第29條已經在2010年7月13日修正刪除，原條文移至公務人員退休法第7條以下規定。吾人如綜合公務人員退休法第7條第1項第2款，「現職工作不適任，經調整其他相當工作後，仍未能達到要求標準，或本機關已無其他工作可以調任者。」同條第4項，「資遣人員之給與，準用第九條第二項及第三十一條第四項一次退休金給與標準計算。」以及第9條第2項、第31條第1項規定，可知被資遣人員係領取一次退休金，而非資遣費，既為退休金，即是在照顧其退休後之生活，故性質上屬於就業保險法第5條第1項第2款之「公教人員保險養老給付」，屬於不得／免除加保人員才對。中央勞政機關的函釋實屬誤解，並不足採。

（三）育嬰留職停薪者，得／准予繼續加保

除了就業保險法（含就業保險法第40條準用勞工保險條例第9條第1、2、5款之規定）外，在其他法令亦有任意加保之規定，性別工作平等法第16條第2項上半段即是一個著例[151]。依之，「受僱者於育嬰留職停薪期間，得繼續參加原有之社會保險，原由雇主負擔之保險費，免於繳納；……」其是採取任意加保的規定。但是，其是以符合性平法第16條第1項為前提。緣「性別工作平等法第16條第1項規定為同條第2項規定之必要條件，故受僱者若於不符合第16條

---

[150] 行政院勞工委員會95年1月18日勞保1字第0950002559號函參照。

[151] 其實，依照軍人保險條例第16條之1第1項規定，「申請留職停薪之被保險人，於申請留職停薪時，應選擇於留職停薪期間退保或繼續加保，一經選定後不得變更。」其亦蘊含軍人在申請育嬰留職停薪期間得選擇繼續加保或停保軍人保險之意義。

第1項規定之情形下，事業單位同意其申請育嬰留職停薪，該受僱者及其雇主仍無該法第16條第2項規定之適用。受僱者留職停薪期間之社會保險事宜仍應依各該保險規定辦理[152]」。復查就業保險法並無自願加保之規定，爰於事業單位任職未滿一年（103.12.13修正為六個月）之受僱勞工，於育嬰留職停薪期間不得繼續參加就業保險，故如其於育嬰留職停薪期間再生育，並以該名子女繼續辦理育嬰留職停薪，因非屬保險有效期間發生之事故，不得請領育嬰留職停薪津貼[153]。又，參考勞保局的統計資料，育嬰留停續保者，加保人數均呈現不斷增加。如按照目前的作法，是由政府補助原本雇主所應負擔之社會保險費。惟是否應考慮修正為強制保險，並且原由雇主負擔之保險費，繼續繳納？至於下半段「原由受僱者負擔之（社會保險／含就業保險）保險費，得遞延三年繳納。」是否應修正為由保險人全部補助？

　　較為特殊的問題是，假設勞工於辦理育嬰留職停薪期間[154]，其已依法參加就業保險（性平法第16條第2項規定），一旦遭遇雇主關廠、歇業而致失業的情況，則其得否依就保法第11條第1項第1款規定，即得依相關規定請領保險給付？對此，中央勞政機關曾經認為其屬於保險有效期間發生之事故，而持肯定的見解[155]。只不過，本書以為是否應思考其已否違反社會保險適當保障原則？即由就保法第17條第2項規定的反面解釋而採取否定見解？根據目前中央勞政機關的見解，針對請領育嬰留職停薪期間發生傷病或非自願離職等事故，得否請領勞保傷病給付、就保失業給付或職業訓練生活津貼部分：1.查育嬰留職停薪津貼與勞保傷病給付同屬薪資補償性質，基於社會保險不重複保障原則，不得同時請領。2.另勞工於育嬰留職停薪期間如發生非自願離職，得否繼續發給育嬰留職停薪津貼部分，因涉雇主得否終止勞動契約相關疑義，將俟研議後另行函覆[156]。本書以為，中央勞政機關在1.所持的「育嬰留職停薪期間，雇主得否終止勞動契約」看法，並不包括遭遇雇主關廠、歇業而致失業的情況，因此，育嬰留職停薪期間的勞工並無法免於契約終止的結果，其將只能領取失業給付而被停發育嬰留職停薪津[157]。

---

[152] 行政院勞工委員會97年4月11日勞動3字第0970130233號函參照。

[153] 行政院勞工委員會98年5月12日勞保1字第0980070290號函參照。

[154] 包括有請領育嬰津貼者？

[155] 行政院勞工委員會98年5月12日勞保1字第0980070290號函。

[156] 行政院勞工委員會98年8月17日勞保1字第0980140398號函參照。

[157] 就此看來，徐郁涵，前揭書，頁87，仍然採取行政院勞工委員會98年5月12日勞保1字第

（四）義務役軍人、替代役男？

　　對於應徵召服兵役者，能否加入就業保險？如前所述，從就業保險法第5條第2項第1款規定「依法應參加軍人保險者」觀之，似乎並不區分職業軍人與義務役軍人，因此應採否定見解。此與勞保條例第9條第1款規定「應徵召服兵役者」得自願加保者（保費自行繳納），不同。至於依據就業保險法第40條規定，勞工保險條例第9條第1款是否在準用之列？本書以為就保法第40條之準用勞保效力之開始，原係指勞保條例第11條及勞保條例施行細則第16條之規定而言，但亦應及於勞保條例第9條第1、2、3、5款等四、五種在職人員的「繼續參加勞工保險」之情形。惟並不包括同條例第6條第1項第7、8款、第3項、第8條及第9條之1等規定。所以，應徵召服兵役者應得自願加入就業保險。這並不因「就業保險與勞工保險已係兩個各自獨立的保險制度，保費計收、給付項目及請領條件各不相同」[158]，而應做不同的對待。至於替代役男，中央勞政機關解釋認為研發替代役男依法於用人單位服務期間之勞動契約，符合勞基法第9條及其施行細則第6條所稱之「特定性工作」，據此，案內研發替代役男既已參加就業保險為被保險人，如因與用人單位間所訂之契約屆滿而離職，符合就保法第11條第2項之規定者，得依就保法相關規定申請失業給付[159]。本書以為應與義務役軍人採取同樣處理。重點並不在研發替代役男的任職是否為定期，而是在其任期的性質是公法契約或私法（勞動）契約，否則一般的義務役軍人亦是定期的契約矣。也就是說，雖然義務役軍人及研發替代役男均為公法契約關係[160]，但基於國防政策上的考量，使其在服役期間得自願繼續加保勞工保險及就業保險[161]。至於在比較法上，德國對於應徵召服兵役者或服替代役者之保費負擔，係由聯邦政府代為繳交失業保險費（§347 SGB III）。我國勞工保險條例施行細則第35條卻是採取不同的處理，但此在就業保險法上並不適用，亦不得準用。假設立法者基於國防政策的考量亦將之納入，亦必須修法為之。

　　0980070290號函見解而加入論述，其看法顯屬錯誤而不足採。

[158] 行政院勞工委員會98年2月18日勞保1字第0970140697號函。

[159] 行政院勞工委員會102年10月1日勞保1字第1020140525號函參照。

[160] 依照司法院大法官會議釋字第430號及第455號解釋：軍人為（廣義）公務員之一種。

[161] 有問題的是，依據軍人保險條例第3條規定，軍人保險包括死亡、殘廢、退伍、育嬰留職停薪及眷屬喪葬五項。其與勞工保險及就業保險所提供之保險給付保障有無可能發生競合？被保險人可否兼得？或者應以何者為準？或者勞工保險及就業保險所提供之保險給付只是一補充的角色？

肆、閉鎖期／禁止期

一、意義

　　就業保險法並無閉鎖期／禁止期的用語規定（第15條參照），惟一般認為這是指被保險人的行為違反就業保險法的規定，而被禁止請領失業給付。通常是指失業或職業的養成訓練解消係自己故意造成（即自行離職）或重大過失所引起（例如因為違反勞動契約之義務而被雇主解僱，勞基法第12條），故其應於一定失業期間期滿後始可請求給付[162]。此種閉鎖期／禁止期（Sperrzeit）（或稱阻隔期間）係德國就業保險法上的通稱，在德國，被保險人原則上會受到十二個月閉鎖期／禁止期的拘束，即在該期間內不得請領失業保險金。但是，台灣學界少有使用閉鎖期／禁止期一詞者[163]，只是其法律效果究竟如何？倒是可以從就業保險法的規定直接或間接導出，以被保險人自己造成失業而言，由於不符合第11條非自願離職的要件，因此自無各種保險給付請求權。至於受訓人中途離訓者，訓練單位應即通知保險人停止發放職業訓練生活津貼（就保法第19條第2項規定），這表示被保險人會全部喪失給付或津貼請求權。

　　只不過，為適當限制閉鎖期之範圍，呼應就業保險法第13條及第14條有正當理由即可拒絕推介就業、拒絕安排參加就業諮詢或職業訓練的內涵，即使有勞基法第12條具有可歸責事由而被解僱，似乎仍有必要再依個案認定是否確有必要剝奪其失業給付請求權。例如，當職業駕駛因私人行為（酒駕）被吊照而被解僱，則不給／暫停失業給付[164]。惟對於勞工具有可歸責事由，應該由公立就服機構舉證證明。

　　所謂正當的理由，似亦應適用於自行離職的案例，亦即要考慮自願離職的原因。在這裡，公司的不當壓力、健康因素及家庭因素[165]；由於配偶居住地點

---

[162] 林更盛，「台灣就業保險法的結構，問題與展望」，發表於二十一世紀勞動法的新發展，2002年9月14／15日，頁14以下。

[163] 較具代表性者，郭明政，社會安全制度與社會法，1997年，頁9：阻隔期間。

[164] Bruns, a.a.O., 54.

[165] 李惠宗，沒有起算點的消滅時效期間？台灣本土法學，第92期，2007年3月，頁135註4。

遙遠，勞工自行離職並且搬移去配偶共住[166]；由於受到同事的騷擾而離職[167]；基於宗教信仰的理由而拒絕所推介的工作[168]等。

倒是，我國學者間，也有認為將失業給付限於非自願離職，立法政策值得商榷。蓋失業是個客觀的事實，自願或非自願並非重點，重要的是，該失業勞工未能就業，不但無法發生「人盡其才」的功能，還可能引發社會的不安[169]。本書則是以為失業，其實還有主觀的意願或道德危險問題。因此，還是要考慮積極性就業政策，及就保基金的不足。另外一個較重要的問題是，勞退條例是鼓勵勞工轉職／至少是工作不合己意時離職，但是，如果不將自動離職納入就保法適用對象，是否無法落實勞退條例的立法目的？

二、類型

有關閉鎖期之適用類型，最主要是被保險人無正當理由拒絕推介就業、拒絕安排參加就業諮詢或職業訓練（就保法第13～15條規定）。這是基於積極的促進就業的思想而來。一旦有此情事，公立就業服務機構即應拒絕受理失業給付之申請。惟被保險人如回心轉意，即可再申請失業給付。至於所謂正當的理由，例如基於宗教信仰的理由而拒絕所推介的工作[170]；基於家庭因素無法就業（例如單親家庭被保險人為照顧嬰幼兒或高齡者）；接受職業訓練有害於身體健康等。惟如果只因所推介的工作是罷工勞工所留下的工作時（罷工替代），即不在此限。

有問題的是，被保險人之拒絕推介就業、拒絕安排參加就業諮詢或職業訓練，都表示被保險人已經去向公立就業服務機構辦理求職登記。現在，如果被保險人根本未去做求職登記或晚去做求職登記，是否亦應該給予如同閉鎖期的效果？本書以為依據就保法第25條規定，失業勞工可以在二年內辦理求職登記而取得失業給付。此一期間顯然過長而未能達到催促勞工積極求職的目的，理論上其亦應受到閉鎖期的適用。依本書所見，從就保法並無失業登記規定觀之，顯然求職登記要比失業登記重要。

---

[166] BSGE 43, 269.

[167] BSG SozR4-4300 § 144 Nr. 4.

[168] BSGE 51, 70.

[169] 李惠宗，前揭文，頁135。

[170] BSGE 51, 70.

伍、休止期

一、意義

所謂休止期（Ruhezeit），係指被保險人於一定事由（暫停給付事故）時，在該重疊期間不得請求失業給付（部分喪失），以避免雙重取得。直到暫停給付事故結束後，被保險人即可請求剩餘的失業給付。

二、類型

休止期的最主要類型，係規定在就業保險法第17條第2項中。依之，「領取勞工保險傷病給付、職業訓練生活津貼、臨時工作津貼、創業貸款利息補貼或其他促進就業相關津貼者，領取相關津貼期間，不得同時請領失業給付」。此項所規定之傷病給付及其他各種津貼，均具有工資替代的功能。也因此，假設在失業期間勞工可以請求給付工資、獲得不休假工資或資遣費，則已無替代工資的必要，失業給付即休止[171]。

另外，依據就業保險法第17條第2項規定，在領取「其他促進就業相關津貼」期間，不得同時請領失業給付。其所指「其他促進就業相關津貼」，實在應該加入育嬰留職停薪津貼，而且，依據中央勞政機關的函釋，也包括就業促進津貼實施辦法所定之「職業訓練生活津貼」[172]；至於勞工先領取失業給付，後申請前開辦法之職業訓練生活津貼者，就其請領津貼期間重疊部分，自應依前開規定辦理[173]。

有問題者，被保險人在罷工期間？怠工（Bummeln）期間？順法鬥爭（Dienst nach Vorschrift）期間？如受池魚之殃而無法工作，有無失業給付請求權？對此，似應採取否定見解，這是爲了避免將失業保險基金變成罷工基金[174]。又，在這裡，如果勞工參與罷工，但是雇主設法透過他人繼續營運，勞工仍然暫時喪失失業給付[175]。另外，勞工在罷工期間生病，應該仍然暫時喪失

---

[171] Bley/Kreikebohm/Marschner, a.a.O., 243.

[172] 是嗎？

[173] 行政院勞工委員會97年11月5日勞保1字第0970081645號函。

[174] 反對說，Bley/Kreikebohm/Marschner, a.a.O., 196.

[175] 反對說，Bruns, a.a.O., 59.

失業給付[176]。相對的，被糾察線阻擋無法入內工作者，並無喪失失業給付請求權[177]。

第三節　與就業促進津貼之關係

壹、2010年5月3日就業保險促進就業實施辦法之僱用獎助措施與其他促進就業措施

　　先一言者，「就業保險促進就業實施辦法」[178]（以下或有簡稱實施辦法）係依據就業保險法第12條第4項所訂定。該實施辦法第3條及其他條文所規定之各種津貼或補助（金），與就業保險法第10條所規定之各種保險給付並不相同。理論上，失業被保險人可在請領就業保險法第10條之各種保險給付後，再依該實施辦法的規定，申請各種津貼或補助。

　　進一步言之，就業保險法第10條所規定之各種保險給付及就業保險促進就業實施辦法第3條及其他條文所規定之各種津貼或補助（金），固然都是由就業保險基金所支付。惟，相異於就業安定基金之用途明確規定於就業安定基金收支管理及運用辦法第5條，就業保險基金的用途並無類似規定，而是完全依據就業保險法第34條第3項規定，「就業保險基金除作為第一項運用、保險給付支出、第十二條第三項規定之提撥，不得移作他用或轉移處分。」而就業保險促進就業實施辦法即是依據就業保險法第12條第4項，主要是為規定第12條第3項規定之提撥而訂定。依本書所見，就業保險促進就業實施辦法第5～17條之僱用安定措施，係就業保險法第12條第3項第3款之具體規定；就業保險促進就業實施辦法第18～21條之僱用安定措施，則是根據就業保險法第12條第3項第4款而訂；就業保險促進就業實施辦法第22～36條之補助交通與搬遷及租屋費用，解釋上係由就業保險法第12條第3項第2款之「其他促進就業措施」而來。較有問題的是，就業保險促進就業實施辦法第37～45條之推介從事臨時工作及申請臨時工作津貼，是依據就業保險法第12條第3項之那一款而訂？從關聯性來看，似乎還是第2款之「其他促進就業措施」。但是，由於推介從事臨

---

[176] 反對說，Bruns, a.a.O., 60.

[177] Bruns, a.a.O., 60.

[178] 最近一次，係2019年4月16日勞動部勞動發就字第10805040332號令修正發布第5、6、12條條文。

時工作性質上為短期的公法救助措施，與一般促進「就業」指受僱從事工作者，尚有不同。而且，公立就業服務機構得自行斟酌是否指派從事臨時工作，並不負強制推介的義務。本書以為公立就業服務機構之所以推介臨時工作，應是在於冀望失業被保險人在從事臨時工作期間，能夠自行積極尋職或經由公立就業服務機構的推介就業而重新回到職場。所以，以第2款之「其他促進就業措施」作為推介臨時工作及申請臨時工作津貼之訂定依據，似有問題[179]。

　　附帶一言者，就業保險促進就業實施辦法並無針對就業保險法第12條第3項第2款之「創業協助」之規定。此一事項，係在就業保險失業者創業協助辦法中加以具體規定。

　　針對各種津貼及補助（金），以下即分別說明之。

一、僱用獎助措施（實施辦法第18條到第21條）

　　僱用獎助措施是就業保險促進就業實施辦法所定促進就業措施之一（實施辦法第3條第2款）。經由僱用獎助措施所成立的工作關係，是真正的勞動關係。基於推介就業先行原則，被保險人應先求職登記，經就業諮詢無法推介就業者，始得請求發給僱用獎助推介卡。而且，在減少失業政策工具採行上，應該先於公法救助關係所提供的工作或臨時工作。為免資源浪費或造成雇主濫用，雇主不得重覆領取政府機關其他就業促進相關補助或津貼（實施辦法第19條第2項第5款）、或者僱用獎助措施應與其他就業促進相關補助或津貼合併計算，最長以十二個月為限（實施辦法第21條第2項）。僱用獎助措施的目的，既在促成真正的勞動關係的成立，則較為重要的問題是，在長達十二個月的補助期滿時，仍持續受到僱用的人數到底有多少？再者，運用此項措施之失業勞工平均受僱期間有多長？這是公立就業服務機構所應持續加以關心、研究原因與對策、及戮力加以提高比例者。

　　觀察就業保險促進就業實施辦法之僱用獎助措施，相較於就業保險法第5條之規定，本辦法所定雇主之意義，第2條第1項採取不同的（限縮性的？）規定。即其只限於民營事業單位（即不包括公營）、團體或私立學校。此處，私立學校的納入適用對象，與就業保險法第5條第2項第1款之規定相牴觸，後者

---

[179] 就此看來，如能將推介臨時工作及申請臨時工作津貼移至就業促進津貼實施辦法統一規定，似乎係一可思採取之道。因為，就業促進津貼實施辦法之適用對象，包括已加入及未加入就業保險之勞工。

連私校都排除適用。而且，依據辦法第2條第2項規定，前項所稱團體，並不包括政治團體。此一規定，也有疑義。蓋這裡的團體是否包括政治團體，應該以就保法第12條第4項規定之雇主為準，而第12條第4項之雇主又與第5條之雇主定義一致。即該雇主如果包括政治團體，則此處亦應包括。

　　就僱用獎助措施之對象觀之，分為一般對象及特定對象（實施辦法第18條）。並不包括未具特定對象身分（例如身心障礙者、原住民等）之未曾就業者。其中，尤其以2016年7月20日修正增列「二度就業婦女」、「家庭暴力及性侵害被害人」、以及「更生受保護人」等三款對象，最為醒目。以一般對象而言，指失業期間連續達三個月以上者（不包括大學畢業生）（實施辦法第18條第1項第2款）。雇主僱用此類人員，補助金額上限為新台幣9,000元（實施辦法第21條第1項第3款、第2項第3款）。在此，較為特殊的是，針對同一勞工在同一時期受僱於二位以上雇主，各雇主均得申請獎助（實施辦法第21條第3項）。此一規定的用意，應該主要是在提升雇主僱用部分時間工作勞工的意願，而非在鼓勵勞工從事部分時間工作。

　　至於特定對象，是指失業期間連續達三十日以上者，包括中高齡失業者（年滿45歲至65歲失業者）[180]、身心障礙者、長期失業者等、獨力負擔家計者、原住民、低收入戶或中低收入戶中有工作能力者[181]、更生受保護人、家庭暴力及性侵害被害人、二度就業婦女、其他中央主管機關認為有必要者（實施辦法第18條第3項），雇主僱用此類人員，補助金額上限為新台幣1萬3,000元或1萬1,000元或9,000元（實施辦法第21條第1項第1、2款，第2項第1、2款）。上述實施辦法第18條第3項所列的特定對象，雖然都具有在就業市場上相對弱勢的特徵，但將其納入的政策上目的仍然有些微的不同，或者因為求職不易（中高齡失業者、身心障礙者、長期失業者等、更生受保護人）、或者須要在家庭政策或被害人保障上特別予以促進（二度就業婦女、家庭暴力及性侵害被害人[182]）、或者須要予以特殊激勵（低收入戶或中低收入戶中有工作能力者）。

　　僱用獎助之受領人是雇主，而非勞工（實施辦法第19條第1項）。雇主在申請僱用獎助時，不得有一定之情形（實施辦法第19條第2項）：已按照身心

---

[180]　青年及青少年失業者呢？

[181]　原來「生活扶助戶」的名稱，因就業服務法於2015年6月17日修正公布，將第24條第1項中名稱配合社會救助法修正為「低收入戶或中低收入戶」，因此，此處乃隨之加以修正。

[182]　此一規定的目的，應是在藉由促進就業以穩定其生活，以促成其緩解並走出暴力的陰影。

障礙者權益保障法及原住民族工作權保障法比例進用或繳納差額補助費、代金；或申請僱用獎助期間，所僱用之身心障礙者或原住民經列計為雇主應依法定比率進用之對象（第1款）；未為勞工申報參加就業保險（第2款）[183]；僱用配偶等近親（第3款）[184]；僱用離職未滿一年之勞工（第4款）[185]；雇主僱用同一勞工，於同一時期已領取其他就業促進相關補助或津貼（第5款）；同一勞工之其他雇主[186]於相同期間已領取其他就業促進相關補助或津貼[187]（第6款）；第4條受託單位僱用自行推介之勞工（第7款）；庇護工場僱用庇護性就業之身心障礙者（第8款）[188]。

二、其他促進就業措施：交通補助金、搬遷及租屋費用、臨時工作津貼（實施辦法第22條到第34條）

首先一言者，本辦法第3條之促進就業措施範圍，在2011年12月30日修正施行後，不僅擴大補助金的適用類別，也增列數項非金錢性的服務措施，故其促進就業措施範圍，與就業促進津貼實施辦法第4條第1款及第2款的規定已有相當程度的不同。

（一）交通補助金、搬遷補助金、租屋補助金

本辦法所補助之交通費用，包括因求職之交通及在異地就業之交通費用（實施辦法第3條第3款第1目）。就此處的求職交通補助金來看，其目的當在於藉由交通補助，適度降低求職者的財務壓力，以提高求職的意願及行動。惟為避免失業者重覆申請交通補助以至於流於濫用，所以，與就業促進津貼實施辦法第4條第1款的求職交通補助金合併計算，每人每年度以領取四次為限（實施辦法第24條第2項、就業促進津貼實施辦法第8條第2項規定）。只不過，此一補助真正面臨的問題，似乎是申請的人數過少，致使設計的原意難以發揮，

---

[183] 這是指基於社會保險權利義務對等之基本原則，雇主應為該因僱用獎助而進用的勞工加保就業保險。

[184] 倒是，這有沒有包括直系姻親？前配偶？

[185] 含自動離職及被解僱。但，是否應有例外規定？

[186] 這表示是部分時間工作勞工。

[187] 比較第21條第3項規定，這裡應該是指第18條第3項第1款至第3款及第18條第1項第2款之對象。

[188] 其理由應為並非真正的勞動關係。

亟待於改進。

失業者為申請求職交通補助金，失業者必須親自向公立就服機構辦理求職登記，經公立就服機構[189]諮詢及開立介紹卡推介就業（實施辦法第22條）。得申請求職交通補助金者，或者為求職地點距離超過三十公里、或者為低收入戶或中低收入戶（實施辦法第22條）。這表示並非第18條第3項及第1項第2款之所有失業被保險人，都可以請求（同理，依據就業促進津貼實施辦法第6條第2款規定，也是限於低收入戶或中低收入戶，並非所有的求職人）。但是，其理由為何？又，領取求職交通補助金者，應於推介就業[190]之次日起七日內，填具推介就業情形回覆卡通知公立就服機構，逾期未通知者，當年度不再發給（實施辦法第25條、就業促進津貼實施辦法第9條規定）。最後，本辦法並無住宿費的補助規定[191]。

倒是，本辦法在2011年12月30日修正施行後，增列異地交通補助金（實施辦法第26～28條、第35條、第36條）、搬遷補助金（實施辦法第29～31條、第35條、第36條）及租屋補助金（實施辦法第32～36條）。由第26條第4款「連續三十日受僱於同一雇主」觀之，可知異地交通補助金的發放，意在於穩定勞工到異地的從事工作。且其係依勞工就業地點與原日常居住處所距離的遠近，而發放額度不同的補助金額，距離越遠者，補助越多，最多則為每月新台幣3,000元。至於搬遷補助金則是對於因就業而需搬離原日常居住處所，且搬遷後有居住事實之勞工所發放[192]。從第29條第5款「連續三十日受僱於同一雇主」觀之，同樣是在激勵勞工前往異地就業、並且長期地在該地居住。而租屋補助金的發放，目的在短暫地、部分減輕勞工生活支出壓力（實施辦法第34條第1項）[193]，以免工資的一部分為租金所侵蝕，導致降低勞工到異地工作並居住在該地的意願。另外，用意還在使勞工安於其位及避免通勤所帶來的體力與精神上的負擔。

---

[189] 這表示不包括民間仲介機構？

[190] 但是，前往求職並不見得一定找得到工作。

[191] Bruns, a.a.O., 128.

[192] 依據第30條第2項規定，所稱搬遷費用，指搬運、寄送傢俱或生活所需用品之合理必要費用。但不含包裝人工費及包裝材料費用。

[193] 依之，「……，以房屋租賃契約所列租金總額之百分之六十核實發給，每月最高發給新台幣五千元，最長十二個月。」

（二）臨時工作／津貼

依據就業保險促進就業實施辦法第37條規定，「公立就業服務機構受理失業被保險人之求職登記，經就業諮詢及推介就業，有下列情形之一，公立就業服務機構得指派其至政府機關（構）或合法立案之非營利團體（以下合稱用人單位）從事臨時工作：一、於求職登記日起十四日內未能推介就業。二、有正當理由無法接受推介工作（第1項）。前項所稱正當理由，指工作報酬未達原投保薪資百分之六十，或工作地點距離日常居住處所三十公里以上者（第2項）。」

從條文規定觀之，所謂的「有正當理由無法接受推介工作」，似乎係一般的（僱）用人條件，而非如「永續就業工程計畫」或「多元就業開發方案」之具有特定政策的措施方案。惟從臨時工作計畫書的填寫及審查、以及實施辦法僅在第45條規定加保勞工保險與全民健康保險，而未明定適用勞基法等勞工法令，似乎難以與「臨時工作津貼」之工作性質有所區隔。依據中央勞政機關的函釋，也都是將臨時工作津貼與永續就業工程計畫、多元就業開發方案、公共服務擴大就業計畫併列，顯示其公法救助措施之性質[194]。依本書所見，從事實施辦法第37～45條之臨時工作者，與公務機構中以臨時人員聘僱從事工作者，身分並不相同。後者，具有勞工身分，受到勞基法及其他勞工法令的適用[195]。

所以，以臨時工作津貼而言：

1. 首先，其性質應非勞動關係，而是公法救助措施之一。此可從第37條第1項之用人單位，並不包括民間事業單位，推知。

2. 其次，用人單位雖應為工作人員辦理參加勞工保險及全民健康保險；依法不能參加勞工保險者，應代為投保其他平安保險或意外險（實施辦法第45條）。但是，這亦不能證明雙方已成立勞動關係，或者說，這是立法者或中央勞政機關在公法救助措施下，所選擇給予的部分保障[196]。此在本辦法第41條第3項即有「（求職假）請假事宜，依用人單位規定辦理；用人單位未規定者，

---

[194] 行政院勞工委員會92年9月29日勞保1字第0920051811號函、93年9月3日勞保1字第0930043624號函參照。依據該函釋，失業被保險人從事公法救助措施，於津貼給付期滿或計畫執行完成後仍未就業，具失業勞工身分，且無該法規定不得請領失業給付之情事者，得於非自願離職、退出就業保險之日起二年內，依規定申請給付。

[195] 行政院勞工委員會96年11月30日勞動一字第0960130914號公告參照。

[196] 惟其是否符合勞工保險條例（第6～8條）及全民健康保險法（第8條）的加保條件？似乎並非所問。相關的討論，請參閱楊通軒，個別勞工法，頁152。

參照勞動基準法及勞工請假規則辦理」之規定。

3. 雖然臨時工作津貼發給標準，按中央主管機關公告之每小時基本工資核給（實施辦法第40條第1項），臨時工作津貼應該扣繳稅款（實施辦法第39條第3項），但這不表示其性質為工資。

4. 即使失業被保險人具有第37條第1項第1款及第2款的情形，但公立就服機構並無需先指派失業被保險人至用人單位從事臨時工作，此並無違反失業給付後付原則。

5. 臨時工作津貼受領人是失業被保險人，而非用人單位。用人單位只是應為失業被保險人向公立就業服務機構申請及轉發臨時工作津貼而已（實施辦法第39條第1、3項）[197]。

6. 為避免資源浪費及失業者的巧取，在二年內，失業者合併領取臨時工作津貼及就業促進津貼實施辦法所規定之臨時工作津貼或政府機關其他同性質津貼，最長以六個月為限（實施辦法第40條第2項）。

7. 基於失業給付後付原則，公立就服機構應先給付失業被保險人臨時工作津貼。故如同時領取兩者，應先追還失業給付（就保法第17條第2項規定）[198]。

8. 在從事臨時工作期間，工作者應積極地找尋工作，其每週均有八小時求職假，並無時間上限（實施辦法第40條）[199]。

9. 在從事臨時工作期間，公立就服機構仍應繼續推介就業（實施辦法第41條第1項、第44條第5款參照）。

上述之說明，以領取失業給付期間得否同時請領臨時工作津貼最關重要。失業被保險人一旦從事臨時工作，性質雖屬公法救助措施[200]，但畢竟已喪失失業勞工身分，故其不得同時請領失業給付。在實務上，假設發生失業被保險人領取失業給付期間，從事臨時工作而領取臨時工作津貼者，即應停止發給失業給付。值得注意者，針對失業被保險人經推介參加臨時工作津貼、永續就業工程計畫、多元就業開發方案、公共服務擴大就業計畫等公法救助措施，於津貼

---

[197] 所以，實施辦法第44條第1項之「領取臨時工作津貼者」及第55條第1項之「領取津貼者」，係指失業被保險人而言。

[198] 由此觀之，實施辦法第44條第1款規定，應追還已領取之臨時工作津貼，此一規定應係錯誤！

[199] 請比較勞基法第16條第1項及第2項規定。

[200] 行政院勞工委員會93年9月3日勞保1字第0930043624號函參照。

給付期滿或計畫執行完成後仍未就業，具失業勞工身分，且無該法規定不得請領失業給付之情事者，得於非自願離職、退出就業保險之日起二年內，依規定申請給付[201]。同樣地，如於從事公法救助措施，於津貼給付期滿或計畫執行完成後仍未就業，如經職訓諮詢適訓而參加全日制職業訓練者，得於非自願離職、退出就業保險之日起二年內，以原非自願離職單位開具之離職證明書，依規定申請職訓生活津貼[202]。

惟不僅臨時工作津貼，就業保險促進就業實施辦法第3條及其他條文所規定之各種津貼或補助（金），也都與失業給付有關。對此，如前所述，該實施辦法第3條及其他條文所規定之各種津貼或補助（金），與就業保險法第10條所規定之各種保險給付並不相同。理論上失業被保險人得在領取失業給付，再依該實施辦法的規定申請各種津貼或補助[203]。不過，該實施辦法有關各種津貼或補助（金）的申請規定，並未明定事業單位或被保險人必須在領取失業給付後，始能提出申請。惟除了求職交通補助金外，僱用獎助措施、補助異地就業之交通、搬遷及租屋費用及臨時工作津貼等規定觀之，失業被保險人將因就業的事實而不得（再）領取失業給付。也就是說，以僱用獎助措施而言，一旦雇主僱用失業勞工並且領取僱用獎助，由於係真正的僱傭／勞動關係（非公法救助措施關係），因此，受僱人已失去失業勞工的身分，其失業給付自然停止發給。同樣地，失業被保險人如係在領取失業給付期間就業，在符合該實施辦法所定條件下，得申請異地就業交通補助金、搬遷補助金、租屋補助金，惟其亦喪失失業給付請求權。

與此不同的是，失業被保險人在領取失業給付期間，在符合就業保險促進就業實施辦法第22～25條所定條件下（即必須接受就業諮詢及推介就業），即得申請求職交通補助金，並不會受到失業給付停發或將求職交通補助金扣除的對待。

最後，附帶一提者，針對不實或違法領取津貼、補助之情形，依據就業保險促進就業實施辦法第55條規定，「中央主管機關或公立就業服務機構發現雇主、用人單位、領取津貼或接受補助者，有下列情形之一，應不予核發津貼或補助；已發給者，經撤銷或廢止後，應追還之：一、不實申領。二、規避、

---

[201] 行政院勞工委員會92年9月29日勞保1字第0920051811號函參照。

[202] 行政院勞工委員會93年9月3日勞保1字第0930043624號函參照。

[203] 在這裡，必須釐清就業保險促進就業實施辦法第3條及其他條文所規定之各種津貼或補助（金），係依據就業保險法第12條第3項的那一條款，所做的具體規定。

妨礙或拒絕中央主管機關或公立就業服務機構查核。三、其他違反本辦法之規定。四、違反保護勞工法令，情節重大。前項領取津貼或接受補助者，經中央主管機關或公立就業服務機構書面通知限期繳回，屆期未繳回者，依法移送強制執行。」此一「不予核發、撤銷、廢止的處罰」本書以為實有再斟酌的必要，蓋第55條為涉及當事人權利的實質規定，但立法者卻將之置於第五章附則之中，與立法體例似有不合。況且，就業保險法第12條第4項之授權項目中，並無「不予核發、撤銷、廢止」之行政制裁。如為符合依法行政原則，實應將之移至就業保險法中規定。

再者，將第55條之體例及違反法律保留原則置而不論，該條的規定仍然有如下問題：1.雇主、用人單位、領取津貼或接受補助者有「違反保護勞工法令，情節重大」時，應不予核發或追償津貼、補助（實施辦法第55條第1項第4款）（就業促進津貼實施辦法第14條第1項第3款，甚至連「情節重大」亦無規定，其範圍更廣）。此一規定，其範圍似乎過廣，造成法律保障的不安定。例如，民法第483條之1是否為保護勞工法令；2.另外，公立就服機構書面通知限期繳回津貼而不從者，「依法移送強制執行」（實施辦法第55條第2項）。惟本辦法位階為行政命令，似不得規定公立就服機構有權逕行移送強制執行（同樣規定亦見之於就業促進津貼實施辦法第14條第2項規定）。

（三）非金錢性的服務措施

如前所言，本辦法第3條在2011年12月30日修正增列數項非金錢性的服務措施，使得其促進就業措施範圍，與就業促進津貼實施辦法第4條第1款及第2款呈現相當的不同。這些措施，雖然有這些就業保險法第12條第4項的具體化規定，但也有一些關聯性不強或毫不相關者。

首先，就辦理適性就業輔導而言。早在行政院勞工委員會職業訓練局時代，為協助中低收入戶及特定對象就業，即已推動「適性就業計畫」。至於適性就業，係指就業前協助就業者充分了解個人的職業興趣、職業技能、生理狀況及生涯規劃等，並提供具體的就業建議，使就業者的求職條件與就業環境能充分結合，達到適性就業目標。至於公立就業服務機構辦理的適性就業輔導事項則有：1.職涯規劃。2.職業心理測驗。3.團體諮商。4.就業觀摩（實施辦法第46條）。

其次，與就業保險法第12條第4項之授權規定略有關聯者，係促進職業災害勞工穩定就業部分。依據實施辦法第52條之1第1項規定，「中央主管機關為

促進職業災害勞工穩定就業，得辦理下列事項：一、職業災害勞工重返職場之補助。二、雇主僱用或協助職業災害勞工復工之獎助。三、其他促進職業災害勞工穩定就業措施。」吾人觀此一條文的目的，是在促進職業災害勞工穩定就業，但實際上其重點是在職業災害勞工的補助。所以，從體例上來看，理應將此條所規定之事項，移至職業災害勞工保護法中規範。

再者，與促進就業無所關聯的，則有協助雇主改善工作環境及勞動條件（實施辦法第47～49條）、職場勞工身心健康及生活平衡（實施辦法第50～52條）、以及提升工會保障勞工就業權益能力（實施辦法第52條之2）等三部分。依據就業保險法第12條第4項之授權規定觀之，其只能針對同條第3項之四種事項具體規定。就此觀來，上述三個部分似乎均已逾越授權的範圍，成為法所無據的窘況。如依法而言，有關協助雇主改善工作環境及勞動條件及職場勞工身心健康部分，應該移至職業安全衛生法。至於勞工工作與生活平衡部分，則應移至勞基法、性別工作平等法規範。而提升工會保障勞工就業權益能力部分，更是與就業促進毫無關聯。實施辦法第52條之2第1項規定，「一、工會簽訂團體協約及進行勞雇對話之獎補助。二、工會參與事業單位經營管理之補助。三、工會協助勞工組織結社之補助。」均屬於工會運動實務的問題，牽涉到集體勞動法的基本理論與原則，補助並非當然合法。即使不考慮國家／行政中立的問題，此類補助實際上也應移至工會法或團體協約法規範。將之規定於此，不僅形成立法規範的錯置，也凸顯出中央勞政機關的便宜心態。

貳、2010年4月27日就業促進津貼實施辦法

一、目的及適用對象

依據「就業促進津貼實施辦法」[204]（以下或有簡稱實施辦法）第1條規定，本辦法依據就業服務法第23條第2項及第24條第4項規定訂定之。而就業服務法第23條及第24條均是促進就業的規定。吾人由實施辦法的促進就業措施觀之，其目的不外乎在促進勞工的移動性、降低勞資雙方的「搜尋成本」[205]，惟

---

[204] 最近一次，係2020年1月8日勞動部勞動發特字第10805185452號令修正發布全文32條；並自發布日施行。

[205] 吳惠林，「救失業政府別幫倒忙」，聯合報，2010年10月13日，A15版；梁定澎，「諾貝爾獎的理論可以救失業嗎？」，工商時報，2010年10月21日，A5版。

並無意達到充分就業的目的，蓋常態是「市場中無時無刻都有失業存在」[206]。

　　就適用對象而言，依據實施辦法第2條規定，無論僱用勞工人數是否滿5人之事業單位，均適用之[207]。其以「就業安定基金」為財源提供各種補助（實施辦法第31條規定）。勞工必須具有工作能力及工作意願。另外，依據第3條第1項規定，「一、已領取公教人員保險養老給付或勞工保險老年給付。二、已領取軍人退休俸或公營事業退休金。」[208]即不受到本辦法適用。這是一個較特別的規定，基於明示其一、排斥其他之法理，如果勞工只是領取勞工退休金條例或勞基法之退休金，即仍然受到本辦法適用。解釋上，正在領取或已領取失能年金／給付者，亦不得請求發給就業促進津貼。

　　本實施辦法所規定就業促進津貼的給付及其期間長短，與勞工是否繳交保險費無關。至於補助求職交通費用／補助金部分，依據就業保險促進就業實施辦法第6條規定，配合公立就業服務機構就業諮詢及開立介紹卡推介就業，如推介地點與日常居住處所距離三十公里以上或為低收入戶、中低收入戶或家庭暴力被害人。惟其合併就業促進津貼實施辦法之求職交通補助金，每人每年以四次為限。就此看來，就業促進津貼實施辦法之適用對象，包括就業保險被保險人及非保險人。另外，在台灣，即使到外地求職，也無膳宿費用的補助。

二、給付項目

　　依據就業促進津貼實施辦法第4條，本實施辦法所規定之就業促進津貼總共有四種，分別是求職交通補助金、臨時工作津貼、職業訓練生活津貼、創業貸款利息補貼。其中，就業保險促進就業實施辦法已有求職交通補助金及臨時工作津貼的規定，與本實施辦法有重複之處。但兩個辦法的規定仍然有不同之處。至於職業訓練生活津貼則與就業保險法之職業訓練生活津貼名稱相同，本實施辦法第18條之全日職業訓練的條件，也與就業保險法施行細則第18條的規定完全相同。有關創業貸款利息補貼，就業保險促進就業實施辦法並未有所規定。

　　觀實施辦法第4條規定，上述四種津貼之發放，僅是「中央主管機關得視

---

[206] 「《經濟學人》一味救失業 反阻礙企業重整」，中國時報，2009年3月15日，A2版。

[207] 最高行政法院95年度裁字第02532號裁定：職業工會工人退出職業工會非屬非自願性離職之勞工，其非屬就業促進津貼實施辦法第2條規定僱用獎助津貼獎助適用之對象。

[208] 依據實施辦法第3條第2項規定，前項人員符合社會救助法低收入戶或中低收入戶資格、領取中低收入老人生活津貼或身心障礙者生活補助費者，得適用本辦法。

國內經濟發展、國民失業及經費運用等情形發給」。相較於就業保險促進就業實施辦法第3條並無如此要求，本實施辦法似乎較爲嚴格。而且，依據第4條第3項規定，「第一項津貼之停止發給，應由中央主管機關公告之。」似乎是一體性的適用，即在發給期間，基於第1項本文「國內經濟發展、國民失業及經費運用等情形」的考量，所做的公告。如果是個案的違規或違法行爲，則是由公立就業服務機構以終止計畫（實施辦法第14條參照）或撤銷、廢止、停止或不予給付（實施辦法第16條參照）等方式予以處置。

更重要的是，爲確保作爲本辦法經費之就業安定基金有效利用，在節省效率原則、不重複保障原則、以及後位（補）原則之下，本實施辦法第三章乃有津貼申請與領取之限制規定（實施辦法第25～29條）。也就是說，領取臨時工作津貼的期間以六個月爲限；職業訓練生活津貼之領取，則不僅有最長期間的限制，而且應優先申請就業保險法的職業訓練生活津貼，且不得同時領取臨時工作津貼；同樣地，同一創業案件不得重複領取創業貸款利息補貼。值得注意的是，與就業保險促進就業實施辦法相同的，本實施辦法對於不符合請領資格而領取津貼或有溢領情事者、或因規避、妨礙或拒絕查對相關資料者，亦得撤銷或廢止津貼的發給，並以書面限期命其繳回已領取之津貼；屆期未繳回者，依法移送行政執行（實施辦法第28、29條）。依本書所見，基於依法行政原則，此類涉及人民權利義務之事項，實應移至就業服務法規定。

（一）求職交通補助金

本實施辦法之求職交通補助金，與2011年12月30日修正施行的就業保險促進就業實施辦法之交通補助金，已經有所不同。前者，只限於求職的交通補助，後者則包括求職的交通補助及異地就業交通補助金。只是，得依本實施辦法申請求職交通補助金者，較就業保險促進就業實施辦法的申請人來得廣，亦即除低收入戶、中低收入戶外，另有家庭暴力被害人。

此處的說明，請參閱前面就業保險促進就業實施辦法第3條第3款「其他促進就業措施」及第22～25條規定之說明。

（二）臨時工作津貼

本實施辦法有關臨時工作津貼之規定，大多與就業保險促進就業實施辦法第3條第3款「其他促進就業措施」及第37～45條規定相同，故可參閱前面之說明。惟少數不同者，依據本實施辦法第10條第3項規定，得申請臨時工作津貼

之用人單位，並不包括政治團體。就業保險促進就業實施辦法第37條第1項則無此項限制。

另外，無論是非自願離職者或就服法第24條第1項所列之人員，其臨時工作津貼之申請，依本辦法、就業保險促進就業實施辦法[209]及政府機關其他同性質之津貼或補助，二年內合併領取期間以六個月為限（實施辦法第25條）。

（三）職業訓練生活津貼

為了促成就業服務法第24條第1項各款所列之失業者參加職業訓練，以提升其技能及職場競爭力，本實施辦法第18條以下，特別規定職業訓練及訓練津貼。依之，如其參加全日制職業訓練，得申請發給職業訓練津貼，該津貼每月按基本工資百分之六十發給，最長以六個月為限。申請人為身心障礙者，最長發給一年（實施辦法第20條第1項）。惟申請人如有下列情形之一，應予撤銷、廢止、停止或不予核發職業訓練生活津貼：1.於領取津貼期間已就業、中途離訓或遭訓練單位退訓。2.同時具有第2條第1項第1款及第2款身分者，未依第26條第2項優先請領就業保險法職業訓練生活津貼（實施辦法第21條）。

在職業訓練生活津貼的領取方面。有關就服法第24條第1項所列人員之申請職業訓練津貼（實施辦法第26條），依本辦法、就業保險法領取之職業訓練生活津貼及政府機關其他同性質之津貼或補助，二年內合併領取期間以六個月為限。但申請人為身心障礙者，以一年為限（實施辦法第26條第1項）[210]。前項人員同時具有第2條第1項第1款身分（非自願離職）者，應優先請領就業保險法所定之職業訓練生活津貼（第2項）。第1項人員領取就業保險法之失業給付或職業訓練生活津貼期間，不得同時請領第18條之臨時工作津貼（第3項）。前項情形於扣除不得同時請領期間之津貼後，剩餘之職業訓練生活津貼依第20條第2項規定辦理（第4項）。

再依據中央勞政機關的見解，依就業保險法第17條第2項規定，在領取「其他促進就業相關津貼」期間，不得同時請領失業給付。其所指「其他促進就業相關津貼」，包括就業促進津貼實施辦法所定之「職業訓練生活津貼」。至於勞工先領取失業給付，後申請前開辦法之職業訓練生活津貼者，就其請領

---

[209] 這表示其同時具有就業保險被保險人身分的人。

[210] 對於失業被保險人，此一身心障礙者得領取一年職業訓練生活津貼之規定，似有問題。蓋就業保險法第19條及第19條之1並無給予身心障礙者特殊的保障。就業保險法唯一對於身心障礙者較優的保險，係在第16條第1項之9個月的失業給付。

津貼期間重疊部分，自應依前開規定辦理[211]。另外，就業促進津貼實施辦法第26條第1項規定所稱「政府機關其他同性質之津貼或補助」，指就業保險法所稱之職業訓練生活津貼[212]。

（四）創業貸款利息補貼（實施辦法第4條第1項第4款、第22～24條規定）

其適用對象為中高齡失業者（就服法第24條第1項第2款），並非就服法第24條第1項各款所列之失業者。惟利息補貼是由承貸金融機構向中央主管機構申請取得，並非由失業者直接向中央主管機構申請，惟失業者終究是最後受益者，因此，就業促進津貼實施辦法第24條第3項規定，領取利息補貼者，應於第1項各款情事發生之日七日內，以書面通知承貸金融機構。貸款以創業用途為限，包括購置創業生財器具，但不得用於生活費用、置產、償債或轉投資[213]，申請人並應擔任所創事業之負責人，並實際從事該工作者（實施辦法第22條第1項。就業保險失業者創業協助辦法第5條第3款有類似此項規定：登記為所營事業之負責人，且登記日前十四日內無就業保險投保紀錄及未擔任其他事業負責人。）。另外，申請人如無實際經營、已經另有職業或另行就業等情形，中央主管機構即停止或不予給付利息補貼[214]。

又，同一創業案件曾領取政府機關其他同性質創業貸款利息補貼或補助者，不得領取本辦法之創業貸款利息補貼（實施辦法第27條）。

參、就業促進津貼與就業保險措施的整合問題

首先，就法律體系而言，就業促進津貼實施辦法係依據就業服務法第23條第2項及第24條第3項的規定而來。至於就業保險促進就業實施辦法的法律依據是就業保險法第12條第4項規定。兩者各有所本、各有不同的基金來源，且各有各自獨立存在的理由，惟兩者的適用對象都是非自願離職者，而且都是就業安全體系的一環。觀察就業促進津貼實施辦法第2條第1項第1款及第2款規定，

---

[211] 行政院勞工委員會97年11月5日勞保1字第0970081645號函。

[212] 是嗎？行政院勞工委員會98年4月1日勞保1字第0980503099號函。

[213] 請注意就業保險失業者創業協助辦法第12條有類似規定「本貸之用途，以購置或租用廠房、營業場所、機器、設備或營運週轉金為限。」

[214] 這是否表示推介就業優於自行創業？應該不是。這是指申請人自行經營業務或就業之情形。惟可彰顯創業貸款利息補貼後補原則。

就業促進津貼的對象並不區分是否已經加以就業保險之被保險人。相對的，就業保險促進就業實施辦法係以失業被保險人為對象。

有問題的是，對於就業保險失業給付期間已屆滿的失業勞工，可否再請領（本實施辦法第4條之四種）就業促進津貼？論者間有持肯定見解者，而且主張將就業促進津貼明文納入就業保險相關措施[215]。本書則認為有待商榷。蓋對照就業保險促進就業實施辦法及就業促進津貼實施辦法的規定，可知其基金來源固然不同，但適用對象卻同為非自願離職者（解釋上含被保險人及非被保險人）[216]，如此確有可能被保險人在給付期間屆滿後，再轉求助於就業促進津貼協助的情況。惟這可能造成資源的浪費及失業者的依賴，值得加以斟酌。只不過，論者所主張的將就業促進津貼實施辦法第4條之四種津貼，修正加入就業保險法或就業保險促進就業實施辦法，似乎係以就業促進津貼實施辦法第2條第1款及第2款之對象，為就業保險法之被保險人為前提。但是，卻未慮及第2條第1款及第2款也包括未加入就業保險之人。況且，就業促進津貼實施辦法第4條之四種津貼，性質、目的各不相同。因此，對於各項津貼／補貼是否均得（重覆）領取，應該逐項加以檢視。

所以，上述之申請就業促進津貼實施辦法第4條之四種津貼，實際上涉及到第2條第1款及第2款之對象，是否為就業保險法之被保險人。如果是否定的，則其申請第3條之各種津貼與補助（金），即無重複領取的問題[217]。惟如果是肯定的，則如前所述，失業被保險人得先依就業保險法請領第10條之保險給付，而後依據就業保險促進就業實施辦法申請第3條之各種津貼與補助（金）。之後，甚至得依據就業促進津貼實施辦法申請第4條之四種津貼。如此，即會引發重覆領取或過度保障之疑慮。解決之道，如論者之主張，將就業促進津貼修正納入就業保險相關措施，將各種津貼及補助重新調整規範。或者也可以針對名目相同者，在就業保險促進就業實施辦法（例如第24條之求職交通補助金、第40條之臨時工作津貼）或就業促進津貼實施辦法（例如第25條之臨時工作津貼、第26條之職業訓練生活津貼）明定不得重複領取，或者經由解

---

[215] 郭振昌，台灣就業保險法制實施與討論，月旦法學雜誌，第154期，2008年3月，頁51。

[216] 是否至少在這裡納入自願離職者及勞基法第12條之被解僱者？

[217] 剩下的問題，是就業促進津貼實施辦法第4條之四種津貼，是否符合就業安定基金收支保管及運用辦法第5條基金用途之規定。依本書所見，求職交通補助金及臨時工作津貼符合第5條第1項第2款「辦理加強實施就業安定及就業促進等事項」。職業訓練生活津貼則符合第1款「辦理加強實施職業訓練及就業資訊等事項」。創業貸款利息補貼符合第3款「辦理創業貸款事項」。

釋的方式予以排除兼得。隨著2013年7月31日就業促進津貼實施辦法修正增列第28條及第29條規定，應可適度避免重複領取或過度保障的現象出現。

　　所以，針對加入就業保險之被保險人，依據就業保險促進就業實施辦法及就業促進津貼實施辦法，其求職交通補助金及臨時工作津貼之申請，應整合如下：每年合併領取求職交通補助金以四次為限（就業保險促進就業實施辦法第24條第2項規定）（在此，雖然就業保險基金及就業安定基金的基金來源不同、適用對象也不盡相同，如允許各自以領取四次為限，似乎「合併領取」並非全無可取之處。只是，基於經濟節省原則及不重複保障原則，此種領取的上限限制應屬合理可採）；其次，二年內合併領取臨時工作津貼以六個月為限（就業保險促進就業實施辦法第29條第2項規定）（同樣地，基於上述的理由，此種領取的上限限制應屬合理可採）。

　　在職業訓練生活津貼方面，本書以為失業被保險人只能循就保法及其施行細則的規定，領取職訓津貼，不得再依就業促進津貼實施辦法的規定，請領職訓津貼。對此，依據2013年7月31修正施行的就業促進津貼實施辦法第26條第1項及第2項規定，「依本辦法、就業保險法領取之職業訓練生活津貼及政府機關其他同性質之津貼或補助，二年內合併領取期間以六個月為限。但申請人為身心障礙者，以一年為限（第1項）[218]。前項人員同時具有第2條第1項第1款身分（非自願離職）者，應優先請領就業保險法所定之職業訓練生活津貼（第2項）」。言下之意，無論是否具有失業被保險人身分，其均得在二年內合併領取六個月或一年為限的職業訓練生活津貼。但具有失業被保險人身分者，應優先請領就業保險法所定之職業訓練生活津貼。一旦其已依就業保險法領取六個月或一年的職業訓練生活津貼，當不得再申請就業促進津貼實施辦法所規定的職業訓練生活津貼。

　　如上所述，中央勞政機關認為依就業保險法第17條第2項規定，在領取「其他促進就業相關津貼」期間，不得同時請領失業給付。其所指「其他促進就業相關津貼」，包括就業促進津貼實施辦法所定之「職業訓練生活津貼」；至於勞工先領取失業給付，後申請前開辦法之職業訓練生活津貼者，就其請領津貼期間重疊部分，自應依前開規定辦理[219]。而且，就業促進津貼實施辦法第

---

[218] 此一規定似有疑義，蓋依據就業保險法第19條及第19條之1規定，所有被保險人（不區分身分）之請領職業訓練生活津貼，最長為六個月。至於得否由就業保險法第34條第3項之保險基金用途的規定，導出身心障礙者之領取期間可長達一年？本書也持否定的見解。

[219] 行政院勞工委員會97年11月5日勞保1字第0970081645號函。

26條第1項規定所稱「政府機關其他同性質之津貼或補助」,指就業保險法所稱之職業訓練生活津貼[220]。

在創業貸款利息補貼方面,依據就業促進津貼實施辦法第27條規定,「同一創業案件曾領取政府機關其他同性質創業貸款利息補貼或補助者,不得領取本辦法之創業貸款利息補貼」。所以,就中高齡失業者而言,應區分其是否為失業被保險人身分,而予以不同對待。如其並未加保就業保險,則其當得依據就業促進津貼實施辦法第22~24條規定,申請創業貸款利息補貼。反之,如其已加保就業保險,則失業被保險人只能循就保法及就業保險失業者創業協助辦法的規定,申請創業貸款及利息補貼,不得再依就業促進津貼實施辦法的規定,請領創業貸款利息補貼。雖然就業保險失業者創業協助辦法與就業促進津貼實施辦法的規定不盡一致,但可謂大同小異,所以不得重覆適用後者的規定。

最後,在就業推介媒合津貼方面,這是就業促進津貼實施辦法所專有的規定,對於失業被保險人應該也有適用餘地。也就是說,就業促進津貼實施辦法第2條第1項第1款規定之非自願離職者,解釋上也包括就保法第11條第3項規定之對象,甚至更廣,只要其具有工作能力、工作意願即可,以落實促進就業的目的。

第四節　與社會救助措施之銜接問題

壹、失業救助後位原則

失業救助具有後位原則(Nachrangigkeit),也就是輔助原則/補充原則(Subsidiaritätsgrundsatz)。

針對低收入戶或中低收入戶中有工作能力者(就業保險促進就業實施辦法第18條第3項第6款、第22條第2款;就業服務法第24條第1項第5款;就業促進津貼實際辦法第2條第1項第2款、第6條第2款),多有在促進就業措施上將之作為特殊對象納入者。理論上,不問其是否具有失業被保險人身分,均應先接受這些促進就業措施的適用。亦即,相較於其他的社會給付,失業救助更顯

---

[220] 行政院勞工委員會98年4月1日勞保1字第0980503099號函。另請參閱行政院勞工委員會93年3月25日職特字第0930003906號函,所包含的津貼及補助的範圍更廣。

得後位，其係在濟其他社會給付及積極的促進就業措施之不足[221]。這是大多數國家的設計原則。但是，台灣社會救助法第7條之規定，似乎並不採取此一輔助原則，此從其用語「本法所定救助項目，與其他社會福利法律所定性質相同時，應從優辦理，並不影響其他各法之福利服務。」即可知之。也就是說，其係採取擇優給與原則[222]。只不過，必須釐清的是，社會救助法第7條之規定，係以低收入戶或中低收入戶為對象，並未考慮低收入戶或中低收入戶中有工作能力者。因此，與就保法及就服法以低收入戶或中低收入戶中有工作能力者為適用對象，尚有不同。所以，在法規適用上，如以低收入戶或中低收入戶中有工作能力者為對象，解釋上即應以輔助原則為準繩。此與社會救助法第7條之「其他社會福利法令的福利服務」規定，是否包括國家為促進就業所提供的政策、制度與措施，並無直接關聯。

一、失業救助的財源是稅捐、非付費制度

失業救助的財源是採取公費的方式，而且是針對個別、緊急狀況的財源幫助[223]。基於憲法思想之「人性尊嚴及生存權的保障」而來，國家有義務維持人民符合人性尊嚴之最低生活水準。而社會救助在維持「最低生活需求」的保障，所以社會救助法第4條乃以最低生活費作為計算基準[224]。此一最低生活費的保障，似乎異於社會保險之提供被保險人「基本生活保障」，前者給付的額度低於後者，以免混淆兩種制度的功能以及引發道德危機[225]。只不過，由於在我國「基本工資」、「最低工資」 然並用，所以社會救助法第8條係規定，「依本法或其他法令每人每月所領取政府核發之救助總金額，不得超過當年政

---

[221] Eichhorst/Kuhn/Thode/Zenker, Traditionelle Beschäftigungsverhältnisse im Wandel, 2009, 56.

[222] 所以說，問題在於：有無可能因社會救助法採取不同理論基礎、以及由直轄市與縣（市）主管機關負責執行，其救助項目及審定標準是否可能優於其他社會福利法令的福利服務，以至於獲得優先適用？即不無疑慮。

[223] § 46 I SGB II.

[224] 依據第4條第2項規定，前項所稱最低生活費，由中央、直轄市主管機關參照中央主計機關所公布當地區最近一年每人可支配所得中位數百分之六十定之，並於新年度計算出之數額較現行最低生活費變動達百分之五以上時調整之。直轄市主管機關並應報中央主管機關備查。

[225] 鍾秉正，前揭書，頁133以下。有問題的是（至少是用語不精確），行政院勞工委員會100年2月1日勞保1字第1000002306號函：勞工保險之各項保險給付旨在提供被保險人或受益人之「適當生活」【作者按：何謂適當生活？其與基本生活有無不同？解釋上，其係指國家應視社會環境的變遷，隨時保障適當的基本生活】保障，目前各項一次給付之給付標準，尚屬適當。

府公告之基本工資。」

　　台灣並無失業救助的專法，失業救助與社會救助的差異點在：後者並不設定任何條件，只要人民有事實上的需要即可請求[226]。所以，就業保險法（與就業保險促進就業實施辦法）及就業服務法（與就業促進津貼實施辦法）的部分規定具有失業救助的功能或設計用意[227]。另外，依據論者的見解，即使是外國人亦有請求社會救助的權利[228]。只不過，依據社會救助法第5條以下之規定，爲讓直轄市或縣市主管機關能夠順利地通知及完成各種救助，仍應以其在我國有住居所始可。另外，從現行法制觀之，請求社會救助並無最長期限的限制。

二、以已領完失業給付後仍未就業者爲對象

　　在這裡，針對低收入戶或中低收入戶中有工作能力者，給予失業救助的主要目的，仍然是在降低失業率（但其不具有工資替代的功能）。在適用上，並無等待期或期待權之規定。

三、以非失業給付保障群體爲對象（失業給付涵蓋率不足）

　　此處的適用對象，首先會是年輕失業者及初次尋職者，因其多爲剛從學校畢業的、不合領取失業給付條件者[229]。此所以社會救助法第5條之3第1項第1款規定，「25歲以下仍在國內就讀空中大學、大學院校以上進修學校、在職班、學分班、僅於夜間或假日上課、遠距教學以外學校，致不能工作。」不具有工作能力。當然，如爲使其也有請領失業給付的權利，則基於國家保護義務，似可採取保費後付的作法[230]。其次，一大族群是長期失業者。又，也包括非初次

---

[226] 社會救助、社會津貼均屬於社會扶助的內涵，具體而言，勞保條例第62條所規定之（就被保險人之父母、配偶、子女死亡可請領之）喪葬津貼，乃爲減輕被保險人因至親遭逢變故所增加財務負擔而設，自有別於一般以被保險人本人發生保險事故之給付，兼具社會扶助之性質，應視發生保險事故者是否屬社會安全制度所欲保障之範圍決定之（司法院大法官會議釋字第560號解釋）。

[227] 上面所提的就業保險促進就業實施辦法第18條第3項第6款、第22條第2款；就業服務法第24條第1項第5款；就業促進津貼實際辦法第2條第1項第2款、第6條第2款等規定，即可作爲例證。

[228] 蔡維音，社會福利法制之基礎架構，收錄於氏著，社會國之法理基礎，2001年，頁108。

[229] 只是，初次尋職者接受職業訓練時，可以請求職訓生活津貼。

[230] 范瑋眞，我國就業保險制度法規範之研究，中正大學法律研究所碩士論文，2006年7月，頁59。

尋職者，但亦非就業保險法保障對象（例如短期內重複遭受失業者）[231]。

　　整體來看，其適用對象原則上為16歲以上65歲以下者（社會救助法第5條之3）。故其與就保法被保險人資格並不完全一致，與勞基法第44條及第45條所規定的年齡也不一致，此與德國社會法典第二部的適用對象同於第三部失業者的資格者（即童工也適用），尚有不同。惟，從另一方面思想，將適用年齡定在16歲以上應是正確的，蓋在這年齡下的青少年主要仍在就學當中，不應該讓他們掉入社會救助法。

　　最後，有問題的是，自願離職者及勞基法第12條之被解僱者，是否亦有適用？對此，如考慮失業救助後位原則，固不需考慮其失業的原因，惟由於積極促進就業措施的思想也應擴張及於失業救助的領域，因此，自願離職者即不宜納入適用（即具有工作能力而自願離職者，其家庭不應列入低收入戶或中低收入戶），至於基於勞基法第12條之被解僱者，亦應設有一定期間的閉鎖期後，始給予失業救助。

四、整合問題

　　如何將失業救助與就業促進津貼整合？台灣目前是以就業促進津貼部分替代失業救助的角色與功能？吾人如觀兩個法令（就業促進津貼實施辦法、社會救助法）的規定，仍然有所不同，在社會救助法中，如果低收入戶或中低收入戶中有工作能力者被吸納入低收入戶或中低收入戶，並且以低收入戶或中低收入戶為適用對象（社會救助法第4條、第4條之1參照），則失業救助後位原則即無適用餘地。如此一來，隱藏在低收入戶或中低收入戶中有工作能力者，既可以低收入戶或中低收入戶的成員身分受到社會救助，也可以具有工作能力者的身分申請就業促進的津貼或補助。至於其是同時或先後申請，似乎無關緊要。

　　值得注意的是，社會救助法在2015年12月30日修正施行第15條規定，特別強化低收入戶或中低收入戶中有工作能力者之就業服務、職業訓練或以工代賑等服務措施。直轄市、縣（市）主管機關應依需求提供或轉介服務措施、得視需要提供各種補助、有工作能力者之收入不計入家庭總收入、拒絕服務措施或接受後不願工作者不予補助，以及「其他法令有性質相同之補助規定者，不得重複領取。」此一修正，已將積極促進就業與社會救助後位原則加以連結起

---

[231] 范瑋真，前揭書，頁15：排除短期內重複遭受失業者違反平等原則。

來。

　　詳言之，根據社會救助法第15條規定，「直轄市、縣（市）主管機關應依需要提供或轉介低收入戶或中低收入戶中有工作能力者之就業服務、職業訓練或以工代賑等服務措施（第1項）。在此，由直轄市、縣（市）主管機關決定是自行提供或轉介給公立就業服務或訓練單位、或在管轄區域內提供以工代賑的公法救助措施。直轄市、縣（市）主管機關並得視需要提供低收入戶及中低收入戶創業輔導、創業貸款利息補貼、求職交通補助、求職或職業訓練期間之臨時托育及日間照顧津貼等其他就業服務與補助（第2項）。對於低收入戶或中低收入戶中有工作能力者而言，如其不願接受第1項之服務措施，或接受後不願工作者，直轄市、縣（市）主管機關不予扶助。如其接受服務並且領取津貼或補助者，「其他法令有性質相同之補助規定者，即不得重複領取。」依本書所見，解釋上應領取「其他法令有性質相同之補助、津貼」，而不得重複領取社會救助法之補助、津貼。

貳、失業救助仍以有工作能力及工作意願為前提，且需要幫助的人

　　失業救助雖有一定程度失業救濟的意涵，但是，隨著配合積極促進就業措施的風潮，想要請領失業救助者，理應以具有工作能力及意願（erwerbsfähige Hilfebedürftige）[232]，而且尚必須是須要幫助的人為前提。這裡的工作意願，係指願意受僱從事無自主性之勞務[233]，並不包括意圖從事自營作業者或自行創業者。惟包括失業勞工有意願接受職業教育訓練者。只不過，台灣的社會救助法一直到2015年12月30日修正施行第15條後，其第2項之「求職交通補助、求職或職業訓練期間之臨時托育及日間照顧津貼」始能得出積極找尋工作的要求；其第3項之低收入戶及中低收入戶，「於一定期間及額度內因就業（含自行求職）而增加之收入，得免計入第四條第一項及第四條之一第一項第一款之家庭總收入」，亦含有要求積極找尋工作的用意。

　　倒是，社會救助法第15條低收入戶及中低收入戶中「有工作能力」者，係跟隨第5條之3的「有工作能力」而來。而依據第5條之3第1項規定，16歲以上

---

[232] 社會救助法第15條第1項及第4項即分別是工作能力及工作意願的表現。

[233] Bruns, a.a.O., 80.

65歲以下具有七種情事之一者，即不具有工作能力。雖然其並不以終身無工作能力或傷病醫療期間無法工作、並且以事實上「致不能工作」為條件，但有些情事似乎仍以具體個案的認定為宜。例如25歲以下僅於夜間或假日上課，如何會「致不能工作」？蓋其白日可以工作矣，至少可以從事部分時間的工作。另外，婦女懷孕六個月以上是否會「致不能工作」[234]？似乎應以經醫師診斷不能工作為準。至於懷孕期間經醫師診斷「不宜」工作，即為無工作能力，似乎亦不當擴大不能工作的概念。

參、失業救助的休止（暫時停止）

依據社會救助法第9條規定，在有一定事由時，社會救助將會被永久的終止／停止。但是，除了永久停止之外，理論上，失業救助尚有因一定事由之發生，而被暫時的停止[235]。這是指失業勞工拒絕參加各種教育訓練措施時（尤其是針對其再納入職場所設計的措施）、不願接受就業服務、職業訓練或以工代賑等服務措施（社會救助法第15條第1項）或接受後不願工作者（社會救助法第15條第4項）。另外，受僱中的勞工如因參加罷工而無法請領失業給付時，不得轉而請求失業救助。

肆、德國社會法典第二部「尋職者的基本保險法」的參考

一、整合雙重國家的照護體系「失業救助」及「社會救助」為一

德國2003年12月24日制定的「尋職者的基本保險法」（Grundsicherung für Arbeitsuchende），目的是在整合雙重國家的照護體系「失業救助」及「社會救助」為一，該法之制定源於此二照護體系之效率不彰（尤其是兩者提供給失業者納入工作措施的管道不一、重要的繼續訓練措施的機會不同），且不夠透明[236]。其內容包括各種結束失業及減少需要的給付，尤其是經由納入工作及確保生活資源，依據原來的失業救助規定，在接受繼續訓練期間，不僅是訓

---

[234] 依據性別工作平等法規定，事業單位不得以婦女懷孕為由而予以僱用歧視，所以，在實務上不乏懷孕六個月以上者面試求職者。如果其「致不能工作」或「無工作能力」，則事業單位之拒絕僱用或予以解僱，即無歧視可言。

[235] Bruns, a.a.O., 86 f.

[236] 台灣有沒有這個問題？

練費用、即使是生活津貼（Unterhaltsgeld），均可以從聯邦就業總署（BA）獲得。尋職者的基本保險法所規定者，是義務給付（Pflichtleistungen），失業者有權請求。此法中所規定之具有工作能力的人，是指在一般的勞動市場中平均的工作條件下，每天至少能工作三小時者。該等人必須從事具有期待可能的（zumutbar）工作，此處的期待可能，係採取較失業給付更嚴格的定義。此處的可期待的工作，係指失業者已被告知不利的後果，仍然在沒有重要事由的情況下拒絕工作，即會遭遇逐步減少給付的制裁，亦即所謂「分階段制裁的制度」（ein abgestuftes System von Sanktion）。

　　惟相較於德國「尋職者的基本保險法」極強的積極促進措施觀念及「分階段制裁的制度」的規定，台灣的社會救助法似無此種設計。這當然會影響失業救助實施的效果。

二、遵循「要求及促進原則」

　　德國「尋職者的基本保險法」是遵循「要求及促進原則」（Fordern und Fördern）（vgl. §§ 2, 4 SGB II）而為。亦即失業者首先要用盡各種手段、嘗試以己力結束失業狀態。另一方面，失業救助機構也應幫助其重新納入職場（此為裁量給付（Ermessensleistungen），失業者並無請求權），在此，應採取何種納入就業措施，失業救助機構應該加以裁量，且其裁量決定應遵守「經濟及節省的原則」（Grundsätze der Wirtschaftlichkeit und Sparsamkeit）（§ 3 I 4 SGB II）。

　　至於失業救助機構所提供的就業機會，包括：(一)純粹的勞動關係。(二)公法救助措施。或者(三)混合勞動關係與公法救助措施的工作型態。其中，(三)的工作型態，本質上這仍然是公法救助措施，只是賦予當事人一些勞工法令或社會法令的保障而已[237]。

三、原始目的是在統合尋職者的各種給付

　　德國「尋職者的基本保險法」的原始目的是在統合／一尋職者的各種給付，但此一目的並未終局地完成。地方政府（Kommune）仍然主管部分的生活費用給付及納入工作的給付：例如住宿及暖氣費用、心理照護、兒童照護、

---

[237] Bley/Kreikebohm/Marschner, Sozialrecht, 9. Aufl., 2007, 316.

債務清償諮詢、以及戒除毒癮諮詢。至於聯邦就業總署則是負責生活費用給付（第二失業給付）及納入工作措施的給付。為追求原始目的的落實，在地方政府與BA間成立了超過三百個工作小組（Arbeitsgemeinschaften）。

我們由德國法的經驗，認為在台灣應強化社會救助法第15條之職業訓練及就業服務等功能，尤其是將其移轉給公立就業服務機構處理，才能達到將失業者納入工作的目的。

第五節　就業保險與產業創新條例之關係

壹、就業保險與產創條例係促進勞工就業之相輔相成機制

依據產業創新條例（以下或有簡稱產創條例）及「促進中小企業創新增僱員工補助辦法」[238]（以下或有簡稱補助辦法）所為的補助金，係在就業保險促進就業措施及就業服務就業促進津貼外，為創造國民就業機會及改善人才結構，所另外提供。其可歸類為有利於增長就業的經濟政策之一。雖其亦以失業者為對象，但是，必須是失業三個月以上（45歲以上者不受此一期間限制），且具有高等學歷、專業證照或特殊專業能力為前提（補助辦法第6條第1項），顯示其是以補助高級人力的再就業為目的。另外，為避免雇主濫用補助，其除了不得有違反勞動法規、環境法規及身心障礙者保護法外（補助辦法第5條第1項），增僱員工的契約不得是委任、承攬、派遣或短期契約（補助辦法第6條第2項第2款），中小企業並應以承諾書具結之（補助辦法第5條第2項、第6條第3項）[239]。

貳、產業創新條例及促進中小企業創新增僱員工補助辦法之重要規定

依據產業創新條例第11條第1項規定，「為促進中小企業創新，改善人力結構，並創造國民就業機會，中小企業增僱員工者，中央主管機關得予以補

---

[238] 本辦法已於2012年3月31日執行完畢。

[239] 「看問題 補助不切實際 有必要嗎？」，聯合報，2011年3月9日，A8版：更奇怪的是，經濟部希望企業增聘中高齡失業者，但又規定受聘人員必須大專畢業或擁有專業證照，這兩個邏輯根本是自相矛盾，經濟部想兩面兼顧，可能落得不倫不類。

助。」解釋上，此處的增僱員工，是為促進創新及改善人力結構所為，包括原來預定員額內及超出預定員額外的新僱員工。但是，為什麼只針對中小企業適用？

　　至於促進中小企業創新增僱員工補助辦法（2010年8月2日公布施行、2012年3月31日執行完畢），其重要規定有：創新之意義（第3條第2項）；中小企業必須符合一定的條件，始會獲得補助（第5條）；增僱之員工應具一定的條件（第6條第1項）；增僱之員工不得具有一定的情形（第6條第2項）；每次請領補助金時，應檢具一定文件（第10條）；增僱補助金額及期間（第11條第1項）；補助以員工連續受僱用三個月以上，且工資高於基本工資為前提（第11條第2項）；補助人數上限，為前一個月之勞工保險投保人數30%。但中小企業僱用員工數為十人以下者，最多補助三人（第12條第2項）；受補助企業不得有一定情形，否則應被撤銷或廢止原補助，並且依限返還或被停止撥付補助金（第14條）；中小企業增僱員工之補助，其具體執行計畫（申請期限、施行期限、預算來源及相關事項）由中央主管機關考量經濟景氣狀況，擬定報行政院核定後，公告辦理之（15條）。

第四章 | 就業保險法之重要內容

第一節　一　般

壹、被保險人

此一部分，在第三章第二節參已有詳細敘述，此處僅對加保資格加以補充而已。

一、資格

（一）15歲到65歲的本國籍勞工（不問定期工或不定期工）

雇主在訂定勞動契約時，固可選擇65歲以上的求職者作爲相對人，雇主並應負擔勞動契約上的各種義務。但是，由於台灣勞工法令及社會法令不少以65歲作爲保障的上限[1]，例如就業保險法第5條第1項本文亦是規定，「年滿15歲以上，65歲以下」[2]，因此不在此一年齡範圍內者，即不得參加就業保險。這樣，會不會引起雇主專門僱用65歲以上的勞工，以規避就業保險及勞工保險責任的風險？值得我們觀察[3]。

既然就業保險法規定年齡屆滿65歲者，即不具加保就業保險的資格，因此，在實務上，對於只參加就業保險者，勞保局將自其年滿65歲[4]之當日起逕予退保，其保險效力至年滿65歲之當日二十四時停止。中央勞政機關甚至認爲：勞工已領取勞工保險老年給付或年滿60歲得領取老年給付者，因核屬退休

---

[1] 但也有以60歲爲界限者，例如勞工退休金條例第24條規定。

[2] 值得注意者，就業保險法第5條第1項本文規定是「65歲以下」，與勞動基準法第54條第1項第1款規定「年滿65歲」，兩者用語不同，是否得解釋爲「一旦年齡達到65歲」，即不可成爲就業保險法的被保險人，而非「年齡滿65歲」？並非無疑。但因法律用語稱以上、以下、以內者，具連本數計算（刑法第10條第1項），因此。解釋上仍係年滿65歲始喪失加保就業保險的資格。

[3] 在德國，爲避免此種僱用的出現，遂有繳交特別捐（Abgabe）的規定，以此方式降低雇主僱用老年勞工的動機。Bley/Kreikebohm/Marschner, a.a.O., 147 f.; Bruns, a.a.O., 70.

[4] 既是「年滿65歲」，這表示勞保局與本書所採取的見解不同。

人員或依法得強制退休人員[5]，基於社會保險不重覆保障原則，即不得核給失業給付[6]。另外，基於社會保險不應重複保障之原則，該等年滿60歲已領取老年給付者，亦不得再請領職業訓練生活津貼[7]。

　　勞工保險及就業保險之強制加保對象，係以受僱勞工為限[8]。由於勞工董事的身分為雇主[9]，故亦不具參加就業保險資格。相對地，委任經理人得自願參加勞工保險，蓋依勞工保險條例第8條第1項第3款規定，實際從事勞動之雇主，亦得參加勞工保險，足見得參加勞工保險者，非必為勞基法所稱之勞工。依公司法規定委任經理人，如係受公司委任處理有關勞工事務者，即得以雇主之身分自願參加勞工保險。此種自願加保的設計，乃基於勞工保險係國家實施社會保險、社會安全等公共政策之一環，係國家與從事勞動者間之公法關係，而勞動契約為雇主與勞工間之私法關係，二者屬性顯不相同。況且，不能以雇主為委任經理人投保勞工保險，即認為兩造間為勞動契約[10]。

　　除了委任經理人之外，非勞工亦不得參加就業保險，例如臨時工作津貼、永續就業工程計畫及多元就業開發方案遴用之人員[11]。另外，在職業訓練單位參加勞保之受訓學員間亦無僱傭關係，即受訓學員得依法申請職業訓練生活津貼，惟理應不得加入就業保險，否則其在受訓結束後，如無法順利就業，即得再以失業被保險人身分請領失業給付。

（二）職業工會工人加入之問題

　　由就業保險法第5條本文規定的「受僱勞工」觀之，其反面解釋即排除職

---

[5]　語病？勞工保險似無強制退休。目前，唯有勞基法第54條始有強制退休的明文規定。

[6]　行政院勞工委員會92年8月29日勞保1字第0920039348號函。惟就業保險與勞工保險已係兩個各自獨立的保險制度，保費計收、給付項目及請領條件各不相同（行政院勞工委員會98年2月18日勞保1字第0970140697號函），被保險人應得先請領完失業給付，而後再請領老年給付。因此，依本書所見，其不得請領失業給付的理由。係其在請領老年給付時，已喪失工作的意願所致。

[7]　行政院勞工委員會92年10月28日台勞保1字第0920049789號函。

[8]　最高行政法院96年度判字第01162號判決。

[9]　反對說，劉士豪，積欠工資墊償制度所涉及的三個問題—從最高法院94年度裁字第2565號裁定談起，政大法學評論，第111期，2009年10月，頁235。

[10]　最高法院98年度台上字第1834號民事判決；行政院勞工委員會89年12月28日台89勞保2字第005253號函。鍾秉正，社會保險法論，2014年，頁179。

[11]　最高行政法院95年度裁字第02618號裁定、行政院勞工委員會92年2月25日勞職業字第0920200306號令。

業工會工人。惟此處的職業工會工人，並不包括無一定雇主勞工在受僱期間內者。之所以排除自營作業者之適用，有法理上的理由、也有實務操作困難性的考量。亦即自營作業者不會發生如同勞工丟掉工作後生活不保的情況，欠缺保護必要性；因非屬受僱者，難以認定其就業或失業的狀況（失業是指失去從事一從屬性工作的機會）；且於保費徵收、給付發放等行政管理較不易執行[12]。最高行政法院即認為[13]：本案中洪○○及林○○分別由南投縣手藝業職業工會及南投縣園藝花卉職業工會申報參加勞工保險，且工會所屬之勞工保險被保險人非其受僱者，固無為其申報參加就業保險之問題。

惟針對實務上的作法，論者間也有主張自營作業者同為社會上勞動力之一份子，將其排除於就業保險法制之外，違反平等原則。基於國家保護義務，就業保險法第1條規定之勞工，應以所有的勞動參與者為對象[14]。雖然如此，本書以為從法理上、就業保險基金給付項目的不斷增加、以及自營作業者的繳稅狀況較為不明等考量上，原則上不宜放寬讓自營作業者加入就業保險。例外地，可以先考慮修法讓具一定條件的家庭代工者加入[15]。從比較法上來看，在英國，一個自營作業者如已繳交足額的保險費、且將來欲轉而受僱為勞工時，即可以作為就保法中的勞工看待[16]。又，在德國，之前曾經有強制加保之勞工，之後成為自營作業者，可以考慮讓其自願申請繼續加保，但應設定一定的條件（例如要求其申請加保前已至少工作六個月。又例如德國社會法典第三部第28a條第1項第2款規定：每週至少自營作業十五小時）。並且，在德國，自營作業者與任意加保的勞工，原則上由其自行負擔全部的保險費，政府無須編列預算補助。這一些外國法例，係我國在討論自營作業者納入就業保險法適用對象時，所應該一併考慮者。

---

[12] 行政院勞工委員會92年3月17日台勞保1字第0920012864號函、行政院勞工委員會92年10月29日台勞保1字第0920059120號函、行政院勞工委員會98年7月24日勞保1字第0980020551號函。

[13] 最高行政法院96年度裁字第01312號裁定（前審為台北高等行政法院94年度簡字第00910號判決）（林雪芬即大雪山有機農場）。

[14] 范瑋真，我國就業保險制度法規範之研究，中正大學法律研究所碩士論文，2006年7月，頁15、57以下。

[15] 惟大部分家庭代工者的身分為承攬人，而非自營作業者。本書所指的「具一定條件」，主要是指家庭代工的委託人只有一至二位、而且家庭代工者的生活資源主要來自於該委託人所給付的報酬。

[16] Bruns, a.a.O., 37.

（三）外國籍勞工加入之問題

就現行就業保險法的規定觀之，外國籍勞工固不在適用之列。惟論者有謂非涉及國家權力者，外國人亦得享有。尤其對於長期居住（停留或居留）於我國之外國人，基於國際人權保障之觀點是否應予以保障，即有討論之空間。在台灣，並應逐步建立國際社會法的概念，並且透過國內法的單方規範或者國際協定的方式爲之[17]。從另一個角度看，如能將一般外勞納入適用，也可以減少黑工的出現[18]。

最高行政法院判決曾認爲：司法院釋字第550號解釋所揭示之「各地方自治團體有……照顧其行政區域內『居民』生活之義務」與「『居民』生活關係更爲密切之地方自治團體自亦應共同負擔」，已然表明「生活關係密切」之居民爲地方自治團體照顧之對象。所謂「生活關係」，應該從實質、功能的角度來認定，「戶籍」只是認定生活關係的標準之一，而非全部。解釋上，應重視該居民之生活或其於該行政區域內之經濟活動及貢獻等，與該地方自治團體是否較有密切關係，而與是否設有戶籍無涉。社會保險之加入與繳費，尤其勞工之社會保險[19]，其與勞動之連結，遠超過與國籍、戶籍之連結，這也是勞工保險、全民健康保險皆將外籍勞工納入被保險人的重要緣由，甚至是何以本國政府需對外籍勞工貼補部分保費的理由。鑑於此等勞工對於特定地方自治團體經濟活動的貢獻，則該地方自治團體對於其轄區內投保單位的所有勞工（不論其是否設籍）皆有保護義務[20]。

對於上述最高行政法院的判決，本書以爲既然可以將社會保險法中的勞工保險、全民健康保險適用及於外國籍勞工，則就業保險何以將之排除在外？只因其爲定期或短期在台居留之理由？果如此，則在外勞可以在台居留十二年工作後，似乎即有納入就業保險之堅強理由（對於外國籍勞工，勞工退休金條例第7條的適用對象，似乎也應作同樣的思考）。所以，如本書前面所述，一方面我國憲法及就業服務法第5條第1項均無國籍之規定，顯示制憲者及立法者有意將外國籍員工（外國人）排除在禁止歧視的適用對象之外。另一方面，社會權在本質上具有階段性，國家必須視本身的財政與經濟發展而逐漸拓展保障的

---

[17]　范瑋眞，前揭書，頁9、13、54、55。

[18]　Aufhauser/Bobke/Warga, Einführung in das Sozialrecht der Bundesrepublik Deutschland, 2. Aufl., 1992, 138.

[19]　那勞退金呢！

[20]　最高行政法院96年度判字第01162號判決。

範圍及提升保障的水準，假設給予外國人工作權或失（就）業保險的保障。顯然，基於立法形成自由，立法者尚無意將外國籍勞工納入就業保險法的適用對象。

二、權利與義務

（一）權利

依據就業保險法第40條規定，本保險保險效力之開始及終止，除本法另有規定外，準用勞工保險條例及其相關規定辦理。再依據勞工保險條例第11條規定，符合第6條規定之勞工，各投保單位應於其所屬勞工到職、入會、到訓、離職、退會、結訓之當日，列表通知保險人；其保險效力之開始或停止，均自應為通知之當日起算。在此，就業保險亦係採取申報主義。

因此，依據規定，受僱勞工必須到職，始能加入就業保險及享有就業保險給付的保障。這是採取與加入勞工保險的時點一致的作法。惟是否可以擴張解釋「到職」的意義？亦即擴張及於從準備工作及將勞動力置於雇主支配之下時起算。這是指勞工前往就業場所之通勤途中即屬之。即使勞工預定上班日因為疾病而無法如期到職，也不影響僱傭關係的開始，除非可以得知勞工已無意成為廠場的一份子，即不在此適用之內[21]。

對此，中央勞政機關對於「到職、入會、到訓」原本採取嚴格文義解釋的立場，被保險人必須「親身實際」到職、入會或到訓，而後投保單位始能列表通知保險人。惟在2008年已經放棄原先的見解，而改採：「勞工保險條例第11條規定，符合第6條規定之勞工，經事業單位通知前往辦理報到手續之應經途中發生事故而致傷害者，投保單位於當日列表通知被保險人辦理加保，其保險效力之開始，自當日零時起算，該等勞工得依規定請領勞工保險職業災害保險給付。本會（民國）91年1月4日台90勞保3字第0055531號函停止適用。[22]」根據此一函釋，中央勞政機關改採以「僱傭／勞動契約約定」、「到職、入會、到訓」之日作為保險效力之開始日。此一新的函釋，雖然主要在對於職業災害（通勤事故）提供預防性的保障，惟由於保險效力已開始（除非投保單位不於當日列表通知被保險人辦理加保），被保險人也可依勞保條例及就業保險

---

[21]　BSGE 26, 124, 126.

[22]　行政院勞工委員會97年6月30日勞保3字第0970140259號令參照。

法的規定，請求其他的保險給付。所以，經由此一函釋，原本勞保條例第11條之「列表通知保險人」及勞保條例施行細則第14條之「加保申報表送交保險人或郵寄之當日」，係公法（行政）契約的生效條件。惟之後只具補正的作用而已[23]。此種見解的轉變，使得我國實務界及學者間多年來所奉行的申報主義，受到相當程度的修正[24]。

中央勞政機關此一見解，基於就業保險法第6條第1項及第40條準用勞工保險保險效力開始之規定，似乎亦應做同樣的適用。如此一來，其對於就業保險法中無須等待期或期待權之給付（例如職業訓練生活津貼），即得主張享有之。

在受僱勞工具請領就業保險相關給付資格時，原則上適用一體對待原則，並不會受到排富條款的限制，也不考慮被保險人是否有值得憐憫之處。畢竟其與社會福利或社會救助的性質不同。惟例外地，就業保險法針對具有特殊身分之人，例如申請人辦理就業保險退保時已年滿45歲或領有社政主管機關核發之身心障礙證明（就保法第16條第1項）或於請領失業給付或職業訓練生活津貼期間，有受其撫養之眷屬者（就保法第19條之1），訂定給予較長或較六個月平均月投保薪資爲高的保障。

（二）義務

在義務方面，首先，由於採取強制加保主義，因此受僱勞工負有參加就業保險及辦理就業保險手續義務（就保法第37條）。其次，被保險人負有實際繳交保費的義務。在這裡，依據就業保險法準用勞保條例第17條第3項本文規定，似乎是採繳費義務。但是，本書以爲被保險人並不是受僱於一個強制加保的工作（beitragpflichtige Beschäftigung）即足，而是要實際繳交保費，不能嗣後補繳。在作法上，勞工保險及就業保險係採團體保險方式辦理，勞工保險條例之制度規劃係以投保單位爲保險費之計算基礎。由雇主自勞工工資中扣下勞工所應該負擔的保費，勞工負有容忍之義務（Lohnabzugsverfahren; § 28g SGB IV）。

---

[23] 投保單位也要補繳保險費。可以預見、且應預加防範的是，部分雇主可能會對於上班首日（報到）即發生通勤事故者，基於自身利益的考量，不於當日列表通知被保險人辦理加保。在此，被保險人應可主張勞保條例第72條之適用。

[24] 連帶地，也會排除勞保條例第24條之適用。

　　附帶一言者，對於非勞工或不得加入就業保險而加入、且繳交保費的人，並不能以信賴保護爲由，向保險人請求給付。但於其無可歸責事由時，可以請求返還已交的保費（就保法第40條、勞保條例第16條第2項規定、§185a AFG）。

　　在加入就業保險期間，被保險人負有提供其他證明文件、報告／通報／告知、陳述義務、協力義務（向公立就服機構辦理求職登記的協力義務，以便失業給付請求權消滅時效起算）[25]（就保法第15條、第29條、第31條）。此一協力義務雖是自我義務（Obliegenheit），違反時被保險人並不負損害賠償責任，但卻會受到就業保險法上的不利對待。再以告知義務爲例，勞工如於請領失業給付前另有工作（含部分工時工作），即應依就保法第31條規定，失業期間或受理失業給付期間另有其他工作收入，應於申請失業認定或辦理失業再認定時，告知公立就服機構，並依第17條規定辦理[26]。

　　最後，被保險人不得以詐欺或其他不正當行爲領取保險給付（就保法第36條）。具體的案例有：失業給付請領規定並未限制被保險人離職後，不得重返原公司工作。惟勞工於非自願離職後，隨即重返原公司任職（包括部分工時工作），如係勞資雙方合意創造離職事由，領取保險給付，並非勞動契約眞正終止，應依就保法第36條規定辦理。在此，失業勞工亦不得以適應期〔即回到原雇主處工作（含部分工時工作），於十四日內再自行離職之情形〕，作爲對抗理由[27]。

貳、投保單位

　　此處之投保單位，包括僱用未滿5人之事業單位亦適用之（1999年7月30日修正納入）。這表示受僱於未滿5人之事業單位的員工，無需回頭尋找以「就業安定基金」爲財源的「就業促進津貼實施辦法」的各種補助（雖然就業促進津貼實施辦法第2條第1款、第2款之適用對象，包括失業被保險人及不具失業被保險人之受僱人）。

　　有問題的是，雇主是行政助手（Beliehener）嗎？對此，本書以爲應採否定見解，蓋雇主負有一個爲被保險人向承保機構登記的義務，他只是一般的私

---

[25]　李惠宗，前揭文，頁141。

[26]　行政院勞工委員會98年2月23日勞保1字第0980140049號函。

[27]　同上註。

人，無法施以行政處分。其係立法者為達成制度目的所設定之輔助角色，未具有法律主體性。投保單位並非保險關係的當事人，亦非保險人與被保險人間的中間人或代辦商，他充其量為被保險人的代理人[28]。也就是說，雇主應為受僱人加保就業保險與勞工保險，並且負擔部分保費、辦理相關的加保手續。而在發生保險事故時，（必要時）代理向保險人請領各種保險給付。此一義務，原本係勞保條例及就業保險法課以雇主之公法上義務。惟基於雙重效力理論，此一義務並且成為雇主僱傭／勞動契約之附隨義務。因此，投保單位在為被保險人辦理保險程序中，一方面既為公法上的法定代理人，另一方面亦為私法上的代理人。

同理，職業工會在勞工保險上的地位，亦非行政助手[29]。雇主依據勞保條例所負擔之一定比例保險費，並非在履行在勞保關係中之契約義務，而是單純對於國家所承擔的公法上給付義務（參照司法院大法官會議釋字第568號解釋廖義男大法官協商意見書註2）。雖然如此，為維護被保險人權益，勞動部勞保局每年均篩選「單位平均投保薪資」低於「業別平均投保薪資」差距金額偏大之投保單位，定期抽查取證，如有未依規定覈實申報投保薪資者，即予核處投保單位罰鍰，並逕行調整被保險人之投保薪資[30]。

在投保單位的認定上，法院實務認為就業保險法第5條第2項第3款規定之「依法免辦登記」，並非僅指商業登記法的登記而言，而是包括依南投縣政府所作的「自然人農場登記」[31]。另外，外國在台分公司或分校（例如長頸鹿美語中心寶僑分校），必須立案並取得立案證書，始屬於就保法及勞保條例之適用對象。否則，即無就保法第38條第1項及勞保條例第72條規定之適用（無法成立投保單位）[32]。失業者向公立就服機構所為求職登記，係以「一般求職者」的身分所為，而非以「非自願離職失業勞工身分」辦理[33]。

---

[28]　張琦玲，論我國勞工保險被保險人紓困貸款制度之存廢，中原大學財經法律系碩士論文，2009年7月，頁54以下；蔡維音，全民健保之法律關係剖析，月旦法學雜誌，第48期，1995年5月，頁74。

[29]　反對說，范瑋真，前揭書，頁47。

[30]　雇主除了繳交保費的義務外，為讓失業勞工順利領取失業給付，亦應製作並交予離職證明文件。就保法第25條第1項、第3～5項規定。

[31]　台北高等行政法院94年度簡字第00910號判決（林雪芬即大雪山有機農場）。

[32]　此一說法是否無疑？蓋未立案雖為非法公司，但解釋上應類推適用勞保條例第72條及就保法第38條規定，由雇主自行負賠償責任。

[33]　台灣高等法院98年度勞上易字第80號民事判決。

最後，針對地方民意代表僱用之助理，是否爲就業保險法第5條第2項第3款規定之排除適用加保對象？勞動部勞工保險局原持否定見解，認爲民意代表應於所屬員工到職日申報參加就業保險（強制加保），惟該決定爲行政院訴願會所撤銷[34]，認爲有無排除加保規定之適用，尚有疑義。此處所應釐清問題有二，一是中央選舉委員會所核發之當選證書，是否可等同於商業登記法的登記或（前面所述之）「自然人農場登記」處理？或者說是免辦登記之單位？二是即使屬依法免辦登記之單位，助理是否即不得參加就業保險？有無自願加保（任意保險）之適用[35]？本案經中央勞政機關2011年8月10日內部開會結論，認爲一、當選證書屬於就業保險法施行細則第8條第1項第8款所指之「證明文件」，其僱用公費助理幫同工作，僱傭關係相當明確，自應參加就業保險。二、就業保險法排除「自然人雇主」僱用勞工加入本保險，因其僱傭關係及雇主身分不明確，勞工就業或失業難以認定。

參、保險人

相對於被保險人，保險人也有一定的權利與義務。在權利上，主要是收取保費（之後更可依法自行或委託勞動基金運用局投資運用）。至於在義務上，保險人在被保險人有就業保險相關給付事故時，即應負起保險給付義務。其次，其負有照顧義務（Fürsorge-und Betreungspflicht）、提供資訊、諮詢及協助義務。其中，協助義務同樣只是一自我義務（Obliegenheit），違反時並不負損害賠償責任。

值得一提的是，保險人是否負擔給付障礙責任（Leistungsstörung）[36]？其問題源起是，針對勞保局未於收到申請現金給付之十日內發給者，不加計遲延給付利息是否違憲之釋憲申請書，司法院大法官會議在2010年12月24日所作成之釋字第683號中僅表示立法者應隨時檢討勞工在保險關係地位之改善，並未

---

[34] 行政院100年7月6日院台訴字第1000099620號訴願決定書。另請參閱勞工保險局100年8月2日保承新字第10060552630號函。

[35] 依據行政院勞工委員會81年10月19日台81勞保2字第35151號函及行政院勞工委員會91年5月2日勞保2字第0910020846號函，地方民意代表所自聘之助理，得依勞保條例第8條第1項第1款規定，以地方民意代表爲「自然人雇主」加保，與勞保條件第6條規定所稱之「事業單位雇主」有別，不問其自聘之助理是否超過五人，均屬自願加保性質。

[36] 在德國，假設保險人違法收取保費，即負有一個公法的清償義務（ein öffentlich-rechtliche Er-stattungspflicht），並且須加計利息。§26 SGB IV.

明確肯定之。其理由書謂：……至於被保險人或其受益人，因可歸責於保險人之遲延給付而受有損害時，如何獲得救濟，立法者固有自由形成之權限，惟基於上開憲法保護勞工之本旨，立法者自應衡酌社會安全機制之演進，配合其他社會保險制度之發展，並參酌勞工保險條例第17條已有滯納金及暫行拒絕給付之規定，就勞工在保險關係地位之改善，隨時檢討之，併此指明[37]。

　　基於大法官會議解釋的要求，行政院勞工委員會為明確規範保險人給付期間及逾期應加給遲延利息，乃在參酌釋字第683號解釋意旨及公教人員保險法第22條規定後，另外增訂勞工保險條例第29條之1及就業保險法第22條之1。依據前者規定：「依本條例以現金發給之保險給付，經保險人核定後，應在十五日內給付之；年金給付應於次月底前給付。如逾期給付可歸責於保險人者，其逾期部分應加給利息。」（原本，勞保條例施行細則第49條即已規定，「被保險人、受益人或支出殯葬費之人申請現金給付手續完備經審查應予發給者，保險人應於收到申請書之日起十日內發給[38]。但年金給付至遲應於次月底前發給。」這本來即已有遲延給付的意涵，只是不夠明確、且沒有遲延利息的規定而已。）依據後者規定：「依本法發給之保險給付，經保險人核定後，應在十五日內給付之。如逾期給付可歸責於保險人者，其逾期部分應加給利息。」至於有關逾期應加給利息，仍由勞工保險基金或就業保險基金負擔。

肆、財務的問題

一、保險費之負擔

（一）比例保費制

　　依據就業保險法第40條規定，就業保險應該準用勞保條例第15條第1款規定之保費負擔比例（雇主七成、勞工二成、政府一成）。按照論者的說法，之所以規定比例負擔保費，亦即比例保費制（percentage contribution），是因為造成勞工失業之責任，勞方、雇方及政府都有[39]。只是，無論是勞工保險條例或就業保險法中其他的保險事故（例如生育、老年、疾病、育嬰留職停薪津

---

[37] 「立委提案修法 勞保逾期給付 應給利息」，自由時報，2011年2月1日，A3版。

[38] 惟手續不完備要求補正的時間不計入。

[39] 失業保險、資遣費與離職金相關制度之研究，行政院經濟建設委員會健全經社法規工作小組委託，1992年4月，頁74以下。另請參閱鍾秉正，前揭書，頁139。

貼、全民健康保險費補助等）的發生，政府仍須要負擔10%的保費補助，其理由即不在於政府也有責任，而是各有其政策上的考量，尤其主要是在促進社會保險制度的發展。

依據勞保條例第15條第2〜5款規定，隨著被保險人身分之不同，政府補助保費的比例節節升高。雖然「非受僱勞工」不在就業保險法適用之列，因此也不會觸及政府補助的問題。但是，有鑑於就業保險費的過低或就業保險基金的不足，而就業保險給付項目及額度的不斷增加，就業保險費理應也逐步提高。也就是現行的1%保費是否太低而應該調高[40]？吾人回顧1973年4月25日修正的勞保條例第85條規定：「失業保險之保險費率，按被保險人當月之月投保薪資之百分之二至百分之三計算，……」撇開其只是單純地針對消極的「失業保險」所訂的費率不論，2%到3%的保險費率應屬適中、可行。

另外，自2002年就業保險法施行以來，每年保費收入均高於保險給付。惟在2008年下半年全球金融風暴及經濟衰退，國內景氣亦受波及，失業人口亦急遽增加。再加上2009年5月1日新修正施行的就業保險法新增育嬰津貼及延長失業給付請領期間，遂使得就保收支在2009年度已成短絀。我國在2010年度就保收支預算編列收回保費準備，係首次預算編列就保收支短絀。雖然，依據就保法第12條第4項規定所制定之「就業保險促進就業實施辦法」第5條以下之僱用安定措施及依據就保法第16條第3項規定制定之「就業保險延長失業給付實施辦法」，尚無啟動而未增加就保支出，但是，依據就保法第12條第3項規定增加提撥職業訓練等促進就業之項目及經費，再加上育嬰留職停薪津貼的給付額度龐大，就保基金的逐步萎縮，似乎係一不可遏止之勢。為此，中央主管機關即應正視就保基金的財務問題，速擬因應之道，不宜再以「短期內仍足支應」作為塘塞之詞。凡此，均可作為調高就業保險費調高的正當理由[41]。

一旦勞工保險或就業保險有虧損，依據勞工保險條例亦有撥補的規定（勞

---

[40] 其實，依據就保法第8條規定，「本保險之保險費率，由中央主管機關按被保險人當月之月投保薪資百分之一至百分之二擬訂，報請行政院核定之。」而在具有就保法第9條第3項情形之一者，中央主管即應在第8條規定之保險費率範圍內調整保險費率。

[41] 因緣際會，在2011年8月5日發生的美國債信評等被降低，我國財政部乃出面呼籲台灣沒有債信危機，台灣公共債務之定義，與國際貨幣基金定義相同，並不包括社會保險給付。反面言之，如果將社會保險的潛藏債務計入，那台灣的國債將會膨脹到無法想像的地步。相關報導，請參閱「台灣財政穩健 沒有債信危機」，中國時報，2011年8月8日，A4版。另外，于國欽，「台灣財政的三本帳」，工商時報，2011年4月24日，C12版：以政府債務的存量數據而言，有些藏在特種作業基金裡，有些藏在公保勞保等基金裡，若不兼看這三、四本帳，根本不了解台灣的財政狀況有多嚴重。

保條例第69條），只是，政府在撥補／補助（Zuschüsse）之前，應可先採取借貸措施（Art. 120 Abs. 1 Satz 4 GG; §§ 360, 363, 365 SGB III）的作法，借款給保險人使用。或者，保險機構本身也應該尋求借貸的機會，不足，政府才予以補助。

　　除了政府補助之外，依據勞保條例第15條第1款規定之保費負擔比例，雇主應該負擔其中的七成，此一比例似嫌過高。理論上，基於保險的原理與精神（互助性），即使無法達到勞雇雙方各負擔一半的目標，吾人也應該考慮台灣另有資遣費之設計，所以雇主的繳費比例不宜太高，以免造成雙重負擔之結果。或者，既然有資遣費的規定，實施經驗費率的必要性似已大幅降低[42]。

　　除了上述問題外，在保費負擔上，實務上還曾經出現過一個爭議問題，亦即在勞保條例第15條於2012年7月1日修正施行前，該條第1款的「直轄市」規定，係指「設籍」在直轄市的勞工？或者「投保單位」所在地在直轄市？如依據最高行政法院判決及司法院大法官會議解釋，顯然係以後者為是。但這卻無助於化解北、高兩直轄市及台北縣政府（新北市直轄市）的拒不繳納補助款的態度。補助款的法律爭議一變而為難以解開的政治糾葛。為了化解此一政治糾結，立法者只好採取修正勞保條例的作法。因此，依據2012年4月27日修正的勞保條例第15條規定，勞工保險政府應負擔部分之勞工保險費，文字統一修正為「由中央政府補助」，並且自2012年7月1日施行[43]，配合該條文，勞工保險條例施行細則第36條也在2013年7月26日修正施行，將條文原有之「直轄市政府」刪除。雖然如此，本書還是認為修法全部改由中央政府補助，並未真正解決「勞工設籍地」或「投保單位所在地」的問題，而且，如果徒留以「勞工設籍地」作為補助基礎的解釋空間，則是已違反工作地原則（Arbeitsortprinzip），而工作地原則卻也是主計單位做各種統計依據[44]，更且是先進國家（如德國）的統計基礎。

　　本來，上述直轄市積欠保費的情況，應該以修法增訂加徵利息的方式解決。也就是，勞動部勞保局係受中央勞政機關的委任（託），承辦勞保及就保業務的專責機構。原本，基於保險財務自給自足原則，理論上保險費應由雇主與勞工平均分攤繳交之（例如德國就業保險的保費，即是由雇主與勞工各出資

---

[42]　林更盛，前揭文，頁12。

[43]　101年6月1日行政院院台勞字第 1010132810 號令發布施行。

[44]　反對說，「台灣財政穩健 沒有債信危機」，聯合報，2005年1月20日，A2版。

50%）。只不過，在我國，爲了貫徹憲法第155條規定之基本國策，勞工保險條例第15條乃有政府補助（款）的規定。只是，相異於全民健康保險法（第28條）及國民年金法（第13條第6項、第14條）均有按日加徵利息的規定，現行的勞工保險條例及就業保險法中並無類似規定。現行的勞工保險條例施行細則第36條只是規定，「中央政府依本條例第15條規定，應補助之保險費，由保險人按月開具保險費繳款單，於次月底前送請中央及直轄市政府依規定撥付（第1項）。前項政府應補助之保險費，經保險人查明有差額時，應於核計下次保險費時一併結算（第2項）。」此種法無加徵利息規定之情況，徒留當時的北、高兩直轄市政府及台北縣政府不依法行政、繳交補助款的空間（甚至在最高行政法院判決後，依然故我，不思改過，徒留行政蠻橫的歷史形象）。也爲勞保條例第17條被保險人及投保單位未依限繳交保費，將會受到加徵滯納金、追訴求償，甚至拒絕給付等處罰，留下一個絕然不公允的相互輝映圖像。

　　針對政府勞保費採取工作地原則，最高行政法院的見解如下：政府的補助保費，除中央政府外，亦包括地方政府。且各地方自治團體照顧之對象，司法院釋字第550號解釋並未表示以設籍於其行政轄區內之居民爲限（作爲計算負擔健保保險費補助款之標準），而其亦未對「居民」一詞給予明確定義。參照第550號解釋意旨，地方自治團體受憲法制度保障，其施政所需之經費乃涉及財政自主權之事項，固有法律保留原則之適用，但於不侵害其自主權核心領域之限度內，基於國家整體施政之需要，對地方負有協力義務之事項，中央依據法律使地方分擔保險費之補助，尚非憲法所不許。則被上訴人（勞工保險局）基於行政便宜，以投保單位所在地作爲計算上訴人（台北市政府）負擔勞保補助款之標準，亦難謂與權力分立之原則有違[45]。

　　依據憲法第155條規定，國家爲謀社會福利，應實施社會保險制度，係以實施社會保險制度作爲謀社會福利之主要手段。而社會福利之事項，乃國家實現人民享有人性尊嚴之生活所應盡之照顧義務。除中央外，與居民生活關係更爲密切之地方自治團體自亦應共同負擔。再依憲法第19條規定，人民有依法律納稅之義務。此表示彼等對於中央政府或地方政府均有納稅之義務。地方政府既有徵稅之權力，自亦有對於彼等提供公共服務之義務，或爲履行照顧彼等之義務而分擔社會保險（勞工保險、全民健康保險）部分保險費之社會福利政策

---

[45]　最高行政法院96年度判字第01965號判決、最高行政法院96年度判字第01162號判決。另參閱「積欠勞、健保補助 北市府又敗訴」，聯合晚報，2005年1月13日，A2版。

之執行。

「我國有關社會福利之法規，例如身心障礙者保護法、特殊境遇婦女家庭扶助條例、社會扶助法等，固均係明文規定以『戶籍』作為地方自治團體負擔福利義務之基礎，然於勞工保險條例、就業保險法，並無相同以『設籍』為限之規定，此觀勞工保險條例第6條第1項第1款至第7款、第2項及第3項、第8條第1項第1款至第4款、第9條之1、第15條，以及就業保險法第5條、第40條規定至明。」勞工保險係採團體保險方式辦理，勞工保險條例之制度規劃係以投保單位為保險費之計算基礎，故政府負擔之勞保費補助款，自當以投保單位所在地為基準，比例負擔。如改以被保險人之戶籍地為計算基準，其作業手續繁複瑣細、計算不易，勢將耗費大量行政成本。且被上訴人（勞工保險局）僅有被保險人在其投保單位之加保資料，缺乏被保險人之戶籍資料，無法核算勞保費補助款[46]。

（二）工資分級均等保費制及單一彈性費率

台灣兼採工資分級均等保費制（wage class contributions; Beitragsbemessungsgrenze），亦即將被保險人工資劃分成若干等級，勞工按照勞工保險投保薪資分級表繳交保險費（2019年10月30日修正、自2020年1月1日施行之勞工保險投保薪資分級表總共有16級，最低月投保薪資23,800元，最高月投保薪資45,800元）。

我國的勞保保費及就保保費係採取單一彈性費率。雖然論者間早有主張經驗費率者，但多年來並未被採行。惟中央勞政機關一直持續評估及研究是否已到適合採取經驗費率的時機。在這裡，究竟應採經驗費率或單一費率，宜先就雇主社會責任或保險財務機動處理予以考量。另一個問題為：論者多謂經驗費率制，其保費應完全由雇主負擔，其主要觀念似乎是雇主應負起失業的社會責任。反面言之，在現行由雇主、勞工及政府共同負擔的前提下，無法設計經驗費率。雖然如此，本書以為採取經驗費率不應以保費完全由雇主負擔為前提，如由勞雇政三方共同負擔只是較為複雜而已，不能說無法設計[47]。

（三）其他問題

在保費的負擔上，針對任意加保的勞工（勞保條例第9條、就保法第40條

46　最高行政法院96年度判字第01162號判決。

47　請參閱林更盛，前揭文，頁12。

規定），雖然依據勞保條例第15條第2款規定，政府還要補助40%的保險費。但是，本書以為除了應徵召服兵役者外，其保險費理應全部由其自行負擔。從比較法來看，在德國，自營作業者與任意加保的勞工，原則上即由其自行負擔全部的保險費。這應該可以提供台灣參考。

又，對於應徵召服兵役者，能否加入就業保險？如從就業保險法第5條第2項第1款規定「依法應參加軍人保險者」觀之，似乎並不區分職業軍人與義務役軍人，因此應採否定見解。此與勞保條例第9條第1款規定「應徵召服兵役者」得自願加保者（保費自行繳納），不同。惟在德國，對於應徵召服兵役者或服替代役者，由聯邦政府代為繳交失業保險費（§ 347 SGB III）。

最後，德國短工津貼者及身心障礙者的保費，也是全部由雇主（含其本身應繳的保費）繳交（§ 249 II Nr. 1 SGB V; § 168 I Nr. 1a SGB VI; § 346 II SGB III）。在我國，依據2003年4月11日修正施行的身心障礙者參加社會保險保險費補助辦法，針對身心障礙者參加社會保險（第3條第1款：含勞工保險、就業保險）者，其自付部分的保險費（第4條），得依據其身心障礙程度給予不同比例的補助（第5條）。至於適用僱用安定計畫之被保險人，只能申請薪資補貼（就業保險促進就業實施辦法第7條以下），並無保費的補助。而依據充電再出發計畫接受訓練者，從其補助訓練費用項目觀之，並無雇主負擔的保費或勞工自付保費項目。

二、保險基金之運用管理

（一）基金運用管理之目標與原則

一般認為就業保險基金運用與管理有三大目標：即安全性、流動性及獲利性。或有謂五個原則：安全原則、流動原則、收益原則、福利原則、企業責任原則。蓋就業保險係短期保險，財務處理採隨收隨付制（Umlageverfahren）。就業保險基金主要是在應付當期的保險給付。隨著育嬰津貼的發放，就業保險基金的流失越趨加快、加大，更凸顯出無法積存的特性。德國聯邦就業總署對於失業保險費，也可以作較無風險的、短期的收益性的投資運用。惟其一般是存放在國營行庫，以收取固定利息。

相對於就保基金，勞保基金的運用除了要有安全原則及流動原則外，尚須遵守收益原則、福利原則及企業責任原則。所謂收益原則，係指勞保基金要投資高利潤標的，以健全保險財務。依據論者所見，當勞保基金投資報酬率每增

加1%時，所計收支費率可減少0.7%[48]，可見投資收益對於全體被保險人權益的影響重大。如以台灣現況來講，在所得替代率高的情況下，由勞保局操作的正當性隨之增加。

　　另外，所謂福利原則，係指投資基金必須考慮其所產生之效益，是否與社會福利有關，尤其是某一特定階層的社會福利，果如此，即使收益低，但基於「取之於被保險人，用之於被保險人」的理念，即應考慮投資。勞工保險局自2003年以來所做的紓困貸款，即是基於福利原則而進行的（勞保基金的）投資。雖然學者間有持贊成說者、也有持反對說者，但是，只要所占的投資不要超過全數勞保基金的一定比例，應係具有其正當性及必要性[49]。另外，在投資運用勞保基金時，所特別加入企業責任的指標（例如該企業遵守法令僱用身心障礙者），以具體實現本身的社會責任，應係一正確之舉。

（二）短期投資

　　如上所述，就業保險基金與勞工保險基金不同，其是準備為了應付經濟景氣良窳所引起的失業給付及其他相關給付，所以只能作為短期投資之用，以便隨時能作為支出之用。

伍、其他問題：就業保險法第17條第1項規定之其他「工作收入」之扣除

　　依據就業保險法第17條第1項規定，被保險人於失業期間另有工作，其每月工作收入超過基本工資者，不得請領失業給付；其每月工作收入未超過基本工資者，其該月工作收入加上失業給付之總額，超過其平均月投保薪資80%部分，應自失業給付中扣除。但總額低於基本工資者，不予扣除。

　　此一規定，目的是為增進失業者之勞動意願，在（制度設計上仍）維持失業勞工身分下，容許請領失業給付期間另有工作之收入（尤其是鼓勵從事部分時間工作）[50]。但又擔心被保險人不當得利或雙重得利或影響推介就業，因此

---

[48] 葉順山，勞工保險老年給付改採年金給付制度之精算與評估，中華民國精算學會，勞工保險局委託研究，2002年5月，頁14。

[49] 張琦玲，論我國勞工保險被保險人紓困貸款制度之存廢，中原大學財經法律系碩士論文，2009年7月，頁19以下。

[50] 行政院勞工委員會92年10月17日勞保1字第0920058088號函、勞動部103年5月17日勞動保1字第1030140177號函參照。

設有得扣除及不予扣除的標準。只要工作的收入微薄，與失業給付總額低於基本工資者，不予扣除。一旦另有工作，且與失業給付總額超過基本工資者，應於次月失業再認定時，始不予給付[51]。另外，也是從避免不當得利的角度出發者，係就業保險法第11條第1項第2款有關請領提早就業獎助津貼條件之參加本保險三個月以上之規定，尚不包括領取失業給付期間因另有工作而參加就業保險之年資[52]。

　　有關就業保險法第17條第1項扣除之設計，係針對尚未或已經開始領取失業給付者[53]，但不包括經公立就業服務機構安排參加全日制職業訓練者[54]。至於「被保險人於失業期間另有工作，其每月工作收入超過基本工資者，不得請領失業給付」，只是排除失業給付的權利而已，並未使其喪失失業勞工的身分，理論上，就業保險法中的其他給付仍然存在。此處的「每月工作收入超過基本工資」，係以契約所定的工資為準，而非實際工作的收入，亦即勞工如因個人因素自行離職，致無法取得整月工資者，亦不得再以前次離職事由申請失業給付[55]。而且，「不得請領失業給付」，解釋上係自另有工作收入的下個月起生效[56]。在這裡，既係以法定的基本工資額度為準，則被保險人原得請領之失業給付，其數額可能高於、但也可能低於基本工資。在其高於基本工資而被停止給付時，即有權利受損之感。惟其仍得請領就業保險法中的其他給付，例如全民健康保險費補助，並且，如其工作不影響接受職業訓練時，亦得請領職業訓練生活津貼，再者，如其係「受僱工作」，則在參加就業保險滿三個月以上時，亦得請領提早就業獎助津貼（就保法第18條參照）。所以，綜合觀之，

---

[51] 行政院勞工委員會92年8月15日勞保1字第0920041819號函、92年10月15日勞保1字第0920052921號函參照。

[52] 勞動部104年1月15日勞動保1字第1030140456號函參照。

[53] 而且，此處已開始領取失業給付者，包括非自願離職後再就業者，而在工作十四日內自行離職者。

[54] 依據行政院勞工委員會99年2月24日勞保1字第0990140037號函、99年12月8日勞保1字第0990140513號函：經公立就業服務機構安排參加全日制職業訓練者，於受訓期間另有工作或於受訓期間再就業後數日離職，考量社會保險適當保障原則及職業訓練生活津貼發放之立法目的，不得繼續請領職業訓練生活津貼。

[55] 行政院勞工委員會101年12月26日勞保1字第1010140526號函參照。另參照行政院勞工委員會100年3月8日勞保1字第0990140482號函釋。

[56] 雖然如此，這是以失業勞工依就業保險法第31條、第32條規定善盡告知義務為前提，否則即無信賴保護原則之適用，將會導致原初次失業認定核屬違法行政處分，而被依行政程序法第118條予以撤銷的後果。勞動部103年5月17日勞動保1字第1030140177號函參照。

對其仍然較爲有利。況且，被保險人如未能適應新的工作而自行離職，其基於失業勞工身分所得請領的失業給付，始不會受到影響。

由就業保險法第17條第1項規定觀之，其主要涉及兩個問題，一是何謂「另有工作」？是否包括兼職（部分工時工作）？短期工作？臨工專案？董事／自行創業？實習工作？另一是「工作收入」的認定及追回。先就第一個問題「另有工作」而論，部分工時工作（或兼差性質的工作／打零工）屬之，蓋在制度設計上，另有工作之收入未超過基本工資者，大多爲部分工時工作（或兼差性質的工作）。這表示立法者樂見或鼓勵失業勞工盡可能地從事部分時間工作（或兼差性質的工作），以維持其適當的生活。中央勞政機關認爲勞工如於請領失業給付前另有工作（含部分工時工作），即應依就保法第31條規定，失業期間或受理失業給付期間另有其他工作收入，應於申請失業認定或辦理失業再認定時，告知公立就服機構，並依第17條規定辦理[57]。其次，勞工於非自願離職再就業後，如經查詢其有投保記錄，且係以部分工時身分投保，月投保薪資未達基本工資者，不論其再就業天數是否逾十四日，均按就業保險法第17條第1項規定辦理。至於經查詢其投保薪資超過基本工資者，則依94年6月3日勞保1字第0940029183號令辦理，即再就業於工作十四日內自行離職時，得以前次非自願離職事由，申請失業給付；惟如再就業天數逾十四日離職者，則應以再就業後之離職事由，重新審核其是否符合就業保險法之規定，始得申請[58]。

其次，所謂另有工作，指於被保險人於失業期間有提供勞務之事實且因而獲致報酬，不論其勞動型態及收入之名稱爲何，均屬之[59]。依據中央勞政機關所見，「另有工作」包括僱傭、承攬或其他勞動型態均屬之。顯然，其認爲第17條第1項「另有工作」的提供勞務，並不限於以勞工身分受僱爲他人「提供勞務」[60]，而是及於爲自己工作而提供工作成果（承攬）及爲他人處理事務（有償委任[61]）之勞動型態。所排除者，係加入職業工會的職業工人[62]、自行

---

[57] 行政院勞工委員會98年2月23日勞保1字第0980140049號函。

[58] 行政院勞工委員會100年3月8日勞保1字第0990140482號函。

[59] 行政院勞工委員會97年2月20日勞保1字第0970140027號函。

[60] 行政院勞工委員會92年2月26日勞保1字第0920007077號書函卻是採取此一見解，其語謂「有關就業保險法第17條規定之另有「工作」，係指受僱從事有酬之薪資勞動」。惟其已被行政院勞工委員會96年11月9日勞保1字第0960140467號函所廢止。

[61] 台北高等行政法院100年度簡字第186號判決、勞動部103年5月17日勞動保1字第1030140177號函。

[62] 行政院勞工委員會99年12月8日勞保1字第0990089965號函參照。

創業[63]及擔任公司負責人[64]之藉由本身事業之經營而獲取所得之情形。即使其於離職退保後數日註銷該負責人身分，已非失業勞工身分，不得請領失業給付[65]。蓋其已非失業勞工身分，與第17條第1項「另有工作」在制度設計上仍為失業勞工身分者，尚有不同。一旦已非失業勞工身分，則非僅是扣除部分工作收入的問題，而是喪失繼續請領失業給付的權利[66]。更且，就業保險法中其他給付的權利也一併喪失。

　　本書以為上述中央勞政機關的見解，尚有補充的必要。緣第17條第1項的立法意旨為：「為增進失業者之勞動意願，容許請領失業給付期間另有工作，惟其另有工作之收入亦應有適當之限制，以免影響推介就業。」既謂「為增進失業者之勞動意願」，解釋上即不以直接締結勞動契約為前提，即其不以為他人提供從屬性／依附性之勞務為限，而是鼓勵失業者（走出失業的陰影）而接受各式各樣具有經濟價值的工作的機會，例如臨時性或偶發性的工作、線上工作或居間工作等。且不問是否有投保社會保險。如其終能導致締結一穩定的勞動關係（即使是一部分工時工作）的結果，使其盡早結束失業身分，庶幾也能達到就業保險法的立法目的。所以，第17條第1項：「每月收入超過／未超過基本工資」的規定，只是一作為失業給付與另有工作收入的判斷標準而已，無法將之視為只是勞動契約的對價。有問題的是，自行創業或擔任公司負責人固無論，即使是承攬人（含自營作業者）、受任人及居間人的勞務，是否亦在第17條第1項規定之「工作」內？蓋其係具有一定程度獨立性的勞務、為自己工作、且必須面臨企業經營的風險，與自行創業人或擔任公司負責人所須負擔的風險相去幾希。所以，是否應排除承攬人（含自營作業者）？以及，應將受任人限於在他人事業單位提供勞務者為限，例如委任經理人？而排除自行以受

---

[63]　行政院勞工委員會98年8月27日勞保1字第0980080610號函。但是，根據行政院勞工委員會100年1月28日勞保1字第0990140509號函：受僱者於育嬰留職停薪或失業期間，兼任他單位負責人，不得請領育嬰留職停薪津貼或失業給付。惟為合理保障勞工請領就業保險給付權益，該兼任單位非屬營利事業，或有貴局（勞工保險局）來函所列已辦理停業登記等情事，經貴局審查確無營業事實者，得核發育嬰留職停薪津貼或失業給付。

[64]　最高行政法院101年度裁字第909號裁定。行政院勞工委員會99年6月23日勞保1字第0990017802號函。但解釋上並不包括單純擔任股東之情形。

[65]　本案被保險人於原單位就業加保時，已另於他單位擔任負責人，而於離職退保後數日註銷該負責人身分。中央勞政機關認為依行政院勞工委員會99年6月23日勞保1字第0990017802號函規定，已非失業勞工身分，不得請領失業給付。請參照行政院勞工委員會102年1月10日勞保1字第1010092484號函。

[66]　行政院勞工委員會98年8月27日勞保1字第0980080610號函。

任人的身分（例如律師、會計師、或居間人）為他人提供勞務者？蓋其亦屬自行創業的一個型態矣。同樣不屬於另有工作及工作收入的，是到建教合作單位實習之薪資。亦即失業勞工於失業給付期間，接受訓練單位安排到建教單位實習，由於其身分非勞工，故其於實習單位領有收入，不論其名義為何（訓練單位稱該款項為實習交通津貼），均不得視為給付勞務之對價，非工作之薪資收入[67]。另外，實習津貼也無法與在受訓單位上課，因而領有政府核發之相關津貼補助者等同視之[68]。至於針對失業勞工於請領失業給付期間，經推介參加臨時工作津貼、永續就業工程計畫、多元就業開發方案、公共服務擴大就業計畫等公法救助工作方案，其既屬就業保險法第17條第2項不得同時請領失業給付之情形，即非同條第1項之「另有工作」。

有趣的是，失業者擔任村（里）長工作，是否亦屬此項的另有工作？對此，中央勞政機關認為村里長雖受鄉（鎮、市、區）長之指揮監督，惟其支領之事務補助費與受僱從事之有酬薪資不同，應非屬（就保法第17條規定之）工作之薪資收入。惟就業服務中心於辦理失業認定時，仍應就其是否具有工作意願[69]及推介就業或安排職業訓練依就保法相關規定積極辦理[70]。依據本書所見，擔任村（里）長即是出任公職，其受到公務人員相關法令之適用，而且，除非具有特定的事由，否則受到任期的保障。故一旦擔任村（里）長工作，本難期待其具有工作意願，應該如同自行創業或擔／兼任單位負責人般對待，認為其已非失業勞工身分。

至於第二個問題，是「工作收入」的認定及追回。此處的工作收入，係指勞動的對價而言，不包括勞基法施行細則第10條之非工資部分[71]。至於針對職業工人及漁民可否以「說明確無工作收入」或「自行切結無工作收入」，即可領取失業給付？中央勞政機關認為勞工保險係在職保險，勞工實際從事工作，且符合勞工保險條例相關規定者，始可由所屬職業工會或漁會辦理加保；並其

---

[67] 反對說，行政院勞工委員會95年7月14日台勞保1字第0950114027號函。

[68] 請參閱行政院勞工委員會99年7月27日台勞保1字第0990140163號函。

[69] 還有工作能力？

[70] 行政院勞工委員會95年9月11日台勞保1字第0950506460號函。

[71] 依據德國Karlsruhe社會法院判決，顧客給勞工的小費（Trinkgeld），並不從失業金二（合併之前的失業救助金與社會救助金）扣除。理由是勞工受領小費並不負有法律上的或道德上的義務。如要將之計算入失業金二，有嚴重的不公平。況且，小費本來就無需作為投保薪資。再者，如果小費無法適度增加勞工的收入，那麼，當初顧客藉由小費來答謝勞工服務的用意也會落空。SG Karlsruhe v. 30.3.2016 – S 4 AS 2297/15, BeckRS 2016, 69152.

加保資格及月投保薪資應依同條例第14條、第14條之1及第24條規定辦理。次查就業保險法第17條明定被保險人失業期間另有工作，其每月工作收入超過基本工資，不得請領失業給付；每月工作收入未超過基本工資，得請領失業給付之例外規定。二、……。三、被保險人於請領失業給付期間另加保職業工會或漁會，如其說明確無工作收入部分，為免勞工意圖同時領取失業給付及勞保年資所生利益，而取巧於職業工會或漁會掛名加保，或未依工作所得覈實申報月投保薪資，仍請勞保局就勞工個案事實查明，依勞保條例加保規定及投保薪資覈實申報辦理[72]。

　　在追回給付的部分，中央勞政機關認為（查）社會保險針對短期給付，為期周延保障且行政經濟起見，多有採期前核付，後因事故消失而毋需追回給付之成例。……且考量現行之等待期為十四日，失業勞工於等待期後縱另有工作收入，惟其所得中斷期幾已長達一個月，將已核給之當月失業給付追回，自有違該法保障勞工失業期間生活之立法意旨，亦將衍生諸多爭議，徒增給付作業及爭議審議之行政成本[73]。同樣基於行政經濟與保障給付權益考量，中央勞政機關認為被保險人於60歲之前，請領失業給付之期間，復提出申請老年給付者，如當月經核給老年給付，失業給付仍應核給，於次月始停止給付。而且，有關領取職業訓練生活津貼案，應比照前開失業給付方式處理[74]。本書以為此一「行政經濟與保障給付權益考量」之論調，即使加上就業保險法第1條及勞工保險條例第1條之立法宗旨，仍然必須符合就業保險法及勞工保險條例之相關規定，並且不得違反社會保險的原理與理論，否則，針對類似狀況所為之就業保險法及勞工保險條例之各種給付，似乎亦毋庸追回了。

　　還有一個有趣的問題是：另有工作收入的扣除，是否也適用於提早就業獎助津貼或／及職業訓練生活津貼？對此，中央勞政機關認為就業保險法第17條只是規定，被保險人於失業期間另有工作，……，應自失業給付中扣除，惟並未規定自提早就業獎助津貼中扣除，基於失業給付與提早就業獎助津貼性質不

---

[72]　行政院勞工委員會100年3月8日勞保1字第1000140032號函、勞動部103年10月8日勞動保1字第1030140341號函參照。這表示其假使無工作收入、即可推知為無實際從事勞動，因此不能在職業工會或漁會加保。另外，行政院勞工委員會100年5月12日勞保1字第1000140163號函亦採取同一看法，並特別強調「並考量本會86年7月9日勞保2字第026895號函釋辦理」。

[73]　行政院勞工委員會93年11月1日勞保1字第0930046184號函。

[74]　行政院勞工委員會93年11月3日勞保1字第0930054612號函參照。

同，上開規定，自不適用於提早就業獎助津貼[75]。至於另有工作收入的扣除，是否亦適用於職業訓練生活津貼？這可能要考量職訓津貼與失業給付在目的上究竟有多少相似性而定[76]。倒是，勞工育嬰留職停薪期間，如另有工作收入或另在受訓單位上課，因而領有政府核發之相關津貼補助者，即不得再請領育嬰留職停薪津貼，其理由並不在於比照／類推適用就保法第17條第1項規定，而是因為其已違反育嬰津貼之目的[77]。

第二節　失業的意義及其成就要件

壹、失業的意義

就業保險法並無失業的定義。不同的是，依據德國社會法典第三部（Sozialgesetzbuch III）就業促進法（Arbeitsförderungsgesetz, AFG）第138條第1項規定，失業者，係指有下列情形之勞工：1.未處於僱傭關係者（未受到僱用者）。2.努力將自己失業狀態結束者（自我努力Eigenbemühung）。3.隨時隨地願意接受就業署所推介之工作及融入工作之措施者（Verfügbarkeit）。

在台灣，一般認為失業，並不是指勞工喪失工作能力，而是指原則上完全失去工作機會而言。既然是失去工作機會，自然不包括勞工在休特別休假或無薪休假的情形，因為這只是短暫中斷工作，勞工本想要在休假後重拾工作。倒是，如果勞工從事微量的工作且微量工作收入與失業給付總額未超過基本工資者，仍然屬於失業（就業保險法第17條第1項規定參照）。理論上，申請失業給付者必須舉證失業之事實。

失業，並不包括勞工只是被減少工作時間而成為部分時間工作者，惟如果只剩微量工作的時間，由於其幾近於完全喪失工作，似乎即應立法肯定其失業的資格[78]。惟目前我國工作時間法制上，並無微量工作時間的類別及定義，所以，微量工作者也是部分時間工作者。反過來講，即使從事微量工作的部分

---

[75] 行政院勞工委員會92年10月15日勞保1字第0920052921號函。

[76] 林更盛，前揭書，頁10。在這裡，即使在接受全日制職業訓練時，還會有時間「另有工作」。因為依據就保法施行細則第16條第3款規定，每次上課日間「四」小時以上，所以會有時間在訓練完後才去工作。

[77] 行政院勞工委員會99年7月27日台勞保1字第0990140163號函。

[78] 在這裡，會連動另一個問題：被減少工作時間者並不能領取資遣費。

時間工作者被解僱時，仍屬失業。此包括，如果受僱於二個以上雇主且都參加就業保險，而其中有部分工作被終止者。相對地，如果被終止的部分工時工作未有就業保險，則仍然不屬於失業（就保法第5條第3項規定參照）。從比較法來看，在英國，被減少工時三個月，尚不屬失業，但如已達一年時間，則屬之[79]。其目的在對於「部分失業」提供保障。

　　在認定失業時，如果勞工在領取失業給付期間再就業，但是未逾十四日的適應期再度離職請求失業給付者，仍然屬於失業[80]。相反地，雇主基於因經濟不景氣致虧損或業務緊縮，為避免裁減員工，所實施的僱用安定措施（異於德國就業保險法限於不可避免的突發事故或企業改組），即不屬於失業（就業保險促進就業實施辦法第5條以下規定參照）。

　　由於台灣就業保險法也是採取「積極的失業」（aktive Arbeitslosigkeit）政策，所以，就業保險法要處理的失業，並非指各種類型的失業，而是只針對非自願性的失蹤，況且還要符合以下二～六的要件。而且，整體而言，如從等待期、期待權、投保年資（Referenzzeit）、領取失業給付的期間等來看，台灣失業勞工領取失業給付的條件算是較為嚴格的。德國則是低度條件的國家（例如德國失業給付並無等待期的設計）[81]。

貳、非自願離職、且不得有勞基法第12條第1項規定事由之一

　　依據就業保險法第11條第3項規定，本法所稱非自願離職，指被保險人因投保單位關廠、遷廠、休業、解散、破產宣告離職；或因勞動基準法第11條、第13條但書、第14條及第20條規定各款情事之一離職。此處，首應了解者，係非自願離職所涉及的勞動關係的終止，並不以法律上的（形式）終止為準，而是指「事實上的終止」（tatsächliche Beendigung）而言，亦即雇主確實不再受領勞務或勞工不再將勞動力置於雇主可以使用的狀態。換言之，即使有就業保險法第11條第3項所定的事由，或者已經形式上預告終止勞動契約，但勞工仍然（在預告終止日屆至時）到廠提供勞務且經雇主受領者，則其勞動關係事實上仍繼續存在，自無非自願離職可言。由於就業保險法第11條第3項所定之事由，除了勞基法第11條、第13條但書、第14條及第20條規定情事外，尚列舉有

---

[79] Bruns, a.a.O., 39.

[80] 勞工保險監理委員會，勞保爭議大觀園，頁244以下。

[81] Eichhorst/Kuhn/Thode/Zenker, Traditionelle Beschäftigungsverhältnisse im Wandel, 56 f.

關廠、遷廠、休業、解散、破產宣告等事由，較勞基法所定勞動契約終止事由為多。惟有問題的是，關廠、遷廠、休業、解散、破產宣告是否均會導致法律上及事實上停止營業及終止勞動關係的後果？似非無疑。以宣告破產及解散而言，之後必須辦理清算（民法第35～40條、第57條、第58條），且至清算終結止，在清算之必要範圍內，法人視為存續。因此，在清算期間，除非勞工自行辭職或雇主以有勞基法第11條第1款或第2款等事由而終止勞動關係，否則，原勞動關係存續並不受影響。再以關廠及休業而言，如係起因於雇主違反環境保護、建築等相關法規，而被處以暫時停業處分時，勞動關係也繼續存在，雇主仍應繼續給薪。由此看來，就業保險法第11條第3項之「關廠、遷廠、休業、解散、破產宣告」的事實，應將之限縮解釋為雇主在法律上及事實上已停止營業、而且勞動關係已終止者為限。在此，值得思考的是，立法者是否有意單純以有「關廠、遷廠、休業、解散、破產宣告」的事實，即允許勞工在事實單位企業經營面臨重大改變而離職時，將之擬制為「非自願離職」看待？即不再區分勞工自願的或被迫的離職？[82]本書傾向於肯定，畢竟在該等事由出現時，勞動關係已失去其穩固性、甚至朝不保夕，勞工能基於自由意志決定去留者幾希。

上述「關廠、遷廠、休業、解散、破產宣告」等事實，在就業保險法上具有獨立的「非自願離職」的構成要件與規範價值[83]，在一件遷廠的爭議案件中也獲得印證。依據中央勞政機關的見解，就業保險法第11條第3項所定非自願離職之各種情事，係互為獨立，如經公立就業服務機構就個案事實認定勞工因原投保單位遷廠而離職，即使經雇主提供必要之協助仍選擇不留任而離職，仍屬就業保險法第11條第3項之非自願離職[84]。

其次，吾人由就業保險法第11條第3項規定觀之，似乎非自願離職的事由一目了然。問題是，就業保險法第11條第3項之規定，已經是全部的情況了嗎？例如：合意資遣？優惠退休？罷工？以及勞基法第16條第3項「無預警解僱」規定（含何時起算）是否在適用之列？又，例如投保單位因經營轉型而計

---

[82] 解釋上，勞工如未自行辭職或未被迫離職，就業保險法的立法者當不得以「關廠、遷廠、休業、解散、破產宣告」的事由，即強制雙方終止勞動關係，並且發予失業給付。

[83] 在這樣的解釋下，勞工在雇主進行破產程序時，其既得以離職而請領失業給付，應該亦得請求雇主立即給付資遣費，而不須依破產債權程序處理（破產法第98條、第99條參照）。

[84] 勞動部104年9月24日勞動保1字第1040140508號函參照。此一函釋可能引起的疑慮是：有無違反積極促進就業的思想？另外，是否會與勞動契約法上所要求之解僱最後手段原則背道而馳？

畫裁撤特定部門，因此與該部門勞工協商，提供其較優惠的資遣條件，勞動契約因雙方合意而終了，也適用？蓋就業保險法第11條第3項規定所採取之列舉的方式，雖然有助於法律安定性，但恐無法涵蓋全部的情況[85]。

對於上述諸種情形，首先必須考量的是：就業保險法第11條第3項規定的重點，是在於勞工的非自願，而非在於資遣費的依照法律規定或較法定標準為低或為高（所謂的「優惠資遣」）。因此，只要是合意資遣（含優惠資遣），原則上即非「非自願」，當無失業給付之請領資格可言。例外地，被保險人得舉證證明其並非自願的與雇主合意終止契約。所以，即使優惠資遣，也必須分別情形按照係勞雇雙方合意或由雇主單方決定或命令終止勞動關係，並且給予資遣費，而定其是否有就業保險法第11條第3項之適用。

比較沒爭議的是，勞工在留職停薪中，勞動關係只是暫時中止而已，不屬於非自願離職。同樣地，勞工參加罷工或被鎖廠，只是勞雇雙方主要義務的暫時中止，雙方並無結束勞動關係的意思，故勞工並非失業且難以視為非自願離職。在德國，聯邦社會法院認為在三週內勞動關係暫時休止及繼續存留，之後即結束（勞工失業）[86]。在英國，雖然也是勞動關係暫時中止，但是，存在一個「不正常的無工作日」（unübliche Tage ohne Arbeit），即勞工被認為失業[87]。至於勞工為照顧失能、重症等家屬而離職，雖然情有可憫，但因確係個人因素而離開職場，並非個人所不能掌握之職場風險，且其並不「具有繼續工作意願」及無期待可能性，故與積極促進就業之立法意旨不合。

又，勞工如有勞基法第12條第1項規定的各款事由之一，而被雇主解僱者，亦非屬非自願離職，不得請領失業給付[88]。只不過，即使勞工有上開規定的事由之一，一方面由於其已喪失資遣費，另一方面其規定的事項，是否均屬重大事由？恐怕也需要按照個案而定。所以，針對犯行輕微的勞基法第12條事由（例如蛋糕店員工偷吃一塊30元的蛋糕），如果一律允許雇主予以解僱、並且也剝奪其失業給付請求權，似乎已違反比例原則。

是否屬於非自願離職？實務上係依據個案認定，例如針對因投保單位歇

---

[85]　林更盛，前揭文，頁9。

[86]　BSGE 33, 254, 258.只不過，作者對於「三週」的期限存疑。

[87]　Bruns, a.a.O., 40.

[88]　台灣高等法院99年度勞上易字第113號民事判決、台灣高等法院台南分院99年度勞上易字第4號民事判決。林更盛，前揭文，頁4。

業、休業或停業等情事而離職[89]，均係事業單位未能繼續營運，而非被保險人自願離職者，得認定其爲非自願離職，並依就保法規定請領失業給付。至於歇業、休業或停業如何認定乙節，當視投保單位依目的事業主管機關之規定、處分或事實個案認定之[90]。類似的案例，中央勞政機關甚至表明凡出於雇主之事由而終止勞動契約者[91]，即屬非自願離職。本案投保單位因辦理停業登記或受停業處分[92]，所發給之以停業爲離職原因之離職證明，如終止勞動契約之意思確係雇主所爲，而非被保險人自願離職者，得認定其爲非自願離職，並得請領失業給付[93]。另外，中央勞政機關認爲依據就保法第25條第1項、第3項規定，求職登記必須檢附離職證明文件。其意指如係由直轄市或縣市主管機關發給者，限於申請人無法由投保單位取得、且具有一定情形之一者，例如關廠、歇業或雇主行蹤不明[94]，經地方主管機關查明屬實者[95]。

　　而在法院實務上，是否非自願離職，往往也是勞雇雙方爭議焦點之所在，況且牽動到失業給付之領取。例如甲勞工自乙雇主處離職，之後持台北市政府勞工局勞資爭議案件調解會紀錄及自行釋明離職原因之離職證明書辦理求職登記及申請失業給付，前經保險人核付六個月失業給付，並補助全民健康保險費。嗣甲訴請乙給付薪資，經台灣台北地方法院以96年度重勞訴字第26號民事判決駁回、台灣高等法院以98年度重勞上字第11號判決及最高法院99年台上字第1108號裁定維持而告確定。保險人據此審認甲非屬就業保險法之「非自願離職」，不符失業給付之請領規定，乃以100年2月9日保給失字第10060032310號函核定撤銷前揭「失業給付核定」，所請失業給付應不予給付，前已領取之失業給付及全民健康保險費補助金共計零元應退還銷帳。甲不服，循序提起行政訴訟，經原判決駁回後復行上訴[96]。

　　針對事業單位經營虧損、組織人力精減、以及公營事業民營化等情形，

---

[89]　這裡，勞工可能還有積欠工資墊償基金請求權。

[90]　行政院勞工委員會95年6月23日勞保1字第0950055156號函。

[91]　只是，勞基法第11條第5款之勞工確不能勝任工作，也是出於雇主之事由嗎？所以，以出於雇主之事由作爲非自願離職的標準，並不恰當。

[92]　包括行政處分及法院判決而受到的停業處理。

[93]　行政院勞工委員會95年6月6日勞保1字第0950027467號函。

[94]　所謂「雇主行蹤不明」，似乎不在就保法第11條第3項規定事由之列。

[95]　行政院勞工委員會92年11月21日勞保1字第0920003857號函。惟，目前此一函釋似乎已停止適用。

[96]　最高行政法院101年度裁字第2468號裁定。

中央勞政機關也分別認為：一、員工因公司經營虧損而離職，不論其所領取者係資遣費或退休金，只要符合勞工保險失業給付實施辦法之給付請領條件[97]。二、員工因事業單位組織人力精簡，如無選擇留任之權利，必須依據規定離職，或不離職將使勞動條件遭受損失者[98]，即屬於勞工保險失業給付實施辦法規定之非自願離職。反之，如員工具有選擇之權利，但卻自願提前優惠退休或自願離職方案離職者[99]，即不屬之[100]。三、行政院勞工委員會90年3月23日勞保1字第0011324號函及行政院勞工委員會90年11月5日勞保1字第0052493號函[101]，於就保法施行後，仍繼續適用。有關聘僱人員依行政院核定「行政機關專案精簡（裁減）要點處理原則」之規定，辦理加發給予而離職之人員，是否得請領失業給付，應依上開規定辦理[102]。四、公營事業民營化後未隨同移轉之人員，已依公教人員保險法第14條第1項規定領取公保養老給付者，應不適用就保法，不得請領失業給付。蓋其所領取之養老給付並非補償金性質。只有不符合公教人員保險法第14條規定之從業人員，始得請領補償金[103]。

　　針對退休人員，中央勞政機關認為：一、勞工如經雇主依勞基法第54條第1項第2款規定強制退休者，因核屬退休人員，非就保法所欲保障之對象，不得申請失業給付[104]。二、員工依公司所實施優惠退休方案，申請退休[105]離職，是否得申請失業給付，仍依行政院勞工委員會90年3月23日勞保1字第0011324號函及行政院勞工委員會90年11月5日勞保1字第0052493號函處理[106]。對此，

---

[97] 行政院勞工委員會90年3月23日勞保1字第0011324號函、行政院勞工委員會92年3月14日勞保1字第0920013910號函。只是，既已領取退休金，何以得再領取失業給付？法理似不通。

[98] 指減薪、降級等。

[99] 由此句觀之，已將前面行政院勞工委員會90年3月23日勞保1字第0011324號函限縮？

[100] 行政院勞工委員會90年11月5日勞保1字第0052493號函、行政院勞工委員會92年3月14日勞保1字第0920013910號函。採取同樣意旨者，最高行政法院100年度判字第689號判決，「上訴人原任職空軍第二後勤指揮部資料管理員，該指揮部奉令於93年12月底裁撤，依政策預先檢討該員可併同業務於94年1月1日移編（調任）至本中隊，或按國軍編制內聘僱人員專案精簡（裁減）優惠退離作業規定辦理。……上訴人選擇自願退職，自不符合失業給付資格。」

[101] 作者按：其實還有行政院勞工委員會92年3月14日勞保1字第0920013910號函。

[102] 行政院勞工委員會92年6月20日勞保1字第0920033891號函。

[103] 行政院勞工委員會93年2月9日勞保1字第0930003813號函、銓敘部92年12月2日部退1字第0922298766號函。

[104] 行政院勞工委員會99年6月18日勞保1字第0990071949號函。

[105] 即已申請退休，即已表示無工作意願，自當無失業給付請求權可言。

[106] 行政院勞工委員會92年8月5日勞保1字第0920043595號函。

中央勞政機關分別在92年8月5日[107]、96年2月15日[108]及2016年3月18日的新聞稿所引用的「勞動部日前函釋」中,對於申請退休離職之勞工,以勞工是否有權選擇留任,而認定受到優惠退休方案適用的退休人員,是否屬於就業保險法的非自願離職[109]。對此,本書以為該機關的見解尚有待斟酌,蓋其係將優惠資遣或優惠離職方案的思考模式,直接套用於優惠退休,而未能認清退休的本質使然,實者,「優惠退休」與「優惠資遣或優惠離職方案」並不相同,一旦符合勞基法第53條或第54條之退休條件,則勞工之退休即使亦屬於勞動關係的「終止」,但並無「非自願離職」可言,退休的意義,表示已經永久地退出職場,並無失業的可能,也不得請領失業給付。因此,重點係在是否符合勞基法第53條或第54條之退休條件[110],而不在於雇主有無勞基法第11條各款之事由而施行之精減人力。中央勞政機關所持的「優惠退休」仍然有非自願離職之適用,僅係指被保險人尚未符合勞基法第53條或第54條之退休條件,而被雇主資遣之情形而言。其見解也混淆了目前尚不存在於我國的退休年齡歧視的法律規範及法律思想。

最後,依據行政院勞工委員會99年12月8日勞保1字第0990089968號函:大陸地區人員違反台灣地區與大陸地區人民關係條例第21條規定而在台工作,已非屬就業保險法加保對象,其遭致終止勞僱關係者,並不符合就業保險法規定之非自願離職。

參、特殊型態:定期勞動契約屆滿/結束

依據就業保險法第11條第2項規定,被保險人因定期契約屆滿離職,逾一個月未能就業,且離職前一年內,契約期間合計滿六個月以上者,視為非自願離職,並準用前項規定。

---

[107] 行政院勞工委員會92年8月5日勞保1字第0920043595號函參照。

[108] 行政院勞工委員會96年2月15日勞職業字第0960002357號函參照。

[109] 對於依照行政院核定「行政機關專案精簡(裁減)要點處理原則」之規定,辦理加發給與而離職之人員,是否得請領失業給付,中央勞政機關也同樣認為應依上開規定辦理。行政院勞工委員會92年6月20日勞保1字第0920033891號函參照。

[110] 就此看來,銓敘部92年12月2日部退1字第0922298766號函略以,「公營事業民營化或專案精減之從業人員,不符公教人員保險法第14條領取養老給付之規定者,始得領取補償金,如其符合請領養老給付之規定者,其所領取養老給付金額自非補償金性質……。」中央勞政機關並且引用之,認為「公營事業民營化或專案精減從業人員,已依公教人員保險法第十四條第一項之規定領取公保養老給付者,應不適用就業保險法。」其等見解自屬較為正確可採。

　　就法條規定來看，並無等待期及期待權／期待期間的規定。但是，由於第11條第2項規定，「定期契約屆滿離職，逾一個月未能就業。」因此，得否將此處的「一個月」解釋為等待期？對此，本書以為尚難遽以肯定。蓋第11條第2項實具有兩項不同的規範內容：一者，係定期契約得「視為非自願離職」的要件；二者，在符合非自願離職的要件下，「並準用前項規定」。因此，「一個月」只是構成「視為非自願離職」的要件之一而已。倒是，「並準用前項規定」，解釋上即包括請領失業給付所必須具備之「具有工作能力及繼續工作意願，向公立就業服務機構辦理求職登記，自求職登記之日起十四日內仍無法推介就業或安排職業訓練」。也就是說，因定期契約屆滿而失業者必須遵照就業保險法第25條的規定，檢附定期契約證明文件，親自向公立就服機構辦理求職登記、申請失業認定及接受就業諮詢，並填寫失業認定、失業給付申請書及給付收據。因此，解釋上其等待期同樣是十四日。另外，離職前一年內，「契約期間合計滿六個月以上」。解釋上，應是指「保險年資合計滿六個月以上」。所以，針對代課老師於原契約結束時，也必須做失業登記，並且接受公立就服機構的推介工作，假設其於失業登記時，已拿到學校新聘書、或者未逾一個月已有新工作，均不符合請求失業給付的條件。

　　就業保險法第11條第2項規定的保障對象，並不包括被保險人定期契約尚未屆滿即自行離職者[111]。假設雇主以勞基法第11條之事由提前終止定期契約，則定期契約工能否請求各種給付，完全視其有無符合就保法第11條第1項各款之條件而定，與第11條第2項規定無關。至於就業保險實務上「適應期」之作法，亦適用於定期契約，也就是，定期契約屆滿離職後，再就業十四日內自行離職，視為就業尚未確定。故就保法第11條第2項規定所稱「逾1個月未能就業」，該期間之計算，應扣除十四日內短暫再就業期間[112]。

　　在認定定期勞動契約屆滿時，首先，勞動契約是諾成契約，並不以書面為必要。另外，離職證明單上所註記之在職起迄日期，並不得視為定期契約屆滿之證明文件[113]。也就是說，是否確實為定期契約或勞工爭執其本質為不定期契約，均可經由勞政機關的勞資爭議處理程序[114]，尤其是法院的裁判予以終局地

---

[111] 行政院勞工委員會97年11月20日勞保1字第0970082774號函。

[112] 行政院勞工委員會95年6月7日勞保1字第0950023702號函。

[113] 行政院勞工委員會92年4月22日勞保1字第0920022804號函。

[114] 行政院勞工委員會98年1月23日勞保1字第0980060623號函：至針對被保險人與其投保單位間之勞動契約，是否須就勞動基準法之法定要件進行審查部分，非屬公立就業服務機構權責，

認定。又，定期契約證明文件並非離職證明書，無法證明勞工確屬定期契約屆滿而離職，故勞工難以持之向公立就服機構申請失業給付[115]。

在個案認定上，針對職務代理人或代課老師，勞工委員會曾認為：公務機構職務代理人依規定離職，如符合就保法第11條第2項規定所設定之條件，即得視為非自願離職[116]。公、私立學校所聘任之代理老師或公務機關應具任用資格之職位未能補實而僱用之職務代理人，若因代理期滿或代理原因消失離職，如符合就保法第11條第2項規定所設定之條件，即得視為非自願離職[117]。任職代課老師或是臨時工，雖屬短期定期契約，仍難謂非重新再就業，如其於工作十四日內自行離職，並以原請領給付資格請領失業給付，則依行政院勞工委員會93年9月30日勞職業字第0930206371號函規定，仍應有十四日之推介就業等待期[118]。

另外，針對以工代賑人員，勞工委員會認為：政府進用之以工代賑臨時人員如符合就保法第5條第1項規定之要件，即應由進用[119]單位為其辦理參加就業保險。……。另考量該等被保險人係屬定期進用，如其依就保法第25條規定辦理求職登記，即有就保法第11條第2項規定之適用[120]。又，以工代賑人員如已參加就業保險，且於定期契約期限屆滿，依就保法第11條第2項規定辦理。……。且代賑工作如為定有期限之契約，於契約期限屆滿前，因資格不符而離職退保者，除代賑工於申請時有虛偽之意思表示、違反契約或工作規則等可歸責之違規情事外，其餘非自願離職且符合上開同條第1項保險給付請領條件之規定者，得請領該條規定之保險給付[121]。

勞資雙方如對其契約有所爭議，仍應由當地縣（市）勞政主管機關協處。

[115] 行政院勞工委員會97年12月19日勞保1字第0970082223號函。

[116] 行政院勞工委員會93年3月5日勞職業字第0930201600號函。所以，職務代理人的身分為純勞工。

[117] 行政院勞工委員會94年10月6日勞職業字第0940506157號函。

[118] 行政院勞工委員會97年9月24日勞保1字第0970140295號函。

[119] 本書以為既屬進用，即非僱用、即非勞工。

[120] 行政院勞工委員會95年7月24日台勞保1字第0950140181號函。但，此一見解是否錯誤？

[121] 行政院勞工委員會95年10月23日台勞保1字第0950114192號函。可是，代賑工之資格不符而離職退保，也是出於其本身的事由，實難歸責於進用單位。

肆、等待期與期待權

依據就業保險法第11條第1項第1款規定，請領失業給付之條件，係被保險人於非自願離職辦理退保當日前三年內，保險年資合計滿一年以上，具有工作能力及繼續工作意願，向公立就業服務機構辦理求職登記，自求職登記十四日內仍無法推介就業或安排職業訓練。

該款中的「十四日」，即為等待期（Wartezeit, waiting period）[122]。自求職登記日起算，且限於公立就業服務機構，私立就服機構不在其內。在等待期內，勞工有繳費的義務。這是一個與社會連帶共同體（Solidargemeinschaft）連結的時間。等待期只是針對失業給付而言，亦即雖然已有繳費關係，如未符合等待期，就業保險的保護作用並不會發生／啟動[123]。

等待期的目的，是因為基於積極促進就業的原理，給予就業服務機構充裕時間辦理就業諮詢、推介就業及安排職業訓練。其可以避免已找到工作而尚未就職者領取失業給付[124]或避免對極短期間之失業者的零星支付，減少行政查核工作，也可避免勞工降低工作意願，但等待期太長也會增高失業的非經濟性成本[125]。

失業給付的等待期與年金保險的等待期不同。就業保險的等待期並非一經符合，即可往後一直適用，而是原則上每一次要請領失業給付時，都必須重新滿足（就保法第16條第4、5項規定）。

依據就業保險法第11條第1項第1款規定，被保險人必須在三年的規範期間內有一年的投保年資，始得請領失業給付，此即為期待權／期待期間[126]。學者間有認為此一期待期間的要件，應屬於請領各種失業給付的要件[127]。但是，本書以為職訓津貼及育嬰津貼、僱用安定津貼均無期待期間的要求。況且，這些

---

[122] 與我國不同的是，德國就業保險法並沒有此種設計（Karenzzeit），倒是其年金保險有（Wartezeit）的設計。

[123] Bley/Kreikebohm/Marschner, a.a.O., 151 f.

[124] 行政院勞工委員會92年10月9日勞保1字第0920047561號函。惟依據行政院勞工委員會97年8月7日核釋提早就業獎助津貼之請領條件須符合失業給付請領條件方得請領，該會92年10月9日勞保一字第0920047561號函停止適用。

[125] 惟從實務長期發展觀之，參加職業訓練的人數很低，顯示職訓先行原則績效不彰。李健鴻，前揭文，頁1。

[126] 1999年的勞工保險失業給付辦法的給付資格較寬：參加勞工保險兩年。

[127] 李惠宗，前揭文，頁136。

津貼性質上也不是失業給付。倒是，同具有工資替代的功能。

　　最後一個問題是：既然已經有期待權的規定，還需要等待期嗎？或者反之亦然？

伍、主觀要件：具有工作能力

　　基於就業保險之積極促進就業功能，就業服務機構應透過嚴謹之就業諮詢，推介適性工作及安排職業訓練，並應確實按照就保法第13條至第15條規定辦理，對無工作能力或就業意願者應拒絕發給失業給付或職訓生活津貼[128]。

　　此種主觀上的具有工作能力（arbeitsfähig），不僅是請領失業給付的要件，而且也是申請就業促進津貼及申請失業救助的要件。只有這樣，積極的促進就業措施的目的才能達成。

　　所以，勞工普通疾病及職業災害期間、或者重度失能時，即無工作能力。依據行政院勞工委員會100年4月14日勞保1字第1000140073號函：「被保險人因傷病致失能並經醫師診斷爲終身無工作能力者，已不符合就業保險法第11條第1項第1款所定失業給付之請領要件，自不得繼續請領失業給付，所請給付應核付至診斷爲終身無工作能力之日止」。反面解釋，其亦不得加保就業保險。

　　在個案認定上，依據就業保險法第29條規定，被保險人領取失業給付期間，每個月親自前往公立就服機構申請失業再認定。但因「傷病診斷期間」無法親自辦理者，得委託他人辦理之。此一但書規定，應作目的性限縮解釋，以因短暫傷病診療而須委託他人辦理者爲限，且以一次（一個月）爲限，以符合就保法第11條規定之立法意旨。原行政院勞工委員會93年5月12日職業字第0930203267號令發布後，有申請人委託他人提供診療證明書載明「須6個月以上休養」，實與就保法第11條規定之立法意旨不合（勞工委員會100年7月11日會議決定）。雖然如此，組織改造前的職訓局於100年8月24日職業字第1000130330號函中表示，爲避免爭議，建議勞工委員會適時修正就業保險法第29條相關規定，又基於保障失業勞工立場，93年5月12日職業字第0930203267令釋仍將予以維持。較爲特殊的，是對於妊娠流產者，行政院勞工委員會100年10月7日勞職業字第1000508233號函表示，「核釋就業保險法第29條及第30條規定之就業保險失業給付申請人，自妊娠三個月以上流產日起三十日內辦理

---

[128]　行政院勞工委員會96年7月3日台勞保1字第0960140216號函。李健鴻，前揭文，稱此主觀要件爲「合格標準」。

失業再認定，得於提出醫療機構出具之相關證明文件，以書面陳述理由委託他人辦理，免提供二次之求職記錄，並自即日生效。」

陸、主觀要件：具有繼續工作意願

如上所述，基於就業保險之積極促進就業功能，就業服務機構應透過嚴謹之就業諮詢，推介適性工作及安排職業訓練，並應確實按照就保法第13條至第15條規定辦理，對無工作能力或就業意願者應拒絕發給失業給付或職訓生活津貼[129]。主觀要件上除須具有工作能力外，向須具有繼續工作意願（Verfügbarkeit, Arbeitsbereitschaft）。

一、盡早的（親自？）求職登記（協力義務）

台灣就業保險法固然已轉爲積極的促進就業，與德國「積極的失業」政策相一致。但是，台灣的法制設計仍然不夠積極，「職業介紹先行原則」也未能完全落實，例如依據就保法第25條規定，失業勞工可以在二年內辦理求職登記而取得失業給付。此一期間顯然過長而未能達到催促勞工積極求職的目的。而且，自非自願離職辦理退保之日起算，同法第24條規定之（保險給付得請領之日的）二年請求權消滅時效，乃開始起算。假設失業勞工不在二年內辦理求職登記，即會發生失權的效果，而無法請取失業給付[130]。論者有謂被保險人應在勞工保險退保之日起，三個月（或六個月）內向公立就服機構辦理求職登記[131]。這樣的期限長度確實較爲適中。

有問題的是，就保法第25條之二年內求職登記期間是否爲失業給付請求權期間、進而會因僱傭契約是否有效存在發生勞資爭議之訴訟期間，而發生中斷？對此，中央勞政機關持肯定的見解。其認爲「(1)查就業保險法（以下簡

---

[129] 行政院勞工委員會96年7月3日台勞保1字第0960140216號函。反對說，李惠宗，前揭文，136。

[130] 林炫秋，二OO九年修正就業保險法評析，月旦法學雜誌，第172期，2009年9月，頁193。惟非自願離職勞工，於請領失業給付期間，經推介參加臨時工作津貼、永續就業工程計畫、多元就業開發方案、公共服務擴大就業計畫等公法救助工作方案，於計畫期滿或計畫執行完成後，如距非自願離職退保之日已逾二年，因係依同法第17條規定，致該期間無法行使其失業給付之請求權，故請求權時效之計算，應扣除該段參加公法救助工作方案之期間。行政院勞工委員會93年12月9日勞保1字第0930055755號函參照。

[131] 李惠宗，前揭文，頁142。

稱本法）第25條第1項規定，被保險人於離職退保後二年內，應檢附……。又前開有關請求權消滅時效之中斷，於本法並無規定，復參照法務部104年7月3日法律字第10403506600號函釋，公法上請求權消滅時效，除行政程序法或其他法律有特別規定外，得類推適用民法消滅時效中斷、重行起算及不完成等規定，以補充法律規定不足。(2)又查民法第129條第1項第3款及第137條第2項規定略以，消滅時效，因起訴而中斷；因起訴而中斷之時效，自受確定判決，或因其他方法訴訟終結時，重行起算。據此，本案辦理求職登記之二年請求權消滅時效，因起訴中斷，並應自受確定判決時，重行起算。」[132]

　　本書以為上述有關公法上請求權消滅時效之說明固屬無誤，但有關二年求職登記為請求權消滅時效之見解並不正確。蓋就保法請求權消滅時效並非在第25條，而是在第24條。依之，「領取保險給付之請求權，自得請領之日起，因二年間不行使而消滅。」至於第25條之「離職退保後二年內」，性質上為除斥期間，並無發生中斷的可能。其並不受僱傭關係是否有效存在發生勞資爭議之影響。這也是就保法第23條「申請人與原雇主間因離職事由發生勞資爭議者，仍得請領失業給付。」的立法原意。也就是說，雇主以有就保法第11條第3項之各種非自願離職原因終止勞動關係時，即應依勞保條例第11條及就保法第40條辦理勞工保險及就業保險退保手續。被保險人固可對僱傭關係是否已被有效終止，採取各種行政及司法救濟，惟此種救濟行為並不會影響就保法第25條法定的登記時間。如果被保險人未在二年內為求職登記，即會發生失權效果。而在被保險人依據第25條求職登記後，該法第24條之請求權消滅時效才開始起算。

　　至於爭議救濟程序對於被保險人有利與否，對於僱傭關係的存否及所請領之失業給付當然會發生影響。在不利時（即僱傭契約終止有效時），被保險人所領取的失業給付，其法律狀態即告確定。相反地，在其救濟程序獲得有利結果時，則僱傭關係繼續存在（民法第487條參照），並且所領取之失業給付應依就保法第23條第2項規定處理。依之，「前項爭議結果，確定申請人不符失業給付請領規定時，應於確定之日起十五日內，將已領之失業給付返還。屆期未返還者，依法移送強制執行。」至於被保險人被非法退保（勞保、就保）之法律後果，即應依勞保條例第72條或就保法第38條處理。

　　在積極的促進就業政策下，被保險人必須配合盡早地去就業服務機構作求

---

[132] 勞動部106年12月19日勞動保1字第1060140552號函參照。

職登記。有問題的是，有無可能將登記時間點往前挪動？這是指在被保險人接到雇主資遣通知時，雖然尚未眞正失業，如果他／她提前通知公立就業服務機構即將失業之情況，將自己置於職業介紹所可以轉介其工作的狀態，就可以等同求職登記已開始生效？或者，依據就業服務法第33條第1項規定，雇主資遣員工時，應於員工離職之十日前，將被資遣員工之姓名、資遣事由及需否就業輔導等事項，列冊通報當地主管機關及公立就業服務機構。如係天災、事變或其他不可抗力等情事所致，則應自離職之日起三日內爲之。可否將此一雇主於「員工離職十日前通報」或「離職之日起三日內通報」，等同求職登記生效？此從現行法規定來看，似無空間，但是，如果連結勞基法第16條第2項尋職假的規定，也是希望勞工在結束工作前，盡力去找尋工作，將兩者結合思考，以求發揮促進就業的功能，就可知有思考修正的價値，亦即至少在上述提前通知（報）的情形，可以免去或減少等待期的日數。

　　失業被保險人的求職登記必須檢附離職證明文件（就保法第25條第1、3項規定）。假設雇主依法發給證明，則除了在文件或書面中，應載明申請人姓名、投保單位名稱及離職原因（就保法第25條第4項）外，中央勞政機關並認爲應加蓋投保單位印信、圖記、公司印章或其他足以確認爲投保單位開立之證明文件章戳爲憑，並加強查核作業[133]。如係由直轄市或縣市主管機關發給者，指限於申請人無法由投保單位取得、且具有一定情形者，例如關廠、歇業或雇主行蹤不明，經地方主管機關查明屬實者[134]。實者，無論是服務證明書（勞基法第19條）或離職證明文件，均是雇主基於勞動契約所須履行的附隨義務。除了行政罰鍰的責任（勞基法第79條第1項第1款）外，勞工本得向雇主訴請履行。

　　至於由被保險人自行填具之「離職證明暨切結書」，得否認定爲非自願離職證明，仍應由公立就服機構就地方勞工行政主管機關不發給證明之理由及該「離職證明暨切結書」所載離職原因，按照個案事實認定之。蓋依就保法第25條第3項規定，離職證明文件，指由投保單位或直轄市、縣（市）主管機關發給之證明；其取得有困難者，得經公立就服機構之同意，以書面釋明理由代替

---

[133] 行政院勞工委員會92年2月26日勞職業字第0920200316號函參照。

[134] 行政院勞工委員會92年1月21日勞保一字第0920003857號函。只是，本書以爲此一函釋中「三、申請人與原雇主間因離職事由發生勞資爭議，經調解有案」，解釋上應該包括仲裁有案者。

之[135]。

二、盡力（提前）的找尋工作

失業被保險人必須證明盡力找尋工作而未果，始能請求失業給付。蓋失業給付並非消極性給付，而是旨在保障被保險人非自願離職後接受推介就業及求職期間之基本生活。所以，失業給付申請人自行求職成功，於其就業加保前不應再予完成失業（再）認定[136]。至於找尋工作包括口頭或書面的應徵、以及由各種管道（徵人啓事、公立就服機構、民間仲介機構、派遣公司、事業單位）蒐集工作資訊廣告與詢問等動作。當然也包括（被動地）接受公立就業服務機構所推介的就業機會。爲了證明已盡力找尋工作，就業保險法上乃有求職記錄的要求。

依據就業保險法第27條規定，申請人應於公立就業服務機構推介就業之日起七日內，將就業與否回覆卡檢送公立就業服務機構（第1項）[137]。申請人未依前項規定辦理者，公立就業服務機構應停止辦理當次失業認定或再認定。已辦理認定者，應撤銷其認定（第2項）。中央勞政機關認爲公立就業服務機構推介就業之回覆卡，可視爲就業保險失業再認定之求職記錄。即申請人若接受公立就服機構推介就業後，依本法第27條第1項規定檢附就業與否回覆卡，視其具有繼續工作意願之求職行爲[138]。假設勞動力發展署開立介紹卡後，申請人回覆已自行就業，即非屬失業勞工；另其未應徵勞動力發展署推介之工作，依同法第15條規定[139]，公立就服機構應拒絕受理失業給付之申請，即視爲未申請。依本書所見，就業與否回覆卡可以做爲「視其具有繼續工作意願之求職行爲」，其前提是申請人接受公立就服機構推介就業、並且前往用人單位應徵，之後，除了有就保法第13條所列的情事外，即應接受推介就業。如其未有應徵

---

[135] 行政院勞工委員會95年6月12日勞保1字第0950029505號函。

[136] 勞動部104年10月30日勞動保1字第1040140598號函；行政院勞工委員會102年10月17日勞保1字第1020140554號函參照。

[137] 依據行政院勞工委員會職業訓練局92年6月3日職業字第0920023506B號函，就業保險法施行細則第21條規定，「申請人依本法第27條第1項規定檢送就業與否回覆卡或領取失業給付之被保險人依本法第三十二條規定通知公立就業服務機構再就業時，得以自行送達或掛號郵寄方式辦理；其以掛號郵寄方式辦理者，以交郵當日之郵戳爲準。」即其與勞保條例施行細則第14條第1項同樣兼採受信及發信主義。

[138] 行政院勞工委員會94年9月9日勞職業字第0940501993號函。

[139] 正確而言，應該是就保法第13、15條第1款規定。

的積極行為或未有前法所列的情事，則其單純地繳交不接受推介就業的回覆卡，並不得視為就業保險失業再認定之求職記錄。另外，倘被保險人再提出申請時，公立就業服務機構仍依就業保險法第25條規定，再於十四日內推介就業或安排職業訓練。未能於十四日內推介就業或安排職業訓練時，則於翌日完成失業認定[140]。

　　再依據就業保險法第30條規定，領取失業給付者，應於辦理失業再認定時，至少提供二次以上之求職記錄，始得繼續請領。未檢附求職記錄者，應七日內補正；屆期未補正者，「視為未申請」[141]，停止發給失業給付。假設領取失業給付者未於規定之補正期間（七日）內補正，卻於第八日（或以後）方提供者，應視為重新申請失業給付，應有十四日之等待期[142]。對於此種「二次以上之求職記錄」的要求，是否太過嚴格？論者間不乏有檢討之音者。依之，國家積極要求失業者必須具有工作意願，始可領取失業給付，難謂未有將勞工視為工作機器之嫌。……可能忽略勞工心靈上之需求，應減少求職卡提出之次數[143]。論者也有主張對於就業服務法第24條規定之特定對象失業者，如果是在經濟危機[144]導致就業機會明顯減少及大量失業情況發生時，其申請失業給付及進行失業認定，可以將求職記錄證明減少為一次，以免其求職機會不足，陷入生活的困境[145]。其實，吾人觀德國修正前的就業促進法（Arbeitsfördeugnsgesetz, AFG）亦無此一要件的要求，其理由為：公立就服機構本來就須為失業者推介工作，失業者的舉動本來就是自願的性格。

　　為了強化推介就業，依據行政院勞工委員會2011年2月15日訂定之「就業保險失業認定作業原則」，失業給付申請人每月進行失業再認定時，將依就業保險法第27條強制推介就業，申請人須依規定繳回推介就業回覆卡，否則將不予認定。這是基於就業保險係以積極促進就業為立法目的而來。至於就保法第30條規定之二次求職記錄，並不可作為推介就業回覆卡之用。亦即兩者皆屬失業給付之申請人辦理失業再認定之必要程序，適用法條不同，尚難併同論

---

[140] 行政院勞工委員會100年9月22日勞職業字第1000506373號函參照。

[141] 行政院勞工委員會92年4月2日勞保2字第0920009846號函參照。

[142] 行政院勞工委員會92年2月19日勞職業字第0920200282號函參照。

[143] 范瑋眞，前揭書，頁77以下。

[144] 問題是，如何認定？是否以地區性的或全球性的金融風暴為準？

[145] 李健鴻，「積極促進」治理下就業保險失業給付制度為何就業成效不彰？發表於：第九屆海峽兩岸社會保障制度學術研討會，2010年10月15日。

之[146]。

又，申請人已依就保法第30條規劃提供二次求職記錄，公立就服機構並依第27條強制推介就業，惟申請人突因「傷病住院治療」七日內無法應徵推介工作，則其似非職訓局所提行政程序法第50條規定之「因天災或其他不應歸責於申請人之事由……」之事由。惟中央勞政機關認為依就業保險法第29條但書規定，因傷病診療而提出醫療機構出具之相關證明文件，經醫師加註應休養或暫時無法工作之期間逾三十日者，得委託他人辦理失業再認定，免提供二次之求職紀錄[147]。又，同樣地，對於甫生產者，失業給付申請人分娩日起三十日內辦理失業再認定，得於提出醫療機構出具之出生證明文件，以書面陳述理由委託他人辦理，並得免提供二次之求職紀錄[148]。再者，如上所言，較為特殊的，是對於妊娠流產者，行政院勞工委員會100年10月7日勞職業字第1000508233號函表示，「核釋就業保險法第29條及第30條規定之就業保險失業給付申請人，自妊娠三個月以上流產日起三十日內辦理失業再認定，得於提出醫療機構出具之相關證明文件，以書面陳述理由委託他人辦理，免提供二次之求職記錄，並自即日生效。」

在實務上相當有爭議的是，就業保險法第11條第1項第1款及第27條規定的推介「就業」，究竟是指甚麼工作？是否以具從屬性的受僱人工作為限？對此，勞工委員會採取肯定的見解，其認為自行創業及擔任公司負責人，均不在其內。亦即行政院勞工委員會97年2月20日勞保1字第0970140027號函所稱「提供勞務」，應指為他人提供本身之勞務或工作成果，並因此而獲取報酬，與自行創業，藉由本身事業之經營而獲取所得仍屬有別。勞工如於失業期間自行創業，已無失業勞工身分，不得繼續請領失業給付[149]。又，勞工於失業期間擔任公司負責人，已非失業勞工身分，不得請領失業給付[150]。

承上，有鑑於被保險人於失業或育嬰留職停薪期間，屢有擔任他單位負責人，致其得否請領失業給付或育嬰留職停薪津貼之發生爭議，中央勞政機關乃

---

[146] 行政院勞工委員會100年7月7日勞保1字第1000140244號函。只是，此一作業原則的規定，有無逾越母法？違反法律保留原則？

[147] 行政院勞工委員會93年5月12日勞職業字第0930203267號令參照。

[148] 行政院勞工委員會93年5月12日勞職業字第0930203267號令參照。

[149] 行政院勞工委員會98年8月27日勞保1字第0980080610號函。

[150] 行政院勞工委員會99年6月23日勞保1字第099007182號函。

整合以往見解如下[151]：即原則上如有依公司法或商業登記法等規定擔任他單位法定負責人之情事，推定其有從事事業經營，不符就業保險法失業給付或育嬰留職停薪津貼之請領條件。例外地，為合理保障渠等就業保險給付權益，被保險人於辦理失業認定或申請給付時，如檢具證明有下列情事之一者，仍得依法核發失業給付或育嬰留職停薪津貼：

(一)該單位屬非營利事業之證明文件。

(二)申請人已無從事事業經營者：

1. 該單位已依法停（歇）業或解散之證明文件。

2. 該單位已依法變更負責人，應檢附向目的事業之主管機關或財稅主管機關變更登記之證明文件。

3. 該單位出具與申請人解除或終止董事或監察人等委任關係之證明文件，或申請人與該單位解除或終止董事或監察人等委任關係之證明文件。（依民法第549條及公司法第199、227條等規定）

4. 申請人遭該單位冒名登記為負責人，且無法提供上開證明者，應檢附向檢察機關提出告訴之證明文件。

(三)失業期間或受領失業給付期間另有從事事業經營並有其他工作收入者，應依就業保險法第31條規定，於申請失業認定或辦理失業再認定時，告知公立就業服務機構；至失業給付之核發，應依就業保險法第17條等規定辦理[152]。

由上述中央勞政機關的解釋，可以推知擔任董監事也不在其內。雖然如此，就保法第11條第1項第1款只是表示推介「就業」，至於是甚麼工作，則未說明。所以即使擔任負責人，應該也可以申請第11條第1項第2款之提早就業獎助津貼。即該款之「受僱工作」，包括受聘的委任經理人、公務員。對於擔任村（里）長工作者，中央勞政機關自己也認為村里長雖受鄉（鎮、市、區）長之指揮監督，惟其支領之事務補助費與受僱從事之有酬薪資不同，應非屬（就保法第17條規定之）工作之薪資收入。惟就業服務中心於辦理失業認定時，仍

---

[151] 勞動部105年1月21日勞動保1字第1050140035號函及勞動部105年2月2日勞動保1字第1050140053號書函參照。

[152] 另外，勞動部改制前之行政院勞工委員會98年8月27日勞保1字第0980080610號函、99年4月16日勞保1字第0990140119號函、99年6月23日勞保1字第0990071802號函、100年1月28日勞保1字第0990140509號函、101年7月4日勞保1字第1010070677號函、102年1月10日勞保1字第1010092484號函及本部104年7月15日勞動保1字第1040140362號函，自即日停止適用。

應就其是否具有工作意願[153]及推介就業或安排職業訓練依就保法相關規定積極辦理[154]。

本書以為失業者所找尋的工作，包括部分時間工作、短期工作、及派遣工作。就保法第30條規定之求職記錄，包括派遣公司所出具者。另外，具有一定條件的家內勞動的工作（Heimarbeitsverhältnis），（亦即家內勞動的工作主要來自一到二家委託者、且其生活資源主要也是來自代工所得），亦屬此處的工作[155]。但是，（就業保險促進就業實施辦法及就業促進津貼實施辦法中之）臨時工作及微量工作不在其內。

最後，在以下的案例，失業者已喪失工作的意願：(一)勞工失業後自行去度假二～三週而離開住居所，如就服中心告訴他沒有具期待可能的工作機會、且可預期在度假結束前不會有工作機會時，不能說其已無工作意願[156]。失業者自行休假（Arbeitslosen-Urlaub）仍然是合憲的[157]。(二)相反地，如果失業者度假未告知就服機構／中心度假的地點或聯絡方式時，即已表示其無工作意願[158]。(三)在德國，外籍勞工喪失工作許可證時，並非即已無工作意願，蓋其仍然可以找尋工作，只是其真正工作前需取得許可證而已[159]。

柒、客觀要件：期待可能條款

所謂期待可能條款（Zumutbarkeit），係指要求失業者接受所推介的工作或自己找尋的工作，在客觀上，必須該工作對於失業者具有期待可能性。一般認為假設該工作的僱用條件違反法令、團體協約及企業協定的規定，即對於失業者無期待可能，失業者可以拒絕該工作。

在規範上，台灣期待可能條款，見之於就業保險法第13條規定。由其規定的語意，可以得出推介的工作，其工資低於被保險人每月得請領之失業給付或工作地點距離申請人日常居住處所三十公里以上者，申請人得拒絕之，且仍得

---

[153] 還有工作能力？

[154] 行政院勞工委員會95年9月11日勞職業字第0950506460號函。

[155] Aufhauser/Bobke/Warga, a.a.O., 139.

[156] BSGE 44, 188.

[157] Vgl. BSGE 87, 46.

[158] BSGE 58, 104.

[159] BSGE 43, 153; 45, 153; 49, 287.

請領失業給付。

本來，較為重要的無期待可能，即是來自於個人的理由（personenbezo-gene Gründe）。這尤其是指失業者最後所得工資與如接受一個工作所得到工資的比較，低於一定成數而言。台灣就業保險法第13條第1款規定，單純以失業給付數額為準，未考量失業期間的長短，難以搭配盡力找工作的要求。相對地，以德國就業保險法的規定而言，係採取以時間為準的分級表（zeitliche Staffelung），亦即自失業起三個月內受僱，減薪20%者為具期待可能；如失業四～六個月內受僱，減薪30%者為具期待可能；如自失業七個月內受僱，則將其淨工資減少到失業給付的水準時，仍然具有期待可能（§ 121 III 2 SGB III）。

依據就業保險法第13條第2款規定，工作地點距離申請人日常居住處所三十公里以上者，申請人得拒絕之。此一規定以距離來算較不符合科學原理，相對地，德國法規定之從住居所地到工作場所來回的時間不超過兩小時三十分時，原則上仍具有期待可能[160]，較為可採。在個案認定上，下列情形仍然符合期待可能：實際工時與公司徵人廣告揭示的工作時間不相同（含要依生產須要配合加班、要輪班工作）、必須簽訂最低服務年限或競業禁止條款[161]、只是定/短期的或部分工時的（含微量工時的）工作、必須短暫地（與家人）分開生活、須要輪班而造成家庭生活的不方便、與自己的職業訓練不合或者與最後的工作不相一致（即資格能力不合）[162]、3K的工作等。惟解釋上應不包括（含或不含）投保勞健保的公法上救助措施，包括臨時工作津貼、永續就業工程計畫、多元就業開發方案、公共服務擴大就業計畫等公法救助工作方案[163]、以及類如八八臨工專案與以工代賑等具特定政策目的之公法緊急救難方案，蓋參加此等措施或方案之人員，無論是非自願離職勞工或在特定地區、特定事故之受災害（受波及）人員，其雖然均經由公立就業服務機構推介參加，但與就業保險法第11條第1項第1款之推介就業，仍然有本質上的不同。非自願離職勞工或受災害（受波及）人員並無接受推介此類工作之義務。而且，參加此等措施或

---

[160] § 121 IV SGB III.

[161] 最高行政法院101年度裁字第1190號裁定。惟不得期待求職人在雇主違反就業服務法第5條第3款規定收取履約保證金時，仍然要接受推介工作。

[162] § 121 V SGB III.

[163] 行政院勞工委員會92年2月25日勞職業字第0920200306號令：「臨時工作津貼」、「永續就業工程計畫」及「多元就業開發方案」等業務所遴用人員，不適用就業保險法。

方案人員所受領之對價，並非就業保險法第13條第1款之「工資」。再者，如果是非自願離職勞工，於請領失業給付期間，經推介參加此等措施或方案，則其未領滿之失業給付，將因就業保險法第17條第2項規定，而停止／中斷給付，如此一來，在計畫期滿或計畫執行完成後，非自願離職勞工如未能再就業，則如距非自願離職退保之日已逾二年，因係依同法第17條規定，致該期間無法行使其失業給付之請求權，故請求權時效之計算，應扣除該段參加公法救助工作方案之期間[164]。反之，如其再就業，則由於其尚未領滿失業給付，故自其再就業並參加就業保險滿三個月之日起，二年內得依規定向勞工保險局申請提早就業獎助津貼[165]。這一切，均表示此等措施或方案只是有一定期間的非僱傭關係而已，故將之排除在請求權二年時效之外。至於論者有認為勞工因自身的健康狀況、或是家庭因素，法律上可能無法期待其從事特定工作[166]。本書則是認為這個解釋太寬鬆了，不宜採取。

捌、其他問題：適應期

我國就業保險法及其相關法規中並無「適應期」的明文規定[167]。所謂「適應期」，係指失業勞工或有在失業期間（含尚未領取及已開始領取失業給付者）再就業後，在短暫時間內基於個人的因素自行離職者，得否以原失業勞工身分（繼續）請領失業給付或職業訓練生活津貼之問題。

實者，中央勞政機關也未明確表示適應期的法律依據所在，而是單純以「為利促進就業，強化保障就業保險給付權益」[168]的藉口，逐步放寬適應期的適用。具體言之，以職業訓練生活津貼而言，原本中央勞政機關認為：假設失業勞工於工作十四日內自行離職，如經職訓諮詢裁量適訓而參加全日制職業訓

---

[164] 行政院勞工委員會92年9月29日勞保1字第0920051811號函參照。

[165] 行政院勞工委員會93年12月9日勞保1字第0930055755號函參照。

[166] 林更盛，前揭文，頁9。倒是，林更盛主張期待可能適度地納入「裁量給付」，即參考就保法第14條第1項第2款的立法方式，賦予就服機構適度的裁量空間（頁10）。此一見解應屬的論。

[167] 而且，既然有就業保險法第16條第4項及第6項，「受領失業給付未滿六個月再參加本保險後非自願離職，得依規定申領失業給付。」是否還有適應期的合法空間？或者就業保險法第17條第1項的扣除規定，解釋上是否即應傾向否定適應期？

[168] 勞動部105年11月8日勞動保1字第1050140662號函參照。

練者，即得以該次非自願離職事由，申請職業訓練生活津貼[169]。惟如就業保險被保險人於非自願離職，經公立就業服務機構安排參加全日制職業訓練，於推介後至參訓前再就業工作逾十四日自行離職，不得以原非自願離職事由，請領職業訓練生活津貼[170]。對於從事部分工時工作，超過十四日始自行離職者，不符行政院勞工委員會96年8月13日勞保1字第0960140331號函釋規定，不得申請職業訓練生活津貼[171]。再就失業給付而言，就業保險被保險人於預告終止勞動契約期間，請假謀職，並於他單位就業加保未逾十四日即自行離職，其既已喪失失業勞工之身分，自無法以原失業原因申請失業給付[172]。

惟，上述勞保1字第1010140409號函、勞保1字第1010140227號函參照、以及勞保1字第1010140548號函已經被勞動保1字第1050140662號函所停止適用。如依目前中央勞政機關的見解：一、如就業保險被保險人於非自願離職，經公立就業服務機構安排參加全日制職業訓練，於推介後至參訓前再就業工作逾十四日自行離職，仍得以原非自願離職事由，請領職業訓練生活津貼。二、被保險人非自願離職時另有從事部分工時工作或非自願離職後再就業從事部分工時工作，且月投保薪資未達基本工資者，不論就業天數是否逾十四日，其自行離職後，仍得以原非自願離職事由申請職業訓練生活津貼；至失業給付之核發，應依本法第17條第1項規定辦理。三、就業保險被保險人於預告終止勞動契約期間，請假謀職，並於他單位就業加保未逾十四日即自行離職，仍得以失業原因申請失業給付。

從法政策及法律理論來看，適應期主要是涉及如下的問題：一者，「再就業」的範圍為何？是否以僱傭／勞動契約為限？這也包括適應期的排除對象為何？二者，適應期是否與就業保險法積極就業政策的精神相違？三者，適應期與就業保險法第17條第1項的「另有工作」的關係為何？以下即分別說明之。

首先，就「再就業」的範圍言之。依據就業保險法第1條規定，為提升勞工「就業」技能，促進「就業」，保障勞工職業訓練及失業一定期間之基本生活，特制定本法；本法未規定者，適用其他法律之規定。就業保險法並未對於「就業」加以定義，第17條第1項也僅規定被保險人於失業期間「另有工

---

[169] 行政院勞工委員會96年8月13日勞保1字第0960140331號函參照。

[170] 行政院勞工委員會101年10月18日勞保1字第1010140409號函參照。

[171] 行政院勞工委員會101年6月13日勞保1字第1010140227號函參照。

[172] 行政院勞工委員會101年12月28日勞保1字第1010140548號函參照。

作」，而非「另有就業」。再參照就業服務法第2條，也僅就「就業服務」及「就業服務機構」加以定義，但如綜觀就業服務法第5條第1項之「雇主對求職人或所僱用員工」，第9條之「雇主與求職人之資料」，第10條之「不得推介求職人至該罷工或有勞資爭議之場所工作」，第14條之公立就業服務機構對於「求職人及雇主申請求職，求才登記」，第23條之「得鼓勵雇主協商工會或勞工，循……或採取創造臨時就業機會，……；必要時，應發給相關津貼或補助金，促進其就業」，第24條之自願就業人員之促進就業與發給相關津貼與補助金等規定，雖然大部分係針對求職人、勞工及雇主而規定，但第24條之促進特定對象的就業，似乎即有可能不限於僱傭／勞動關係而已。尤其是依據就業服務法第24條第3項所制定之就業促進津貼實施辦法，其第10條以下之臨時工作津貼、以及第21條至第23條所規定之創業貸款利息補貼，更係鼓勵失業者創業，以此種（自行創業的）就業方式結束其失業的狀態。由於就業服務法與就業保險法均屬於積極性的人力資源法令，且在促進就業的目標與手段上前後一貫、緊密相連，故就業保險法的「就業」概念，應可與就業服務法的「就業」做同樣的理解。

因此，中央勞政機關「為提升失業勞工再就業之意願」所創造之所謂的適應期，最主要係針對失業勞工到另一雇主處受僱工作，於十四日內未適應而自行離職之情形而言。這也可以從其函釋用語「俾公立就業服務機構順利推介就業」及「如不能適應新工作而自行離職」[173]得知，其認為再就業十四日內自行離職，視為就業尚未確定。失業勞工得以原請領失業給付資格向公立就業服務機構辦理失業再認定作業，並且由於其原已喪失失業給付請領資格，故應視為重新申請失業給付，應再有十四日之等待期[174]，俟等待期屆滿仍未就業者，始予以失業認定。一經失業（再）認定，則其即得繼續請領未領滿之失業給付，而非重新請領六個月的失業給付。惟如其自始尚未開始請領失業給付，即得請領原有之六個月的失業給付。另外，其與勞動契約中所約定的試用期條款尚有不同[175]，前者著重於勞工本身自覺是否適應新的工作（含能力能否勝任及企業

---

[173] 行政院勞工委員會93年2月4日勞保1字第0920072768號令參照。

[174] 行政院勞工委員會93年2月9日勞職業字第09302201471號函、93年9月30日勞職業字第0930206371號函及94年6月8日勞職業字第0940501602號函參照。另外，根據中央勞政機關的見解：有關就業保險法中拒絕受理失業給付申請等規定之後續處理方式，依本會93年2月9日勞職業字第0930201471號函規定：「視為重新申請失業給付，應再有十四日之等待期」。

[175] 由於試用期條款的目的，係在籍之認識勞雇雙方彼此的工作能力及領導統御能力、以及待人處事的能力與社會關係等，故其所須時間往往要較十四日適應期間為長。

文化），後者則著重於雇主測試勞工的工作能力與適應企業的能力。適應期包括失業勞工自求職登記之日起十四日內就業工作或於失業給付請領期間重新就業後，而於十四日內自行離職等兩種情形[176]。至於勞雇雙方合意終止契約（含合意資遣），勞工應該仍可主張適應期，蓋勞工仍是處於就業未穩定的狀態。惟並不包括被雇主預告或不經預告終止契約（勞基法第11、12條參照）或勞工對雇主不經預告終止契約（勞基法第14條參照）或回到原雇主處工作（含部分工時工作），於十四日內再自行離職之情形。後一情形，即應依就保法第36條規定辦理[177]。就現行就業保險法規定觀之，固無適應期的規定。但是，中央勞政機關為了鼓勵失業勞工積極找尋新工作（鼓勵再嘗試），並符合就保法提升就業意願之立法意旨，乃經由解釋函創造了適應期。

　　惟中央勞政機關對於「再就業」的認定，不僅指僱傭／勞動關係而已，而是及於委任關係的受任人。蓋其認為勞工受委任工作期間如未超過十四日，即使其當月收入超過基本工資，於其原失業（再）認定撤銷後未能就業者，仍得依本部改制前之行政院勞工委員會93年6月24日勞保1字第0930030416號令，以原請領失業給付資格，重新申請失業認定[178]。惟其必須依就業保險法第31條、第32條規定善盡告知義務，始得依同法第29條規定繼續請領失業給付，申請失業再認定，否則即無信賴保護原則之適用[179]。而且，由於中央勞政機關對於無法適應的「工作」，與對於就業保險法第17條第1項之「另有工作」的解釋，其界限難以劃分[180]，因此，就業保險法第17條第1項之「另有工作」及「工作

---

[176] 行政院勞工委員會93年6月24日勞保1字第0930030416號令及93年7月23日勞保1字第0930036193號令參照。

[177] 行政院勞工委員會98年2月23日勞保1字第0980140049號函。

[178] 勞動部103年5月17日勞動保1字第1030140177號函：「如其當月之收入超過基本工資，依本部改制前之行政院勞工委員會92年10月15日勞保1字第0920052921號函及97年2月20日勞保1字第0970140070號令，不得請領失業給付。至「每月工作收入」之起算乙節，查該工作收入，係申請人勞務之對價，應自開始提供勞務起算，與實際受領工作報酬之期日無關。」換言之，即使雙方約定延後或提前給付報酬，並不影響每月工作收入的認定。

[179] 同理，針對勞工於非自願離職後，隨即重返原公司任職之情形（在辦理失業給付申請案前），為避免受到就業保險法第36條規定的評價，勞工應於申請失業認定或辦理失業再認定時，依就業保險法第31條告知公立就業服務機構，並依第17條規定辦理。行政院勞工委員會98年2月23日勞保1字第0980140049號函參照。

[180] 中央勞政機關唯一一次說明適應期與第17條第1項「另有工作」之關係者，係行政院勞工委員會98年7月7日勞保1字第0980075965號函。依之，「爰失業勞工符合本法第17條規定或94年6月3日勞保1字第0940029183號令釋者，均得繼續申請失業給付，惟兩者仍屬有別，差異在於，失業勞工依本法第17條規定領取失業給付時，應就其工作收入加上失業給付之總額超過平均月投保薪資80%部分，予以扣除。而依前開令釋請領失業給付者，則依本會93年9月

收入」包括承攬或其他勞動型態，應該也適用於適應期的「再就業」[181]。這也難怪擔任公司負責人，由於已非失業勞工身分，故其不僅不適用第17條第1項之扣除，而是被排除失業給付請領權利。同樣地，其亦無適應期之適用，蓋被保險人於原單位離職退保前，已同時擔任他單位負責人，與行政院勞工委員會94年6月3日勞保1字第0940029183號令「勞工非自願離職後再就業，於工作十四日內自行離職，得以該次非自願離職事由，申請失業給付。」狀況不同，自無該令釋之適用[182]。果如此，自行創業既非就業保險法第17條第1項之「另有工作」，則其亦非適應期的適用範圍[183]。同樣地，就業保險被保險人於預告終止勞動契約期間，請假謀職，並於他單位就業加保未逾十四日即自行離職，其既已喪失失業勞工之身分，自無法以原失業原因申請失業給付[184]。其當亦不得主張適應期。至於在請領失業給付期間，經推介參加臨時工作津貼、永續就業工程計畫、多元就業開發方案、公共服務擴大就業計畫等公法救助工作方案，由於屬於就業保險法第17條第2項不得同時請領失業給付之情形，其並非就業保險法第17條第1項之「另有工作」。

　　適應期的適用對象，也包括本身原為定期契約工者。蓋依據就業保險法第11條第2項規定，「被保險人因定期契約屆滿離職，逾一個月未能就業，且離職前一年內，契約期間合計滿六個月以上者，視為非自願離職，並準用前項之規定。」而再依據第25條規定，定期契約工同樣必須於離職退保後二年內，檢附定期契約證明文件，辦理求職登記、申請失業認定及接受就業諮詢。公立就業服務機構受理求職登記後，應辦理就業諮詢，並自求職登記之日起十四日內推介就業或安排職業訓練。這些程序或過程，並不因不定期或定期契約而有

　　30日勞職業字第0930206371號函規定，仍應有十四日之推介就業等待期」。

[181] 相對地，對於再就業已經超過十四日，並且欲依就業保險法第16條第4項申請失業給付者，則是以受僱工作再參加就業保險後非自願離職為限。其係以再次非自願離職事由依相關規定申領失業給付，並重新計算請求權時效。行政院勞工委員會92年4月24日勞保1字第0920023401號函、98年2月9日勞保1字第0980061793號函參照。另請參照行政院勞工委員會100年3月8日勞保1字第0990140482號函、101年12月26日勞保1字第1010140526號函。

[182] 行政院勞工委員會102年1月10日勞保1字第1010092484號函參照。

[183] 惟此處之自行創業，應該不包括就業促進津貼實施辦法第21條以下之「創業」貸款津貼，以免就業服務法的「就業」與就業保險法之「就業」出現定義或概念不一的情況。所以，依本書所見，只要是依據就業促進津貼實施辦法第21條以下所做之「創業」，即有適應期及就業保險法第17條第1項「另有工作」之適用。

[184] 行政院勞工委員會101年12月28日勞保1字第1010140548號函。惟此號函釋已經被勞動保1字第1050140662號函所停止適用。

所不同。也因此，根據中央勞政機關的見解，針對定期契約工，於定期勞動契約屆滿離職後，再就業十四日內自行離職，視為就業尚未確定。故就保法第11條第2項規定所稱「逾一個月未能就業」，該期間之計算，自定期契約屆滿離職日起算，應扣除十四日內短暫再就業期間[185]。即使被保險人於定期契約屆滿翌日即加入職業工會投保勞工保險、依法於漁會參加勞工保險，或於農會參加農民健康保險者，如於再就業十四日內自行離職，亦有適應期之適用。所排除者，係被保險人於定期契約屆滿時另有從事其他部分工時工作者[186]。另外，任職代課老師或是臨時工，雖屬短期定期契約，仍難謂非重新再就業，如其於工作十四日內自行離職，並以原請領給付資格請領失業給付，則依行政院勞工委員會93年9月30日勞職業字第0930030416號函規定，仍應有十四日之推介就業等待期[187]。

其次，適應期到底是落實就保法鼓勵再就業的精神？或是違反積極就業的精神（就保法第11條第1項第1款、第13條參照）[188]？其是幫助失業勞工找到符合自己興趣及專長的工作？或是反而助長勞工不具充分理由地流動？並非沒有疑義。中央勞政機關顯然係採取「鼓勵再就業」的立場，蓋其認為「為提升失業勞工再就業之意願，俾公立就業服務機構順利推介就業[189]」。只是，適應期是否以一次為限？亦即其是否得快速地、短暫地轉換不同的就業？此在行政院勞工委員會93年2月4日勞保1字第0930072768號函釋中，解釋上似乎即不以一次為限。而在之後的函釋中，更明確地表達：所稱「於工作十四日內自行離職」，係勞工非自願離職後再多次就業，每次就業工作均於十四日自行離職，該短暫就業情形均可視為「就業尚未確定」，得依本會上開令示規定，以該次

---

[185] 行政院勞工委員會95年6月7日勞保1字第0950028702號函。

[186] 勞動部103年10月8日勞動保1字第1030140341號函參照。在此，基於農民健康保險與勞工保險皆屬各職域之社會保險，有實際從事工作者，始得加保，故中央勞政機關乃再度重申：「被保險人如自行切結其於職業工會投保期間無工作事實及收入，為免勞工意圖同時領取失業給付及累計勞工保險年資所生之利益，而提供不實陳述或取巧於職業工會掛名加保，宜就個案事實予以釐清後依法辦理」。同樣的要求，亦見之於行政院勞工委員會100年3月8日勞保1字第1000140032號函。

[187] 行政院勞工委員會97年9月24日勞保1字第0970140295號函。而且，根據93年11月11日勞職業字第0930050954號函：對於民眾主動告知就業事實，其實十四日之等待期重行起算日，以民眾再親自至公立就業服務機構之日計算，併予敘明。

[188] 本書以為從就業保險法第17條第1項之「另有工作」及「工作收入」，並無法推論出立法者有「適應期」構想，此從該條的立法說明中即可得知。

[189] 行政院勞工委員會93年2月4日勞保1字第0920072768號函：如再予放寬，恐生從事二份以上工作者，要求援引比照問題。

非自願離職事由，申請失業給付[190]。勞工一旦在十四日內自行離開新的工作，就會被認定仍然處於失業狀態中，其既得以原請領失業給付資格，請領失業給付，亦得經職訓諮詢裁量適訓而參加全日制職業訓練者，而以原非自願離職單位開具之離職證明書，請領職業訓練生活津貼。這倒是與德國就業保險法第122條第3項規定「六週中斷不失業，則失業登記失效」，有異曲同工之妙。依其反面解釋，勞工在工作未滿六週前，仍然是在失業中。類似的規定，也見之於德國就業保險法第150條（§150 SGB III），依之：部分失業給付請求權於受僱、從事自營作業、或在家中幫忙工作，而其時間超過二週或每週工作時間超過五個小時者，即行喪失。所以，只要未經過適應期，就表示勞工尚未真正依附在工作上。

適應期的起源，要遠溯至行政院勞工委員會93年2月4日勞保1字第0930072768號函，「失業給付申請人於失業再認定期間重新就業後十四日內，如不能適應新工作而自行離職，……。」[191]，由此可知適應期爲十四日。之後，勞工委員會93年6月24日勞職業字第0930030416號函，「失業勞工自求職登記之日起14日內工作者，於工作14日內自行離職時，得以原請領失業給付資格，請領失業給付。」再依據勞工委員會93年9月30日勞職業字第0930206371號函及勞工委員會94年6月8日勞職業字第0940501602號函，「……，但應視爲重新申請失業給付，仍應有十四日推介就業等待期，俟等待期屆滿仍未就業者，始予以失業認定。」[192]

後來，中央勞政機關又認爲勞工非自願離職後再就業，於工作十四日內自行離職時，得以該次非自願離職事由，申請失業給付[193]。（爲提升失業勞工就業技能及促進就業，）勞工非自願離職後再就業，於工作十四日內自行離職時，如經職訓諮詢裁量適訓而參加全日制職業訓練者，得以該次非自願離職事由，申請職訓生活津貼[194]。

---

[190] 行政院勞工委員會94年7月27日勞保1字第0940041552號函參照。雖然如此，本書以爲此可能導致勞工無法（意）安心就業的效（後）果，與積極就業政策的精神有違，故似宜將之限縮爲一次。

[191] 在該號函中，中央勞政機關同時停止適用行政院勞工委員會92年3月25日台勞保1字第0920013335號函。這表示中央勞政機關之前係採取反對適應期的態度。

[192] 整個勞工委員會解釋令的演變過程，可參閱勞工保險監理委員會出版，前揭書，頁245以下。

[193] 行政院勞工委員會94年6月3日勞保1字第0940029183號函。

[194] 行政院勞工委員會96年8月13日勞保1字第0960140331號函。

　　又，適應期也可能與就業保險法第17條第1項規定的「另有工作」有所關聯。緣就業保險法第17條第1項係在鼓勵失業勞工工作（增進失業者之勞動意願），其雖不以部分時間工作為限，但「未超過基本工資」者，大多為部分時間工作。而從事部分工時工作者，也可能在十四日內自行離職。因此，也會面臨得否以原非自願離職事由繼續請領失業給付之問題。對此，中央勞政機關前後的見解似乎並不一致。大體上其係以月投保薪資是否未達或超過基本工資為準。針對以部分工時身分投保，如其投保薪資超過基本工資者，則其再就業於工作十四日內自行離職時，得以前次非自願離職事由，申請失業給付。如再就業天數逾十四日離職者，視為重新再就業[195]；而對於月投保薪資未達基本工資者，不論其再就業天數是否逾十四日，均按就業保險法第17條第1項規定辦理[196]。依本書所見，果如中央勞政機關所見之「月投保薪資未達基本工資者，即使其再就業天數未逾十四日，仍按就業保險法第17條第1項規定辦理」，這似乎表示被保險人並無適應期之適用，其不得在十四日內離職而以前次非自願離職事由，申請失業給付。惟本書以為此一見解並不可採。

　　實者，中央勞政機關也有認為就業保險被保險人於非自願離職後再就業，如從事部分工時工作且投保薪資低於基本工資，工作未逾十四日自行離職者，如經職訓諮詢裁量適訓而參加全日制職業訓練者，得以原非自願離職事由，申請職業訓練生活津貼[197]。至於定期契約屆滿離職一個月內已另行從事部分工時工作【作者按：含月投保薪資低於或超過基本工資者】，如其再就業十四日內自行離職，視為就業尚未確定，「逾一個月未能就業」期間自定期契約屆滿離職日起算，並扣除十四日內短暫再就業期間後，合計逾一個月者，仍視為非自願離職，得依本法第11條第1項規定請領保險給付[198]。凡此，均可作為「月投保薪資未達基本工資者，再就業天數未逾十四日，仍有適應期適用」之佐證，此一見解自屬較為正確而可採。

　　同樣具有爭議性的適應期，係被保險人非自願離職後，始於職業工會或

---

[195] 行政院勞工委員會100年3月8日勞保1字第0990140482號函。

[196] 行政院勞工委員會100年3月8日勞保1字第0990140482號函、勞動部104年1月15日勞動保1字第1030140456號函參照。

[197] 行政院勞工委員會101年6月13日勞保1字第1010140227號函參照。惟此號函釋已經被勞動保1字第1050140662號函所停止適用。

[198] 行政院勞工委員會95年6月7日勞保1字第0950028702號令、102年9月9日勞保1字第1020076782號函參照。

農（漁）會參加勞保或農保，但於十四日內離職退保者，其得否以原非自願離職事由，申請失業給付或職業訓練生活津貼？對此，中央勞政機關先則認為該被保險人於職業工會辦理加保，即非失業勞工身分，不得請領職業訓練生活津貼[199]。同理，按農民健康保險與勞工保險皆屬各職域之社會保險，有實際從事工作者，始得加保，爰旨揭被保險人非自願離職後，於農、漁會辦理參加農保或勞保，即非失業勞工身分，不得請領職業訓練生活津貼[200]。再者，申請人於育嬰留職停薪期間，既已加保於農民健康保險為被保險人，應得認定有實際從事工作，自不得繼續請領育嬰留職停薪津貼或辦理眷屬加發給付或津貼[201]。但後來則認為在職業工會或農（漁）會參加勞保或農保者，如其於十四日內離職退保，仍得依勞工委員會96年8月13日勞保1字第0960140331號函釋規定，以原非自願離職事由，申請職業訓練生活津貼[202]。對此，由於中央勞政機關創造出適應期的目的，是在「為提升失業勞工再就業之意願，俾公立就業服務機構順利推介就業」，所謂的「工作」，固然不論其勞動型態（僱傭、承攬[203]、委任[204]或其他勞動型態[205]），惟此在第17條第1項立法意旨下，仍然被制度設計為失業狀態中。現在，如其以職業工人、農民或漁民的身分工作，恐怕已非當初「增進失業者之勞動意願」的範圍，其固然尚難謂與「自行創業」[206]、「擔任公司之負責人」[207]之已「非失業勞工身分」的狀況等同，但其或者係為自己工作、或者職業生涯已大幅轉向農民或漁民工作[208]，且藉由本身事業之經營而獲取所得，謂其已「非失業勞工身分」而不在適應期或就業保險法第17條第1

---

[199] 行政院勞工委員會99年12月8日勞保1字第0990089965號函參照。

[200] 行政院勞工委員會101年4月3日勞保1字第1010140118號函及101年4月3日勞保1字第1010140118號函附101年3月19日會議紀錄結論參照。

[201] 行政院勞工委員會101年11月27日勞保1字第1010140413號函參照。

[202] 行政院勞工委員會101年6月13日勞保1字第1010140227號函參照（惟此號函釋已經被勞動保1字第1050140662號函所停止適用）。解釋上同樣傾向肯定說者，行政院勞工委員會100年3月8日勞保1字第1000140032號函、勞動部103年10月8日勞動保1字第1030140341號函參照。

[203] 行政院勞工委員會96年11月9日勞保1字第0960140467號函、97年2月20日勞保1字第0970140070號令參照。

[204] 勞動部103年5月17日勞動保1字第1030140177號函參照。

[205] 含居間？居家工作者？線上工作者？

[206] 行政院勞工委員會98年8月27日勞保1字第0980080610號函參照。

[207] 行政院勞工委員會99年6月23日勞保1字第0990017802號函參照。

[208] 此處之漁民，並不包括勞工保險條例第6條第1項第5款之「受僱從事漁業生產之勞動者」。

項之適用範圍之內，應該尚屬適當而可採。況且，就業保險法本就不適用於自營作業而參加職業工會者（勞保條例第6條第1項第7款）或自營作業而參加漁會之甲類會員（勞保條例第6條第1項第8款），在其自營作業期間之收入，本就無法扣除，而是應以其已重新再就業而不得再請求就業保險法中的各種給付[209]。

最後，在一個最高行政法院的裁定中，法院認為：原告於2002年12月31日自復興國小離職退保，2004年12月17日以離職單位為復興國小向被告（勞保局）申請失業給付。惟其自復興國小退保後，分別於2003年11月27日由中國技術學院申報加保及2004年11月3日由志清國小申報加保，已重新就業，其於再就業之日已喪失失業勞工身分，自無法以原失業原因（非自願離職）請領失業給付[210]。針對本案，本書以為：即使以適應期十四日來看，無論是由中國技術學院申報加保或由志清國小申報加保，均已超過。

第三節　工資替代／所得補償措施

壹、失業給付

一、目的

失業保險之主要功能，是在失業給付（補償給付，Kompensationsleistung）。至於失業給付的目的，旨在促進遭遇非自願性失業之勞工儘速再就業，並保障其失業一定期間之基本生活（部分彌補損失的工資），並且維持失業者的購買力。依據論者的見解，所謂基本生活保障並非「最低收入」保障，而是指社會保險給付與當事人他項收入結合之後，還能維持「大多數人」的基本需求。至於「最低生活需求」的保障，係屬於社會救助領域的保障[211]。但是，此種「基本生活保障」的通說，卻為中央勞政機關新近的解釋令所推翻（至少是撼動）。依據行政院勞工委員會100年2月1日勞保1字第1000002306號函：勞工保險之各項保險給付旨在提供被保險人或受益人之「適當生活」保

---

[209] 反對說，行政院勞工委員會92年4月29日勞保1字第0920020523號函。

[210] 最高行政法院96年度裁字第01273號裁定（前審為台北高等行政法院94年度簡字806號判決）。

[211] 鍾秉正，前揭書，頁133以下。

障，目前各項一次給付之給付標準，尚屬適當。另勞保年金之給付標準，係於立法院審議時，為兼顧勞工權益及勞保財務折衝之方案。按照本書的看法：失業給付的金額應低於其他給付，而且，社會保險必須遵守「基本生活保障原則」，不宜將「適當生活」等同「基本生活」看待。

二、一般期間與給付

在符合失業給付的請領要件時，一般失業給付的期間為六個月，並且依照固定的計算比例（平均月投保薪資的60%）給付。一般而言，固定的計算比例越高的國家，例如歐盟的丹麥及荷蘭，主要是基於彈性安全（Flexicurity）的思想而來。另外，在丹麥，也是因為其解僱保護的強度甚低，所以需要借重社會保險的高給付額度，降低失業勞工的生活困境[212]。

至於所謂的請領要件，主要是要向公立就服機構辦理求職登記、填寫失業認定及失業給付申請書（就保法第25條第1項規定）。而失業給付申請書有固定的格式，如須補正時，則於補正之日才是申請之日（就保法第25條第5項規定）。失業給付是往後給付，而非溯及給付（§325 II SGB III）。失業給付是按月發給（就保法第16條第1項），而非如勞基法工資之給付，原則上至少定期發給二次（勞基法第23條第1項）。德國原則上是每二週發給一次。一旦領滿失業給付，無論是一次領滿失業給付或分次領滿失業給付（就保法第16條第3項），依該法第16條第5項規定，保險年資應重行起算，其起算點為領滿後當次再就業加保生效之日。至於失業給付未領滿六個月，再就業後即穩定就業並加保滿一年以上，應回歸該法第11條及第16條規定，得再請領失業給付最長發給六個月[213]。

失業被保險人辦理求職登記、填寫失業給付申請書及失業認定申請書，均係向公立就服機構為之，且依就保法第25條第1項規定係三個動作在同一時點完成[214]，在該動作完成後，該法第24條請求權消滅時效才開始起算。在這裡，首先會面臨一個問題，亦即由該法第25條第1項規定觀之，被保險人可以在離職退保後二年內始為求職登記，時間上顯得過長，也失去了積極工作意願的原意，理應予以大大縮短。

---

[212] Eichhorst/Kuhn/Thode/Zenker, Traditionelle Beschäftigungsverhältnisse im Wandel, 58.

[213] 行政院勞工委員會92年5月12日勞保1字第0920027017號函參照。

[214] Vgl. auch §§ 323 I, 325 II SGB III.

其次，有無可能以求職視為已申請給付？或者仍須提出失業給付申請書？對此，中央勞政機關曾經採取肯定見解。依之，被保險人如依就保法第25條規定辦理求職登記，並表明其為非自願離職者，應得認定被保險人有請求就業保險相關給付之意思表示，則嗣後就服機構認定為非自願離職，並安排職業訓練已逾二年請求權時效期間，被保險人如無怠於行使請求權之情形，仍可依該法規定核發職業訓練生活津貼[215]。由此觀之，即是以求職登記視為已申請職訓生活津貼，無須再提出申請書。

在就業保險法第24條的消滅時效認定上，一直到修法增訂同法第25條第1項「於離職退保後二年內」規定後，始終局解決此一問題。其間，中央勞政機關曾有改變見解：(一)原先，中央勞政機關認為失業給付之請求權起算日，自非自願離職辦理退保之日起算[216]。(二)之後，其認為勞資爭議及訴訟期間，並不計入行政程序法第131條規定之五年求職登記請求權消滅時效[217]。(三)最後則是認為就業保險法修正條文第25條及第29條已明定，被保險人於離職退保後，應於二年內至公立就服機構辦理求職登記；另繼續請領失業給付者，應於前次領取失業給付期間末日之翌日起二年內，每個月親自前往公立就服機構申請失業再認定[218]。

就保法第24條規定的消滅時效，也可能因為一定的事由而暫時停／中止進行。首先，非自願離職勞工，於請領失業給付期間，經推介參加臨時工作津貼、永續就業工程計畫、多元就業開發方案、公共服務擴大就業計畫等公法救助工作方案，於計畫期滿或計畫執行完成後，如距非自願離職退保之日已逾二年，因係依同法第17條規定，致該期間無法行使其失業給付之請求權，故請求權時效之計算，應扣除該段參加公法救助工作方案之期間[219]。其次，中央勞政機關即認為因為請求權人（因離職事由）申請勞資爭議（就保法第23條）[220]及訴訟（民法第129條第1項第3款）而中斷，該勞資爭議及訴訟期間，不計入二

---

[215] 行政院勞工委員會95年7月4日勞保1字第0950056540號函。

[216] 行政院勞工委員會92年10月15日勞保1字第0920049789號函、93年12月9日勞保1字第0930055755號函。

[217] 行政院勞工委員會98年2月4日勞保1字第0980140041號函。就保法修正後，依據第25條第1項規定二年的登記期間。

[218] 行政院勞工委員會98年8月17日勞保1字第0980140398號函。

[219] 行政院勞工委員會93年12月9日勞保1字第0930055755號函參照。

[220] 但是，此種採取較民法規定寬鬆的解釋，並非無疑義。行政院勞工委員會98年2月4日勞保1字第0980140041號函也自認採取放寬解釋。

年請求權消滅時效期間[221]。其所謂「申請勞資爭議」，雖然實務上係指申請人與原雇主間因離職事由發生勞資爭議，經調解有案者[222]。惟本書以爲應該涵蓋依據勞資爭議處理法申請調解、仲裁、甚至裁決程序而言[223]。只不過，依據就保法第23條規定觀之，勞資爭議救濟程序應不會影響請求權消滅時效的進行。

　　另外，基於行政程序法第50條規定，就保法第24條規定之消滅時效，因被保險人服兵役致未能接受推介就業或參加職業訓練，且無法申請失業認定，其係因爲履行國民義務而無可歸責事由，得申請回復原狀，並應同時補行辦理求職登記、申請失業認定及接受就業諮詢。至被保險人因犯罪服刑致未能申請失業認定，其犯罪行爲係具有可歸責事由[224]，故仍應依前法第24條二年時效期間規定辦理[225]。

　　另一個複雜而難解的問題是，勞工依就保法第23條第1項規定，與原雇主間因離職事由發生勞資爭議者，如其申請先行請領失業給付，究應如何處理？對此，如經勞資爭議處理法之協調或調解者，中央勞政機關認爲：(一)勞工因離職事由與雇主發生勞資爭議，雖協調不成立或調解不成立，仍得依規定請領失業給付[226]。惟如有就保法第36條規定情形者，處以罰鍰及民事損害賠償。如有刑責者，移送司法機關辦理。所提勞工未到場致勞資爭議協調或調解不成立者，如查有前開情事，仍應依規定辦理[227]。(二)惟，之後中央勞政機關解釋認爲勞工如因離職事由與雇主發生勞資爭議，且已依勞資爭議處理法第9條規定向地方主管機關提出調解申請書有案者，公立就業服務機構可依前開規定受理申請人之失業認定申請。惟經確認該申請人已調解成立或達成和解者，其失業認定仍應依就保法第11條及第25條規定辦理[228]。按照此一解釋，公立就服機構先受理申請，等調解或和解成立者，再做失業認定。

　　針對與勞資爭議有關的失業給付的列管，中央勞政機關認爲：勞工因離職

---

[221] 行政院勞工委員會95年4月13日勞保1字第0950018402號函。

[222] 行政院勞工委員會92年1月21日勞保1字第0920003857號令參照。

[223] 勞資爭議處理法第6條第1項參照。

[224] 此點類似於因違反勞基法第12條規定被解僱，而喪失契約的各種請求權。

[225] 行政院勞工委員會95年11月3日勞保1字第0950114178號函。

[226] 此處，可能會引發將就保基金當成罷工／爭議基金使用的疑慮。不過，函釋也提到：前項爭議結果，確定申請人不符失業給付請領規定時，應於確定之日起十五日內，將已領之失業給付返還。屆期未返還者，依法移送強制執行。

[227] 行政院勞工委員會99年3月31日勞保1字第0990065806號函。

[228] 行政院勞工委員會100年3月14日勞保1字第1000140059號函。

事由與雇主發生勞資爭議，經公立就服機構受理先行完成失業（再）認定，移請勞保局列管已核發失業給付，嗣經恰勞資雙方均未再進行後續處理，無法提供爭議結果乙案。請勞保局仍依就保法第23條規定，俟爭議結果確定後，再予以解除管制[229]。

　　有關失業給付部分，還有以下幾點待說明：首先，中央勞政機關認為勞工已領取勞工保險老年給付或年滿60歲得領取老年給付者，因核屬退休人員或依法得強制退休人員，基於社會保險不重複保障原則，即不得核給失業給付[230]。此一函釋不當，主要是由於此函釋係針對「已領取勞工保險老年給付或年滿60歲得領取老年給付」者，而勞工保險條例並無強制退休之設計，亦即對於「年滿60歲得領取老年給付者」，勞工保險局並不得要求被保險人提出老年給付之申請，故其所謂「已領取勞工保險老年給付之退休人員」，應將之解釋為係指勞工保險條例第58條第3項「依前二項規定請領老年給付者，應辦理離職退保」。至於「年滿60歲得領取老年給付者核屬依法得強制退休人員」，則係為逾越勞工保險條例之錯誤的見解。也因此，在60歲之前非自願離職符合失業給付請領條件者，即使在年逾60歲後，只要其並未領取勞工保險老年給付，即得提出請領失業給付，亦即，符合請領老年給付的人，應該可以先請領完失業給付（如果有失業的事實），再請領老年給付。不會因「年滿60歲得領取老年給付者核屬依法得強制退休人員」，而被排除失業給付請求權。

　　倒是，在一件勞工被雇主依勞動基準法第54條第1項第2款強制退休的案件中，中央勞政機關以為其核屬退休人員，尚非就業保險法所欲保障之對象。其繼而認為就業保險法第11條第3項所明定的非自願離職事由中，並不包括強制退休，所以被強制退休的勞工不得申請失業給付[231]。本書以為此一函釋尚有進一步說明的必要。首先，其所謂「強制退休者因核屬退休人員，尚非就業保險法所欲保障之對象。」似乎與就業保險法第5條第2項第2款的規定不一致。蓋該款所列之人員，並不包括領取勞動基準法退休金者。在中央勞政機關較早的函釋中[232]，即已表示「查就業保險法第5條並未規定，已領取勞工退休金，而未領取勞工保險老年給付或公教人員保險養老給付者，不得納入參加就業保

---

[229] 行政院勞工委員會98年4月28日勞保1字第0980069247號函。

[230] 行政院勞工委員會92年8月29日勞保1字第0920039348號函。

[231] 行政院勞工委員會99年6月18日勞保1字第0990071949號函參照。

[232] 行政院勞工委員會96年6月29日勞保1字第09601402601號函參照。

險，基於法律保留原則，勞工保險局依法受理渠等勞工之加保並核給津貼或給付，於法並無不合」。其次，設如強制退休者因核屬退休人員，而不得申請失業給付，則依據勞動基準法第53條之自請退休者呢？吾人如依循中央勞政機關引用就業保險法第11條第3項非自願離職事由並無自請退休的思考脈絡，恐怕亦應否定之。惟此同樣與就業保險法第5條第2項第2款的規定不一致。三者，由於勞動基準法之企業退休金，性質上為雇主責任，與勞工保險條例之老年給付性質上為社會保險者不同[233]。前者係以同一勞工在同一雇主處工作達到一定年數且達到退休年齡為限，後者卻可轉換不同雇主而繼續累積。因此，除非勞工向雇主表達退休而同時領取勞動基準法的退休金及勞保條例之老年給付、或者單純請求雇主以投保單位身分代為請領老年給付外，否則，假設勞工只是向雇主請求勞動基準法的退休金，則其老年給付的權利仍在，並不影響其失業給付的申請。

其次，本書以為依據就業保險法第11條第1項第1款規定，係向公立就業服務機構為求職登記。依據同法第25條第1項規定，也是向公立就服機構為失業給付申請。由此看來，應該將失業給付轉由就服機構處理才對，亦即將就業保險法第25條第2項之「並轉請保險人核發失業給付」規定，予以修正。雖然如此，行政院勞工委員會仍然認為失業認定機關／公立就服機構與保險給付核付機關／勞工保險局之權責已明確劃分。即公立就服機構處理有關離職證明文件之審核、就業諮詢、就業推介及非自願離職之認定等。於失業認定後，送請勞工保險局審核其加保資格及給付條件等，據以核給保險給付[234]。

又，失業被保險人溢領失業給付部分，雖經勞保局依行政程序法第117條及第118條規定溯及既往撤銷，然觀勞保條例第29條第2項及就業保險法第40條第1項規定，可知就保法並未如勞保條例訂有被保險人有未繳還之保險給付，得自被保險人領取保險給付之金額，辦理扣減至足額清償為止之規定。且就業保險法第40條準用勞保條例之範圍，亦未及於得扣減之規定，則勞保局自申請人得領取之失業給付中扣減應退回銷帳之溢領失業給付，容有疑義。

再者，在與勞基法第16條第3項「無預警解僱」規定之連動問題上，理論上，失業給付的請求權消滅時效要等到預告期滿才起算。為此，就保法第11條

---

[233] 行政院勞工委員會79年3月22日台79勞動三字第30481號函、83年5月30台83勞動三字第35000號函參照。

[234] 行政院勞工委員會92年8月20日勞保1字第0920042357號函。

第3項也應如此規定[235]。反面言之，在該「無預警解僱」期間，失業給付請求權暫時停止。

　　最後，爲保護中高齡勞工的工作權，避免發生家庭問題，並且制裁惡意的雇主，針對雇主解僱高齡勞工（例如滿55歲）時，德國就業保險法規定保險人先爲失業給付，而後再向雇主請求償還費用[236]。此一規定應可提供我國參考之用。

三、延長給付期間（差異性期限、變異期間）

　　被保險人依據投保薪資分級表繳交保費，並且在有失業給付事由時，一般係依據平均月投保薪資60%獲得給付（所謂所得比例制）。但是，例外採取延長失業給付期至九個月或可達80%之均等金額制給付（就保法第16條第2項規定、第19條之1規定）。

　　在先進國家（例如德國），不乏以在期待權期間繳交保險費的長短（保險年資較長者），來計算延長給付期間者，這也較符合平等原則的要求，而台灣在2000年12月30日修正前的勞工保險失業給付實施辦法也有不固定期間（變異期間）的設計。

　　反觀就保法第16條第1項及第2項的規定，卻未採取此種作法，而是以年齡滿45歲以上[237]、身心障礙者及「經濟不景氣致大量失業或其他緊急情事」，作爲延長至九個月或十二個月的理由。其中，以年齡滿45歲以上來延長給付，理由是其失業週期平均較長。但是，由此所衍生的另一個問題是：爲制止雇主惡意資遣高齡勞工，是否應參考德國就業保險法第三部第147a條的規定，於勞保局給付失業給付後，令雇主償還該費用[238]？另外，也要注意納入身障礙者爲延長給付對象，是否代表將失業救助責任移往失業給付責任？混淆了兩者？

　　從比較法來看，對於達到一定年齡（例如55歲）之高齡勞工，由於其再就業的可能性較低，是否宜參考德國舊時的作法，限制其給付期間，將之導向失業救助措施處理？如果這麼說，那麼，就業保險法第16條第1項及第2項規定給予45歲以上勞工較長的失業給付，有無再檢討之餘地？

---

[235]　Vgl. § 143a SGB III.

[236]　Vgl. § 147a SGB III.

[237]　Eichhorst/Kuhn/Thode/Zenker, Traditionelle Beschäftigungsverhältnisse im Wandel, 58 f.

[238]　Bruns, a.a.O., 71.

其實，爲鼓勵並落實職業訓練，可考慮以「延長給付」方式爲之（接受職業訓練期間，延長失業給付）。或許，這就是就保法第28條設計的由來？所以，似應將其解釋加起來期間可達一年之久？惟依據勞工委員會96年7月3日勞保1字第0960140216函規定，基於社會保險適當保障原則，應合併原已領取之失業給付及職訓津貼，以六個月爲限[239]。

最後，假設申請人在就保法修正施行（2009年5月1日）前，已領滿六個月失業給付者，依本法第16條規定，就業保險年資已歸零重行起算，基於法律之安定性，自無前開延長失業給付期間規定之適用[240]。

四、縮短／減半給付期間（短期的失業給付）

依據就業保險法第16條第5項規定再次失業者，其期待權期間爲二年（較一般的三年爲嚴格），失業給付爲原給付期間之二分之一爲限，以避免失業者對於失業給付的過度依賴。

五、加給給付（均等金額制）

依據就業保險法第19條之1第1項規定，被保險人非自願離職退保後，於請領失業給付或職業訓練生活津貼期間，有受其扶養之眷屬者，每一人按申請人離職辦理本保險退保之當月起前六個月平均月投保薪資百分之十加給給付或津貼，最多計至百分之二十。此一規定，即是以〔加上受扶養義務人（依賴人口）爲準的〕須要原則（Bedarfsprinzip）取代（一般性的）替代原則（Ersatzprinzip），其係基於社會適當性原則而來[241]。就業保險法第19條之1第2項規定之受扶養子女，以婚生子女或養子女爲限，不包括未依民法規定收養之繼子女[242]。由於該法第19條之1之加給給付，係以有受扶養之眷屬者爲對象，基於法律保留及「明示其一、排斥其他」的法律原則，本不包括身心障礙者。就此看來，就業促進津貼實施辦法第29條第1項規定身心障礙者之（合併領取就業保險法及就業促進津貼實施辦法之）職業訓練生活津貼可達一年之久，似乎即有疑義。

---

[239] 勞工保險監理委員會出版，前揭書，頁241以下。

[240] 行政院勞工委員會98年5月14日勞保1字第0980012271號函。

[241] 鍾秉正，前揭書，頁137。

[242] 行政院勞工委員會98年6月9日勞保1字第0980075216號函。

　　在此，是否應該再加入以期待權期間繳交保險費的長短（保險年資較長者），給予較多的保險給付或津貼？就保法未採此種規定，惟論者有持肯定說者[243]。

　　再一言者，能否取得加給職業訓練生活津貼（及加給給付），必須依個案而定：(一)被保險人之受扶養眷屬，在加保中者，即不予加給給付或津貼；即使並未加保，但有實際工作收入，經查明屬實者，仍不得加計[244]。(二)被保險人之受扶養眷屬，自費參加職業訓練並依勞保條例第6條第1項第7款規定辦理加保，且確無工作收入，無就保法施行細則第19條之1所定情形，即得取得加給給付或津貼[245]。

貳、提早就業獎助津貼

　　依據就業保險法第11第1項第2款規定，符合失業給付請領條件，於失業給付請領期間屆滿前受僱工作，並參加本保險三個月以上者，得請領提早就業獎助津貼。按照此一規定，被保險人必須「符合失業給付請領條件」[246]，維持新工作並參加就業保險三個月以上。之所以要求三個月，是為避免以短期受僱巧取津貼，且三個月期間通常為勞動市場的試用期間。

　　有問題的，是所稱「參加就業保險滿三個月」之保險年資計算方式。對此，中央勞政機關先則稱「應就申請人於失業給付請領期間屆滿前，再就業參加就業保險之日起算[247]」。繼而進一步稱「參加本保險滿三個月以上之保險年資計算方式，應就申請人於失業給付請領期間屆滿前，再就業參加就業保險之日起算」，自應指申請人完成初次失業認定，符合失業給付請領條件後之再受僱加保年資，始得採計。對於被保險人於非自願離職後，至初次失業認定前之短暫就業加保十四日內之年資，由於其此時尚未完成失業認定，不符失業給付請領條件，雖有就業加保之事實，惟該保險年資仍不得計入「參加本保險滿三

---

[243] 范瑋真，前揭書，頁85。

[244] 行政院勞工委員會98年8月17日台勞保1字第0980140398號函。

[245] 行政院勞工委員會99年5月7日台勞保1字第0990011858號函。

[246] 行政院勞工委員會97年8月7日勞保1字第0970140334號函參照。原勞工委員會92年10月9日勞保1字第0920047561號函停止適用。

[247] 行政院勞工委員會101年7月11日勞保1字第1010140243號函參照。

個月」之年資[248]。至於失業期間另有工作且工作收入未達基本工資者（就保法第17條第2項參照），其工作期間雖有參加本保險，然制度設計上仍將該等人員視爲失業勞工，並納入失業給付保障，核與前開津貼獎助已再就業勞工之目的不符。爰就業保險法第11條第1項第2款有關請領提早就業獎助津貼條件之參加本保險三個月以上之規定，尚不包括領取失業給付期間因另有工作而參加本保險之年資[249]。

提早就業獎助津貼，本質上係獎勵金（一次性給付獎勵），而非失業給付，不具有工資替代功能，也非在於對失業勞工的經濟生活幫助（既然都已就業，自然也沒有經濟生活幫助的情況了）。且既是獎勵性質，則領取津貼的人，其保險年資不應重行起算。理論上對於符合就業保險法第11條第1項第2款及第18條規定之人，即得請領提早就業獎助津貼，惟爲符合提早就業獎助津貼之立法意旨及兼顧有限保險資源之運用，就業保險法施行細則第14條之1已規定，依本法第11條第2項規定，準用本法第11條第1項第2款得請領提早就業獎助津貼之被保險人，不包括於失業給付請領期間屆滿前，再受僱於原投保單位參加本保險者。據此，因定期契約屆滿離職之被保險人，於失業給付請領期間屆滿前再受僱原投保單位就業加保滿三個月以上，不得採計爲提早就業獎助津貼之保險年資（不適用提早就業獎助津貼）[250]。至於就業保險法施行細則第14條之1規定所稱「再受僱於原投保單位」之認定標準，不論其回任原單位所擔任之職務性質均屬之，即其不得請領提早就業獎助津貼[251]。

針對被保險人取得就業（加保）單位在職證明書有困難之個案，勞保局得以派員查證或其他方式證實被保險人確實受僱工作加保，以保障渠等領取提早就業獎助津貼之權益[252]。

一個頗具爭議的問題是：被保險人在等待期內再受僱並參加就業保險三個月以上者，得否依就保法第11條規定申請提早就業獎助津貼？對此，有正反兩說。持肯定說者（早期說法）理由如下：一、失業給付等待期的用意與提早就業獎助津貼的目的不同。亦即：失業給付的等待期，是爲公立就服機構辦理就業諮詢及推介就業之作業時間，並避免極短暫失業者或已找到工作而尚未就

[248] 行政院勞工委員會101年9月28日勞保1字第1010140380號函參照。

[249] 勞動部104年1月15日勞動保1字第1030140456號函參照。

[250] 行政院勞工委員會101年10月11日勞保1字第1010140401號函參照。

[251] 行政院勞工委員會102年3月22日勞保1字第1020140160號函參照。

[252] 行政院勞工委員會96年8月16日勞保1字第0960140325號函。

職者領取失業給付。與此不同的是，提早就業獎助津貼係為鼓勵失業者積極尋職，防杜失業者過度依賴失業給付，導致勞動意願低落，爰給予獎助。準此，申請人於等待期期間受僱工作，並參加就業保險三個月以上，得請領提早就業獎助津貼，以符就業保險法促進就業之立法意旨[253]。二、提早就業獎助津貼與失業給付二者之目的不同，至十四日等待期間是失業給付之必要條件，非提早就業獎助津貼之必要條件[254]。三、失業給付與提早就業獎助津貼兩種給付項目，不得同時請領。被保險人於申請失業給付等待期內，經公立就服機構安排參加全日制職業訓練，再受僱工作並參加就業保險滿三個月，應比照失業給付處理方式辦理[255]。

　　持否定說者（晚期說法），則是認為申請提早就業獎助津貼的前提，係被保險人已符合失業給付請領條件。亦即，仍需受到十四日等待期間的拘束，於其領取失業給付期間找到工作時，始可請領。蓋在等待期間內已找到工作，顯示極短暫地喪失薪資並不會影響其生計[256]。

　　針對就保法第17條第1項規定，被保險人於失業期間另有工作，其工作收入（包括超過基本工資或未超過基本工資）加失業給付合計超過80%部分，應自失業給付中扣除，惟並未規定自提早就業獎助津貼中扣除，基於失業給付與提早就業獎助津貼性質不同，上開規定，自不適用於提早就業獎助津貼[257]。至於有關被保險人於完成初次失業認定後，申請失業給付期間，再受僱工作並參加就業保險滿三個月，惟因申領失業給付期間另有工作，且每月工作收入超過基本工資，是否得請領提早就業獎助津貼疑義案。中央勞政機關認為為避免影響被保險人當月失業給付權益，應於次月失業再認定時，始依就業保險法第17條規定改核不予給付，故於其再就業加保三個月以上，即可依同法第18條規定申請提早就業獎助津貼[258]。雖然如此，本書以為第18條之「並依規定參加本保險」，解釋上應包括第31條之告知義務，以使公立就業服務機構知悉另有其他

[253] 早期行政院勞工委員會92年10月9日勞保1字第0920047561號函。惟此一函釋已停止適用。同說，范瑋真，前揭書，頁79以下、86。雖然如此，本書以為這個說法應較合法理。

[254] 行政院勞工委員會92年12月2日勞保1字第0920065377號函。此一函釋已停止適用。

[255] 行政院勞工委員會93年2月4日勞保1字第0920071743號函。此一函釋已停止適用。

[256] 行政院勞工委員會97年8月7日勞保1字第09701 0334號函。勞工保險監理委員會，前揭書，頁227。

[257] 行政院勞工委員會92年10月15日勞保1字第0920052921號函。

[258] 行政院勞工委員會92年8月15日勞保1字第0920041819號函參照。

工作收入之事實。如未盡此一告知義務者,似即應駁回其提早就業獎助津貼之申請。

還有一個問題是,就業保險法第11條第1項第2款規定之於失業給付請領期間屆滿前「受僱工作」,是否包括公務員工作?董事或兼任他單位負責人?對此,中央勞政機關似無解釋。倒是,針對育嬰留職停薪津貼或失業給付,中央勞政機關認為:本會99年4月16日勞保1字第0990140119號函暨99年6月23日勞保1字第0990017802號函略以受僱者於育嬰留職停薪或失業期間,兼任他單位負責人,不得請領育嬰留職停薪津貼或失業給付。惟為合理保障勞工請領就業保險給付權益,該兼任單位非屬營利事業,或有貴局(勞工保險局)來函所列已辦理停業登記等情事,經貴局審查確無營業事實者,得核發育嬰留職停薪津貼或失業給付[259]。本書以為:就育嬰留職停薪之目的來看,一旦有從事非育嬰情事時,不問該單位是否營利或營業,理應即予停發。至於在失業給付方面,失業者一旦兼任他單位負責人,不問該單位是否營利或營業,其已非就業保險之適用對象,不得引用就業保險法第17條第1項規定「另有工作」處理,而是即予停發失業給付(閉鎖期/禁止期)[260],並且改依第11條第1項第2款規定發予提早就業獎助津貼。

最後,為增強失業者提早就業的誘因,提高提早就業獎助津貼之比例?對此,台灣只有六個月的失業給付,似乎無須考量失業者坐領失業給付之問題。反而是針對給付超過六個月者,應該考量逐步降低失業給付金額的作法。這一部分,主要是針對未來修法延長給付後的情況而言。

參、職業訓練生活津貼

依據就業保險法第11條第1項第3款規定,被保險人非自願離職,向公立就業服務機構辦理求職登記,經公立就業服務機構安排參加全日制職業訓練者,得請領職業訓練生活津貼。在此,既謂「非自願離職」,即表示被保險人係與其投保單位成立私法的僱傭關係,而非公法的救助關係[261]。之後,其實際參訓

---

[259] 行政院勞工委員會100年1月28日勞保1字第0990140509號函。在當時,行政院勞工委員會接受勞保監理會的意見,不以形式上兼任他單位負責人即予排除,而是以其實質上已不再或無從行使負責人經營事業之職權為準,必須個案審查。

[260] 台北高等行政法院99年度簡字第768號判決參照。

[261] 最高行政法院95年度裁字第02618號裁定參照。

起迄期間仍應符合就業保險法施行細則第16條所定「訓練期間一個月以上」之
規定，始得核給職業訓練生活津貼[262]。除此之外，當然必須符合每星期上課四
次以上、每日上課日間四小時以上[263]、以及每月總訓練時數達一百小時以上等
全部條件，缺一不可。假設被保險人經公立就業服務機構安排參加「非」全日
制職業訓練者，並未符合該法規定之職業訓練生活津貼請領條件，為協助失業
者有效學習就業技能，達成儘速協助受訓者就業之目標，准其得請領失業給
付，以保障其職業訓練期間之生活[264]。至於在舊法（勞工保險失業給付實施辦
法）施行期間，非自願離職，符合失業給付請領條件者，其在2003年1月1日就
業保險法施行後，得否主張該法之適用？對此，由於適值新舊法交接之際，如
其仍在舊法二年請求權時效之內（勞工保險失業給付實施辦法、勞保條例第74
條及第30條參照），而且已向公立就業服務機構以非自願離職失業之身分辦理
求職登記，則公立就業服務機構自應按照就業保險法之規定，安排其參加全日
制職業訓練及發予職業訓練生活津貼[265]。然而，按照中央勞政機關的函釋，此
一「二年請求權時效」，卻是依據就業保險法第24條規定而來，蓋其認為「被
保險人如於非自願離職退保之日起二年內依就業保險法第25條規定辦理求職登
記，並表明其為非自願離職者，應得認定被保險人有請求就業保險相關給付之
意思表示，則嗣後公立就業服務機構認定其為非自願離職，並安排其參加全日
制職業訓練雖已逾二年請求權時效期間，被保險人如無怠於行使請求權之情
形，仍可依就業保險法規定核發職業訓練生活津貼」。[266]如此一來，即可能發
生被保險人在舊法時代已經屆於二年請求權時效，但其卻可在新法時代請求給
付之適法性問題，本書以為如欲溯及既往地對於此類失業人員提供就業保險法
上的保障，則應在就業保險法中予以特別明定，否則即有違法律保留原則（中

---

[262] 行政院勞工委員會99年6月4日勞保1字第0990140205號函參照。

[263] 就業保險法施行細則於2015年5月14日修正，原第16條三之每「次」上課日間四小時以上，
經修正為每「日」上課日間四小時以上。修正理由為：原每「次」上課日間四小時以上之規
定，於實務上易衍生同一日上午、下午各訓練1次，每次四小時，導致每星期亦可僅需訓練
二日（四次）之誤解。爰予以修正。

[264] 行政院勞工委員會92年10月28日勞保1字第0920057462號函參照。這表示被保險人得一面接
受「非全日制職業訓練，一面請領失業給付」。而在此一非全日制職業訓練後，如未能順利
就業，仍得再經公立就業服務機構安排參加全日制職業訓練，並且請領職業訓練生活津貼。

[265] 行政院勞工委員會95年6月12日勞保1字第0950029505號函、行政院勞工委員會92年5月7日勞
保1字第0920020851號令參照。

[266] 行政院勞工委員會95年7月4日勞保1字第0950056540號函（參考函釋95年6月12日勞保1字第
0950029505號函）。

央法規標準法第5條第2項），斷非僅以函釋即可為之。

　　理論上，對於符合就保法第11條第1項第3款規定者，其即得請求職訓生活津貼。然而，就業保險被保險人非自願離職者，於農、漁會辦理參加農保或勞保，即使在加保期間切結無任何工作，由於農民健康保險與勞工保險皆屬各職域之社會保險，有實際從事工作者，始得加保，故其已非失業勞工身分，不得請領職業訓練生活津貼[267]。再者，如果勞工與原雇主因離職事由發生勞資爭議時，是否仍得請領職業訓練生活津貼？對此，依據中央勞政機關所見[268]：「就業保險法第23條規定，申請人與原雇主間因離職事由發生勞資爭議者，仍得請領失業給付。前項爭議結果，確定申請人不符失業給付請領規定時，應於確定之日起十五日內，將已領之失業給付返還。屆期未返還者，依法移送強制執行。惟查請領職業訓練生活津貼者，尚無前開規定之適用」。考就保法第23條的立法說明：「為免影響其給付請領權益，落實保障失業一定期間基本生活之宗旨」。故先令其取得失業給付，如其不符合資格，再令其返還失業給付，此在實務上操作並不困難。惟職業訓練生活津貼係以接受職業訓練為前提，如果爭議結果，確定申請人不符請領失業要件時，則其返還職訓生活津貼固無問題，但所接受的職業訓練即已失其原先意義（況且會占據其他失業者接受職業訓練的機會）。故此一函釋的見解應屬可採。這表示被保險人與原雇主因離職事由發生勞資爭議時，公立就服機構並不得為其安排職業訓練，連帶地，被保險人即無請領職業訓練生活津貼之餘地[269]。

　　另外，就業保險被保險人於預告終止勞動契約期間，請假謀職，並於他單位就業加保未逾十四日即自行離職，不得以原離職單位之非自願離職事由，請領失業給付及職業訓練生活津貼[270]。這是因為該被保險人尚未離職即至他單位就業，已經喪失失業勞工之身分。在「他單位就業加保未逾十四日即自行離職」之適應期，只適用於失業的勞工。至於就業保險被保險人於非自願離職，經公立就業服務機構安排參加全日制職業訓練，於推介後至參訓前再就業工作

---

[267] 台北高等行政法院102年度訴字第469號判決、行政院勞工委員會101年4月3日勞保1字第1010140118號函及101年4月3日勞保1字第10101401181號函附101年3月19日會議紀錄結論（育嬰留職停薪津貼及依就業保險法第19條之1辦理眷屬加發給付之問題，考量前開給付皆屬本法之給付項目，應採一致之標準處理）。

[268] 行政院勞工委員會98年12月14日勞保1字第0980033663號函參照。

[269] 最高行政法院101年度裁字第1216號裁定參照。

[270] 行政院勞工委員會101年12月28日勞保1字第1010140548號函參照。中央勞政機關認為如再予放寬，恐生從事二份以上工作者，要求援引比照問題。

逾十四日自行離職，不得以原非自願離職事由，請領職業訓練生活津貼[271]。即使勞工非自願離職後從事部分工時工作，且投保薪資低於基本工資，超過十四日始自行離職者，不得申請職業訓練生活津貼[272]。

　　針對上述中央勞政機關有關勞資爭議救濟、是否影響失業之認定，本書肯定其用心良苦。惟本書以為應回歸就保法第23條、第24條、第25條、以及第38條等規定處理。也就是說，勞資爭議救濟程序應不會影響請求權消滅時效的進行。就保法第25條之二年求職登記期間並非請求權消滅時效。在公立就服機構認定失業，並且發給失業給付後，如果爭議救濟程序對被保險人有利，即應依就保法第23條第2項及第38條規定處理。法理上並不得暫停失業認定程序，等爭議結果確定後，再予以解除管制。

　　上述之職業訓練生活津貼，依據就業保險法第10條之規定，屬於就業保險給付之一種。問題是，其法律性質為何？對此，中央勞政機關先則認為：查就業保險法職業訓練生活津貼之發放，係提供失業勞工參加全日制職業訓練期間，因「所得中斷之基本生活保障」。[273]後又認為職業訓練生活津貼與勞工保險傷病給付，二者同屬「薪資補償性質」，基於社會保險不重複保障原則，不得同時請領[274]。雖然如此，本書以為可以確定的是：職訓生活津貼的目的，在鼓勵失業勞工參加職業訓練、增進職業技能，以促進就業。其具有安定失業勞工專心受訓的用意。但未繳交一定期間的保費，無期待期間之設計，即使只是短暫就業即被資遣者，亦得向公立就業服務機構辦理求職登記，經安排職業訓練後請領職業訓練生活津貼。故其應非屬薪資補償之性質，而屬於政府所為的津貼補助。而且，其目的既然是在鼓勵失業勞工參加職業訓練、增進職業技能，以促進就業，則其係已勞工尚有工作能力及工作意願為前提。所以，其係一身專屬權的性質，一旦失業勞工死亡，即無繼續受訓之可能，其繼承人當然亦無權繼續申請職訓生活津貼。惟對於已提出申請就業保險給付或津貼者，由於就業保險法並無針對被保險人之遺屬為相關規定，亦無準用勞工保險條例有關受益人之規定，如其經認定符合相關請領要件，但於保險人尚未核發前死亡，其給付或津貼得由其法定繼承人承領之，不因給付行政作業期間而影響權

---

[271] 行政院勞工委員會101年10月18日勞保1字第1010140409號函參照。

[272] 行政院勞工委員會101年6月13日勞保1字第1010140227號函參照。

[273] 行政院勞工委員會100年1月13日勞保1字第0990029917號函參照。

[274] 行政院勞工委員會102年10月17日勞保1字第1020140562號函參照。

益[275]。這表示被保險人尚未提出申請或已經提出申請，但在保險人進行認定前即已死亡者，其繼承人即無權繼續原來的申請或自始提出申請[276]。

　　在釐清職訓生活津貼之法律性質後，要指出的是，被保險人之請領職業訓練生活津貼，與其是否參加勞工保險或具有一定保險年資無關，即使初任職（任職未久）者也可以請求職訓生活津貼。中央勞政機關早已解釋：依據就保法第11條第1項第3款規定之請領條件，職訓生活津貼之核發，並無必須具有一定保險年資之規定，故被保險人請領職訓生活津貼，無保險年資重行起算之問題[277]。重點是在：就業保險立法之積極面，以提升勞工就業技能，促進就業為目的，被保險人向公立就業服務機構辦理求職登記，就業服務機構應透過完整而嚴謹之就業諮詢，推介適性工作及安排職業訓練，並應確實依就業保險法第13條至第15條規定辦理，對無工作能力或就業意願者應拒絕發給失業給付或職業訓練生活津貼。又，依就保法第11條第1項第3款及第19條規定，並未規定申請人於受訓期間未參加勞保[278]，即不得請領職訓生活津貼。故申請人如經公立就服機構安排參加全日制職業訓練者，應依上開規定發給職訓生活津貼。至其是否參加勞保，請依勞保條例相關規定辦理，並加強催保作業（依據勞保局2015年12月份的統計，參加職業訓練加保勞工保險者，人數達7,323人，人數較11月份的10,991人減少3,668人，減幅相當顯著）[279]。

　　在職業訓練生活津貼無一定保險年資的要求下，當然會衍生出另一個問題，亦即由於職訓生活津貼沒有保險年資的要求（目的在鼓勵失業勞工參加職業訓練、增進職業技能，以促進就業），是否應與失業給付作不同的對待才對？亦即最新修正的就保法第19條之1的規定（加給職業訓練生活津貼）有無

---

[275] 行政院勞工委員會98年2月4日勞保1字第0980060744號函參照。

[276] 這樣的處理方式，其實係與失能給付及老年給付同屬一身專屬權，被保險人生前未及提出申請給付，其家屬或受益人不得提出，否則即有「當事人不適格」的問題。蓋老年給付與失能給付均在確保勞工「未來」之生活，如勞工已經離世，即無給予其未來金錢支助之可言。勞工保險監理委員會，前揭書，頁24以下。

[277] 行政院勞工委員會96年7月3日台勞保1字第0960140216號函。

[278] 依據勞工保險條例第6條第1項第6款規定，「在政府登記有案之職業訓練機構接受訓練者，應以所屬機構為投保單位，參加勞通保險為被保險人。」再依據勞工保險被保險人因執行職務而致傷病審查準則第22條之1規定，「本準則於本條例第六條第一項第六款之被保險人，亦適用之。」如果再加上就保法第40條準用勞保條例保險費負擔之規定，則依據勞保條例第18條規定，被保險人於請領傷病給付或住院醫療給復未能領取職訓生活津貼期間，得免繳被保險人負擔部分之保險費。

[279] 行政院勞工委員會92年10月15日台勞保1字第0920049789號函。

問題？惟就目前實務的做法，並未有所區別。緣依據就業保險法第19條之1規定，被保險人非自願離職退保後，於請領失業給付或職業訓練生活津貼期間，有受其扶養之眷屬者，每一人按申請人離職辦理本保險退保之當月起前六個月平均月投保薪資10%加給給付或津貼，最多計至20%。前項所稱受扶養眷屬，指受被保險人扶養之無工作收入之配偶、未成年子女或身心障礙子女。此一規定的立法意旨，係考量勞工失業時，除個人面臨工作收入來源中斷外，亦將連帶影響其家庭生計，為保障此等勞工家庭於失業期間之基本生活，爰加給給付或津貼。惟為有效運用保險資源，及考量社會保險適當保障原則，於同條第2項明定受扶養眷屬資格為「無工作收入之配偶、未成年子女或身心障礙子女」。在受扶養眷屬因參加職業訓練並依勞工保險條例第6條第1第7款規定辦理加保，且確無工作收入，無本法施行細則第19條之1所定情形，即得依規定加給給付或津貼[280]。又，眷屬檢附正值育嬰「留職停薪」期間之證明文件，於該期間無本法施行細則第19條之1所定情形，且無工作收入者，得依規定加給給付或津貼[281]。上述兩個中央勞政機關的函釋似乎均有進一步說明的必要。就前者而言，無依定雇主或自營作業者之加入職業工會，係以有實際從事勞動或有自營作業的事實為前提，眷屬如何會有「且確無工作收入」的情形呢？就後者而言，眷屬在育嬰留職停薪期間，除非不申請育嬰留職停薪津貼，否則，如何會有「且無工作收入」的情形呢？況且，依照中央勞政機關的見解，育嬰留職停薪津貼的性質也是薪資補償[282]。

　　無論如何，被保險人請領職業訓練生活津貼，仍然需要意思表示。被保險人如依就保法第25條規定辦理求職登記，並表明其為非自願離職者，應得認定被保險人有請求就業保險相關給付之意思表示，則嗣後就服機構認定為非自願離職，並安排職業訓練已逾二年請求權時效期間，被保險人如無怠於行使請求權之情形，仍可依同法規定核發職業訓練生活津貼[283]。由此觀之，即是以求職登記視為已申請職訓生活津貼，無須再提出申請書。

　　至於職業訓練生活津貼與失業給付間的互動或關係如何？如前所述，基於職業訓練先行原則，失業勞工必須接受公立就業服務機構的安排職業訓練，

---

[280] 行政院勞工委員會99年5月7日勞保1字第0990011858號函參照。

[281] 行政院勞工委員會99年12月30日勞保1字第0990027657號函參照。

[282] 行政院勞工委員會98年8月17日勞保1字第0980140398號函：查育嬰留職停薪津貼與勞保傷病給付同屬薪資補償性質，基於社會保險不重複保障原則，不得同時請領。

[283] 行政院勞工委員會95年7月4日勞保1字第0950056540號函。

而不得逕行申請失業給付。而且，一旦接受職業訓練且請領職業訓練生活津貼者，在該期間內自然無權請求失業給付。就保法第17條第2項即是規定，領取職業訓練生活津貼期間，不得同時領取失業給付（閉鎖期／禁止期規定）[284]。此一閉鎖期／禁止期規定，同樣適用於失業勞工請領失業給付期間自行加入職業工會或漁會，並於失業期間，經職訓諮詢評估適訓並推介參訓，如其符合就保法第11條及其施行細則第16條規定之請領條件，應核給職業訓練生活津貼，並依本法第17條第2項規定停止核給失業給付[285]。中央勞政機關也同樣認為被保險人經公立就服機構安排參加全日制職業訓練，於受訓期間「已安排職業訓練」，已不符合就保法第11條第1項第1款規定之失業給付請領要件，故不得於職業訓練期滿前申請失業給付[286]。但是，被保險人若中途離訓或退訓，如其符合失業給付之條件，則仍得請領失業給付（就保法第19條第2項規定）[287]。惟，其無第28條規定之適用。

另外，上述職訓先行原則也發生在：即使被保險人經公立就業服務機構依法安排免試入訓，於未實際到訓前，也不應再予完成失業（再）認定。惟如因訓練單位停班，或延後開班致距離原預定開班日達一個月以上，屬不可歸責於失業被保險人之事由，為避免影響其失業期間後續生活，倘符合本法第30條規定，准予完成失業再認定。另外，失業被保險人於初次失業認定期間，接受公立就業服務機構安排免試錄訓，經不予完成失業認定在案，嗣後訓練機構因不可歸責於被保險人之因素而延班、停班之處理乙節，查失業被保險人因訓練單位停班、延班等不可歸責之情事，申請註銷該次職訓推介單，係依照「就業保險非自願離職者職業訓練免試入訓作業規定」第12點規定辦理，如未有不接受重新篩選適性、適訓職類課程之情事，則無本法第15條拒絕受理失業給付申請規定之適用[288]。

然而，上述職訓先行原則係要求公立就服機構在給予失業給付前，應先為失業勞工安排職業訓練。此一積極促進就業的思想，或有在實務上未能完全被

---

[284] 鍾秉正，前揭書，頁227。

[285] 行政院勞工委員會職業訓練局94年5月25日職公字第0940015504號函參照。惟，失業勞工於請領失業給付期間自行加入職業工會或漁會，表示其已就業，所以已非失業勞工之身分，本無權繼續請領失業給付。這也是中央勞政機關不斷重申的意旨。

[286] 行政院勞工委員會99年5月7日勞保1字第0990022099號函。此意味期滿後即得為之？

[287] 范瑋真，前揭書，頁90。

[288] 勞動部103年9月22日勞動保1字第1030140339號函參照。

遵守者。因此，針對被保險人於領滿失業給付期間，被公立就服機構安排職業訓練，於申請職業訓練生活津貼者，就其請領津貼期間重疊部分，自應依就保法第17條第2項規定辦理[289]。尤其是被保險人於領滿失業給付後，嗣經公立就業服務機構安排參加全日制職業訓練，得否請領職業訓練生活津貼疑義，中央勞政機關認為就業保險法第11條第1項第3款規定，並無限制被保險人於請領失業給付後，不得再以同一離職事由申請前開津貼[290]。假設被保險人於非自願離職退保之日起二年內依本法第25條規定辦理求職登記，應得認定被保險人有請求就業保險相關給付之意思表示，雖已逾二年請求權時效期間，被保險人如無怠於行使請求權之情形，仍可依本法規定核發職業訓練生活津貼。據此，除勞動力發展署於失業勞工請領失業給付屆滿後已積極提供適性之職業訓練班次，惟勞工無本法第14條情形拒絕參加，並有紀錄可考外，尚難遽認其有前開函釋「怠於行使請求權之情形」[291]。

　　只不過，上述說明只侷限在接受公立就業服務機構安排的職業訓練而言，不包括自行參訓者。依照中央勞政機關的見解，就業保險法第11條第1項第1款規定，並未規定該等自行參訓者，於受訓期間不得申請失業給付，且實務上，公立就業服務機構未必能全然掌握被保險人失業期間自行參訓情形，基於法律保留原則及平等原則，被保險人自行參加民間或政府自辦、委辦之全日制職業訓練者，如符合第11條第1項第1款規定，得申請失業給付[292]。無論如何，本書以為此一函釋係一特例，蓋其他的函釋始皆要求「公立就業服務機構安排」、「職訓諮詢適訓」及「全日制職業訓練」，此一自行參訓者恐無經過「職訓諮詢適訓」。如此，恐難符合職業訓練的目的。

　　為了避免被保險人雙重得利，中央勞政機關早就建立了社會保險適當保障原則及社會保險不應重複保障之原則，這不僅適用於職業訓練生活津貼與傷

---

[289] 行政院勞工委員會97年11月5勞保1字第0970081645號函參照。

[290] 行政院勞工委員會101年8月21日勞保1字第1010140325號函參照。

[291] 勞動部103年10月8日勞動保1字第1030140352號函參照。另外，行政院勞工委員會95年7月4日勞保1字第0950056540號函見解亦同。

[292] 行政院勞工委員會92年10月28日台勞保1字第0920054762號函。惟，此一見解有無疑義？蓋第11條第1項第1款規定，要求至少向公立就服機構登記，由其安排職業訓練。又，如按照該函釋，似有可能導出第11條第1項第1款規定之職業訓練，雖必須是全日制職業訓練，但不限於政府自辦或委辦者，也包括民間自辦者。

病給付[293]及就業促進津貼[294]，而且也適用於職業訓練生活津貼與失業給付的關係上。這是指領取職業訓練生活津貼者，不得兼得失業給付。惟由於就保法第17條第2項係規定「不得同時請領」，遂引起吾人得否「先後請領」的疑義。對此，實務上有認為依據中央勞政機關96年7月3日勞保1字第0960140216函規定，基於社會保險適當保障原則，應合併原已領取之失業給付及職訓津貼，以六個月為限[295]。雖然如此，由於該函釋認為「基於社會保險適當保障原則，每一保險事故均有給付上限，職業訓練法第19條第1項「最長發給六個月」，係指被保險人因同一非自願離職之保險事故，經公立就業服務機構安排參加一次或多次之職業訓練，其請領職業訓練生活津貼之期間應合併計算，最長以發給六個月為限。」並無合併計算失業給付及職訓津貼為六個月之用語[296]。而且，吾人由就保法第28條規定觀之，似乎領取職業訓練生活津貼後，仍得請領失業給付，期間合計長達一年[297]。況且，根據前面的說明，如果失業勞工先領取失業給付後再接受職業訓練，則合併領取職業訓練生活津貼的期間將長達一年。如果從此一角度觀之，即使將職業訓練生活津貼定位為薪資補償的性質，似乎也未違反社會保險適當保障原則及不應重複保障之原則。

　　針對職業訓練生活津貼之核發，有無請領期限的上限疑義，中央勞政機關先則認為「依就業保險法第11條及第19條規定，被保險人非自願離職，經安

---

[293] 根據中央勞政機關的見解，由於職業訓練生活津貼與勞工保險傷病給付同屬薪資補償性質，基於社會保險不重複保障原則，被保險人於請領勞工保險傷病給付期間不得同時領取就業保險職業訓練生活津貼。行政院勞工委員會102年10月17日勞保1字第1020140562號函參照。

[294] 根據中央勞政機關的見解，就業促進津貼實施辦法第29條第1項規定所稱「政府機關其他同性質之津貼或補助」，指就業保險法所稱之職業訓練生活津貼。再依據就業促進津貼實施辦法第29條第1項規定，就業服務法第24條第1項各款所列之失業者，二年內合併領取職業訓練生活津貼及政府機關其他同性質之津貼或補助，最長以六個月為限。申請人為身心障礙者，最長以一年為限。前項人員領取就業保險法之失業給付或職業訓練生活津貼期間，不得同時請領第18條之職業訓練生活津貼。行政院勞工委員會98年4月1日勞職訓字第0980503099號令及行政院勞工委員會97年11月5日勞保1字第0970081645號函參照。

[295] 勞工保險監理委員會，前揭書，頁241以下。根據德國就業保險法規定「繼續訓練中的失業給付Arbeitslosengeld bei beruflicher Weiterbildung」，並且將職訓生活津貼刪除。Vgl. §117 I Nr. 2 SGB III.

[296] 與此不同的是，針對被保險人於請領失業給付期間屆滿前再就業後，符合提早就業獎助津貼之請領要件，惟未申請，嗣再發生非自願離職事故，得否請領前次未領取之提早就業獎助津貼乙案。中央勞政機關認為就業保險法並無限制多次非自願離職並再就業之被保險人，僅得請領當次之提早就業獎助津貼，旨被保險人領取該津貼如在請求權時效內，均得依規定提出申請，「惟合併原已領取之失業給付月數及提早就業獎助津貼，仍以發給本法第16條所定之給付期間為限」。行政院勞工委員會101年1月13日勞保1字第1000140515號函參照。

[297] 范瑋真，前揭書，頁83採取此說。

排參訓期間，即應核給職業訓練生活津貼，以安定其職業訓練期間之生活，且以當次請領六個月為限，故本會92年2月13日勞保1字第0920001443號函，及同年8月6日勞保1字第0920042752號函爰明確規定，有關職業訓練生活津貼，並未以「合併計算」六個月為限……準此，「當次」請領六個月為限，係指當次『職業訓練』[298]」。惟之後中央勞政機關已改變其見解：基於社會保險適當保障原則（即經濟及節省原則），每一保險事故均有給付上限，就保法第19條第1項規定之「職訓生活津貼最長發給六個月」，係指被保險人因同一非自願離職之保險事故，經公立就服機構安排參加一次或多次之職業訓練，其請領職訓生活津貼之期間應合併計算，最長以發給六個月為限[299]。惟在考量社會保險適當保障原則及有效運用保險資源之前提下，對於擁有「無工作收入之配偶、未成年子女或身心障礙子女」眷屬的被保險人，就保法第19條之1給予加給津貼（延長期間至九個月）的保障[300]。本書以為此種以社會保險適當保障原則限制職業訓練生活津貼之上限，應屬正確而可採，否則，除了與失業給付的協調性整合運用外，還會發生無期待權要求的職業訓練生活津貼的發放，可能遠較失業給付來得多的問題。

　　社會保險適當保障原則及社會保險不應重複保障之原則，也適用於被保險人已領取老年給付（老人年金）、失能給付（失能年金）及領取職訓生活津貼期間另有工作收入者。以老年給付而言，失業給付與職業訓練生活津貼係為保障失業之被保險人，於失業期間或失業參加職訓期間之生活。是以，基於社會保險不應重複保障之原則，該等年滿60歲已領取老年給付者，亦不得再請領職業訓練生活津貼。即有關領取職訓生活津貼案，比照失業給付方式處理[301]。雖然如此，領取老年給付者不得再申領失業給付或職業訓練生活津貼，最主要的理由，係其已經喪失工作的意願所致。如果是從社會保險適當保障原則及社會保險不應重複保障原則的角度觀察，則先請領失業給付或職業訓練生活津

---

[298] 行政院勞工委員會92年10月15日勞保1字第0920049789號函參照。惟有關職業訓練生活津貼以當次請領六個月為限部分，自96年7月3日勞保1字第0960140216號函釋後停止適用。

[299] 行政院勞工委員會96年7月3日台勞保1字第0960140216號函。倒是，就業保險的理論上，是否存在一失業給付最後手段原則？

[300] 行政院勞工委員會99年12月30日勞保1字第0990027657號函參照。

[301] 行政院勞工委員會92年10月15日台勞保1字第0920049789號函、行政院勞工委員會92年10月28日台勞保1字第0920049789號函、行政院勞工委員會93年11月3日台勞保1字第0930054612號函。惟中央勞政機關也認為基於行政經濟與保障被保險人給付權益之考量，如當月經核給職業訓練生活津貼，職業訓練生活津貼仍應核給，於次月始停止給付。

貼者，亦將喪失老年給付請求權才是。另外一言者，針對就業保險被保險人年滿65歲前非自願離職，請領失業給付期間年滿65歲，並領取國民年金老年年金給付者，得否繼續核發失業給付或職業訓練生活津貼乙案，中央勞政機關認為「查國民年金係提供未能於相關職域保險獲得適足保障之國民於老年生活之基本保障，核與失業給付為薪資補償性質不同，復基於法律保留原則，本案貴局得依規定繼續核發失業給付或職業訓練生活津貼」，意即已國民年金者，得要求繼續核發職業訓練生活津貼或失業給付。惟本書以為此一函釋並未釐清如下之疑義：一、針對年滿65歲前非自願離職，且從未請領失業給付者，如其領取國民年金老年年金給付者，得否請求核發失業給付或職業訓練生活津貼？二、此一函釋認為國民年金係提供未能於「相關職域保險獲得適足保障」之國民於老年生活之「基本保障」，反面解釋為其他相關職域保險（例如勞工保險老年給付、老年農民福利津貼暫行條例老農津貼）能夠提供適足的老年生活保障，此一見解是否正確？依據社會保險法理而言，其他相關職域保險似乎也僅在提供基本生活保障而已[302]。

　　再以失能年金而言，勞工如果已經評估終身無工作能力，請領失能年金，則其已不得再參加就業保險。同理，亦不得參加政府所舉辦職業訓練或請領職訓生活津貼，即其應與就保法第5條第2項第2款「已領取勞工保險老年給付」採取同一之解釋。蓋職業訓練的目的在促成受訓者返還職場，其與請領失能年金者已無工作能力、致無法返還職場者不合。除非未來法制上係採取部分失能也可請領部分失能年金，始有令其參加職業訓練之意義。惟目前實務上，並未禁止該領取失能年金者參加職業訓練或請領職訓生活津貼，亦未要求其返還年金或停發年金，只是一方面希望建立參加職業訓練與請領失能年金之勾稽機制，另一方面則冀望將來勞保條例失能年金評估機制建立後，針對失能者經過重建及專業評估後仍無法工作者，始具有請領年金之資格。雖然如此，本書以為此一處理方式緩不濟急，且未能認清真正問題之所在，無助於問題的根本解決。

　　最後以領取職訓生活津貼期間另有工作收入者而言，其實是涉及另一個

---

[302] 另外，與此一函釋見解相同或相近者，係針對領取老農津貼者，可否申請就業保險失業給付？中央勞政機關認為，「爰勞工如屬受僱，且無前開不得參加本保險之情事，應依規定參加就業保險，並於符合請領要件時，得申請相關保險給付，與其是否領取老農津貼無涉」。言下之意是已經領取老農津貼者，於工作時即應加入就業保險，並於符合條件時請領失業給付及職業訓練生活津貼。行政院勞工委員會100年11月17日勞保1字第1000032618號函參照。

問題：就保法第17條第1項規定之另有工作之扣除，是否亦適用於職業訓練生活津貼？即職訓津貼與失業給付在目的上有多少相似性[303]？此一情況的發生，主要是因為在接受全日制職業訓練時，還會有時間「另有工作」。依據就保法施行細則第16條規定，全日制職業訓練每日訓練時數最低四小時即可，客觀上有可能在職業訓練結束後再去工作。對於此一問題，本書以為就保法第17條第1項規定失業期間另有工作，其立法目的毋寧係在鼓勵就業，期待該「另有工作」逐漸轉變為正式的工作，故只扣除超過基本工資的部分。但是，職業訓練津貼發放之目的，則是在鼓勵受訓者專心受訓，以利訓練結束後之尋得工作。故受訓者本應珍惜資源（由就業保險基金支應）、努力參訓，不應於受訓期間找尋工作，否則一旦已在工作，即應停止職訓津貼之發放。從就業安定基金支援特定對象（如身心障礙者、中高齡、低收入戶、原住民等）的參訓來看，如其於請領職訓生活津貼期間另已就業，即已採取更嚴格的退訓處分（職訓津貼隨之終止）。兩相對照，自不宜比照採取如第17條第1項的扣除方式處理。

　　所以，社會保險適當保障原則及社會保險不應重複保障之原則，也適用在領取職訓生活津貼期間另有工作收入者。中央勞政機關也是採取此種態度。依之，一、考量社會保險適當保障原則及職業訓練生活津貼發放之立法目的，於接受全日制職業訓練期間另有工作，不得繼續請領職業訓練生活津貼[304]。二、職業訓練中心受訓學員因參加中心內工讀而加保勞工保險，亦屬於接受全日制職業訓練期間另有工作，不得繼續請領職業訓練生活津貼[305]。三、職業訓練中心受訓學員於職場見習實務訓練期間已由企業提供工作津貼（本案是「職場見習訓練費」）[306]者，基於社會保險不重複保障及適當保障原則，應不得繼續核發職業訓練生活津貼[307]。四、就業保險被保險人非自願離職後，於職業工會辦理參加勞工保險，又請公立就業服務機構安排參加職業訓練及申請職業訓練生活津貼乙節，即便其切結加保期間無任何工作，惟按被保險人於職業工會辦理

---

[303] 林更盛，前揭文，頁10。

[304] 行政院勞工委員會99年2月24日台勞保1字第0990140037號函。但是，可以繼續接受職業訓練？或職訓機構可以將其退訓？

[305] 行政院勞工委員會99年10月27日台勞保1字第0990140442號函。

[306] 但是，見習訓練費性質為訓練津貼，並不是工作津貼。受訓學員也不是勞工。是否也不能重複取得？理由為何？

[307] 行政院勞工委員會100年1月13日台勞保1字第0990029917號函。

加保，即非失業勞工身分，不得請領職業訓練生活津貼[308]。

　　尚待釐清者，被保險人之請領職業訓練生活津貼，是否會受到適應期、公法救助措施及不可抗力的適用？先就適應期而言，中央勞政機關首先認為被保險人於受訓期間再就業後數日離職，仍依中央勞政機關99年2月24日台勞保1字第0990140037號函釋原則處理[309]。假設被保險人經公立就服機構安排參加全日制職業訓練，於受訓期間短暫就業數日即自行離職，為避免就保資源浪費及提升失業被保險人參加職業訓練成效等考量，不得繼續核發職業訓練生活津貼。蓋職業訓練之目的在透過有系統之訓練，提升民眾職業能力，以達成就業目標；另目前職業訓練資源有限且錄取率低，參訓者應專心學習，若訓練期間請假就業，將造成中途退訓或課程無法銜接，並影響學習效果之問題，不利其後續就業[310]。此一適應期也適用於被保險人非自願離職後，始於職業工會或農（漁）會參加勞保或農保，但於十四日內離職退保者，得以原非自願離職事由，申請職業訓練生活津貼[311]。

　　在公法救助措施方面，被保險人於非自願離職後，經推介參加臨時工作津貼、永續就業工程計畫、多元就業開發方案、公共服務擴大就業計畫等，於津貼給付期滿或計畫執行完成後仍未就業，如經職訓諮詢適訓而參加全日制職業訓練者，得於非自願離職、退出就業保險之日起二年內，以原非自願離職單位開具之離職證明書，依規定申請職訓生活津貼[312]。

　　最後，被保險人於接受職業訓練課程中，如因不可抗力或其他特定原因[313]調課，致未符合全日制職業訓練規定時，是否仍得請領職訓津貼？原先，由行政院勞工委員會99年4月6日台勞保1字第0990140105號函的反面解釋，似乎應持肯定見解[314]。但是，勞工委員會93年11月16日職公字第0930043574號函卻只針對不可抗力作出解釋，認為：應即於不可抗力因素消失後隨即補訓（課），且如實際訓練起迄期間符合就保法施行細則第19條規定要件者，得核予職訓生

---

[308]　行政院勞工委員會99年12月8日台勞保1字第0990089965號函。

[309]　行政院勞工委員會99年12月8日台勞保1字第0990140513號函。

[310]　行政院勞工委員會100年5月12日台勞保1字第1000140150號函。

[311]　行政院勞工委員會101年6月13日勞保1字第1010140227號函、96年8月13日勞保1字第0960140331號函參照。

[312]　行政院勞工委員會93年9月3日勞保1字第0930043624號函。

[313]　此一特定原因範圍太廣，並不適當。

[314]　惟職業訓練並非工作，即使有不可抗力原因，仍以有實際補課始得請領津貼為妥。

活津貼。惟上述99年4月6日台勞保1字第0990140105號函已經被停止適用。根據目前中央勞政機關的看法，「如已報請委訓單位同意並依限完成補課者，勞保局仍應按原核定之月份發給學員津貼。至未依前開規定辦理者，仍應逐月審視，依實際上課情形，符合全日制職業訓練規定條件之月份始核給職業訓練生活津貼」。

最後，針對訓練單位變更課程致不符全日制職業訓練規定，其後續追償問題乙案，中央勞政機關認為：「一、有關被保險人因訓練單位調動課程，不符就業保險法職業訓練生活津貼請領規定，致有溢領津貼情事乙節，仍請勞工保險局依相關規定辦理後續追繳作業。二、至學員因訓練單位調動課程，致無法請領就業保險職業訓練生活津貼乙節，仍請職業訓練局督促所屬職業訓練中心，儘速依訓練契約相關規定，向訓練單位求償後轉交學員。」這表示並非由職業訓練局（即改制後之勞動力發展署）或勞工保險局先代為給付職訓生活津貼後，再以代位求償的方式項訓練單位求償。

肆、育嬰留職停薪津貼

依據就業保險法第11條第1項第4款規定，被保險人之保險年資合計滿一年以上，子女滿3歲前，依性別工作平等法之規定，辦理育嬰留職停薪者，得請領育嬰留職停薪津貼。顯然，得請領育嬰留職停薪津貼者，必須係性別工作平等法的適用對象，且依性別工作平等法之規定，自動辦理育嬰留職停薪者，其在提出育嬰留職停薪申請時，勞動關係不得已經合法終止[315]。惟因就業保險法之適用對象為「受僱者」，因此，依性平法辦理育嬰留職停薪者，限於該法第2條第1項之受僱者，而不包括同條第2項之公務人員、教育人員及軍職人員。後者的育嬰留職停薪津貼，原則上均依據各該法令的規定為之[316]，不適用就業保險法的規定[317]。又，此處之「子女滿3歲前」，依據文義解釋，指子女已經

---

[315] 台北高等行政法院104年度訴字第337號判決參照。另請參照台北高等行政法院100年度簡字第198號判決、100年度訴字第242號判決、99年度簡字第461號判決。

[316] 主要是公務人員任用法第28條之1第2項規定、公務人員留職停薪辦法、教育人員任用條例第34條之1第2項規定、教育人員留職停薪辦法、公教人員保險法第3條、軍人保險條例第16條之1。

[317] 惟例外地仍有適用餘地，例如針對公務人員之配偶如未就業，公務人員得否申請育嬰假留職停薪疑義，依據銓敘部98年7月3日部銓4字第0983062466號函：次查公務人員留職停薪辦法（以下簡稱留職停薪辦法）第4條第2項規定：「公務人員具有下列情事之一者，得申請留職停薪，除第一款各機關不得拒絕外，其餘各款由各機關考量業務狀況依權責辦理：一、養育

出生、且未滿3歲者。如果子女尚未出生，自無撫育事實可言，當不得申請育
嬰留職停薪[318]。再一言者，此一育嬰留職停薪津貼的適用對象，並不以適用勞
基法的事業單位或經中央主管機關指定之事業之部分工作場所或工作者（勞基
法第3條第2項）為限。其包括微型廠場（只僱用一名勞工者）、非婚生子女、
收養者（但收養者不得休產假）及部分時間工作者。但是，部分時間工作者的
工作時間是否可以累（併）計？本書採取否定見解。蓋依據就業保險法第5條
第3項規定，「受僱於二個以上雇主者，得擇一參加本保險」。反面解釋即為
不得併計。就業保險法並無類似勞工保險條例第19條第2項，「被保險人同時
受僱於二個以上投保單位者，其普通事故保險給付之月投保薪資得合併計算」
之規定，就業保險法第40條亦無準用勞工保險條例第19條第2項。所以，中央
勞政機關也認為，「基於就業保險法（以下簡稱本法）未明文規定被保險人同
時受僱於二個以上投保單位者，其保險給付之月投保薪資得合併計算，且合併
計算將致另一份工作未離職或屬自願離職者亦得請領給付，顯有違本法保障勞
工於失業一定期間基本生活之立法意旨，亦恐導致勞工以本法第13條為由拒絕
推介之工作，不利促進就業，爰本案有關就業保險被保險人遭遇非自願離職事
故，請領就業保險各項給付，如同一月份有二個以上投保薪資，其平均月投保
薪資不得合併計算[319]」。之後，針對有關申請育嬰留職停薪津貼僅能擇一計算
投保薪資乙案，中央勞政機關再度認為，「就業保險與勞工保險係兩個各自獨
立的保險制度，保費計收、給付項目及請領條件各不相同，育嬰留職停薪津貼
為就業保險之給付項目。……基於就業保險法並未規定被保險人同時受僱於二
個以上投保單位者，其保險給付之月投保薪資得合併計算，爰有關就業保險被
保險人請領就業保險各項給付，如同一月份有2個以上投保薪資，其平均月投
保薪資仍不得合併計算[320]」。再進一步者，對於就業保險被保險人同時受僱於
二個以上投保單位並辦理育嬰留職停薪，得否分別核發育嬰留職停薪津貼疑義
乙案，中央勞政機關再度重申，「基於社會保險給付不重複保障原則，並考量

三足歲以下子女者，並以本人或配偶之一方申請為限」。準此，公務人員及其配偶養育3足
歲以下子女者，如雙方均為公務人員，僅本人或配偶之一方，得提出申請育嬰留職停薪，且
各機關不得拒絕。至公務人員之配偶如未就業時，得否申請育嬰留職停薪一節，參照性別平
等法第22條之規定，原則上不得申請育嬰留職停薪，但如有正當理由，並經機關核准者，
不在此限。

[318] 行政院勞工委員會99年5月11日勞保1字第0990140107號函參照。

[319] 行政院勞工委員會98年2月18日勞保1字第0980140697號函參照。

[320] 行政院勞工委員會100年7月14日勞保1字第1000019893號函參照。

就業保險各項給付間之衡平性，避免衝擊失業給付制度，不利促進就業，仍請依本會100年7月14日勞保1字第1000019893號函辦理，其津貼不得分別核發，投保薪資亦不得合併計算[321]」。

　　按照中央勞政機關的見解，育嬰留職停薪津貼係於2009年3月31日始修訂增列於就業保險法。被保險人於修正施行前已辦理育嬰留職停薪，並於修正後仍在育嬰留職停薪期間者，如符合請領津貼條件，其津貼期間自修正施行之日起核算發給，並基於法律不溯及既往原則，不追溯給付[322]。

　　參照就保法第11條第1項第4款規定，請領育嬰津貼的條件是「保險年資合計滿一年以上，子女滿3歲前，依性別工作平等法，辦理育嬰留職停薪。」此處，所著重者，係「保險年資合計滿一年以上」，而非如性別工作平等法第16條第1項修正前（2014年12月13日）之「受僱者任職滿一年後」。前者，被保險人可能已經轉換雇主數次[323]，後者，以受僱者在同一雇主處任職滿一年以上為準[324]。這表示：不符合性別工作平等法第16條第1項之要件者，仍然有可能依就保法第11條第1項第4款請領育嬰留職停薪津貼。惟此一同為「滿一年」的法律規定，使得就保法第11條第1項第4款難以運作。因此，在2014年12月13日性別工作平等法第16條第1項修正為「受僱者任職滿六個月後」，其不僅較符合法律邏輯的設計，也有利於就保法第11條第1項第4款的施行。另外，此款並無如同條第1項第1款「退保當日前三年內」的期待權規定，也沒有等待期的要求，其自然較失業給付容易請領，尤其有利於斷續投保者。立法用意或在於鼓勵勞工請育嬰假陪伴幼兒的成長，係一有利於勞動（政策）與家庭（政策）契合的措施。至於其給付額度，依據就業保險法第19條之2第1項規定，育嬰留職停薪津貼，以被保險人育嬰留職停薪之當月起前六個月平均月投保薪資60%計算。是以，被保險人育嬰留職停薪當月之月投保薪資，應納入平均月投保薪資計算；如育嬰留職停薪當月無月投保薪資者，則以育嬰留職停薪之當月起最近六個月之月投保薪資合計額除以六計算[325]。

---

[321] 行政院勞工委員會101年7月11日勞保1字第1010140281號函參照。

[322] 行政院勞工委員會98年4月23日勞保1字第0980070066號函。

[323] 而且，必須係實際從事工作合法加保就業保險，而非掛名加保。投保單位必須提供被保險人相關人事、出勤、工作及客戶證明供核。最高行政法院100年度裁字第2471號裁定參照。

[324] 行政院勞工委員會99年8月5日勞動3字第0990131229號函：「受僱者於同一雇主繼續工作滿一年，始符合性別工作平等法第16條第1項『任職滿一年』之期間規定，但若受僱者適用各該法令之年資得合併計算者，則從其規定。」

[325] 例如：申請人於12月1日育嬰留職停薪，選擇續保且12月份有投保薪資者，採計7～12月份月

　　再按照就保法第16條第6項規定，勞工已領滿失業給付之給付期間，其過去保險年資已歸零並重行起算。嗣後欲請領育嬰留職停薪津貼，仍應自失業給付領滿後當次再就業加保生效之日起，參加本保險年資合計滿一年，且符合第11條第1項第4款規定，始得申請[326]。

　　惟，有問題的是，事業單位如同意任職未滿六個月（2014.12.13修正前為一年）之受僱勞工得申請育嬰留職停薪，受僱勞工是否即得依據就保法申請育嬰留職停薪津貼？對此，中央勞政機關前後之見解並不一致。其先則認為基於性平法第2條第1項，「雇主與受僱者之約定優於本法者，從其約定。」故上述約定屬較優的約定，自無不可。只不過，性平法第16條第1項規定為同條第2項規定的必要條件，故受僱者如不符合第16條第1項規定的情形、而事業單位同意其申請育嬰留職停薪者，仍無第16條第2項規定之適用，即該勞工並不得參加就業保險。這是因為就保法中並無自願加保之規定使然。所以，其在育嬰留職停薪期間再生育，並以該名子女繼續辦理育嬰留職停薪，因非屬保險有效期間發生之事故，亦不得請領育嬰留職停薪津貼[327]。

　　上述中央勞政機關的見解，區分育嬰留職停薪的約定及育嬰留職停薪津貼的給付，而給予不同的對待，其見解自屬正確可採[328]。理由無他，社會保險屬於公法的法律關係，一切以法律規定為準，並不容當事人自由約定更改之。就此看來，中央勞政機關2015年4月27日函釋認為「雇主同意受僱者任職未滿六個月申請育嬰留職停薪者，該等人員育嬰留職停薪期間社會保險及原由雇主負擔之保險費，適用性別工作平等法第16條第2項之規定[329]。」固然係針對性平

　　投保薪資平均計算；至選擇不續保且12月份無投保薪資者，採計6～11月份月投保薪資平均計算。勞動部105年4月1日勞動保1字第1050140188號函參照。

[326] 行政院勞工委員會98年8月17日台勞保1字第0980140398號函。另一個問題是，就保法第17條第2項規定無育嬰津貼，加入？

[327] 行政院勞工委員會97年7月11日台勞保3字第0970130233號函、行政院勞工委員會98年5月12日台勞保1字第0980070290號函參照。

[328] 同樣之處理方式也發生在父母二人同時撫育二名未滿3歲之子女，如符合性平法第16條及第22條但書規定，得依法同時申請育嬰留職停薪，並繼續參加原有之社會保險。惟依據就保法第19條之2規定及基於社會保險不重複保障原則，不得同時請領育嬰留職停薪津貼，雖以不同子女之名義提出申請，亦不應准許。行政院勞工委員會99年5月17日台勞保1字第0990002973號函參照。惟此一函釋已被勞動部107年8月8日勞動保1字第1070140346號函所停止適用。根據後者，就保法第19條之2第3項只適用於父母係撫育1名未滿3歲之子女者。至於撫育2名以上未滿3歲子女（如雙（多）胞胎子女），即得同時請領不同子女之育嬰留職停薪津貼。本書以為其見解已違反就保法第19條之2第3項的本意而不可採。

[329] 勞動部104年4月27日勞動條4字第1040130693號令參照。

法第16條第1項在2014年12月13日修正為六個月的規定而為，但其以優於法律規定為由，將「任職滿六個月」逕自解釋放寬為「任職未滿六個月」，顯然並未認清社會保險法的本質，其見解已經脫離性平法第16條第2項的規定，而創造了一任意（自願）加保規定，明顯逾越母法的規定，並不可採。即使為促進勞工親自養育幼兒，使得工作與生活達到平衡，也不得以私人間的約定危害或變更社會保險法的制度或規定[330]。

在規範育嬰留職停薪津貼時，事實上必須先了解其目的為何？是人口政策的目的？家庭福利政策[331]？勞動政策的目的？或者所得保障的機制？以及由誰來負擔津貼？在此，無論行政法院[332]或中央勞政機關均認為性平法第16條育嬰留職停薪的立法意旨，係為協助父母兼顧養育幼兒與職場工作之責任，促使受僱者的工作與生活獲得平衡。另一方面，中央勞政機關又認為育嬰留職停薪津貼，係因被保險人無工作收入而給予部分所得損失補助[333]，即採取以社會保險方式分擔薪資中斷的風險。且，育嬰留職停薪津貼與勞保傷病給付同屬薪資補償性質，基於社會保險不重複保障原則，不得同時請領[334]。更進一步者，中央勞政機關認為就業保險法並無針對被保險人之遺屬為相關規定，亦無準用勞工保險條例有關受益人之規定，爰被保險人如已提出申請就業保險給付或津貼，並經認定符合相關請領要件，但於保險人尚未核發前死亡，其給付或津貼得由其法定繼承人承領之，不因給付行政作業期間而影響權益[335]。只是，本書以為育嬰留職停薪津貼與勞保傷病給付兩者性質畢竟有所不同。另外，如要避免重複取得，似應在就保法第17條第2項規定中加入育嬰津貼。問題較大者，係育嬰留職停薪如果具有家庭（福利）政策及人口政策上的目的，而且具有一身專屬權的性質，則在被保險人在保險人尚未核發津貼前死亡，該育嬰津貼的目的似已喪失，是否仍得由其法定繼承人承領之？並非無疑。

所以，可以確定的是，觀察育嬰留職津貼規定於就保法中，可知立法者顯

---

[330] 所以，同樣有法律疑義的，是勞動部105年11月8日勞動條4字第1050132607號令，因其已無端延長申請育嬰留職人員育嬰留職停薪期間的社會保險及原由雇主負擔之保險費，創造了一個法律所無的任意加保種類。

[331] 張瀞心，台灣與德國育嬰津貼法制之比較，國立政治大學法律系碩士論文，2011年，頁26。

[332] 台北高等行政法院100年度簡字第186號判決、台北高等行政法院100年度簡字第480號、台北高等行政法院104年度訴字第337號判決參照。

[333] 行政院勞工委員會99年7月27日台勞保1字第0990140163號函。

[334] 行政院勞工委員會98年8月17日台勞保1字第0980140398號函。

[335] 行政院勞工委員會98年2月4日勞保1字第0980060744號函參照。

然欲賦予其工資替代的功能，藉之彌補勞工一定程度的所得損失。由於在該期間，勞工係留職停薪，勞雇雙方的主要義務暫時中止，而雇主尚且可以依據育嬰留職停薪實施辦法第6條規定，僱用替代人力以執行受雇者的原有工作。因此，雙方的僱傭關係仍然有一定程度的穩定性，也暫時免除就業服務機構發動媒介工作。就此觀之，本書以為其功能比較像僱用安定（免於勞工失業），而非積極的促進就業。

雖然如此，育嬰留職停薪津貼有無人口政策上的目的？這裡也會牽涉到另一個問題：育嬰津貼規定在就業保險法中？體例正確嗎？此在立法過程中即受到不少立法委員的質疑。這主要是就業保險法的立法目的，是在處理受僱者非自願失業的風險，育嬰留職停薪本非非自願離職可言，因為被保險人得自行決定是否使用育嬰假。就業保險基金的用途也不包括發放育嬰留職停薪津貼在內[336]。惟立法結果顯然是採取「繳交保費、領取育嬰津貼」（風險分攤）的社會保險模式，而非採取全民皆享之社會促進制度。因此，無工作者、有工作而未加入勞保或就保者、以及自營作業者，皆無育嬰津貼之適用。論者因而有謂其與整體社會保障的機制相牴觸者，其誠然有幾分的可信度。惟，除非將育嬰津貼的發放改歸於其他機關（如內政部）負責，並且配合制定其他的法令（依據性別工作平等法第16條第3項規定，育嬰留職停薪津貼之發放，另以法律定之。），將育嬰津貼的財源改為稅捐負擔，否則，在中央勞政機關有限的財源下，勢必無法大幅度地擴大發放的對象。

配合上述人口政策之討論，遂有「階梯式育嬰津貼」（高薪拿低、低薪拿高）議論的出現。這裡主要還是涉及育嬰津貼規定在就保法中適切嗎？它是個社會預護制度？或者是個社會促進制度？如果是前者，則這與社會保險「繳費多、領得多；繳費少、領得少」的理念（即公平性）相牴觸[337]。惟如果是後者，則「階梯式育嬰津貼」即有其存在空間或價值。另外一個思考點：與就保法第16條第2項的延長給付及第19條之1的加給給付相比較，加上社會促進制度的思想，應該也有正面肯定的價值。

在個案認定上，勞工有無可能同時領取育嬰留職停薪津貼與失業給付？對此，中央勞政機關認為被保險人依據就保法第11條第1項第1款規定，得請領

---

[336] 林炫秋，2009年修正就業保險法評析，月旦法學雜誌，第172期，2009年，頁198。

[337] 「階梯式育嬰津貼 總統促議」，聯合報，2011年3月10日，A6版。

失業給付。勞工於辦理育嬰留職停薪期間[338]如因雇主關廠、歇業而致失業，假設其已依法參加就業保險[339]，且其符合該法第11條第1項第1款規定，即得依相關規定請領保險給付；惟如其未參加就業保險，因非屬保險有效期間發生之事故，不得請領失業給付[340]。然而，是否要納入違反社會保險適當保障原則的考量？或者就該法第17條第2項規定為反面解釋？或加入閉鎖期？

　　還有一個複雜的問題是：請領育嬰津貼期間，勞工可否另有工作？如有，是否可以類推適用就保法第17條第1項之規定？依據我國育嬰留職停薪實施辦法第7條規定：「受僱者於育嬰留職停薪期間，不得與他人另訂勞動契約。」其意涵著在育嬰留職停薪期間，雙方的勞動關係仍然存在，勞工並無權隨意再找尋其他的工作。另外，依據中央勞政機關的見解，勞工育嬰留職停薪期間，如另有工作收入或另在受訓單位上課，因而領有政府核發之相關津貼補助者，不得繼續請領育嬰留職停薪津貼[341]。雖然如此，為促使其容易回到職場，是否令其可以為原雇主從事部分時間工作[342]？至多類推適用就保法第17條第1項規定扣除即可？

　　最後，（也是與上一個問題有關），在一定的情形下，由於已不符合性別工作平等法辦理育嬰留職停薪之目的，因此育嬰津貼予以停發：

　　一、受僱者於受領育嬰津貼期間應雇主要求，經其同意後回原任職單位工作一日、數日[343]，應屬育嬰留職停薪實施辦法第3條所定與雇主協商提前復職之情形，受僱者已不符合依法辦理育嬰留職停薪，則育嬰留職停薪津貼應依就業保險法第19條之2規定，發放至復職之前一日止[344]。

　　二、依據行政院勞工委員會98年10月8日台勞保1字第0980130753號函，雇主如欲對申請育嬰留職停薪之勞工終止勞動契約，仍應依性平法第17條規定辦理。一旦雇主依前開規定解僱勞工，則勞雇雙方已終止契約，自無育嬰留職停

---

[338] 解釋上，是否包括有請領育嬰津貼者？

[339] 依據性平法第16條第2項規定。惟是否如本書前面所述，將之改為強制加保？

[340] 台北高等行政法院100年度簡字第491號、行政院勞工委員會98年5月12日台勞保1字第0980070290號函。

[341] 行政院勞工委員會99年7月27日台勞保1字第0990140163號函。這是因為違反育嬰津貼之目的、或比照／類推適用就保法第17條第1項規定？

[342] 謝棋楠，加拿大之育嬰假及津貼發放制度，政大勞動學報，第20期，2006年7月，頁172。

[343] 作者按：這樣會不會過於嚴苛？

[344] 行政院勞工委員會98年8月17日台勞保1字第0980021139號函。

薪之事實，不得繼續發給育嬰留職停薪津貼[345]。

　　三、受僱者於受領育嬰津貼期間，投保單位申請停業並申請全體員工退保，經個案事實認定，受僱者與投保單位間的僱傭關係確已終止者，津貼發放至離職退保之日止[346]。

　　四、辦理育嬰留職停薪期間兼任他單位負責人，已有從事非育嬰之情事，違反育嬰留職停薪實施辦法第7條規定與立法意旨[347]。惟為合理保障勞工請領就業保險給付權益，該兼任單位非屬營利事業，或有勞保局所列已辦理停業登記等情事，經勞保局審查確無營業事實者，得核發育嬰留職停薪津貼或失業給付[348]。也就是說，原則上如有依公司法或商業登記法等規定擔任他單位法定負責人之情事，推定其有從事事業經營，不符就業保險法失業給付或育嬰留職停薪津貼之請領條件。例外地，為合理保障渠等就業保險給付權益，被保險人於辦理失業認定或申請給付時，如檢具證明有下列情事之一者，仍得依法核發失業給付或育嬰留職停薪津貼：

1. 該單位屬非營利事業之證明文件。
2. 申請人已無從事事業經營者：
   (1)該單位已依法停（歇）業或解散之證明文件。
   (2)該單位已依法變更負責人，應檢附向目的事業之主管機關或財稅主管機關變更登記之證明文件。
   (3)該單位出具與申請人解除或終止董事或監察人等委任關係之證明文件，或申請人與該單位解除或終止董事或監察人等委任關係之證明文件（依民法第549條及公司法第199、227條等規定）。
   (4)申請人遭該單位冒名登記為負責人，且無法提供上開證明者，應檢附向檢察機關提出告訴之證明文件。
3. 失業期間或受領失業給付期間另有從事事業經營並有其他工作收入者，應依就業保險法第31條規定，於申請失業認定或辦理失業再認定

---

[345] 行政院勞工委員會98年10月28日台勞保1字第0980140524號函。但是，這是將社會保險與雇主責任混淆在一起？

[346] 行政院勞工委員會99年4月16日台勞保1字第0990140127號函。惟如從社會保險的角度，僱傭關係終止是否會影響津貼的取得？何況留職停薪也與契約終止有其法律效力相近似的地方。

[347] 台北高等行政法院99年度簡字第768號判決、台北高等行政法院100年度簡字第452號判決、台北高等行政法院100年度簡字第480號、行政院勞工委員會99年4月16日台勞保1字第0990140119號函。

[348] 行政院勞工委員會100年1月28日勞保1字第0990140509號函參照。

時，告知公立就業服務機構；至失業給付之核發，應依就業保險法第
17條等規定辦理[349]。

五、勞工辦理育嬰留職停薪期間，將身分變更爲負責人，已違反性平法第
16條規定以受僱者爲適用對象之前提[350]。

六、勞工辦理育嬰留職停薪當時，撫育之子女尚未出生[351]。

七、勞工育嬰留職停薪期間，已由原投保單位退保，惟另至他單位就業加
保；或在育嬰留職停薪期間續保並另至他單位就業加保者，已非屬依性平法規
定辦理育嬰留職停薪，不得依就保法相關規定請領津貼補助。

八、於育嬰留職停薪期間，另加保於農民健康保險爲被保險人，應得認定
有實際從事工作，自不得繼續請領育嬰留職停薪津貼或辦理眷屬加發給付或津
貼[352]。

伍、全民健康保險保險費補助

依據就保法第10條第1項第5款、第2項規定及失業被保險人及其眷屬全民
健康保險保險費補助辦法，由保險人補助被保險人及隨同其加保之眷屬全民健
康保險保險費。再依據失業被保險人及其眷屬全民健康保險保險費補助辦法第
2條第2項規定，被保險人指依就保法領取失業給付或職業訓練生活津貼者。根
據中央財政機關的見解，勞工依就業保險法規定領取之失業給付、提早就業獎
助津貼、職業訓練生活津貼及失業之被保險人其全民健康保險保險費補助，
核屬勞工保險之保險給付，可適用所得稅法第4條第1項第7款規定，免納所得
稅[353]。由於所得稅法第4條第1項第7款係規定「勞工保險之保險給付」，基於
就業保險與勞工保險係兩個各自獨立的保險制度，保費計收、給付項目及請領

---

[349] 勞動部105年1月21日勞動保1字第1050140035號函及勞動部105年2月2日勞動保1字第
1050140053號書函參照。根據本號函釋，勞動部改制前之行政院勞工委員會98年8月27日
勞保1字第0980080610號函、99年4月16日勞保1字第0990140119號函、99年6月23日勞保1
字第0990017802號函、100年1月28日勞保1字第0990140509號函、101年7月4日勞保1字第
1010070677號函、102年1月10日勞保1字第1010092484號函及本部104年7月15日勞動保1字第
1040140362號函，自即日停止適用。

[350] 行政院勞工委員會99年4月16日台勞保1字第0990140119號函。

[351] 行政院勞工委員會99年5月11日台勞保1字第0990140107號函。

[352] 行政院勞工委員會101年11月27日勞保1字第1010140413號函參照。

[353] 財政部92年7月14日台財稅字第0920454711號令。另請參閱行政院勞工委員會92年7月23日勞
保1字第0920040652號函。

條件各不相同[354]，本不在規定之內。中央財政機關卻擴大解釋為包括就業保險之保險給付在內，其是否已逾越母法之規定？實不無疑義。其主要理由，係在於就保法第10條第2款之提早就業獎助津貼性質上為補助，而非薪資補償，第5款之全民健康保險保險費補助也只是補助，與勞保條例之各種給付並非或較少程度的補助[355]的性質，仍然有所不同。另一個問題是，此一函釋並未將育嬰留職停薪津貼列入，是否為有意排除？或一時的疏漏未列入？依理而言，就保法第10條之保險給付項目包括育嬰留職停薪津貼，並無與其他給付項目受到不同對待之理。

從比較法來看，在德國，政府（聯邦就業總署）補助失業者繳納的健保費、年金保險費、及其他社會保險的保險費。相對地，在台灣，除了全民健康保險費補助外，依據性別工作平等法第16條第2項下半段規定，「原由受僱者負擔之保險費，得遞延三年繳納。」此一規定，是否應修正為由保險人全部補助？至於上半段「受僱者於育嬰留職停薪期間，得繼續參加原有之社會保險，原由雇主負擔之保險費，免於繳納」是否應修正為強制保險？並且原由雇主負擔之保險費，繼續繳納？值得我們思考。另外，如前所述，針對性平法第16條第2項上半段之社會保險的強制規定，中央勞政機關以「勞僱雙方的合意較法律規定為優」之理由，予以放寬解釋[356]，形成另一種類的任意保險，本書以為並不可採。

又，由於我們有全民健康保險費的補助，所以，失業勞工的實際所得是：失業給付加上健保保險費補助，只是，社會大眾一般都忽視了健保保險費補助的部分。

陸、僱用安定津貼

僱用安定津貼性質為預防性失業補助，即其必須符合預防失業的危險構成要件（Gefährdungstatbestand）。

在台灣，面對世界金融風暴的侵襲，中央勞政機關乃在2008年底到2009年中推動充電加值計畫（確實推動日期是2009年2月2日），以為因應之道，其

---

[354] 行政院勞工委員會98年2月18日勞保1字第0980140697號函參照。

[355] 例如勞保條例第33條之普通傷病補助費及第53條之普通傷病失能補助費，雖然名為補助，其本質上為保險給付。

[356] 勞動部105年11月8日勞動條4字第1050132607號令參照。

性質上係一緊急性的非常措施（由各縣市政府勞工主管機關協助通報無薪假人數）。又其適用對象並不區分事業單位規模的大小，但補助費用則區分中小企業、大型企業。在當時，其嘉惠的對象主要為中小企業（大部分位於台灣中南部地區）的員工。大型企業由於具有較強的人事管理決策能力，其對充電加值計畫的評價較為平平，故申請者較少。在補助上，不僅事業單位有訓練補助費（補助事業機構100%辦訓費用，中小企業以95萬元為上限，大型企業以190萬元為上限）[357]，參訓學員也有訓練津貼可領（每小時補助100元，每月補助額度最高為1萬元）【作者按：但不是薪資補貼／僱用補助】。一直到2011年1月14日發布施行的就業保險促進就業實施辦法，台灣才有制定法上的僱用安定措施規定（最近一次，係2019年4月16日勞動部勞動發就字第10805040332號令修正發布第5、6、12條條文）。

　　本來，從勞工法規定來看，在雇主的企業經營面臨無可避免的事故（天災事變、輸出入管制）、經濟原因（金融風暴、景氣蕭條）及組織改造（Strukturveränderung）時，大多已符合勞基法第11條之資遣條件，甚至符合大量解僱勞工保護法中的大量解僱條件。在此時，雇主如果斷然行使（大量）解僱權，在法律上應無疑義，而且經過仔細計算，成本也可以控制在一定的範圍內。雖然，這可能引發社會問題及政治問題。

　　所以，除了勞工法規定的手段之外，長久以來，先進國家多有以（社會保險）補助的方式，鼓勵雇主以縮短工作時間的方式，避免解僱勞工者。其目的，無非是在避免雇主採取裁員行動，造成勞工的失業，雇主也可以維持熟練的勞動力。這告訴我們，在解決縮短工時工作（無薪休假／強制休假）的作法上，必須搭配勞工法及社會保險法的規定及手段，以處理法令所規定的特殊事由。

　　先就勞工法而言，在具有一定事由時，勞雇雙方應先進行合意免除勞務及減少工資（勞資協議），所以雙方必須合意更改勞動契約的內容。而在施行無薪休假之前，雇主應先窮盡其他的措施，例如令勞工先休特別假[358]。或者，可以經由廠場中所訂定的、法所允許的「工作時間變動調整」（Arbeitszeitschwankungen）規定[359]避免之。

---

[357] 但是，與台灣不同的是，德國政府並沒給事業單位補助。

[358] BT-Drucks. V/2291, 70 f. 有關我國無薪休假相關法律問題之探討，可參閱韋文梵，台灣企業實施無薪休假之研究，國立中正大學勞工關係學系碩士論文，2013年7月。

[359] 這是指時間戶頭Arbeitszeitkonto.

　　至於在社會保險法部分，主要是就業保險法及勞工保險條例，其中，尤以第5條以下之僱用安定措施設計，係專門規定所在。其規定了適用時機、僱用安定措施之期間、僱用安定薪資補貼、僱用安定計畫內容等。吾人如從就業保險促進就業實施辦法第5條及第7條規定觀之，其適用時機是「每月領取失業給付人數占該人數加上每月底被保險人人數之比率，連續三個月達1%以上」（就業保險促進就業實施辦法第5條第1項規定），而且「辦理僱用安定措施期間，雇主因經濟不景氣致虧損或業務緊縮，為避免裁減員工」（同辦法第7條第1項規定）。此種適用時機的規定，顯然受到金融海嘯時期所採取措施很大的影響，對於具體的原因反而交代不清。

　　緣德國就業保險法縮短工作時間的發動，必須是無可避免的事故（天災事變、輸出入管制）、經濟原因（金融風暴、景氣蕭條）及組織改造（Strukturveränderung）等。而且，尚須廠場內存在嚴重地短少工作時間（erheblich Arbeitsausfall）及工資的喪失的狀況。此係一短暫期間內、無法避免的事件，而且，在請求補貼的期間內，廠場所僱用的勞工，至少有三分之一以上因為工作時間短少而喪失10%以上的工資[360]。另外，在德國，所謂「短暫期間內」，係指在給付補貼期間內，有幾分的可能性（ein gewisser Wahrscheinlichkeit）可以預期會回到全時工作的狀態，而不包括企業可以事先預料到或可以預作防範的情況，例如基於季節的、部門的或廠場的工作機會喪失（§ 170 IV SGB III）。較為特殊的是，在德國，建築業基於天氣因素無法工作的津貼（所謂「季節性的縮短工時工作」，Saison-Kurzarbeit）。該措施係為幫助勞工保有工作，避免季節性失業的出現[361]。

　　相對於德國嚴謹的規定，台灣就業保險促進就業實施辦法第5條及第7條規定，就顯得相對單薄或空洞許多。顯然，立法者係將其重點置於「每月領取失業給付人數占該人數加上每月底被保險人人數之比率，連續三個月達百分之一以上」（就業保險促進就業實施辦法第5條第1項規定），而不再追究具體的事由為何。其實，在台灣所推動的充電加值計畫，雇主申請補助期間，也有須維持員工僱用規模達99%以上的要求。只不過，在就業保險促進就業實施辦法中反而沒有類似的規定。

　　到底以德國縮短工時（津貼）的規定，較能達到促進就業的目的？或者台

---

[360] 在台灣也須要此一要件？存疑。

[361] 范瑋真，前揭書，頁98。值得思考的是，台灣高溫假有無這種問題？須要此種設計？

灣就業保險促進就業實施辦法第5條以下僱用安定措施效果較佳？恐怕短期間內也難以評比。畢竟，要達到台灣就業保險促進就業實施辦法第5條規定之失業率，時空環境要很特殊、要很險峻（所幸，在2019年4月16日第5條第1項修正爲1%後，已有所改觀，其發動的可能性也大幅提高）。倒是，德國縮短工時（津貼）本是促進就業傳統的任務之一（即積極的促進就業措施之一），德國政府機關或就業保險承保機構大力地給予勞工縮短工時補貼[362]，確實達到降低失業率的效果，而且在景氣回春時，工業生產也大幅度彈昇。惟其請領的對象，主要是大型企業的勞工，尤其是大汽車廠的員工，造成人民對政府圖利大型財團的批評。

在台灣，按照中央勞政機關對於2009年初所施行充電加值計畫的調查，結果顯示約半數受訪事業單位認爲該計畫具有緩和裁員的效果。只是，員工規模越大者，肯定該計畫之功能者越少。整體而言，申請充電加值計畫大多爲中小企業（但我們不能反證無薪假主要在中小企業中進行，因此，大型企業可能基於諸多理由而無意願申請）。雖然其可以達到舒緩解僱的效果，但是，也難免起疑中小企業只是在貪圖訓練補助及免除部分工資給付責任（職訓局有補助訓練津貼）。相對地，在德國，其縮短工時工作大多集中在汽車產業部門，吾人由此可知縮短工時補貼並不適用於沒有發展前途的企業。另外，縮短工時補貼固然是短期津貼，且是爲應付危機時代而生，但究竟採取縮短工時的合理長度爲多久？是六個月或一年[363]？此仍有待於評價。

依據台灣就業保險促進就業實施辦法第9條第1款規定，被保險人之適用僱用安定措施／領取薪資補貼[364]，只要就業保險投保年資一年以上（立法方式同於就業保險法第11條第1項第4款育嬰留職停薪津貼），並無如就保法第11條第1項第1款三年內的期待權的規定。其條件顯然較爲寬鬆。但是，此種規定，在體系設計上似有問題。除非，立法者有意鼓勵雇主採取此一措施、以取代失業給付。這是基於僱用安定津貼較失業給付便宜、有效？

但是，雇主係自願地擬定僱用安定計畫，報請公立就業服務機會核定（就業保險促進就業實施辦法第7條第1項規定）（在德國，雇主必須向聯邦職業介紹所或公立就業服務機構通報）。由於其並非採取強制性的規定，似乎顯示出

---

[362] MünchArbR/Richardi, 2. Aufl., 2000, § 15 Rn. 21.

[363] 台灣就業保險促進就業實施辦法第6條第1項及第2項規定，原則上爲六個月，必要時得延長至一年。

[364] 薪資補貼之給付對象是勞工？此是否符合僱用安定措施之定位及本質？

就業保險政策上，失業給付仍然優先於僱用安定措施適用。果其然，則其與就業保險促進就業實施辦法第9條第1款規定有無牴觸？如為改變此種現象，是否應改採強制性的作法？賦予勞動力發展署有權要求雇主實施縮短工時工作？

針對僱用安定薪資補貼，這是國家基於保護義務有給予補助（就業保險促進就業實施辦法第9條、第12條）[365]的必要，其係按照工資的一定比例給予（就業保險促進就業實施辦法第12條第1項規定），公立就業服務機構[366]核發被保險人薪資補貼，應按其約定縮減工時前三個月平均月投保薪資差額之50%發給，其主要目的是在替代損失的工資（Lohnausfallvergütung）[367]。

不可誤解的，台灣無薪假／減班休息期間所給予勞工的訓練津貼，性質上並非薪資補貼／並非替代損失的工資。即使就業保險促進就業實施辦法第9條以下係規定「僱用安定薪資補貼」，但是，配合同法第12條第2項「雇主應檢附由訓練單位開立之參訓期間及時數證明文件」規定觀之，僱用安定計畫仍然必須內含進修訓練或繼續訓練（所謂以「訓練」替代「裁員」），可知「僱用安定薪資補貼」並非單純的薪資補貼。雖然如此，這也凸顯出一個問題，也就是：在就業保險促進就業實施辦法第二章僱用安定措施中，立法者似乎忽略了進修訓練或繼續訓練係其不可分割的一部分，不加入職業訓練，就會淪入單純的薪資補貼的設計，而這會回到當初充電加值計畫時的疑慮：薪資補貼因具明顯實質效益，伴隨著勞資合謀之高道德風險及可能產生弊端之機率，也會隨之提高。所幸，依據就業保險促進就業實施辦法第12條第1項規定，在縮短工時期間，勞工必須在正常工作時間接受職業訓練（2009年世界金融風暴時，為立即充電及充電加值計畫的實施，尤其是充電加值計畫）。

另一個問題是，在縮短工作時間期間，本來保險費應該配合減少。這是要符合工資覈實申報。但是，被保險人可以將訓練津貼加上原工作所得作為投保薪資。而且，勞工主管機關也認為訓練津貼應作為勞保投保薪資的一部分。這樣一來，由於政府補助訓練津貼，可能造成參訓人員領取訓練津貼後之累計所得高於原工作所得之情形[368]。

最後，在僱用安定薪資補貼的適用上，本書以為還有以下幾點值得思考：

---

[365] Bruns, a.a.O., 97: subventionieren（薪資補貼）。

[366] 在此，與失業給付係勞保局發給，尚有不同。

[367] BSGE 50, 116.

[368] 可以思考的是，如果失業者職業訓練期間可以加保勞工保險，則將此一訓練津貼納入投保薪資，應該具有合理性。

一、首先，此一薪資補貼的發放，是否會比失業給付節省？從比較法來看，在德國，依據論者的看法，給予失業勞工縮短工時補貼，是要比給予失業保險金，對於降低失業率來得有效。從聯邦政府的預算支出觀之，採取縮短工時補貼，也要比採取給付失業保險金，來得節省。二、其次，僱用安定薪資補貼的設計，似應參考就保法第19條之1規定之設計，於有受扶養之眷屬時，加給給付（德國縮短工時補貼，係按照淨工資計算。原則上是淨工資的60%。但如果勞工或其配偶必須扶養一個小孩，則可以提升至67%）。三、再者，不可否認地，短工津貼可能造成給予經營失當的企業間接補貼的效果，尤其是那些自始即圖利於短工津貼的廠商[369]。四、附帶一言者，德國短工津貼者及身心障礙者的保費，全部由雇主（含其本身應繳的保費）繳交（§249 II Nr. 1 SGB V; §168 I Nr. 1a SGB VI; §346 II SGB III）。

柒、積欠工資墊償

台灣積欠工資墊償制度已完成根本性的變革，一者，它從原來的擔保機構外，另外增訂特權保障，形成舉世少有的雙重保障的現象。這種雙重保障的規定，雖然與國際勞工組織第173號公約（雇主破產時員工給付請求權保障公約）第3條容許兼採兩者的規定，無所違背，但仍難免疊床架屋的疑惑。經由此一特權保障的增訂，勞工遂得直接由雇主獲得清償，連帶地，積欠工資墊償基金也降低墊償的支出與功能。惟雇主的抵押權人、質權人或留置權人的權利保障也隨之弱化（或稱共有化／社會化）。二者，它將積欠工資墊償基金的適用範圍，擴充至退休金及資遣費，形成名（積欠工資）實（積欠工資、退休金、資遣費）不符的情況。依據2015年2月4日修正施行的勞基法第28條規定，雇主有歇業、清算或宣告破產之情事時，勞工之下列債權受償順序與第一順位抵押權、質權或留置權所擔保之債權相同，按其債權比例受清償；未獲清償部分，有最優先受清償之權：一、本於勞動契約所積欠之工資未滿六個月部分。二、雇主未依本法給付之退休金。三、雇主未依本法或勞工退休金條例給付之資遣費（勞基法第28條第1項）。

雇主應按其當月僱用勞工投保薪資總額及規定之費率，繳納一定數額之積欠工資墊償基金，作為墊償下列各款之用：一、前項第一款積欠之工資數額。

---

[369] BSG SozR 4100 § 63 Nr. 1.

二、前項第二款與第三款積欠之退休金及資遣費，其合計數額以六個月均工資為限（同條第2項）。積欠工資墊償基金，累積至一定金額後，應降低費率或暫停收繳（同條第3項）。第2項費率，由中央主管機關於萬分之十五範圍內擬訂，報請行政院核定之（同條第4項）。雇主積欠之工資、退休金及資遣費，經勞工請求未獲清償者，由積欠工資墊償基金依第2項規定墊償之；雇主應於規定期限內，將墊款償還積欠工資墊償基金（同條第5項）。積欠工資墊償基金，由中央主管機關設管理委員會管理之。基金之收繳有關業務，得由中央主管機關，委託勞工保險機構辦理之。基金墊償程序、收繳與管理辦法、第3項之一定金額及管理委員會組織規程，由中央主管機關定之（同條第6項）。中央主管機關依據勞基法第28條規定，訂定了「積欠工資墊償基金提繳及墊償管理辦法」，以為處理的依循。

　　根據勞基法第28條及積欠工資墊償基金提繳及墊償管理辦法的規定，積欠工資墊償涉及的問題約有如下數端：積欠工資墊償制度的法律定位、積欠工資墊償制度改制之問題、積欠工資墊償基金之目的／功能、適用原因／範圍、適用對象、適用項目（工資、資遣費、退休金）之內涵等。

　　先就積欠工資墊償基金之目的／功能而言。當初，基於勞基法第28條規定，所設置墊償基金之目的，乃在以公權力強制多數雇主依法提繳積欠工資墊償基金，並以公權力介入特定雇主積欠工資之墊付作業，使勞工之工資在法定範圍內能因政府之行政行為而獲得支付，以確保勞工權益[370]。此一積欠工資墊償基金，即係一工資擔保機構的設計，為所有繳交墊償基金之雇主扮演一法定保證人的角色（或者說，其本質上為雇主彼此間共負風險的信用保險）。原本，在第28條修正之前，此一積欠工資墊償之規定，正與勞基法中的資遣費規定互相配合，面對事業單位關廠歇業之情形，給予勞工工資補償（如果勞工已經符合勞基法退休的條件，即依退休規定處理）。此類似於英國針對合理化措施所引起的支付不能（redundancy payment）（補助款費／資遣費）之規定。只是，英國的redundancy payment是由國家從國家保險基金（Nationalversicherungsfonds）中，提出一定數額給受僱達一定年限以上的勞工。其係肯定工作位置具有財產權的保障，一旦國家給付後，即取得原來勞工

---

[370] 最高行政法院98年度判字第1056號判決、最高行政法院97年度判字第991號判決、最高行政法院96年度裁字第03568號裁定、最高行政法院95年度裁字第889號裁定、最高行政法院94年度裁字第02565號裁定。

對於雇主的所有權利的請求權（代位求償權、承受債權）[371]。

　　上述積欠工資墊償基金係由適用勞基法的事業單位所繳納、所形成的擔保機構，並且由中央主管機關設管理委員會管理之[372]。基金之收繳有關業務，得由中央主管機關，委託勞工保險機構辦理之。雖然其並非狹義的社會安全制度或社會保險的一環，但制度的設計卻類似於職業災害保險的雇主集體責任。所以，在法的定位上，吾人由勞基法及積欠工資墊償基金提繳及墊償管理辦法規定，可知其並非是社會保險的一種，積欠工資墊償基金性質與失業給付／失業保險金究有不同[373]。雖然如此，雇主繳交墊償基金係一公法上的義務（勞基法第28條第2項、第79條第1項第1款參照），墊償工資帶有保險給付的外表[374]、其也具有事業單位連保的性質（社會連帶）。所以論者有名其為：一種可稱為工資保障的社會保險措施[375]。

　　在雇主依據勞基法第28條第2項繳交一定數額之墊償基金後，雖然同條第6項僅有管理、收繳有關業務、及與之相關收繳管理辦法的規定。但是，依據積欠工資墊償基金提繳及墊償管理辦法第2條第2項下半段規定，（積欠工資墊償基金）運用業務由勞動部勞動基金運用局辦理，必要時，並得將其運用，委託金融機構辦理。同辦法第19條並且有基金運用範圍之規定。這表示積欠工資墊償基金與勞保基金、就保基金、勞退基金、國民年金一樣，均由勞動部勞動基金運用局加以運用。在2020年5月底，墊償基金規模為131億916萬元，其資產配置主要是轉存金融機構（達58億元）及公債、公司債及金融債券（達56億元）。至於積欠工資墊償基金運用之監理，則由中央主管機關行之（積欠工資墊償基金提繳及墊償管理辦法第2條第4項）。具體而言，係由勞動基金監理會進行監理工作。

　　再依據積欠工資墊償基金提繳及墊償管理辦法第18條規定，勞保局及基金運用局辦理基金業務的行政經費，由基金孳息支應。然而，積欠工資墊償基金提繳及墊償管理辦法第18條規定，似乎已逾越勞基法第28條規定所授權規定

---

[371] Bruns, a.a.O., 92, 95 f.

[372] 其係屬於預算法第4條第1項第2款第3目所規定之信託基金。

[373] Bruns, a.a.O., 92.

[374] 只是，勞工保險係由投保單位提出請領（勞工保險條例施行細則第42條），而積欠工資則係由勞工請求墊償。

[375] 郭明政，社會安全制度與社會法，1997年，頁56。又，劉士豪，積欠工資墊償制度所涉及的三個問題—從最高行政法院94年度裁字第2565號裁定談起，政大法學評論，第111期，2009年10月，頁205以下：它的立法絕不是單純私法，其實比較像社會保險。

的範圍，增加基金的財務負擔，有違法律保留原則（司法院大法官會議釋字第426號解釋、第479號解釋、及第480號解釋觀之）。依據勞基法第28條第6項規定，基金之收繳有關業務，得由中央主管機關委託勞工保險機構辦理之。勞動部既然委託勞保局辦理該項業務，則由勞動部編列公務預算支付行政事務費，實屬當然。

　　與積欠工資墊償基金的法律定位有關者，係勞保局墊償後，在墊償金額範圍內，承受勞工對雇主之債權，並得向雇主、清算人或破產管理人請求償還墊款（勞基法第28條第5項、積欠工資墊償基金提繳及墊償管理辦法第14條第1項參照）[376]，此一代位求償權的法律性質為何？實務界及學者間的看法並不一致。按照司法院大法官會議釋字第595號解釋：勞保局以墊償基金墊償取得之代位求償權（即民法所稱之承受債權），乃基於法律規定之債權移轉，其私法債權之性質，並不因由國家機關行使而改變。勞保局與雇主間因歸墊債權所生之私法爭執，自應由普通法院行使審判權。本書則以為大法官會議解釋似有問題，蓋如從雇主繳交一定費用，以備破產事件發生時勞工申請之用，其實具有連保之性質及社會連帶之特徵。如再依據墊償辦法第14條第1項下半段規定「逾期償還者，自逾期之日起，依基金所存銀行當期一年定期存款利率計收利息」觀之，應係一法律特別規定之公法上金錢給付義務[377]。

　　而隨著勞基法第28條修正施行後，不惟積欠工資墊償基金的規範目的／功能增加，積欠工資墊償制度也有根本性的改革。如前所述，在原來擔保機構之外，另外增訂特權保障，使其與抵押權、質權及留置權享有同一順位的債權保障。根據修正理由：「國際勞工公約第一百七十三號，要求國家法律或規章賦予勞工債權應高於國家及社會安全制度給付請求權之順位。另我國憲法除揭櫫人民之生存權及工作權應予保障。茲以工資、退休金及資遣費為勞工生活之所繫，現行本於勞動契約所生之工資債權未滿六個月部分，雖定有最優先受清償之權，惟實際受償時卻因雇主資產除抵押物外，幾無所剩，勞工債權雖優先一切債權，惟劣後於擔保物權所擔保之債權，亦難獲得清償，爰修正原條文第一項提高特定勞工債權之受償順序」。

---

[376] 同樣地，一旦勞工向聯邦就業總署申請破產金（勞動關係結束前三個月的工資）後，勞工的工資請求權即移轉給聯邦職業介紹所（BA）取得（代位權）。

[377] 與本書採取同樣見解者，彭鳳至、林子儀，釋字第595號部分協同、部分不同意見書。林炫秋，工資保障基本法理—工資墊償制度實務問題之檢討，2010年10月5日「99年度勞動基準法工資與工時實務研討會」。劉士豪，前揭文，頁218。

　　上述修正理由之生存權與工作權的保障，與學者所主張之追求社會正義或公平正義，並無何不同。依據王澤鑑所見，「基於社會正義，抵押權應對於勞工之工資債權有所讓步：抵押權對於勞工工資之優越性，可謂是『資本』對『勞力』之優越性，雖是資本主義法制之特色，但工資是勞力之對價，是勞工生活唯一之依賴，若不具有優先於抵押權之效力，則不足以保護勞動者生存之基本權利（憲法第153條）[378]」。另外，也有論者認為工資保障應有最優先清償權，較符合公平正義，基於成文法之解釋應以文字為先，勞基法第28條第1項文字為『最優先受清償之權』，如不能優先於抵押權，即與『最優先』之文義不合[379]。

　　雖然如此，本書以為勞基法第28條修正理由及上述學者所持之見解，仍然有辯正的必要。以修正理由而言，國際勞工公約第173號要求國家法律或規章賦予勞工債權應高於國家及社會安全制度給付請求權之順位，其所謂的「國家及社會安全制度給付請求權」究竟何所指？是指勞工對於國家及社會安全制度的給付請求權？或者是國家或社會安全制度對於雇主或勞工或第三人的給付請求權？對此，由於第173號公約係在第三節（勞基法第8條）特權之順位規定，「國家法律或規章得將員工之給付請求權置於大多數其他以特權方式保障之債權更高之順位，尤其應高於國家及社會安全制度給付請求權之順位。」顯然，其係將同一人作為工資債務人及國家及社會安全制度給付請求權的債務人，而比較何一債權人應由該債務人優先獲得清償。因此，本書以為「國家及社會安全制度給付請求權」，係指國家或社會安全制度（勞工保險、就業保險、全民健康保險等）對於雇主或勞工或第三人的給付請求權而言。具體而言，雇主同時對於勞工負擔工資、退休金、資遣費給付義務及對於保險人負有繳交勞工保險費或全民健康保險費時，即應將工資、退休金、資遣費債權置於優先於保險人獲得清償的順位[380]。

　　至於上述學者見解之不當，係其單純將工資債權與抵押權、質權、留置權的受償先後加以比較，亦即單純比較普通債權或最優先受償債權與具有特權地

---

[378] 王澤鑑，稅捐、工資與抵押權，收錄於氏著，民法學說與判例研究（四），2004年，頁339。

[379] 林良榮，「大量解僱勞工保護法」，真的保護到勞工了嗎？—我國大量解僱勞工之相關保護法制再議，高市勞工101年度合輯，2012年12月，頁40-47。

[380] 所不清楚者，係「國家及社會安全制度給付請求權」的範圍或對象有多廣？是否包括雇主因未繳交社會保險費用所遭致之滯納金（勞保條例第17條）？或者違反規定所遭致之罰鍰（勞保條例第70條以下）？

位的抵押權等的優劣順序，而未將擔保機構的設計併同納入考量。此種論述的基礎，係單純私（民）法上的制度與規定，並未加入勞工保護（法）的思想、制度與規定。所以與我國勞基法第28條已有積欠工資墊償基金的機制規定，並不相符。

也就是說，如加上擔保機構的設計，則工資債權在雇主不願或無法清償情況下，即轉由墊償基金獲得清償，理論上並不會發生求償無門的情況[381]。而抵押權人、質權人及留置權人如果無法因行使權利而獲得完全的清償，其反而不得向墊償基金求償。如此一來，是否還會發生社會正義或公平正義無法實現之狀況？並非無疑。如依國際勞工組織第173號公約第3條第1項規定，「凡批准本公約之會員國接受本公約第二章（以特權方式保障員工給付請求權）或第三章（以擔保體制保障員工給付請求權）之義務，或一併接受第二章及第三章之義務。此項選擇應在附隨其批准書之聲明予以說明。」其固然任由會員國自行決定保護給付請求權之制度，或者採特權方式、或者採擔保體制、或者兼採兩者之設計。惟兼採兩者是否確能發揮兩者綜合加乘的效果？或者會形成制度的自相矛盾？實在值得吾人再加以思考。

再回到積欠工資墊償基金的規範目的／功能來看，其已經擴充到一定月數的資遣費及退休金的確保給付。亦即避免雇主支付能力不足或未提撥或提撥不足，以至於勞工無法獲得資遣費或退休金之窘狀出現。此由2015年2月4日修正理由亦可得知：「茲以退休金及資遣費為勞工退休（退職）生活之所繫，為使勞工能受即時之保障，爰於第二項擴大現行積欠工資墊償基金墊償範圍，惟考量墊償之目的係保障不可歸責之勞工，驟失生活依存時之即時保障措施，並非毫無限度，且為避免道德風險，參考現行積欠工資墊償六個月之上限及勞退新制資遣費最高以六個月平均工資為限，爰於第二項第二款定明退休金及資遣費墊償之額度上限」。

此一積欠工資墊償基金規範目的之擴充，即使立意良善，仍然不免於下列疑慮。首先，即是前面所說的「名實不符」的問題。如為使名實相符，是否應將積欠工資墊償基金提繳及墊償管理辦法，修正更名為「積欠工資退休金資遣費墊償基金提繳及墊償管理辦法」？這裡還涉及退休金本質與資遣費理論的問題。也就是說，如果勞基法退休金的本質為遞延工資，則其是否即在原來積欠

---

[381] 不同意見說，林炫秋，前揭文認為如從統計數字來看，大部分被積欠工資的勞工，並無法由積欠工資墊償基金獲得清償。

「工資」墊償的適用範圍（所以無須更名）？而在勞基法第56條第3項提撥補足差額的規定下[382]，是否還會發生退休準備金不足之情況？也非無疑。又，資遣費的本質或為補償費（勞基法第11條）或為損害賠償（勞基法第14條）[383]，是否均宜以積欠工資墊償基金墊償之？尤其是損害賠償部分[384]？其次，即使肯定墊償基金擴充適用的用意，在勞基法第28條第5項由雇主先位負擔清償責任的前提下，也必須尊重現行「勞工退休準備金提撥及管理辦法」第10條第1項規定的優先適用。依其規定，「事業單位歇業時，其已提撥之勞工退休準備金，除支付勞工退休金外，得先行作為本法之勞工資遣費，再作為勞工退休金條例之勞工資遣費。」所以，在事業單位歇業時，勞工應先向勞工退休準備金請求給付退休金及資遣費，不足者，始得向積欠工資墊償基金請求墊償。三者，從技術面來看，積欠工資墊償基金係以「工資」作為提繳「費率」及「一定金額」的計算基礎，即使在2015年2月4日修正施行後，也並非以工資、退休金及資遣費總合所需之費用精算出的費率及所需提撥的金額作為基礎。充其量只是將費率的上限提高到萬分之十五而已[385]。如此的規範設計，使得墊償基金的規模幾乎沒有變動，是否足以因應特殊時期的需要？也並非無疑。蓋在實務上，墊償基金所面臨的最大問題，是墊償家數、人數及金額不斷增加，但墊償基金獲償金額及家數比率卻偏低，顯示出辦法中所規定的代位求償的設計功能，無法發揮。如欲確保基金的財務結構、以保障勞工權益，似應研擬有效的因應措施。

在積欠工資的適用原因／範圍方面，有歇業（雇主終止營業[386]）（但是，暫停營業或報刊發行中斷，因為尚有復工之可能，故並非歇業[387]）、清算、宣告破產。在此，國際勞工組織1949年第95號「工資保護公約」（Protection of Wages Convention）第11條規定，工資優先權只適用於清算及宣告破產，並不包括歇業。台灣顯然較寬。只不過，如依1992年第173號公約第1條對於「破

---

[382] 依據勞基法第78條第2項，違反第56條第2項規定者，處新台幣9萬元以上45萬元以下罰鍰。

[383] 楊通軒，個別勞工法—理論與實務，第六版，2019年7月，頁409以下。

[384] 亦即，在此是否不須考慮損害賠償本為制裁雇主的本質，而不應將之轉嫁給墊償基金負擔？

[385] 然而，對照2015年5月20日修正前後的積欠工資墊償基金提繳及墊償管理辦法第3條規定，雇主實際上按勞工保險投保薪資總額的提繳費率，均為萬分之二點五，並未有所改變。

[386] 行政院勞工委員會81年5月13日台81勞動2字第13773號函、台灣高等法院台中高分院92年度上易字第404號民事判決。

[387] 最高行政法院95年度判字第00934號判決。

產」之定義，已經擴張適用於其他因雇主之財務狀況而使關於員工給付之請求
未能獲得清償之情況，例如雇主之資產總額被認為未達開始進行清算程序所
須之標準時[388]。再依據1992年第180號建議書（雇主破產時員工給付請求權保
障建議書）第1條，更將「破產」明確化為尤其下述諸情況：一、該企業已倒
閉、停業或自動結束。二、雇主之資產總額未達開始進行清算程序所須之標準
時。三、在進行追討資金以清償員工所請求因受僱而產生之給付時，發現雇主
並無資產或資產不足時；雇主已死亡而其資產經置於管理人之手致請求給付之
款無法從其資產中獲得清償者。

　　按照此一定義，係以事實上的資產負債做為個案認定標準，而不以宣告
破產而定，故其適用範圍甚至較（法律上）歇業、清算或宣告破產更廣。惟其
是否較積欠工資墊償基金提繳及墊償管理辦法第8條第1項下半段之「或確已終
止生產、營業、倒閉、解散經認為符合歇業事實」（事實上歇業）來得廣？則
是難以遽予肯定。依本書所見，應將「或確已終止生產、營業、倒閉、解散經
認為符合歇業事實」與第180號建議書的一、三做同樣的解釋，所以，主管機
關應以負債多於資產且陷入無支付能力為依據，而非以無營業活動之事實做
為個案認定的依據[389]。依據本書所見，一旦經主管機關事實認定歇業，其效力
即等同於按照法定程序的歇業，墊償程序即可啟動。假設雇主主張尚在營業或
甚至有生產活動時，亦應採取行政救濟的方式為之，無法單純以其主張干擾或
阻止墊償程序之進行[390]。在此，假設經主管機關事實認定歇業，而雇主仍然保
留部分機器設備與人力，而後再經法院宣告破產者，即應依據破產宣告的時間
為準，計算其未滿六個月的工資。勞工不得主張以主管機關事實認定歇業的時
間點，作為計算未滿六個月工資的基準日。當然也不得先以歇業、後以宣告破
產，而請求二次的積欠工資墊償。

　　在此，須注意者。既然積欠工資墊償之目的係給予勞工一定限度的保護，
則其在破產程序中完成申報債權（積欠工資墊償基金提繳及墊償管理辦法第9
條第1項下半段參照）[391]，即能轉而向積欠工資墊償基金獲得墊償，超出此一

---

[388] 不過，不論是第173號公約或第95號公約，其目的除了保護工資及其他給付請求權外，還在
儘量使破產企業復元及保障就業。

[389] 由於實務上申請墊償工資、退休金、資遣費的案件，絕大部分起因於歇業，所以，將之納入
適用範圍自然更符合此一擔保機構的目的。

[390] 最高行政法院100年判字第1132號判決（耀文公司案）參照。

[391] 惟在向破產管理人申報債權時，破產管理人得據實審查是否確為工資、退休金或資遣費，並

定限度外而未獲清償部分，始參與破產債權之分配，且有最優先受清償之權。惟如果勞工決意不僅在破產程序中完成申報債權，並且全程參與破產債權的分配，解釋上應亦無不可，而且有最優先受清償之權。

　　另有問題者，行政院勞工委員會89年8月18日台89勞動2字第0036018號函謂：「雇主因歇業、清算或宣告破產，本於勞動契約所積欠之工資未滿六個月部分，如有可歸責於雇主原因之停工期間工資，經勞工請求未獲清償者，得依……。」[392] 其將墊償範圍擴及停工，似已逾越勞基法第28條「歇業、清算或宣告破產」之列舉事項。另一方面，其將其限於有可歸責於雇主原因，是否有違反本法的規定範圍？換言之，既謂「可歸責於雇主原因」，當然不包基於天災（例如因颱風摧毀廠房機器設備致無法修復生產的地步）、事變及其他不可歸責於雇主原因的歇業、清算或宣告破產。另外，積欠工資墊償基金提繳及墊償管理辦法第8條第1項下半段「雇主確已終止生產、營業、倒閉、解散」，是否已將雇主無支付能力之情況含括殆盡？

　　再依據積欠工資墊償基金提繳及墊償管理辦法第8條及第9條規定，勞工因雇主歇業而積欠工資及因雇主清算或宣告破產而積欠工資，應取得歇業事實之證明文件及向清算人或破產管理人申報債權，或向雇主請求未獲清償之有關證明文件[393]。這些文件應可作為勞工確實有工資的證明文件【作者按：其實重點是工資債權證明】[394]。勞工於向勞保局申請墊償時，即應附上該等證明文件（積欠工資墊償基金提繳及墊償管理辦法第10條第1項第2款規定）。末依據最高行政法院的見解：勞工向勞工保險局請求墊償工資，必須舉證證明雇主積欠之工資經請求而未獲清償。……倘勞工與雇主協商債務清償時，未就可獲最優先受清償權之工資債權積極求償，當與墊償機制設置之保障意旨不符，勞工保險局自得核定不予墊償工資。……由勞工等同意該公司以現金、支票及應收帳款盡先償還勞工資遣費及預告期間工資，而就法定應最優先受償之工資債權部分，反而同意由該公司開立債權證明相關文件，以供申請墊償基金墊償，

　　且不發與申報債權之證明文件或者不簽署勞工之積欠工資墊償申請書件。最高行政法院100年判字第1132號判決（耀文公司案）參照。

[392] 此是針對瑞聯航空案，勞工委員會以解釋令加以放寬適用。

[393] 內政部76年2月7日台內勞字第458365號函；行政院勞工委員會76年11月18日台76勞動字第5496號函。

[394] 行政院勞工委員會86年5月20日台86勞動2字第020951號函：與法院判決有同一效力之支付命令得作為工資債權證明。林炫秋，前揭文：民事判決及確定證明書。

顯見勞工等與雇主協商清償債務時，未就可獲最優先受償之工資債權積極求償，……[395]。

勞工向勞保局請求墊償工資的消滅時效為五年（民法第126條規定）[396]。但也有論者認為工資墊償請求權係公法上的請求權，其消滅時效應依行政程序法第131條的五年期間規定[397]。

在積欠工資墊償的適用對象上，其是以適用勞基法的事業單位／雇主與勞工為限[398]。以事業單位／雇主而言，較具爭議的，是分支機構的雇主地位及其所引發的墊償問題。依據積欠工資墊償基金提繳及墊償管理辦法第8條第2項規定，「事業單位之分支機構發生註銷、撤銷或廢止工廠登記，或確已終止生產、營業經當地主管機關認定符合歇業事實者，亦得請求墊償。」此處之分支機構，是否以中央勞政機關對於事業單位適用勞基法之認定原則為準？亦即同樣採取「以備有獨自之經營簿冊或可單獨辦理事業登記者，」以為判斷[399]？對此，中央勞政機關的立場似非如此。在前者，由於目的在令事業單位負擔勞基法上的責任，故採取從寬解釋的立場。相反地，在涉及工資墊償時，不問是分公司或辦事處，中央勞政機關將之明確界定為必須具有獨立的人事、財務，且依法登記在案者為限[400]。顯然，其係採取嚴格界定的立場，而非僅是用語的明確化而已。

此一嚴格立場，係起因於企業經營風險的轉嫁及墊償基金規模的榮枯的考量，並且為法院所接受。此一避免道德風險的考量，本書也以為可採[401]。在一件涉及外商在台設立辦事處的墊償工資爭議案件中，雖然該辦事處已經投保勞、健保，並且依法繳納工資墊償基金。惟在其以歇業為由請求積欠工資墊

---

[395] 最高行政法院97年度判字第991號判決。

[396] 內政部76年1月26日台內勞字第458364號函。

[397] 林炫秋，前揭文。

[398] 行政院勞工委員會82年4月21日台82勞動2字第18638號函。此一勞工，並不包括被雇主依勞基法第12條所解僱者（勞工因雇主歇業、解散或宣告破產之反面解釋）。

[399] 內政部75年11月22日台內勞字第450693號函參照。

[400] 行政院勞工委員會92年2月12日勞資3字第0920004657號函參照。如不具有分支機構的成立要件，則應以事業單位主體（總公司）有歇業事實時，始符合積欠工資墊償要件。

[401] 對於勞雇雙方合意非法請領或勞方單方不實申報或違法請領積欠工資墊償之情形，目前僅有不予墊償之規定（積欠工資墊償基金提繳及墊償管理辦法第11條），勞基法並無行政處罰。似乎應考慮修法納入。

償基金墊償工資時，最高行政法院[402]也接受前審[403]之見解：該公司為報備在台
之外國公司，並未在我國申請認許或辦理分公司登記，在台僅設有報備之辦
事處，公司所在地為美國加州，自不得在我國境內營業，依公司法第375條規
定，無法與本國公司享有相等之權利義務。是該外國公司即美商科帝思公司之
總公司雖積欠上訴人工資，惟上訴人無法與本國公司之勞工享有依勞動基準法
第28條第1項請求墊償積欠工資之相等權利，則被上訴人以原處分核定不予墊
償上訴人所請積欠工資，經核並無不合。值得注意的是，最高行政法院在其判
決理由中，先肯定中央勞政機關「前開所謂事業單位之「分支機構」，應指人
事、財務均獨立，且依法登記在案者，繼而在引用公司法第370條、第371條、
第372條、第375條及第386條規定後，卻又認為「『分公司』，為受本公司管
轄之分支機構。而人格具有不可分割之性質，是公司縱設有分公司，權利主
體仍僅一個；分公司與本公司在法律上係屬同一人格（本公司整體人格之一
部），無獨立之權利能力（非屬獨立之權利主體）。又分公司既為受本公司管
轄之分支機構，自無獨立之財產，從而，放置於分公司之財產，即為本公司財
產之一部分」。如依最高行政法院此一說法（本公司整體人格說／分公司無獨
立人格說），似乎與中央勞政機關的見解互有出入，即其完全否定分支機構具
備人事、財物獨立的可能性。

　　至於在勞工方面，也包含派遣勞工、部分時間工作勞工，即使依法可免參
加勞工保險者，仍可請求[404]。雇主依勞工保險條例第8條第3項規定加保者，其
依勞基法第28條規定提繳積欠工資墊償基金，有關雇主部分免予提繳，亦不得
墊償[405]。同樣排除適用者，有公司之法定代理人、董事、監察人[406]、委任經理
人[407]、公務員兼具勞工身分者、建教合作生或技術生[408]。隨著勞基法的逐步放
寬適用範圍，受到積欠工資墊償基金適用的對象也逐漸擴大。另外，中央勞政

---

[402] 最高行政法院104年判字第472號判決（美商科帝思公司案）參照。

[403] 台北高等行政法院103年度訴字第169號判決。

[404] 內政部76年2月11日台內勞字第468251號函。

[405] 行政院勞工委員會87年9月14日台87勞動2字第040916號函。

[406] 行政法院88年度裁字第4244號判決。反對說，劉士豪，前揭文，頁235：勞工兼具監察人身分。

[407] 最高行政法院104年判字第472號判決（美商科帝思公司案）參照。至於委任經理人是否僅為假像的經理人，而實際上是勞工身分，在發生爭議時，仍需經由勞政機關認定、甚至由法院裁判終局斷定之。

[408] 最高行政法院101年度判字第267號判決（京都公司案）參照。

機關逐步修正「積欠工資墊償基金提繳及墊償管理辦法」的規定，逐漸放寬適用的條件。

其次，既是積欠工資的墊償，所以，首先要了解的是，勞工所獲得的墊償工資，係指淨工資（扣掉所得稅）（積欠工資墊償基金提繳及墊償管理辦法第17條第4項規定）。反面而言，勞工的工資越高，其所獲得的墊償工資也越高，並無數額上限的限制。而且，依據勞基法第28條規定及積欠工資墊償基金提繳及墊償管理辦法規定，勞工可以請求墊償基金者，限於已事實上取得請求權的工資。所謂工資，係依該法第2條第3款之規定為準（勞務對價及經常性給予）。因此，並不包括加班費、預告工資、該法施行細則第10條之各種給與、資遣費[409]、勞工受到非法解僱的損害賠償請求權、勞工訓練費用的返還請求權、雇主遲延給付工資所生的利息。依據最高行政法院，對於和解所生的債權，也不在其內[410]。惟法定的社會給付（六個月內的），例如例假日、國定假日、公假日工資是否包括在內？解釋上似應予以肯定。至於不休假工資是否為墊償對象，則依據該法施行細則第24條的規定為準。

在2015年2月24日勞基法第28條修正施行後，已經將墊償範圍擴充及於勞基法退休金及資遣費。在此，同樣必須先界定勞基法之退休金及資遣費之定義及範圍。由於墊償之目的係保障不可歸責之勞工，驟失生活依存時之即時保障措施，並非毫無限度，且為避免道德風險，故退休金及資遣費之墊償數額合計以六個月平均工資為限。

在積欠工資的請求範圍方面，依據勞基法第28條第1項第1款所定最優先受清償權之工資，以雇主於歇業、清算或宣告破產之情事時，本於勞動契約未滿六個月部分所積欠者[411]。本來，法律用語之「未滿」、「逾」均不含本數[412]。而民法第123條第2項規定：「月非連續計算者，每月為三十日。」因此，應係指五個月又二十九日而言。惟對於此一「未滿六個月部分」，勞基法施行細則

---

[409]　同說，最高行政法院99年度裁字第1998號裁定。

[410]　最高行政法院100年判字第1132號判決（耀文公司案）參照。在該案中，勞資協調結論如下：91年至93年年終獎金及停工期間工資、93年9月份工資、93年特休未休折算工資、員工庫藏股買回、支援津貼、職災勞工職災補償費用、產婦及孕婦終止契約補償費用及其餘所有債權債務等部分，勞資雙方合意以每人發放2個月份平均工資為和解條件。

[411]　此一規定用語，在2015年2月24日修正施行前後並無不同。

[412]　例如勞基法第44條第1項規定，「十五歲以上未滿十六歲之受僱從事工作者，為童工。」大量解僱勞工保護法第2條第1項第1款規定：「同一事業單位之同一廠場僱用勞工人數未滿三十人者，於六十日內解僱勞工逾十人。」

第15條已將之界定為歇業、清算或宣告破產「前六個月內」所積欠者[413]，亦即歇業、清算或宣告破產時，往前推算六個曆月所積欠之總工資[414]。惟論者也有採取不同見解，認為此一「前六個月」的規定逾越第28條母法的規定，正確而言是六個月工資，且不分歇業、清算或宣告破產前或後均可[415]。

在積欠工資墊償的原因／範圍上，固然有歇業、清算及宣告破產。惟所謂破產事件，係指對於雇主財產開啟破產程序、由於欠缺破產財產（Masse）而未開啟破產程序、或者其全部結束國內營業者，但也包括進行和解程序者（§183 Abs. 1-3 SGB III）。另外，依據歐洲法院2003年5月15日判決[416]，自此而後，申請破產金的三個月（台灣是六個月）期間，係以提出申請開啟破產程序之日往前推算，而非以區法院針對申請程序作出裁判之日往前推算。基此，破產金的三個月期間乃大大地往前推移。

在操作上，根據積欠工資墊償基金提繳及墊償管理辦法第3條規定，本基金由雇主依勞工保險投保薪資總額萬分之二・五按月提繳[417]；第4條規定，由勞動部勞工保險局收繳勞工保險費時，一併收繳[418]；第12、13條規定，由勞保局核定給付勞工墊償工資。此一核定，性質為行政處分[419]。勞工對於勞保局的核定有異議時，應繕具訴願書，經由勞保局向中央主管機關提起訴願。即其與就業保險給付及勞工保險給付的救濟程序（先進行審議者），並不相同。後兩者的程序都是先（經由勞保局）向勞保監理會申請審議（勞工保險爭議事項審議辦法第3條第1項規定），如其不服，再繕具訴願書經由勞保局向中央勞工行政主管機關提起訴願（勞工保險爭議事項審議辦法第19條第2項規定）。

觀察歷年來最著名的墊償案件，當屬遠東航空公司案。該案發生在2008

---

[413] 行政院勞工委員會81年5月13日台81勞動2字第13773號函、最高行政法院97年度判字第991號判決、最高行政法院95年度裁字第00971號裁定、最高行政法院94年度裁字第01923號裁定、最高行政法院94年度裁字第00811號裁定。另外，最高行政法院100年判字第1132號判決（糧文公司案）亦採同樣見解。

[414] 並非如第28條第1項第2款與第3款所積欠之退休金及資遣費，係以六個月平均工資做為合計數額。

[415] 林炫秋，前揭文。

[416] NJW 2003, 2371.

[417] 同樣地，在德國，針對破產保險（Insolvenzsicherung）的保費，也全部由雇主負擔，如同職業災害保險般。Bley/Kreikebohm/Marschner, a.a.O., 148.

[418] 內政部75年9月22日台內勞字第430354號函。

[419] 最高行政法院97年度判字第991號判決、最高行政法院96年度裁字第03568號裁定、最高行政法院95年度裁字第889號裁定、最高行政法院94年度裁字第02565號裁定。

年5月間，遠東航空因深陷財務危機，宣布「停飛」。受到波及的員工有1,176名，其中不乏是高薪的機師、空服員。勞保局於2009年1月墊付遠航公司2008年4～9月所積欠的2億7,280萬元工資，創下墊償基金開辦二十四年以來的最高記錄。有問題的是，停飛是歇業、清算或破產宣告中之那一項？或者它是勞工委員會解釋令中的「有可歸責於雇主原因的停工」？又，在2011年6月遠航公司復飛後，是否應返還勞保局所墊付的工資？或者勞保局應努力代位求償？本來，勞保局依規定墊付勞工工資入帳後，即會函請事業單位於三十日內償還墊款。企業如未在期限內歸墊，即進行追償程序，依積欠工資墊償基金提繳及墊償管理辦法第14條規定依法訴追取得債權憑證後，再依墊償管理辦法第21條規定報請中央主管機關准予呆帳損失列支。就遠東航空公司案所應償還的墊款2億7,477萬457元而言，重整人函請勞保局於法院認可重整計畫裁定確定後之次月底起，以每月為1期，分五十期以電匯之方式攤還，已獲得勞保局同意（勞保局99年1月26日保墊償字第09960000450號函）。遠東航空公司並且函請勞保局在2011年5月31日償付第一期攤還金額（遠東航空股份有限公司100年5月19日財字第1000291號函）。因此，遠東航空公司案並未被打入呆帳處理。

　　值得注意的是，在2011年10月間，爆發了太子汽車及其關係企業積欠工資案，行政院勞工委員會除了協調工會與雇主達成償還薪資協議外，也配合勞方的要求朝向歇業認定及積欠工資墊償作業方面思考。吾人由法院判決[420]，得知太子汽車公司自2011年6月爆發欠薪勞資爭議起，涉及其七家關係企業，積欠1,000餘人工資、資遣費及退休金等債權。勞動部與相關勞政單位多次居中調處，協助完成太子汽車分公司及關係企業之歇業事實認定，以動用積欠工資墊償基金代為墊償，共計墊付1.19億元。資方在爭議處理過程中，除設定抵押3.5億元之台中市工業六路土地予太子汽車企業工會外，迄未有其他具體償還方案，多處應敷衍了事，以拖待變，致所積欠之勞工債權遲遲未獲清償。再依新北市政府勞工局2015年5月12日新北勞資字第1040836385號函所送之2015年5月6日就太子汽車公司勞資爭議案召開第6次協調會紀錄，太子汽車集團尚積欠1,094位員工薪資、資遣費及退休金等款項約6.3億餘元，顯見太子汽車公司所提之擔保款項，實際可清償金額僅達勞工總債權之39%，尚不足完全給付所積欠之勞工債權。為落實大量解僱勞工保護法第12條規定促使實際負責人謀求解決途徑，以保障弱勢勞工爭取法定權益之立法目的，法院乃判決禁止其出國。

---

[420] 最高行政法院105年判字第293號行政判決、105年判字第292號行政判決參照。

第 3 編

就業服務法制

第五章 │ 就業服務法

第一節 勞動市場所面臨之根本性問題

壹、如何避免失業及協助回歸職場者

　　在2008年下半年到2009年上半年間，台灣遭逢了世界金融風暴，工廠訂單的大量消失，帶來失業率的急遽上升，一度升破了6%的關卡。在那時，許多先進國家都使用了各種勞動市場政策措施（例如德國即大量使用縮短工作時間工作Kurzarbeit），以抑制雇主的解僱行為。這種縮短工時工作及給予縮短工時補／津貼的作法，也被其他國家所引用[1]。但是，台灣當時的勞工法令及社會法令並無此類設計，勞工主管機關是以立即充電計畫及充電加值計畫，配合事業單位所實施的無薪假／強制休假，內含在職訓練的要求，以避免雇主的裁減人員[2]。其效果頗為顯著，而職業訓練局為此所支出之費用，相較於先進國家，也頗為精簡，約只有新台幣幾億元而已[3]。

　　在避免失業的作法上，如能以僱用安定的措施，讓雇主不採取解僱行動，自是一個可思之道。這也是台灣充電加值計畫的主要目的。隨後，在2011年1月14日修正施行的就業保險促進就業實施辦法第5條以下，僱用安定措施已經被法制化，以作為在失業率達到相對高點的程度時，「雇主因經濟不景氣致虧損或業務緊縮，為避免裁減員工」（第7條第1項）之用。只可惜地，如本書上面所言，由於該辦法第5條第1項所規定的失業率標準嚴格，恐怕將來能真正派上用場的機會不大。所幸，在2019年4月16日第5條第1項修正為1%後，已有所改觀，其發動的可能性也大幅提高。

　　至於德國在避免失業的預防性措施方面，其在2009年及2010年還施行「低技術者及事業單位中高齡勞工的繼續訓練」（Weiterbildung Geringqualifizierter

---

[1]　但也有採取不同的作法者，例如英國政府即與二十個規模最大的公司簽訂僱用協議（Beschäftigungspaket），法國則是免除小企業的社會捐（Sozialabgaben）。

[2]　當時，還有其他由就業安定基金所支持的計畫，例如就業啟航。

[3]　與台灣相較，德國在同一時間為縮短工時所支出的補貼，數字達到50億歐元之譜。

und beschäftigter älterer Arbeitnehmer in Unternehmen, WeGeAU）措施，由政府提供一定的補助（總共花費約4億歐元）給雇主（訓練費用補助）及勞工（工資補助），以達到安定僱用的目的。另外，在世界金融風暴期間，針對派遣公司再次僱用的派遣勞工，德國政府也提供繼續訓練費用補助，只是，實務上幾乎沒有人申請。所以派遣勞工的職業訓練，實務上並沒有被重視或落實。

相對於避免失業的發生，職場上一個越來越重要的議題是：對於基於一定的原因離開職場者，如何讓其容易回流到職場，以解決職場人力（包括專業人力）的不足？在此，由於其中一大族群是婦女，所以即會與給予兩性同等的機會／促進平等（Gleichstellung）議題有關。作法上，可以一方面提供欲重回職場者（Wiedereinsteigerin）職業諮詢，另一方面也提供雇主與家庭友善相關的人事政策的資訊，增加雇主接受回流人員的意願。在德國，其「促進勞動市場機會均等受任人」（die Beauftragten für Chancengleichheit am Arbeitsmarkt, BCA）[4]即是採取此種作法。這樣會讓雙方都有重新或再次合作的意願與興趣。

貳、僱用結構的改變

僱用結構的改變，會直接影響強制加保社會保險人數的增減以及社會保險保費的收取不足。在2008～2009年間，由於金融風暴的影響，造成一些雇主將全時工作勞工解僱，而代之以部分時間工作者或微量工作者。傳統上，全時工作勞工多是男性，而部分時間工作者或微量工作者則較多是女性，所以，這也代表男性勞工減少、而女性勞工增加的結果。也有一些失業勞工受僱擔任臨時工作（Arbeitsgelegenheiten），或者搖身一變為自營作業者或自行創業者。這幾年，環觀世界各國，不問其有無勞動派遣的專門法令，從事派遣工作的勞工人數越來越多[5]，這也是傳統僱用結構所難以想像的。目前及未來，由於出生率下降所帶來的青少年減少，將會逐漸地影響到學校教育、訓練市場、以及勞動市場的人力不足。

---

[4]　Geschäftsbericht 2009, 58. Geschäftsbericht der BA, 44 f.

[5]　Geschäftsbericht 2009, 58. Geschäftsbericht der BA, 38 f.; Geschäftsbericht 2010, 59. Geschäftsbericht der BA, 13.

參、專業人力的短缺（含人口的老化）

　　由於勞動人口的老化及退出職場，乃產生專業人力短缺的問題。對此，國家除了從（提供獎勵）鼓勵年長／中高齡勞工留在職場或透過修法途徑延後／長退休年齡外，另一方面可以加強既有人力的職業訓練（支持事業單位所進行的訓練），以提升專業能力、彌補不足。或者，也可以考慮引進具專業能力的外籍勞工。有時候，這些外籍勞工擁有較高的學經歷，卻在工作國從事較低階的工作，形成另一種人力的浪費。對此，如果國與國彼此間有學（經）歷及證照相互承認的協議，即可以適度地改善此種大材小用的現象。而且，承認外籍勞工的學經歷，也有助於其融入我國的職場與社會。

　　台灣自2018年2月8日施行的「外國專業人才延攬及僱用法」，即是有鑑於勞動人口結構性的改變，希望透過專業人才法規的鬆綁，吸引國際專業人才進入（駐）我國工作、甚至申請永久居留。其父母配偶子女並得隨同申請永久居留，以達到專業人力穩定及提升國家競爭力的目的。其為就業服務法的特別規定，優先適用之（第2條參照）。或者說，自該法施行後，外國籍人士進入我國工作，已形成雙軌制的現象。雖然如此，有關外國專業人才所從事之專業工作，仍然侷限在「依就業服務法第四十六條第一項第一款至第六款之工作。」（第4條第4款第1目）。而且，雇主之聘僱外國專業人才在我國從事第4條第4款第1目或第2目之專業工作，均應向勞動部申請許可（第5條及第6條參照）。

第二節　禁止歧視原則的內容與族群

壹、內容

　　平等或禁止歧視，一般被認為具有積極人權政治的理想性格。作為人權的實際表現形式，平等待遇及禁止歧視在國際公約（尤其是公民與政治權利公約第26條及國際勞工組織公約）[6]及區域性的條約中，被廣泛地加以規範，並

---

[6]　根據公民與政治權利公約第26條規定，「任何人在法律上一律平等，並得不受歧視地請求法律給予同等的保護。在此方面，法律應禁止任何歧視，並保障任何人均得享受平等而有效之保護，以防止來自種族、膚色、性別、語言、宗教、政見或其他主張、民族本源或社會階級、財產、出生或其他身分（sonstiges Status）等方面而生之歧視。」又，國際勞工組織第111號禁止歧視公約第5條規定，「國際勞工大會通過之其他公約及建議書所規定之特別保護或協助辦法，不得視為歧視（第1項）。任何會員國家於諮商具有代表性之雇主團體及工人

且藉由法院判決予以落實[7]。至於世界各國大多在其憲法明定平等權，甚至列舉出特殊族群或特徵（男女、種族、宗教等）之平等待遇或禁止歧視者[8]。之後，並在平等權「等者、等之（Gleiches muss gleich behandelt werden）；不等者、不等之」的理論之下，努力地追求各個族群或特徵的平等對待。如從憲法及勞工法來看，禁止歧視是一般平等待遇原則的具體表現或特殊形式[9]。社會法規也加以具體規定。此種國際公約及各國憲法普遍規範、並且透過勞工法規與社會法規具體落實平等權的表現，代表著人性尊嚴的尊重及社會正義的逐步獲得實現。正可謂無平等，即無其他的各種自由可言。

　　我國平等待遇原則或禁止歧視原則散落在不同的法規中（包括憲法第7條、勞基法第25條、性平法等），惟與禁止就業歧視或就業促進密切相關、且總其大成者，厥在於就業服務法第5條規定，依之，爲保障國民就業機會平等，雇主對求職人或所僱用員工，不得以種族、階級、語言、思想、宗教、黨派、籍貫、出生地、性別、性傾向、年齡、婚姻、容貌、五官、身心障礙、星座、血型或以往工會會員身分爲由，予以歧視；其他法律有明文規定者，從其規定（第5條第1項）。違反第5條第1項規定者，除了處新台幣30萬元以上150萬元以下罰鍰外，直轄市、縣（市）主管機關應公布其姓名或名稱、負責人姓名，並限期令其改善；屆期未改善者，應按次處罰（第65條第1項、第3項參照）。另外，依據2018年11月28日修正施行的第5條第2項第6款規定，雇主招募或僱用員工，不得有「提供職缺之經常性薪資未達新臺幣四萬元而未公開揭

團體後，得決定爲適應基於性別、年齡、殘廢、家庭責任、社會地位、知識程度等原因而，公認需要特別保護或協助者之特殊需求所制定之特別辦法，不得視爲歧視（第2項）。」國際勞工組織有關就業年齡的公約另外有第122號就業政策公約、第168號「促進就業與失業保護公約」、及第162號號高齡勞工建議書。

[7] 以就業年齡歧視在歐洲聯盟的實踐爲例，歐盟法院著名的2005年Mangold案判決（EuGH v. 22.11.2005 – Rs. C-144/04 – Mangold, Slg. 2005, I-9981, Rn. 74）及2010年的Kücükdeveci案判決（EuGH v. 19.1.2010 – C-555/07, NZA 2010, 85 ff. - Kücükdeveci），均極具有代表性。

[8] 例如中華民國憲法第7條規定，「中華民國人民，無分男女、宗教、種族、階級、黨派，在法律上一律平等。」另外，德國基本法第3條第1項、第2項及第3項也有類似規定。我國法院實務上習慣將第7條與第15條結合而稱之爲「平等工作權者」。請參閱最高行政法院101年度判字第1036號判決、台北高等行政法院102年度訴字第1876號判決。

[9] Udo Di Fabio, Disskussionsbericht zur Europarechtlichen Symposion in 2012, RdA 2012, 314. 只不過，我國憲法第7條及第15條雖給予人民工作平等權的最高法律位階保障，但卻未對就業歧視有任何之規定。而且，由於憲法基本權利原則上僅在限制國家公權力的行使，而非在規範私法關係。因此，憲法第7條所規定之平等待遇，恐將淪爲宣示性作用，無法發揮剷除就業歧視之積極功能。

示或告知其薪資範圍。」其立法理由，係為杜絕薪資面議資訊不對稱之情形。蓋雇主常以以薪資面議，隱藏其低薪或其他不利徵才之工作內容，損害求職者工作權甚鉅，且不利於我國勞動市場之發展。違反本款規定者，處新台幣6萬元以上30萬元以下罰鍰（第67條第1項參照[10]）。依據中央勞政機關的解釋，「就業服務法第5條第2項第6款所稱公開揭示或告知其薪資範圍，指雇主招募員工，應使求職人於應徵前知悉該職缺之最低經常性薪資，並應以區間、定額或最低數額之方式公開。」[11]

　　須說明者，1.所謂「經常性薪資」，應該僅指狹義的工資而言（勞務的對價、且具經常性給與的性格），不包括福利在內。這是因為福利的型態及給付原因多元，且常恃勞工的表現而定，再者，既然是福利，即應該給予雇主較大的決定自由。如此一來，福利似乎難以事先確定。2.所謂「薪資範圍」，解釋上係薪資總額，而非薪資的項目或名目（勞基法第23條第1項、勞基法施行細則第14條之1參照）。亦即指新台幣4萬元以上或未達的薪資級距。至於勞動部函釋所稱「區間、定額或最低數額」，符合業界的實況，並且具有彈性，應屬可採。3.所謂的「公開揭示或告知」，前者係指在求職網站及報紙求職廣告，刊登（公告）薪資而言。後者，係指對於個別的求職者，提前告知或通知薪資，讓求職者先行考慮薪資額度是否符合自己的要求，以避免面談時才獲知薪資範圍，在無充裕的思考時間下，陷入難以決定的窘境。只是，由於法未具體明訂時間，勞動部函釋也只稱「應徵前」，因此，解釋上「提前」可以是數日或一日前，也可以是在求職者進入面談之短暫時間前，讓其知曉即可（例如在事業單位的大廳或求職者休息室公告或個別通知）。4.此處的「公開揭示或告知其薪資範圍」，並非雇主的要約，因此雇主並不受拘束，雇主在面談時仍然可以改變此一起薪的額度（包括較公告或通知的薪資高、甚至4萬元以上的薪資）。求職者也有權要求改變。而且，即使雇主並未公開揭示或告知其薪資範圍（反面解釋，此意謂起薪為新台幣4萬元以上），但經過面談後，雇主仍然可以客觀的理由，而與勞工約定不及4萬元的薪資。立法者並無意藉由本款之規定，強制薪資額度不得低於4萬元，政治並無法扭曲經濟法則。所以，對於

---

[10]　在此，第5條的立法說明謂「並修正就業服務法第六十五條將該款納入罰則」，顯然係一錯誤。相較於第65條之罰鍰處份，第67條第1項的罰鍰額度少了很多，這代表違反第5條第2項第6款屬於情節輕重程度較輕者。畢竟，雇主只要公告或通知一份基本工資以上的薪資範圍即可。本書以為，處以較輕的罰鍰，或許也在於避免影響雇主登廣告徵人的意願。

[11]　勞動部108年3月21日勞動發就字第10805036151號函參照。

實務上部分雇主以基本工資起聘的現象，此款並無改善的作用，只能達到求職者事先獲悉起聘是基本工資而已。[12]

實者，針對僱傭／勞動關係，除了契約自由原則之外，平等待遇原則或禁止歧視原則係勞工法中之一項重要原則，其目的在掃除同一族群（例如針對調薪、分紅等工作條件）或不同族群間之一切恣意的就業歧視。禁止就業歧視，常與契約自由互不相容[13]。在非典型僱用日益盛行的時代，爰引平等待遇原則以處理傳統的勞工與非典型工作勞工間的差別待遇，尤其具有重大的意義。這是因為各種不同的非典型僱用型態，或者法無規定，或者法律的規定不夠完整，導致非典型工作者的權益與普通勞工有相當程度的落差、甚至完全被排除，必須依恃平等待遇原則或禁止歧視原則給予一定的救濟。

有關平等待遇原則或禁止歧視之適用，涉及幾個勞動族群的比較，其中，由於男性勞工與女性勞工、全時勞工與部分工時勞工、以及不定期契約工與定期契約工較為著重於勞動法上的平等對待或禁止歧視討論，而較少置重於勞動市場法上的就業促進。故本書此處僅擬針對漢族勞工與原住民族勞工、及年輕勞工與中高齡勞工（就服法第5條第1項：種族、年齡）加以說明，分別如下：

貳、漢族勞工與原住民族勞工

一、憲法之平等權及工作權

中華民國憲法中，並無有關原住民權益之規定，即使在第四章社會安全中，亦未提及原住民，而只有勞工、農民、從事勞動之婦女兒童等弱勢族群之保障。至於憲法增修條文第10條第11項及第12項則是分別規定，「國家肯定多元文化，並積極維護發展原住民族語言及文化」；「國家應依民族意願，保障原住民族之地位及政治參與，並對其教育文化、交通水利、衛生醫療、經濟土地及社會福利事業予以保障福助並促其發展，其辦法另以法律定之。」其已訂定給予原住民族語言、文化、原住民族之地位、政治參與及一些具體事項的保

---

[12]　依就業服務法施行細則第5條規定，主管機關職務之一即為認定就業歧視, 並於認定就業歧視後，得邀請政府相關單位、勞工團體、雇主團體代表及學者專家組成就業歧視評議委員會。

[13]　請參閱Eichenhofer, Diskriminierungsverbote und Vertragsfreiheit, AuR 2013, 62 ff.; Franzen, Entgeltsysteme und Gleichbehandlung, RdA 2013, 180 ff.

障。除此之外，原住民之基本權利與自由，應係與一般的人民並無兩樣。其中與工作權較爲有關者，有憲法第7條之規定，「中華民國人民，無分男女、宗教、種族、階級、黨派，在法律上一律平等。」又憲法第15條規定，「人民之生存權、工作權及財產權，應予保障。」由於學者間的通說，憲法上的平等係立法上的平等而非法律適用上的平等，對於立法者亦有適用；但另一方面，憲法上的平等又係實質上的平等而非形式上的平等。[14]因此，爲了給予弱勢族群保障，當可例外地立法給予其較優的待遇。基於此，立法者當可藉由立法給予原住民較佳的工作權保障。[15]

即使就2000年4月25日公布施行的中華民國憲法增修條文觀之，亦無針對原住民族工作權的特殊規定。依據增修條文第10條第11項規定，「國家肯定多元文化，並積極維護發展原住民族語言及文化。」第12項規定，「國家應依民族意願，保障原住民族之地位及政治參與，並對其教育文化、交通水利、衛生醫療、經濟土地及社會福利事業予以保障扶助並促其發展，其辦法另以法律訂之」。與此不同的是，對於身心障礙者，同條第7項卻明確規定「教育訓練與就業輔導應與保障」。

二、勞工法律的規定

先就勞動基準法來看，該法第1條第1項之「勞工」，係以第2條第1款規定之「受雇主僱用從事工作獲致工資者」爲標準，並不區分是否爲漢人或原住民或其他種族（例如蒙、藏），而且中央主管機關並未將具有原住民身分之「工作者」排除適用該法。因此，該法當能適用於原住民無疑。另外，依據就業服務法第4條規定，「國民具有工作能力者，接受就業服務一律平等。」此處的「國民」，亦不區分漢人或原住民或其他種族。

其次就各種解僱之規定（勞基法、大解法等）而言。由於原住民族在種族的歸屬上，與漢族不同，現行勞工法令上有涉及「種族」者，理論上均應適用於原住民。例如：(一)就業服務法第5條第1項規定，「爲保障國民就業機會平等，雇主對求職人或所僱用員工，不得以種族、階級、語言、思想、宗教、黨

14　林紀東，比較憲法，1980年，頁179以下。

15　有關「種族優惠性差別待遇」之問題，請參閱廖元豪，美國「種族優惠性差別待遇」（Racial Affirmative Action）合憲性之研究—兼論平等原則之眞義，東吳大學法律學報，頁1以下。

派、籍貫、出生地、性別、性傾向、年齡、婚姻、容貌、五官、身心障礙、星座、血型或以往工會會員身分爲由，予以歧視。」(二)大量解僱勞工保護法第13條第1項規定，「事業單位大量解僱勞工時，不得以種族、語言、階級、思想、宗教、黨派、籍貫、性別、容貌、身心障礙、年齡及擔任工會職務爲由解僱勞工。」

三、原住民族工作權保障法的規定

2001年11月2日開始施行之原住民族工作權保障法，係一以具有原住民身分者爲對象之保障法（原住民族工作權保障法第2條參照）[16]，由於規範內容較爲詳盡，堪稱爲原住民族工作權的基本法。[17]雖然如此，如觀其第1條規定，「爲促進原住民就業，保障原住民工作權及經濟生活，特制定本法。本法未規定者，適用其他法律之規定。」可知其係以促進就業爲主要目的，並未嘗試以一部專法將現行有關原住民工作之相關重要事項盡量納入其中，故一旦發生勞動契約上的爭議，往往仍需回歸到一般性的勞動法規處理。[18]

實者，原住民族工作權保障法給予較優的待遇，乃與「種族優惠性差別待遇」（Racial Affirmative Action）理論相關。依之，爲了消滅現存之歧視少數民族的現象、補救過去的歧視、並預防未來的歧視，國家應考慮施以有利的措施。此種優惠待遇，基本上符合平等原則「消滅社會階級」之價值取向，因此法院在審查時，應該適用較寬鬆的審查基準，以免使得司法違憲審查反而成爲平等權的絆腳石。[19]至於「原住民族工作權保障法」規範的重點有：(一)依據「比例進用原則」，各級政府機關、公立學校及公營事業機構，除位於澎湖、金門、連江縣外，其僱用下列人員（約僱人員、駐衛警察等）之總額，每滿

---

[16] 依據原住民族工作權保障法施行細則第2條規定，本法第2條所稱具有原住民身分者，以依原住民身分法第11條第1項規定，於戶籍資料記載爲山地原住民或平地原住民者。

[17] 惟台北市政府在1999年12月所制定的「台北市促進原住民就業自治條例」，保障原住民進入公部門之工作權，使得台北市政府成爲全國第一個採行「平權法案／優惠性差別待遇」（Affirmative Action）的機關。請參閱顧慕晴、盧姵緁，我國公部門原住民工作權保障之研究，國家菁英季刊，第4卷第1期，2008年3月，頁21。

[18] 此從原住民族工作權保障法第20條第1項本文之規定，「原住民勞資爭議，依據勞資爭議處理法規定辦理」，即可推知。

[19] 廖元豪，前揭文，頁2、4。惟廖文在第18頁以下所介紹之Wygant, Sheet Metal Workers及Paradise，最高法院則是採取「嚴格審查基準」，而認爲團體協約中對於少數族裔之教師免於解僱的優惠性規定違憲。

一百人應有原住民一人（原住民族工作權保障法第4條第1項）。(二)政府應依原住民群體工作習性，輔導原住民設立各種性質之原住民合作社，以開啓各項工作機會（原住民族工作權保障法第7條第1項）等。

四、原住民工作權規定之剖析

如針對上述有關原住民族工作權之規定觀之，並將其與適用於一般民眾（漢人）的勞動法令規定對照，約可區分成如下三個類別。[20]以下即加以說明之：

（一）禁止歧視原則

首先，在工作條件及勞動環境上，應不得有歧視待遇的情況出現，亦即有「平等待遇原則」之適用。此一勞工法上之基本原則，固然原先係針對女性勞工與男性勞工、部分工時勞工與全時勞工、以及定期契約工與不定期契約工而爲。[21]學者間也少有論及原住民與漢人間之是否適用者。但吾人以爲應亦有其適用。此在法律上的根據爲就業服務法第5條第1項之規定。依之，「爲保障國民就業機會平等，雇主對求職人或所僱用員工，不得以種族、階級、語言、思想……爲由，予以歧視」。再者，即使憲法第7條及第15條也分別規定，「中華民國人民，無分男女、宗教、種族、階級、黨派，在法律上一律平等」、「人民之工作權，應予保障」。

如參酌實務上有關原住民工作上的爭議，吾人以爲應特別注意以下幾點：首先，依據勞基法第5條規定，「雇主不得以強暴、脅迫、拘禁或其他非法方法，強制勞工從事工作。」原住民由於語言及專業能力等因素，常有無法爭取到合理的待遇，甚至已達到強制勞動之程度者，此實應儘量排除之。再者，依據同法第6條規定，「任何人不得介入他人之勞動契約，抽取不法利益。」此種抽取不法利益之情形，常有發生在爲原住民仲介工作時，因此，也應該避免之。[22]在具體的作法上，有些原住民即依據合作社法，成立「原住民勞動合作社」（簡稱「原勞社」），並以共同經營的方式向外承攬勞務、分配給社員工

---

[20] 顧慕晴、盧姵緁，前揭文，頁25以下有各國原住民工作權保障政策之分析，但僅涉及此處所論之之(一)禁止歧視原則及(二)優惠性措施而已。

[21] 楊通軒、成之約、王能君、陳正良，各國勞動契約法規制度之研究，2003年，頁53以下。

[22] 依據就業服務法第6條第2項規定，「中央主管機關應會同行政院原住民委員會辦理相關原住民就業服務事項。」

作，以減少中間剝削、增加收益[23]。三者，在工資的給付方面，依據同法第25條規定，「雇主不得因性別而有差別待遇。工作相同、效率相同者，給付同等之工資。」此一條文似乎僅針對女工與男工而爲。但本書以爲不應以此爲限，在原住民與漢人工資的給付方面，應適用或類推適用該條之規定。[24]

（二）優惠性措施

其次，在勞動市場法或就業安全網上，可以給予原住民較優的待遇，以促進其就業。因此，除了在原住民族工作權保障法中，有「依政府採購法得標之廠商，於國內員工總人數逾一百人者，應於履約期間僱用原住民，其人數不得低於總人數百分之一。[25]僱用人數未達標準者，應繳納代金（第12條第1、3項）」之規定外，[26]另有相當多的條文（原住民族工作權保障法第13條以下，就服法第4條、第24條第1項第4款、第27條及第28條等），目的均在促進原住民的就業，其在法理上及實際需要上均無疑義。蓋以「代金」之繳納而言，僅係令雇主負擔一定之費用，並未強制雇主非僱用原住民不可，亦即並未賦予原住民「僱用請求權」，如此不致於過度侵害雇主憲法上所保障之財產權或營業權。

另外，如前所述，近年來，實務上多有成立原住民勞務合作社者，其成立的目的，係在於承接各行各業的就業機會，派遣所屬的原住民赴各地不同事業單位服務。由於其係以提供人力爲目的，故論者間有以其爲勞動派遣態樣之一者。吾人如再就原住民派遣與其他一般勞工的派遣相較，在爭取工作的機會上，顯然較爲弱勢。因此，主管機關實有必要給予各種輔助，包括輔導其籌設、營運、免徵所得稅與營業稅、以及酌予經費補助與獎勵。[27]

---

[23] 以宜蘭花蓮地區而言，例如有限責任宜蘭縣原住民餐旅服務勞動合作社、保證責任花蓮縣原住民第三景觀園藝勞動合作社等。

[24] 有關同工同酬、不得強制勞動，在國際勞工組織第169號公約第20條中亦有規定。

[25] 論者認爲此種職務與職位之保障，反而有限制的嫌疑，使得人們以爲原住民僅會從事此種工作而已，理應予以限制，只要規定員工總人數的一定比例即可。林柏年，原住民族工作權保障機制之建構—以原住民族工作權保障法爲例之探討，立法院院聞，第32卷第11期，2004年，頁96。

[26] 另一個問題是，可否將進用機關與機構由公部門擴展至私部儒門？

[27] 原住民族工作權保障法第7條以下。

（三）特殊性措施

　　較有問題的是，除了落實禁止歧視原則、以及盡力推動促進原住民就業的措施之外，在現行一般法令及勞工法令的適用上，有無必要給予原住民勞工（不同於一般勞工法令規定之）特別的規範？如果有，則是那些？當然，如欲給予特殊規定，往往需要增修現行的法令規定。舉例而言，依據紀念日及節日實施辦法第4條第6款規定，原住民族歲時祭儀放假一日。也就是說，具有原住民族身分的勞工，除了享有勞基法第37條及其施行細則第23條紀念日放假外，並且擁有特殊性的歲時祭儀假一日[28]。

　　以下，吾人僅針對勞動契約略述己見，以為各界參考之用。

　　首先，在勞動契約的當事人一方為原住民時（通常為勞工，但應包括原住民為雇主的情形），是否應強制勞動契約以書面的方式為之？對此，雖然現行法上係採取契約自由原則，不問書面或口頭的方式皆有效。[29]但吾人有見於實務上原住民與漢人間的勞資糾紛，或有因雙方間認知的不同、或有因契約之一造惡意欺詐，而屢屢發生，如為免契約進行之中或結束之際，雙方對於究竟有無勞動關係之存在、雙方間工作條件的約定為何、以及雙方間之勞動關係有無終止，則書面的要求應係一值得思考之方向，亦即本書以為原住民勞動契約的訂立、其契約的內容、以及其契約的終止，以書面的方式為之較為妥當。[30]

　　另外，如為避免原住民勞工的勞動權益受損，是否可以仿傚外籍勞工的勞動／僱傭契約，賦予主管機關個案介入的權限（例如採取許可制的作法）？對此，本書則認為並無必要。蓋弱勢的勞工包括有負擔家計的婦女、中高齡者、身心障礙者、原住民、低收入戶或中低收入戶中有工作能力者、更生受保護人等，[31]主管機關應加強提供其就業上的服務，並且給予各種促進就業的措施，以助其早日回到職場。此應係主管機關可思採取之道。設如不此之圖，而企圖以行政許可的方式介入，勢將不利於人力的活化與流動，原住民勞工恐未蒙其利而已先受其害。

　　再者，如從原住民的工作習性及工作種類觀察，多有從事屬於短暫的、

---

[28] 各該原住民族放假日期，由行政院原住民族委員會參酌各該原住民族習俗公告，並刊登政府公報。對此，請參閱原住民族委員會2015年12月4日原民綜字第1040066898號公告。

[29] 有關契約自由原則在勞動契約中之運用，請參閱楊通軒、成之約、王能君、陳正良，各國勞動契約法規制度之研究，頁51以下。

[30] 為了明確化契約的終止，德國民法第623條即要求勞動契約之終止應以書面為之。

[31] 就業服務法第24條。

臨時性的工作者。[32]而此種短暫性的工作，僅能在勞基法第9條所允許的條件下，始能為之。因此，應會相當程度地不利於原住民的就業。為此，本書以為或可修法放寬定期勞動契約的條件，以利於弱勢的族群（原住民、高齡者）就業。

最後，對於原住民面臨解僱或資遣時，是否應給予特殊的保障？對此，論者間有主張「原住民優先留用原則」者，其理由殆為：「應盡可能保障少數民族尤其是原住民族的工作權。蓋少數族群（原住民）在社會上相對處於弱勢，有需以積極措施保護之必要也。……原住民族工作權保障法規定進用一定比例原住民工作者，否則就需繳納代金，實寓有鼓勵優先留用原住民之效果。」[33]對於上述之見解，本書以為仍有待斟酌，不宜遽然予以肯定。蓋原住民族工作權保障法雖有最低進用比例及代金之規定，惟並未強令雇主必須先留用原住民，僅是規定雇主違反時，應負有繳納代金之不利後果而已，並非謂該解僱或資遣無效。[34]吾人如再對照大量解僱勞工保護法第13條第1項之規定，「事業單位大量解僱勞工時，不得以種族、語言、階級、思想、宗教、黨派、籍貫、性別、容貌、身心障礙、年齡及擔任工會職務為由解僱勞工。」亦可知立法者僅係要求雇主不得以種族（原住民）的身分解僱勞工，而非要求雇主應先解僱其他勞工而留用原住民勞工也。此應不可混淆。

綜上之說明，吾人以為應特別注意以下幾點：首先，依據勞基法第5條規定，「雇主不得以強暴、脅迫、拘禁或其他非法方法，強制勞工從事工作」，原住民由於語言及專業能力等因素，常有無法爭取到理的待遇，甚至已達到強制勞動之程度者，此實應儘量排除之。再者，依據同法第6條規定，「任何人不得介入他人之勞動契約，抽取不法利益。」此種抽取不法利益之情形，常有發生在為原住民仲介工作時，因此，也應該避免之。三者，在工資的給付方面，依據同法第25條規定，「雇主不得因性別而有差別待遇。工作相同、效率相同者，給付同等之工資。」此一條文似乎僅針對女工與男工而為。但本書以為不應以此為限，在原住民與漢人工資的給付方面，應適用或類推適用該條之規定。

---

[32] 原住民具有共同生活的群性，在職場上經常集體行動，如集體怠工、集體離職，無法符合工商業社會的職業要求。

[33] 陳金泉，裁員解僱實務法律問題初探，律師雜誌，第282期，2003年3月，頁75。

[34] 「20億元原住民就業代金首度催繳」，中國時報，2004年12月15日，A13版。

參、年輕勞工與高齡／中高齡勞工

　　長久以來，男女／性別歧視係就業歧視中最多爭議案件的所在，因此，國際公約（尤其是國際勞動公約與建議書）、區域組織規範（例如歐洲聯盟運作條約第157條）、及各國的法律規範及實務操作都有男女平等待遇或禁止性別歧視的規定與防範作法，並且逐漸地走向機會平等與積極促進就業之路。顯然其係將性別平等作為最重要的勞動人權議題處理。也因此，性別平等的實施與性別歧視防範、認定，相較於其他就業歧視特徵的推動，都較為廣泛與成熟。

　　相同的，我國在憲法、就業服務法、性別工作平等法及勞動基準法中，對於性別平等都有所規範，性平法的規定尤其詳細，實務操作也全力落實男女在職場上的平等，故我國男女平等待遇的實踐，也已達到一定規模的程度。

　　再以就業年齡歧視而言，其係屬於晚近勞動生活中歧視的態樣之一，所以禁止歧視或平等待遇理論所欲追求之公平正義的勞動環境，當然亦適用之。基於平等原則的要求，即使極端擁護契約自由而主張儘量彈性化勞動市場者，也不得沒有正當理由地排擠或壓抑特定的族群或勞工團體[35]。同樣地，雇主也不得無正當事由地對於各個年齡層做差別對待。如此，始有可能促進勞工間的平等，並且將之融入社會。

　　如上所述，相較於性別歧視或男女平等待遇，就業年齡歧視的發展就晚了許多。我國在2007年5月23日始在就服法第5條修正增列「出生地、性傾向、年齡」為禁止就業歧視項目，進一步拓寬就業歧視的光譜[36]。如果再加上原有就服法第24條之對於中高齡者的就業促進規定，似乎已可給予「年滿45歲至65歲之國民」（就服法第2條第4款規定）一定程度的保障。此種禁止就業年齡歧視的納入，體現出立法者置重於社會政策及平衡勞工工作權與企業經營權的考量。因此，應該可以預期禁止基於年齡因素的歧視作為一般的法律原則，其將會在勞動政策與勞動市場上逐漸發揮其影響力（雖然至今法院裁判的案件並不多）[37]。只不過，須要釐清的是，年齡歧視的對象（年齡層）究竟為何？[38]內

---

[35] 除了在勞動領域之外，禁止歧視的保護也會逐步地拓展到其他的私法領域，例如消費者及承租人、加盟店者的保護，畢竟他們相對於其對手，也都呈現弱勢而容易受到歧視。

[36] 惟就服法第5條第1項究竟是列舉規定？或例示規定？本書認為以前者為是，同樣地，憲法第7條之男女、宗教、種族、階級、黨派也是列舉規定。兩者都是立法者的判斷與選擇。

[37] 但也有極具代表性者，例如最高行政法院101年度判字第1036號判決（日航案）。

[38] 依據行政院勞工委員會82年2月11日台82勞動一字第02156號函：事業單位於工作規則中明定招僱勞工之方式與條件，不得有違反法律或歧視特定對象等情形，應以應徵人員之技術與能

容及施行的重點爲何？年齡歧視的例外及舉證責任的規定爲何？而其中最大的問題，厥在於年齡歧視何時合法？這一些，就服法中均未加以明定，此或將造成學者間見解的紛歧及司法實務的法律不安定性。因此，我們要擔心的是：就業年齡歧視會不會超過性別歧視，變成就業歧視最大的案（亂）源所在？

之所以會有這樣的擔憂，主要還是就業年齡歧視牽涉到勞動者從接受職業訓練、求職、而到退休的每一個職涯歷程[39]，而年齡歧視認定卻又有相當的難度或至少有其特殊性。這理由無他：相較於性別或種族等屬於固定不變的因素，年齡則是一由幼至長、由長至老（朝向固定方向）不斷變動的因素（雖然有點令人傷感！）[40]。在與工作能力的牽動上，性別或種族因素通常沒有關聯，但是，年齡因素卻通常具有關聯性。這是因爲青（少）年勞工通常未具有從事特定工作所應具有的學識、經驗與技術，而老年勞工則是逐漸失去從事工作的體力、精神或技術（甚至掉入不能／不堪勝任工作的境地）[41]。因此，雇主在選任勞工時，表面上是以經驗與技術、或者體力與精神爲標準，但是，實質上均會回歸到以年齡作爲判斷的基礎。尤其是特定的工作一向由年輕勞工或中高齡勞工擔任時，要求雇主接受別的年齡層的勞工，更會增加年齡歧視判斷的困難。其中，年齡間接歧視的認定尤其不容易。

所幸，我國在2019年12月4日制定公布「中高齡者及高齡者就業促進法」[42]，從肯定及落實中高齡、高齡者勞力的角度，以專法的方式，整合勞動相關法規[43]，希望一方面杜絕僱用歧視的現象，另一方面達到就業促進的目的，以因應我國高齡化勞動環境的挑戰。該法兼含實體規定與程序規定，並且

力能否勝任工作爲準，不宜以「年齡」作限制之規定。台北高等行政法院100年度簡字第159號判決認爲：按就業服務法第5條對就業年齡禁止歧視之保護對象未做範圍的限制，因此雇主不得因求職者的「年齡」（不論是哪一個年齡層）給予差別待遇。

[39] 如果從雇主的角度來看，基於禁止年齡歧視，其所爲的下列行爲都會受到合法性的檢驗：徵人廣告中限定年齡、以年齡作爲升遷的依據、職業訓練以一定的年齡爲準。Maximilian Fuchs/Franz Marhold, Europäisches Arbeitsrecht, 2. Aufl.,2006, 11.

[40] 就服法第5條第1項的其他的歧視特徵，是否也有（隨時）變動的可能？例如語言？思想？宗教？黨派？

[41] 不可諱言的，勞基法第11條第5款不能勝任工作之勞工，（中）高齡勞工係較有可能被適用的族群。

[42] 依據勞動部2020年4月30日新聞稿，《中高齡者及高齡者就業促進法》原經行政院指定於2020年5月1日施行，近期因新冠肺炎疫情影響國內產業，勞動力運用有緊縮趨勢，勞動部積極推動多項勞工紓困方案，專法將俟疫情紓緩後再施行。

[43] 令人不解的是，中高齡者及高齡者就業促進法第1條第2項有就業保險法，但卻無勞工保險條例的規定。

針對退休後勞工之再就業有特別的規定，應有助於緩和勞動人力短缺的問題。

一、年齡歧視的對象

（一）限於勞工

　　環視我國目前有關就業年齡的法規，並不侷限於勞工法令及社會保險法令，而是包括公務人員、軍職人員及教育人員的考試、任用與退休法規。傳統上這些法規的退休規定，都是從當事人的權利保障出發，少有將其視為侵害當事人的工作權者。只不過，在就服法第5條第1項增列「年齡」歧視的前後，中央勞工主管機關即有認為公部門的考試年齡限制違反了禁止年齡歧視或雖有法律授權，但仍然有違反年齡歧視的疑慮而應檢討修正者。這顯示出勞工法規與其他非勞工法規間的衝突，或者更確切的說：就服法係一體適用於私法關係與公法關係的上位法律嗎？

　　先就勞工法規而言，雖然勞工終身的工作過程都與其年齡始終相隨，但現行有關的年齡規定，原則上只侷限在會發生在所有勞動者身上的、具有同質性的童工年齡、退休金年齡、以及加保勞工保險與就業保險的年齡。至於其他的權利規定，都是以年資為準（例如勞基法第38條的特別休假）[44]。雖然高年資者通常是高年齡，因此，以年資為準來增加勞工的權利或福利，似乎有間接歧視年輕勞工的疑慮，但是，相較於直接以年齡為準（例如高年齡者多特別休假，低年齡者少特別休假），以年資為準的計算方式，顯然較具有合理性與妥當性。

　　再就年齡歧視觀之。我國在2019年12月4日制定公布「中高齡者及高齡者就業促進法」之前，並無禁止就業年齡歧視的專門法規，而是在就服法第5條第1項規定之。該法第2條第4款並且規定，「中高齡者：指年滿四十五歲至六十五歲之國民。」而依據「中高齡者及高齡者就業促進法」第3條第1款，「中高齡者：指年滿四十五歲至六十五歲之人。」第2款，「高齡者：指逾六十五歲之人。」明確化年齡歧視或就業促進的對象及年齡範圍。就業服務法第24條並且有促進中高齡者就業的規定。詳言之。就服法屬於勞動市場法之一，所適用的事業單位，並不問其規模大小[45]。該法第5條第1項所列舉禁止歧

---

[44] 惟也不只是權利或福利而已，連勞基法第11條第5款之不能勝任工作，也多與中高齡勞工有關。而會用盡勞工請假規則第4條之三十天普通傷病假者，大部分也是中高齡勞工。

[45] 原則上其係指同一事業單位，但如關係企業的總公司或控股公司要求所屬企業適用相同的勞

視的項目眾多，顯示立法者企圖廣泛地將一般法律原則（平等待遇原則）[46]落實在勞動生活領域。其係屬於中華民國憲法第7條的具體規定，但項目卻遠超過憲法第7條的男女、宗教、種族、階級、黨派[47]。至於事業單位對於違反就業歧視者，立法者採取行政制裁的方式。並且，對於「違反第五條第一項規定經處以罰鍰者，直轄市、縣（市）主管機關應公布其姓名或名稱、負責人姓名，並限期令其改善；屆期未改善者，應按次處罰（就服法第65條第1項、第3項參照）。惟受歧視者在一定情況下，仍可依據民法第184、195、213條或性平法第26、29條請求損害賠償[48]。受歧視者另可依據勞資爭議處理法的規定，請求行政救濟（調解、仲裁），並且尋求解僱保護法制（勞基法第11條以下、大量解僱勞工保護法）的救濟管道。最重要的是，基於年齡因素的非法解僱，通常會掉落於勞基法第11條及第12條的適用範圍內。

　　另外一言者。就服法除了禁止年齡歧視外，針對中高齡並且有促進就業的規定。此一高齡勞工僱用政策的具體化規定，也見之於歐美先進國家或鄰近的日韓的勞動法規中。依據就服法第24條第1項規定，「主管機關對下列自願就業人員，應訂定計畫，盡力促進其就業，必要時，得發給相關津貼或補助金：一、獨力負擔家計者。二、中高齡者。三、身心障礙者。四、原住民。五、低收入戶或中低收入戶中有工作能力者。六、長期失業者。七、二度就業婦女。八、家庭暴力被害人。九、更生受保護人。十、其他經中央主管機關認為有必要者」。同條第4項規定，「第1項津貼或補助金之申請資格、金額、期間、經費來源及其他相關事項之辦法，由主管機關定之」。[49]另外，就服法第

動條件者，即為就服法第5條之適用對象，特定的勞工或勞工族群得要求（相對於比較的對象的）不受歧視對待。

[46]　倒是，令人不解的是，在國際公約或國際性規定（例如公民與政治權利公約第26條）中屢屢出現之「財產」，為何不見於就服法第5條第1項中？另外，雖然就服法第5條第1項規定的歧視項目眾多，但有者或者過分抽象主觀、或無法反應現狀，故實有需要加以修正調整或刪除。

[47]　相對於德國基本法第3條第1項作為一般平等對待原則，而第3條第2項（女、男）與第3項（性別、出身、種族、語言、家鄉與出生地、信仰、宗教、政治觀點）則是特殊形式的禁止差別對待。我國憲法第7條既是一般平等待遇原則，又是特殊形式的禁止差別對待。

[48]　只是，依據歐盟平等待遇基準指令（RL 2000/78/EG）第17條規定，損害賠償的額度必須達到有效、適當及具有威嚇的效力（此稱為「充分的法律效果原則Grundsätze der adäquaten Rechtsfolgen」）。歐盟法院在Marschall案判決，也是採取如此見解。但是，我國的就業歧視的損害賠償制裁，不論是依照民法或特別法的規定，並無此一明文要求。相關判決，EuGH 2.8.1993－C 271/91（Marschall II），Slg. 1993, I-4367, Rn. 26.

[49]　除了就服法規定外，依據就業保險法第12條第4項所制定的「就業保險促進就業實施辦法」

25條規定，「公立就業服務機構應主動爭取適合身心障礙者及中高齡者之就業機會，並定期公告」。我國中央勞工主管機關乃依據就服法第24條第4項及第23條第2項規定[50]，制定就業促進津貼實施辦法（該辦法第1條規定參照）。由該辦法的促進就業措施觀之，其目的不外乎在促進勞工的移動性、降低勞資雙方的「搜尋成本」[51]。就適用對象而言，依據就業促進津貼實施辦法第2條規定，無論僱用勞工人數是否滿5人之事業單位，均適用之[52]。其以「就業安定基金」爲財源提供各種補助。勞工必須具有工作能力及工作意願。另外，依據第3條規定，已退休而領取各種養老給付或年金或退休金者，即不受到本辦法適用。

　　有問題的是，在個案的處理上，假設禁止年齡歧視（就服法第5條第1項）與促進高齡勞工就業（就服法第24條第1項）發生衝突時，究應以何者爲準？也就是，當雇主徵人廣告表示「歡迎中高齡勞工應徵」時，究應以其歧視其他年齡層（年輕勞工），而予以制裁？還是以其符合促進中高齡勞工就業的法政策，而予以鼓／獎勵？對此，中央勞工主管機關採取歧視的見解[53]，惟本文以爲既然第24條以補助或津貼的方式鼓勵雇主使用中高齡勞工，即表示立法者有意將高齡勞工僱用政策逐步落實，則在實務的操作上，「歡迎中高齡勞工應徵」也只是其體現而已，況且雇主也非廣告「中高齡勞工優先錄取」，如何會構成歧視其他年齡族群（未滿45歲者及超過65歲者）呢？果然此一見解可採，則無就服法第24條弱勢特徵之人，均得向勞工主管機關依據就服法第5條第1項主張受到就業歧視了。其理不通、不言自明。如此一來，就服法第24條將因違反第5條而無效或不得再予適用，此實構成價值衝突與矛盾，並不可採。本書也以爲從「中高齡者及高齡者就業促進法」法規名稱觀之，其立法重心應是在「就業促進」，上述徵人廣告似難謂構成年輕勞工的就業歧視。

　　第18條規定，也將中高齡失業者列爲僱用獎助措施的對象。但並不包括青少年或青年失業者。

[50] 就服法第23條第2項規定，「前項利息補貼、津貼與補助金之申請資格條件、項目、方式、期間、經費來源及其他應遵行事項之辦法，由中央主管機關定之。」

[51] 吳惠林，「救失業政府別幫倒忙」，聯合報，2010年10月13日，A15版；梁定澎，「諾貝爾獎的理論可以救失業嗎？」，工商時報，2010年10月21日，A5版。

[52] 最高行政法院95年度裁字第02532號裁定：職業工會工人退出職業工會非屬非自願性離職之勞工，其非屬就業促進津貼實施辦法第2條規定僱用獎助津貼獎助適用之對象。

[53] 行政院勞工委員會100年3月7日勞職字第1000005543號函參照。

（二）不包括公務員、教職員及軍士官

上述係勞工法規中的年齡規定。至於在非勞工法規方面，也有一些用人的年齡規定。例如公務人員考試法第12條第1項規定，「中華民國國民，年滿18歲，具有本法所定應考資格者，得應本法之考試。」同法第15條規定，「中華民國國民年滿18歲者，得應公務人員初等考試。」；公務人員任用法第27條規定，「已屆限齡退休人員，各機關不得進用。」；公務人員退休法第4條第1項規定，「公務人員有下列情形之一者，應准其自願退休：一、任職滿5年以上，年滿60歲者。二、任職滿25年者。」同法第5條第1項規定，「公務人員任職滿5年以上，年滿65歲者，應予屆齡退休。」；又，陸海空軍軍官士官服役條例第5條規定，「軍官、士官除役年齡如左：一、下士、中士、上士50歲。二、士官長58歲。三、尉官50歲。四、校官58歲。五、少將60歲。六、中將65歲。七、上將70歲（第1項）。一級上將除役年齡，不受前項第七款之限制（第2項）。」再者，依據學校教職員退休條例第3條第1、2項規定，「教職員有下列情形之一者，得申請退休：一、任職5年以上，年滿60歲。二、任職滿25年。前項第一款之退休年齡，對所任職務有體能上之限制者，得酌予降低，但不得少於55歲。」第4條第1項規定，「教職員任職5年以上，有左列情形之一者，應即退休：一、年滿65歲者。二、心神喪失或身體殘廢，不堪勝任職務者。」

由上述與公務人員、軍士官或教職員有關的考試、任用及退休規定觀之，除了陸海空軍軍官士官服役條例外，在退休部分呈現出與勞工法規相當程度的類似性。這些經過立法院通過的年齡規定，對於人民及已任軍公教人員者的權利，當然也會構成限制。尤其是陸海空軍軍官士官服役條例第5條係規定「除役年齡」，亦即強制退出軍職工作[54]。惟其正如勞工的退休法規一樣，長期未受到「就業年齡歧視」的質疑。當事人大多也認為退休是權利，而非剝奪其工作權。

倒是，令人好奇的是，在國際上，各國為配合國際民航組織的一致性要求，普遍在各自的民用航空法訂定的機師僱用年齡65歲的上限，此在我國民用航空法中卻遍尋不著。依據民用航空法第25條及第26條規定，航空器駕駛員（機師）必須經學、術科檢定合格，由民航局發給檢定證後，方得執行業務。

---

[54] 這應該一定程度是基於職業上具決定性的要求（真實職業資格）而來。即高齡勞工的體能已無法應付國防武力隨時準備行動的任務需求。

又其體格，應經民航局定期檢查，並得為臨時檢查；經檢查符合標準者，由民航局核發體格檢查及格證，並應於執業時隨身攜帶；經檢查不合標準者，應停止其執業。顯然，我國係採取按個人狀況的實質審查標準，而未就其年齡上限統一規定。就此觀之，其有關退休之年齡規定，自應回歸勞基法及勞退條例（還有勞保條例）的規定。並非謂其不得自請退休或雇主不得在一定年齡或情況下予以強制退休。

由上所述觀之，我國有關勞動者的就業年齡規定，大體上可以劃歸為勞工法規及非勞工法規二個領域。這也符合我國私法與公法二元體系的架構，而且，長久以來各自運作、井水不犯河水。然而，在就業年齡歧視逐漸成為爭議事項後，我們也不得不思考：上述非勞工法規有關年齡的規定，是否也必須遵守就服法（尤其是第5條第1項歧視）的規範？對此，如從就服法的用語中，似難得出肯定的見解。蓋其謂「雇主對求職人或所僱用員工不得以……為由，予以歧視」，依據文義解釋，似乎只侷限在私法契約約定（例如勞動契約、團體協約）或雇主的單方規定（例如工作規則）而已，而上述的軍公教人員的考試、任用或退休，均屬於國家「法定」的年齡，故不在其適用之內[55]。

再觀就服法第2條第3款的定義「雇主：指聘、僱用員工從事工作者」，亦可知其係採取與民法第482條以下之僱傭契約之立法方式。即聘、僱用係指公務員任用的公法行為外的私法契約而言。即使要將其適用到軍公教人員的考試、任用及退休，也必須修正就服法第2條第3款的定義及適用對象，即採取如性別工作平等法第2條第2項本文「本法於公務人員、教育人員及軍職人員，亦適用之」的規定方式。而且，第5條第1項也要配合修正用語。其實，依據2007年5月23日修正公布的就服法第5條第1項「年齡」規定，其立法理由即已提到：現行法律已有基於正當理由作特別規定者，與本條第1項前段規定尚無牴觸。例如公務人員退休法第5條或學校教職員退休條例第4條皆明定，年滿65歲者，應命令（強制）退休，另勞動基準法第54條亦規定，勞工年滿60歲（後來已修正為65歲）者，雇主得強制其退休。為避免爭議，爰增列第1項後段規定。

值得注意的是，依據「中高齡者及高齡者就業促進法」第3條第5款的立法定義，「雇主：指僱用受僱者之人、公私立機構或機關。」其並不區分公民營企業或政府機關，而一體適用。只是，其第3款「受僱者：指受雇主僱用從

---

[55] 這也是為什麼在一些國家會規定：任何與年齡掛鉤的國家法規或私法契約約定（例如勞動契約、團體協約），均須受到就業年齡歧視檢視的理由。

事工作獲致薪資之人。」及第4款「求職者：指向雇主應徵工作之人。」之立法定義，似乎仍侷限於私法的僱傭契約或勞動契約。至少，除了已任公務員者外，要將中高齡者或高齡者涵攝入政府機關適用，可謂困難重重。以已經退休者而言，如何在政府機關以定期契約僱用之？或者擔任定期的公務人員？公務人員僱用法令允許此種用人的型態？

同樣地，與上述公職有關的考試規定，例如2016年台灣警察專科學校第35期專科警員班招生簡章報考資格為「年齡在25歲以下」，似亦無牴觸就服法規定。蓋警察勤務具有國家安全及公共利益的本質，具有堅強的體能係其職業上具決定性的要求。但是，除了這些軍公教人員的規定外，國公營事業單位所招聘或考試的人員，雖亦屬於廣義或最廣義的公務人員，並且享有部分公務人員的福利，但因其契約屬性為聘僱契約（含公務員兼具勞動者身分者，勞基法第84條參照），即應受到就服法第5條第1項的拘束。在此，「考試」雖與聘僱不同，但因其屬於聘僱的前提條件，無法切割，且性質類似於甄試（性平法第7條參照），自應在適用之內。

（三）司法實務之發展：單一法條下的自我成長

如上所述，我國在2019年12月4日制定公布「中高齡者及高齡者就業促進法」之前，有關就業年齡歧視的規定，主要是在就服法第5條第1項。根據該項規定，「為保障國民就業機會平等，雇主不得對求職人或所僱用員工，以種族、階級、語言、思想、宗教、黨派、籍貫，出生地，性別，性傾向，年齡、婚姻、容貌、五官、身心障礙、星座、血型或以往工會會員身分為由，予以歧視；其他法律有明文規定者，從其規定。」其係集所有可能歧視原因之大成，配合第65條第1項之行政罰鍰及第3項之公布姓名或名稱之制裁予以排除，以達到一個無敵意的工作環境，保障國民的就業機會[56]。

由此看來，就服法第5條第1項本非禁止年齡歧視的專法，其條文用語反而較像憲法第7條之平等權的宣示。觀其所規定的歧視種類，可謂過於龐雜。不問是經常發生的歧視特徵（例如性別），或幾乎不曾發生的歧視特徵（例如思想、語言），全部冶於一爐。其他國家或地區已規定或未規定的歧視特徵，不

---

[56] 雖然如此，吾人究不宜將雇主所為勞工的不同對待，動輒評價為歧視，例如男工與女工配帶不同的制服或裝置，除非其具有不同的價值表徵。至於派遣勞工由於係來自於第三公司的勞工，原則上不得主張與要派機構所屬的正職勞工穿戴相同的服裝或配置。

在第5條第1項之內者幾希[57]。另一方面，由於其近似宣示性條文的構造，其實質的內容當然趨於簡單、甚至粗糙，並無可能針對各種歧視特徵／原因的類型／型式、歧視的例外及重要原理原則有所規範。就業年齡歧視即是如此。如此單薄的條文設計，使得就業年齡歧視的重要概念闕如，勢必仰賴司機機關及行政機關（含就服法第6條第4項第1款之就業歧視評議委員會）的解釋[58]，或者再引用學者的著作，以為處理實務的依據，其不利於法律明確性與法律安定性甚明。至於2019年12月4日制定公布之「中高齡者及高齡者就業促進法」，雖然一定程度有助於法律的明確與安定，但是否確實能大幅提高就業的促進及大幅降低就業的歧視？實際上還需要一段時間的觀察。因為，這涉及到非法律面的傳統思想及人類理性的糾結。

　　話雖如此，就服法中的其他一些條文，仍然對於第5條第1項就業歧視的禁止，能夠發揮相當的助力。其中，除了第65條第1項的高額的行政罰鍰及第3項之公布姓名或名稱之制裁具有嚇阻效力外，依據第6條第4項第1款及該法施行細則第2條所成立之就業歧視評議委員會（以下簡稱就評會），對於就業歧視的評議與認定，尤其能扮演關鍵性的角色。特別是在地方勞工主管機關取得證據後，即是交由就評會發揮其專業的功能[59]。另外，其他的勞動法規也有輔助性的作用，例如職業安全衛生法第6條第2項第3款「執行職務因他人行為遭受身體或精神不法侵害」，即係一為防範勞工受到職場騷擾／霸凌的規定，其當然適用於基於年齡因素而受害者（尤其是中高齡勞工）。勞工行政機關或勞動檢查機關並得依此介入處理或調查。由上述觀之，我國就業年齡歧視的救濟，似乎較著重於程序面的進行，而在實質內容的規定卻相對不足。也就是說，其必須仰賴勞工主管機關、就評會及法院，進行證據的取捨認定與就業年齡歧視理論的形成。

---

[57]　倒是，如上所言的，國際性公約常出現的「財產」歧視，為何不見於就服法第5條第1項中？

[58]　例如行政院勞工委員會97年9月12日勞職業字第0970024424號函，略以：「……『就業年齡歧視』係指求職者或受僱者因為在招聘過程或僱用上受到不公平或不同的差別待遇。年齡就業歧視可能出現在招聘廣告、甄試、考績、晉升、調職或培訓、僱用條款和條件、組織裁員資遣、退休政策等以及申訴程序等給予差別待遇。」對於此號函釋，台北高等行政法院102年度訴字第1876號判決認為其乃勞工委員會基於中央主管機關地位所為，核符母法立法目的及規範意旨，得予適用。

[59]　就評會係認定包括年齡在內的各種就業歧視的專業機構。按照德國歐盟勞工法學者Schiek的說法，為促進平等待遇實現的機構，並不以專門機構為限，而是可以將數個負責歧視保護或人權保護的機構組合起來處理。本文也以為可採。Dagmar Schiek, Europäisches Arbeitsrecht, 2. Aufl., 2004, 224 Rn. 82.

　　值得注意的是，上述就業服務法第65條第1項的行政罰鍰及第3項之公布姓名或名稱之制裁，恐怕已被「中高齡者及高齡者就業促進法」所排除適用。蓋依據「中高齡者及高齡者就業促進法」第1條第2項規定，「中高齡者及高齡者就業事項，依本法之規定；本法未規定者，適用……就業服務法……之規定。」所以，依據第12條第1項規定，「雇主對求職或受僱之中高齡者及高齡者，不得以年齡為由予以差別待遇。」再依據第41條第1項規定，「違反第十二條第一項規定者，處新臺幣三十萬元以上一百五十萬元以下罰鍰。」在此，公布姓名或名稱之制裁應不得再予適用。

　　吾人如從行政法院的判決，即可證明上述的說法不虛。尤其是最高行政法院101年度判字第1036號判決（日本航空公司案）所涉及的極為複雜的間接年齡歧視的認定，就極具代表性。針對就業歧視的申訴，其認定係依據就服法暨其施行細則及地方政府就業歧視評議委員會設置要點規定，所設立的就評會加以審定。申訴人先向地方勞工主管機關提出申訴，之後由地方主管機關函請被申訴人陳述意見，經依職權調查並彙整相關資料提送該委員會，並召開就評會作出評議與審定。至於法院則是依憲法第7、15條規定，人民之平等工作權應予保障，即國民就業機會均等，而得出應保障求職人之享有平等之工作機會，或受僱人享有薪資、退休、終止勞動契約等就業安全保障之待遇。否則即構成就業歧視。又從就服法第5條第1項推出不得以與工作無直接關聯之原因，對於求職者或受僱者不平等之待遇。其中包括直接以年齡因素之歧視及間接設定其他因素，並因該因素連結之結果，將與年齡發生必然之關聯之間接歧視。至於針對就評會的決議，最高行政法院則是認為就業歧視之認定兼具實務性及專業性，而承認其就相關事項之決定有判斷餘地，對其判斷採取較低之審查密度，僅於行政機關之判斷有恣意濫用及其他違法情事時，得予撤銷或變更[60]。

　　由上述最高行政法院101年度判字第1036號判決中，可以得知勞工主管機關（含就業歧視評議委員會）及法院均已窮盡證據蒐集與分析，甚至形成就業年齡歧視之理論，而且其見解也正確可採。但是，本文還是存有一些疑慮：首先，依據就業歧視理論，歧視的類型／形式可區分為直接歧視與間接歧視，此在性別歧視就是如此，且明定在性平法中。惟就服法第5條第1項的立法理由，卻只說明歧視係指雇主無正當理由而恣意實施差別待遇而言，並未言及年齡歧視的類型／形式。由於直接歧視、間接歧視或甚至騷擾／霸凌不僅是名詞或定

---

[60]　司法院釋字第382號、第462號、第553號解釋理由書意旨參照。

義的問題，還涉及到用人單位的責任範圍，因此，基於法律保留原則，實應
於法律中予以明定，而不應任由行政機關或司法機關以解釋或法官造法的方
式予以定義[61]。況且，立法者在綜合各種資料及企業實務、社會通念後，是否
納入年齡的間接歧視，也難以斷言（這裡還牽涉到其他歧視特徵／原因，例如
思想、語言、種族等是否也要或也有可能設立間接歧視的問題）。畢竟，間接
歧視的認定更為複雜，所謂「間接設定其他因素，並因該因素連結之結果，將
與年齡發生必然之關聯」，究竟是指那些因素？學歷？體能？技術？薪資高
低？[62]因此，必須妥善處理，以免造成我國大多數法院判決都是在處理間接年
齡歧視的現象。果如此，此在先進國家恐怕也極為少見。

　　其次，無論是就評會或行政法院，均引用憲法第7條及第15條的平等工
作權做為其禁止直接年齡歧視與間接年齡歧視之依據。問題是，憲法第7條之
「男女、宗教、種族、階級、黨派」應屬列舉規定，其中並無年齡一項，世界
上將年齡列入憲法平等權適用對象者，也只有芬蘭一國而已，我國的實務工作
者如何從該兩個條文中推論出年齡保障？若如此，則就服法第5條第1項之所有
歧視特徵，均為憲法第7條及第15條的平等工作權所保障矣[63]！在性別工作平等
法施行前，面對性別歧視案件，法院殆皆引用憲法第7條及民法第72條公序良
俗的規定，而認定雇主的歧視行為無效。本案中，並未見到引用民法第72條規
定，而是引用就服法第5條第1項，並且形成其決議及判決的心證。只是，就服
法並無性平法第11條第3項契約終止無效之規定，就服法第65條第1項也只是行
政罰鍰的制裁，行政機關及行政法院如何得出解僱無效之結論？是依據民法第
71條或第72條規定？

　　因此，行政機關（含就評會）及法院似應認知就業年齡歧視與性別歧視

---

[61] 本案被上訴人（台北市政府）即認為：目前就業歧視認定並未限縮於中高齡者或直接歧視之
　　範疇。言下之意是包括間接歧視在內。

[62] 試問，如果日本航空公司所解僱的對象大多是「低年資、低工資」的族群，是否也構成（對
　　於年輕空服員）的間接年齡歧視？另外，林更盛對於間接歧視的標準如何，則是認為應當主
　　要是取決於系爭規定的解釋與適用。而且，嚴格言之，若此類年齡以外之其他因素，將與年
　　齡發生「必然」之關聯，則以這麼「必然」的因素做為差別待遇，究竟是「直接」歧視，抑
　　或是「間接」歧視？即有再行斟酌的必要。林更盛，何去何從的年齡間接歧視─最高行政法
　　院101年度判字第1036號判決評析，月旦裁判時報，第28期，2014年8月，頁27。

[63] 周兆昱則是認為最高行政法院僅以憲法平等原則作為否定年齡歧視僅限於特定年齡的理由，
　　除了過於簡要之外，亦會引起憲法基本權利是否直接對私人產生拘束之爭議，周兆昱，就
　　業年齡歧視法理之研究─最高行政法院101年度判字第1036號判決評釋，台灣勞動法學會學
　　報，第11期，2015年8月，頁83。

或其他特徵的歧視，仍然有其不同或特殊之處，並無法將其他歧視特徵（尤其是性別歧視）的理論或認定標準直接引用到年齡歧視。尤其是間接年齡歧視既然是隱形的歧視，就會與雇主的人事決定權配合運用，如果具有職業上具決定性的要求（真實職業資格）或避免人力的過度老化，是否仍然構成間接歧視？恐非無疑。以最高行政法院101年度判字第1036號判決所認定的解僱高薪的高齡勞工是間接歧視[64]，問題是，擔任空服員之資格能力為何？身高、五官、容貌、體力是職業上具決定性的要求（真實職業資格）？服務態度？或薪資高低是特徵？假設勞工工作能力不佳或不能勝任工作（勞基法第11條第5款）或不堪勝任工作（勞基法第54條第1項第2款），而將其解僱，只因其是高薪族群就構成間接年齡歧視[65]，恐怕無法令人信服[66]。另外，如果薪資是間接年齡歧視的一個判斷標準，那麼，是否可以推論出：假設高齡勞工求職，而雇主給薪過低，造成勞工知難而退，即是僱用的間接歧視？也就是說，對於高齡的求職者，雇主必須提出較高的薪資要約或承諾？假設不以工作能力、服務態度等客觀標準為基礎，而單純以最高行政法院101年度判字第1036號判決中、前審台北高等行政法院所主張的將六類空服員平均分配人數解僱，會否構成歧視年輕者、而造成只是機械式平等的後果？再試舉一例：甲刊登徵人廣告（未限定年齡），50歲乙及30歲丙應徵，丙獲得錄取。乙主張年齡歧視，請求損害賠償。甲應否舉證其無年齡歧視，包括人力結構、薪資結構及該工作中高齡勞工並無法勝任等具體證據[67]？

---

[64]　其實，最高行政法院101年度判字第1036號判決更具關鍵性的價值取捨是：雇主不能以節省經營成本為由而解僱勞工，反面而言，即是勞工工作權優先於企業經營受到保障。這個價值取捨，即是社會正義優先於契約自然的展現，其重要性遠超過解僱最後手段原則的運用。

[65]　在最高行政法院101年度判字第1036號判決中，其前審的台北高等行政法院似乎就有這個想法，蓋其主張「依理亦應按各類別空服員依相同比例裁減員額，始符功能性考量」。言下之意，在年齡歧視之下，勞工個人的工作能力並非重點。

[66]　其實法院也肯定可以考績為準，對於高年齡高工資的族群進行解僱，所以其應該也會同意可以不能勝任工作作為解僱理由。

[67]　此在歐盟法院2010年7月8日Bulicke案判決中，即持否定見解。EuGH v. v. 8.7.2010, NZA 2010, 869 ff. – Bulicke. 有關此一案例之說明，請參閱楊通軒，歐盟就業年齡歧視法制之探討：以年齡界限作為終止契約的標準，收錄於：歐盟法之基礎原則與實務發展長（上），台灣歐洲聯盟研究叢書8，2015年，頁332以下。

二、「廣義的」年齡概念：包括所有族群

(一)「各個年齡層」：但重點是在高齡勞工？

　　針對我國就服法第5條第1項的年齡，在第2條的用詞定義、第5條第1項的立法理由或就服法施行細則中，均未再加以界定範圍。因此，理論上只要是求職人或受僱人，除非其他法律有特別規定外，即不得因其年齡而受歧視，亦即採取廣泛的年齡概念[68]，並不限於就服法第24條的中高齡者，即「年滿45歲至65歲之國民」（就服法第2條第4款規定）[69]。亦不限於年輕的勞工，例如雇主徵人廣告限35歲以下，仍在適用之內。

　　在最高行政法院101年度判字第1036號判決中，該案中的勞工主管機關即認為「然非謂對於未滿45歲求職者或受僱者並無成立就業歧視之餘地」。至於其前審的台北高等行政法案更是從文義解釋的角度，清楚地表明「衡諸就業服務法第5條第1項規定，並未規範年齡歧視之構成區間，而就法律文義解釋，亦無從得出該條文規定之年齡歧視僅限年滿45歲至65歲之中高齡國民，且依憲法揭櫫之保障平等工作權精神，自無僅就某年齡範圍區間給予保障，另外年齡區間則不予保障之差別待遇之理」。最高行政法院也接受此一無年齡範圍區間的說法。

　　此種採取廣泛的年齡概念的設計，目的在追求所有年齡層勞工的實質平等，但當然也可能造成勞工動輒懷疑自己因年齡因素受到歧視，並且尋求法律救濟[70]。不可否認地，一個人可能不具有其他的特徵（例如性別、宗教或種族等），但卻一定擁有年齡的特徵。如此，可能也會造成雇主從僱用到解僱的人事權極度萎縮的結果，所謂的均衡地人力配置遂不可能。例如在台北高等行政法院102年度訴字第1876號判決中，雇主將原告解僱並且以一位23歲員工取代其職務，原告乃以雇主表示櫃檯人員年齡都在30歲以下，而將原告以年紀超過30歲為由終止合約，涉及年齡歧視。案經雇主提供人員清冊證明受僱員工有好幾位已經超過40歲，而被法院判決認定並無年齡歧視的情形。

---

[68] Ulrike Wendeling-Schröder, Der Prüfungsmaßstab bei Altersdiskriminierungen, NZA 2007, 1400 Fn. 3 ff.:由於歐盟平等待遇基準指令第6條及德國一般平等待遇法（AGG）第10條都採取廣泛的年齡概念，所以，理論上每個勞工職業生涯中，都至少會面臨一次「尷尬」（kritisch）的年齡。

[69] 台北高等行政法院100年度簡字第159號判決參照。

[70] 多半歲，而薪水少500元，歧視？

雖然如此，一般較關心的年齡歧視族群，還是集中在中高齡及年輕勞工的身上。以青年勞工或甚至青少年勞工爲例，除非法律另有規定，理論上其從職業訓練、招募、僱用及工資等，均得主張與成年工獲得平等對待。雖然如此，年齡與生活經驗、學識、技術能力具有連動的關係。所以，雇主可能基於經驗與技術熟練度的關係，而排除僱用青（少）年勞工。此在先進國家大學畢業生的待業年限不斷延長（甚至已達二～三年），迫使政府推出各種僱用獎助措施或以延長定期勞動契約的方式激勵雇主用人，即可窺知一二。甚至也會給予不合乎比例原則的過低薪資。而我國中央勞工主管機關及主計總處的統計資料，歷年來的統計結果，也都呈現出在各年齡層失業率中，15歲至24歲失業者的失業率居於各年齡層之冠，即可知其嚴重性。因此，爲避免青（少）年勞工受到歧視，自應將之納入爲保護對象。只不過，技術生、實習生、見習生、以及建教合作生等由於並非勞工身分，故不在適用之列（除非修正就服法的適用對象，將之擴充至不具勞工／受僱人身分之人）。

再就青（少）年求職者及勞工一言者，亦應給予僱用、工資、升遷、解僱各方面的平等待遇。惟如前所述，本書認爲針對青（少）年的求職者，應將禁止歧視的重點置於招聘、甄試及僱用上，讓他們有盡早進入職場的機會。之後，理論上即便是童工（滿15歲未滿16歲），如其從事同種類或同質的工作、且效率相同者，亦應給予相同的工資。不過，事實上由於未成年工仍在熟練工作的階段，雇主的重心有相當程度置於職業訓練上，因此，要求工資的平等對待有其實際上的困難。[71]再者，基於童工生產效率不如成年工的思想及保護童工身心健全發展的考量，本書亦認爲勞基法施行細則第14條「童工之基本工資不得低於基本工資之70%」規定，應屬合法而恰當。就此看來，中央勞政機關在2015年12月9日修正刪除勞基法施行細則第14條，其修正說明[72]固然也言之成理，但是，在雇主必須給予童工平等待遇的考量下，雇主或者會轉而僱用勞動力較爲成熟的成年工、或者會以對成年工同樣要求的水準對待童工，導致其身心發展受害，這恐怕才是要防範的所在。

---

[71] 試想，如要求雇主無論如何必須給予未成工相同的工資，是否會造成雇主回頭要求未成年工無論如何要達成其業績目標而反不利於其身心的健全發育？

[72] 修正說明爲：當前產業型態已由製造業轉爲服務業爲主，體力上之差異已漸消弭，倘係因兒童年後較低，即允另降低基本工資，反將造成雇主因僱用成本之差異，於招募上爲不公平的對待。復考量需要工作之兒童，通常爲經濟弱勢者更應受到基本工資之保障，爲展現政府維護兒童權利，落實兒童權利公約之決心，並提升初入職場童工之薪資水準，保障其勞動權益，爰刪除本條規定，使童工同受基本工資規定之保障。

　　值得注意的是，就業服務法第5條第1項「年齡」適用於「各個年齡層」的解釋，已隨著「中高齡者及高齡者就業促進法」第3條第1款及第2款之中高齡者及高齡者的立法定義，而受到限縮。解釋上，對於未滿45歲的年輕勞工，即無年齡歧視之適用矣。

（二）已經退休之人？未滿15歲之人？

　　就現行就服法第5條第1項及第24條規定、以及中央勞政機關相關的促進中高齡者就業措施來看，年齡歧視的適用對象主要是針對中高齡勞工而言。至於已逾高齡勞工的年齡上限（65歲）者，雖然已超越勞工法令及社會法令的適用年齡範圍，例如勞基法第54條之強制退休、勞保條例第6條之投保勞工保險年齡，是否即不在適用範圍之內？似乎也難遽以肯定，只是其加保勞工保險及就業保險的資格被排除而已。所以，對於已經退休的人來應徵工作，不得涉及歧視。惟雇主如基於職業上具決定性的要求（真實職業資格）或有正當的事由時，仍得拒絕僱用。此依「中高齡者及高齡者就業促進法」第12條及第13條規定，似乎亦是如此。

　　在個案的審查上，針對「可否以勞動基準法訂有強制退休年齡而有上限規定疑義案」，中央勞政機關認為[73]，「惟為保障國民就業機會平等，雇主仍應以求職者工作經歷及能力等條件，做為人員進用之考量，而非以限制年齡為要件；有關貴府及所屬各機關臨時僱工僱用管理要點第4條『臨時僱工之僱用以年滿18歲以上、65歲以下……。』之僱用條件設定，已涉違反前項規定。」即其認為「年滿18歲以上、65歲以下」的年齡要求，已構成僱用歧視。對此，首應指出者，其亦構成對於青（少）年的求職者的歧視，讓低於18歲的求職者無法獲得錄用。只是，其未滿18歲之人，應不包括未滿15歲之人（即徵人廣告得以用語如下：限15歲以上之人）。其次，以「65歲以下」即65歲作為僱用的上限，並非當然不法。蓋雇主在面對高齡求職者時，應有較寬的選擇空間，何況勞工法令（勞基法第54條）及社會法令（勞保條例6條、就保法第4條）即是以65歲作為規範的上限，已彰顯出立法者的價值選擇也。[74]況且，依據就服法

---

[73] 行政院勞工委員會97年9月19日勞職業字第0970079271號函。同樣的意旨，行政院勞工委員會2011年4月14日勞職業字第1000068960號函：「在徵才廣告中註明『退休有案者，不得進用』乙案，其已預告及實質排除了已達退休年齡民眾就業機會，恐已違反就服法第5條第1項禁止年齡歧視之規定。」

[74] 本案中，尚應考量個別臨時僱工所欲從事的工作，是清潔工？或是一般行政工作？而採取不同的審查態度。只不過，2011年4月21日的台北高等行政法院100年度簡字第159號判決，卻

第5條第1項「其他法律有明文規定者，從其規定。」立法理由亦已說明勞基法第53條、第54條等規定，具有優先適用的效力矣。三者，雇主如欲與「未滿65歲、但接近65歲的求職者」（例如63歲）約定以到達退休年齡的期限爲期的定期勞動契約（兩年），基於勞資雙方僱用利益及政府促進就業的考量，似乎應該採取肯定的態度。

三、就業年齡歧視的類型／形式

　　如上所述，我國就服法並未規定就業年齡歧視的類型／形式，更遑論有立法定義，而是中央勞工主管機關及司法機關透過引用學者間的歸類，而所做出的定義。其一般區分爲直接歧視及間接歧視。最具代表性者，爲行政院勞工委員會民國101年9月4日勞職業字第1010077980號函。依之，「『直接就業年齡歧視』──係指『一個人因與其他人的年齡不同而受到不利待遇』，或是『一個人受到較不利的待遇係究因其特定之年齡』的情形；『間接就業年齡歧視』係指『一個在事實上「明顯中性的規定或條件」會使得特定年齡層者受到特別不利待遇』的情形。」本書以爲此一行政解釋尚屬正確可採。值得一提的是，依據「中高齡者及高齡者就業促進法」第12條第2項「直接或間接不利對待」之規定，已經承認直接及間接年齡歧視的類型／形式。惟本文參考歐盟廣義的法規範方式，尚有一項「騷擾／霸凌」的歧視行爲。以下即簡述之。

（一）直接歧視

　　所謂年齡的直接歧視，係指雇主在用人的過程中，直接以年齡作爲選定標準。在此，受歧視者在一個可供比較的狀況下，相較於另一個人得到的、已經得到的或應該得到的，受到較不利的對待[75]。我國傳統上以具體存在的比較對象或族群爲必要，也就是存在一個相同或類似的勞工（年輕或年長勞工）[76]。這從最高行政法院101年度判字第1036號判決要求「比較事實」，似乎亦可推

　　是採取與勞工委員會相同的見解。其認爲「勞基法第54條第1項第1款規定係『退休規定』，並非禁止雇主不得僱用年滿65歲者，亦無『已屆限齡退休人員，雇主不得進用』等明文規定。是故，65歲似乎不應成爲就業年齡歧視保障範圍之上限」。本文以爲行政法院是從高齡勞工僱用政策的想法出發。只是，我國勞工行政官員是否有促進退休勞工再就業的想法嗎？

[75]　歐盟平等待遇基準指令（RL 2000/78/EG）第2條參照。

[76]　相反地，歐盟平等待遇基準指令第1條規定的直接歧視，則不問是否已經有一個具體的人受到不同的對待。

論之。被牽涉到的勞工因為年齡而受到較「差schlecht」的對待。但是，並不以多數勞工族群為準。就這一點來看，年齡歧視的成立，與勞工法的平等待遇原則的典型模式不同。亦即勞工法的平等待遇原則係在保護較少數的勞工族群，免於受到（依據可以區分的標準而區隔的）較多數勞工族群不合事理的（unsachlich）歧視。這是因為經由雇主對於多數勞工族群的行為，通常可以得出其會造成少數勞工的不利[77]。但是，在年齡歧視中，受到歧視的勞工，可以是較多數勞工族群中之一員。例如事業單位中大多數的勞工是中高齡者，而受到基於年齡因素的甲即為中高齡者。

（二）間接歧視

至於間接歧視，係指表面上中性的規定、措施、標準或程序，但對於特定年齡的勞工，被以特殊的方式受到相對於其他勞工的不利益對待[78]。惟該規定如因合法的目的而在事理上具有正當性者、及為達到此一目的乃適當的與必要的，即不在此限[79]。依論者所見，在追尋間接的歧視（mittelbare Diskriminierung）及程序法上的舉證責任倒置（Beweislastumkehr）的答案時，相當程度地擴大程序上想要解決的爭議、以及更甚者，在諸如招募廣告及對於應徵者的問答方面，那一些可以做？那一些不能做？也加深一定程度的法律不確定性[80]。

如上所述，就服法第5條第1項雖未就年齡的定義或界限加以明定，也未區分直接歧視或間接歧視。此誠有所不足。但實務上已經加以定義及區分類型。都是採取廣泛的概念。至於「中高齡者及高齡者就業促進法」第12條第2項則已有直接及間接年齡歧視的類型／形式。只是，以間接歧視為由主張權利的保障，要比直接歧視困難許多，主要係涉及舉證上的困難[81]。不過，話又說回

---

[77] Gerhard Kuras, Verbot der Diskriminierung wegen des Alters – Herausforderung für die Rechtsprechung und Motor für ein europäisches Arbeitsrecht? RdA 2003, Sonderbeilage Heft 5, 13頁註26以下。

[78] 歐盟平等待遇基準指令第2條及1997年舉證責任指令（Beweislastrichtlinie, RL 97/80/EG）第2條第2項規定參照。

[79] 德國2006年8月16日一般平等待遇法（AGG）第3條第2項規定參照。

[80] Udo di Fabio, RdA 2012, 263.本文以為：這些也都是台灣男女歧視及年齡歧視會遭遇到的問題。例如性平法第31條即涉及舉證責任的分配問題。

[81] 根據歐盟法院的見解，所謂間接歧視，只要達到可能性（Wahrscheinlichkeit）的程度即足，亦即歧視性的規定所傷害的勞工族群，占有相當高的額度（ein erheblich höherer Anteil）。歐盟法院大法庭（grosse Kammer）在2004年6月8日Österreichischer Gewerkschaftsbund/Wirtschaftskammer Österreich的案件；在2004年9月30日Briheche/Ministre de l'Interie u.a.v.案件參照。

來，間接歧視係一促進勞動族群間真正平等的工具，其效用甚至比直接歧視更大。因為，透過背後歧視原因的釐清，回復受歧視族群或個人的平等地位，才能落實實質的平等。

如依前面所述之行政院勞工委員會民國101年9月4日勞職業字第1010077980號函，「有關雇主之人才招募廣告內容登載限制『應屆畢業生』、『夜間就讀中』之條件，……難謂直接與本法第5條第1項就業歧視禁止『年齡』項目連結，然若個案涉有某特定年齡層歧視意思，其限制條件，造成非屬前開條件者之求職人均無法或不能前往應徵時，已影響其就業機會，且顯已悖離平等原則，本案請依上開原則及個案事實本於權責認定。」本書以為徵人廣告既未明示年齡作為僱用條件，當然只能個案審查有無隱藏的間接歧視。而這應綜合各種狀況後認定之。

針對「歡迎中高齡人士應徵」的廣告，是否構成違反平等原則，中央勞工主管機關採取肯定的見解。依據行政院勞工委員會100年3月7日勞職業字第1000005543號函：「有關雇主運用104人力銀行刊登人才招募內容登載『歡迎二度就業婦女』等文字，或坊間甚多徵人廣告以『歡迎中高齡人士或限中高齡』為就業條件，涉悖離前開就業平等原則，請本於權責認定」。

上述函釋的見解，本文以為尚有補充的必要。首先，依本文所見，「歡迎中高齡人士或限中高齡」所牽涉者，實際上是有無牴觸禁止歧視年輕勞工的問題。其次，徵人廣告如「限中高齡」，自有違反平等原則的疑慮。惟如果只是「歡迎中高齡人士應徵」，則由於中高齡的年齡層含蓋面頗廣（45歲到65歲），而且是屬於就服法第24條規定的促進就業的對象，理論上應該鼓勵各界盡力地促成中高齡勞工回到職場，如何會構成歧視呢[82]？如此嚴格的解釋，將會無助於促進各個勞工族群間的平等，反而造成各個勞工或各個勞工族群間的對立。所以，上述中央勞政機關函釋採取嚴格的比例原則的審查密度，其自不免於陷入敵視高齡僱用的泥淖。在此似應尊重雇主的人事決定（同樣地，「限役畢」、「限大學畢業」[83]，也都應該尊重雇主的人事決定）。試想，與此相

---

[82] 同樣的見解或疑惑亦見於林更盛：若是解僱一個高薪勞工，可以避免解僱多數個中／低薪勞工，則此一解僱標準是否構成年齡間接歧視？特別是當後者的失業率、負擔家計、扶養人數，和前者相同、類似，甚或更高時，是否能僅以構成年齡間接歧視，一概否定其正當化的可能，或許有再斟酌的餘地。林更盛，前揭文，頁27。另外請參閱，高昱喆，我國中高齡勞工工作平等法律問題，國立中正大學勞工研究所碩士論文，2013年1月，頁109以下。

[83] 由於大學教育的普及化，大學已非遙不可及，限制大學畢業並無違反比例原則之虞，甚至限制研究所畢業也有一定的合法解釋空間，這對於我國人力資源的提升也有一定的助益。

對的，如果徵人廣告表示「我們尋找充滿動力的年輕團隊，如果你介於18到35歲之間……」，雖然其年齡層也頗廣，但由於並非就業服務法第24條規定的促進就業的對象，即構成對於非該年齡層勞工的間接就業歧視[84]。相對地，如果徵人廣告是「徵求具三～六年工作經驗」或「具三～六年工作經驗者優先錄取」，雖然也有間接歧視（剛出社會或出社會不久之）年輕勞工的疑慮，但基於獎勵擁有工作經驗者的法律政策及職場法則，本文以爲其並未構成年齡歧視。

　　另外，也可能產生間接歧視疑慮的是：以工作年資爲準，是對於年輕勞工的間接歧視？例如勞基法的解僱預告期間及特別休假期間的逐漸延長。對此，本文以爲應採否定見解，蓋以年資爲準較以年齡爲準，顯然更能量出員工對於企業的貢獻度，自然也可以得到更多的或更好的相對給付。另外，針對勞基法第54條第1項第1款之強制退休：構成年輕勞工的歧視？蓋如果兩個同時進入事業單位工作五年或甚至更短，而雇主有勞基法第11條事由時，年輕勞工只能請求資遣費，但高齡勞工卻得以滿65歲而請求退休金，似難謂爲平等。另外，針對高齡勞工以其體能下降而要求改調輕易的工作，由於現行勞工法令中並無如勞基法第51條之規定，如果雇主予以拒絕時，是否也構成間接歧視？對此，本文以爲尚難遽以肯定，如能在職業安全衛生相關法規中明定雇主所應採取的措施，似乎更能收效。相對地，如果雇主欲以高齡勞工不能勝任工作終止勞動關係，則基於解僱最後手段原則，其應將之調往較輕易的工作或給予較多的休息或甚至配以輔助人員（例如長途貨／客運駕駛，雇主配以較年輕的駕駛，以雙駕駛的方式完成任務）。最後，依據「中高齡者及高齡者就業促進法」第13條第2款規定，薪資之給付如係基於年資因素而爲差別對待者，並非第12條之非法之歧視行爲。

（三）騷擾（霸凌）

　　所謂騷擾（霸凌）（Mobbing, Belästigung），係指與年齡或性別等特徵有關之不受歡迎之歧視行爲，其或在於有意引起當事人人性尊嚴的受害及引發恐懼、敵意、壓抑或侮辱等各種情境（Umfeld）。此一行爲與禁止歧視的其他問題不同的是，它不僅是因爲違反平等（Gleichheitswidrigkeit）、更是因爲本身

---

[84] EuGH v. 8.7.2010, NZA 2010, 869 ff (Bulicke).

／本質上（an sich）即受到唾棄的（verpönt）[85]。騷擾與間接歧視存在一定程度的模糊地帶，也常夾雜著行使，不僅是女性勞工，中高齡勞工也是較常受到騷擾傷害者。與對於歧視一樣，雇主亦負有採取防止騷擾措施之義務[86]。惟騷擾不僅與間接歧視界定不易，「騷擾」的概念也必須與各個國家的國內法或習慣相結合而加以認定。騷擾與性騷擾也不相同，後者，是指指一個與第2條第1款至第4款有關之與性所特定之不受歡迎之歧視行為，包括不受歡迎的性的行為與要求發生性行為、與性所特定的身體的觸摸、與陳述具有性意味的內容、出示或張貼色情刊物，而其目的在於或有意引起當事人人性尊嚴的受害及引發恐懼、敵意、壓抑或侮辱等各種情境（Umfeld）[87]。騷擾的行為，必須達到相當程度的嚴重性，以致於引發該情境者始屬之[88]。其行為有言語、姿勢、文字、手勢、散發書面的資料、圖畫或其他資料等。

依據勞基法第12條第2款規定，「對於雇主、雇主家屬、雇主代理人或其他共同工作之勞工，實施暴行或有重大侮辱之行為者。」再依據勞基法第14條第2款規定，「雇主、雇主家屬、雇主代理人對於勞工，實施暴行或有重大侮辱之行為者。」一般認為其即為職場霸凌（騷擾）之所在。針對雇主的霸凌（騷擾），如其已達重大侮辱的程度，勞工即得依據勞基法第14條第2項終止契約，惟如雇主已將該代理人解僱，勞工即不得終止契約（勞基法第14條第3項）。

我國勞基法固然已有騷擾（霸凌）的規定，但並未對其加以定義，而且其只限於已達重大程度者之解僱。對於較輕微之騷擾（霸凌）之處理及防範，並未有所規定。實務上已發生的勞基法第12條第2款及第14條第2款之解僱爭議，也大多是在審查騷擾（霸凌）是否已達重大的程度[89]。此對於年齡歧視之防止固非無益，但對於其實際幫助可能不大。雖然如此，其仍然屬於年齡歧視的類型／形式之一，求職人或勞工當然得循就服法的年齡歧視的救濟途徑，以禁止此類歧視行為。

---

[85] Gregor Thüsing, Der Fortschritt des Diskriminierungsschutzes im Europäischen Arbeitsrecht – Anm. zu den Richtlinien 2000/43/EG und 2000/78/EG, ZfA 2001, 397, 411.

[86] Gerhard Kuras, Verbot der Diskriminierung wegen des Alters – Herausforderung für die Rechtsprechung und Motor für ein europäisches Arbeitsrecht? RdA 2003, Sonderbeilage Heft 5, 14, 20.

[87] 歐盟平等待遇基準指令第2條第4項規定參照。

[88] Maximilian Fuchs/Franz Marhold, Europäisches Arbeitsrecht, 2. Aufl.,2006, 111.亦即達到勞基法第14條第1項第2款「重大侮辱」的程度，否則，雇主的行為將動輒得咎，甚至難以上命下達。

[89] 最高法院99年度台上字第1669號裁定（裕毛屋企業股份有限公司案）參照。

四、就業年齡歧視的例外

　　年齡是一個人生命始終的表徵。就業年齡歧視也伴隨勞動者職業生涯的
每一歷程。也就是說，從招募、僱用、升遷、職務分配（調職）、職業訓練、
解僱、到退休爲止，不同年齡的勞動者（含公務員）都可能遭受差別待遇。因
此，禁止就業年齡歧視即在於防止歧視行爲的發生。就此看來，就業年齡歧視
與性別歧視、種族歧視等並無不同。而且，就業年齡歧視與性別歧視及種族歧
視等歧視特徵相同的，均得基於特定的原因，而僱用或排除僱用、或以優惠性
措施給予具有該等特徵之人。此乃屬於就業歧視的例外，其目的在落實眞正的
平等及給予雇主用人的彈性，避免只是形式上的平等而已。此在「中高齡者及
高齡者就業促進法」第13條，即是採取如此之設計。依之，「前條所定差別待
遇，屬下列情形之一者，不受前條第一項規定之限制：一、基於職務需求或特
性，而對年齡爲特定之限制或規定。二、薪資之給付，係基於年資、獎懲、績
效或其他非因年齡因素之正當理由。三、依其他法規規定任用或退休年齡所爲
之限制。四、依本法或其他法令規定，爲促進特定年齡者就業之相關僱用或協
助措施。」

　　惟同中有異的是，如上所言，人的精神體能技術會隨著年齡的變動而變
化（雖然每個人的身心狀況變動不一樣），並非如性別歧視及種族歧視等特徵
的不變（雖然性別也可能經過手術而變動），所以，對於基於年齡因素的歧視
與其他特徵的歧視，本來就應該採取不同的合法化標準。此無形中就會增加判
斷年齡歧視的困難，但卻是追求年齡平等待遇所必經之途。有鑑於年齡帶有隨
時變動的本質，就業年齡歧視的合法化事由會比其他歧視特徵來得寬。此在美
國1967年就業年齡歧視法（Age Diskrimination in Employment Act, ADEA），即
是如此規定。其除了眞實職業資格之外，「超出年齡外的合理因素reasonable
factors other than age」（指學歷、工作經驗、以往工作表現或成績等具有客觀
評價的個人條件），也可以合法化年齡歧視[90]。同樣地，歐盟2000年平等待
遇基準指令（RL 2000/78/EG）對於年齡歧視的合法事由，也有特別廣泛的規
定，總共可以分爲六個族群，亦即：公共利益（該指令第2條第5項）、職業上
的需要（該指令第4條）、傾向性事業、合法的目的（該指令第6條第1項）、

---

[90] 不過，在實務的運作上，美國聯邦最高法院卻是採取非常嚴格的解釋。相關說明，請參閱
Gregor Thüsing, Europäisches Arbeitsrecht, 2. Aufl., 2011, 116 f.

企業退休金／企業年金、及促進措施（該指令第7條）等[91]。由於這些合法的例外眾多，實在令人有點例外變原則之感。

相對地，我國就服法第5條第1項的年齡歧視規定就顯得單薄許多，更遑論有合法化事由的規範。這是否代表我國並無就業年齡歧視的例外可言？似乎不宜遽然肯定。蓋在講求適才適所以達到人盡其才及生產效率最高的時代，企業的人力配置本來就必須深思熟慮，以避免人力的過度同質化或過度老化或過度年輕化。如果是在追求合法的目的，似乎也有免於就業年齡歧視拘束的可能[92]。以下即加以說明之。

（一）職業上具決定性的要求（真實職業資格）

所謂職業上具決定性的要求（eine wesentliche und entscheidende Anforderung），係指基於公共的或私人間的利益，特定的工作只能由具有特殊資格的人充任之[93]。也就是，那些工作可以排除特定的年齡層勞工擔任或升遷[94]。「中高齡者及高齡者就業促進法」第13條第1款，即是規定「基於職務需求或特性，而對年齡為特定之限制或規定。」從積極面的角度來看，此一「職業上具決定性的要求」原則，是在給予公、民營事業單位用人時一定的彈性裁量空間。只不過，其係年齡歧視的例外，故必須接受嚴格的比例原則的審查。而在針對具體的個案作出判斷時，往往會遭遇困難。

雖然如此，此在公部門的認定，相對較為容易。其一般係以與國家安全或公共利益有密切關聯者，作為僱用或排除僱用的標準。因此，針對涉及具有隨時準備行動（Einsatzbereitschaft）性質的工作，諸如軍隊（國防武力）、警察、消防隊員、戒護機構及從事緊急救援任務者等，即得排除中高齡者及身障者擔任該種任務[95]。由此觀之，國家不能以公部門職務為由，全面排除中

---

[91] Gerhard Kuras, Verbot der Diskriminierung wegen des Alters – Heruaforderung für die Rechtsprechung und Motor für ein europäisches Arbeitsrecht? RdA 2003, Sonderbeilage Heft 5, 11 ff., 14 f.

[92] Gregor Thüsing, Europäisches Arbeitsrecht, 2. Aufl., 2011, 116 f. Rn. 89. 林更盛也認為得以正當化事由合法化差別待遇，並且以為德國實務認為維持不同年齡層的勞工間的適當比例，足以作為年齡差別待遇的正當化事由，此一看法值得注意。林更盛，前揭文，頁27以下。

[93] 在德國，長久以來的標準例子是機師的工作年齡上限。Ulrike Wendeling-Schröder, Der Prüfungsmaßstab bei Altersdiskriminierungen, NZA 2007, 1400 Fn. 4.

[94] 這就如同男女就業歧視時，那些工作只能由特定性別（反面來講，可以排除特定的性別）來擔任一樣，例如女性內衣展示者可以限於女性？或者男性也可擔任〔例如該男性擁有如女性般的（魔鬼？）身材與胸部〕？

[95] 歐盟平等待遇基準指令評估理由（Erwägungsgründe）第18點說明參照。

高齡者或年輕者擔任，也不得設定考試或招募的最高年齡限制。所以，針對招考交通助理人員的年齡限制（年滿20歲，未逾45歲）[96]，似乎不符合國家安全或公共利益的要求。充其量，該等工作只是與人民利益具有一定的關聯而已。從用人的過程觀之，上述公部門爲聘僱契約所舉辦的考試與私部門的應徵雖不相同，但仍然具有一定的類似性，其係開啓人民擔任公職之窗，屬於先行的階段，故與任／僱用緊密相連。也因此，公務機構及私營事業單位遂有確保每一應考人公平參與考試的機會的義務。此種年齡的限制已違反禁止就業歧視的要求。

就此觀之，針對上述用人考試的年齡限制，中央勞政機關以法律未有具體明確的授權依據，而認爲「與就業服務法第5條第1項後段之立法意旨容有未符之處」[97]，本文以爲尚有待斟酌。蓋重點是在所欲擔任的公部門職務，是否與國家安全或公共利益有密切關聯，而非有無「公務人員考試法的具體明確授權」。即使已有「公務人員考試法的具體明確授權」，但公部門職務卻與國家安全或公共利益無密切相關，則仍然應將之認定爲違反就業年齡歧視才對。至於針對公務人員特種考試的年齡上限問題，中央勞政機關更以其有公務人員考試法的具體明確授權，而未違反就服法第5條第1項之規定。但也認爲考選部應檢討限制的合理與必要，依法爲合乎比例原則的限制[98]。此一見解更屬可疑。蓋如本文前面所述，公務人員考試法的年齡限制，係我國軍公教相關法令的一環，其有關考試、任用及退休的年齡規定，均不受就服法第5條第1項的規範。這些都是國家政策的表現，且屬於法律保留的事項。除非立法者透過修法將其適用範圍擴大，否則，行政機關並無權透過解釋予以推翻。

問題較大的是，一般而言，私部門的工作難謂與國家安全有關，充其量也只有少數與公用事業有關的工作，會涉及公共利益，則其在晉用特定人員擔任特定工作時，是否也必須遵守「職業上具決定性要求」的原則？對此，雖然我國勞工法規並未加以規定（公務人員法規也沒有），但中央勞工主管機關的解釋令似乎即採肯定看法。依據行政院勞工委員會82年2月11日台82勞動1字第02156號函：事業單位於工作規則中明定招僱勞工之方式與條件，不得有違反

---

[96] 惟如上所言，公務人員特種考試的年齡上限並不受就服法的限制，就服法只針對私法關係的聘僱契約適用而已。此在就服法第5條第1項即已規定「其他法律有明文規定者，從其規定」。

[97] 行政院勞工委員會2007年8月28日勞職業字第0960075382號函。

[98] 行政院勞工委員會2007年7月26日勞職業字第0960072552號函。

法律或歧視特定對象等情形，應以應徵人員之技術與能力能否勝任工作爲準，不宜以「年齡」作限制之規定。而台北高等行政法院在一件台綜院僱用研究員的年齡歧視爭議案，雖然雇主在訴訟中以「以客觀之工作能力爲僱用標準」作爲對抗的理由，其似乎即在主張「職業上具決定性要求」（真實職業資格）。惟因其在給予求職人的回函中只提到「服務年齡65歲的限制」，故其在法庭上「職業上具決定性要求」主張，遂不爲法院所審查與接受[99]。

　　對於遵守「職業上具決定性要求」的原則，本文基本上也持肯定看法。也就是說，以勞動者客觀上具有完成職務所必要的能力，做爲僱用標準。此係客觀的標準（從社會大眾的利益考量），而非雇主主觀的標準（主觀的好惡、營利的考量）。也就是說，針對特定的行業所設定的年齡，必須是社會上普遍認爲勞工在達到該年齡後，如其繼續工作會有危害重大的法益疑慮時始可[100]。而且，應該具有一般醫學上的經驗值或有實務上的事故數據佐證，例如職業駕駛、客機機師[101]、民間救護車司機[102]等，在達到一定年齡時，由於其體力的明顯衰退，會增加操作錯誤或不當的風險或者確實有事故的數據。如此，在帶有較高駕駛或飛航安全疑慮下，雇主之此「一定年齡（以上或以下）」的特徵，始具有合法性。

　　由此觀之，在我國實務上客貨運業者（尤其高速公路長途客運業）以「限45歲以下」，作爲用人的條件，其合法性即屬可疑。雖然有論者籠統地以爲職業駕駛員須擔負起所有旅客之生命財產安全，如從人體老化有可能使得駕駛員面臨緊急事件時，反應不及而造成傷亡的角度觀之，年齡的限制應屬合理[103]。惟本文認爲至少要經過社會大眾利益的考量及醫學上文獻或實際的事故數據佐證，始能通過嚴格比例原則的審查[104]。同樣地，對於已滿50歲或60歲者來應

---

[99]　台北高等行政法院100年度簡字第159號判決（財團法人台灣綜合研究院案）。但我們不能說「職業上具決定性要求」原則（真實職業資格）並不存在或無法合法化就業年齡的限定。

[100]　由此觀之，私（法）人經營業務所須輔助之人，例如保全或自僱的警衛，並不符合此一要求，其工作難謂與公共利益有關。

[101]　Ulrike Wendeling-Schröder說：在德國，長久以來的標準例子是機師的工作年齡上限。Ulrike Wendeling-Schröder, Der Prüfungsmaßstab bei Altersdiskriminierungen, NZA 2007, 1400 Fn. 4.

[102]　本文以爲擔任承包醫療院所之民間救護車之司機，其所負有之緊急性與及時性的駕駛任務，似乎即可解釋爲「從事緊急救援任務」，故符合社會大眾利益的標準。

[103]　高昱喆，我國中高齡勞工工作平等法律問題，前揭書，頁91以下。

[104]　客貨運業者之所以會有此類限制，大多出於自己用人成本的考量或者觀察中高齡者的做事態度而來，惟其在科學實證下，恐怕無法獲得證明（易生事故）。

徵擔任保全或警衛或搬運工者，由於該等工作與公共利益無關，雇主也不得排除其僱用機會。當然，雇主如有更好的應徵者（體能、技術、專業能力較佳者），在未涉及歧視的情況下，可以優先僱用之。在這裡，雇主如果基於僱用政策或人力最佳（平衡）配置的考量，避免人力過於老化，應該也可以優先僱用非中高齡者。

（二）優惠性差別待遇的設計

相對於「職業上具決定性的要求」是在給予用人單位特定狀況下的彈性用人空間，優惠性差別待遇則是積極促進措施的表現，目的在使中高齡勞工獲得真正的平等地位。其係將中高齡勞工比照其他歧視特徵的族群（尤其是性別與種族），由於該等弱勢族群勞工的就業，遠較一般勞工困難，為使其達到實質的平等，故有此類的立法設計。希望能藉之消弭雇主作成選定僱用或升遷對象時，所隱藏在內心的喜好（間接歧視）。依本書所見，「中高齡者及高齡者就業促進法」第21條規定，「雇主繼續僱用符合勞動基準法第五十四條第一項第一款所定得強制退休之受僱者達一定比率及期間，中央主管機關得予補助。」似乎即可視為優惠性的設計。

與「職業上具決定性的要求」相同的，此一優惠性差別待遇之設計既然是年齡歧視的例外，則在法律的規定上及勞雇雙方的約定上，即必須接受比例原則的審查，以確定其具有正當的目的及合乎比例的、必要的手段。藉此避免其他非受惠之弱勢者（邊緣勞工）受到二度的傷害。甚至，即使是與一般的勞工競爭職位，也並非完全以年齡為準，而是在具有相同或幾乎相同的資格能力下，中高齡勞工始會獲得優惠性待遇。如此，始能避免機械化的優待。所以，雇主在用人時，還是必須審查所有競爭者的特殊個人的狀況。而此一「軟性的優惠」、而非「硬性的優惠」的措施，應該才是實質平等的真諦。經由如此的處理，也才可以避免雇主的企業經營自由及人事運用受到過度地侵害。此所以在就服法第24條之中高齡者的就業促進，僅規定低層次的補助與津貼的優惠性差別待遇措施的緣故，其並無原住民族工作權保障法及身心障礙者權益保障法中，有一定比例原住民族及身心障礙者僱用的規定。雖然後者並非強制僱用的規定，但其對於其他不具該特徵勞工的工作權及雇主的企業經營權，影響要比就服法第24條來得大。依本文所見，如要達到促進中高齡勞工就業的目的，提供用人單位僱用獎助，應該會比處罰的效果更大。

另外，附帶一提者，此一提供給特定弱勢族群勞工的優惠待遇（affirmative

action），首先係出現在美國[105]。該國設立此類促進平等的差別待遇機制，用意在消滅現存之歧視、補救過去之歧視及預防未來之歧視。因此，不僅性別，中高齡勞工都必須有結構性的歧視問題，始有設立優惠待遇的前提。以就業年齡歧視而言，就是年輕勞工、中高齡勞工或其他特定年齡層的勞工，長期以來在職場上受到結構性地歧視，且未來仍將持續下去，如此，才有設立優惠待遇的法律基礎。然而，歐盟平等待遇基準指令第7條積極促進措施（positive Maßnahme）的規定，並無此一立法說明。學者也無人有此一法律基礎的要求。顯然，其係著重於現在及未來中高齡就業歧視的掃除，以追求實質的平等目標。這應該也可以作為我國優惠性措施的基本思想及立法指引之用。

五、就業年齡歧視之態樣

如上所述，求職者或勞工從招募起、僱用、升遷、職務分配（調職）、職業訓練、解僱、到退休為止，終其一生的職業生涯中，都可能面臨就業年齡歧視，造成其勞動權益受損。「中高齡者及高齡者就業促進法」第12條第2項，即是採取廣泛的規定。依之，「前項所稱差別待遇，指雇主因年齡因素對求職者或受僱者為下列事項之直接或間接不利對待：一、招募、甄試、進用、分發、配置、考績或陞遷等。二、教育、訓練或其他類似活動。三、薪資之給付或各項福利措施。四、退休、資遣、離職及解僱。」此其中，又以僱用及解僱對其權益影響尤鉅。故擬於下再略加以說明。

（一）僱用

在就業年齡的歧視上，雇主設定一僱用年齡的上限，係一相當常見的現象。如前所述者，長途客／貨運業者在徵人廣告時，常有「限45歲以下」的用語，即是屬於此類。這就如同雇主徵求女性內衣模特兒廣告「限女性」一樣。又在公部門的考試或任用年齡限制，也屬於此一僱用限制。原則上，從每一個人就業機會均等的角度看，此種限制均屬違反直接年齡歧視。惟由於其直接限定僱用年齡，所以，如果徵人廣告中只是要求求職者正確表明年齡或出生年月日，或雇主面談時單純地問求職者幾歲，應不構成年齡歧視，勞工並不得拒絕回答。

---

[105] 廖元豪，美國種族優惠性差別待遇合憲性之研究，東吳大學法律學報，第9卷2期，1996年8月，頁2。

　　此種用人年齡的限制，如從國家安全或公共利益（社會大眾利益）保障的角度，即有可能因「職業上具決定性的要求」而合法化。此雖在我國目前的法規上，並未見到有明定僱用年齡上限者，惟相關公部門的考試或任用年齡限制，事實上即隱含著職業上具決定性要求之用意，因爲依據公務員考試法所舉行的國家公開的考試，其性質類似於私部門的甄試，開啓人民服公職之窗。但因在我國軍公教法規與勞工法規形成二元體系的現象，而且就服法第5條第1項已規定「其他法律有明文規定者，從其規定」，因此，一般人逐未從實質的國家安全或公共利益（社會大眾利益）保障的角度，思考「職業上具決定性的要求」的資格限制問題。

　　再依據中央勞工主管機關82年2月11日台82勞動1字第02156號函：事業單位於工作規則中明定招僱勞工之方式與條件，不得有違反法律或歧視特定對象等情形，應以應徵人員之技術與能力能否勝任工作爲準，不宜以「年齡」作限制之規定。吾人依其語意，似乎得將之解爲「職業上具決定性要求」的表示。而在台北高等行政法院一件台綜院僱用研究員的年齡歧視爭議案，雇主在訴訟中以「以客觀之工作能力爲僱用標準」作爲對抗的理由，其似乎亦在主張「職業上具決定性要求」（眞實職業資格）[106]。亦即：僱用完全以客觀的工作能力爲準，年齡並不重要，如果高齡者擁有較佳學歷／識、體能、技術，即由其獲得錄取；反之，如果是年輕人擁有較佳的學歷／識、體能、技術，則應由其取得工作位置。這代表著在個案中均必須審查每個求職人或勞工的客觀能力，而非雇主僱用客觀能力較佳的年輕人時，（中）高齡勞工即當然得主張受到年齡歧視。如此，則舉凡航空器駕駛員（機師）、長途客／貨運業之司機、保全、公司行號自聘的警衛等，均不得有年齡上限的規定。雇主必須進行個案審查，並且定期或不定期做體能及技術的檢查或檢驗，以確保每個勞工的客觀工作能力，或者說：是否已達勞基法第11條第5款之不能勝任工作或勞基法第54條第1項第2款之不堪勝任工作（即雇主負有舉證責任）。

　　如從比較法來看，在歐盟，依據平等待遇基準指令（RL 2000／78／EG）第4條第1項及該指令的評估理由（Erwägungsgründe）第18點說明，會員國家基於爲隨時準備行動（Einsatzbereitschaft）的合法目的，得排除中高齡者及身障者擔任軍隊（國防武力）、警察、戒護機構及從事緊急救援任務者等涉及國家安全或公共利益的職務。除此之外，發生在歐盟實務上的Wolf案即頗具代表

---

[106] 台北高等行政法院100年度簡字第159號判決（財團法人台灣綜合研究院案）。

性。在該案中，針對中級的消防技術勤務隊員的年齡上限30歲的規定，歐盟法院判決認為[107]：基於為達成設定的目標（隨時準備出動執勤及維持消防隊的正常功能），僱用年齡上限係合法的。聯邦德國也提出一系列科學的數據，證明打擊火災及拯救人民生命、財產，需要一個特殊強度的體能及只能由年輕的公務員充任之。因此，所設定的目標與最高僱用年齡上限間，在內容關聯上並無任何衝突。惟在2014年Perez案中[108]，歐盟法院卻又表示：一項將地區／方警察公務員的最高僱用年齡上限定在30歲的規定，牴觸了平等待遇基準指令第2條第2項、第4條第1項及第6條第1項第3款的規定。這表示歐盟法院仍然參考了科學數據及警察任職的地方（區）的實際情況，依據嚴格的比例原則，而作出30歲的僱用年齡上限是否合法的認定。其見解實屬正確而可採[109]。

綜合上述說明，除了軍公教法規不受就服法的適用外，雇主之僱用年齡上限規定，必須符合公共利益（社會）之要求，並且必須有醫學上的實證及實務上的統計數據佐證，始能合法，例如長途客／貨運業司機的年齡如已達或超過45歲，相關醫學研究是否能證明其體能已無法應付需要高度注意力的駕駛工作？有關駕駛事故的案件數及占所有駕駛員肇事的比例為何？均必須提出佐證，始能合法化其僱用年齡的限制[110]。

（二）資遣與解僱

就業年齡歧視另一常出現的現象，是中高齡勞工面臨非法解僱的問題。

---

[107] EuGH v. 12.1.2010, BeckRS 2010, 90031 – Wolf.

[108] EuGH v. 13.11.2014, C-416/13 – Perez, AuR 2015, 110. 至於在德國的法院實務上，針對一項訓練計畫中，雇主徵人廣告明示找尋一位年輕的、且必須是一「職場新鮮人」的專業人士（Young Professional），聯邦勞工法院認為其足以作為推斷出一對於一位具有工作經驗的36歲的法律工作者、之法所不許的以年齡為準的歧視的證據。BAG v. 24.1.2013, NZA 2013, 498 ff. 另外，在一件針對北萊茵威斯特法倫邦公務員法（Landesbeamtengesetz NW）授權制定的職業生涯命令（Laufbahnverordnung）所規定的公務員僱用年齡40歲為上限的規定，德國聯邦憲法法院也認為該年齡上限規定違憲。蓋對於從事公職設定年齡的上限，由於其並不考慮求職者的資格與專業能力，故其嚴重地侵害基本法第12條第1項、第33條第2項所保障之權利。BVerfG v. 21.4.2015, 2 BvR 1322/12, 2 BvR 1989/12, AuR 2015, 285 f.

[109] 其實，依據歐盟平等待遇基準指令第6條第1項第3款的規定，允許工作年齡差別對待的合法性，依之，「基於特定工作位置的特殊訓練的要求，所進行的僱用或基於在退休之前所必要的，一個適當的僱用期間的考量下，即可設定最高的工作年齡（Höchstalter）」。

[110] 即使是如此，但在工資的計算上，雇主在給薪時，是否必須納入考量高齡勞工之前在他處的（至少是在國內的）工作經驗，否則構成歧視？

緣中高齡勞工之就業歧視，包括招聘、僱用、薪資、工作過程與職務分配[111]、升遷、及解僱等階段或歷程。此似與性別歧視無所差異。依據中央勞工主管機關的解釋[112]，「就業年齡歧視」係指求職者或受僱者因為在招聘過程或僱用上受到不公平或不同的差別待遇。年齡就業歧視可能出現在招聘廣告、甄試、考績、晉升、調職或培訓、僱用條款和條件、組織裁員、資遣、退休政策等以及申訴程序等給予差別待遇。亦即就業年齡歧視，係指雇主因求職人或所僱用員工之年齡因素而給予其差別待遇[113]。由上觀之，渠等均採取與性別歧視相同的、範圍廣泛的歧視內容或範圍，即以勞工職涯的全程作為保護的對象。此一見解在理論上固然無疑，例如雇主不可因為中高年齡的因素而將之排除在職業訓練之外。但是，對於一位已經看得到退休日子的勞工，要求雇主對之再進行職業訓練，以便擔任重任或其他的職務，實有曲高和寡之感。況且，一旦接受進修訓練，雇主當會要求簽訂最低服務年限條款，而此一服務期限又超出勞工退休年齡之外，則其是否有效？勞工是否得在屆臨退休時，悍然不顧地離去？所以說，如果雇主會讓該位高齡勞工擔任較為簡易的工作，或許會較貼近事實。

　　就與中高齡勞工關係最密切的僱用與解僱而言，除非配合政府的僱用獎／補助措施，否則，要求雇主在沒有歧視的情況下僱用中高齡者，其成效恐怕不佳。所以，中高齡勞工就業年齡歧視之重點，應是在於加強解僱保護，以確保其工作權或退休權益免於受到侵害。為此，對於中高齡勞工的解僱保護，就會形成「雙軌審查」的現象。首先，係進行勞基法的解僱保護審查（尤其是第11條第5款之不能勝任工作）；其次，再依據禁止就業年齡歧視進行第二層審查。兩者的審查標準並不一樣。先就勞基法的解僱保護而言，針對中高齡勞工的被解僱，如其屬於不具有該法第11條及第12條規定事由之非法解僱，自應由法院以嚴格的標準審查後回復勞動關係。至於如果具有該法第11條之事由之一，法院即應特別強化由司法實務所形成的解僱最後手段原則的運用（先行使

---

[111] 例如將粗重工作或傷神工作分配給中高齡勞工，構成間接歧視？

[112] 行政院勞工委員會97年9月12日勞職業字第0970024424號函。

[113] 歐洲聯盟在2000年11月27日通過「平等待遇基準指令」（Rahmenrichtlinie）（或可直譯為：「為落實平等待遇原則之有關打擊基於宗教、世界觀、身心障礙、年齡、性傾向（Sexuelle Ausrichtung）之僱用及職業上的歧視之指令」），基本上亦採取同樣的歧視內容規範。2000/78/EG.德國學者且認為根據此一指令，勞工法令或社會法令中對於中高年勞工之特別規定，即需受到禁止歧視待遇之檢驗。請參閱Monika Schlachter, Gemeinschaftsrechtliche Grenzen der Altersbefristung, RdA 2004, 352 ff.

調動、進行職業教育訓練或強化人因工程的輔助設施等）[114]，盡可能地避免中高齡勞工被資遣。

有問題的是，勞基法第11條之解僱，是否必須受到（如德國解僱保護法之）社會正當性審查？對此，我國勞工法學者似無持肯定見解者[115]。蓋其認為大量解僱勞工保護法第13條第1項有禁止年齡歧視的規定，因此得以避免事業單位將轉業不易的中高齡勞工優先解僱。惟一般解僱中則無此類保障規定，所以在欠缺法律規範下，倘若解僱牴觸平等原則時，只得主張違反民法第72條「法律行為，有背於公共秩序或善良風俗者，無效」而獲得救濟[116]。另外，也有論者認為社會正當性之意定優先原則包含了資深優先留用原則及年老優先留用原則者[117]，以確保資深或年老勞工的經濟來源及免於無法與年輕勞工競逐工作的困境。至於我國司法實務上，也有當事人引用德國解僱保護法中之社會正當性因素主張其權利者，也就是強化弱勢勞工（年齡大、年資長、必須負擔家計者等）的解僱保護，應該優先留用年老員工者，惟此似乎尚未普遍為終審法院所接受[118]。較多的是最高法院似乎將社會正當性視為解僱最後手段性的內涵，而一併討論之[119]。

對於上述社會正當性之主張，本文以為實有加以澄清的必要。蓋社會正當性體現弱者優先保護的思想，將可供比較的弱勢勞工置於較後解僱的對象，其彰顯社會正義自然值得肯定。但是，如前所述，即使是在優惠性措施下，年

---

[114] 至於最高行政法院101年度判字第1036號判決中被上訴人（台北市市府）所主張的「縮減工時、減薪或留職停薪等較溫和之管理手段」，本文則以為尚待斟酌。蓋並非不終止僱傭關係的其他手段，即屬較溫和的手段，否則雙方也可以約定或勞工可以主張將全時工作變成部分工時工作矣。在此，由於並無比較的基礎或牽涉到不同的法理，本文以為上述被上訴人所主張的手段，並非解僱最後手段原則所能引導出來的，或者說與解僱最後手段原則無關。

[115] 郭玲惠，勞動契約論，2011年，頁257。採取同說的林更盛，也認為大解法只是要求解僱時的平等對待而已，並未主張引進社會正當性因素理論。也就是說，只要不涉及歧視，則雇主即得有效解僱中高齡勞工。林更盛，終止契約，收錄於勞基法釋義—施行二十年之回顧與展望，2010年10月，頁274。另外，在同書的頁290，林教授在討論勞基法第11條第4款「無適當工作可供安置」時，也認為雇主以此作為決定解僱或續聘的結果，所謂的社會性因素即可能因此完全被忽略、甚至得到與德國法上相反的結果。

[116] 林更盛，勞動法案例研究(二)，2009年，頁304以下。

[117] 陳逢源，解僱保護法制下裁員解僱之實務運作—附論大量解僱勞工保護法，http://www.elaw-firm.com.tw/04/25.pdf；另請參閱陳金泉，裁員解僱實務法律問題初探，律師雜誌，282期，2003年3月，頁76以下。

[118] 少數持肯定說者，例如最高法院100年度台上字第1159號判決。

[119] 例如最高法院102年度台上字第100號判決、97年度台上字第1880號判決。

長勞工的僱用也只是「軟性的優惠」、而非「硬性的優惠」，也就是以年長勞工與年輕勞工具有等質的或幾乎等質的資格能力為前提。此在社會正當性的理論之下，應該也無不同。即年長勞工優先於年輕勞工優先獲得留用，係以其具有等質的或幾乎等質的資格能力為前提，而非單以「年齡」的高低為準。因此，如不考慮資格能力的優劣，撇掉其可能造成年輕勞工被解僱的風險不論，對於面臨有勞基法第11條事由、甚至已經面臨經營困境的雇主，恐怕無法藉由解僱達到一定程度的再生（斷尾求生）[120]。其對於雇主的人事配置將有極大影響。況且，即使肯定社會正當性，也不代表雇主絕對不得行使解僱權。而是基於企業有免於全體職工過度老化的利益，雇主還是可以選擇解僱老年勞工[121]。故在未經法政策的深入討論，並且決定是否修法施行之前，並不宜驟然予以肯定。至於上述大解法第13條第1項規定，只是要求雇主大量解僱時，不得以有「年齡」等特徵為由而行使解僱權，其規定重點在要求面對大量解僱時的平等對待，其並未要求解僱中高齡勞工時，要加入社會正當性因應，否則，該條項所列的特徵，均可要求社會正當性的因素保障。況且，該條項的「年齡」並不以中高齡者為限，而是及於所有的年齡層，他們也都可以主張平等對待[122]。至於資深優先留用原則及年老優先留用原則也並非法律所定的原則，在勞工或工會與雇主約定此類條款時，仍然需要受到禁止就業年齡歧視原則的檢驗[123]。總之，無論是行政機關或司法實務均無權以解釋或法官造法的方式，將社會正當性適用於勞基法第11條資遣之審查上。就這一點觀之，最高法院如將社會正當性視為解僱最後手段性的內涵，其見解仍然有不盡妥當之處。

而一旦雇主的解僱通過第一階段的審查，其仍然必須接受就業服務法禁止解僱歧視的審查。此一階段的審查，具有取代社會正當性的功能。這樣地嚴格審查契約終止，無非係基於僱用政策上的理由[124]。著名的最高行政法院101

---

[120] 在此，雖然勞基法第11條基於企業經營因素之解僱，並無大量解僱勞工保護法第1條之「調和雇主經營權」之規定，但本文以為其本身即帶有如此之考量。

[121] Ulrike Wendeling-Schröder, Der Prüfungsmaßstab bei Altersdiskriminierungen, NZA 2007, 1401. Vgl. BAG v. 6.7.2006, NZA 2007, 197, 202.

[122] 其實，依據林更盛的說法，反而比較像就業年齡歧視法制中的優惠性措施的思想。只是，此一措施必須經過法律明定始有依據，況且，連性平法都無此類積極僱用措施的規定。

[123] 台灣高等法院92年度重勞上字第17號判決即明白表示：按事業單位資遣部分員工時之留用原則，法律上並未強行規定裁員解僱時應優先留用年老員工。

[124] Gerhard Kuras, Verbot der Diskriminierung wegen des Alters – Herausforderung für die Rechtsprechung und Motor für ein europäisches Arbeitsrecht? RdA 2003, Sonderbeilage Heft 5, 13, 20.

年度判字第1036號判決（日航案），法院即是以就服法第5條第1項年齡歧視所推演出來的間接歧視，認定空服員受到歧視。倒是，法院自始至終並未引用勞基法第11條之解僱保護，而是從憲法第7條與第15條的平等工作權推論出就業年齡歧視，並且再以（單薄的）就服法第5條第1項年齡歧視而演繹出雇主基於間接歧視的解僱無效。此一理論的推理方式，顯得有跳躍之感。蓋即使就業歧視法制已經明定年齡歧視的類型／形式及其救濟方式，對於任何的解僱案件，法院首先均應以一般的解僱保護法制予以審查，否則，對於受到年齡歧視的勞工而言，將會剝奪其勞動法上的解僱保護的保障，也就是剝奪其第一層保障。其次，針對就業年齡歧視的案件，行政法院漸有將憲法第7條與第15條併用為「平等工作權」的現象。然而，憲法第7條的五種平等對待的特徵中，並無年齡一項。基於該條屬於列舉方式的規定（同樣地，就服法第5條第1項所列出的特徵，也是列舉的規定），法院並無可能推出年齡歧視的結論。

　　附帶一言者，依據勞基法第16條第1項規定，資遣預告期間的長短，係以勞工在職期間的長短（即工作年資）為計算基準，而非單以勞工的年齡為準，故無違反禁止年齡歧視之疑[125]。雇主行使資遣的權利時，除非有正當的事由，否則不得以年齡的因素，而做不同的對待。同樣地，在行使無預告的解僱時（勞基法第12條），其依據比例原則的懲戒權限，也不得因年齡因素而做輕重不同的處分。

六、年齡歧視下的思想：退休權益與僱用政策的結合

（一）過早退休的問題：不適足的退休金

1.「年齡低、年資短」退休模式

　　相較於歐美先進國家或鄰近的日韓的法定退休年齡，我國勞基法第53條第1項的年齡顯得相對的低（早）。其理由或在於立法說明所提到的：勞基法退休規定以「年資」與「年齡」並重，使勞工能長期安於工作崗位，減少勞工流動率。換言之，其是以在同一雇主處工作至退休為目標，所以一旦勞工離職，其自然喪失所累積的年資。如為避免此種情況出現，從照顧勞工退休的角度來看，退休年齡自不宜訂得太高。況且，我國中小企業占全體企業比例甚高（在2012年仍占九成以上），其受到市場激烈競爭的影響，以致於無法長久經營者

---

[125] 雖然年資長者，通常是高齡的勞工。

所在多有。如果退休年齡高於一般中小企業平均的存活年限[126]，也不適宜。因此，在1984年勞基法施行時，此一退休年齡應該還有考量當時的經濟環境。

　　然而，時移境遷，在勞基法施行三十年後，勞基法第53條的退休年齡與年資，已經顯然與經濟的發展有點脫節。由於非典型僱用的興起，傳統穩定的工作已經被部分時間工作，臨時性工作及派遣勞動所取代，而退休的法律思想與制度並未有所因應或調整。再觀過去數年，我國的勞保條例及就業保險法均已將勞工的年齡上限調高到65歲，勞退條例第24條也規定60歲為退休年齡。即使勞基法第54條第1項第1款也已修正為65歲，唯獨第53條第1項仍然維持55歲的上限。雖然保障勞工退休及退休金提早進入勞工的口袋，係落實勞基法的目的。但是，「年齡低、年資短」的退休模式，當然也會反映在「退休金少」的結果上。雖然如前所述，就服法第5條第1項但書「其他法律有明文規定者，從其規定」即在指勞基法第53條（及第54）條。但是，此種法律明定的年資與年齡，會不會導致勞工不得不接受不適足的退休金基數，而導致中高齡勞工的間接歧視？尤其是針對太晚進入職場者、頻繁轉換工作者及從事部分時間工作者？再加上如前面所述的「勞雇雙方事先合意以退休年齡到來的終止契約、並且領取企業退休金」的情況？果如此，會不會使當初希望藉由第53條（及第54條）規定，達到照顧退休勞工老年生活的目的落空？也就是說，無法通過比例原則的檢驗[127]？

2. 高齡勞工僱用政策的設計與實現

(1) 自願退休之延後（提早退休之防止）

　　勞基法第53條及勞退條例第24條均屬自請退休的規定，旨在讓勞工符合所定的年齡及年資時，即可自主地決定退休離開職場或繼續留在原工作崗位。其法律性質為形成權，並不需要得到雇主的同意。從勞工一生職涯的發展過程觀之，退休代表勞工已經度過漫長的工作歲月，可以享受其所賺得的法定年金及企業年金／企業退休金。退休也代表年輕的勞工有向上升遷的機會，有助於廠場人力的全面適當配置（避免人力的老化）。

　　然而，如上所述，相較於歐美國家或日韓，我國的勞基法第53條及勞退條

---

[126] 根據經濟部中小企業處的統計資料顯示，台灣中小企業平均存活壽命僅有十三年。引用自李志華，「接不了班的第二代　毀滅台灣中小企業」，商業週刊，2013年10月6日：台灣工作人口當中，將近八成的人是在中小企業中任職。因為中小企業的平均壽命只有十三年，所以有八成的台灣工作人口及其家屬，隨時受到中小企業倒閉的威脅與影響。

[127] 相關的意旨，似乎也透露在司法院大法官會議釋字第578號解釋中，請參閱之。

例第24條之退休年齡與年資都顯得稍微過早或過低。雖然退休不代表勞工不得再投入職場工作（勞工法令並未加以禁止[128]），而且勞退條例第24條之1（舊勞退條例施行細則第36條）也基於「有受僱工作即應有退休金之立法意旨」（立法理由），而明定退休勞工可以繼續在原雇主處工作，所以不會出現退休勞工終局地離開職場的現象。但是，這只是提供給退休勞工重新僱用的可能性而已[129]，況且退休勞工必須與其他求職者公平地競逐工作機會，因此，在實務上到底有多少比例或多少勞工繼續留下來工作？恐怕令人懷疑[130]。由於勞基法第53條及勞退條例第24條的規定，使得部分勞工在符合條件時（或在即將滿足條件之前），即向雇主表示（或預先告知）退休之意，形成一般俗稱的「提早退休」的現象。

而且，實務上的「提早退休」，事實上還包括雇主單方規定（例如工作規則）或勞雇雙方合意較勞基法第53條退休年齡為早的時點者。例如勞工年資五年、年齡50歲即得申請退休或者工作十五年以上者得自請退休（與勞基法第53條第2款相較）。如前所述，由於勞基法的退休金係雇主責任，而且勞基法的退休規定也只是最低的勞動條件而已，所以此類規定或約定應屬有效。即使是勞基法第54條第1項第1款之強制退休的65歲，也會被此類提前退休的規定或約定所打破[131]。相反地，勞退條例第24條之退休年齡與年資屬於強制規定，具有全國一致施行的特質，並不容雇主單方或勞雇雙方合意變更之。故不可能出現較勞退條例第24條年齡為早之提前退休現象[132]。

再一言者，中高齡勞工的提早退休，一般不外乎主客觀環境的影響。而

---

[128] 甚且，依照中央勞政機關103年11月19日勞動保3字第1030140437號令，已領取勞工保險老年給付及年逾65歲已領取其他社會保險養老給付者再從事工作或於政府登記有案之職業訓練機構接受訓練者，投保單位得為其辦理僅參加職業災害保險。

[129] 依據勞退條例第24條之1，「勞工領取退休金後繼續工作者，其提繳年資重新計算」。雖然其使用「繼續工作」的用語，但也明定「提繳年資重新計算」，所以，其本質上係一重新僱用的契約，雇主與勞工係終止原來契約、而重新簽訂一新契約。雇主或勞工各有決定是否簽訂新約的自由。不如此解釋，則在原契約「繼續」下去的情況，理論上也應「提繳年資繼續計算」，而非「提繳年資重新計算」。

[130] 這一點，或許行政院主計總處或中央勞政機關有這方面的統計資料。

[131] 這並非謂法定的強制退休的規定，勞雇雙方得約定變更或低過之。例如事業單位不得規定「勞工年滿63歲者，雇主得強制退休或勞工應予退休」。但如是規定：「（未符合勞基法第53條退休規定之）勞工年滿63歲者，得自請退休」，即屬合法。因其事實上為合意退休，而並非強制退休也。

[132] 至於勞退條例第24條之2，則是遵循身心障礙者權益保障法第47條規定，針對領取失能年金者及身心障礙者所設計的強化照顧，故其退休年齡得早於60歲。

且，主客觀因素常相連動，層層相扣。在客觀上，主要是職場的環境是否足以吸引其續留下去（友善環境或敵意環境），這會牽涉到主管的領導方式、同事間的互動（是否涉及騷擾或霸凌）、資訊工具使用的熟練度、以及雇主或勞政機關有無提供提早退休獎助津貼、退休金制度為確定給付制或確定提撥制的影響。至於在主觀上，主要是勞工本身的健康狀況、能力是否下降、向上升遷的自我期許、退休後從事另類工作的計畫、退休金與勞保老年給付是否足以支應生活所需的考量、以及在勞基法的退休制度下，（繼續工作下去）是否確能安然地取得退休金（可能面臨被雇主非法資遣或雇主關廠歇業等風險）。當中高齡勞工自認退休所得已足以支應老年生活、甚至一家生活所需，而其又無在原事業單位更高的生涯計畫時，其退出職場毋寧係一自然之事。

惟，無論如何，提前退休的年齡均相對年輕，距離強制退休年齡也有一段距離。如從勞工個人生涯規劃來看，固然無可厚非。惟從積極勞動市場政策或國家人力資源的角度來看，再加上老年化及少子化時代的來臨，即似有重新研議適度緩和或防止的必要[133]，並且針對其中的因素逐點予以對應。例如為確保勞工能夠取得勞基法的退休金，立法者在2015年2月4日的退休金修正（尤其是勞基法第55條第3項與第78條第1項）及2015年6月3日的勞基法第28條第1項第2款工資積欠墊償基金的適用範圍擴及退休金，對於勞工主觀上決定退休的考慮因素，應該都會有一定程度之影響，也會有助於勞工的續留職場的決定。

(2) 強制退休與就業年齡歧視之平衡

依據勞基法第54條第1項第1款規定，「勞工年滿65歲者，雇主得強制其退休」。對此，中央勞工主管機關98年10月21日勞職業字第0980087328函認為「得強制65歲勞工退休，或繼續僱傭」。而台北高等行政法院100年度簡字第159號判決也認為「雖然雇主經常欲透過強制屆齡退休之規定，以促進企業內人事之新陳代謝、增強企業整體競爭力。然而，該規定同時扼殺有意願且有能力繼續工作之中高齡勞工留任之機會，顯然具有年齡歧視之問題，強制退休應視勞工能否勝任工作內容，而非限定特定年齡門檻」。論者間因有採上述法院及中央勞政機關的見解，認為該款僅表示得強制退休或「繼續僱傭」，說明雇主仍應以工作能力為準，而非以年齡為要件[134]。本文則認為此一主張尚有待商

---

[133] 日本的「高齡者僱用安定法」課雇主自2006年起逐漸延長退休年齡、至2013年的65歲止，並且檢視各類稅制對於提早退休的影響，考慮透過加重徵稅的方式，以降低勞工提早退休的意念。此種作法或可提供我國立法機關及勞政機關參考之用。

[134] 高昱喆，前揭書，頁103。

權，蓋所謂「繼續僱傭」，係指雇主主觀上有權決定是否繼續僱用，與勞工的工作能力為何無關，亦即這是屬於立法論的問題，屬於立法者的選擇，寓含雇主人事配置及人員代謝的決定權限。況且，將勞基法第54條第1項第1款與第2款相對照，明顯地第1款是立法者綜合各國最高工作年齡的普遍規定下，所劃定的年齡屆限，其正有如民法第12條所規定的「滿20歲為成年」，並不個別考慮個人的狀況，因此，雇主也無須舉證滿65歲勞工的身心狀況。即使「中高齡者及高齡者就業促進法」第12條第2項第4款之「退休」的差別待遇，應該是指勞僱雙方約定比法定強制退休年齡為早之退休而言，並未否定或推翻勞基法第54條第1項第1款之規定。至於第2款則是針對個人身心狀況而為，雇主負有舉證之責任。現在，如果台北高等行政法院以年齡歧視為由，要求雇主針對第1款必須有第2款的事由，則其將會造成第1款被事實上廢止的結果。所以該判決應已違反法律的意旨[135]。雖然如此，台北高等行政法院從促進高齡勞工就業的角度，思考勞基法第54條第1項第1款違反禁止年齡歧視之問題，確實符合現代就業年齡歧視的思潮。

　　所以，真正的問題是：賦予雇主強制退休的權限，是否已構成年齡歧視而應予以廢止？對此，本文認為無論是強制退休年齡之設計或因勞工滿65 / 67歲而自動終止契約的退休年齡設計，自始至今均具有一定的僱用政策或勞動市場政策上的意義，也讓年輕勞工有受到僱用或升遷的機會，所以其透過法令（如勞基法第54條第1項第1款）予以落實，其合法性並無疑慮[136]。所以，雖然勞退條例第24條已無強制退休之規定[137]，似乎立法者有意朝向完全以自願 / 任意退休的規範，但是，本文還是以為強制退休有其正面的意義，難謂對於勞工絕對不利，不宜謂其為一年齡歧視的規定。也因此，我國並非僅在一些特別身分的工作者身上（例如機師、兼負危險性的公共任務工作者、教師、公務員）始例外地存在強制退休，而是適用於全體勞工[138]。另外，我國允宜參考歐美的退休

---

[135] 德國學者Karl Larenz曾說一個幸運的（geglückt）法官造法要有三個原則，其中一個是：「必須是為實現一個實質的法律原則（ein materiales Rechtsprinzip），而非只是一個單純的確信的性格而已」。所以，本案行政法院的見解，會不會是一個不幸的（missglückt）法官造法？有關Karl Larenz的說法，請參閱Clemens Höpfner , Altersdiskriminierung und europäische Grundrechte - Einige methodische Bemerkungen zum Richterrecht des EuGH, ZfA 2010, 461.

[136] 歐盟法院也是採取此種見解。EuGH v. 5.7.2012, NZA 2012, 785 ff.

[137] 惟勞退條例第11條第2項針對選擇新制的勞工，仍然保留強制退休的規定。

[138] 就這一點來看，行政院勞工委員會95年3月15日勞動4字第0950008016號函認為勞退條例實施後新受僱之勞工，仍有勞基法第54條強制退休之適用，即有予以肯定的空間。

法制潮流及考量我國的財政負擔能力、人力資源的充分有效利用，未來再繼續修法將退休年齡（階段式地）提高到67歲（其他的工作者，諸如公務員、軍人及教師等，也應一併修法延長到此年齡）。這應該才符合退休及老年照顧的現代法律思想潮流。當然，在目前強制退休的設計下，雇主與／或勞工均可視情況而繼續工作，延後提出退休的申請。[139]

（二）積極勞動市場政策與延後退休年齡的建構

　　如上所言，目前實務上不乏退休勞工再度投入職場者。其中，部分係迫於老年年金／老年給付、企業年金／企業退休金不足以滿足其退休生活須要所致。因此，這裡乃會產生一個法政策問題，亦即：是延長／提高退休年齡或以獎勵的方式讓高齡勞工久任其位，以使其獲得較多的老年照護資材，或者（仍然維持法律現狀）使其提早退休後再度投入勞動市場（包括回到原雇主處工作），以掙取彌補生活資材的不足？孰者對於高齡勞工較為有利？此特別會牽涉到：高齡勞工或已經退休的勞工再度投入勞動市場所面臨的挑戰為何？法律面的？社會面的？心理面的？

　　這樣的退休政策架構的重新組建，其實隱含著高齡人力運用的總體性考量。畢竟高齡勞工勞動參與率的下降，潛藏著相當大的經濟成本，尤其是來自龐大的社會給付及大量減少稅收的壓力。這將會深遠地影響國家人力資源的運用、甚至影響國際競爭力。面對者老年化及少子化時代的來臨，我們必須思考法定年金及企業退休金／企業年金是否足敷使用的，並且建立一可長可久的社會保險政策，此也將迫使年金政策或老年安全保障領域與高齡勞工就業政策的相互緊密掛鉤連動[140]。

　　以下謹提出一些政策性的思考，以供參考之用：

1. （連續訂定）定期契約的放寬？

　　我國勞基法第9條及第10條規定，目的是在限制定期契約的訂定，以達到

---

[139] 依據OECD在2001年檢視各會員國老年化及就業政策後，即提出包括廢止強制退休年齡的建議。請參閱行政院經濟建設委員會，OECD對部分會員國之高齡化及就業政策之建議，中華民國台灣地區就業市場情勢月報，第5期，2005年6月。

[140] 其實，早在2004年5月21日公布之司法院大法官會議釋字第578號解釋中，即已寓有此意，蓋其言曰，「其（勞基法）實施成效如何，所採行之手段應否及如何隨社會整體之變遷而適時檢討改進，俾能與時俱進，符合憲法所欲實現之勞工保護政策目標，以及國內人口年齡組成之轉變，已呈現人口持續老化之現象，⋯⋯。」

勞動關係的存續保障,其屬於勞工保護的思想無疑。至於就服法第24條弱勢勞工(含中高齡者)的促進就業,其重點係置於促進就業獎助津貼的發放,並不及於簽訂定期契約的放寬。吾人如從比較法來看,有些國家的定期勞動契約也賦予一定促進就業的目的(勞動市場法規)[141]。也就是說,國家爲促進充分僱用並追求僱用政策的目的,針對一定的弱勢族群,放寬勞僱雙方簽定定期契約的可能性,以打開勞工進入勞動市場之門。一般認爲此一目的具有合法性與合理性。其中,中高齡勞工即是其適用的對象之一。

以德國法制爲例,西元2000年的部分時間及定期勞動契約法(Teilzeit- und Befristungsgesetz, TzBfG)第14條第3項即有滿52歲以上勞工,得不受限制地重覆訂定定期勞動契約的規定。立法者的目的,即在於促進失業的老年勞工重新納入職場。此種不需要客觀理由的定期契約的簽訂,代表著希望以降低權利保護的水準及變差的特殊勞動條件規定,以喚起雇主的僱用動機。即以高齡勞工的勞動關係的較易終止,促成其較易進入勞動市場。這是基於僱用政策上的考量。惟只要政策的構想能夠發揮促進僱用的功能即可,至於實際上能否出示具體的僱用數據則非重點。傳統上,其係以失業(尤其是長期失業)的中高齡勞工爲對象。

只不過,此種不需理由地、無限制地重覆簽訂定期勞動契約的規定,也引起有無違反歐盟禁止就業年齡歧視之疑慮。針對修正前德國部分時間及定期勞動契約法第14條第3項滿52歲以上勞工的定期契約規定,歐盟法院經過審理後,以2005年11月22日Mangold案判決宣布牴觸共同體法的禁止歧視原則,不得再予適用(unangewendet)[142]。判決中,歐盟法院認爲該條規定單純以年齡爲準,而未考慮老年勞工融入職場的問題。故雖符合平等待遇基準指令第6條第1項(Art. 6 I RL 2000 / 78 / EG)的(社會政策、勞動市場政策的)目的,但卻因單純以年齡爲準,而未考慮失業期間的長短,所以並非爲達成目的之適當的與必要的手段。吾人如從其內容觀之,歐盟法院所挑剔的,實際上是該條文所容許的52歲以上的鏈條式的定期勞動契約,將會導致勞工被擯除在正常勞動關係外的結果,而這些勞工距離他們正常退休年齡的65歲,其實還有漫長的十三年,所以對其構成歧視。在此一判決後,德國立法者乃將舊法的「52歲」

---

[141] 其實,非典型僱用的採用,多少都帶有(以鬆綁勞動法制的方式,已達到)促進就業的考量。

[142] EuGH v. 22.11.2005, NZA 2005, 1345 = NJW 2005, 3695 – Mangold.

適當地提高到「58歲」，並且繼續推動以追求促進中高齡勞工僱用的目的[143]。另外，在歐盟法院2011年的Kumpan案件中[144]，其所涉及的法律問題，即是德航單純因為空服員達到一定的年齡，在沒有其他客觀的理由下，重覆地與其訂定定期契約。歐盟法院認為德國部分時間及定期勞動契約法第14條第3項在一定的條件下，允許此類約定，從高齡勞工僱用政策觀之[145]，並不是全然無益（Nicht ganz ohne Belang）。

由此觀之，藉由放寬定期契約的簽訂，似乎有助於中高齡勞工的就業。而且，此一中高齡勞工也不應以失業者為限，而是可以推廣至已經退休後再投入職場者。甚至，也可以適用至原雇主與勞工之間，即雙方在勞工退休終止契約後，可以立即簽訂重新僱用契約[146]。惟此勢須透過修法的途徑為之，且一旦修法，也必須確定勞工的年齡是在「高齡」或「接近高齡」的時點，例如德國舊部分時間及定期勞動契約法第14條第3項的滿52歲即顯然過低，修正後的58歲似乎較為妥當。在我國，如能藉助於勞動統計資料，得知中高齡最大多數失業族群的所在，也會有助於年齡的搜尋與確定。依本文所見：無論如何，此一勞工年齡並不宜定在45歲，蓋其過於年輕；惟亦不宜訂在65歲，因為能發揮

---

[143] 其實，德國的放寬定期契約的簽訂，並不限於中高齡勞工的促進僱用。在聯邦的公部門的職務中（教師及司法僱員，Justizangestellte），長久以來一直存在此種現象，尤其是司法實務長期承認「總代理Gesamtvertretung」的合法性。在一件代理法官助理工作的爭議案件（Kücük案）中，當事人甚至已經連接簽訂十三次的定期契約，遂引起當事人該實務作法違反歐盟定期契約指令（RL 1999/70/EG）的疑義。惟案經歐盟法院審理後，仍然肯定德國公部門職務僱用的作法。此就有如在台灣的公部門中，也存在著為數眾多的約聘僱人員，他們以臨時工的名義，連續地與公部門簽訂定期契約。其同樣會引起違反勞基法第9條的疑慮。惟因其屬於公部門勞資關係的一環，與私部門並不相同，除非國家公部門的（總體）人力政策有所改變，否則恐怕無法將之認定為非法。

[144] EuGH (Zweite Kammer) v. 10.3.2011 – Rs. C-109/09, EuZW 2011, 305 ff. – Deutsche Lufthansa AG/Gertraud Kumpan.

[145] 相對地，台灣似乎並無高齡勞工僱用政策的考量。以勞基法而論，第9條之定期契約並不允許雇主與達到一定年齡之（中）高齡勞工（不需理由地）訂立定期契約，更遑論重覆地訂定。至於就服法第24條的促進中高齡勞工的就業措施，也因與第5條第1項的就業年齡歧視難以劃分，而令人懷疑其所能發揮的實際僱用效果。

[146] 與此相同的是，依據勞退條例第24條之1規定，「勞工領取退休金後繼續工作者，其提繳年資重新計算，雇主仍應依本條例規定提繳勞工退休金；勞工領取年資重新計算之退休金及其收益次數，一年以一次為限」。雖然其使用「繼續工作」「提繳年資重新計算」，而非使用「工作年資重新計算」的用語，以致使人誤以為原來的勞動關係並未終止者。惟觀其立法理由係在「落實有受僱工作即應有退休金之立法意旨」，而非追求原來勞動關係的繼續。因此，依本文所見，解釋上勞雇雙方係重新簽訂一勞動契約。此在舊勞退條例施行細則第36條第1項規定下，也應做如此的解釋。只是從外表上看，勞工係一面退休（領取退休金），另外一面繼續工作而已。

促進就業的功能恐怕已不大。如就目前勞基法有關年齡的規定，第53條第1項之（滿）55歲似乎即具有參考的價值。如以該年齡為基準，也可以連串到放寬「已退休勞工再度受僱」的定期契約的簽訂上。

由於勞基法的定期契約及就服法並無放寬定期契約的規定，如此，無論是失業的中高齡勞工或已經退休後再投入職場者，除非雇主具有客觀上的理由，例如季節性的工作，否則，即無可能訂定定期契約。而且，無論雇主是與退休勞工簽訂定期契約或不定期契約，均有可能被行政機關或司法機關（以通謀虛偽意思表示為由）認定原勞動關係並未中斷。此或將一定程度影響雇主重新僱用的意願。當然，即使放寬定期契約的簽訂，受僱勞工仍然受到社會保險法令的適用。倒是，針對僱用已經年滿65歲之人，如果終止契約，是否仍應一律應依勞基法第54條第1項第1款給付退休金，而不得給付資遣費？是否有檢討修法的必要？至於在勞工保險與就業保險部分，滿65歲的勞工已經不在適用對象之內，是否應修法將之納入為任意保險的對象[147]？凡此，似乎均有討論的空間。

值得肯定的是，「中高齡者及高齡者就業促進法」第28條已經放寬定期契約的限制。依之，「六十五歲以上勞工，雇主得以定期勞動契約僱用之。」只不過，此一法律用語「六十五歲以上」並不精準，蓋法律用語「以上」是含本數，即65歲。此與第3條第2款高齡者為「逾六十五歲之人」並不一致。後者始為正確。

2. 放寬已經退休勞工得再申請促進就業津貼？或者以僱用獎助的方式為之？

承上之說明，可知勞工法令並無禁止退休勞工再投入職場或從事部分時間工作。實際上，退休勞工由於經濟上的需要（老年給付及退休金的總合不敷使用、甚至老年貧窮）或個人成就感的滿足，多有再從事經濟活動者（也包括向原雇主應徵工作者）。對於此類已領有退休金的中高齡勞工，並非我國就業促進法規所要保障的對象，也就是說，就業促進法規的對象為需要幫助的中高

---

[147] 針對勞工保險與就業保險的加保資格，由於不僅牽涉到勞工與雇主的保險權益、更是涉及到社會保險的基本法理，所以，世界上各國對於強制加保及任意加保均慎重地在法律中明定適用的對象。而我國的中央勞工主管機關卻是在函釋中、不斷地任意創造一系列「任意加保」勞工保險及就業保險的對象，其合法性誠屬可疑。正確的作法，是必須透過修法途徑，將之加入勞保條例第8條及就業保險法第5條之中，始符合法律保留的要求。如此，也才能避免勞動部屈服於政治人物的壓力，而不定時地產出新的任意加保的種類。

齡失業者，此似乎隱含著不鼓勵再就業的想法[148]。而法院的實務上，也有對於此類爭議表達其相同看法者。例如最高行政法院99年度裁字第383號裁定：被上訴人已依勞基法第53條退休並領取退休金，卻隱匿此事，根據就業促進津貼實施辦法第10條規定，申請從事臨時性工作，並且違法申請就業促進津貼。其行為已排擠確實需要本津貼之救助者，破壞透過法律所建構之公共資源分配秩序。法院依違反行政程序法第119條規定，信賴不值得保護而予以撤銷系爭津貼。

就此看來，法令規定及司法實務係採取全面排除促進就業津貼的作法，並不考慮退休勞工的老年給付及退休金的總合是否適足的問題。如此或許也能夠免於界定「適足」的範圍的難題。然而，終究未能解決生活不足的困境，尚難謂已達立法至善的地步。所以，對於退休收入未達最低生活所需的人（例如退休前原來從事部分時間工作者），似乎不應排除其申請從事臨時工作的資格[149]。另外，於其再投入職場時，也應考量提供僱用獎助，鼓勵雇主僱用此類勞工（「中高齡者及高齡者就業促進法」第29條以下參照）。惟對於已領取退休金之人，本文並不主張採取定額進用的比例，保障其僱用的機會，蓋其實施的成效並不大。亦即並不宜採取如原住民族工作權保障法及身心障礙者權益保障法的規定，設計一定比例的高齡勞工僱用，而對於未能達到晉用比例者，處以行政罰鍰的制裁。

3. 被裁減資遣被保險人參加政府公法性質之就業方案、以工代賑等期間之勞工保險月投保薪資，不得列入老年給付月投保薪資計算？

有關促進中高齡勞工就業的措施中，同樣與社會保險相關的，是其加入勞工保險之月投保薪資，得否列入老年給付月投保薪資計算的問題。對此，在一項針對當事人參加政府登記有案之職業訓練機構之投保薪資是否得以不列入平均月投保薪資計算的爭議中，上訴人的主張不列入計算，並不為中央勞政機關接受，而且為終審法院判決敗訴確定。最高行政法院96年度裁字第02440號裁定認同行政院勞工委員會96年2月5日勞保2字第0950114057號函的見解：被裁減資遣被保險人參加政府登記有案之職業訓練機構、受政府委託辦理職業訓練

---

[148] 也就是說，中央勞政機關雖然禁止徵人廣告有「限65歲以下」的用語，但並沒有提供諸如就服法第24條的促進就業措施。

[149] 即使被保險人領取失業給付期間，也可以從事每月收入不超過基本工資的工作（就保法第17條第1項參照），對於退休年金不足之人，似可參考此一法理修正。

之單位或政府公法救助性質之就業方案、以工代賑等期間之勞工保險月投保薪資，得不列入老年給付月投保薪資計算。上訴人由於參加職業訓練投保薪資的列入計算，而按照當時勞保條例第19條第2項「老年給付按被保險人退休之當月起前三年之平均月投保薪資計算」，而蒙受較少老年給付的損失[150]。

　　上述中央勞政機關的函釋及最高行政法院的見解，本文以為或有補充的必要，蓋被裁減資遣人員的參加職業訓練，究非工作可言，中央勞政機關以函釋將之解釋為得加入勞工保險機構，或有鼓勵其接受職業訓練的用意。至於政府公法救助性質之就業方案及以工代賑更非真正的勞動關係，而只是具有政策上意義的措施而已。所以，在法理上既非勞動關係，即與勞工保險係「在職保險」的法意不合，本「不得列入」計算，而非「得不列入」計算的問題。也因此，如果中央勞政機關要將之視為勞動關係處理，則其法律後果將是「應予列入」計算，而非「得不列入」計算的問題。所以，最高行政法院似應指出中央勞政機關函釋法理上的疑義，而非贊同其見解。正確而言，中央勞政機關並無權以解釋令的方式創造「任意加保」勞工保險及就業保險的資格，更不應創設「得不列入」平均月投報薪資的計算方式。

4. 強化職業安全義務及職務再設計，以安定高齡勞工留在勞動市場（避免迫使高齡勞工提早退休）

　　這主要是因為在我國職業安全衛生法及其相關子法（特別是勞工健康保護規則）中，並未有針對中高齡勞工身心（生理及心理）特別的保護規定，尤其是人因工程的相關規定，使得勞工因年齡老化逐漸難以負荷工作的要求，甚至遭致職業災害，最後只能黯然的離職。對此，除了一般性地適用到所有勞工的規定外，增訂及加重雇主的保護義務，即有其必要，於此或依照國勞組織第162號建議書的要求「藉著採用所有可用之技術方法，特別是工作學原理，調整適於勞工及令其滿意之工作，以便使其保有健康，避免意外事故與維持工作能力」；或者可以參考歐盟平等待遇基準指令第5條對於身障者提供適當防護措施或設施的規定[151]，將之轉化到我國的制定法規裡。此外，尚且可以思考（依據職業安全衛生法或職業災害勞工保護法的授權）制定一「中高齡勞工職

---

[150] 依據2008年8月13日修正施行的勞保條例第19條第3項一規定，原則上已改按被保險人加保期間最高六十個月之月投保薪資予以平均計算。

[151] Dagmar Schiek, Europäisches Arbeitsrecht, 2. Aufl., 2004, 219 Rn. 67, 72.由於一般性的、適用到所有勞工的規定仍然絕對必要，所以吾人並不得謂此類規定構成中高齡者的間接歧視。

業災害預防辦法」，以收其實效。惟為免負擔超出雇主的期待可能性之外，對於防護措施或設施所造成的費用，政府即應予以補助。另外，也可以參考勞基法第51條規定，修法給予高齡勞工申請改調輕易工作之權限。

七、年齡歧視的例外及舉證責任的設計

面對中高齡求職者，雇主如有客觀的理由，應可拒絕僱用之。此即為年齡歧視的例外。也就是一般所稱的「職業上具決定性的要求」（美國就業年齡歧視法稱之為「真實職業資格」），即以學識、體能或技術上的要求，而限定在一定年齡以下的人，例如機師、芭蕾舞者、鋼管舞者。前者，由於工作的危險性、且兼負者幾百名乘客的生命安全；後者，由於需要高超的技巧與體力。然而，到底有那些工作屬於此一範疇？仍然需要立法界定之。[152]或者以國家安全、公共利益或社會大眾利益，作為判斷標準。本書也以為應以醫學上的文獻或實務上的統計資料（意外事故傷亡數及占所有客運司機的比率）做為佐證，始有辦法合法化。例如限定客運司機年齡為45歲以下或保全50歲以下，恐怕都無法通過醫學文獻或實證資料的檢驗。除此之外，雇主基於人力的適當配置、避免人力老化的僱用政策，應該也可以合法化僱用年輕勞工的理由。所以，相較於其他歧視特徵，年齡歧視的合法化事由會顯得寬一些。

最後，在年齡歧視的認定上，最為困難者，當在於如何證明的問題。此在現行民事訴訟法上（第277條規定），基於舉證責任的分配原則，應該由認為受到歧視者加以證明。亦即在實務上，並無法準用或類推適用性別工作平等法第27條第1項及第31條「由雇主舉證」之規定。蓋這是立法論的問題，必須立法或修法明定「由雇主負舉證責任」始可。在此，本書認為或可參考性別工作平等法第27條第1項及第31條的立法方式、或可參考歐洲聯盟2000年11月27日「平等待遇基準指令」（Rahmenrichtlinie）第10條規定，對於雇主有無歧視待遇之事實，適用舉證責任倒置（Beweislastumkehr）之規定，由雇主負擔並無歧視行為之舉證責任。[153]惟由於舉證責任倒置加予雇主太重的責任，因此，較為適當的，應是參考性別工作平等法的立法方式。「中高齡者及高齡者

---

[152] 在澳洲及愛爾蘭，家事勞動者均屬年齡歧視的例外。考其原因，應在於從事清潔工作需要消耗甚多體力也。那麼，在台灣，清潔工、空服員是否可以列入年齡歧視的例外？

[153] 其內容大體上與1997年「舉證責任指令」（97/80/EG）相同。相關說明，請參閱鄭津津、楊通軒，各國工作平等法制之比較研究結案報告，2006年12月，頁68以下。

就業促進法」第14條規定，即是採取此種立法方式。依之，「求職或受僱之中高齡者及高齡者於釋明差別待遇之事實後，雇主應就差別待遇之非年齡因素，或其符合前條所定之差別待遇因素，負舉證責任。」不過，就如本書前面（男性勞工與女性勞工）所說明者，性平法第31條之「釋明差別待遇之事實」，原則上應與民事訴訟法第277條之「就其事實有舉證之責任」作同一解釋。也就是說，主張權利之人應負舉證之責任，請求權人應充分地釋明構成請求權的事實。亦即事實的陳述必須具有合理性，而非只是單純的主張或臆測而已。要符合釋明責任的要求，必須其所陳述的事實，從客觀上的觀察具有絕對的可能性（überwiegende Wahrscheinlichkeit），可以得出歧視的結果（BAG, Beschl. v. 20.5.2010, NZA 2010, 1007）。

　　惟針對年齡歧視的疑義，受歧視人多向地方勞工主管機關提出申訴，地方主管機關為行使就服法第65條之1項之行政罰鍰及第3項之公布姓名或名稱之制裁，殆皆依據職權要求雇主陳述理由並且提出人員清冊（甚至薪資清策），並且交由就業歧視評議委員會評議及審定。受歧視人即無須負擔舉證之責任（最高行政法院101年度判字第1036號判決及台北高等行政法院102年度訴字第1876號判決參照）。

第三節　就業服務機構的結構與改造

壹、成果下的改造

　　就業服務機構應該是一個以顧客為導向的提供服務者。過去相當長的一段時間，勞動力發展署前身的職業訓練局所提供的各種就業服務措施，大體上能夠滿足多數求職者、勞工及雇主的須要，也使得台灣的失業率一直維持在4%到6%之間，即便偶而超過6%，惟其後經過努力，也都能呈現緩步下降的趨勢。

　　雖然如此，配合著產業經濟環境的轉變，就業服務機構的組織，也有必要作適當的調整，以符合需求。這並不一定與行政院勞工委員會的改制成勞動部，因而職業訓練局也順勢改制為勞動力發展署有關，即不問勞工委員會有無改制，職訓局的組織架構也應該有所重組。為此，首先係其定位問題，即應清楚地將其定位為一個居於企業政策、勞動政策及社會政策樞紐的機構，以提供各類諮詢、推介就業、各種金錢給付、以及促進男女工作機會均等的各種

服務。其次，勞動力發展署應該有其經營政策上的目標，勞動部應該每年與其達成架構目標協議（Rahmenzielvereinbarung），要求勞動力發展署務必完成年度目標指示。勞動力發展署也應該每年向勞動部提出業務報告與計畫。如此，勞動部才能了解並督促勞動力發展署就業服務工作的完成。不可避免地，勞動力發展署在改造過程中，也應適度地吸納委外人力為不定期契約工或定期契約工，以保障其工作權、並且提高其工作士氣。

貳、法令面的配合修正

無論是勞動力發展署組織架構的調整、或是勞動力發展署各種勞動市場工具及促進就業措施的採行，都必須以制定或修正法令（例如就業保險促進就業實施辦法）為前提。經過這些法令的規定，可以促使業務的推動更具彈性及透明，也提高業務效果（降低失業率、縮短失業的期間等）。就目前就業服務法及就業保險法及相關子法來看，我國的法令設計仍然略顯保守（例如並無部分時間工作者及微量工作者的促進就業措施，惟分權負責的規定則已有一定程度的改善[154]），有待於進一步放寬。

參、分權化下的合作及組織的重組

一、與六都及地方政府的合作

無論是就業服務或降低失業率方面，中央主管機關與地方主管機關合作的必要性，都是建立在各地區的勞動市場具有異質性上面。這是指各地區的產業部門不同，僱用的結構當然也不同。異質性越高，分權化的必要性也就越高；反之，則越小。另外，為了強化中央與地方的聯繫（尤其是面臨經濟危機時）、共同研商應付的對策及採取共同的（公法的）措施與手段，在本於雙方有共同理解及對話的前提下，中央主管機關可以設立一地區性的勞動市場調整機制（regional Arbeitsmarktmonitor）[155]，以促進勞動市場透明化及分權化 / 地方權的行動。這樣可以及時地避免或減輕勞動市場的偏差發展。在分工上，針對中長期的僱用風險的解決，理應由中央主管機關統籌計畫與處理，地方主管

---

[154] 請參閱本書第一章第三節部分的說明。

[155] Geschäftsbericht 2009, 58. Geschäftsbericht der BA, 13 f.

機關則是負責加強短期的彌補能力。舉例而言，中央主管機關負責僱用安定薪資補貼、低技術者及中高齡勞工的繼續訓練、個案管理就業服務、以及雇主服務的加強。至於地方主管機關則負責簡易諮詢服務、簡易的網路諮詢服務、以及社會救助的事項等。在2015年8月17日以來，勞動部即透過六號公告[156]，委辦直轄市政府辦理就業中心業務，使得地方政府也能發揮其促進就業的功能。

　　中央主管機關與地方主管機關的合作事項，還包括職業教育訓練的強化，包括由學校到職場的角色的分工及各種輔助的提供（例如與工商團體的聯繫合作）。在降低失業率的作法上，由中央主管機關幫助勞工確定職業方向。另外，為了使身心障礙者能夠跨區域的工作，雙方也可以強化推介就業的合作。

　　不可否認地，分權化的文化是須要培養的，也須要中央主管機關的慷慨助成。為此，中央主管機關可以在就業服務的預算中，內含分權化的勞動市場政策的思想。惟一旦分權，也代表著直轄市及各地方政府有加重責任的心理準備。

二、組織的重組

（一）內部審查／監督的強化

　　一個兼負就業服務重責的機構，其就業服務事項、各種計畫及方案林林總總，而使用的預算額度又相當的高，必須有功能強大的內部審查機制。以勞動力發展署的業務而言，其編制上有政風單位，負責內部的稽查及督導，例如幾年來都在做年度的多元就業方案實地稽核及訪視工作。但是，至今為止，勞動力發展署並無設置專責的稽核單位，單恃政風單位之監督，難保不會發生弊病。例如職訓局2009年以就業保險基金補助的「協助企業人力資源提升聯合型計畫」，即發生了展圓公司核銷不實案[157]。此案後來也衍生成職訓局可否辦理呆帳的問題，蓋依據「國營事業逾期欠款債權催收款及呆帳處理有關會計事務

---

[156] 分別是勞動部104年8月17日勞動發就字第1040509725號公告委辦新北市政府辦理三重就業中心業務、勞動部104年8月17日勞動發就字第10405097251號公告委辦新北市政府辦理新店就業中心業務、勞動部104年8月17日勞動發就字第10405097252號公告委辦新北市政府辦理板橋就業中心業務、勞動部104年8月17日勞動發就字第1040509489號公告委辦高雄市政府辦理鳳山就業中心業務、勞動部104年8月17日勞動發就字第10405094891號公告委辦高雄市政府辦理岡山就業中心業務、勞動部105年3月2日勞動發就字第10505017611號公告委辦台中市政府辦理豐原就業中心業務、勞動部105年5月3日勞動發就字第1050504526號公告委辦桃園市政府辦理中壢就業中心業務。

[157] 台北高等行政法院99年度訴字第01827號和解筆錄。

補充規定」第7點第3項規定，呆帳之轉銷應經稽核單位（類似組織）或人員查核，然職業訓練局內部並未專設稽核單位或類似組織、人員，所以，本案展圓公司呆帳轉銷之查核，就由職訓局業務單位自行認定已盡善良管理人應有之注意義務，這似乎與內稽內控之規定不符。

在設計上，除了政風繼續執行其固有的防止及打擊貪污、合法性的審查等工作外[158]，應該以法律明定，將內部審查／監督機制直隸於勞動力發展署的一級單位，讓其具有一定程度獨立的監理地位。雖然其也具有諮詢的功能，但主要在從事內部監理及審議工作。也就是說，在2014年2月17日勞工保險監理委員會裁併到勞動部後，應將原來勞工保險監理委員會對於早期職業訓練局業務監督的工作，內移到勞動力發展署中設置及推動。當然不僅此為限，而是其審議的對象擴大，也包括體系審查（Systemuntersuchung）、重要案件的特別審查、以及風險管理等。其審查的依據，是國際上共通的審查基準。在審查後，其所提出的建議清單，可以給予就業服務機構具體的幫助。如為達到國際基準的清廉，勞動力發展署也可以考慮加入國際透明組織（Transparency International）。目前，德國聯邦職業介紹所即是國際透明組織的成員之一。

（二）設立外勞及專業人士推介中心

在外籍勞工的引進上，2014年2月17日改制前主要是由職業訓練局的外勞組所負責。惟在改制後，勞動力發展署成立「跨國勞動力發展組」及派出單位「跨國勞動力事務中心」，分別負責外國籍人政策的擬定及受理雇主申請外國籍人工作許可及就業安定費收繳業務等事項，簡化跨國勞動力許可業務。惟此與本書所主張之為應付各種人力的需求、專業人士的推介就業、以及提供我國人士前往外國工作的服務上，勞動力發展署的內部組織應該加以重組／整。亦即設立一外勞及專業人推介中心（或服務組），以總其成，尚有不同。

先就外籍勞工的引進而言，除了藍領外勞外，主要應該強化白領專業人士的入國工作。相較於先進國家，外國專業人員在台工作，人數仍屬偏低。其工作類別主要集中在專門性技術性工作、補習及教育工作，業別範圍也不廣，對於我國國際競爭力的提升，並無顯著助益。從我國整體經濟發展需要來看，應該不止於這些類別及人數。配合著白領外勞的引進，就業服務機構也應該思考對之提供諮詢，以便外國人的學歷證件及專業證照可以獲得承認。當然這是以

---

[158] 所以，這樣的設計會與德國聯邦職業介紹所中的內部審查機制的設計不同。

我國政府政策允許為前提，而且以與外國政府簽訂彼此承認的協議為準。在這裡，如果諮詢的對象是歸化我國者，則更能快速地釐清其專業的類別及程度，方便推介到適當的職場與位置，避免浪費人力或大才小用。

同樣是在藍領外勞的引進上，台灣由於四面環海，所以少有邊界工人（Grenzübergänger）或季節性工人（Saisonarbeitnehmer）的想法與作法。事實上，這些人主要是在作為彌補農忙時期，農村人力的短缺，所以是以農業性工人為大宗。有鑑於農村人口的老化，「跨國勞動力發展組」或「跨國勞動力事務中心」應可提供這方面的服務，雖然如此，如就現行「外國人從事就業服務法第46條第1項第8款至第11款工作資格及審查標準」的規定來看，似乎並無農業性外籍勞工引進的規定，果如此，勞動部也應該思考修正之。對此，或許是基於預做因應的考量，勞動部在2015年6月開放屠宰業外勞，將原先已做公司登記的屠宰業得進用外勞的規定，進一步放寬到非公司登記屠宰場亦得進用外勞。雖然勞動部自認其並非農業外勞，但一般認為係開放農業外勞的先兆。在開放農業外勞的政策上，行政院農業委員會持肯定的態度，「跨國勞動力政策諮詢小組」遂在2015年10月通過試辦畜牧業外勞，只不過，由於行政院憂慮開放畜牧業將牽動開放其他農業外勞連鎖效應，因此決定擱置試辦方案。至此，有關農業缺工的問題，乃改由新增我國農民的政策取代之。

至於在推介我國專業人士就業方面，有一種是特殊專業工作者的短期或中長期工作推介，例如藝文工作者或藝術家，如能幫助其找尋幾個工作日的表演（不限於僱傭關係），亦屬助益匪淺（外國藝文工作者或藝術家也是透過此一中心，進入我國工作）。另外，對於有興趣前往國外工作的人，尤其是其在台灣找不到工作者（含管理階層、工程師、餐飲業工作者、營造業員工等），也可以透過此一外勞及專業人推介中心（或跨國勞動力發展組）的專業服務，幫助其圓夢[159]。

（三）設立勞動市場研究機構

作為一個身兼企業政策、勞動政策及社會政策的總成機制，勞動力發展署有必要設立一個勞動市場的研究機構（Institut für Arbeitsmarkt-und

---

[159] Geschäftsbericht 2009, 58. Geschäftsbericht der BA, 43 f.; Geschäftsbericht 2010, 59. Geschäftsbericht der BA, 25 f., 41.其實，依據勞動部勞動力發展署組織法第2條第7款規定，其掌理事項包括海外合作規劃與督導。

Berufsforschung, IAB）[160]。此一研究機構以現代的方法研究勞動市場，之後提出專業的研究結論與發現。勞動力發展署遂可以在決策形成中，即將該機構的研究成果納入。該勞動市場研究機構基於研究自由及發表自由的保障，當然可以在研究發表中保留專業的及尖銳的建議。該機構的另一項根本工作是：分析各種危機所帶來的影響及檢驗各種可能創造與確保工作的政策工具。最後，經由此一研究機構所完成的各勞動市場地區的類型化，也有助於勞動力發展署研擬改善方案，並且有利於勞動力發展署向勞動部提出目標（改善）承諾[161]。

三、其他技術層面的改造

（一）人事政策創新及委外人力的適度轉任正職（含定期工）

面對產業經濟環境的快速變化，就業服務人員所應具有的本質學能也須不斷提升，勞動力發展署提出一創新的跨時代的人事政策及導入終身學習的觀念與作法，乃屬必要。這尤其是要考慮到就服人員的工作品質的提升及顧客不同需求的滿足。

在人力的使用上，為確保工作權及改善工作條件與福利，勞動力發展署有必要適度地將委外人力轉為正職人員（包括不定期契約及定期契約工），也應該嘗試將部分委外勞務以電傳勞動的方式完成（含僱傭契約及承攬契約等契約形式）。至於在職位的分配上，勞動力發展署也應施行僱用平等計畫，尤其在中高階職位部分，注意到男女職員的分布比例。勞動力發展署也應該施行有制度性的績效及能力考核，並且勾勒出個別員工的發展計畫，特別是要及早確定足堪擔任領導職的有潛力的員工，一步步地加以培養。

（二）e化的加強

隨著網路的興起，勞動力發展署也應建構最先進的網路設備，以加強e化的服務，這也是在符合政府e化的政策，目的在行政管理的現代化。藉由電子化行政的線上服務，提供了資訊、聯繫及意見交流，以符合顧客與伙伴的須要，並提高使用者對於就業服務的滿意度。而且，由於線上服務具有不中斷的

---

[160] 此與「勞動力發展創新中心」尚有不同。後者，亦為勞動力發展署的派出單位，任務在以創新之思維建構勞動力發展之知識系統、數位平台並針對師資及教法等進行研發，以達成勞動力發展策略之創新育成。

[161] Geschäftsbericht 2009, 58. Geschäftsbericht der BA, 44.

特色，也可以達到整個就業服務的最佳化。

　　在台灣，由於勞動力發展署的業務與勞動部勞工保險局偶有前後關聯，所以由雙方建構共同的平台即屬必要，例如勞保局與職訓局於2010年12月底以VPN線路直接連線，同時完成新平台功能開發。各公立就業服務中心自2011年1月起開始使用。從此而後，就服中心（站）已可快速查詢失業給付資格、加退保記錄等資料，大大地改善工作效率與民眾滿意度。

　　再回到勞動力發展署來講，若要提供e化的服務，首先是在建置網路職業介紹所／工作股市（Jobbörse）[162]，以滿足各個族群的須要。對此，勞動力發展署早已設立全國就業e網，提供公民營事業單位徵求人才的訊息、以及失業者自行登錄求職與直接查詢工作的機會，其功能與任務並且不斷地擴大，例如在2009年3月設置「政府短期促進就業措施」專區，提供「97～98年短期促進就業措施」及「98～101年促進就業方案」各部會進用人力徵才訊息，並設有「機關名稱」及「工作地點」查詢功能。

　　然而，網路職業介紹所不應該只是尋職（撮合工作）的機器而已，而是與顧客間的網路通道且開啟了新的合作管道與對象。首先，在網路職業介紹所中登錄求才的廠商及求職的失業者，擁有一定程度的自行管理權（與廠商向公立就服機構辦理求才登記被動地等待推介就業服務，不同）。它可以快速地調整勞動市場中的供需（供給與需求）平衡。它的快速的及簡單的服務功能，在經濟危機中更顯得卓越非凡。其次，網路職業介紹所的透明處理過程，對於職業訓練當事人（職業訓練機構及找尋各種訓練機會的人），應該也可以發揮很大的助力，勞動力發展署應該善加思考利用。果能如此，此一網路職業介紹所將會是政府e化服務中，被人民使用最多的網路服務之一。只是，必須注意的是，在網路職業介紹所中所提供的各種資訊與訊息，不得違反「電腦處理個人資料保護法」的規定。勞動力發展署必須時時審查所登錄的資料，是否合乎法令規定的要求。

　　另外，勞動力發展署也應該建構並加強網內的學習平台（Platform im Intranet），提供給所有的員工學習各種課程的教育管道，以提升其專業能力及領導能力。這種網路課程，正可與面對面的課堂現場講授互相搭配[163]。

---

[162] 德國聯邦職業介紹所自2009年8月17日起開始啟用。

[163] Geschäftsbericht 2010, 59. Geschäftsbericht der BA, 50.

（三）引進商業軟體改善財務結構及人事管理

　　爲了使內部資源獲得最佳的整合，達到效益的最大化，勞動力發展署似有必要引進國際間著名的商業軟體，以改善財務結構、人事管理[164]、以及行銷管理等組織與流程，即所謂標準化系統（Standardsystem），例如以SAP（Systems, Applications, and Products in Data Processing）公司所發展的ERP（Enterprise Resource Planning）系統軟體爲基礎。藉由這樣的統一資源規劃系統（Einheitlich Resourcen Plannungssystem），整合在唯一的平台上，將可以在符合勞動力發展署的經營策略、組織特性與文化下，統合全部的架構與活動，精簡不必要的部門與步驟，以達到就業服務效益的最大化。可以說，經由SAP軟體，可以提供給顧客及員工更好的服務，也可以較有彈性的、較有效率地應付未來的挑戰[165]。另外，經由此一企業結構的整合，也可以使得勞動力發展署充分發揮員工、顧客與伙伴的關係。

（四）顧客反應管理及行銷、創新提案、及產品與計畫分析

　　勞動力發展署是我國最大的服務提供者之一，對於其各項服務，自應時時注意顧客的滿意。因此，勞動力發展署有必要設立顧問及員工滿意度調查中心（Zentrum für Kunden-und Mitarbeiterbefragung, ZKM），以從事問卷的設計、回收及分析。一般而言，對於申請案的處理時效、職業介紹與各種補助措施的品質、顧客來電時的等待回話時間、以及其與員工接觸的感受等，都是顧客最在意的項目，有時會加以稱讚，但有時也會加以批評[166]。

　　在行銷方面，勞動力發展署所提供的服務項目眾多，有一些是平常在推動的，但也有一些是經濟危機時候所推出的，各種方案及計畫的不斷地產生，一般人民及勞雇雙方都可能不甚清楚，有必要透過各種宣傳活動加以行銷，並且配合醒目的題目或標語吸引大眾注意，例如產業人才投資計畫、充電再出發計畫等。

　　至於在創新提案方面，爲了應付勞動市場的須要，及早嗅覺到市場的趨勢，勞動力發展署必須是一個學習型的組織、發展出各種行動作法、以及試驗

---

[164] 包括員工的薪資，也可以經由SAP給付。因爲在人事管理領域，可以對組織管理、各種職務及薪資計算，設定各種處理期限。

[165] Geschäftsbericht 2010, 59. Geschäftsbericht der BA, 21, 46.

[166] 以德國聯邦職業介紹所而論，在2010年的顧客滿意度調查中，約有70%的申訴及24%讚揚。在所有申訴案中，約有30%獲得救濟。此一數字，與前一年的調查結果差堪比擬。

各種模型計畫（Modellprojekten），以作爲實際操作之用。此處的創新提案，是要跳脫傳統官僚體系的消極被動心態，在一定的程序下，敦促員工發揮創意，以提升服務的效率與效能。有效的創新提案，還可以達到避免不必要支出及降低行政費用的結果[167]。在危機時期，員工有用的創新提案，往往也能以方案或計畫的方式，幫助勞雇雙方度過經營困境。

　　另外，勞動力發展署對於在勞動市場政策下的工具，也必須進行產品及計畫的分析。特別是創新的提案及原來諮詢過程與推介過程的改變，必須伴以科學方法的分析。這樣才能有助於產品的形成與發展、支持分權化下的促進就業策略、以及助成提高經濟的及節省的勞動市場政策。以德國聯邦職業介紹所而論，其在2010年科學分析的重點，是放在與私立就業服務機構合作的模型計畫效益推估上、以及以不同的形式，支援中小型廠商的職業繼續訓練的評估上[168]。所以，台灣勞動力發展署也有必要進行產品及計畫的分析，尤其對於林林總總的（職業訓練的）方案與計畫，進行科學的分析與整合，避免疊床架屋、馴致效果不彰。

（五）國際關係的強化

　　勞動力發展署之所以應加強國際關係，是因爲經常性地與國外公立的就業服務機構交流對話，有助於尖銳地反視自己實務上的作法及思考精進之道。即使由外國政府所設立的公法的機構（含財團、社團、行政法人等），也能夠提供類似經驗的交流。所以，台灣勞動力發展署有必要強化這方面的合作或交流計畫與工作。以德國而言，聯邦職業介紹所積極地參加歐盟執委會所提出的「歐盟2020年策略」（EU 2020-Strategie），有助於形塑及具體化歐盟的勞工行政的輪廓，並且藉由交換處理經濟危機的經驗、提升應付未來挑戰的能力。至於聯邦職業介紹所強調員工自主學習的觸媒，主要是得之於奧地利的勞動市場服務（Arbeitsmarktservice Österreich, AMS）方案，其重點是置於品質管理的標準化工具（Standardinstrumente des Qualitätsmanagements）的建構。

---

[167] 以德國聯邦職業介紹所而言，在2010年的「創意管理creativ Ideenmanagement」項目下，總共有超過二千個建議案被提出，經由付諸實施後，總共節省了數百萬歐元的支出。

[168] Geschäftsbericht 2010, 59. Geschäftsbericht der BA, 36.

第四節　勞動市場政策工具之運用

壹、傳統就業服務工具的使用

依據就業服務法第1條第1款規定，就業服務，指協助國民就業及雇主徵求員工所提供之服務。至於就業服務機構，區分為私立（民間）就業服務機構及公立就業服務機構，兩者的就業服務業務範圍並不盡相同。依據就業服務法第35條第1項規定，私立就業服務機構得經營的業務有：職業介紹或人力仲介業務、接受委任招募員工、協助國民釐定生涯發展計畫之就業諮詢或職業心理測驗、以及其他經中央主管機關指定之就業服務事項。

再根據就業服務法第35條第3項規定，所訂定的、並且於2013年1月4日修正施行的私立就業服務機構許可及管理辦法第3條規定，本法第35條第1項第4款所稱其他經中央主管機關指定之就業服務事項如下：一、接受雇主委任辦理聘僱外國人之招募、引進、接續聘僱及申請求才證明、招募許可、聘僱許可、展延聘僱許可、遞補、轉換雇主、轉換工作、變更聘僱許可事項、通知外國人連續曠職三日失去聯繫之核備。二、接受雇主或外國人委任辦理在中華民國境內工作外國人之生活照顧服務、安排入出國、安排接受健康檢查、健康檢查結果函報衛生主管機關、諮詢、輔導及翻譯[169]。

依循著就業服務法第35條第1項規定之職業介紹或人力仲介業務，私立就業服務機構因此有求職登記與求才登記之業務行為（私立就業服務機構許可及管理辦法第8條第4款規定）、以及甄選服務（私立就業服務機構許可及管理辦法第29條第1項規定）[170]；並且，依循著協助國民釐定生涯發展計畫之就業諮詢或職業心理測驗規定，因此，私立就業服務機構乃可以透過就業服務專業人員「辦理暨分析職業性向」（私立就業服務機構許可及管理辦法第7條第1款規定）。再配合就業服務法第35條第1項規定之業務，私立就業服務機構遂可以收取登記費、介紹費、職業心理測驗費、就業諮詢費、及服務費（2010年3月2日私立就業服務機構收費項目及金額標準第2條規定）。

---

[169] 不過，既然是對於母法的解釋規定，理論上應該是訂在就業服務法施行細則較妥，不應該訂在這裡。

[170] 依據私立就業服務機構許可及管理辦法第29條第1項規定，私立就業服務機構於從事職業介紹、人才仲介及甄選服務時，應告知所推介工作之內容、薪資、工時、福利及其他有關勞動條件。

　　相較於私立就業服務機構，公立就業服務機構的業務範圍較廣。綜合就業服務法及就業保險法及其相關子法的規定，包括辦理求職求才業務（就服法第14條規定）[171]、提供就業市場資訊（就服法第16條規定）、提供就業諮詢（就服法第17條規定、就保法第12條第1項及第5項規定）、學生職業輔導（就服法第18條規定）、輔導缺乏工作知能之求職人（就服法第19條規定）、對申請失業給付者之協助（就服法第20條規定）、辦理就業服務法就業促進業務（就服法第24條、就業促進津貼實施辦法）、辦理就業保險促進就業業務（就保法第12條第4項、就業保險促進就業實施辦法第9條以下及第22條以下）、辦理失業認定及再認定業務（就保法第25條第2項、第30條規定）、以及辦理就業保險法業務及相關宣導工作等。其中，如前面第三章第三節所述的，就業保險促進就業實施辦法第3條第3款與第22條以下之其他促進就業措施、以及就業促進津貼實施辦法第4條與第6條以下，對於就業服務及促進就業的各種措施（含津貼、補助）規定尤其詳盡，其所能發揮的實際功效尤其值得期待。

　　所以，有關公立就業服務機構所提供之就業服務及促進就業，必須綜合就業服務法、就業促進津貼實施辦法、就業保險法、就業保險促進就業實施辦法、以及中央勞政機關依據就業服務法第6條所發布的計畫與方案所規定的各種措施，加以推動並評價之。

　　以實際的就業服務觀之，一般在經濟景氣轉好時，公立就業服務機構所辦理的求職求才業務，會呈現受理求職人數減少、求才人數增加、求職就業率與求才就業率同步擴增的情況。至於在辦理就業諮詢業務方面，包括有簡易諮詢、個案管理就業服務、職業訓練諮詢及就業促進研習活動等服務。依據就業保險促進就業實施辦法第46條規定公立就業服務機構並且提供適性就業輔導（職涯規劃、職業心理測驗、團體諮商、就業觀摩），雖然使用簡易諮詢及個案管理就業服務均有一定人數，但個案管理就業服務在剛實施時，尋求服務之求職者人數頗眾，顯示出此一諮詢服務效果顯著[172]。

---

[171] 原本就業服務法第15條規定之生活扶助戶之旅費補助，在2015年6月17日修正刪除，蓋其在實務上並未加以落實。

[172] 理論上，無論是從事簡易諮詢或個案管理服務的諮詢，就服人員除了勞動市場的結構外，也必須充分了解每個行職業的結構及其今昔重要性的轉變，這樣才有辦法為顧客解析。這裡還會牽涉到「中華民國行業標準分類系統表」的分類，是否與「國際行業標準分類系統表」（internationale Berufsklassifikation, ISCO-08）相符？蓋行政院主計處是在1996年12月第六次修正，距今已久，恐怕已有再修正的必要。如此，才能正確地反映勞動市場的統計數字，而就服人員也才能更精準地了解該行職業，並且提供就業諮詢及推介就業諮詢服務。

承上而來者，既然個案管理服務的效果顯著，則公立就業服務機構似可再擴充這方面的使用。另外，強化（提供諮詢服務及推介服務的）員工與顧客間的信賴關係，合理調整每位員工服務對象的人數（即所謂照顧比例）[173]，避免服務的人數過多，降低服務的品質及效果，這樣一來，可以縮短媒合就業的時間——特別是縮短失業期間，對於失業者及其家人的幫助尤大。如前面所述者，將三合一的服務模式，適度增加一案到底服務的模式，也是與信賴關係有關。雖然，降低服務人數的比例，可能需要增聘更多的諮詢服務人員，導致用人費用增加，不過，反向而來的縮短失業期間，也會連帶減少失業給付及其他工資替代費用的支出，所以會平衡過來。

另在促進就業方面，依據就業保險促進就業實施辦法所推動的僱用獎助措施，呈現大幅增加的現象，顯示在公立就業服務機構一些特殊措施停止後，廠商多回頭申請僱用獎助措施，由於此一獎助對象是真正的勞動關係，之後留用的人數也已達到一定的成數（如前所述），發揮了黏貼的效果，故其應較其他公法的促進就業措施（例如臨時工作Arbeitsgelegnheiten）優先加以利用。

貳、勞動市場與職業訓練市場的結合

多年來，雖然勞動市場的就業狀況已呈現上揚，但青少年族群（尤其是15～24歲者）的就業狀況相對較差，屬於高失業族群，這代表公立就服機構有必要加強青少年族群的各種職業訓練、以及加強與學校教育的連結（就服法第18條參照），以落實其實戰能力[174]。勞動力發展署顯然也了解此一狀況，因此在其青年職業訓練項目中，推出雙軌訓練旗艦計畫、產學訓合作訓練、青年就業旗艦計畫、以及補助大專院校辦理就業學程計畫。希望藉由該等訓練計畫的推動，提升青年學生之就業知識、技能、態度，以避免產生一個無一技之長且沒有實務（習）經驗的青少年，不如此做，則其一輩子恐怕只能短進短出的打

---

[173] 德國聯邦職業介紹所的就業服務人員與顧客的比例是1比70，反觀台灣，應該沒有這方面的統計數字，推想應該會遠超過1比70的比例。Geschäftsbericht 2010, 59. Geschäftsbericht der BA, 39.

[174] 另一方面，係藉由就業服務法第5條第1項禁止年齡歧視的規定，為年輕勞工創造並維持一公平友善的職場環境。然而，如前所述，就業服務法第5條第1項「年齡」適用於「各個年齡層」的解釋，已隨著「中高齡者及高齡者就業促進法」第3條第1款及第2款之中高齡者及高齡者的立法定義，而受到限縮。解釋上，對於未滿45歲的年輕勞工，即無年齡歧視之適用矣。

零（粗）工，其命運將是悲慘的。

　　所以，除了上述的青年職業訓練項目外，公立就服機構另一方面要擴充符合產業環境要求的養成訓練職類及技術生訓練職類、以及補助各種繼續訓練與失業者訓練，但是，更重要的，是要提供找尋訓練職位的青少年及提供訓練職位的廠場的一個（透明化）平台，接受雙方的登錄[175]，撮合雙方的（養成工、技術生）訓練契約，逐步地將目前由公立職訓中心為主的訓練模式，轉化到企業內訓練，及早幫助受訓者與施訓者建立信賴關係，並且提高留用的比例，這樣，才會大量地減少國中及高中畢業生失落的年代，也可以相當程度幫助中輟生回到訓練職場。在這裡，本書以為為幫助青少年從學校轉換到職場，公立就服機構有必要設立一個過度機制（Übergangssystem），以提供各種協助（包括補助等），降低訓練的阻礙。尤其重要的是，本書主張中央勞政機關應該試圖每年與全國性的工商團體（例如工總、商總等）簽訂預定訓練一定人數（例如每年十萬人）的各式訓練契約（養成工、技術生、建教合作生等），以提供訓練的機會，並且盡到其社會的責任。

　　另外，在幫助青少年找尋訓練職位上，直轄市及縣市政府勞工主管機關，應該也可以提供經費設立一個平台，以助成受訓者及施訓者訂立訓練契約的機會。雖然，他們可能也會到公立職訓中心登記，形成雙重登記的現象，不過，只要能夠幫助實現訓練的目的，應該是無妨的。尤其是地方勞工主管機關也應該盡力嘗試與當地的工商團體（例如工業會、商業會等）簽訂類似的協議，為當地人民爭取訓練的位置。這樣，在多重管道幫忙青少年找到職業訓練去處後，配合著勞工法令及社會法令所提供的保護及勞工主管機關的落實執法，將會許青少年一個有希望的未來，連帶地，台灣出生人口說不定會逐漸回升。

　　為了穩固職業訓練關係及避免職業訓練的中斷，各級政府機關應該提供各種附隨的補助／貼。對於廠商因為破產、關廠或歇業、甚至肇因於經營危機（例如2008年下半年到2009年上半年的世界金融風暴）而無法繼續訓練者，如有其他廠商願意承接辦理該訓練或額外增收受訓者的，公立就服機構也應該思考制定（養成工、技術生、建教合作生等）訓練紅利的可能性，以激發其意願。德國社會法典第三部就業保險法第421r條即有養成訓練紅利（Ausbildungsbonus）的規定，值得我國參考。

---

[175] 所以，勞動力發展署可以統計出申請職業訓練的人數、以及被提供的職業訓練位置的數目，並且每年比較。職業訓練的相關當事人，例如受訓者的父母、學校，也能清楚整個訓練的過程。

參、其他技術層面的改造

一、雇主服務的強化

就業服務的對象也包括雇主，除了提供其求才的協助外，就業服務機構似乎也應該提供經營上的各種諮詢及設置供其使用的e化學習平台[176]。在改制前，勞工委員會所設置的「穩定就業輔導團」，即有進廠提供雇主穩定經營諮詢的意義，其在2008年～2009年世界金融風暴期間更是有多次被賦予任務。如為落實雇主的服務，平時即應強化「穩定就業輔導團」的功能與任務、或者思考設立一個常設性的或任務編組的單位，以提供各種勞工法令及社會法令的諮詢，可以入廠服務，這尤其是在電子業所占比重甚大，而其經營環境卻訊息萬變的台灣，更有其必要性，例如針對就業促進津貼實施辦法及就業保險促進就業實施辦法中各種獎助及津貼的申請條件，以為雇主解惑[177]。未來，並應進一步思考由這個服務團前往海外台商所經營的廠場，提供我國法規及當地國法規諮詢服務的可能性。為了強化雇主的服務，以提升其經營知識與能力，中央勞政機關似乎也可以發行專為雇主量身而作的期刊雜誌[178]，並應鼓勵雇主多多投稿交換經驗，此一刊物中並應設置廠商與勞工主管機關對話的園地。

二、ECFA基金（因應貿易自由化就業發展及協助基金）的擴大適用

針對貿易自由化，所可能引起各產業從業人員職場能力或工作知識、技能不足，中央勞政機關配合行政院因應貿易自由化產業調整支援方案，在2011年4月15訂定施行「充電起飛計畫」。除此之外，中央勞政機關並且設置ECFA基金。此一基金的設置，固然是為兩岸貿易往來下、可能造成台灣勞工失業的情況而為。其中對於勞動力發展署以此基金為基礎，所發動的就業安全措施，多所規定，包括延長失業給付期間、薪資補助、職務再設計等。其中，針

---

[176] 惟就業保險促進就業實施辦法第47條以下之協助雇主改善工作環境及勞動條件，似乎與此無關。

[177] 也可以教導並灌輸友善家庭的人事政策，讓雇主樂意遵守性別工作平等的相關法規，並且樂於接受欲重新回到職場工作者（例如育嬰留職停薪者）。

[178] 就目前勞動部及勞動力發展署所發行的「台灣勞工」及「Talent」的主題內容來看，尚不符合這個要求。當然，其主要目的也不是在服務雇主。

對須要到三十公里外工作而發給的每月5,000元的「搬遷費用」，係現行就業保險法及就業服務法的規定所未規定的。只不過，在兩岸經貿往來進入穩定期或成熟期後，本書以爲此一ECFA基金應該擴充其功能及適用對象，例如參考如歐盟的歐洲社會基金（Europäischer Sozialfonds, ESF）及歐洲全球化基金（Europäischer Globalisierungsfonds, EGF）的設置，逐漸地轉型發展成一個可以全球性經濟危機的基金，並且除了強化原來就業安全法規的失業給付、就業服務及職業訓練功能外[179]，也應該擴充到廠商破產、歇業、關廠等情況，以專案或個別計畫、方案的方式，做爲補助員工轉進到新的事業單位之用[180]。

第五節　就業服務法規條文釋示

壹、法規部分

依據就業服務法第2條第1款規定，就業服務，指協助國民就業及雇主徵求員工所提供之服務。由此觀之，就業服務的協助對象，並不包括外國人。惟「協助雇主徵求員工所提供之服務」，解釋上包括求才登記服務及各種金錢補助。也應該提供外國人聘僱的行政上服務。

貳、解釋函及法院判決部分

一、總則部分

（一）第2條第3款聘僱之意義

依據就業服務法第2條第3款規定，雇主，指聘、僱員工從事工作者。既曰「聘、僱用」，即應限於私法契約關係，如係依公務人員任用法進用之人員，

---

[179] 例如以歐洲社會基金（ESF）爲資源的促進能力提升方針（Förderrichtlinie zur Qualifizierung），即可以針對縮短工作時間（無薪假）期間，雇主進行繼續訓練時的補助之用。其原本的適用期間是2009到2010年，之後延長到2012年3月31日。台灣就業保險促進就業實施辦法第5條以下之僱用安定薪資補貼，也應該有這種設計。

[180] 例如，在2009年，歐洲全球化基金（EGF）即針對台灣明碁（BenQ）手機的破產案，提出一個計畫，協助大部分的員工找到新東家。以歐洲全球化基金爲資源的計畫，在手機、汽車製造及印刷機製造等領域，效果卓著。

則不在本法適用範圍內[181]。也就是說，就業服務法「雇主」定義與性別工作平等法之「雇主」定義仍然存有差異，難謂得相互援用[182]。蓋後者的雇主，包括諸如行政、立法、司法等公法性質的「機關」均在其內。行政院勞工委員會93年10月21日台93勞職外字第0930206923號函表示：查「就業服務法」所稱之聘僱，係以有否提供勞務之事實而為認定，故尚非僅限於民法規定之「僱傭關係」始構成本法之聘僱關係，至其「承攬關係」亦包括在內。對於此一函釋，本書以為甚有疑義。蓋不管是民法上或勞工法上的聘僱，殆皆指僱傭關係或勞動關係而言，難以指涉承攬關係。況且，假設包括承攬關係，那是否想作為特定定作人的承攬人，均可以要求提供就業服務？定作人又如何違反就業服務法的規定？此實甚難想像。所以，如果個別就業服務法的規定，應該類推適用於承攬關係，則採用此種法學方法的途徑即可，無須以解釋全面擴充適用。

其實，再對照行政院勞工委員會82年2月17日台82勞職業字第33544號函釋，亦可得知中央勞政機關只是將就業服務法第9條規定之「雇主與求職人」，限定在僱傭契約而已。其要旨為：「對雇主與求職人之資料」，係指自雇主、求職人或其他關係人處獲得渠等之所有資料，應不涉及雇主及求職人隱私之部分。「推介就業之必要」，係指進行就業服務時，為協助促使僱傭契約成立，於必要範圍內所給予求才者及求職者適當情報資料之情形而言[183]。

再依據私立就業服務機構收費項目及金額標準第2條第2款規定，介紹費，（指）媒合求職人與雇主成立聘僱關係所需之費用。所謂「聘僱關係」，實指僱傭關係而言。

（二）第5條第1項「求職人或所僱用員工」之意義及種族歧視

依據政院勞工委員會93年11月11日勞職業字第0930207047 33號函，「就業服務法第5條第1項規定，雇主對求職人或所僱用員工，不得予以歧視，所稱求

---

[181] 行政院勞工委員會民國81年12月17日（81）台勞職業字第041258號函參照。惟依據該函釋，「所進用人員如係依據財政部所發布實施之『財政部所屬國營金融、保險事業機構人事管理準則』或『事務管理規則』等辦理，因該準則等屬行政命令，而非為法律，均應適用就業服務法之規定。」顯然，中央勞政機關係將「依公務人員任用法適用之人員」限制在狹義的公務員。

[182] 就此而論，行政院勞工委員會民國101年9月6日勞職業字第1010501830號函認為雇主定義得相互援用，其見解尚屬有誤。

[183] 再對照行政院勞工委員會81年8月26日台81勞職業字第28860號函，「依據就業服務法第2條第3款之規定，所稱之雇主，指聘、僱員工從事工作者。凡非依公務人員任用法依法適用之人員均在適用範圍內。」惟吾人由此一函釋，尚難以得出其僅指僱傭契約或勞動契約為限。

職人或所僱用員工，包括下列人員：一、依法取得許可在我國境內工作之外國人。二、與中華民國境內設有戶籍之國民結論，且獲准居留，依法在我國境內工作之外國人。三、依法許可在台灣地區依親居留，並取得許可在台灣地區工作之大陸地區人民。四、依法許可在台灣地區長期居留，居留期間在台灣地區工作之大陸地區居民。五、依法許可在台灣地區工作之取得華僑身分之香港、澳門居民及其符合中華民國國籍取得要件之配偶及子女。六、依法取得許可在台灣地區工作之香港、澳門居民。」由此觀之，外籍勞工一旦依法在台灣工作，則有禁止歧視原則之適用，包括工資、升遷、解僱等均獲平等對待。所以，本於此一函釋，本書以為勞動部[184]及最高法院判決所持的「優先留用本勞原則」[185]（作者按：反面言之，即優先解僱外勞原則），應係一錯誤的見解。

再依據行政院勞工委員會88年6月11日台88勞職業字第025548號函，「就業服務法第5條規定之『種族歧視』，其適用對象為本國國民，外籍勞工非就業歧視評議委員會受理就業歧視認定對象。」由此觀之，既不包括外籍勞工，則當然不包括外國民族。如此一來，種族歧視應該是指我國的原住民族與漢族之間的歧視行為、以及我國人民受到在台外商的歧視而言[186]。

（三）第5條第1項對於「以往工會會員身分為由」，所為之歧視之疑義

依據最高行政法院99年度裁字第529號裁定意旨：「按禁止受僱者特定工會會員身分而給予不利待遇，工會法第35條制第37條有加以規定。而就業服務法第5條及第65條對違反規定者科以行政罰鍰，是我國目前禁止就業歧視最主要之法律依據。是雇主對工會會員為就業歧視，如符合就業服務法第5條之規定，自得依就業服務法第65條規定，予以裁處，亦符合工會法第37條規定『並得依法處以罰鍰』之意旨。否則雇主對工會會員為就業歧視，僅因該員工至今仍保有工會會員身分，及第65條之規定，對為就業歧視之雇主裁處罰鍰，自不足以達到保障工會會員，及就業歧視條款規定之立法目的。依行政院勞工委員會93年12月22日、95年8月10日函釋意旨，上訴人之員工蔡耀銘等三人在上訴人為就業歧視時，已具有工會會員身分，自有就業服務法第5條之適用。又依

---

[184] 勞動部104年3月10日勞動發管字第10318098421號令參照。

[185] 例如最高法院95年度台上字第1692號民事判決（太魯閣纖維股份有限公司案）。

[186] 「微美語老師種族歧視非白人不錄用幼稚園遭罰30萬」，中國時報，2011年8月26日，A14版；「要白人拒黃種外師幼稚園罰30萬」，聯合報，2011年8月26日，A4版。

被上訴人制作之上訴人工會會員與非工會會員業績獎金分析表可知，自96年10月起蔡耀銘等三人薪資大幅下降，每月與非會員員工差距1至2萬元；且參酌上訴人與員工間過往之勞資爭議事件，可見上訴人對於工會幹部懷有敵意，並採取強勢手段對工會幹部施壓等情並非無據。」

對於上述最高行政法院之裁定，本書以爲其引用就業服務法第5條第1項規定，作爲禁止對現任工會會員歧視之法律依據，並不可採。蓋從該項規定之用語「以往工會會員身分爲由」，即可知其在禁止新雇主以求職人「以往具有工會會員身分」，而不予僱用或在薪資、升遷上予以歧視。其正與2011年5月1日修正施行之工會法第35條第1款或第2款規定[187]，形成互補的作用。也就是，以勞工或求職人「以往工會會員身分爲由」而予以歧視，應依就業服務法第65條第1項規定，處新台幣30萬元以上150萬元以下罰鍰。如係違反工會法第35條第1項第1款規定者，應依同法第45條第2項規定，處新台幣6萬元以上30萬元以下罰鍰；至於違反第35條第1項第2款規定者，則應依同法第45條第2項規定，處新台幣6萬元以上30萬元以下罰鍰，並得限期改正；屆期未改正者，得按次連續處罰。

所以，是因爲「以往工會會員身分」或「現任工會會員身分」而受到歧視，援用的法條根據並不相同，罰鍰額度也相差很大。其背後的理由，無非是前者求職人或勞工的力量單薄，並無工會可做依靠，需要公權力強力地介入保護。而後者，勞工或求職者應該援用團結權保障的理論依據，主張不當勞動行爲之救濟。如此的切割運用，才不會使得不當勞動行爲的案例，被以就業歧視行爲加以制裁。

（四）性別、年齡歧視

針對一件求才廣告，「公司誠徵（非酒店）董事長秘書／特助；日薪1萬元（現領）；須可出國旅遊、考察；限女性，專科以上；身高：160～170公分；體重45～52公斤；年齡：25～35歲」等語，最高行政法院99年度裁字第1683號裁定認爲雇主違反就業服務法第5條第1項就業歧視禁止及同法第5條第2項第1款不得刊登不實廣告之規定（雇主其實是在徵求女伴遊），依同法第65

---

[187] 工會法第35條第1款規定，雇主或代表雇主行使管理權之人，不得對於勞工組織工會、加入工會、參加工會活動或擔任工會職務，而拒絕僱用、解僱、降調、減薪或爲其他不利之待遇。第2款規定，雇主或代表雇主行使管理權之人，不得對於勞工或求職者以不加入工會或擔任工會職務爲僱用條件。

條第1項規定處罰鍰新台幣150萬元。雇主對於求職者的就業歧視或不實廣告行為，也牴觸就業服務法第1條所揭示之立法目的，有礙於國民就業，不利於社會及經濟發展。

　　法院的判決要旨為：所謂「秘書、特助」工作內容，在於襄助首長為核心業務之事務性處理，與性別是否為女性、身高條件為何、年齡長幼等，難謂有絕對關係。遽於求才廣告中以排除性之方式剝奪未符合性別、年齡、身高等條件之求職者權益，足使不特定之求職者見聞該廣告望之卻步。上訴人以與秘書、特助工作能力或工作內容無直接相關之因素，剝奪求職者於求職初始應有之面試機會，顯屬不平等之待遇。

（五）不得推介至勞資爭議場所之疑義（由第3條導出，第10條是第3條但書的規定？）

　　依據行政院勞工委員會81年10月15日台81勞職業字第025081號函，「查就業服務法第10條規定『不得』推介求職人至勞資爭議之『場所』工作，係為強行禁止規定，則職務是否相同，不在考慮之列；且職務之分配係由雇主決定，職務在可能變動之情形下，認為職務不同而予推介，未盡妥適，故不宜有例外之解釋。基於以上理由，就業服務機構如遇有類此情形即應停止推介，俟發生勞資爭議之公、民營事業單位或社團等場所解決爭議事項後，再予推介人才前往應徵。」

　　上述函釋，同時拘束公立及私立就業服務機構。其立法意旨在要求遵守行政中立[188]，避免推介就業之行為，危害到勞資爭議中勞雇雙方原有之態勢。這也有尊重勞資自治之意涵。此一條文之重要性，必須與勞資爭議中資方之繼續營運併同觀之。也就是，資方在勞方進行罷工及其他爭議行為中，本可採取繼續營運之行為。而此一繼續營運之人力，除了原來廠場中的員工之外，當然可以對外徵求人力。所以，雇主應該可以向公、私立就業服務機構辦理求才登記，而公、私立就業服務機構也可以進行推介。況且，求職者在被推介時，也有權利決定要不要接受勞資爭議場所中之工作（這裡並不一定是替代勞務）。現在，就業服務法第10條規定以違反行政中立的考量，完全禁止公、私立就業服務機構的推介就業行為，並不妥當。最起碼，也應該讓私立就業服務機構可以進行推介行為。

---

[188] 但是，私立就業服務機構應無行政中立之義務。

二、促進就業部分

（一）適應期之適用於僱用獎助津貼

依據行政院勞工委員會89年5月20日台89勞職業字第009120號函，「一、查依據就業促進津貼實施要點暨僱用獎助津貼作業須知規定之雇主，需僱用關廠歇業及其他依法被資遣之失業者或設籍於九二一大地震災區之失業者，或就業服務法第24條之特定就業促進對象，並符合其中僱用方式、給付標準等規定，方可請領該項津貼。茲考量該項津貼訂定之積極性目的為鼓勵雇主持續僱用失業者，增加就業機會，促進就業，同意本案因故自行離職之該名失業者，其離職日至雇主重新僱用日如未超過14日，雇主仍得沿用原已符合請領之條件，依規定申請該項津貼。惟雇主重新僱用之方式，須依上開要點及須知中，依受僱者身分別所列之僱用方式辦理。二、雇主重新依規定請領該項津貼時，另應檢附該名受僱者之離職證明書及勞工保險卡影本，向原受理之公立就業服務機構辦理，津貼之給付月數則併前已領月數，最長以12個月為限」。

此一解釋函之「因故自行離職之該名失業者，其離職日至雇主重新僱用日如未超過14日」，即為適應期。針對適應期所可能引起之法律問題，本書第四章第二節捌已有加以論述，亦可適用於此，於此不再贅述。

（二）切結無工作證明後，得申請僱用獎助津貼

行政院勞工委員會於兩號解釋中，均承認就業服務法第24條第1項各款規定之自願就業人員加保於職業工會、農會及漁會者，得由加保者切結確實無工作證明後，據以認定為就業促進津貼實施辦法之適用對象。這兩號解釋分別為：行政院勞工委員會93年4月9日職業字第0930016103號函及行政院勞工委員會93年9月2日職業字第0930025796號函。勞工委員會認為於職業工會、農會及漁會加保者，如經公立就業服務機構推介就業，僱用該人員之雇主，於符合本辦法僱用獎助津貼申領要件後，得提出僱用獎助津貼之申請，不受該人員是否重覆加保職業工會、農會及漁會之限制[189]。

雖然如此，本書以為由自願就業人員加保於職業工會、農會及漁會者，切結確實無工作證明後，即得認定為就業促進津貼實施辦法之適用對象，似乎太過寬濫而不足採。正確而言，應該參照行政院勞工委員會100年3月8日勞保1字

---

[189] 隨著行政院勞工委員會93年4月9日職業字第0930016103號函的作成，職業訓練局87年10月29日職業字第017676號函釋停止適用。

第1000140032號函的精神處理[190]。依之，「被保險人於請領失業給付期間另加保職業工會或漁會，如其說明確無工作收入部分，爲免勞工意圖同時領取失業給付及勞保年資所生利益，而取巧於職業工會或漁會掛名加保，或未依工作所得覈實申報月投保薪資，仍請勞保局就勞工個案事實查明，依勞保條例加保規定及投保薪資覈實申報辦理。」這表示其假使無工作收入，即可推知爲無實際從事勞動，因此不能在職業工會或漁會、農會加保。

（三）第24條第1項第1款「獨立負擔家計者」之意義

依據行政院勞工委員會99年3月24日勞職業字第0990512169號函，「核釋就業服務法第24條第1項第1款所定獨立負擔家計者，指下列人員：一、具下列情形之一，且獨自扶養在學或無工作能力之直系血親、配偶之直系血親或前配偶之直系血親者：(一)配偶死亡。(二)配偶失蹤，經向警察機關報案協尋，達六個月以上未尋獲。(三)離婚。(四)受家庭暴力，已提起離婚之訴。(五)配偶入獄服刑、因案羈押或依法拘禁。(六)配偶應徵集、召集入營服義務役或替代役。(七)配偶身心障礙或罹患重大傷、病致不能工作。(八)其他經公立就業服務機構認定或經直轄市、縣（市）政府社政單位轉介之情況特殊需提供協助。二、因未婚且家庭內無與申請人同居關係之成員，而獨自扶養在學或無工作能力之直系血親卑親屬者。三、因原負法定扶養義務者死亡、失蹤、婚姻、經濟、疾病或法律因素，致無法履行該義務，而獨自扶養在學或無工作能力者。本會中華民國98年6月19日勞職業字第0980503160號令自即日廢止。」

（四）第33條「資遣」之意義

依據行政院勞工委員會82年2月8日台82勞職業字第08982號函，「查就業服務法第29條第1項、第34條第1項規定雇主資遣員工時，應將被資遣員工有關資料，列冊向當地主管機關及公立就業服務機構通報。上開所稱『資遣』，係指雇主依勞動基準法第11、13條但書規定，終止勞動契約之行爲。至於可歸責於勞工本身事由而終止僱傭契約，雇主則毋須通報。」

此一號函釋雖屬的論。但是，資遣除了勞動基準法第11、13條但書規定的情況外，是否還有其他情況？例如勞基法第20條規定？合意資遣？如從就業服務法第33條規定，也是從勞動市場的角度出發，則大量解僱勞工保護法第2條

---

[190] 另外，行政院勞工委員會100年5月12日勞保1字第1000140163號函亦採取同一看法，並特別強調「並考量本會86年7月9日勞保2字第026895號函釋辦理」。

第1項本文規定的情況，均應在適用之列。

在雇主免除資遣通報方面，行政院勞工委員會95年11月15日勞職業字第0951180818號函，「公務機關約聘僱臨時人員，經依公務人員任用法第26條第1項迴避任用規定無法續聘或提前解約時，因雙方間屬定期契約，故定期契約屆滿離職，自得依就業保險法第11條第1項第1款及第2項規定申請失業給付，如係提前解約亦得準用。惟本案離職原因並不屬就業服務法第33條第1項規定之情形，雇主可免辦資遣通報。」

同樣地，依據行政院勞工委員會95年11月9日勞職業字第0950042546號函，「有關函詢雇主資遣員工時，員工於預告期間內因個人因素與事業單位提前終止契約之情形，與上開本法第33條第1項但書規定之天災、事變或其他不可抗力之情事所致，應自被資遣員工離職之3日內通報情形不同。惟雇主仍可依本法第33條第1項規定，於員工原預定離職之10日前辦理通報。」由此觀之，中央勞政機關經由解釋，創造了「任意通報」的制度，與原來就業服務法第33條第1項本文及但書規定的意義，已經有所不同。

另外，值得思考的是，勞工即使有勞基法第12條第1項規定的可歸責事由，是否即無須當地主管機關及公立就業服務機構的協助再就業？畢竟他／她還是失去工作。何況，即使勞工有勞基法第12條第1項規定的各款事由，也不代表其惡性均爲重大，在個案認定上，假設勞工只是過失違反或行爲尚未達重大程度時，令其也可以主張類推適用就業服務法第33條之規定，應屬可採。

（五）新聘到職員工工作未滿十日離職

依據行政院勞工委員會94年10月11日勞職業字第0940506194號函，「一、查雇主依勞動基準法第11條或第13條但書規定終止勞動契約時，應依同法第16條、第17條規定預告終止並給付資遣費。勞工工作期間如未滿3個月時，法未明定雇主預告期間，惟仍有資遣費之給付義務。故勞動基準法第11條及第13條，自屬資遣之範圍，不因雇主個案事實上無法定預告期間而受影響。二、員工如到職未滿10日，即無法勝任工作，……，自屬資遣之範圍，故仍須辦理資遣通報。三、次查就業服務法第33條第1項規定，『雇主資遣員工時，應於員工離職之10日前，將……。』故法已明定，若資遣員工係因天災、事變或其他不可抗力之情事所致者，雖其資遣爲不可歸責於雇主之因素，且又係遭遇重大事件，然雇主仍應自被資遣員工離職之日起三日內爲之。雖員工工作未滿10日，但係因勞動基準法第11條或第13條但書規定終止契約時，則仍不能免除雇

主資遣通報之義務，依舉重明輕之法理，仍應比照本法第33條第1項但書之規定，自員工離職之日起3日內辦理資遣通報」。

（六）第33條離職「十日」前之意義及計算

依據行政院勞工委員會82年1月18日台82勞職業字第40180號函，「按就業服務法第34條第1項規定所謂『員工離職之7日前』，係指自雇主通知員工應離職之日起往前計算7日之意」。根據此一解釋，在現行就業服務法第33條第1項規定之「於員工離職十日前」，應係指自雇主通知員工應離職之日起往前計算十日之意。

在計算上，依據行政院勞工委員會91年4月10日勞職業字第0910007051號函，就業服務法第33條第1項規定，雇主資遣員工應列冊通報期間日數之計算，包含星期例假日。末日為星期日、國定假日或其他休息日者，以該日之次日為期間之末日，並自即日生效。

三、民間就業服務部分

（一）工會不得為民間就業服務機構

依據行政院勞工委員會82年2月17日台82勞職業字第33544號函，「關於依公司法成立之人力管理公司或依民法及其他相關法令申請立案之財團法人或社團法人，如其登記項目涉及就業服務者，是為私立就業服務機構，而須依本法第35條規定，經勞工行政機關許可後方得設立。至於依工會法成立之工會團體，依工會法第5條第2款規定，其任務為會員就業之輔導，其輔導之對象係工會會員，而非以營利為目的之仲介行為。是以，工會團體如依上開法律規定，對其會員為非營利之就業服務行為，與一般私立就業服務機構所從事之就業服務自屬不同」。

（二）派遣與仲介的不同

依據行政院勞工委員會83年8月29日台83勞職業字第58819號函，「關於○○先生每日載送人員前往他公司，交由該公司指派工作，並由該公司按日計酬，而由○○先生從中抽取差價乙案。倘○○先生與所載勞工間無僱傭關係，則非屬派遣型態，應適用就業服務法第35條之規定，處分機關則以仲介行為發生地主管機關為宜。」

（三）仲介公司向雇主及外勞收取費用之疑義

依據行政院勞工委員會87年2月24日台87勞職業字第050650號函，「一、有關向雇主收費部分：分別為介紹費及管理服務費，其中介紹費得依本會81年8月27日公告之『私立就業服務機構證照費及各項收費標準』之收費標準。至於管理服務費，因管理服務非屬法令規定之就業服務業務範疇，宜由雇主與人力公司議定之。二、至於向外勞收取之費用部分：除介紹費應依前述公告，依外勞輸出國相關規定辦理，而委託外國仲介公司辦理者，不得重覆收費外，若係與外國人力仲介公司共同收費，亦不得超過勞工輸出國之規定。其他有關外勞在華工作期間應辦理體檢、居留及回程機票等之行政規費，因非屬就業服務業務，應由雇主與外勞協議由何方付費。另外勞個人服務費部分，包括外勞往返機場或前往辦理體檢、居留之接送及所得稅申報服務，亦非屬就業服務業務項目，其服務費宜與外勞協議收費。」

（四）就業服務專業人員之授權代為簽證之合法性問題

依據最高行政法院100年度裁字第428號裁定要旨：依據就業服務法第36條第1項規定，私立就業服務機構應置符合規定資格及數額之就業服務專業人員。第37條第1款規定[191]，就業服務專業人員不得允許他人假借本人名義從事就業服務業務。私立就業服務機構許可及管理辦法第7條及第34條復分別規定，就業服務專業人員負有一定之職責，且應於雇主或求職人申請書（表）簽名。足見就業服務法係欲藉由經政府機關測驗及核定合格，取得專業證書之就業服務專業人員親自從事相關業務，以確認各項申請文件真實無誤，進而提升私立就業服務機構之服務品質。故就業服務法規定之就業服務專業人員對其業務，自不能授權他人代為執行，而此係基於上述規定之當然解釋。是上訴意旨所為就業服務法第37條第1款僅管制租借牌照之行為云云，無非係其一己之主觀見解，於本件並無所涉及之法律見解具有原則性情事。

（五）以不明名義及保證金名義超收規定標準以外之費用

依據就業服務法第35條第2項規定，私立就業服務機構經營前項就業服務業務得收取費用；其收取費用及金額，由中央主管機關定之。依據同法第40條第5款及第66條第1項規定，不得要求、期約或收受規定標準以外之費用，或其

---

[191] 違反就業服務法第37條第1款規定時，依同法第67條第1項規定處以罰鍰。

他不正利益，違反者，處十倍至二十倍罰鍰。又依私立就業服務機構收費項目及金額標準第6條規定，其收取之服務費不得超過1,800元（第1年）、1,700元（第2年）、及1,500元（第3年）。預先收取之費用，最長以三個月為限。本案原告自外勞薪資中，以不明名義及保證金名義超收規定標準以外之費用，已違反就業服務法第40條第5款規定。該條款之立法目的，乃在防止國內仲介業者巧立名目收取額外費用，苛扣國外勞工薪資，保障國外勞工最低基本工資。

（六）仲介本國人至外國打工（度假）之申請設立許可

依據行政院勞工委員會民國101年8月22日勞職業字第1010501888C號函，針對國人欲赴台灣地區以外地區打工（度假）者，私立就業服務機構必須先申請設立許可，始得為之從事仲介之行為。依據就業服務法第40條第2款規定，「私立就業服務機構及其從業人員從事就業服務業務，不得有下列情事：……。二、為不實或違反第五條第一項規定之廣告或揭示」；同法第65條規定，「違反……第四十條第二款……規定者處新臺幣三十萬元以上一百五十萬元以下罰鍰。」另外，依據私立就業服務機構許可及管理辦法第29條規定，「私立就業服務機構於從事職業介紹、人才仲介及甄選服務時，應告知所推介工作之內容、薪資、工時、福利及其他有關勞動條件。」

對於上述函釋，本書以為民間仲介機構媒介我國人民至外國打工或打工度假，實係涉及到以下幾個問題：1.首先應釐清打工或打工度假之性質。我國人民如係單純至外國打工以換取工資（含部分的實物給付），應屬僱傭契約性質。惟如係打工度假，本質上為「以打工、換度假（含部分的工資給付）」，具有以物易物（互易）的性質，並非單純僱傭契約可言，不宜課受領勞務者如同雇主般的全部義務責任（雖然其為外國籍雇主），而是要求其盡到一定限度的類似雇主的責任即可。在一些國家，如果係學生的打工度假或打工換宿，則其權責機關或有劃歸教育主管機關，而非勞工主管機關者。2.所以，國人如係至外國打工度假或打工換宿，其是否應經民間仲介機構媒介工作？並非無疑。其由教育主管機關提供協助或自行找尋工作機會者，應該仍屬合法。即使是至外國打工的僱傭契約性質，其是否當然應經民間仲介機構媒介工作，除了我國法令外，仍然應視工作地國的法令而定。如其無應經民間仲介機構媒介的強制規定，則國人自行找尋雇主應無不可。其實，也有一些國家強制規定應由國對國的勞工主管機關協議外國籍勞工的工作事宜者。3.就業服務法的規範對象，是否包括民間仲介機構將我國人民媒介至外國工作之情形，也並非無疑。

蓋從就業服務法的立法目的及就全體條文（尤其是第42條以下）觀之，似係專屬於調整及管制外國人至我國工作的勞動市場法，禁止未經工作許可的外國籍人士在我國境內工作，以至於影響我國人民的工作權。這是否代表民間仲介機構即可依據民法居間契約（民法第565條以下）自由地將我國人民媒介至外國工作？本書以為尚難遽下結論。畢竟為保障我國人民至外國工作時的權益，如其係經民間仲介機構管道媒介者，仍應課以仲介機構遵守一定的條件或標準，以免有人口販運或次級勞工的疑慮。所以，實應在就業服務法另定一章「我國人外國工作之仲介與管理」或以數個條文加以明定。就目前的法令觀之，中央勞政機關係在私立就業服務機構許可及管理辦法第11條第2、3項與第12條第1項，要求應有一定的資本額、應具備公益性質的條件、以及應向中央主管機關申請許可。此一規範位階及管制要求是否足以保障我國人民的權益？似非無疑。尤其是，如果原來即已有設立許可從事外國人之仲介工作者，是否即代表可同時兼營媒介我國人民至外國工作？也應該加以釐清。4.最後，果然民間仲介機構媒介我國人民至外國工作，則其應遵守民間就業服務的相關規定（就業服務法第34條以下參照）及與我國人民訂定委任契約明定相關的權義。因此，上述函釋僅要求民間仲介機構遵守就業服務法第40條第2款及第65條規定，是否足夠？亦不無疑慮。蓋規範的重點，應係民間仲介機構（自始至終）應至「外國」或透過當地合作的仲介業者為我國人民提供各種服務及協助。至於民間仲介機構應遵守私立就業服務機構許可及管理辦法第29條第1項規定，詳載「所推介工作之內容、薪資、工時、福利及其他有關勞動條件。」此固然重要，但實應要求其代為與外國雇主簽訂僱傭或勞動契約，並且明定勞動契約發生爭議時，所應適用的準據法。

第六章｜外國籍勞工的法律問題

　　被上訴人（乙丙丁三人）受僱於上訴人設於桃園縣龍潭鄉的桃園廠，並且擔任上訴人產業工會的理事或監事。上訴人自1997至2000年止，年營業收入呈逐年遞減的趨勢，且於2000年度營運業已呈現虧損之情形（虧損159,722,000元）。其虧損為營業外之短期投資跌價損失。上訴人乃於2001年1月15日依勞基法第11條第2款虧損及業務緊縮之理由，終止勞動契約，並資遣乙丙丁等3人。斯時，工會正就工資、工時之調整等，與上訴人為勞資爭議，屬調解期間內。且在上訴人資遣被上訴人等時，尚有外勞103名在其廠內工作。被上訴人因而認為上訴人終止契約之行為，違反了修正前就業服務法第41條（應優先遣送／解僱外勞）之規定、以及工會法第35條（對於工會幹部為不法解僱行為）之規定。上訴人則答以：外勞一經僱用，亦受勞基法之保障與適用；資遣被上訴人並非因其擔任工會之職務，而係確因業務縮減需要，與工會法第35條無涉，亦未違反勞資爭議處理法第7條之規定（台灣高等法院95年度勞上更(一)字第3號民事判決：厚生股份有限公司案）。

1. 勞基法第11條第2款規定之虧損或業務緊縮之意義為何？訴訟當中可以更換主張嗎？又，業務緊縮是否以虧損為前提？
2. 外籍勞工之平等待遇原則的內涵為何？
3. 現行勞工法令中，可以導出優先解僱外勞原則／優先留用本勞原則？
4. 從政策來看，是讓企業外移或者任企業引進外勞，對於本國勞工就業、工作權之保障，影響較大（鉅）？
5. 由工會法第35條規定，可否得出工會幹部之特殊解僱保護？
6. 在雇主以勞基法第11條各款事由資遣工會幹部時，是否受到不當勞動行為／侵害團結權（工會法第35條）的排除？

第一節　概　說

　　有關移民勞工的保障，一般均以爲聯合國1990年「所有移民勞工及其家庭權利保障國際公約」（International Convention on the Protection of the Rights of All Migrant Workers and Members of Their Families）最爲完備，蓋其要求會員國不問合法或非法的移民勞工，不得僅給予「最低基準」（minimum standards），而應一律給予「國民待遇」的保障[1]，並賦予加入或組織工會之權。

　　惟移民勞工權益的保障，主要係見之於國際勞工組織（ILO）所通過的公約中。國際勞工組織所通過有關移民之一般性公約有三，分別爲：1939年第66號「關於移民勞工之招募、職業介紹及勞動條件之公約」、1949年第97號「關於移民勞工公約」及1975年第143號「惡劣條件下移住及移民勞工之機會及待遇等之促進公約」。其中，均一再強調內國國民待遇原則。[2]另GATS（服務貿易總協定）中亦規定有國民待遇原則，要求外國人與本國人有平等之競爭機會。[3]此一精神並且爲WTO所承受。

　　往昔，台灣勞工法令中對外國籍勞工施以與本國勞工不平等之待遇而有違背國民待遇原則之虞者，有修正前（1992年5月8日）就業服務法（簡稱就服法）第43條第5項[4]及2011年5月1日修正施行前的工會法第16條規定。[5]惟在

---

[1]　依據所有移民勞工及其家庭權利保障國際公約第25條之規定，移民勞工在工作報酬與勞動條件，應享有不低於封業國勞工的待遇。

[2]　初岡昌一郎，國際勞工組織之三者構成主義（Tripartism）之原理及其機制，亞洲社會論壇，1997年2月28日，台北，頁6。

[3]　GATS第17條。GATS（服務貿易總協定）係WTO設立協定下多邊貿易協定的附件1B，性質上爲多邊協定，其運作情形，由WTO下設置之服務貿易理事會，負監督之責。多貿易協定具有強制性，因此WTO會員國均有遵守GATS之義務。張新平，世界貿易組織下之服務貿易，1996年，頁23-41。

[4]　修正前（民國81年5月8日）就業服務法第43條第5項規定，第1項各款聘雇之外國人，其眷屬在勞工保險條例實施區域外罹患傷病、生育或死亡時，不得請領各該事故之保險給付。依據92年7月4日司法院大法官會議釋字第560號解釋，「同條例（勞工保險條例）第62條就被保險人之父母、配偶、子女死亡可請領喪葬津貼之規定，乃爲減輕被保險人因至親遭逢變故所增加財務負擔而設，自有別於一般以被保險人本人發生保險事故之給付，兼具社會扶助之性質，應視發生保險事故者是否屬於社會安全制度所欲保障之範圍決定之。中華民國81年5月8日制定公布之就業服務法第43條第5項，就外國人眷屬在勞工保險條例實施區域以外發生死亡事故者，限制其不得請領喪葬津貼，係爲社會安全之考量所爲之特別規定，屬立法裁量範圍，與憲法第7條、第15條規定意旨尚無違背。」

[5]　工會法第16條規定，工會會員具有中華民國國籍，而年滿20歲者，得被選工會之理事監事。

2011年5月1日修正施行的的工會法第19條中，已將之修正為「工會會員年滿20歲者，得被選舉為工會之理事、監事。」至於外國人之加入本國工會則不受限制。此點即符合國際勞工公約（包括第87號公約）及世界貿易組織（World Trade Organization, WTO）之要求。

惟，無論如何，在僱用方面，台灣雇主之僱用外國籍勞工，屬於契約自由原則中相對人選擇自由之限制，其並不得任意僱用外國籍勞工，而是必須基於本國人之就業機會、勞動條件、國民經濟發展及社會安定的考量（就服法第42條參照），受到勞動市場法（尤其是就業服務法及其一系列相關子法）的規範。具體而言，原則上雇主必須向中央主管機關申請許可後，始得聘僱外國籍勞工（就服法第48條第1項、雇主聘僱外國人許可及管理辦法第6條參照）。如果本國雇主於第一次聘僱外國人從事家庭看護工作或家庭幫傭前，應參加主管機關或其委託非營利組織辦理之聘前講習（就業服務法第48條之1第1項參照）。雇主申請聘僱外國人，中央主管機關得公告採網路傳輸方式申請（雇主聘僱外國人許可及管理辦法第6條之1參照）[6]。解釋上，此一申請許可，係指招募許可而言。如果雇主聘僱外國人入國從事就業服務法第46條第1項第1款至第6款規定工作（第一類外國人），依據雇主聘僱外國人許可及管理辦法第7條第3項規定，「其檢附之相關證明文件係於阿富汗等國家地區作成者，需經我國駐外館處之驗證。但有下列情形之一者，不在此限，並自即日生效：一、外國人係任職於跨國企業，因職務調動至臺灣分公司或子公司者，其總（母）公司或分（子）公司所出具之工作經驗證明文件，不須驗證。二、外國人受聘僱從事『外國人從事就業服務法第四十六條第一項第一款至第六款工作資格及審查標準』（以下簡稱本標準）第四條第一項第十一款規定之學術研究工作，其學歷為經中央目的事業主管機關採認之國外大學或獨立學院學位者，其學歷及工作經驗證明文件，不須驗證。三、自我國公立或經立案之私立大專以上校院畢業之外國留學生、僑生或其他華裔學生，依本標準第五條之一規定受聘僱從事專門性或技術性工作，其雇主依本標準第五條之一規定檢附之申請文件，不

---

[6] 據此，勞動部乃在104年11月6日以勞動發事字第1040513054號公告雇主申請聘僱外國人從事就業服務法第46條第1項第8款至第10款規定工作之網路傳輸申請方式。自104年11月16日起試辦，105年1月1日正式上線，申請案件類別：外國人聘僱許可、離境報備、連續曠職三日失去聯繫通報申請案。

須驗證。[7]」如果雇主係申請聘僱第二類外國人[8]，則必須先經招聘許可，而後始得申請聘僱許可。依據就業服務法第48條第1項本文規定，「雇主聘僱外國人工作，應檢具有關文件，向中央主管機關申請許可」。再依據雇主聘僱外國人許可及管理辦法第16條規定，雇主申請聘僱第二類外國人之招募許可，必須具備一定的文件，其中第1項五、直轄市或縣（市）政府對於與勞動關係情事所出具之證明文件，不乏有涉及雇主合法或正當行使權限、而且與進用外國籍勞工關聯性不大或無因果關係者，以之作為招募許可的條件（消極資格）。此並非無疑。例如（五）之已依規定舉辦勞資會議，究竟與外國籍勞工之僱用有何關聯性？此一將勞資會議之舉辦視為工作條件的見解，並非正確。尤其是（六）第二類外國人預定工作之場所，有本法第10條規定之罷工或勞資爭議情事。另外，就業服務法第10條規定之用意，是在避免發生罷工替代的效果。但（六）卻是以罷工或勞資爭議情事作為禁止雇用外國籍勞工的理由，似乎已誤解就業服務法第10條之立法目的。為了避免不當擴大罷工或勞資爭議理由，解釋上似應將之限縮為與非法解僱或降低勞動條件有關者。

　　除了雇主本身所須具備的要件外，其所聘僱之外國人，也必須具備工作類別所需之專長或資格[9]。至於依據「外國專業人才延攬及僱用法」僱用者，更應符合該法的各種規定，其未規定者，始適用就業服務法、入出國及移民法及其他相關法律之規定（第2條參照）。惟簽訂勞動契約時，似乎並不需查證其是否行為良好。蓋依據雇主聘僱外國人許可及管理辦法第27條第1項第4款規定，在第二類外國人依規定申請入國簽證時，始須出具行為良好之證明文件（良民證）[10]。只不過，依據外國人受聘僱從事就業服務法第46條第1項第8款至第11款工作資格及審查標準第6條規定，「外國人受聘僱從事本標準規定之工作，不得有下列情事：一、曾違反本法第四十三條規定者。二、曾違反本法第七十三條第一款、第二款、第三款之連續曠職三日失去聯繫、第五款至第七款規定之一者。三、曾拒絕接受健康檢查或提供不實檢體者。四、健康檢查結

---

[7] 　勞動部民國108年7月17日勞動發管字第10805088081號函參照。根據本號函釋，勞動部中華民國104年7月21日勞動發管字第1040508120號令，自即日廢止。

[8] 　依據雇主聘僱外國人許可及管理辦法第2條第2款規定，第二類外國人：指受聘僱從事就業服務法第46條第1項第8款至第11款規定工作之外國人。

[9] 　依據雇主聘僱外國人許可及管理辦法第13條第1項規定，雇主依第12條規定辦理國內招募所要求之專長或資格，其所聘僱之第二類外國人亦應具備之。中央主管機關必要時，得複驗第二類外國人之專長或資格。經複驗不合格者，應不予許可。

[10] 　但依據該款但書規定，「外國人出國後三十日內再入國者，免附。」

果不合格者。五、在中華民國境內受聘僱從事第三條及第四條規定工作，累計工作期間逾本法第五十二條第四項或第六項規定期限者。但從事前條規定工作者，不在此限。六、工作專長與原申請許可之工作不符者。七、未持有行為良好證明者。八、未滿十六歲者。九、曾在中華民國境內受聘僱從事本標準規定工作，且於下列期間連續三日失去聯繫者：(一)外國人入國未滿三日尚未取得聘僱許可。(二)聘僱許可期間賸餘不足三日。(三)經地方主管機關安置、轉換雇主期間或依法令應出國而尚未出國期間。十、違反其他經中央主管機關規定之工作資格者。」其中「七、未持有行為良好證明者」，解釋上即是要求外國人受聘僱之時，必須出示良民證。蓋該條規定並未區分聘僱之時或勞動關係存續中，因此是一體適用。其他各款的條件或情事，也是外國人受聘僱之時，即不得具有者，例如其不得健康檢查結果不合格、也不得未滿16歲。

　　一旦雇主依據相關法令合法僱用外國籍勞工後，在定期勞動關係存續期間[11]，除非有例外規定外，即應受到勞基法、其他勞工保護法令、勞動契約法、集體勞工法及社會保險法令（例如勞工保險條例及全民健康保險法）之適用。[12]而在薪資方面，雇主多以基本工資給付[13]，尚且再扣掉住宿及膳食費[14]，此如與做同樣工作的本國勞工相較，似已構成歧視、並且有民法第74條適用之可能性。連帶地，也與國際公約及國際文件所要求之國民待遇不合。至於在升遷方面，外國籍勞工如表現優異，本不得以其外勞的身分而當然排除其升遷（例如升遷為工頭或主管）。而在事業單位有勞基法第11條之事由時，並不得先將外國籍勞工解僱，蓋其並不得由就業服務法第54條第5款規定（「曾非

---

[11]　依據雇主聘僱外國人許可及管理辦法第28條之1第1項規定，「雇主應自引進第二類外國人入國日或期滿續聘之日起，依本法之規定負雇主責任。」解釋上，就業服務法與勞動契約法對於勞動關係之發生、存續及終止，不應有不同的規定。因此，外國籍勞工勞動關係自其入國日生效，而非以勞動契約所訂的生效日為準。

[12]　台灣高等法院97年度勞上字第71號民事判決：就服法第五章對於外國人之聘僱與管理特設規定，其意旨在強調聘僱外國人工作，乃為補足我國人力之不足，而非取代我國之人力，惟⋯⋯，並非對於外國人在我國之工作權益為全面性異於我國勞工之限制。另請參閱內政部74年9月24日(74)台內勞字第345330號函、行政院勞工委員會82年2月18日台82職業3字第24292號函參照。

[13]　行政院勞工委員會82年6月8日台82勞動3字第29918號函參照。為了對於工資發揮一定的監督功能，依據雇主聘僱外國人許可及管理辦法第27條第1項第5款規定，第二類外國人依規定申請入國簽證，應備經其本國主管部門驗證之外國人入國工作費用及「工資切結書」。

[14]　行政院勞工委員會行政83年2月4日台83勞動2字第08755號函、89年7月31日台89勞動二字第0031354號函參照。

法解僱本國勞工」）之反面解釋，而謂有一優先解僱外勞原則[15]。最後，在防制性騷擾方面，外國籍勞工亦應與台灣勞工獲得同等的保護[16]。而爲了強化外國籍勞工身體自主權的保護，2018年11月28日修正施行的就業服務法第40條第1項，且增訂「對求職人或受聘僱外國人有性侵害、人口販運、妨害自由、重傷害或殺人行爲」（第18款）及「知悉受聘僱外國人疑似遭受雇主、被看護者或其他共同生活之家屬、雇主之代表人、負責人或代表雇主處理有關勞工事務之人爲性侵害、人口販運、妨害自由、重傷害或殺人行爲，而未於二十四小時內向主管機關、入出國管理機關、警察機關或其他司法機關通報」（第19款）[17]。第19款的通報義務，係立法者加以就業服務機構協助行政機關及司法機關的公法義務。若私立就業服務機構違反第18款規定者，主管機關即得廢止其設立許可（第70條參照）。若違反第19款規定者，將會受到處新台幣6萬元以上30萬元以下罰鍰之制裁（第67條第1項參照）。

第二節　外國籍勞工之法律規範

就業服務法係於1992年5月8日公布施行，其目的在於「促進國民就業，以增進社會及經濟發展」（第1條）。該法第42條外國人聘僱之限制，也是遵循第1條之立法目的而來。其所謂「國民」，當然是指具有中華民國國籍之人（國籍法第2條參照）。其中，第5條係對於就業歧視所作之規定，如違反之，即會受到第65條第1項罰鍰及第3項之公布姓名或名稱之處分。只是，雖然第5條第1項所列舉的禁止歧視的特徵眾多，卻無國籍一項，這表示立法者有意將外國籍勞工排除在平等待遇或禁止歧視原則的適用對象之外（其實，中華民國憲法第7條也無國籍之規定）[18]。解釋上，單從「國籍」用語觀之，外國籍勞

---

[15] 反對說，勞動部104年3月10日勞動發管字第10318098421號令。

[16] 依據外國人受聘僱從事就業服務法第46條第1項第8款至第11款規定工作之轉換雇主或工作程序準則第8條第2款規定，「遭受性侵害、性騷擾、暴力毆打或經鑑別爲人口販運被害人」，其辦理轉換登記時，並不以原從事行業之同一工作類別爲限。

[17] 本款的加害人並不涵蓋雇主的勞工。

[18] 雖然如此，論者間有以「種族」擴大解釋包括國籍者，即如外國人在台受到僱用等歧視，以種族概念而納入就服法第5條第1項適用。惟本書以爲種族與國籍的概念並不相同，國籍具有政治上的及法律上的原始意義，係一內國人與外國人權利義務區分的基本標準所在，除非有雙邊的、多邊的或單方法規的明確規定，外國（籍）人本來即不得享有我國人民的權利保

工係指未擁有我國國籍（含雙重國籍）的勞工，所以，兼指「外國」及「外籍」勞工而言。只不過，自就服法立法施行以來，其第五章「外國人」之聘僱與管理（第41條以下規定），即是將其適用對象訂為外國人，而非「外籍人」。但另一方面中央勞政機關（包括內政部及勞動部）的函釋卻都是使用「外籍勞工」一詞。此不免引發法律上的爭議：即立法者與行政機關用語的不同，是否代表著適用對象範圍寬廣的不同？或者只是單純用語的不一致，不牽涉到法律內涵？從國籍法的角度來看，未具有我國國籍的外國人或外籍人，本來即無法獲得我國勞工的全部保障，所以，其應該僅是單純用語的不一致而已。也就是說，就服法第41條以下之外國人，實際上就是外籍人，兩用語內涵一致[19]。惟吾人觀部分勞工法令的規定，似乎係採取「外國人」與「外籍人」區分規定的作法，而且，外籍人範圍顯然較寬，除了外國人之外，還包括大陸地區人民、香港或澳門居民（勞工退休金條例第7條第1項第2，3款、就保法第5條第1項第2款參照）。這顯然係受到台灣地區與大陸地區人民關係條例之影響與指導，採取與其第2條及第11條相一致之立法，也使得受許可在台灣地區工作之大陸地區人民[20]，其權利義務可能與在台灣工作的外國勞工不完全一致。如此，將使得就服法的「外國人」不等於或不包括「外籍人」，影響所及，不僅使就服法與國籍法「外國人」的定義不符，而且，也使得（非外國人的）外籍勞工（即大陸地區人民、香港或澳門居民）有主張禁止歧視原則（就服法第5條第1項）適用之可能（其也不受到外國勞工「補充性」「替代性」之限制）。

　　針對就業服務法的外國人聘僱觀之，為了促進就業，除了政府本身應提供就業服務，並且應採取相關措施，以針對弱勢族群（負擔家計婦女、中高齡者、殘障者、原住民、低收入戶或中低收入戶中有工作能力者、更生受保護人

障。故如能以種族概念（部分）取代國籍概念，則傳統原始意義的國籍概念將會被打破或架空，造成政治上的及法律上的漏洞，這也會使得我國成為國際上採取如此作法的特例，似不值採取。所以，此處的種族，應該將之限於我國下的種族（原住民族、少數民族），始有存在的餘地。

[19] 依據國籍人規定，無中華民國國籍之人，是指「外國人」及無國籍人（第3條以下參照），並無「外籍人」，本書因此推論其「外國人」實際上即「外籍人」。如此，與就服法第41條以下規定並無不同。

[20] 至於香港或澳門居民部分，依據香港澳門關係條例第13條規定，「香港或澳門居民受聘僱在台灣地區工作，準用就業服務法第五章至第七章有關外國人聘僱、管理及處罰之規定。」

等、及照顧服務員[21]）訂定計畫外，民間的就業服務機構亦得提供諸如職業介紹或人才仲介業務之就業服務，而民間的就業服務機構在符合一定條件之下——先以合理勞動條件在國內招募，經招募無法滿足其需要時，始得就該不足人數提出申請（就服法第47條）（所謂之「補充性」而非「替代性」）——經由政府許可後，得仲介外國人至我國工作（就服法第48條）[22]。外國人從事本法第46條第1項第8款至第10款規定工作者，不得攜眷居留。但在受聘僱期間在我國生產子女病友能力撫養者，不在此限（雇主聘僱外國人許可及管理辦法第44條參照）。在2016年11月5日就業服務法第52條第4項修正生效後，從事就業服務法第46條第1項第8款至第10款規定工作之外國人，應出國一日後始得再入國工作之規定已刪除[23]。依據就服法第42條規定，「為保障國民工作權，聘僱外國人工作，不得妨礙本國人之就業機會、勞動條件、國民經濟發展及社會安定。」對於未依法令聘僱外國人之雇主（就服法第57條），就業服務法採取刑事罰之制裁方式（就服法第63條以下）。

　　在此，外國籍勞工在我國從事就業服務法第42條、第43條、第44條之「工作」，依據中央勞政機關之見解，「並非以形式上之契約型態或報酬與否加以判斷，若外國人有勞務之提供或工作之事實，即令無償，亦屬工作。」[24]雖然如此，中央勞政機關基於全球化及經濟社會時空環境改變，外國人在台從事與社會、經濟、文化等相關行為類型已趨多樣化，又為配合行政院國家發展委員會推動「法規鬆綁推動措施」，促進外國人來台從事多元交流，其在經過相關法制研究及諮詢會議，經彙整各式態樣及收集相關函釋，並參考上開研究案之研究結果，及與會學者專家、相關部會及地方政府代表之意見後，爰在不影響本國人工作機會情況下，符合所公告附表所列情形之行為（包括商務行為、課程實習或研修行為、輔助性服務行為、一般聯誼行為、其他非為境內任何人提供勞務為目的，且無妨礙本國人就業機會之行為），尚非屬本法第43條規定之範疇，無須申請許可[25]。本書對於中央勞政機關之適度放寬對於「工作」的解

---

[21]　2018年11月28日修正施行的就業服務法第24條第3項參照。惟將照顧服務員規定於此，在體例上似嫌唐突。蓋相較於同法第1項之弱勢勞工，照顧服務員的性質並不相同。同條第4項之津貼或補助金，並不適用及之。

[22]　惟例外地，就業服務法第48條第1項但書及雇主聘僱外國人許可及管理辦法第4條、第5條則有不須申請許可及視為工作許可的規定。

[23]　勞動部民國105年11月4日勞動發管字第1050514756號令參照。

[24]　行政院勞工委員會95年2月3日勞職外字第0950502128號函參照。

[25]　勞動部民國107年11月27日勞動發管字第1070507378號函參照。

釋，採取肯定的態度。至於我國法院實務以往對於「工作」的認定見解，包括無償亦屬工作[26]、藝術同好間的交流、好意施惠／人情關係（一般朋友間、男女朋友間、以及姊妹／姊與妹夫間），即應參考此一新的函釋，而思有所調整。

另再一言者，就業服務法第44條規定：「任何人不得非法容留外國人從事工作。」在解釋上亦孳生疑義。本書以為：

1. 就體系上而言，以無工作證而言，雖然第57條為優先適用的特殊規定，但第44條應該仍然具有獨立的規範意義、以及其適用範圍[27]。

2. 所謂的「容留」，(1)「任何人」包括自然人（含農民？）及法人。(2)「容留」含主動及被動容許停留。(3)「容留」含「供給工作場所」及單純提供住處。(4)「容留」含非法外勞為自己或為他人工作。(5)「容留」人是事實上有場所管理權之人，而非法律上的所有權人或管理權人。即使是非法占有人亦屬之。具體的行為人係（活動）承攬人[28]。

3. 所謂的「工作」，(1)似應限於有酬活動（erwerbsmäßig），即具有經濟價值的活動[29]。在此，因為提供勞務而提供飲食或餐費、交通費用、零用金等，是否即為有酬？並非無疑。也就是說，針對親情／人情或友情（尤其是外配的家屬或親屬）間無酬的幫忙，似應加入社會通念的判斷標準，將之排除在「工作」之外。(2)惟工作似不以僱傭契約為限，而是包含承攬及委任關係，或（單純提供住處）容留他去做自營作業者（擺地攤、種農作物）。(3)有問題的是，工作地是否限於國／境內？境外僱用的勞（漁）工是否在內？本書持肯定說。

4. 在涉及使用第三公司派來的勞工時，如果必須經過(a)申請許可，(b)檢查合法的外勞證件，則其故意過失的責任人為誰？對此，法院實務認為(1)承攬關係：承攬人（包商），但也認為定作人也要負擔[30]。(2)派遣勞動：派遣機構、要派機構均應負擔責任[31]。惟本書以為：要派機構及定作人似乎不需提出

---

[26] 台灣台北地方法院106年度簡字第39號行政判決參照。

[27] 台中高等行政法院101年度簡字第24號判決參照。

[28] 台北高等行政法院107年度簡上字第32號判決參照。

[29] 反對說，台北地院106年度簡字第39號行政訴訟判決。

[30] 台灣新北地方法院107年度簡更一字第5號行政判決參照。

[31] 台北高等行政法院105年度訴字第432號判決參照、台北高等行政法院105年度訴字第724號判決參照。

申請許可及從事查核工作，除非就業服務法有明定。派遣機構及承攬人負有提供具有合法證件的外勞之義務。

外國籍勞工的法律規範，除了就業服務法外，還有一系列相關的子法及函釋的規定，形成一個龐雜、且不易透徹的法律體系。尤其是其子法的內容，包括雇主聘僱外國人許可及管理辦法、外國人從事就業服務法第46條第1項第8款至第11款工作資格及審查標準（簡稱「工作資格及審查標準」）、外國人從事就業服務法第46條第1項第8款至第11款規定工作之轉換雇主或工作程序準則等，並非僅是定義性[32]或程序性的規定，而是有不少涉及實質性的、攸關當事人權利義務的重要事項，甚且有逾越母法規定的疑慮。例如依據雇主聘僱外國人許可及管理辦法第22條規定，「雇主、被看護者或其他共同生活之親屬；或者雇主之代表人、負責人或代表雇主處理有關勞工事務之人，對曾聘僱之第二類外國人，有刑法第221條至第229條規定情事之一者。」中央主管機關應不予許可之聘僱申請。由於此一規定涉及刑法妨害性自主罪，且與公眾利益密切相關，似宜將之移至就業服務法規定。

第三節　外國籍勞工之招募契約與勞動契約

我國雇主所聘僱的外國人可分成兩類：一類為在我國有居留權者（或住所者），如與在中華民國境內設籍之國民結婚且獲准居留者或獲准居留之難民（就服法第48條第1項第2款、第51條第1項第1款規定）；另一類為在我國無居留權者（或無住所者），而由雇主以（2018年2月8日施行之外國專業人才延攬及僱用法）之專業人才名義或基於一定之目的（如家庭幫傭、為因應國家重要建設工程或經濟社會發展需要，經中央主管機關指定之工作）向主管機關申請許可在國內工作者[33]。除此之外，雇主不得聘僱已進入中華民國境內之第二類外國人（雇主聘僱外國人許可及管理辦法第26條本文參照）[34]。對於後一類人

---

[32] 例如就業服務法施行細則第9條之1對於就業服務法第48條第1項第2款「獲准居留」之定義。依之，「本法第四十八條第一項第二款所定獲准居留，包含經入出國管理機關依入出國及移民法第二十三條第一項第一款規定許可居留、第二十五條規定許可永久居留或第三十一條第四項第一款至第五款規定准予繼續居留者。」

[33] 就業服務法第46條第1項第8款至第10款規定。其中，針對第10款規定指定之工作，依據外國人從事就業服務法第46條第1項第8款至第11款工作資格及審查標準第4條規定，其工作內容如下：製造工作、營造工作、屠宰工作、其他經中央主管機關指定之工作。

[34] 但第26條但書允許：1.經中央主管機關許可期滿續聘或期滿轉換；2.其他經中央主管機關專

員之聘僱雇主必須先以合理勞動條件在國內辦理招募，如有不足之人數方得依法申請進用外勞，在其獲得許可後，依規定辦理國外招募（就服法第47條第1項參照）。在雇主進行招募時，應通知其事業單位之工會或勞工，並於事業單位員工顯明易見之場所公告之（就服法第47條第1項、雇主聘僱外國人許可及管理辦法第12條第3項參照）。此處的「合理勞動條件」，依其語意，應係指以市場工資為導向的適當的／合宜的勞動條件，其應由雇主按照勞動基準法及其他勞工法令、社會保險法令之規定、在參酌同業行情及市場行情下，所自行訂定者。其係根據供給與需求的市場經濟法則而來。例如針對特定製造業（食品製造業）員工，雇主當得依應徵者的工作經驗或工作能力而訂定基本工資以上的工資條件，或者一個介於基本工資與高於基本工資（例如3萬5,000元）之間的工資。

　　令人不解的是，中央勞政機關卻自行根據就業服務法第47條第1項「合理勞動條件」的規定，在法無授權的情況下，發布針對就業服務法第46條第1項第10款及第11款的「合理勞動條件薪資基準」，其不當干預市場工資、以致變相地創造違反勞動基準法基本工資的「第二部基本工資」，形成兩個階級性基本工資的世界，並不合法、且不可取。詳言之。中央勞政機關雖自言，「參照勞動基準法施行細則第11條規定意旨，合理勞動條件之薪資，係指勞工在正常工作時間內所得工資，不包括延長工作時間之工資及休假日、例假日、例假日工作加給之工資。」惟此一見解並不可採。蓋勞動基準法施行細則第11條係對於基本工資的規定，中央勞政機關卻將之擴張及於「合理勞動條件之薪資」，紊亂「基本工資」與「合理薪資」概念的不同。須知基本工資為最低勞動條件，故不得納入延長工作時間之工資及休假日、例假日、例假日工作加給之工資，本屬無可疑之處。惟「合理薪資」是否有同樣（確保人性尊嚴保障）的立法基礎？並非無疑。依本書所見，「合理勞動條件之薪資」係要提供勞工一定生活的享受，而非生活的溫飽而已。

　　吾人觀勞動部在105年11月16日修正發布施行「就業服務法第47條規定雇主在國內招募本國人從事第46條第1項第10款製造業工作之合理勞動條件薪資基準」[35]，除了具體明定食品製造業等23種行業外，並且有「其他運輸工具製造業」及「其他製造業」的概括條款規定，其中並且以技術工或非技術工的

案核准者，得直接在我國境內聘僱。

[35]　勞動發管字第105051252506號令。

「非特殊時程」或「特殊時程[36]」分別計給工資。其介入工資的規範可謂具體而微。同樣地，勞動部在108年4月5日發布「就業服務法第47條規定雇主在國內辦理招募本國人從事第46條第1項第8款至第11款工作之合理勞動條件薪資基準」，並自即日生效[37]。其所列的工作有：一、海洋漁撈工：新台幣2萬5,000元。二、海洋箱網養殖漁撈工：新台幣3萬元。三、機構看護工：新台幣2萬7,500元。四、家庭幫傭：新台幣3萬元。五、家庭看護工及外展看護工：新台幣3萬2,000元至3萬5,000元。六、屠宰工：非特殊時程者爲新台幣2萬6,000元；特殊時程者（午後十時至翌晨六時之時段內，生產運作工作時數至少一小時以上者）爲新台幣3萬元。七、外國籍雙語人員：新台幣2萬5,000元至3萬元[38]。八、廚師及其相關工作人員：廚師爲新台幣3萬8,200元；乳牛飼育工爲新台幣2萬8,000元。外展農務工爲新台幣2萬5,100元。

　　針對上述兩項「合理勞動條件薪資基準」，如果中央勞政機關所列者合法可取，則其所謂的「其他製造業」及「其他運輸工具製造業」是否意味已將所有行業的本國籍勞工全部納入殆盡？那勞動基準法的基本工資還有適用之餘地？另外，爲何海洋漁撈工的合理薪資是勞動基準法規定之每月基本工資數額？這對於既辛苦又極具危險性的工作稱得上是合理的勞務對價嗎？又如何鼓勵我國人從事漁捕（撈）工作？再者，另一個問題是，中央勞政機關是否亦應發布其他勞動條件的合理基準？以便將勞動基準法的最低勞動條件大幅提高？例如每週工作總時數不得超過三十八小時？勞工工作一年以上三年未滿者，十日特別休假？勞工年滿50歲，工作年資滿十年以上者，得請領月退休金？甚至將勞工保險條例及就業保險法中各種給付予以增加或／及提高？又，一旦如此，是否使得外國籍勞工在台灣的工資及其他勞動條件，越發地遠離國民待遇原則？

　　在外國籍勞工的聘僱上，雇主或者自行辦理外勞引進、或者委託私立就業服務機構代行引進。如其非自行辦理外勞引進[39]，則其必須與私立就業服務機

---

[36] 依據勞動部的見解，特殊時程，指午後十時至翌晨六時之時段內，生產運作工作時數至少一小時以上。

[37] 勞動部民國108年4月5日勞動發管字第1080503133號函參照。根據本號函釋，勞動部中華民國108年1月10日勞動發管字第10705177510號令，自即日廢止。

[38] 在工作的歸類上，理論上，外國籍雙語人員應該屬於就業服務法地46條地1項地1款之專門性或技術性之工作。

[39] 陳明裕，外籍勞工引進與管理實務，1995年，頁43；另參衛民，外籍勞工的工會活動與勞工參與，1996年，頁42以下。

構訂定委任招募契約，由其負責外國籍勞工的招募事宜或爲其代訂勞動契約。雇主與外勞簽訂勞動契約。私立就業服務機構係基於雇主受任人之地位與外勞發生契約關係；外勞與雇主之權利義務關係係依照勞動契約而定。所以，雇主爲引進外國籍勞工，必須獲得政府的許可，如其後不自行辦理引進，而是委託私立就業服務機構代爲辦理，則可能存在不同的契約關係。

壹、招募契約之雇主與仲介人

　　雇主如委任私立就業服務機構[40]代其甄選、錄用外國籍勞工，必須與之訂立招募契約，以規範雙方間之權義關係及責任歸屬（私立就業服務機構許可及管理辦法第3條第1款）。招募契約必須以書面方式爲之（就服法第40條第1項第1款參照）。辦理重新招募或聘僱時亦同（私立就業服務機構許可及管理辦法第20條第1項）[41]。依據就服法第40條，私立就業服務機構及其從業人員從事就業服務業務，並不得爲一定之行爲，以免損害雇主之權益，例如違反雇主或勞工之意思，留置許可文件、身分證件或其他相關文件（第40條第1項第10款參照）、辦理就業服務業務，未善盡受任事務，致雇主違反本法或依本法所發布之命令，或致勞工權益受損（第40條第1項第15款參照）。在此，招募契約雖然會涉及仲介人有義務招募、引進外籍勞工等字句，但並不因此使外勞亦成爲招募契約中之當事人。同理亦適用於仲介人依據雇主在招募契約之授權而爲之代訂勞動契約之情形。因此，雇主如委任仲介人進行招募，則其在招募契約中除記載私立就業服務機構許可及管理辦法第20條第2項七項事項外[42]，如欲與雇主約定增列其他項目，亦應以雙方之事項爲限。吾人如觀官方所草擬以供人民參考用之委任招募契約範本（全名爲：雇主委任跨國人力仲介招募聘僱從事就業服務法第46條第1項第8款至第10款規定工作之外國人定型化契約範本），

---

[40]　依據私立就業服務機構許可及管理辦法第2條規定，私立就業服務機構依其設立目的分爲營利就業服務機構及非營利就業服務機構。

[41]　依據私立就業服務機構許可及管理辦法第20條第2項規定，雇主聘僱外國人從事本法第46條第1項第9款規定之家庭幫傭工作或第10款指定之家庭看護工作，第1項之書面契約，應由雇主親自簽名。

[42]　即：一、費用項目及金額，二、收費及退費方式，三、外國人或香港或澳門居民、大陸地區人民未能向雇主報到之損害賠償事宜，四、外國人或香港或澳門居民、大陸地區人民入國後之交接、安排接受健康檢查及健康檢查結果函報衛生主管機關事宜，五、外國人或香港或澳門居民、大陸地區人民之遣返、遞補、展延及管理事宜，六、違約之損害賠償事宜，七、中央主管機關規定之其他事項。

即可發現其條文中並無任何一條涉及第三人（即勞工）之權利義務。

　　然而，在實務上，雇主與仲介業者所成立之委任招募契約中，雙方所約定之事項卻不乏有涉及第三人之權利義務者，例如「雇主認可並同意仲介人得依某國有關法令之規定，向勞工收取費用」。此類約定似已涉及民法第268條之第三人負擔契約，而不能拘束該第三人，如該第三人不為給付時，即應由雇主負損害賠償責任[43]。另在履約保證金部分，實務上似乎亦有仲介人將該項義務轉由第三人（即勞工）以所謂的儲蓄保證金存款負擔者，甚至連該仲介人本身違反招募契約時亦由第三人承擔責任，亦涉及了第三人負擔契約之問題。

貳、勞動契約之雇主與勞工

　　雇主雖與仲介人訂立招募契約，但並不得基於招募契約令第三人為其服勞務，因該第三人即使符合雇主所要求之條件而被錄取，但如未與雇主訂立勞動契約，則其身分仍為第三人而非勞工，當然無基於勞動契約之權利義務。雇主為與第三人簽訂勞動契約，可在招募契約中增列條款授權仲介人代簽，或自行與之簽訂[44]。依據就業服務法第5條第2項規定，雇主招募或僱用員工（含外國籍員工），不得有為不實之廣告或揭示、留置身分證件、收取保證金、指派從事違反公序良俗之工作、辦理外國人僱用過程提供不實資料或健康檢查檢體、提供職缺之經常性薪資未達新台幣4萬元而未公開揭示或告知其薪資範圍等情事。一旦雇主違反，將會受到行政罰緩的制裁（第65條第1項、第67條第1項參照）。另需注意者，依據私立就業服務機構許可及管理辦法21條第1項規定，私立就業服務機構為從事就業服務法第46條第1項第8款至第10款規定工作之外國人，辦理其在中華民國境內工作之就業服務事項，應與外國人簽訂書面契約，並載明下列事項：一、服務項目。二、費用項目及金額。三、收費及退費方式。四、中央主管機關規定之其他事項[45]。亦即：必須以書面為之，無契約形式自由之適用；另外，依據就業服務法第46條第3項規定，雙方必須訂立

43　關於第三人負擔契約之一般理論，見孫森焱，民法債編總論，1980年，頁603以下；鄭玉波，民法債編總論，1981年，頁389以下。

44　陳明裕，前揭書，頁76以下。

45　依據私立就業服務機構許可及管理辦法21條第2項規定，外國人從事本法第46條第1項第9款規定之家庭幫傭工作或第10款指定之家庭看護工作，前項之書面契約，應由外國人親自簽名。

定期勞動契約，不得訂立不定期勞動契約[46]；其未定期限者，以聘僱許可之期限為勞動契約之期限。續約時，亦同。上述的定期書面勞動契約，應以中文為之，並應作成該外國人母國文字之譯本（私立就業服務機構許可及管理辦法21條第3項、雇主聘僱外國人許可及管理辦法第42條參照）。

除了私法契約的約定外，在公法上，雇主並且負有通報之義務。依據就服法第56條第1項規定，「受聘僱之外國人有連續曠職三日失去聯繫或聘僱關係終止之情事，雇主應於三日內以書面載明相關事項通知當地主管機關、入出國管理機關及警察機關。但受聘僱之外國人有曠職失去聯繫之情事，雇主得以書面通知入出國管理機關及警察機關執行查察。」然而，為確保外國人之工作權及居留權，應採嚴格舉證之曠職行為認定之。即雇主之通報不實者，「受聘僱外國人……得向當地主管機關申訴。經查證確有不實者，中央主管機關應撤銷原廢止聘僱許可及限令出國之行政處分。」（第56條第2項參照）雇主並應受到新台幣3萬元以上15萬元以下罰鍰之制裁（第68條第1項參照）。

而為落實就服法第56條第1項、第73條第3款、第74條第1項之受聘僱之外國人有連續曠職三日失去聯繫，勞動部將依書面通知廢止外國人聘僱許可，並即令其出國，不得再於中華民國境內工作。勞動部並以民國107年6月4日勞動發管字第1070506159號函，核釋構成要件、通報主體、認定及處理原則，並自即日生效。

有問題的是，針對就服法第46條第1項第1～7款之工作（白領外勞），我國雇主是否當然得依與之訂立定期勞動契約？例如屬於第1款專門性或技術性工作之外籍機師[47]。對此，法院判決認為：[48]外國人與本國雇主間之勞動契約究屬定期或不定期契約，除就業服務法第46條第1項第8款至第10款所規定之工作，依同條第3項規定，必須為定期契約外，其餘外國人聘僱之情形，就業服務法均未加以規範，仍應回歸勞基法之規定。若其工作有繼續性者，即適用勞基法第9條第1項之規定，視為不定期。同法第52條第1項對於雇主聘僱專門

---

[46]　行政院勞工委員會80年12月26日台80勞動1字第30825號函。行政院勞工委員會82年2月18日台82勞職業字第24292號函，「事業單位或雇主不論是否為勞動基準法適用行業，依就業服務法第43條第4項規定，雇主依該條第1項第7款或第8款僱用之外籍勞工，其所簽訂之勞動契約，均應依勞動基準法有關定期契約之規定辦理。」主此說者，衛民，前揭書，頁43；持不同見解者，劉志鵬，勞動法解讀，頁40以下。

[47]　根據勞動部105年3月9日勞動發管字第10505020791號公告，以公司法人設立之短期補習班廚藝教學工作，為就業服務法第46條第1項第1款所稱專門性或技術性工作。

[48]　台灣高等法院97年度勞上字第71號民事判決。

性或技術性之工作者，亦規定其許可期間最長爲三年，期滿有繼續聘僱之需要者，雇主得申請展延。惟雇主申請許可或展延許可期間，係屬對於外國人聘僱之行政上管制措施，無從變更原僱傭契約之性質。其僱傭契約性質應爲不定期契約者，即使其申請展延未獲許可者，應得分別情形適用勞基法上關於終止勞動契約之事由，或認爲繼續性契約因情事變更等原因致其目的無法存續而終止，均無窒礙之處。

惟上述台灣高等法院之見解，已被上級審法院所駁回。依據最高法院的見解，固然就服法第46條第3項係僅就聘僱外國人從事該條第1項第8款至第10款之工作，明定其僱傭契約以定期爲限，而未及於依其他各款所立勞動契約；但同法第52條第1、2項係分別就第46條第1項第1款至第7款及第11款規定之工作、以及第46條第1項第8款至第10款規定之工作，而規定不同的許可期間及延長次數。並且，第51條則規定雇主聘僱該條第1項各款之外國人從事工作，得不受第46條第1項及第3項、第52條之限制。由此可知，除第51條第1項各款所規定之外國人外，其他外國人從事第46條第1項各款之工作，無論其工作是否具有繼續性，均以經許可爲限，其許可並均定有期限，與勞基法第9條第1項規定之立法考量顯有不同。是就服法第46條第1項第1款至第7款及第11款規定聘僱外國人，雖未限制應訂立定期契約，但雇主基於該法對於外國人聘僱與管理之相關規定，而與外國人訂立定期契約者，自非法所不許；縱其工作具有繼續性，亦不當然適用勞基法第9條第1項規定，而成爲不定期契約[49]。

除了就服法的定期契約規定外，2018年2月8日施行的外國專業人才延攬及僱用法第7條、第10條，也是將契約界定在定期契約。依據第7條第1項規定，「雇主聘僱從事專業工作之外國特定專業人才，其聘僱許可期間最長爲五年，期滿有繼續聘僱之需要者，得申請延期，每次最長爲五年，不受就業服務法第五十二條第一項規定之限制。」依據第10條第1項規定，「外國專業人才爲藝術工作者，得不經雇主申請，逕向勞動部申請許可，在我國從事藝術工作，不受就業服務法第四十三條規定之限制；其許可期間最長爲三年，必要時得申請延期，每次最長爲三年。」雖然是定期契約，但受聘僱之外國專業人才得向內政部移民署申請永久居留許可（第11條第1項參照）。

---

[49] 最高民事法院99年度台上字第109號判決。

參、仲介人與勞工

　　仲介人即使代雇主訂立勞動契約，也不使其成為契約當事人。仲介人與雇主間係一居間契約（民法第565條以下），仲介人（居間人）為雇主報告訂約之機會或為訂約之媒介，而雇主則應給付仲介人報酬。就這點而言，顯然與勞工法上之勞動派遣關係（Leiharbeitsverhältnis, Arbeitnehmerüberlassung）有異。後者，勞動關係存在於勞工與出借人／派遣機構（Verleiher）間，但在勞工同意之下，可將其出借給借用人／要派機構（Entleiher）使用。勞工與借用人間並不存在勞動關係或其他的契約關係[50]。

　　雖然仲介人與勞工間無契約關係存在，但由於仲介人在進行招募行為時已與第三人發生接觸，因此，仲介人對第三人在特定條件下，仍必須負一定之義務及責任[51]，亦即：依就業服務法第40條規定，私立就業服務機構及其從業人員從事就業服務業務，不得有下列行為：一、辦理仲介業務，未依規定與雇主或求職人簽訂書面契約。二、為不實或違反第五條第一項規定之廣告或揭示。三、違反求職人之意思，留置其國民身分證、工作憑證或其他證明文件。四、扣留求職人之財務或收取推介就業保證金。五、要求、期約或收受規定標準以外之費用，或其他不正利益。六、行求、期約或交付不正利益。七、仲介求職人從事違背公共秩序或善良風俗之工作[52]。……九、辦理就業服務業務有恐嚇、詐欺、侵占或背信情事。十、違反勞工之意思，留置許可文件、身分證件或其他相關文件。……十五、辦理就業服務業務，未善盡受任事務，致勞工權益受損。……十八、對求職人或受聘僱外國人有性侵害、人口販運、妨害自由、重傷害或殺人行為。十九、知悉受聘僱外國人疑似遭受雇主、被看護者或其他共同生活之家屬、雇主之代表人、負責人或代表雇主處理有關勞工事務之人為性侵害、人口販運、妨害自由、重傷害或殺人行為，而未於二十四小時內向主管機關、入出國管理機關、警察機關或其他司法機關通報。……依同法第65條第1項、第66條及第67條第1項、第2項之規定，違反第40條之規定者，處以新台幣計算之罰鍰。

　　另依中央勞政機關函釋，為促進勞資和諧及維持就業市場秩序，不允許

---

[50] Brox/Rüthers/Henssler, Arbeitsrecht, 16. Aufl., 2004, Rn. 77 ff.; Zöllner/Loritz/Hergenröder, Arbeitsrecht, 6. Aufl., 2008, 309 ff.

[51] 陳世能，當前引進外籍勞工之現況及因應之道，勞工行政，第100期，頁45。

[52] 違反第40條之規定者，依同法第65條之規定，處新台幣30萬以上150萬元以下之罰鍰。

任何人或人力仲介公司於仲介過程中，剝削勞工，對於違法者，應依法從重處分。因此凡有違反修正前就業服務法第40條第5款情事者，應依同法第66條第1項、第2項從重處分。凡有違反勞動基準法第6條「任何人不得介入他人之勞工契約，抽取不法利益」規定者，應依同法第76條查處[53]。

肆、外國籍勞工法律衝突之解決

雇主委任仲介人代其招募外國籍勞工，而由其本人與外國籍勞工訂立勞動契約或由仲介人代其簽訂，之後，如雇主與國外仲介人於履行招募契約時發生爭議，或雇主與外國籍勞工履行勞動契約時發生爭議，如無約定準據法與爭議解決之方法，則必將引起適用何國法律之爭議及以何種方式（訴訟？調解？仲裁？）解決爭議之問題，故應在契約中訂明。

一、法律準據

由於委任招募契約是私法契約，故可由雇主與仲介人約定以那一國之法律做為該契約解釋與履行之準據法[54]。至於在勞動契約部分，雖其大部分均為可由當事人約定之私法契約而可任由雇主與外籍勞工約定適用何國之法律，但勞動契約中有關與勞工保護之規定，如工資、工時、契約之終止等，大都已由勞動基準法加以規定，屬於公法，只能完全依據本國法令為之，不屬勞工與雇主得自由約定之部分[55]。為此，在勞動契約法中約定適用本國勞工法令為宜。

在一件外國籍勞工因職業災害請求減少勞動能力損害賠償的案件中，即

---

[53] 行政院勞工委員會82年11月9日台82勞職業字第68513號函釋。

[54] 由於國際私法之對象為涉外案件，亦即案件必須具有所謂「涉外成分」（element），其類別不外為：1.牽涉外國人者；2.牽涉外國地者；3.牽涉外國人及外國地者。因此，此處之仲介人限於國外之仲介公司。馬漢寶，國際私法總論，1982年版，頁1以下。

又涉外契約關係應適用之法律，常依當事人之合意而定，稱為「當事人意思自主之原則」（the doctrine of autonomy of the parties）。馬漢寶，前揭書，頁121以下；蘇遠成，國際私法，1985年，頁218以下；劉鐵錚，國際私法論叢，1982年，頁82以下。

[55] 黃居正，勞工法律衝突之研究，東吳法律研究所碩士論文，1989年6月，頁9；另參劉志鵬，前揭書，頁20以下；反對說，呂榮海，勞基法實用1，1986年，頁40，氏認為雙方約定適用外國勞工法而不適用我國勞基法時，依涉外民事法律適用法第25條規定「依本法適用外國法時，如其規定有背於中華民國公共秩序或善良風俗者，不適用之」處理之。外國勞工法令之標準低於勞基法所規定之勞動條件時，即是違背我國之公共秩序，應不適用該外國勞工法，而仍應適用我國勞基法。另參馬漢寶，前揭書，頁121以下及頁151以下；蘇遠成，前揭書，頁220以下；劉鐵錚，前揭書，頁88。

涉及準據法的爭議[56]。緣該案中的外國（越南）籍勞工係以基本工資為每月所得，在發生職業災害經醫療後已返回其國家，勞雇雙方爭議究應以何國法令所定之基本工資，作為損害賠償的計算基礎。對此，最高法院審理認為：按民事事件之主法律關係，常由數個不同之次法律關係組合而成，其中涉外民事法律關係本具有複雜多元之連繫因素，倘該涉外民事事件係由數個不同之次法律關係組成其主法律關係，若僅適用其中單一之衝突法則以決定準據法，即欠缺具體妥當性。在此情形下，自宜就主法律關係可能分割之數個次法律關係，分別適用不同之衝突法則以決定其準據法，始能獲致具體個案裁判之妥當性。本件被上訴人係越南國人，其因系爭事故受傷，得請求上訴人賠償減少勞動能力損害部分，並非侵權行為·（主要法律關係）不可分割之必然構成部分，當無一體適用單一之衝突法則決定其準據法之必要。是以關於上訴人應否負侵權行為損害賠償責任之法律關係部分，固應依涉外民事法律適用法第9條第1項規定以侵權行為地法即我國法為其準據法，然屬於損害賠償責任確定後，須定其賠償範圍之減少勞動能力損害部分，既非侵權行為不可分割之必然構成部分，則此部分之計算準據如被上訴人之本國（越南國）法律規定與我國法律所規定者未盡相同，而其得請求之年限實際上又分段跨越於兩國之間，即應視其可得請求之期間究在我國內或國外（本國）之情形而分別適用我國法或其本國法為計算損害賠償範圍之準據法，不宜一體適用我國之法律，始符公平、適當原則。且身體或健康受侵害，而減少勞動能力者，其減少及殘存勞動能力之價值，不能以現有之收入為準，蓋現有收入每因特殊因素之存在而與實際所餘勞動能力不能相符，現有收入高者，一旦喪失其職位，未必能自他處獲得同一待遇，故所謂減少及殘存勞動能力之價值，應以其能力在通常情形下可能取得之收入為標準（最高法院61年台上字第1987號判例參照）。

二、爭議解決——招募契約之仲裁、調解契約之調解仲裁

為了避免當事人在履行招募契約或勞動契約發生爭議時，即以訴訟之方式為之，不免費時、費錢，因此，雇主得與仲介人或外國籍勞工以書面約定將來發生之爭議，以仲裁人一人或單數之數人仲裁之[57]。仲裁人之判斷於當事人間，與法院之確定判決有同一之效力。仲裁判斷，須聲請法院為執行裁定後，

---

[56] 最高法院97年度台上字第1838號民事判決（統益科技股份有限公司案）。

[57] 仲裁法第1條規定。

方得為強制執行[58]。

　　至於因履行勞動契約所發生之爭議，因是勞資雙方當事人基於勞動契約之規定所為權利義務之爭議，故雙方當事人可約定依勞資爭議處理法第二章調解及第三章仲裁、甚至第四章裁決之程序為之或向勞工法庭提起訴訟（勞資爭議處理法第6條第1項及第2項參照）。假設使雙方是因勞動條件之繼續維持或變更而發生爭議，亦可約定以勞資爭議處理法所定之調解、仲裁程序為之[59]。在外國籍勞工因終止勞動契約（就服法第59條第1項第3款參照）或發生職業災害所生爭議，而提起給付工資、資遣費、退休金、職業災害補償或確認僱傭關係存在之訴訟，得向中央勞政機關申請扶助（勞基法施行細則第50條之3第1項參照）。

第四節　個別問題

壹、強制勞動

　　依據勞基法第5條規定，雇主不得以強暴脅迫、拘禁或其他非法方法，強制勞工從事勞動。違反此一強制勞動之禁止者，將被處以五年以下有期徒刑、拘役或科或併科5萬元以下罰金（勞基法第75條）。同法第42條亦規定，勞工因健康或其他正當理由，不能接受正常工作時間以外之工作者，雇主不得強制其工作。違反此一規定者，將被處六個月以下有期徒刑、拘役或科或併科新台幣30萬元以下罰金（勞基法第77條）。

　　台灣雇主引進外國籍勞工後，如未依事先所約定之工作項目令外勞工作，雇主即應負就業服務法第63條之刑事責任。有問題的是，從實務的案例觀之，少數雇主仍然會要求外國籍勞工提供與其契約目的不符之工作項目或甚至將之轉讓與其他第三人使用，此是否會構成強制勞動？又，雇主強迫外勞加班時，是否亦屬強制勞動？對此，本書以為應採否定見解。蓋勞基法第5條之「強暴脅迫、拘禁或其他非法方法」，必須符合刑法第304條強制罪之構成要件始可，即雇主的命令雖然已達一定的強度，而且此種強令外勞工作之情形也應予以掃除，但是，究竟仍未達刑法第304條強制罪的強度，故尚不屬於強制勞

---

[58]　仲裁法第37條規定。

[59]　勞資爭議處理法第7條第1項規定。

動。[60]至於勞基法第42條的強制勞動，其強度固無需達到刑法第304條的程度，但也必須達到「危害健康」或具有正當事由始可，其係屬於勞工保護法上的要求。所以，強迫或強制外勞加班，原則上尚不符合勞基法第42條的構成要件。雖然如此，外籍幫傭及外籍監護工（含機構監護工），由於其工作的地點即是在雇主家中（不以居住於雇主住處為限），工作時間與休息時間難以或無法切割，導致其從屬於／依附於雇主的性格尤其明顯，其發生強制勞動的可能性遂亦大為提高，此實值得相關單位的關注。

貳、報酬給付額問題

由於勞基法第21條第1項規定，工資由勞雇雙方議定之，但不得低於基本工資。因此，目前實務上雇主均以基本工基做為其約定之報酬（理論上，應該有一些雇主係以市場工資作為給付標準者）。關於此點做法，勞政機關及學者見解均不認為與聯合國及國際勞工組織所要求之國民待遇原則或我國現行法令有違：凡在我國境內從事適用勞動基準行業之勞工，不論本國或外國籍，其每月給付之薪資總額不得低於基本工基。[61]而學者亦認為「就立法層面而言，由於就業服務法中外國人聘僱與管理專章未就外籍勞工勞動條件的提供作適當之規定，使得外籍勞工之勞動條件只能依最低基準來給付[62]」。

然而，上述的做法及見解在學理上是否沒有問題？對此，如上所述者，就服法第5條第1項並無國籍的規定，即非本國籍人（即外國籍人）並無禁止歧視原則或平等待遇原則之適用，甚至亦不得主張國民待遇的保障。換言之，外國籍勞工並不得主張同工同酬，基於國際人權的保障，只要給予最低的勞工保護水準即可，例如基本工資。只是，在我國現行法制上，除了基本工資限制外，另外亦應受到暴利行為之禁止（民法第74條規定）。因此，當雇主已聘有本國籍勞工時，如其再聘用外國籍勞工而令其做同種類或同質之工作，卻只給予明顯不成比例之報酬者，則此似已違反禁止暴利行為，該外國籍勞工應得訴諸撤

60　反對說，鄭津津，我國外籍勞工人權保障問題之研究，月旦法學雜誌，第161期，2008年10月，頁79：雇主若是強迫外勞加班，即可能違反勞基法「強迫勞動禁止」之規定。

61　如行政院勞工委員會83年12月7日台83勞動2字第111219號簡便行文表引用該會82年12月21日台82勞動2字79322號函。又，行政院勞委會82年6月8日台82勞動2字第29918號函亦認為無另訂外籍勞工基本工資之需要。

62　成之約，我國外籍勞工政策之檢討與展望，勞資關係月刊，1994年3月，頁8；單驥，我國當前外勞政策之評析，行政院經濟建設委員會委託，1996年5月，頁10。

銷該工資額度的合意,而要求提高至(跳脫暴利額度、且較基本工資為高的)合理水準,至於是否需達到做同種類或同值工作本國籍勞工之報酬,本書則認為無此必要。[63]

在外國籍勞工基本工資的計算上,另一個值得思考的問題是,中央勞政機關認為可以包括膳宿等實物在內。[64]即其認為勞基法第22條規定,工資之給付,應以法定通用貨幣為之。但基於習慣或業務性質,得於勞動契約內訂明一部分以實物給付之。因此,雇主提供勞工之膳宿、水電費用等均得約定為工資之一部分,連同以法定通用貨幣給付之部分,若不低於基本工資,應屬合法。即提供外勞膳宿費用可由勞雇雙方自行於契約內納入工資給付之項目。

另外,為確保第二類外國人工資之給付,雇主聘僱外國人許可及管理辦法第43條有頗為詳盡的規定。即雇主應檢附印有中文及該外國人本國文字之薪資明細表,記載實質工資、工資計算項目、工資總額、工資給付方式、外國人應負擔之全民健康保險費、勞工保險費、所得稅、膳食費、職工福利金、依法院或行政執行機關之扣押命令所扣押之金額,或依其他法律規定得自工資逕予扣除之項目及金額,交予該外國人收存,並自行保存五年(辦法第43條第1項)。第1項工資,除外國人應負擔之項目及金額外,雇主應全額以現金直接給付第二類外國人。但以其他方式給付者,應提供相關證明文件,交予外國人收存,並自行保存一份(辦法第43條第4項)。第1項工資,雇主未全額給付者,主管機關得限期令其給付(辦法第43條第5項)。

參、工作地點之變更

依據雇主聘僱外國人許可及管理辦法第12條規定,雇主申請聘僱第二類外國人,必須登載求才廣告,內載求才工作類別、專長或資格、工作地點等內容。在與外國籍勞工簽定勞動契約時,亦必須將工作內容及工作地點明定於契約。而後在申請聘僱許可時,雇主應繳交已簽妥之勞動契約。如此嚴謹的規範,無非係出自於行政管制的目的。所以,在實務上,當雇主與勞工訂定工作地點時,有者明確規定在某特定地點工作,有者則只規定:在雇主所屬工廠或工地內工作。如此,雇主可否行使其指示權,將勞工調往他廠或他地工作?如

---

[63]　反對說,單驥,前揭文,頁10。

[64]　行政院勞委會87年4月13日台87勞動2字第014421號函,行政院勞委會89年7月31日台89勞動2字第0031354號函。

其爲外國籍勞工呢？

　　雇主在勞動關係進行中所進行之調動，包括地點調動及職務調動（調整）。由於對於勞工個人及其家庭造成工作與生活上的不利影響，所以社會各界所關注的焦點，一般均置於地點的調動。針對提供勞務地點之問題，1936年勞動契約法第9條即有加以規定，依之，「勞動之給付地，依契約之所定，勞動者無移地勞動之義務。但於一地方同時有數營業所，並於勞動者無特別困難時，雇方得指定或轉移之。」惟在1984年勞動基準法中，卻未有明文規定。一般咸以勞動基準法施行細則第7條第1款之「工作場所」，作爲法律依據之所在。雇主如要求勞工在非勞動契約約定之工作場所工作者，即構成調動（職）。在2015年12月16日修正勞動基準法時，終於在第10條之1增訂調動的規定。雖其並未區分我國籍與外國籍勞工，但一般討論似乎均將之侷限於我國勞工調動。這是因爲針對外國籍勞工的工作地點／工作場所，基於勞動市場法的管制考量，理應由就業服務法加以規範。只是，（修正前）1992年5月8日的就業服務法中並未加以規定，倒是在現行法第57條第4款規定如下，「未經許可，指派所聘僱從事第46條第1項第8款至第10款規定工作之外國人變更工作場所。」

　　雖然修正前就業服務法未明確規範工作地點，但中央勞政機關一系列函釋均將當時的第53條第4款（現行法第57條第3款）所謂之「指派所聘僱之外國人從事申請許可以外之工作」解釋爲包括變更工作地點在內。[65]其理由爲：依該法第45條雇主聘僱外籍勞工從事第43條第7款及第8款之工作時，應檢具有關文件向中央主管機關申請許可。而中央勞政機關之許可函均註明許可之工作地點，故未經申請許可，不得變更工作地點。吾人再觀中央勞政機關之其他函釋，即知其目的在於：爲對外籍勞工有效管理及避免造成社會問題。[66]

　　有問題的是，中央勞政機關將修正前就業服務法第53條第4款（現行法第

---

[65]　行政院勞委會82年3月19日台82勞職業字第05098號函釋。其實，行政院勞委會有關外籍勞工工作地點／工作場所是否變更的解釋爲數不少，舉例如下：行政院勞委會88年3月20日台88勞職外字第010513號函釋、行政院勞委會88年4月14日台88勞職外字第014613號函釋、行政院勞委會90年1月4日台90勞職外字第710288號函釋、行政院勞委會92年7月22日台92勞職外字第0920205627號函釋、行政院勞委會88年8月2日台88勞職外字第710140號公告、行政院勞委會90年1月12日台89勞職外字第0057954號公告。

[66]　行政院勞委會82年1月14日台82勞職業字第03827號函釋。另外，依據行政院勞委會85年12月27日台85勞職外字第146538號函釋，「家庭幫傭雇主遷徙至新住所從事家庭幫傭工作，不須經本會許可即可變更工作地點。」

57條第3款）所謂「申請許可以外之工作」以解釋之方式將工作地點之變更包括進來，是否妥適，並非無疑。理由為，一者，第53條第4款是規定外國人從事申請許可以外之「工作」，應只涉及工作之種類／形式及範圍而已，亦即受聘僱從事工作之外國人，不得從事原申請許可以外之工作，如以申請聘僱研究開發，即不得調動為採購工作。[67]如果係從事屠宰工作，當然即不得調動為堆高機駕駛[68]。否則即構成職務的調動。二者，如從中央勞政機關之82年3月19日台82勞職業字第05098號函釋，則不僅雇主會被撤銷聘僱許可，且外國籍勞工亦不問其知或不知、願意或不願意聽從雇主指示到他地或他工廠從事工作，均有可能被勒令出境，不得再於我國境內工作，其影響於雇主與外籍勞工之權益甚大，似非妥適。

　　依本書所見，工作地點屬於契約之要素，原則上應由當事人自由約定。如無約定，則由雇主依勞務之性質予以指定。通常推定勞工對於在雇主之廠場為勞務之提供有默示之同意，故勞工原則上以雇主之廠場為勞務之給付地。原則上勞工並無移地提供勞務之義務，惟雇主於同一地方同時有數處廠場或營業所而不增加勞工之特別困難時，雇主得指定或移轉其勞務給付地。[69]

　　由此可知，勞工原則上只須在約定工作地點提供勞務，如雇主要求其在約定地點外之處所工作，勞工可予以拒絕，雇主且不得加以解僱，因為勞工並未違反其工作義務。況且，基於行政管制的需要，雇主不得與外國籍勞工合意變更工作地點或內容。此處之工作地點的變動，並不以長時間的變動（即調動為限），也包括短暫性地前往他處工作，但應不包括出差或出公差之情形，以符合雇主的企業經營需要。同樣地，民法第484條之借調，亦不得適用於外國籍勞工。與外勞工作地點變動不同的是，在一般的勞動契約，如果勞工同意前往約定地點外之處所工作，即表示勞雇雙方同意變更契約內容，之後，勞工即有前往該地提供勞務之義務。站在行政法越來越強調給付行政（福利行政）之今日，中央勞政機關似可要求雇主向其重新申請許可即可達到有效管理外籍勞工之目的，毋需一概加以撤銷聘僱許可。[70]

---

[67] 行政院勞委會81年6月29日台81勞職業字第18511號函釋參照。

[68] 基於我國法令的規定（例如證照）及堆高機等機械的危險性，即使未達到調職程度的一時性的、短暫地要求駕駛堆高機，亦為法所不許。

[69] 陳繼盛，我國勞動契約法制之研究，行政院勞工委員會委託，1989年7月，頁93。

[70] 有問題的是，依據行政院勞工委員會86年9月25日台86勞職外字第0902303號函釋說明二，「重大公共工程得標業者所聘僱外籍勞工調派至同一核准地點之工程分包商從事分包工程工

　　與調動類似的，是外國人依就業服務法第59條第2項規定轉換雇主或工作之問題。依據「外國人受僱從事就業服務法第46條第1項第8款至第11款規定工作之轉換雇主或工作程序準則」第8條規定，「外國人辦理轉換登記，以原從事行業之同一工作類別爲限。但有下列情事之一者，不在此限：一、由具有前條第1項第1款或第2款規定之資格之雇主申請接續聘僱。二、遭受性侵害、性騷擾、暴力毆打或經鑑別爲人口販運被害人。三、經中央主管機關核准者（第1項）。看護工及家庭幫傭視爲同一工作類別（第2項）。」又，同準則第25條第1項規定，「期滿轉換之外國人辦理轉換雇主或工作，不以原從事之同一工作類別爲限。」

肆、社會保險之問題

　　在社會保險方面，外勞享有勞健保的保障，但不得投保就業保險（就保法第5條參照）。依據勞保條例第6條第3項規定，前二項所稱勞工，包括在職外籍勞工。[71]只不過，依據就業服務法第46條第3項規定，雇主僱用第1項第8款至第10款規定之外國人，以定期契約爲限。再依據就業服務法第52條第2項規定，聘僱第46條第1項第8款至第10款規定之外國人，許可期間最長爲三年。有重大特殊情形者，雇主得申請展延，其情形及期間由行政院以命令定之。但屬重大工程者，其展延期間，最長以六個月爲限。同條第3項並且規定，第46條第1項第8款至第10款規定之外國人，在一定條件下[72]，出國一日後始得再入國工作，且其總工作期間累計不得逾十二年。因此，根據勞保條例第58條第1項第2款規定，外勞如果年滿60歲，雖其保險年資未滿十五年，仍得請領老年一次金，即理論上其會成就老年給付的條件。

作，無須向本會申請許可。」此一函釋僅處理工作地點問題，並不探討此一調派（即借調）之合法性問題。就民法第484條之讓與勞務請求權，如係針對本國勞工而爲，固然係合法之行爲。但是，外籍勞工的使用會牽涉到本國勞工工作權及勞動市場管理之問題，因此，無法僅以借調的本質即合法化之。依本書之見，此一借調行爲已違反就業服務法第57條第1款及第2款之規定。

[71]　但是，此處之外籍勞工，並不包括中國籍勞工在內。依據行政院勞工委員會97年12月3日勞保2字第09701405661號函，「鑑於目前大陸地區人民係以從事專業活動、商務活動名義來台，不宜同意該類人員以其他特殊型態參加勞工保險。是以跨國企業內部調動經許可來台服務之大陸地區人民，自不得辦理參加勞工保險。」惟由此一函釋觀之，其似乎並不禁止依台灣地區與大陸地區人民關係條例第11條申請許可聘僱來台的大陸地區人民。

[72]　即於聘僱許可期間無違反法令規定情事而因聘僱關係終止、聘僱許可期間屆滿出國或因健康檢查不合格經返國治療再檢查合格者。

　　至於針對白領外籍勞工，依據就業服務法第52條第1項規定，其許可期間最長為三年，期滿有繼續聘僱之需要者，雇主得申請展延。因此，基於其並無展延一次之限制，理論上即有可能成就老年給付。同樣地，由於勞動基準法的勞工並不區分本國籍或外國籍，因此，其亦有自請退休或強制退休之適用。惟除非其具有勞工退休金條例第7條第1項第2款、第3款之情形，否則其並非強制或任意提繳勞工退休金之適用對象。

　　另外，如前所述，修正前（1992年5月8日）就業服務法第43條第5項規定似有違反外籍勞工與本國勞工平等待遇之嫌疑。雖然司法院大法官會議釋字第560號解釋認為「中華民國1992年5月8日制定公布之就業服務法第43條第5項，就外國人眷屬在勞工保險條例實施區域以外發生死亡事故者，限制其不得請領喪葬津貼，係為社會安全之考量所為之特別規定，屬立法裁量範圍，與憲法第7條、第15條規定意旨尚無違背」。惟該規定已被現行的就業服務法所刪除。這表示外籍勞工已有權請領喪葬津貼。[73]

伍、優先解僱外勞或「本勞優先留用原則」之迷思

　　當雇主因經濟上或企業經營上原因而需解僱勞工時，如勞工中參雜著本國勞工及外國籍勞工時，雇主得否自由決定解僱之對象？或者應先解僱外國籍勞工，以保障本國勞工之工作權？此即是台灣有無「本國勞工優先留用原則」之迷思。

　　對此，法院早期的見解係採取肯定的態度，且並不以「同一職務」為限。例如，依據最高法院94年度台上字第2339號民事判決：按虧損或業務緊縮時，雇主得預告勞工終止勞動契約，此固可由勞基法第11條第2款規定之反面解釋推知。惟為保障國民工作權，聘僱外國人工作，不得妨礙本國人之就業機會、勞動條件、國民經濟發展及社會安定，亦為修正前之就業服務法第41條（民國2002年1月21日修正為同法第42條）所明定。此乃為促進國民就業，以增進社會及經濟發展，所制定之特別規定（就服法第1條參照），應優先於勞基法之適用，蓋聘僱外國人工作，乃為補足我國人力之不足，而非取代我國之人力，故雇主同時僱有我國人及外國人為其工作時，雇主有勞基法第11條第2款得預告勞工終止勞動契約之情事時，倘外國勞工所從事之工作，本國勞工亦可以從

---

[73]　依據行政院勞工委員會98年4月17日勞保2字第0980140210號函：投保單位應依照勞工保險條例第11條規定，為外國籍勞工辦理加、退保。

事而且願意從事時，爲貫徹保障國民工作權之精神，雇主即不得終止其與本國勞工間之勞動契約而繼續聘僱外國勞工，俾免妨礙本國人之就業機會，有礙國民經濟發展及社會安定。

　　惟，之後中央勞政機關及法院雖原則上仍然採取肯定的態度，但均已將之限於「同一職務」而言。即就業服務法第42條固然規定，「爲保障國民工作權，聘僱外國人工作，不得妨礙本國人之就業機會、勞動條件、國民經濟發展及社會安定」，乃爲促進國民就業，以增進社會及經濟發展，所制定之特別規定。惟此原則之適用，係指「同一職務」而言，非指事業單位需將外勞裁至一個不剩時，方可裁減本勞。是於企業裁減本勞時，如尚留有外勞，只有工作職位並非相同，則其裁減本勞，即不得指爲違法。[74]……況上開規定僅規範國家勞工政策之總體管制及提出努力方向而已，非個體管制及具體案件之裁判依據，即其僅得在「就業機會」、「勞動條件」、「國民經濟發展」及「社會安定」四項目的作整體性之管制，俾該四項目的取得總體性之平衡，不得作爲具體、個別的權利義務關係之規範依據。……上訴人前聘用外勞既經勞工委員會核准引進，則在上訴人虧損情形下，應資遣、留用本國勞工或外勞，其當可斟酌公司業務情況自行決定。……另外，上訴人資遣被上訴人等時，雖尚有外勞103名在其廠內工作。然上訴人與該等外勞間皆爲定期僱傭契約，且該等外勞仍受勞基法之保障與適用，除已屆滿之僱傭契約部分得立即裁減外勞外，對僱傭期間未滿之外勞仍不得任意裁減。

　　值得注意的是，中央勞政機關在2015年3月10日再度重申優先僱（留）用本國籍（派遣）勞工的立場[75]。其認爲就業服務法第42條規定所稱之「妨礙本國人之就業機會」，係指雇主資遣本國勞工而繼續聘僱外國人，並徵詢被資遣本國勞工有無意願從事外國人工作後卻拒絕僱用，或未徵詢經勞動部限期通知辦理，屆期仍未辦理。根據其見解，對於同時僱用外國籍勞工及使用派遣勞工之雇主，如其基於企業經營因素解僱勞工或因故致使派遣事業單位資遣本國籍派遣勞工時，必須先依本法第47條所定之合理勞動條件及徵詢工作意願調查表，徵詢本國籍（派遣）勞工有無意願從事外國人工作，並經其表達無意願

---

[74] 最高法院95年度台上字第1692號判決、台灣高等法院95年度勞上更(一)字第3號民事判決參照。另外，勞委會90年3月8日台90勞職外字第0220258號函、90年7月12日台90勞職外字第0222754號函。

[75] 104年3月10日勞動發管字第10318098421號令參照。勞動部並且廢止原行政院勞工委員會2013.03.01勞職管字第1020503351號令。

後，始得終止與本國籍（派遣）勞工的僱用或使用關係、並且繼續聘僱外國人。否則，即屬「妨礙本國人之就業機會」之情形。中央勞政機關認為具體情形有二：一、雇主確實有依依本法第47條所定之合理勞動條件及徵詢工作意願調查表，徵詢被資遣本國勞工或本國籍派遣勞工有無意願從事外國人工作，經徵詢後，拒絕僱用有意願從事外國人工作之本國勞工或本國籍派遣勞工。二、雇主未徵詢被資遣本國勞工或本國籍派遣勞工有無意願從事外國人工作經本部限期通知辦理，屆期未辦理；或經徵詢後，拒絕僱用有意願從事外國人工作之本國勞工或本國籍派遣勞工。

　　論者間針對有無「優先留用本勞」之原則，也有持肯定見解者，其理由為，「當事業單位同時僱有本國及外國籍勞工而需資遣部分勞工時，應優先留用本國籍勞工。此就我國開放外勞之政策係採補充性、替代性原則，即可得此結論。就業服務法第42條明揭：『為保障國民工作權，聘僱外國人工作，不得妨礙本國人之就業機會、勞動條件、國民經濟發展及社會安定。』其中所稱『不得妨礙本國人之就業機會』即此補充性、替代性原則之具體規定是也。惟所謂『本國勞工優先留用原則』解釋上應僅限於同一職務而言，並非指事業單位需將外籍勞工裁的一個都不剩時，才可以開始裁減本國籍勞工。蓋外籍勞工通常從事體力、高溫、高熱、高噪音等惡劣環境下的工作，本國籍勞工往往不願屈就。所以企業裁減本國籍勞工時，如尚留有外籍勞工，只要工作職位等並非相同，尚不得驟指為違法。」[76]

　　對於上述行政機關、法院及論者之看法，本書認為並不正確。理由如下：一者，就服法第42條之規定，僅是勞動市場法的一般性原則宣示，相較於第五章之其他具體的規定，僅是一般規定而已。亦即如有其他條文可以適用時，即應優先適用之。在第五章的條文中，除非外勞本身有違法工作之事實，否則並不構成被遣返之理由。如果再對照第54條雇主不得引進外籍勞工之理由，包括「曾非法解僱本國勞工」（就服法第54條第5款規定），其反面解釋應為：如無「非法解僱本國勞工」之情事，雇主不僅可引進外勞，也可以依其意願選擇解僱本勞。此一解釋，並不受就服法第5條第1項並無國籍之規定（即外勞不得主張禁止差別待遇或要求平等對待）或者法令有明文規定之差別對待（例如就服法第46條第3項的定期契約限制、以及就業保險法第5條的排除外勞加保）的影響。至於勞動部有關「雇主必須先依本法第47條所定之合理勞動條件及徵詢

---

[76] 陳金泉，裁員解僱實務法律問題初探，律師雜誌，第282期，2003年3月，頁73以下。

工作意願調查表，徵詢被資遣勞工意見」的見解，如本書前面所述，同樣並不可採，蓋第47條之合理勞動條件，係指以市場工資為導向的勞動條件，必須由雇主本身按照市場經濟供給與需求的原則擬定，中央勞政機關並不得在法無授權的情況下發布施行「合理勞動條件薪資基準」，以免造成違反勞動基準法基本工資的「第二部的基本工資」的結果，甚至干預我國市場經濟體制。

　　較有疑問的是，大量解僱勞工保護法第2條第2項明定，「前項各款僱用及解僱勞工人數之計算，不包含就業服務法第46條所定之定期契約勞工。」是否可反面解釋為雇主應優先解僱外國籍勞工？對此，本書毋寧採取否定的見解。蓋雖然外國籍勞工欠缺大量解僱的程序保障，但其主要是受限於定期契約的本質所致，即定期契約屆滿時即會釋放出少量或大量的勞工，此與大量解僱勞工保護法係在提供不可預期的、不可規責於勞工事由的契約終止，有所不合，故不應加之納入人數計算。因此，其與外國人勞動契約無關，也不能因此推論外國人勞動契約欠缺保障的必要性。反而是針對跨國而來之外國籍勞工，基於其必須繳交勞動市場規整費用、以及定期契約原已欠缺勞動關係存續保障，而有強化保障契約屆滿始結束的必要性與合理性，故在解僱上，既然就服法無「優先解僱」之明文規定，雇主自然有權利在遵守勞工法之一般原則下，選擇本國勞工予以解僱。[77]

陸、非法外勞之問題

一、職業災害

　　合法的外籍勞工享有職業災害給付（勞保條例）及職業災害補償（勞基法）的保障。甚且，為加強外勞職災保護，當外勞因公受傷生病，在職災醫療期間，若因勞動契約之終止而被退保，其可依職災勞工保護法第30條之規定，繼續參加勞保普通事故保險，直到醫師證明並經中央勞政機關核准醫療期間屆滿之日止。[78]

　　有問題的是，如果是非法外勞於其工作時遭遇職業災害時，[79]是否仍然受

---

[77] 對此，另請參照行政院勞工委員會所發布之民國93年3月10日勞職外字第0930202181號函。

[78] 行政院勞工委員會92年12月23日勞保3字第920071248號函。

[79] 針對何謂「非法外勞」，行政院勞工委員會88年1月14日台88勞職外字第000106號函釋中有加以說明。

到保障？對此，本書認為：依就業服務法第63條之規定，雇主非法僱用外籍勞工時，應負一定之行政及刑事責任。因此，依刑法第11條前段之條文，刑法總則之規定，如第42條易服勞役及第56條連續犯之規定，亦適用之。惟這是國家對於雇主所應採取的行政及行事制裁，與非法外勞得否請求職業災害的救濟無關。

至於雇主非法僱用外籍勞工時，其勞動契約是否當然無效？即其是否違反民法第71條「法律行為，違反強制或禁止之規定者，無效」之規定？對此，首應了解就業服務法係一勞動市場法的性質，其目的是在規範勞動市場人力的合理（法）使用。所以就服法第42條規定，「為保障國民工作權，聘僱外國人工作，不得妨礙本國人之就業機會、勞動條件、國民經濟發展及社會安定。」也因此，依據就服法的相關規定，本國雇主與外籍勞工間的勞動契約必須以書面為之，無契約形式自由之適用；以及必須訂立定期勞動契約，不得訂立不定期勞動契約。一旦違反此一書面契約或定期契約之規定，則其勞動契約或者以事實上的勞動關係處理、或者以其為當然無效處理。本書以為此可以事實上勞動關係處理。因此，在該期間所發生的職業災害，其救濟應視同有效的勞動契約處理。[80]

至於針對非法的外籍勞工（例如持觀光簽證入國者或逃逸外勞），雇主如與其訂立勞動契約，則該勞動契約應依民法第71條之規定為無效。即就服法第44條規定係禁止規定，違反者不僅應受第63條之行政及刑事制裁，而且該契約也自始無效。此種逸脫於法律規範之外的勞務提供約定，無法受到我國整體法律規範（包括民法、稅法、勞工法、及社會保險法規等）的適用，當事人雙方自然無權主張法律規定的保護，在勞務提供契約上雙方亦無權利義務可言，例如非法外勞無報酬請求權，而雇主或工作委託人亦無要求提供勞務或瑕疵擔保的權利（民法第492條以下）[81]。而且，其既無報酬請求權，自然亦無勞基法第28條積欠工資墊償基金之適用[82]。

---

[80] 依據德國聯邦最高法院的見解，任何違反打擊黑工法（Schwarzarbeitsbekämpfungsgesetz）之契約，均屬無效（BHH 31.5.1990, EzA 138 BGB Nr. 13.）。依據打擊黑工法第10條及第11條規定，雇主違反社會法典規定僱用非法勞工、且其勞動條件與可供比較的勞工的勞動條件，明顯地不成比例時，應受有期徒刑之制裁。但是，有關非法外籍勞工與雇主所簽訂之勞動契約是否有效？德國勞工法學者則是有持肯定說者。至於如涉及非法的勞動派遣時，依據勞工派遣法第10條規定，則係擬制派遣勞工與要派機構間已成立勞動契約。

[81] 德國聯邦最高法院（BGH）2014年4月10日判決參照：Schwarzarbeit.

[82] 與本書見解不同者，我國的法律扶助基金會並未排除非法外勞的申請訴訟扶助。而且，歐盟

二、集體的基本權

雖然憲法第14條規定，「人民」有結社權。但是，團結自由基本權只是涉及改善勞動條件及勞動環境的組織體，與其人性尊嚴有關，其並非給予非本國籍的勞工加入政治團體或社會團體的權限，不須給予太多限制或管制。也就是外勞也有加入工會的權限，但為避免鼓勵非法外勞的大舉來台，自應限於合法的外籍勞工始能加入工會。[83]本書並不贊成聯合國1990年「所有移民勞工及其家庭權利保障國際公約」中，給予非法移民勞工加入或組織工會之權。

即使如此，在舊工會法時代，由於工會法第16條中將工會理監事限於具有中華民國國籍者，連帶地也排除外籍勞工組織工會的可能性。論者間乃有侵害外勞人權之疑慮。所幸，2001年5月11日修正施行的工會法第19條規定，「工會會員年滿二十歲者，得被選舉為工會之理事、監事。」已刪除了中華民國國籍的限制，以呼應國際勞工公約之精神及國民平等待遇原則。

柒、外國籍船員之問題

外國籍船員也是外國籍勞工的一種。由於台灣漁業勞動環境的改變，以往台灣漁船上之海員絕大部分係我國籍人士出任之情形，乃日益改觀而趨向多元（國）化。就今日觀之，遠洋漁船之使用外來船員以從事海洋漁撈工作，毋寧係一極為自然之現象。然而，外來船員畢竟仍屬於外國籍勞工之一環，牽涉到我國船員之工作權與生存權，因此，遠洋漁船之使用外來船員即會受到就業服務法相關法令之規範。再者，遠洋漁船之使用外來船員往往涉及漁船船主、外來船員及漁業勞務仲介公司之三方關係，其間之法律關係可謂錯綜複雜，影響三方當事人之權益至鉅。[84]

法院完全從市民法（Zivilrecht）的角度，認為非法居留的外籍勞工仍然屬於市民法中的勞工概念，所以有雇主無支付能力指令（RL 2002/74/EG）之適用。EuGH v. 5.11.2014 – C-311/13 (Tümer/Raad van bestuur van het Uitvoeringsinstituut werknemersverzekeringen), NZA 2015, 476.

[83] 行政院勞工委員會81年4月21日台81勞資1字第10022號函。然而，惟林紀東，中華民國憲法逐條釋義(一)，頁64謂：「日本最高法院曾著判決謂，縱令係外國人，且屬不法入境者，仍應承認其以人之資格，所享有之基本人權。」由此觀之，如將此見解引用至台灣，則雖是非法入境之外籍勞工或原本為合法入境，但嗣後因滯留不歸或其他任何原因成為非法外勞者，如其再與其他雇主成立催傭契約或勞動契約而提供勞務，似應仍得享有團結權，勞委會之行政解釋即有檢討之必要。

[84] 台灣漁船所僱用之外國籍船員中，問題最大者，應是屬於在境外僱用的外國籍漁捕工作者，蓋其在現行實務上並未受到台灣勞動法規的適用，因此，連基本工資、勞工保險、健康保險都不可而得。

就目前遠洋漁船之使用外來船員觀之，實際上約可概分為外籍船員及中國漁工兩大類。由於漁船本身具有移動的特性，特別是遠洋漁船之航行範圍往往及於他國的領土，故其在停留他國之時僱用當地之船員，時有發生。此與一般的企業係固定於我國境內，其所僱用之外國籍勞工，往往須進入我國領土內工作，性質上乃有所不同。

目前台灣對於外國人之聘僱與管理，係以就業服務法及其相關之子法為法源依據，尤其是就服法第42條以下之規定，是主要法源之所在。依法第46條第3項之規定，「雇主依第1項第8款至第10款規定聘僱外國人，須訂立書面勞動契約，並以定期契約為限；其未定期限者，以聘僱許可之期限為勞動契約之期限。續約時，亦同。」其中第8款即是規定海洋漁撈工作。可見其與同條項第1款至第7款之限制不同，顯示出立法者對於處理兩類外籍勞工（白領、藍領）之心態。

依據勞保條例第6條第1項第5款規定，「受僱從事漁業生產之勞動者」，應參加勞工保險為被保險人。同條第2項規定，「前項規定，於經主管機關認定其工作性質及環境無礙身心健康之未滿十五歲勞工亦適用之。」同條第3項規定，「前二項所稱勞工，包括在職外籍勞工。」由此可知，不問本國籍或外國籍的漁捕工作者，均受到勞工保險條例的保障，只要其有從事漁業生產之事實者即可。

第4編

職業訓練法制

第七章 | 職業訓練法制的基本問題

第一節　概說（歷史的發展）

　　職業訓練法與就業服務法、就業保險法同屬於就業政策的內涵之一。將職業訓練、職業介紹及失業保險（給付）結合在一起，始能樹立一個「整合性就業政策」，並且成就一個完整的人力資源政策。我國職業訓練法（以下簡稱職訓法）制定公布於民國72年12月5日，其後並經88年7月19日及90年5月29日兩次的小幅度修正。在100年11月9日修正施行的職業訓練法，則有根本性的變革。其中最重要的，毋寧是職能基準、技能檢定、發證及認證、全國性專業團體（含全國性專業工會）也可辦理技能職類認證、以及放寬民間參與辦理職業訓練，以促進民間訓練服務產業之發展。做為人力資源法令的一環，理論上，職訓法的目的，係在為職業訓練創造一個廣泛的及一致性的基礎。亦即面對一個技術條件及經濟條件高度合理化的企業界，職訓法希望能為工作的勞工開創一切職業的及社會的機會。尤其是，在知識經濟時代，我國低技術的工作位置將會日益減少，再加上老年時代的來臨，終身學習、繼續訓練（Weiterbildung）及世代實習（Generation Praktikum）的重要性將會與日俱增，因此也必須將之融入勞動關係中或日常的勞動生活中。

　　亦即傳統上，職業訓練係以教導職業專門技能為重點，以增進新進勞動力的就業能力，提高在職員工的生產力，協助失業者獲致轉業的能力為目的。惟目前則須加入終身學習的思考及作法，建立一個提供終身受僱能力的職訓機制。然而，相較於其他國家的大肆翻修職業訓練法令，並且將事權集中於一個專責單位（職業訓練體系）的情形，台灣的職業訓練則是分散在各部會，導致可能發生多頭馬車、力多分散、事倍功半、或協調不易的情況。另外，整體來講，台灣的職業訓練法制採取割裂主義的立法方式，分別規定在職業訓練法、就業服務法、就業保險法、勞動基準法、性別工作平等法、身心障礙者權益保障法、原住民族工作權保障法及社會救助法等法令中。其中，就業保險法確定就保基金可以作為被保險人職業訓練津貼之用（就保法第19條、第19條之1），適度地安定其訓練期間生活的來源。就業促進津貼實施辦法第18條至第

20條之1，也有職業訓練津貼之規定，以幫助就業服務法第24條第1項各款所列之失業者。至於針對各種特定身分（性別、身障者、原住民族）的職業訓練規定，則是進一步補充職業訓練法不足之處。

然而，本來應該做爲基本法之職訓法卻因規範的不足，而無法發揮其效用。實務上，職業訓練主管機關少有根據職訓法的各種訓練種類推動職業訓練，反而多以職前訓練及在職訓練做爲訓練的區分基準，再輔以爲數眾多的訓練計畫與方案（較爲著名者，立即充電計畫、充電加值計畫、立即訓用計畫、產業人才投資計畫、提升勞工自主學習計畫、充電再出發訓練計畫、充電起飛計畫[1]等，雖然都有明定計畫的緣由與目的，但其法令依據大多不明）。使得整體職業訓練體系顯得錯綜複雜、甚至疊床架屋，互相折損了訓練的成效。實有必要加以整合、並且評估其績效。職業訓練法中最大的問題是：幾乎沒有關於職業訓練契約法制的規定，使得施訓者與受（參）訓者間的權利義務不明，影響雙方間訓練契約的進行。反而是在勞基法技術生章中，有些許技術生準用勞基法勞動條件的規定（勞基法第65、69條），而再由第64條第3項被準用於養成工、見習生、建教合作班之學生及其他與技術生性質相類之人，稍微能解決各種訓練契約上的爭議，但是，仍然須要依據個案予以解決。另外，在102年1月2日公布施行的高級中等學校建教合作實施及建教生權益保障法，分別以建教合作契約及建教生訓練契約（該保障法第16條以下）規範建教合作機構與建教生、以及建教合作機構與學校間的權利義務關係，尤其是對於建教生權益保障之規定（該保障法第21條以下），已達一定完備的地步，足以作爲其他類似學習身分者借鏡之用。

第二節　職業訓練的基本思想與指導原則

壹、基本思想：社會國或福利國的責任

隨著工業化時代轉輪的不斷前進，我國也已步入知識經濟的時代[2]。配合

---

[1] 本計畫由係爲配合行政院因應貿易自由化產業調整支援方案所訂定推動者。

[2] 德國在知識經濟時代，勞動契約法草案中已經明定繼續訓練（Weiterbildung）及世代實習（Generation Praktikum）的概念與權義。經由繼續訓練之融入日常的勞動生活中，以解決低技術的工作位置日益減少的情勢變更。Sittard/Lampe, Der Entwurf eines Arbeitsvertragsgesetzes und die Lösung sog. Zukunftsfragen, RdA 2008, 249 ff.

著各種科技的發展日新月異，工業變遷的程序及生產體系的轉變也不斷加速，因此，職場上所需要的專業技能也不斷地更新。在此種環境下，我國各級機關對於人民的教育與訓練的責任乃日益加重[3]。蓋從前一個沒有技術能力的粗工（ungelernter Arbeiter）仍然不難找到工作的情形，將會隨著大環境的改變而逐漸消逝。取而代之的，是新興產業及知識經濟產業的人才。而這尤其是新一代的青少年的逐夢所在，也是我國職業教育訓練的重心所在。

再一言者，一個國家的職業教育訓練及其整體的人力資源政策，係根基於國家的目標而來，而這往往又與產業政策的發展息息相關。亦即配合著現在國家經濟的發展及未來產業的重心，國家機關有必要事先擬定人才培育計畫或方案、透過就業政策與法規、優先培育自己的人民，以承擔未來國家發展的重任。但是，另一方面，即使是在傳統的產業領域，我國仍然有不少的弱勢失業族群（例如就服法第24條第1項所規定者），其亟待於國家就業政策及各種措施的幫忙[4]，以進入或重新回到職場。

上述以積極的促進就業政策或措施，以輔助弱勢就業族群的要求，其實早就見之於國際勞工組織（ILO）的各號公約與建議書中[5]。其中，第142號「人力資源發展公約」第1條規定，各會員國應採納及發展與就業有密切關係之職業指導與職業訓練有良好協調之綜合性政策與計畫。第2條規定，各會員國應建立職業教育與職業訓練之公開，有彈性與輔助系統[6]。另外，依據1988年第168號「促進就業與失業保護公約」第7條規定，會員國應將促進完全的、有生產力的與自由選擇的就業，作爲國家政策的優先目標，並應採取適當的方法，包括社會安全、就業服務、職業訓練與職業輔導。第8條規定，會員國對於在

---

[3]　歐盟條約第150條職業的教育與訓練：經由職業的訓練與轉業訓練，以協助勞工適應工業變遷的程序。

[4]　有關我國就業政策的詳細論述，請參閱林炫秋，就業政策與社會安全—由國際公約到憲法保障，收錄於：勞動基本權學術研討會論文集，行政院勞工委員會，2004年，頁556以下。

[5]　國際勞工組織有關職業輔導與訓練的公約或建議書，依序有1955年的第98號「身心障礙者職業重建建議書」、1975年第142號「人力資源發展公約」及第150「人力資源發展建議書」、1983年第159號「有關職業重建與身心障礙者就業公約」、1984年第169號「就業政策補充條款建議書」、以及1988年第168號「促進就業與失業保護公約」。

　　另外，在歐洲聯盟部分，有歐盟條約第150條（職業的教育與訓練）、第146條（歐洲社會基金的目的）、歐體勞工基本社會權憲章（Gemeinschaftscharta der sozialen Grundrechte der Arbeitnehmer）第15條（接觸使用職業訓練之權）。在歐洲參議會（Europarat）部分，有歐洲社會憲章第10條（職業訓練的權利）。

[6]　台灣並未批准第142號人力資源發展公約，德國則是在1981年12月29日將國勞組織1975年6月23日之第142號人力資源發展公約，轉換爲內國法施行。BGBl. II 168.

勞動市場上因不容易找到持續性的工作而特別不利的族群，例如婦女、青年勞工、身心障礙者、老年勞工、長期失業者、合法居留的移民勞工及受就業結構影響的勞工，應依法建立計畫促進額外的工作機會與就業扶助，並且鼓勵提供自由選擇的、有生產力的就業機會給這一群人[7]。

　　上述國際勞工組織第142號「人力資源發展公約」及第168號「促進就業與失業保護公約」的諸種原則，均已散見於我國的職業訓練、就業服務及就業保險的法規中。觀察我國的職業教育或訓練，其係屬於整體就業政策的一環，與就業服務及就業保險形成一積極的促進就業體系。其在憲法上的根基，分別在於憲法第15條規定，「人民之工作權，應予保障」、憲法第152條規定，「人民具有工作能力者，國家應予以適當之工作機會」、以及中華民國憲法增修條文第10條第8項規定，「國家應重視國民就業等社會福利工作，對於國民就業等救濟性支出應優先編列」。除了憲法第152條已將第15條之工作權內涵，藉由就業政策予以具體明文規定外，其在法律層次上的實踐，則是主要見之於職業訓練法、就業服務法及就業保險法。

　　進一步言之，憲法第15條規定之工作權保障，並非僅指工作自由與擇業自由而已，也包括各種的受訓者或實／見習生可以自由選擇進行訓練的場所（Ausbildungsstätte）[8]，其並不會被強制接受訓練或被強制到特定的廠場或場所訓練[9]。此尤其會與青少年的職業教育訓練的權益密切相關。經由此種實習過程，乃能熟練化其技術能力，有利於其藉由所習得的資格能力，取得一個參與職涯生活的機會，而且他的訓練也形塑了往後社會的及物質的地位。也就是說，一個沒有完成學業或職業教育訓練之青少年，其在職場的命運是多舛的、其社會地位也幾乎註定是低下的。

　　也就是如此，面對著技術的與經濟的條件高度合理化的經濟世界，一部

---

[7]　依據1984年第169號「就業政策補充條款建議書」所建立的就業政策一般原則包括：確保所有勞工在接近就業、就業條件、工資與所得、職業輔導與訓練以及生涯發展等方面，都享有公平機會與對待。

[8]　德國基本法第12條規定，所有德國人皆有自由選擇訓練場所（Ausbildungsstätte）的權利。德國聯邦憲法法院在一連串的判決中，均認爲有關執行職業行爲的法律規範，也包括作爲一個與整體的生命過程（Lebensvorgang）不可分割的構成部分的職業養成訓練的前階段（Vorstufe）。聯邦憲法法院因此要求所有的法規，其要求爲執行一定職業的前階段訓練（Vorstufebildung）與養成訓練、以及必須通過考試以證明其已擁有一定的能力者，均必須受到基本法第12條的約束。因此，能力證明（Befähigungsnachweis）遂具有合理性（gerechtfertigt）。MünchArbR/Natzel, § 177 Rn. 60 ff., Rn. 70.

[9]　MünchArbR/Natzel, § 177 Rn. 60 ff., Rn. 68.相對地，訓練位置的提供也是由企業主自由決定。

可以提供完善訓練制度與規範的職業訓練法、以及一部可以給予基於學術規章訓練的建教生、技職院校學生或產學職專班學生的實習生訓練法[10]，乃可以為學習中的學生、訓練中的實習生、甚至工作中的勞工開啓一職業的及社會的地位。

　　須注意的是，由憲法第15條工作權保障演繹而來之自由選擇訓練處所的基本權保障，並未賦予受訓者有一請求僱用或訓練的請求權。自由選擇訓練處所，仍然只是表示人民有一對抗國家干預的防禦權（Abwehr）而已。由憲法第15條及第152條規定而來之就業政策，固然包括創造就業機會，提供職業輔導、職業訓練及就業服務給未就業或已就業者，使有工作能力而且願意工作的人，能在自由選擇或接受職業的前提下，進入勞動市場從事工作。但是，有關的就業服務、推介服務、參加職業訓練等，並未賦予人民請求權。雖然如此，人民如因此類給付行政的施行而受害，仍然得提起行政救濟。

　　承上，如就職業訓練來說，既然表示受訓者或各種實／見習生並無一請求權，就表示企業主並無提供訓練位置的義務。此不獨在台灣是如此，即使在德國也是如此。雖然德國聯邦憲法法院在1980年12月10日的判決中曾經指出：「企業界對於廠場的養成訓練負有責任」，「雇主集團」具有一個提供充分數目的養成訓練位置的「集體責任」（Gruppenverantwortung）[11]。德國工會界因而得出雇主負有職業的養成訓練的法律義務，必須提供足以滿足須要的養成訓練位置及充分的職業選擇機會。然而，德國學者認為從判決的上下文來看，此一責任的賦予，首先只是表示賦予一執行任務的權限（Aufgabenerfüllungskompetenz）而已。聯邦憲法法院並未語及執行義務，而只是言及國家對於雇主的「期望」（Erwartung）。因此，一個憲法賦予雇主提供養成訓練位置的義務，並不存在。聯邦憲法法院所認為之雇主提供充分養成訓練位置的義務，是從雇主事實上的控制能力（tatsächliche Sachherrschaft）及歷史上所逐漸形成的權限（geschichtliche gewachsene Kompetenz）的角度觀之，其所涉及者並非法律義務（Rechtpflicht），而是一個社會—道德的義務

---

[10]　例如教育部在2010年8月所提出「高級中等學校建教合作實施及建教生權益保障法草案」、並且順利在2013年1月2日公布施行的「高級中等學校建教合作實施及建教生權益保障法」。值得注意的是，該法係以特別法的型式，排除勞基法及職訓法之適用。

[11]　BVerfG AP Nr. 11 zu Art. 105 ff. GG. Ossenbühl, Zur verfassungsrechtlichen Pflicht der Arbeitgeber, betriebliche Ausbildungsplätze bereitstellen, 1985.

（sozial-ethische Pflicht），並無法訴請履行、也無法予以法律制裁[12]。

如上所言，企業界並無義務提供足夠的養成訓練位置，因此有爲數不少的青少年苦等訓練位置。爲了改善此一現象，聯邦德國曾有數次課予雇主特別捐（Sonderabgabe）義務的立法嘗試，這主要係希望在職業訓練法中設立一個財政（務）支援的法律基礎，不過均未能通過立法[13]。後來，由於企業界在「2004年養成訓練方案」（Ausbildungspakt）[14]中自行承諾願意提供訓練位置，所以聯邦政府也就未再將法律草案送到聯邦眾議院討論[15]。除了特別捐之外，德國學者間也有認爲憲法加以企業爲青少年提供質量均佳的養成訓練位置的義務，以確保養成訓練的機會，不會因爲地區、部門、性別及出身而做不公平的分配。立法者可以加以企業提供一定具有特定資格特徵的養成訓練位置、或者實施一定的配額，例如以與勞工的人數成一定的比率[16]、性別而定的配額、以及對於發生問題的部門或地區的特殊規定等[17]。

整體來講，促進各種職業的教育訓練，係我國福利國家責任的表現。也

---

[12] MünchArbR/Natzel, § 177 Rn. 60 ff., Rn. 69.對於此種社會義務（Sozialpflicht）的批評，Kittner, Arbeits- und Sozialordnung, 32. Aufl., 2007, 367 f.

[13] 一直到2006年的（戰後第二次的）大聯合政府時代，德國工會聯盟（Deutscher Gewerkschaftsbund, DGB）仍然不放棄要求將強制性的職業的養成訓練明定於職業訓練法中，以迫使企業界提供充分的養成訓練位置。但該要求一直爲大聯合政府的基督教民主黨（CDU）的黨魁Angela Merkel（她目前也是聯邦總理）所拒絕。雙方最近一次的對話是在2007年6月，同樣是各說各話、毫無交集。

[14] 該方案的全名是「全國養成訓練及培養專業人才方案」（National Pakt für Ausbildung und Fachkräftennachwuchs in Deutschland），是在2004年6月16日在前聯邦總理施若德的見證下，由聯邦政府與德國經濟界的高層組織（Spitzenverbände）共同決議通過。藉由此一訓練方案，簽署的夥伴負有義務與各邦密切合作，提供給每一個有意願及有能力進行養成訓練的年輕人養成訓練的機會。

[15] 拜整體勞動市場繁榮之賜，德國這幾年來的養成訓練市場（Ausbildungsmarkt）則是呈現高度發展的現象。依據德國聯邦教育與研究部（Bundesministerium für Bildung und Forschung, BMBF）2008年的職業訓練報告（統計至2007年9月30日止）（Berufsbildungsbericht 2008），2007年是自2001年以來，養成訓練契約的數目首次超過60萬件者，其總數爲625,900件。而且是德國統一以來，歷年所訂定的養成訓練契約數字中，居於次高者。亦即只低於1999年之631,015件。至於2008年的養成訓練契約的數目（依據2009年的職業訓練報告，統計至2008年9月30日止），則已回落至616,300件，已較前一年減少9,600件。但仍然是一個令人讚賞的數目。

[16] 此有如台灣勞基法第68條規定，技術生人數，不得超過勞工人數四分之一。類似規定，2013年1月2日公布施行的「高級中等學校建教合作實施及建教生權益保障法」第14條第1項規定。

[17] Mückenberger, Die Ausbildungspflicht der Unternehmen nach dem GG, 1986.

是我國社會政策最重要的事項之一。任何人，於其未擁有合格的教育訓練證明之前，不應該開始其職業生涯。而國家即應為之備具各種規範條件及資源，尤其應將屬於就業政策具體化之職業訓練法、就業服務法及就業保險法予以現代化，使得企業界及尋求訓練的人樂於引用及接受規範[18]。另外，如以技術生訓練為例，國家亦有必要適時地修正／更新技術生訓練職類，納入創新產業，例如光學科技、生物科技、奈米技術、環境保護技術等，以符合現代產業發展的須求。國家的責任，不應該只是不分青紅皂白地訓練出一批不符合時代須求或對於未來不抱有任何展望（Perspektiv）的工作者[19]。最後，我國政府機關在落實福利國責任的最好表現，是應該為有意尋求職業教育訓練的人，找到足夠的訓練位置。為此，不管是中央勞工主管機關（勞委會）或教育主管機關（教育部）均應該尋求與全國工業總會或全國商業總會訂定一個協議，由工總及商總提供一定數目的訓練位置給技術生、建教生、技職院校學生、產學職專班學生、及其他實習生與見習生[20]，幫忙他們跨入職場的第一個門檻。

貳、指導原則

一、公平對待原則

　　職業訓練首先應遵守公平對待原則。即從實質平等的角度，讓每一個人有接受職業訓練的機會。此在聯合國1966年經濟、社會暨文化公約（第13條）及國勞組織（ILO）第142號公約中，均有如此之規定。尤其是依據1975年6月23日通過之1975年人力資源發展建議書（第150號建議書）之第五(二)1.各會員國尤應力求保證所有人都能公平接受職業指導與訓練；第四十五(一)會員國應採取合適措施，為特殊人口團體提供有效職業指導與訓練，使其能享受工作平等及改進其與社會和經濟之整合。(二)應特別注意此類團體中之：1.從未入過學

---

[18] 德國1969年的職業訓練法，除將傳統師傅訓練模式的精神及作法融入外，並將工商業、自由業、農業、公共服務業等行業的職業訓練正式納入其適用範圍內，從而建立了全國統一的職業訓練體系及現代化的職業訓練制度。Knopp/Kraegeloh, Berufsbildungsgesetz, 5. Aufl., 2005, S. 1, Einleitung.

[19] 至於面對我國目前職業訓練分散在各部會，以至於可能發生多頭馬車、力多分散、事倍功半、或協調不易的情況，是否可以基於福利國責任中導出應（大幅度）修法，將事權主要地歸由單一部會以單一的職業訓練體系處理？本書原則上亦採取肯定的態度。

[20] Hanau/Adomeit, Arbeitsrecht, 13. Aufl., 2005, Rn. 579.

或早已離校者（作者按：這是指中輟生）；2.老年勞工；3.語言團體或其他少數團體之成員；4.殘障者。第五十四、五十五及五十六則是針對促進男女勞工訓練與就業機會平等之規定[21]。

上述國勞組織第142號公約的規定，除了要求所有的人可以接觸使用教育訓練管道外，還特別強調弱勢族群公平的就業與教育訓練機會。這些弱勢就業族群，包括中輟生、老年勞工、語言團體或其他少數團體之成員、以及身心障礙者／失能者等。然而，國勞組織1988年第168號「促進就業與失業保護公約」第8條規定，所指之在勞動市場上不容易找到持續性的工作而特別不利的族群，則包括婦女、青年勞工、身心障礙者[22]、老年勞工、長期失業者、合法居留的移民勞工（新移民）及受就業結構影響的勞工等，其對象顯然更廣[23]。

整體而言，每一個人均應有一平等接觸使用職業訓練管道的機會。國家應使職業教育與其他教育的領域具有同等的地位，一般學校的教育也應與職業的訓練加強聯結。在具體的作法上，包括透過在職訓練、進修訓練、繼續訓練、失業者訓練、以及終身學習等途徑。尤其是針對發展最令人滿意的職業訓練的教學及學習方法，例如遠距課程（Fernunterricht）或遠距教學（Fernlehre）[24]、數位化教學、在工作位置的視聽教學的學習方法（audiodidaktische Lernmethoden）、以及其他依賴媒體的學習方法等，更應加強運用，以促成公平對待原則的落實。這一些現代化的教學工具、媒體及新的資訊科技的運用，通常也牽涉到為改善低度發展區域的職業訓練機會。

至於在個別族群的對待上，以女性工作者而言，傳統上，女性（尤其是青少女）的職業訓練仍然受到歧視。其所接受的養成訓練仍然集中於所謂的婦女的職業（Frauenberufe），特徵是所得較低、較少升遷的機會、以及較大失業的風險[25]。此種現象實應加以扭轉。國家應該在考慮男女平等的思維下，設定職業訓練的措施、以及鼓勵男女接受所供給的、打破向來職場上傳統的行為模式（die herkömmlichen Verhaltensmuster）的職業訓練種類。國家應該提供給所

---

[21] 其實，國際勞工組織1984年第169號「就業政策補充條款建議書」，即是在追求公平對待原則的實現。依之，就業政策一般原則包括：確保所有勞工在接近就業、就業條件、工資與所得、職業輔導與訓練以及生涯發展等方面，都享有公平機會與對待。

[22] 聯合國在2008年5月3日施行之身心障礙者權利公約第27條第1項第1款至第5款規定，即是與身心障礙者的職業訓練有關者。

[23] 在台灣，其實還可以加上原住民族及更生受保護人。

[24] 歐盟條約第149條第2項規定。

[25] Kittner, Arbeits- und Sozialordnung, 32. Aufl., 2007, 368.

有的年輕男女接觸被承認的職業訓練的機會。且在從職業訓練過渡到工作時，男女均應擁有相同的機會。之後，應該促成婦女接觸使用職業訓練的管道及實際參與相關的活動，以幫助其開啟新的職業視野（Berufsfelder）以及在職業中斷後，重新回到職場工作[26]。

　　再就身心障礙者的訓練而言，在職業訓練法2011年11月9日修正施行前，原本在其第21條至第23條及身心障礙者權益保障法第33條以下加以規定[27]，目的是在訓練身障者獲得就業所須之工作技能與知識。目前，有關身心障礙者的職業訓練，已經移至身心障礙者權益保障法第33條以下加以規定。此種訓練，固應思考給予特別的職業訓練，以助成其能就業或再就業，並融入社會與參與社區的生活。惟最重要的，是如何強化雇主提供身障者接受訓練及就業的意願、以及提供雇主改善就業障礙及就業安全之相關資訊與建議[28]，畢竟，雇主提供身障者訓練，其負有較一般勞工為重之特殊照扶之義務。為此，身心障礙者職業訓練契約的簽訂，不宜設定太多行政管制或關卡，而是應令其較易簽訂[29]。如為確保身心障礙者訓練任務的完成或者避免其受到傷害[30]，則或許可以參考德國職訓法第95條之「為解決身心障礙者問題之委員會」設計[31]。至於

---

[26] 參照歐盟理事會1993年有關進入職業繼續訓練管道的建議（93/404/EWG）、1976年2月9日之男女平等待遇指令（Gleichbehandlungsrichtlinie）。另外，依據我國性別工作平等法第8條規定，雇主為受僱者舉辦或提供教育、訓練或其他類似活動，不得因性別或性傾向而有差別待遇。

[27] 另外，職業訓練法施行細則第8條及第9條也有細部規定，但在2012年5月30日已經予以刪除。

[28] 身心障礙者權益保障法第33條第1項規定參照。德國聯邦勞工與社會部公布之「身心障礙者訓練及僱用促進法」（Gesetz zur Förderung der Ausbildung und Beschäftigung schwerbehinderter Menschen v. 23.4.2004. BGBl. 606），就特別強調這一點。

[29] MünchArbR/Natzel, § 177 Rn. 20, 26 ff.; § 178 Rn. 426.

[30] 台灣修正前職訓法第23條規定，殘障者職業訓練設施，應符合殘障者之體能及安全需要。目前，依據身心障礙者權益保障法第33條第1項規定，「各級勞工主管機關應參考身心障礙者之就業意願，由職業重建個案管理員評估其能力與需求，訂定適切之個別化職業重建服務計畫，並結合相關源，提供職業重建服務，必要時得委託民間團體辦理」。

[31] 我國主管機關依據身心障礙者權益保障法第10條遴聘（派）各界代表，所辦身心障礙者權益保障事項，解釋上也應該包括職業訓練。依據德國職訓法第95條規定，「聯邦職業訓練署為完成身心障礙者職業訓練的任務，應在主管委員會下設立一永久性的下級委員會（Unterausschuss），以作為諮商之用。此下級委員會尤應著重於促成身心障礙者在職業訓練中的特殊利益受到考量、以及身心障礙者的職業訓練與其剩餘參與勞動生活的能力互相配合。聯邦職業訓練署（Bundesinstitut für Berufsbildung）在特別考量下級委員會的建議下，作成與執行身心障礙者有關的職業訓練的研究計畫之決定（第1項）。下級委員會由十七位委員組成，經主席任命，任期最長四年。委員得連選連任。下級委員會委員的任命，應經過主管

職業訓練的進行，可以由各級勞工主管機關自行或結合民間資源爲之[32]。在訓練地點方面，可以在事業單位內進行，也可以在重建中心或專爲身障者設立的廠場中（Werkstätte）進行之[33]。

最後，失業者接觸使用職業繼續訓練的管道及其參與繼續訓練，應該予以促成。尤其應注意的是，應致力於幫助未具有充分的或適當的資格能力的長期失業者（Langzeitarbeitlose），以促成其職業上的融入（Eingliederung）或再度融入[34]。就法制的設計上，如能考慮由廠場對於失業者施以職業的繼續訓練，（針對其已在職場上）尤其會適合助成其再度納入勞動市場[35]。

二、契約自由原則

就台灣目前的職業訓練法制來看，主要的法律爲職業訓練法，另外，還有其他的相關規定，包括就業保險法（及就業保險促進就業實施辦法）、就業服務法（及就業促進津貼實施辦法）、勞基法、性別工作平等法、身心障礙者權益保障法、原住民族工作權保障法及社會救助法等法令。整體而言，台灣的職業訓練法制採取割裂主義的立法方式。

然而，上述的法令規定，性質上殆皆屬於勞工保護的公法的職業訓練法規定或社會法的範疇，希望提供給各種受訓者及實習者（技術生、養成工、見習生、建教生及其他性質相類之人）最低限度的保障或促進其接受職業訓練。其並未全面性地規定各種受訓者及實習者與事業單位的契約上的權利義務關係。亦即針對職業訓練「契約法」部分，立法者仍然保留給當事人相當大的自由協商空間，其可以自主地決定是否訂定訓練契約、並且原則上也可以自由地決定契約的內容。如上所述，憲法所保障的工作權也包括選擇訓練場所（訓練單位）之自由，任何人不得被強迫接受特定職業的養成訓練或技術生等性質相類

身心障礙者參與事務的諮詢委員會（Beirat）的建議（社會法典第九部第64條規定）（第2項），……」。

[32] 依據身心障礙者權益保障法施行細則第12條規定，「勞工主管機關得將其依本法第三十三條所定應提供之職業重建服務事項，委任所屬就業服務機構、職業訓練機構或委託相關機關（構）、學校、團體辦理」。

[33] 依據台灣身心障礙者權益保障法第33條以下規定，身心障礙者職業訓練，由各級勞工主管機關辦理。

[34] 台灣就業促進津貼實施辦法所規定之職業訓練生活津貼，其適用對象之一即是長期失業者。

[35] 目前，我國廠場內的各種訓練並未納入失業者，2008年～2009年之充電加值計畫只是爲避免失業之僱用安定措施而已。

的訓練。相對地，在現行的職業訓練法及其他相關職業訓練的法令中，也並未規定事業單位必須提供訓練位置或進行各種職業訓練的義務[36]。亦即其並未賦予想要接受訓練者，有一向廠商或施訓者請求訂定養成訓練／技術生訓練契約的權利[37]。即使職業訓練法第27條之應辦職業訓練之事業機構，其每年應實支一定之職業訓練費用，否則應繳交差額給職業訓練基金，亦不得反面解釋為係一強制訓練的規定。

　　所以，受訓者與施訓者間必須先自由地訂立一個訓練契約[38]，以作為雙方權利義務的基礎。在此，可以技術生訓練為例，勞基法第65條即將一些重要內容（訓練期限、膳宿負擔、生活津貼、勞工保險等），留待當事人雙方在技術生訓練契約中自由約定，尤其是「契約生效與解除之條件及其他有關雙方權利、義務事項」。此處，即係與內容形成的自由有關[39]。以生活津貼而言，勞基法第65條之生活津貼，固係一強制性的保護規定，當事人雙方在訂約之時並不得約定技術生無償工作[40]，或者在事後拋棄生活津貼請求權。所以，似乎也無法完全否定其具有一定程度勞務對價的本質[41]。但是，另一方面，基於契約自由原則，當事人倒是可以自由約定生活津貼的「額度」[42]，並不受到基本工

36　如上所述，德國職訓法亦無職業訓練捐的強制規定。

37　Schaub, Arbeitsrechts-Handbuch, 12. Aufl., 2007, § 174 Rn. 6. Vgl. LAG Bad.-Württemberg v. 24.6.1993, NZA 1994, 416.依據國勞組織1988年第168號「促進就業與失業保護公約」第7條規定，「會員國應將促進完全的、有生產力的與自由選擇的就業，作為國家政策的優先目標」，可知其亦係採取自由選擇職業及訓練場所的立場。

38　即使高級中等學校建教合作實施及建教生權益保障法中之建教合作契約及建教生訓練契約，也是以建教合作機構有意願接受建教生前往學習職業技能為前提。

39　依據高級中等學校建教合作實施及建教生權益保障法第17條第1規定，建教生訓練契約除了必須包括一定事項外，其他的事項即可由建教合作機構與建教生自由約定。

40　在此，可準用民法第483條第1項規定，「如依情形，非受報酬即不服勞務者，視為允與報酬」，所謂「有償契約」處理。

　　為了確保訓練津貼的取得，德國職訓法第19條第1項第2款甚至規定，受訓者基於疾病或不可歸責之職務侵害而無法履行義務時，仍有六個星期薪資繼續給付請求權。在台灣，勞基法第69條第1項規定，「休假」之規定，於技術生準用之。此一「休假」似不應侷限於勞基法第37條（休假）及第38條（特別休假）規定，而應及於勞基法第43條之請假規定。惟依據勞工請假規則第4條之規定，普通傷病假的期間也只有30日，且工資只給付半數。所以，技術生也只能在三十日內，請求給付半數的生活津貼。

41　BAG v. 15.12.2005, AP Nr. 15 zu § 10 BBiG., NZA 2008, 828.

42　在這裡，難免會牽涉到另一個問題，亦即訓練津貼可否以實物（Sachleistungen）方式給付？對此，我國勞基法第69條固無準用工資之規定（尤其是勞基法第22條第1項實物給付只能「一部」的限制），但是，第65條卻有技術生契約訂明「膳宿負擔」之規定。而「膳宿負擔」實際上即為實物。所以，結論上應可採肯定的見解。有問題的是，實物給付可以占訓練

資的限制[43]。

　　承上，依據勞基法第65條規定，技術生訓練契約中應約定生效與解除之條件。根據此一規定，是否賦予當事人一個一般解除／終止的理由或期限？對此，綜觀勞基法第69條，並無準用勞基法第11條以下之規定。因此，應該依據第65條規定「技術生訓練契約生效與解除之條件」處理。當事人雙方應該可以自由約定訓練契約一般的解除條件，包括理由及預告期間在內。即當事人得合意終止契約及其他契約終止之原因[44]。整體而言，雖然勞基法第65條規定，給予當事人相當大的契約形成空間，但是，勞基法第66條至第69條規定，也給予一定程度的限縮。因此，例如訓練費用、返還費用條款、競業禁止條款及違約金條款等特定的約款，由於會限制技術生的職業發展自由，因此在法律上原則上均無效。而此一處理方式，原則上亦適用於與技術生相類似的受訓者或實／見習生身上[45]。

　　再回到技術生訓練契約的訂立。事業單位固然不會被強迫訂立技術生訓練契約（締約強制），但是，一旦其想簽訂，則其使用技術生（人數）之自由也不是漫無限制。依據勞基法第68條規定，「技術生人數，不得超過勞工人數四分之一。勞工人數不滿四人者，以四人計。」[46]其立法說明謂：「參照工廠法第63條、第64條之規定，並將原訂三分之一比例酌予降低，以免濫收學徒之流弊。」又依據行政院勞工委員會83年9月29日台(83)勞動三字第81636號函：查勞動基準法第68條所稱「勞工人數」，係指招收技術生之雇主所僱用之勞工人數而言。這表示並不包含技術生在內。

　　至於在契約形式自由方面，基於明確化的要求，事業單位也受到些微的

津貼的最高比例為何？即能否完全以實物給付之？從比較法上來看，德國職訓法第17條第2項規定，實物給付不得超過未稅津貼總額75%以上。其目的是希望技術生及其家庭保留一定成數的現金使用，以購置所需要的物質。此一立法，應可供台灣參考。

[43] 相反地，依據高級中等學校建教合作實施及建教生權益保障法第22條規定，建教生生活津貼不得低於勞動基準法所定基本工資。

[44] 就勞基法第69條而言，其係一準用工作時間及職業災害補償等事項的強制性規定，惟第69條規定之立法說明，卻認為「一般勞工之勞動條件，對於技術生自應適用」。本書以為此一見解似有待商榷，蓋應該是由當事人雙方自由約定才對。

[45] Hanau/Adomeit, a.a.O., Rn. 569; MünchArbR/Natzel, § 177 Rn. 133.

[46] 依據高級中等學校建教合作實施及建教生權益保障法第14條規定，「建教合作機構招收建教生與勞動基準法所定技術生、養成工、見習生及他與技術生性質相類之人，合計不得超過其所僱用勞工總數四分之一；且個別建教合作機構每期輪調人數不得低於二人（第1項）。前項僱用勞工總數之計算不得包含就業服務法第四十六條第一項第十款、第十一款聘用之外國人（第2項）。」

限制。按照台灣職訓法第12條規定，「事業機構辦理技術生訓練，應先擬訂訓練計畫，並依有關法令規定，與技術生簽訂書面契約。」再依勞基法第65條第1項規定，「雇主招收技術生時，須與技術生簽訂書面訓練契約一式三份，……，由當事人分執，並送主管機關備案」。這表示技術生訓練契約的生效，並不需要獲得主管機關特別的承認或許可。事業單位違反第65條第1項規定時，依第79條第1項第1款規定處以2000到2萬元的罰鍰。因此，由條文規定得知，技術生書面契約之訂定，只是在滿足法律明確性之要求，違反者，並不會影響其法律效力。亦即口頭契約也屬有效（先口頭的約定，而後不將之記載於書面亦同），只是會受到行政罰鍰的制裁而已[47]。

　　最後一言者，係為了呼應瞬息萬變的職場環境、並且扶持職業訓練產業的健全發展，台灣長久以來以職業訓練法、勞基法等公法的保護規定作為職業訓練支柱的現象，似有重新思考或改弦更張的必要。此尤其應思考加重及細部化工商團體以章程法作為職業訓練的法源[48]。例如在中華民國工業總會章程第7條第10款及商業團體法第5條第5款中均有舉辦同業員工職業訓練的規定。希望工業總會及商業總會能以法人的身分，扮演促進及實施職業訓練的職責[49]。此種賦予工商業總會介入職業訓練權限的理由[50]，是因為職訓法的立法者並無法

---

[47] 同樣地，違反書面的建教生訓練契約之規定者，也只是行政罰鍰而已（高級中等學校建教合作實施及建教生權益保障法第17條、第35條第1款參照）。再按照德國職訓法第11條之規定，養成訓練契約並不要求以書面的形式為限。只要在真正開始施訓之前，將重要的內容記載於書面即可。再依據第102條第1項第1款規定，違反第11條第1項第1句規定時，應處以秩序法（Ordnungswidrigkeit）。另參照BAG v. 22.2.1972, DB 1972, 1731 = AP Nr. 1 zu § 15 BBiG 1969; Leinemann/Taubert, Berufsbildungsgesetz, 2. Aufl., 2008, § 10 Rn. 18.

[48] 依據德國職業訓練法第9條之規定，「除非法令另有規定外，主管單位在本法的範圍內，可以規定執行養成訓練的細部規定。」基此，主管單位（zuständige Stellen）擁有一個為執行職業的養成訓練的規範的權限。

[49] 德國1956年的工商業總會（Industrie-und Handelskammer）條例，即規定了工商業總會有權採取措施以促進及實施商業的及營業的職業養成訓練（Berufsausbildung）。而且，經由2005年修正的職業訓練法（Berufsbildungsgesetz, BBiG）第103條之規定，工商業總會條例的適用範圍，因第1條第2項的如下修正而被擴大：工商業總會在採取措施促進及實施職業養成訓練時，應注意遵守職業訓練法的規定。雖然如此，明白被排除在外的是：工商業總會並無實施社會政策的及勞工法的利益的任務。

[50] 在台灣的工商業總會，在德國職訓法第71條規定，稱呼其為「主管單位」（zuständige Stellen），其係按照不同的行業別而有不同的總會，包括手藝業總會、工商業總會（Industrie-und Handelskammer）、農業總會（Landwirtschaftskammer）、律師公會、專利律師公會、公證人公會、以及公證人機構（Notarkassen）、會計師公會及稅務顧問公會、醫師公會、牙醫師公會、獸醫師公會、以及藥劑師公會等，負責屬於自己業別的職業訓練及技能檢定、職業認證。

鉅細靡遺地規範養成訓練及技術生訓練等職業訓練，因此，從合乎事理的觀點（Sachnähe），工商業總會遂被賦予規範的權限。從憲法的觀點來看，章程法是由國家所承認的公法人、在法律所授權的自治（Autonomie）的範圍內，所發布的規定[51]。章程法是一個被引伸而出的法源，並且是一個實體的、具有一般的拘束力及效力。制定章程的權限，則是會受到社團的本質及任務的限制。因此，章程法只能在職訓法中的規範法的部分（ordnungsrechtlich Teil），發生其效力。至於施訓者與受訓者自行形成的私法上的關係，工商業總會則不能加以規定[52]。另外，為使職業訓練順利進行，工商業總會對此也有監督及諮詢的權限[53]。

三、企業自行負擔原則

如上所述，在訓練契約的簽訂及內容的形成上，受訓者及實習者與事業單位固然可以自由決定。惟一旦雙方合意簽訂契約進行訓練，即會發生因為訓練所發生的各種費用由誰負擔之問題。此一費用負擔之問題，事實上已在勞基法第66條及第65條中部分地規定。依據前者，「雇主不得向技術生收取有關訓練費用。」此即技術生訓練免費原則的表現，係立法者參照工廠法第61條及其他工業國家有關規定而來[54]。依據後者，雇主應負擔膳宿[55]、生活津貼、以及技

---

[51] 有關公法社團法人之自治權限，請參閱黃錦堂，行政組織法之基本問題，收錄於：翁岳生編，行政法（上冊），2000年，頁252以下、258。採取反對將工業總會及商業總會視為公法社團者，吳庚，行政法之理論與實用，2001年，頁161以下。
德國聯邦憲法法院則早已作出判決，認為應將章程制定者（Satzungsgeber）的自治及規範權限（Ordnungsbefugnis），納入基本法規範的體系之中。自治社團的制定章程的權限，係立基於基本法所承認的民主原則及法治國家原則, BVerfGE 10, 20, 49 f.; 33, 125, 156.另請參閱MünchArbR/Natzel, § 177 Rn. 131.

[52] BAG v. 12.3.1962, AP Nr. 1 zu § 84 HandwO mit Anm. G. Hueck.

[53] 德國職訓法第76條規定，主管單位監督職業養成訓練的準備、職業養成訓練及轉業訓練之進行，並且經由諮詢參與職業訓練的當事人促成其進行。為達此一目的，主管單位得選任顧問（Berater）。（第1項）職業養成訓練準備的施訓者、施以轉業者、以及各種措施的供應人，經要求後，應告知進行監督所必要的訊息、交付文件、以及同意巡視養成訓練場所。（第2項）

[54] 依據德國職訓法第10條以下之規定，施訓者必須負擔養成訓練的費用。職訓法第14條第1項第3款規定，施訓者應無償地提供工具給受訓者使用。又，德國聯邦勞工法院長久以來即主張「職業的養成訓練免費原則」（das Prinzip der Kostenfreiheit der Berufsausbildung）。請參閱MünchArbR/Natzel, § 178 Rn. 13.

[55] 此並不包括交通費用。

術生的社會保險費等費用[56]。至於其他在事業單位內進行訓練所發生的費用，也應該由雇主負擔，包括教材與工作服費用、材料費、硬體設施設置與維護費、職訓師費用、職訓師的社會保險費等費用。所剩下的，只有在學校內（建教生、技職院校學生、技術生）所必須繳交的學雜費等費用，應由學生自己負擔，而非由事業單位支付。

其次，職業訓練費用是否應由國家承擔？對此，基於福利國原則，國家固然應該推動積極性的就業政策，推動職業訓練也是公共的任務，但這並不代表國家應該全額負擔訓練的費用。以2003年底起，由經建會、勞委會及青輔會三個單位所共同提出的「青年職場體驗計畫」為例，政府負擔部分的見習訓練津貼。再以2009年～2010年間由教育部所提供的大專畢業青年企業實習方案，更是由政府負擔全部的薪資[57]。但是，這仍然只是基於促進就業的思想，在有效利用公共的財政工具的考量下，所施行的例外措施而已。

所以，承上而來的推論，職業訓練的經費主要還是應該由企業界自行負擔，政府機關頂多只扮演部分補助的角色而已[58]。蓋如從企業訓練各種受訓者及實習者具有極大的留用可能性、以及在企業訓練期間所提供的工作也具有一定的經濟價值來看，由企業負擔訓練費用實具有相當程度的正當性與合理性。吾人如觀我國職訓法第27條規定，即帶有企業負擔的內涵，依之，「應辦職業訓練之事業機構，其每年實支之職業訓練費用，不得低於當年度營業額之規定比率。其低於規定比率者，應於規定期限內，將差額繳交中央主管機關設置之職業訓練基金，以供統籌辦理職業訓練之用（第1項）。前項事業機構之業別、規模、職業訓練費用比率、差額繳納期限及職業訓練基金之設置、管理、

---

[56] 與此相牴觸者，職業訓練機構設立及管理辦法第16條第1項規定，「職業訓練機構辦理職業訓練，除法令另有規定外，得向學員收取必要費用，並應掣給正式收據。」依此規定，事業機構辦理養成訓練或技術生訓練，似乎也可以收取必要費用。

[57] 「畢業半年了……五萬社會新鮮人找不到正職工作」，自由時報，2009年12月10日，A11版：教育部大學生企業實習方案才3萬3千個名額，補助月薪2萬2,000元，到企業打工一年。

[58] 「郭董：學生應早入職場」，聯合晚報，2009年3月29日，A1版：郭台銘說，除了政府補貼大學畢業生到企業，企業應應負起培訓責任；所以鴻海還將增加培訓三年，希望其他企業也能跟進，郭台銘也呼籲企業界要多負起培訓人才責任，因為人才培訓不能單靠政府來做。又，「郭台銘：經濟完全復甦起碼須三年」，工商時報，2009年3月30日，A2版：教育部全額補貼薪資讓大專生到企業實習一年，郭台銘表示，培訓一個人若一年就走掉，這是很大的損失，鴻海願意帶頭僱用三年，大學畢業生一年實習、二年培訓，下一波經濟起來時就是贏家。

運用辦法，由行政院定之（第2項）。[59]」

　　然而，上述職訓法第27條第2項之有關職業訓練金的辦法，雖然行政院勞工委員會已在2000年5月18日訂定施行「職業訓練基金設置管理及運用辦法」[60]，但卻未有「事業機構之業別、規模、職業訓練費用比率、差額繳納期限」，形成「欠缺具體基金來源，但卻已有基金設置、管理及運用」之畸形現象[61]。所以，職業訓練為企業主之責任，事業單位應為之支付一定比例訓練費用之規定，目前並未施行，仍然有待於行政院儘速制定公布施行。目前實務上所進行的各種訓練費用，除了企業界自行基於人才須要而自行負擔外，有相當多的費用是由中央勞政機關所掌管的就業安定基金[62]及就業保險金所支出或（全部或部分）補助。其中，組成就業保險金的就業保險費，就有70%保費是由雇主所繳納。因此，也可以說企業界事實上已（迂迴地）部分負擔訓練費用。在我國，由於中小企業林立，故其在訓練經費上本來就有所不足，另一方面，中小型企業所能提供的職業訓練的職類，也可能比較不具有未來性及其訓練的品質可能無法與大型廠場相比[63]，因此，由設立在廠場／企業外的聯合訓練中心（例如勞動力發展署轄下的四個分署）來進行各種職業訓練，即有其必要性。然而，無論如何，本文以為企業界最清楚自己須要那些人才，故原則上由其自行進行各種訓練，並且負擔因此所產生的費用，如此，也才能避免職訓中心訓用不合一及浪費國家資源的現象。

---

[59]　依據台灣職訓法第40條規定，「依第二十七條規定，應繳交職業訓練費用差額而未依規定繳交者，自規定期限屆滿之次日起，至差額繳清日止，每逾一日加繳差額百分之零點二滯納金。但以不超過欠繳差額一倍為限。」

[60]　依據第27條第2項規定，係「由行政院定之」。

[61]　雖然依據職業訓練基金設置管理及運用辦法第3條第1款規定，本基金之來源惟「事業機構依本法第二十七條第一項規定繳交之職業訓練費用差額。」惟，仍然未解決「事業機構之業別、規模、職業訓練費用比率」之問題。

[62]　依據就業安定基金收支保管及運用辦法第5條第1項規定，就業安定基金之用途包括辦理加強實施職業訓練及就業資訊等事項。對於此種性質屬於特種基金的就安基金，職業訓練單位卻將基金用途擴充到「一般性」、「常態性」、「例行性」的業務，導致與應以公務預算支應之業務混淆不清的現象，其批評請見劉梅君，就業保險法及就業安定基金初探—社會融合的強化？或社會排除的惡化？發表於「就業安全相關議題之探討」研討會，2007年5月24日，頁155以下。

[63]　Kittner, Arbeits- und Sozialordnung, 22. Aufl., 1997, 517:（在德國）大型廠場養成訓練的機會不斷地消退，反而是小型廠場的訓練機會增長，這代表了養成訓練品質的下降、以及養成訓練的位置是在較不具未來發展性的職業。

第三節　職業訓練法未來修法的方向

　　台灣職業訓練法係屬於人力資源法令之一，目的在經由各種訓練方式或途徑，培養各種人才的知識技能，以爲其能在職場上發揮所長。尤其是對於青少年的職業訓練（養成訓練、技術生訓練、建教生訓練等），最爲重要。除了繼續升學之外，青少年如能透過訓練途徑，學得一技之長，才能在往後的職業生涯中，獲得穩定的工作及生活。從現實面來看，青少年能預期獲得一個滿意的工作，是促使其接受職業訓練的最主要動機。因此，職業訓練的品質及吸引力，主要是表現在是否成功地由訓練過渡到工作的一點上。爲達成此一目的，主要的要素是持續地現代化職業訓練的供給。

　　換言之，台灣的職業訓練法須要加以改造，甚至是大幅度地修正[64]。以訓練契約而言，受訓者在接受訓練之初，即必須與企業簽訂契約（例如養成訓練契約），以釐清雙方的權利義務，尤其是受訓者的生活津貼或訓練津貼應在契約中明確約定。此種契約面的權利義務，主要應在職業訓練法中加以規範，再輔以其他相關法令的規定。然而，現行職訓法的條文，卻幾乎沒有職業訓練契約的規定，反而是在勞基法第64條以下有較爲詳盡的技術生訓練契約規定。

　　本書以爲在職業訓練法的修正上，至少應納入以下幾點：

壹、保留企業內訓練，並且獎勵企業力行

　　職業訓練的最高目標，應該是訓用合一。雖然職業訓練的執行機構有三類（職訓法第5條規定），而且台灣勞動力發展署的訓練，採取「公共訓練」及「企業訓練」雙軌並行方式[65]。但是，事業單位所設立的職業訓練機構，才應該是實施訓練的最主要場所。事業單位理應備具合格的專業人員及足夠訓練設備[66]，並且擬定完備的訓練計畫，其訓練著重於生產方法及作業程序的實務訓練。爲了進行訓練，是否一定要另外設立一個職訓機構？對此，本書以爲利用現成的工作位置即可，蓋企業內的「工作崗位上訓練」（Ausbildung am

---

[64]　就目前勞動力發展書所提供的幾種青年職業訓練觀之，均是在於技能及專業知識的傳授，而較少及於施訓者與受訓者間的權利義務關係。

[65]　勞動力發展署也辦理雙軌訓練旗艦計畫，參照德國雙軌制（Duales System）職業訓練模式，由企業擔任訓練主體。

[66]　德國職業訓練法第27條以下即有詳盡的規定。

Arbeitsplatz）才是職業訓練的正軌與主體。此不獨進修訓練爲然，即使養成訓練或技術生訓練亦應如此，讓受訓者與一般勞工混在一起，進行實作的訓練，當事人雙方也可以約定訓練的時間與廠場的工作時間脫勾。

吾人如觀職訓法第7條以下、第11條以下、第27條以下、第40條以下之規定，有職業訓練費用、繳交差額及滯納金之設計，似乎是採取強制性的養成訓練及技術生訓練。惟如此，並不妥當，法理上也有問題。蓋如前所述，是否締訂職業訓練契約，仍然有契約自由原則之適用。亦即施訓者及受訓者均不會被強迫訂立訓練契約。從權利面來看，人民即使擁有接受一般教育的請求權，但是卻無一個「請求接受職業訓練的權利」（Recht auf berufliche Bildung）[67]。只不過，如依據德國職訓法第22條第2項規定，當事人不得約定試訓期後的合意終止養成訓練契約，此似乎即帶有一點強制訓練的意味。

如爲使企業勇於進行職業訓練，用獎勵或補助（金）的方式似乎更爲可行[68]。尤其是由政府補助企業進行工作崗位上的職業訓練，以使養成訓練或技術生訓練能產生黏貼效果（Klebeeffekt）[69]。這是有效地利用公共的或私有的財政工具，以滿足公營企業及民營企業，尤其是中小企業[70]，以及個人在職業訓練領域的需要。對於職業訓練供給及成效的評估，以便盡可能地滿足公營企業及民營企業，尤其是中小企業，以及個人在職業訓練領域的需要。企業應該自我負責的參與，以促成職業訓練的現代化及貼近實務。企業並應依據需求者與供給者關係的模式（Modell der Nachfrager/Anbieter-Beziehung），盡力於形成其爲職業訓練當事主體（Träger）的關係。

貳、繼續強化職業訓練中心的功能

職業訓練應該避免「訓練爲主、僱用爲輔」之本末倒置現象。此種訓練後卻未受到僱用的情形，往往發生在企業外聯合訓練中心（überbetriebliches

---

[67] Kittner, 22. Aufl., 514; Schaub, 8. Aufl., 1442. Vgl. LAG Bad.-Württemberg v. 24.6.1993, NZA 1994, 416.

[68] 亦即要採取比台灣職訓法第38條規定更寬鬆的獎勵措施。依據第38條規定，私人、團體或事業機構，捐贈財產辦理職業訓練，或對職業訓練有其他特殊貢獻者，應予獎勵。

[69] 就勞動力發展署的計畫觀之，1998年6月13日制訂施行的「推動事業單位辦理職前培訓計畫」，似乎即屬之。

[70] 政府針對中小企業，尤應提供特殊的誘因及技術協助，例如給予職業訓練諮詢的幫助。此應增訂入職業訓練法中。

Ausbildungszentrum）或職業訓練中心所進行的訓練[71]。惟很多中小型的企業並無法提供特定的技術生或養成工訓練內容，爲了完成訓練規範所規定的內容，受訓者只好到企業外的聯合訓練中心（勞動力發展分署）學習。這是中小企業基於費用與收益的計算（Kosten-Nutzen-Rechnung）而來，其往往需要受到財政的支援，所以，設立企業外的聯合訓練中心遂有其必要性。此種訓練過程，對於中小企業也可能造成不利影響，最直接的是企業對於訓練的影響力旁落、或者訓練內容或重點可能並非完全按照其意願而爲。

參、進行技術生訓練或養成訓練的前階段行動

針對技術生或養成工，立法者似應考慮增訂職業探索課程或職業適性探索。尤其是青少年職業適性探索。給予有意願及有能力進行訓練的年輕人，一個有限度的介紹基礎，以使受訓者獲得職業的行動能力（Handlungsfaehigkeit），以便其得到一個受到承認的訓練職類的養成訓練或技術生訓練的機會〔德國職訓法第1條第2項規定：養成訓練準備（Berufsausbildungsvorbereitung）〕[72]。這些青少年職能開發計畫，尤其有助於身心較低度的發展者（有學習的障礙者）找到未來訓練職類的方向[73]。

在具體作法上，可以安排青少年參加職業訓練探索營、或者安排參加各種職業試探活動，以協助其選擇適當的訓練職類，接受適性的職業訓練。至於試探性的公司造訪爲職業定向活動的重要部分，而學校與事業單位建立的參訪夥伴關係數量也應持續地予以增加。

---

[71] 按照德國職訓法第90條第3項第2款規定，依據聯邦主管部會的一般性的行政法規，執行跨廠場的職業訓練處所（überbetriebliche Berufsbildungsstätte）的獎勵，並且支援這些訓練機構的計畫、設立及後續發展。

[72] 養成訓練準備的前身是廠場的養成訓練資格訓練（betriebliche Einstiegsqualifizierung），而該資格訓練首先產生在2004年，是由前總理施若德（Gerhard Schröder）與企業界高層在2004年6月16日所共同通過的「全國養成訓練及培養專業人才方案」（National Pakt für Ausbildung und Fachkräftennachwuchs in Deutschland）（簡稱2004年訓練方案Ausbildungspakt）而來。如果對照該養成訓練資格訓練，在台灣，我國政府似可推動「技術生訓練資格訓練」，以幫助有意接受技術生訓練者，先習得基礎的知識及調整身心的狀態。

[73] ErfK/Schlachter, BBiG, 9. Aufl. 2009, § 1 Rn. 2.

肆、增訂技術生及養成訓練職類目錄

依據台灣職訓法第9條規定，經中央主管機關公告職類之養成訓練，應依中央主管機關規定之訓練課程、時數及應具設備辦理。再依據第11條第2項規定，技術生訓練之職類及標準，由中央主管機關訂定公告之。可見養成訓練及技術生訓練之實施，均須遵照訓練職類目錄進行[74]，這也是職能標準的內容，當事人並無隨意進行不在訓練職類目錄中之訓練職類之自由[75]。至於養成工及技術生訓練事宜的管理，理論上應由勞動力發展署負責。但是，依據勞基法第65條規定，技術生訓練契約只須向勞工局備案即可。勞工主管機關並可做事後的勞動檢查，以了解技術生訓練契約是否確實履行[76]。

根據1999年1月15日公布的台灣的技術生訓練職類計21科89職類。惟行政院勞工委員會在98年1月5日以勞職訓字第0970500938B號公布施行的技術生訓練職類，已達21科120職類[77]。此一增訂，將修正前的技術生訓練職類加以擴充，體系上前後連貫，理論上應屬正確可採。以法律事務助理員而言，舊的技術生訓練職類中尚未列入，但最新的技術生訓練職類中則已經有了。只可惜，我國技術生訓練職類目錄仍然欠缺創新產業，例如光學科技、生物科技、奈米技術、環境保護技術等，無法符合現代產業發展的需求[78]（值得肯定的是，在勞動力發展署所推動的充電起飛計畫中[79]，其第10點已有類似的規定。依之，「本計畫訓練產業別以行政院推動生產力4.0發展方案、六大新興產業、十大

---

[74] 依據德國職訓法第90條第3項第3款規定，聯邦職業訓練署（Bundesinstitut für Berufsbildung）完成養成訓練職類的目錄（Verzeichnis），並且加以公布。

[75] MünchArbR/Natzel, § 177, Rn. 75: 依據基本法第12條之基本權，可以具體化出受訓者有一獨立的權利（ein eigenständiges Recht），亦即有權申請登入職業的養成訓練職類目錄（das Verzeichnis der Berufsausbildungsverhältnisse）。另請參閱MünchArbR/Natzel, § 177, Rn. 141; Schaub, a.a.O., 1466.

[76] 相對於台灣，德國職業訓練的督導機構為各行業總會（Kammer）（含工商業總會及手藝業總會：§ 71 BBiG），督導範圍包括養成訓練合約的簽訂（含登記管理事宜）、事業單位招訓學徒人數的核准。

[77] 針對國家所承認的養成訓練職類，在2008年底，德國政府發布350種養成訓練規範，將不合時代要求的職類予以減少（淘汰）。其目的是在面對加速進行的全球化及經濟與社會結構的轉變，對於合格專業人力的需求也在轉變中。因此，養成訓練規範所規定的職業也必須更新至最近的狀況。

[78] 相對於台灣，德國為配合科技應用與生活品質提高的需求，特別重視與「環境保護技術」（Umwelttechnik）有關的訓練職類。惟參閱「美國綠色工作雖多薪水難看好」，聯合晚報，2009年2月5日，A2版：環宇快譯通，顯示出符合環保的工作，不見得勞動條件會隨之較高。

[79] 其適用對象為在職勞工、自營作業者及失業勞工。

重點服務業、四大智慧型產業、政府推動之政策性產業、轄區特性產業、符合訓練單位專業屬性之課程優先核班。另外，預定自2017年1月1日修正施行之產業人才投資計畫第八點，其訓練產業別也是以政府推動之政策性產業、六大新興產業、重點服務業為優先，其他產業為輔）。

　　依據行政院勞工委員會87年8月10日台87勞動3字第030878號函表示，「二、前述該條第三項規定，『本章（技術生）規定，於事業單位之養成工、見習生、建教合作班學生及其他與技術生性質相類之人，準用之。』該項規定係指事業單位以養成工、見習生、建教合作班學生等名義招收具有技術生工作性質者，準用技術生之規定，故仍應受前項公告職類範圍之限制。惟事業單位如認為上開訓練職類需增加，可敘明具體需要及理由，報請本會適時檢討公告之。」本書認為此一函釋內容甚有疑義。蓋解釋上雇主所僱用／招收之養成工、見習生、建教合作班學生等，並不須要在中央勞政機關所公告的技術生訓練職類中。只不過，如果在訓練職類裡面，則得準用技術生規定處理。反之，如果不在技術生訓練職類中，則應回歸到建教生訓練契約、或實習生或見習生訓練契約、或者一般的僱傭關係加以處理。

伍、制定公布並施行「技術生訓練規範」或「養成訓練規範」

　　依據職訓法第11條第2項規定，技術生訓練之「標準」，由中央主管機關訂定公告之。此處所謂之「標準」？究竟是何所指？是指職業訓練規範（Ordnung der beruflichen Bildung）？藉此以改善及強化職業訓練法的內容？吾人如從行政院勞工委員會1998年11月10日所公告的「技術生訓練職類及標準」[80]，即可知其所謂「標準」，實際上是將「訓練職類」做更具體的說明而已。例如「訓練職類」車床工的「標準」為：從事車床基本操作、車床維護技術相關工作；「訓練職類」推高機操作的「標準」為：從事推高機操作與維護相關工作；「訓練職類」人力發展及就業服務的「標準」為：從事人力發展及就業服務事務等相關工作。

　　相較於台灣，德國職業訓練法第4條第1項規定，由聯邦教育與研究部獲得相關部會同意後，發布養成訓練規範。也就是說，所有的養成訓練規範，都是以行政命令的方式實施之。在職訓法第5條，德國立法者詳細地規定了職業

---

[80]　勞職訓字第0970503334B號公告。

的養成訓練規範的最低內容（Mindestinhalte）[81]。它對於所有參與養成訓練之人，均具有法律拘束力。德國政府尚且在2008年底發布350種養成訓練規範，歸納國家所承認的養成訓練職類。由於面對加速進行的全球化及經濟與社會結構的轉變，對於合格專業人力的需求也在轉變中。因此，養成訓練規範所規定的職業也必須更新至最近的狀況。

陸、強化供需的調查及設立研究發展機構

職業訓練的目的，既然是在讓受訓者完成訓練後受到僱用，則了解整個養成訓練市場及技術生訓練市場的供給與需求的真實狀況，始不會發生供給與需求失衡、或者訓用不合一的矛盾現象。經過供需的調查，也才能知道訓練契約的締結，究竟是出自於廠場本身的須要，或者是企業外（ausserbetrieblich）訓練中心所成立訓練契約的增加[82]。為此，教育主管機關或勞工主管機關或其他目的事業主管機關應該舉辦訓練崗位普查。至於是否修法明定事業單位負有將技術生或養成工訓練位置申報之義務（Meldepflicht）[83]，則似乎並不必要、也難以推動。

以德國而言，為了確實掌握訓練市場的供給與需求，德國職業訓練法有如下幾條的規定：第86條全國職業訓練報告（Berufsbildungsbericht）[84]；第87條職業訓練統計（Berufsbildungsstatistik）的目的與執行[85]；第88條調

---

[81] MünchArbR/Natzel, § 180 Rn. 1~3.

[82] 當然也可以從中得知有多少老的申請人（Altbewerber）產生或存在。

[83] 贊成者，Kittner, a.a.O., 520.

[84] 依據職訓法第86條規定，聯邦教育與研究部應持續地觀察職業教育的發展，並且在每年4月1日向聯邦政府提出一份報告（全國職業訓練報告）。在此報告中，應說明職業教育的現況及未來預測的持續發展。當一地區的或部門的訓練位置的穩定供應顯現出危險時，即應在報告中提出排除危險的建議（第1項）。

在此報告中，應記載如下之事項：1.針對過去的一個曆年：(1)根據主管單位的數據，將按照本法或手藝規程所登入養成訓練職類目錄的、訂定於去年10月1日前一整年間，並且在去年9月30日仍存存續之職業養成訓練契約；以及(2)由聯邦就業總署所介紹的、截至去年9月30日仍然未被使用的養成訓練位置的數目、以及至該時點仍然向聯邦就業總署登記找尋訓練位置的人的數目。2.針對未來的一個曆年：(1)預計至9月30日止找尋訓練位置的人的數目；(2)預計至9月30日止被提供的訓練位置的數目（第2項）。

[85] 依據職訓法第87條規定，建立職業訓練統計的目的，是在於計畫及規範化職業訓練。（第1項）聯邦職業訓練署（Bundesinstitut für Berufsbildung）及聯邦就業總署在技術面及方法面提供聯邦統計局（Statistisches Bundesamt）支援，以便統計的進行與完成（第2項）。調查計畫及整理計畫（Erhebungs-und Aufbereitungsprogramm）應會同聯邦職業訓練署共同形成，

查[86]。藉由全國職業訓練報告，德國政府對於下一年度產業變動與企業用人需求進行推估。依據德國聯邦教育與研究部（Bundesministerium für Bildung und Forschung, BMBF）2008年的職業訓練報告（統計至2007年9月30日止）（Berufsbildungsbericht 2008），2007年是自2001年以來，養成訓練契約的數目首次超過60萬件者，其總數為625,900件。而且是德國統一以來，歷年所訂定的養成訓練契約數字中，居於次高者。亦即只低於1999年之631,015件。至於2008年的養成訓練契約的數目（依據2009年的職業訓練報告，統計至2008年9月30日止），則已回落至616,300件，已較前一年減少9,600件。但仍然是一個令人讚賞的數目[87]。之後的2009年，養成訓練契約的數目也有616,359件。在2010年至2015年間，除了2012年的職業訓練報告（統計時間為2011年10月1日至2012年9月30日止）達到599,829件的養成訓練契約、而顯得較為突出外。其餘的年度，每年養成訓練契約數字都徘徊在52萬餘件至56萬件之間。而根據2016年的職業訓練報告（統計時間為2014年10月1日至2015年9月30日止）（Berufsbildungsbericht 2016），所簽訂的養成訓練契約的數目為522,094件，較前年小幅減少1,107件或0.2%。

　　另外，依據勞動力發展署組織法第2條規定，勞動力發展署掌理職業訓練計畫、措施、模式、品質規範與表揚獎勵等業務之推動、督導及協調（第2款）；就業服務、職業訓練與失業給付等業務之整合、推動及管理（第3款）。雖然如此，其究非專門研究職業訓練發展的機構，因此，在台灣是否設立專責機構以掌管研究職訓政策，就值得加以重視。就目前勞動部勞動力發展

以便為了計畫及規範化職業訓練所調查的資料，也可以在其他的管轄領域被加以利用（第3項）。

[86] 依據第88條規定，每年的聯邦統計應包括下列事項：1.針對受訓者：性別、國籍、養成訓練的職業、養成訓練的年數；提前結束職業的養成訓練關係者，應說明養成訓練的職業、性別、養成訓練的年數、試用期間的解除；新簽訂養成訓練契約者，應說明養成訓練的職業、養成訓練期間的縮短、性別、出生年、已具有的專業知識（Vorbildung）、以及地區的職業介紹機構；在緊接著訂定契約進行階梯式的養成訓練時，應說明養成訓練的職業。2.針對職業訓練師：性別、專業的及學術上的資格。3.針對參與職業訓練考試者：性別、職業傾向（Berufsrichtung）、訓練期間的縮短、允許參與考試的種類、重考、考試結果、以及結業等第（Bezeichnung）。4.針對養成訓練諮商師：依據年齡組別的年齡、性別、已具有的專業知識、諮詢工作的種類、專業的領域、對於養成訓練處所已進行的造訪。5.針對養成訓練準備的參與者及受到本法第70條第2項通知義務（Anzeigepflicht）的提供人：性別、年齡、國籍（第1項）。主管機關負有提供資料之義務（第2項）。

[87] 然而，另一方面，依據德國第二國家電視台ZDF於2008年10月13日的報導，以2008年9月30日的統計數字來看，相較於來申請職業訓練者，預估養成訓練位置仍然有多出5,000個空缺沒人申請。這是七年來首次出現此種現象。

署處務規程觀之，其職業訓練的相關事項，仍然是由訓練發展組掌理，是否會因位階太低、權限也太低，而無法或難以應付職訓研發的重責大任？並非無疑。可以說，我國只有「職業訓練機構」，而無「職業訓練研究機構」。

吾人如對照德國職訓研究發展機構的設計，即詳盡地規定在：職訓法第84條職業訓練研究（Berufsbildungsforschung）的目的[88]；第85條職業訓練規劃的目的（Berufsbildungsplanung）[89]；第89條以下聯邦職業訓練署（Bundesinstitut für Berufsbildung, BiBB）[90]。尤其是聯邦職業訓練署成立於1970年，負有相當重要的職責，也帶給德國職業訓練制度的高度發展。其組織架構及功能設計，應可作為台灣職訓研發機構改制時參考之用[91]。

又，除了上述的職訓研究發展機構外，德國職訓法第92條第1項第2款規定，賦予聯邦職業訓練署（BiBB）的主管委員會（zuständige Stelle）負責與聯

---

[88] 依據職訓法第84條規定，職業訓練研究應完成如下之目的：1.釐清職業訓練的基礎。2.觀察國內的、歐盟的及國際的職業訓練的合作。3.調查職業訓練內容上的及目的上的要求。4.因應變動的經濟的、社會的及技術上的需要，所準備的職業教育的下一步發展。5.促進介紹職業教育的工具及程序、以及交換知識與技術。

[89] 依據職訓法第85條規定，經由職業訓練規劃，可以創造出一個符合技術的、經濟的及社會的需要的，職業訓練發展的基礎（第1項）。經由職業訓練規劃，特別有助於訓練場所依據其種類、數目、大小及所在地，充分地提供一個質量均優的養成訓練位置。而且在考量可以預見的需求及長期對於養成訓練位置的需求下，可以被充分地利用（第2項）。

[90] 依據職訓法第89條規定，聯邦職業訓練署係一直屬聯邦的、具有法人資格的公法的機構。該署座落於波昂（Bonn）。依據第90條規定，聯邦職業訓練署完成聯邦政府在教育政策內的任務（第1項）。聯邦職業訓練署負有以學術的研究助成職業教育研究（Berufsbildungsforschung）之任務。此一研究應根據每年的研究計畫進行。該研究計畫應獲得聯邦教育與研究部的同意。聯邦的最高機關得會同聯邦教育與研究部，交付予聯邦職業訓練署其他的研究任務。聯邦職業訓練署應將研究工作的重要結果予以公布（第2項）。聯邦職業訓練署負有如下的其他任務：1.在聯邦主管部會的指示下：(1)共同參與養成訓練規範（Ausbildungsordnung）及其他依據本法或手藝規程第二部分所發布的行政命令的準備工作；(2)共同參與全國職業訓練報告的準備工作；(3)共同參與完成依據本法第87條之職業訓練統計；(4)促進訓練模式試驗（Modellversuche）及所伴隨的科學的研究；(5)共同參與職業教育在國際上的合作；(6)接受聯邦政府其他的行政任務，以促進職業教育。2.依據聯邦主管部會的一般性的行政法規，執行跨廠場的職業訓練處所（ueberbetriebliche Berufsbildungsstätte）的獎勵，並且支援這些訓練機構的計畫、設立及後續發展。3.完成養成訓練類的目錄（Verzeichnis），並且加以公布。4.對於遠距教學法（Fernunterrichtsgesetz）所規定之任務，遵照主管委員會（Hauptausschuß）所發布的、且經聯邦主管部會所同意的要點（Richtlinien）執行，並且以獎勵發展計畫的方式，助成職業教育遠距課程（Fernunterricht）的改善與健全（第3項）。聯邦職業訓練署得在聯邦教育與研究部的同意下，與聯邦行政機關外的單位訂定有關教育與研究的契約，以接受其他的任務（第4項）。再依據第91條規定，聯邦職業訓練署的機關有：1.主管委員會。2.主席（Präsident, Präsidentin）。

[91] 依據職訓法第100條規定，聯邦職業訓練署受到聯邦教育與研究部的法律監督（Rechtsaufsicht）。

邦政府諮商職業訓練的基本問題，並且得針對全國職業訓練報告的草案提出意見。即其擔任諮詢機構的角色。另一諮詢的機構，為規定於德國職訓法第94條之科學諮詢委員會（Wissenschaftlicher Beirat）[92]。最後，德國尚且另有體制外之「協調會」、「諮詢會」的設置，其最著名的例子為，聯邦教育與研究部在2006年設立了「職業、教育創新圈」（Innovationskreis Berufliche Bildung, IKBB）做為諮詢的委員會。其目標是：確定出在創新德國職業教育體系上最主要的挑戰，以及草擬好結構上改善職業教育的具體行動的選項[93]。

柒、其他修正

　　有關職業訓練計畫的制定及執行，攸關受訓者資格能力之是否提升、以及訓練期間訓練津貼及其他權利義務之訂定，因此，在有工會或勞資會議時，理應規定應告知勞工代表，並聽取其意見或取得其同意。如無勞工代表時，則應向勞工本身為之。團體協約也可以規範技術生或養成工訓練關係[94]。至於工作規則的部分，勞基法第69條並無準用工作規則之規定，但理論上亦應一體適用於受訓者[95]。只不過，我國工作規則的法律效力究係採取法規範說或勞動契約說，則是有爭議。

　　如從比較法上來看，德國企業組織法（Betriebsverfassungsgesetz, BetrVG）是該國勞工團體參與職業訓練工作的最主要法源，員工代表會對於訓練設施

---

[92] 依據職訓法第94條規定，科學諮詢委員會向聯邦職業訓練署提出如下之意見及建議：1.聯邦職業訓練署的研究計畫。2.與高等學校系所及其他研究機構的合作。3.聯邦職業訓練署年度關於科學結論的報告（第1項）。委員會為執行其工作，得向聯邦職業訓練署的主席索取必要的資料。基於委員會的期望，聯邦職業訓練署應在座談會（Kolloquien）的場合，每年一次向其說明科學的工作（第2項）。委員會係由七位國內外對於職業訓練研究領域的專家組成，其不得同時為聯邦職業訓練署之成員。對於委員的任命，由聯邦職業訓練署會同聯邦教育與研究部共同行之，其任期為四年。任滿後得連任一次。主管委員會得派出四位委員參加科學諮詢委員會的會議，分別代表雇主、勞工、邦及聯邦，但其無投票權（第3項）。科學諮詢委員會得自行訂定組織規程（Geschäftsordnung）（第4項）。第92條第6項的規定，適用於此（第5項）。

[93] 其實，從歐盟職業訓練領域的發展來看，早在1963年即已成立一個諮詢委員會（Beratender Ausschuß），藉由此一委員會所肩負的任務及其他機構的幫助，歐盟乃得以發展出一專有的職業教育政策。歐盟在1963年12月18日發布了「職業訓練諮詢委員會的章程」。

[94] 在德國，企業協定（Betriebsvereinbarung）也可以規範養成訓練關係。

[95] 依據職訓法第13條第4款規定，受訓者必須遵守養成訓練處所所施行之規則。這些規則一般都是規定在工作規則（Arbeitsordnungen）中。

及訓練措施，有各種參與的權限[96]。依據企業組織法第96條規定，雇主與員工代表會應共同促進職業訓練（養成訓練、進修訓練、轉業訓練）。再者，由於訓練措施的成敗繫於職業訓練師的良窳，因此在人格不適任或職訓師輕忽其工作時，員工代表會有權反對特定職訓師的僱用或要求更換之（§ 98 II BetrVG）。這也凸顯出職業訓練師的重要性[97]，在雇主與員工代表會發生爭議時，由勞工法院裁決之（§ 98 V BetrVG）[98]。

最後，在修法的過程中，還應考量適度增訂行政罰鍰之規定，這是因為台灣職訓法第39條到第41條罰鍰的規定並不明確，難以發揮應有的制裁效果。此種情況，在2011年11月9日修正公布的第39條之1已經有相當程度的改善，俾益於職業訓練的進行。

第四節　職業訓練的種類

壹、養成訓練與技術生訓練

有關技術生之規範，同時見之於職訓法第11條以下及勞基法第64條以下。只不過，前者的重點置於技術生的訓練，所以性質上屬於人力資源的勞工法令。後者，則是將技術生作為勞基法規範對象之一，所以「技術生章」性質上屬於勞工保護法，其目的是在提供給納入事業單位受訓的技術生一個最低限度的保障[99]。

雖然如此，參照勞基法第64條第3項之規定，技術生章的保障規定，也準用於在事業單位內的養成工、見習生、建教合作班之學生及其他與技術生性質相近之人[100]。吾人由條文規定觀之，顯然立法者是認為養成工、見習生、建教

---

[96] 在台灣，即使由勞動力發展署所推動的各種職業訓練計畫中，也並未見到勞工團體參與職業訓練的規定。

[97] 就此觀之，台灣職業訓練法第24條至第26條有關職業訓練師的規定，確保職業訓練師的甄審遴聘（2016年7月14日修正發布的職業訓練師甄審遴聘辦法）、及年資待遇（1996年6月15日職業訓練師與學校教師年資相互採計及待遇比照辦法）獲得保障，對於職業訓練當有正面的助益。

[98] 相關的論述，請參閱Brox/Rüthers/Henssler, 16. Aufl., Rn. 967 f.; Hanau/Adomeit, 13. Aufl., Rn. 572; MünchArbR/Natzel, § 177 , Rn. 130; Schaub, 8. Aufl., 1452, 1466.

[99] 德國職業訓練法的主要目的，也是在保護受訓者。BAG v. 23.6.1983, BAGE 43, 115.

[100] 令人好奇的是，勞基法第64條第3項並無「實習生」的規定，是否意味著立法者以之為一般的勞工？本書以為尚難如此斷定。

合作班之學生與技術生「性質相近」。至於其間之差異，可能具體而微，本書即使會在不同段落談到，但恐怕也難以盡述。

依據勞基法第64條規定之立法說明：「工廠法」原訂有學徒一章，以從事技術學習為目的，茲參照技能檢定制度「技術士」一詞改為技術生[101]。由此可知現行的技術生，原係指學徒而言。在界定上，「技術生」係學習技能階段，通過檢定之後始為「技術士」，前後相接、一氣呵成[102]。蓋「技術士」似應等同於德國職訓法制中的「技匠」（Geselle），係學徒完成考試後的下一個工作階段。在概念上，不應將學徒、技術生及技術士三者加以等同。而是，理論上應將學徒與參與養成訓練的人（即養成工）等同才對。最起碼也應該將工廠法時代所指的學徒的對象，擴及於養成工與技術生。然而，按照勞基法第64條第3項規定，「養成工」卻只是準用技術生的規定而已。

吾人如再觀職訓法第7～10條之規定，其與第11～14條技術生訓練規定之內容不同。從現行職訓法第11以下之規定及勞基法第64條以下之規定觀之，在台灣，技術生訓練的重要性，似乎要遠超過養成訓練（養成工）。此恐與德國職業訓練法制不同[103]。

惟養成工（養成訓練）與技術生（技術生訓練）究竟有何不同？在實務訓練上，那一個較能發揮職業教育的效果？對此，如將職訓法的條文加以對照，其主要區別點是：前者由職業訓練機構辦理（職訓法第8條），而後者是由事業機構自己所實施、且在辦理前應先擬定訓練計畫，並與技術生簽訂書面訓練契約（職訓法第11、12條）。無論那一種訓練，進行訓練的人並無權自由訂定養成訓練或技術生訓練的職類／業[104]。兩種訓練的受訓者，主要都是青少年，

---

[101] 全名為「全國技術士技能檢定」職類。其法規依據為「技術士技能檢定及發證辦法」。值得注意的是，民國97年1月9日修正公布的團體協約法第12條第2項規定，仍然保留有學徒關係的設計。依之，「學徒關係與技術生、養成工、見習生、建教合作班之學生及其他與技術生性質相類之人，其前項各款事項，亦得於團體協約中約定」。

[102] 惟對照台灣職訓法第11條、第13條、第32條及第33條規定，技術生訓練職類並不等同於技能檢定職類。未參加技術生訓練者，仍可參加技能檢定。

[103] 無論如何，職訓法的目的，係為職業訓練創造一個廣泛的及一致性的基礎。亦即面對一個技術條件及經濟條件高度合理化與精簡化的企業界，職訓法希望能為工作的勞工開創一切職業的及社會的機會。Leinemann/Taubert, Berufsbildungsgesetz, 2. Aufl., 2008, § 1 Rn. 21; MünchArbR/Natzel, § 177 Rn. 197, 211.

[104] 此與德國職訓法第4條的規定相同。只不過，德國職訓法第5條有養成訓練規範之規定，而台灣職訓法第9條規定「中央主管機關規定之訓練課程、時數及應具設備」，充其量只有些許的養成訓練規範的內容而已。

即15歲以上或國民中學畢業之國民（但不以此爲限，成年人也可以參加此兩種訓練）。至於兩種訓練，除了在職業訓練機構內或事業單位內進行之外，是否也需要到職業學校內進行理論的學習？〔類似所謂德國「雙軌制」（Duales System）訓練〕[105]對此，勞基法雖無明文規定，但勞基法施行細則第36條則是規定：「技術生之工作時間應包含學科時間。」似乎隱含著在學校進行理論學習的可能性[106]。吾人如再對照行政院勞工委員會77年12月30日台77勞保2字第31239號函，「關於輪調式建教合作班技術生返校上課期間參加勞工保險問題，經協調教育部已修正『加強職業學校輪調式建教合作教育訓練實施要點』第22點之(四)規定爲『……技術生返校上課期間，得依合作工廠意願，以自願加保方式辦理。』」則益證其具有雙軌制的設計意涵[107]。本書以爲根據此一解釋函，既然有「輪調式」建教合作班技術生，當然也應該有「不輪調式／固定式」的僅在事業單位內受訓的建教合作班技術生[108]。

　　承上，相較於德國養成訓練的重視教養義務，台灣無論從勞基法第64條以下之規定，或者職訓法第7條以下、第11條以下之規定，均看不出訓練機構或事業單位負有教養義務之規定。因此，除了兩者間一爲政府訓練、一爲企業訓練，具有互相對照的功用之外，是否眞的具有區分的實益？有無可能牽涉到僱傭關係有無的界定（前者無、後者有）？惟本書鑑於兩種訓練均以青少年爲主

---

[105] 有關德國雙軌制訓練的論述，請參閱郭振昌，德國職業訓練雙軌制的省思，社區發展季刊，第104期，2003年12月，頁443以下；陳春富、胡昕昀、蔡秋田，台德菁英計畫雙軌制教育之探討，南亞學報，第26期，2006年12月，頁195以下。Benecke/Hergenröder, BBiG, 2009, § 1 Rn. 1; Leinemann/Taubert, a.a.O., § 1 Rn. 3.

[106] 而一旦技術生有進入職校進行學科教育，即會發生公法的法律關係，此即在學校與技術生間產生公法上的權利義務關係。換言之，在此種三角的法律關係（技術生、事業單位、職業學校）中，可以區分成公法的部分及私法的、契約的權利義務部分兩個部分。

[107] 與此一解釋函相似者，另有行政院勞工委員會81年6月16日台81勞保2字第12861號函，「關於輪調式建教合作班已辦理參加勞工保險者，其因病休學期間，如徵得事業單位同意，得比照技術生返校上課期間，以自願加保方式，辦理繼續加保一年。」行政院勞工委員會84年7月8日台84勞動3字第125667號函，「依勞動基準法施行細則第36條規定：『技術生之工作時間應包含學科時間。』本案輪調式建教合作技術生於職災醫療期間，又輪調回校，其在校期間，依上開規定，應視同勞動基準法第59條第2款所稱勞工在醫療中不能工作時，雇主應按其原領工資數額予以補償。」

[108] 此一解釋函特殊之處有二，一是將技術生與建教生合併而一，學理上及立法上劃歸不同訓練類別的職業訓練，在實務運作上卻合而一行。二是，勞委會以解釋令的方式創造了自願加保的勞工保險模式，跳脫於傳統勞工保險條例所拘謹的強制加保。這乃會引起吾人之疑是：勞委會有如此的解釋權限嗎？如有，還有多少類別的受訓者或工作者會被賦予自願加保的特權？有關輪調式技術生之問題，另請參閱陳益民，我國技術生訓練問題之研究—輪調式與進修式技術生的比較，中國文化大學勞工研究所碩士論文，1987年。

要對象，且均以（培養初級人力及中級人力的）職業的養成訓練為目的，故對於技術生之說明，原則上均可援用於養成工。

貳、進修訓練

依據職業訓練法第15條規定，「進修訓練，係為增進在職技術員工專業技能與知識，以提高勞動生產力所實施之訓練」，可知進修訓練係在首次養成訓練（Erstausbildung）或技術生訓練後的另一階段訓練[109]，它並不是在特定工作領域的熟練或短暫地被要求完成一定的任務。進修訓練係一種職業的訓練關係，但並不是職業的養成訓練關係或技術生訓練關係。此種區分，可以從職訓法第3條規定中得出[110]。其目的，是在使得受訓者擁有、適應、擴展其職業的行動能力（Handlungsfähigkeit），並且達到職業的升遷。

依據職業訓練法第15條以下之規定，並未有類似「養成訓練職類」或「技術生訓練職類」之「進修訓練職類」之規定。同樣地，台灣也沒有如德國職訓法（BBiG）第53～57條職業的進修訓練規範（Fortbildungsordnung）[111]的規定。依據德國職訓法第53條第1項規定，聯邦教育與研究部應在其他部會的同意下，發布進修訓練規範，以作為統一的進修訓練的基礎。進修訓練規範並應規定一定的內容：進修訓練結業的名稱；考試的目的、內容及要求；允許考試的條件；考試的程序[112]（§53 II BBiG）。在此種狀況下，德國進修訓練關係與職業的養成訓練關係遂有相當程度的相似。

固然，在台灣並沒有「進修訓練職類」或進修訓練規範之規定。然而，在界定上，勞工因轉換勞動關係所習得的職業的經驗，並不是進修訓練。以下幾種情況也不是進修訓練：對於勞工在現行工作領域的短暫訓練學程、而其並未經過資格上的結業（考試）者；一項為期數週的、一般性的銀行進修訓練專題（Bankfortbildungsseminar），其目的僅在拓寬、重溫及加深銀行員目前工作已有的知識、而不在於為其帶來新的資格能力時；對於擔任須要特殊能力的工

---

[109] MünchArbR/Natzel, § 178 Rn. 389: 將受訓者訓練成為工業的、農業的及手工業的師傅、以及訓練職業訓練師，是屬於職業訓練法中的進修訓練。

[110] 職業訓練法第3條規定，職業訓練實施方式，分成養成訓練、技術生訓練、進修訓練、轉業訓練及殘障者職業訓練。另請參照MünchArbR/Natzel, § 178 Rn. 385.

[111] 其性質屬於行政命令（Rechtsverordnung）。

[112] 參照台灣職訓法第15～17條等條文，並無「測驗」之規定。所以，如何得知其有成效呢？

作位置的勞工所舉辦的學習活動，目的是在勞工熟練其工作技巧時；一項為期只有幾個星期的學習課程、而其主要目的是在熟練技巧時。以上這些短期的訓練，事實上均難以證明會為勞工帶來改善職業上的可能性。又，其既然不是進修訓練，則勞雇雙方所約定的返還費用條款無效。

依據進修訓練契約，雇主負有對於勞工進修訓練的義務，而勞工則負有學習之義務。即雇主的主要義務是給予訓練（schulen），以便受訓者所習得的知識有助於獲得更好的職務或勞動條件。而受訓者的主要義務則是努力學習，以便新的知識技能有助於雇主企業的經營與利潤的提升、甚至人事的調整。在進修訓練契約之下，雇主不應該只是單純將受訓者安置於工作位置上或讓他自行熟練工作，而是必須配合提供廠場所有的各種學習工具及其他各種輔助。勞工則不得鬆弛精神怠於學習，而是應該按照進修訓練的要求，逐步地完成各種驗收、測驗或考試[113]。

有問題的是，在進修訓練進行中，原來的勞動關係處於何種狀態？對此，勞雇雙方的進修訓練，可能是在現存的勞動關係下進行之，即沒有另外訂定一個進修訓練契約。在此種情形，進修訓練係增附上去原來的勞動契約，全部的或部分的隱藏其性格。其結果是，勞工除了原來勞動契約的工作義務繼續存在外，還要加上一個努力接受進修訓練的義務，為此，勞工很可能在下班後始進行進修訓練。否則，如是在工作時間內進行進修訓練，則雇主為了進行進修訓練，很可能須要全部地或部分地免除勞工的勞務，即勞工的進修義務（Fortbildungspflicht）全部地或部分地取代了提供勞務的義務（Dienstleistungspflicht）[114]。此處，參加進修訓練的勞工，其原來廠場員工的身分並不會受到影響。通常，此種進修訓練契約係定期契約，而勞工法的一般規定仍然有其適用[115]。

---

[113] 受訓者必須參與課程、學習並熟練地使用各種學習材料、完成廠場所提供的進修訓練工作。在此，受訓者並有照料義務及謹慎義務（Obhuts- und Sorgfaltspflicht），違反時將會遭到求償。Schaub, 8. Aufl., 1469.

[114] 其實，依據德國勞動契約法草案第72條第3項規定，勞工有權要求免除勞務的帶薪繼續訓練（ein Anspruch auf bezahlte Freistellung zum Zweck der Weiterbildung），以接受專業的及較深化的訓練措施。至於到底要免除多少天數的勞務，則由立法者自行訂定之。本文以為此應該也可以運用到免除勞務的進修訓練上。Sittard/Lampe, Der Entwurf eines Arbeitsvertragsgesetzes und die Lösung sog. Zukunftsfragen, RdA 2008, 251 f.

[115] 此處，並不問進修訓練係在廠場內進行，或者在廠場外的進修訓練機構進行。台灣職訓法第16條規定，「進修訓練，由事業機構自行辦理，委託辦理或指派其參加國內外相關之專業訓練。」惟就進修訓練方式而言，目前最常採取「工作崗位上訓練」，亦即因應工作組織的

　　另外一種進行進修訓練的方式是：勞雇雙方為了進修訓練，另外專訂一個進修訓練契約。在此種方式下，不僅勞工的進修義務取代了提供勞務的義務，毋寧是整個勞動契約進入暫時中止的狀態，各種權利義務暫時停止效力。雙方在這段期間的權利義務，完全依照進修訓練契約及職訓法令的規定而定。一旦進修訓練結束後（含通過進修訓練與未通過），原來暫時停止的勞動契約的權利義務，乃重新啟動起來[116]。亦即進修訓練未通過，勞工也不用擔心雇主行使立即終止（勞動契約）權而失去工作[117]；相對地，進修訓練的通過，也不代表勞工的職務會自然調整或工資及其他工作條件會自動調升。雙方只是回復到原來的勞動關係而已。除非當事人另外有約定：勞工因較佳的資格能力，雇主同意給予較佳的工資或升遷。

　　承上，附帶一言者，無論進修訓練係增附上去勞動契約或者取代勞動契約，均有可能發生勞動契約或進修訓練契約終止的情形、以及其終止會否影響到另一個契約的存續。在此，即使在進修訓練期間，作為基礎的勞動契約也可以被終止，解僱保護相關規定的適用，並不會受到任何影響。另外，該進修訓練也可以單獨被立即終止。亦即當事人雙方可以基於任何重要的理由，立即地終止進修訓練契約[118]。倒是，在進行進修訓練期間，是否也可以讓當事人行使一般終止權？對此，理論上受訓者既然已無意於進修訓練，而欲回到原來的勞動關係，似乎並無禁止之理[119]。但是，如果是從雇主的角度觀之，假設雇主可以自由地發動一般終止權，是否會造成受訓者權益的不保？即有可能引起很大的疑慮。

　　最後，有時候進修訓練與養成訓練或技術生訓練並不容易區分。例如最高法院在民國96年復興航空公司案中[120]，即認為身為機師之上訴人所受的訓練係進修訓練，並且必須返還進修訓練的費用。然而，實際上上訴人係進入被上訴人公司後，始開始接受準備訓練、飛行訓練及航醫中心駕駛員訓練等三階

　　改變，儘量將進修訓練與生產流程相配合，採取所謂的「在工作過程中學習」（Lernen im Prozess der Arbeit）。

[116] 這種解釋，與勞工升任委任經理人後勞動契約之永久結束，並不相同。

[117] 反對說，Schaub, 8. Aufl., 1470.

[118] 所謂重要的理由，包括依據受訓者目前的能力及依據客觀的觀察，已經無法達成所約定的進修訓練目的。

[119] 反對說，Schaub, a.a.O., 1469; BAG v. 15.3.1991, AP Nr. 2 zu § 47 BBiG.

[120] 最高法院96年度台上字第1396號民事判決。

段訓練，並且於考取執照後始可執行工作，故其性質上應屬養成訓練或技術
生訓練。況且，該機師並非先擔任其他工作，而後始接受（可以提升其勞務價
值的）進修訓練。所以，只是因為其不在「技術生訓練職類」或「養成訓練職
類」中，而且我國目前也沒有進修訓練職類的設計，故由雙方當事人自由約定
以「進修訓練契約」處理雙方間的權利義務關係而已，其殆皆受到一般勞動契
約法理的規範[121]。

參、轉業訓練

依據職訓法第18條規定，「轉業訓練，係為職業轉換者獲得轉業所需之工
作技能與知識，所實施之訓練。」同樣的意涵，亦見之於德國職訓法第1條第5
項規定，「轉業訓練，旨在使受訓者獲得從事不同職業所需之能力。」這表示
欲轉換職業者（Umschüler），之前已習得一個職業或者至少過去已從事一項
工作。惟轉業訓練並不包括在一項養成訓練後，緊接著接受另一項養成訓練的
情形。如果是這種情形，那麼還是要依照養成訓練的規定予以處理[122]。

再依據職訓法第20條規定，「轉業訓練，由職業訓練機構辦理」，對照同
法第5條規定，可知職業訓練機構包括下列三種：一、政府機關設立者。二、
事業機構、學校或社團法人等團體附設者。三、以財團法人設立者。惟從實務
的操作來看，轉業訓練的實施，可以透過以下三個途徑為之：首先，是由勞工
主管機關發動辦理[123]，並且大多由其負擔費用，其進行訓練的處所，是在公立
的轉業訓練中心（Umschulungszentrum）或一般職業訓練中心進行[124]。此處，
理論上有三個當事人，分別是欲轉換職業者、費用負擔者、及實際從事轉業訓
練措施者。本來，欲轉換職業者應自行負擔訓練費用，但是，基於推動轉業訓
練也是社會國家責任之一，所以，費用或者由勞工主管機關負擔、或者由實際
從事轉業訓練措施者負擔、或者甚至由勞工主管機關與實際從事轉業訓練措施
者共同負擔[125]。至於在契約關係上，其中，實際從事轉業訓練措施者與欲轉換

---

[121] 在德國，進修訓練的種類，例如有航空器經營管理人（Flugbetriebsführer）訓練, BAG AP Nr. 3 zu § 611 BGB Ausbildungsbeihlfe; 民航機管理人（Verkehrsflugfürer）訓練, BAG AP Nr. 1 zu § 611 BGB Ausbildungsverhältnis. MünchArbR/Natzel, § 178 Rn. 386.

[122] BAG v. 3.6.1987, NZA 1988, 66.

[123] 在德國，尚可由其他公法的重建機構（Rehabilitationsträger）辦理。

[124] 在德國，尚可在職業促進工廠（Berufsförderugnswerke）內進行。

[125] 在台灣，由於隸屬於勞動力發展署的各分署也可以自行辦理轉業訓練，並且大多自行吸收

職業者間，應該成立一契約關係。至於費用負擔者與實際從事轉業訓練措施者間，也存在另一個契約關係[126]。而在欲轉換職業者與費用負擔者間則無契約關係。無論如何，在此種訓練關係中，並未與勞動關係有任何的牽連。

第二種途徑，是由費用承擔機構委託事業單位為其進行訓練。轉業訓練是在廠場／事業單位內進行。廠場／事業單位擔任一轉業訓練機構（Umschulungsträger）的角色。費用負擔機構與事業單位間存在一法律關係。在此種型態的轉業訓練中，雖然受訓者在從事工作中，也會被納入廠場的組織中，但是參加轉業訓練者並非該廠場的勞工。另外，通常，參加轉業訓練者不會由廠場獲得訓練津貼，其是直接由職業重建機構或其他的費用負擔機構獲得[127]。

第三種途徑，是由事業單位與自己的勞工（欲轉換職業者）訂定一「廠場的轉業訓練關係」（ein betriebliches Umschulungsverhältnis）或轉業訓練契約。此種契約雖亦為職業訓練契約，但並不是職業的養成訓練契約、也不是技術生訓練契約或進修訓練契約。在此種情況，事業單位獨立進行訓練並且承擔費用。有問題的是，實施轉業訓練是否為雇主的義務？尤其在其面臨勞基法第11條諸款事由之一時？也就是為避免解僱的產生，雇主應先採行轉業訓練？對此，如從我國法院實務及學者間多有贊成所謂的解僱最後手段性原則者，毋寧會採取肯定的見解[128]。另一個問題是，在進行轉業訓練期間，原來的勞動關係是否還存在？是暫時中止？或已經永久終止？對此，主要視雙方係將轉業訓練依附上原來勞動關係，或者雙方另訂立一轉業訓練契約以取代原來的勞動契約，而定。如果是採取後一作法，那當事人雙方的勞動關係就會呈現暫時中止的狀態。

在上述第三種轉業訓練方式，事業單位必須為受訓者投保社會保險。在轉業訓練契約中，雙方可以約定一試訓期間，而在該期間，只要欲轉換職業者基於可歸責於自己的事由一日未到訓者，雇主／轉業訓練機構即可解除契約[129]。

訓練費用，並無與勞動部簽訂委託訓練契約或向之請求給付訓練費用之過程。另請參閱 MünchArbR/Natzel, § 178 Rn. 403.

[126] OLG Frankfurt v. 30.10.1980 EzB Nr. 1 zu § 626 BGB.

[127] Vgl. BAG AP Nr. 1 zu § 56 AFG mit Anm. Natzel.

[128] 德國學者亦採取肯定的見解，認為如果雇主可以期待在轉業訓練或進修訓練後，可以繼續僱用該勞工時，雇主即不得解僱該勞工。否則，該解僱行為不具社會正當性。MünchArbR/Natzel, § 178 Rn. 407.

[129] ArbG Husum v. 14.4.1972 EzB Nr. 1 zu § 15 BBiG.

假設當事人雙方有約定，參加轉業訓練者即可要求一訓練津貼[130]。至於參加轉業訓練者有無特別休假，完全依據法令規定或團體協約或契約的約定而定。

而無論是經過那一種途徑接受轉業訓練，參加轉業訓練者均負有一個努力學習技能與知識的義務。蓋轉業訓練的目的，是希望儘快地將參加轉業訓練者重新納入生產過程中。較有疑問的是，轉業訓練的期限到底為多久？對此，我國職訓法並未予以規定。我國職訓法第19條第1項只是規定，「主管機關為因應社會經濟變遷，得辦理轉業訓練需要之調查及受理登記，配合社會福利措施，訂定訓練計畫」。本書以為在此一訓練計畫中，即應明定轉業訓練的目的、內容、種類及期限，並且按照各種職業或行業轉業的需要且配合成年人訓練的特別須要而定其期限[131]。

值得注意的是，相對於台灣職訓法仍然執著於傳統的進修訓練與轉業訓練之設計，歐美國家則有鑑於老年化及終身學習時代的來臨，逐漸另有職業繼續訓練（continuing vocational training, CVT）之創設者。似乎有補充進修訓練與轉業訓練不足之意。蓋在面對著日新月異的科技環境，職業繼續訓練的現代化，可以幫助勞工取得新的工作機會或較佳的職位。在此一繼續訓練（及進修訓練）的架構下，團體協約當事人及一國的政府，均應深深體會不僅是在僱用之前、而且在僱用關係存續中，均應給予勞工充分地訓練。雇主有義務支持繼續訓練，並且應該提供相關的輔助措施，例如專業期刊等。至於勞工則應自知在全球化及知識社會下的自我要求下，其有接受繼續訓練及進修訓練的義務。立法者甚至應該在法令中（例如德國正在制定中的勞動契約法草案），明定繼續訓練（Weiterbildung）及世代實習（Generation Praktikum）的概念與權義[132]。尚且，勞工有權要求免除勞務的帶薪繼續訓練（ein Anspruch auf bezahlte Freistellung zum Zweck der Weiterbildung），以接受專業的及較深化的訓練措施

---

[130] 德國學者Natzel認為該訓練津貼性質上為必須扣除所得稅的工作所得（Arbeitsentgelt）。惟本文認為將其界定為非工資較為正確。MünchArbR/Natzel, § 178 Rn. 417.

[131] 在德國，依據2005年3月23日修正的職業訓練法第53條第1項規定，聯邦教育與研究部為了達到一個有規範的及一致的轉業訓練的法律基礎，得在獲得相關的部會同意後、並且符合成年人訓練的特別須要的前提下，發布一個行政命令（稱為「轉業訓練規範Umschulungsordnung」），規定轉業訓練的目的、內容、種類及期限（第2款規定）。其亦無期限的規定。但是，通常，轉業訓練的期限不應該超過兩年。Schriftl. Bericht des Ausschusses fuer Arbeit BT-Drcks. V/4260, S. 18 zu 47. MünchArbR/Natzel, § 178 Rn. 418.

[132] Sittard/Lampe, Der Entwurf eines Arbeitsvertragsgesetzes und die Lösung sog. Zukunftsfragen, RdA 2008, 249 ff.

（勞動契約法草案第72條第3項規定）[133]。而在面對雇主有基於人身的及企業經營因素的解僱時，接受過繼續訓練之勞工，可以受到免於列入優先解僱對象的待遇（勞動契約法草案第116條及第117條規定）。

　　再以歐洲聯盟為例，其1976年2月9日之男女平等待遇指令（Gleichbehand-lungsrichtlinie），係為落實男女在僱用、職業訓練、升遷及其他勞動條件之平等對待。[134]依據第3條第1項第2款規定，「平等待遇原則之適用，表示無論是公法的領域、私法的領域、或行政機關，在下列事項上，不得因性別的因素而有直接的或間接的歧視之行為：接觸使用所有形式或層次的職業諮詢、職業的養成訓練、職業的繼續訓練及轉業訓練、以及實務的職業經驗。」此種繼續訓練之要求，雖然未明定於我國性別工作平等法第8條規定中，但在解釋上，該條所指之「訓練」，亦不僅指進修訓練及轉業訓練，而是包括各種第二專長及一般的訓練（所謂的繼續訓練）。

　　進一步言之，歐盟有關職業繼續訓練的規定，主要是在「1993年有關進入職業繼續訓練管道的建議」（93/404/EWG）中（總共有十點建議）。負責職業訓練的諮詢委員會（Beratender Ausschuß）認為廠場的繼續訓練對於會員國及共同體均具有戰略的重要性，並且認為共同體應扮演一個積極的角色。該建議的重要內容有：雇主應盡早地——如有可能，在僱用之際——告知勞工有關企業的政策、職業的繼續訓練的活動、人事的發展、接觸使用職業繼續訓練的條件，包括免除勞務（Freistellung）專心接受職業繼續訓練的可能性（第四點）。喚醒勞工及企業有關職業的繼續訓練，可以訓練出符合勞動市場需要的資格之意識。在此，特別應注意繼續訓練不應只是針對特定工作所做的調整，而是使其具有事先預見及克服（有關提升企業的競爭力與改善勞工的職業前途之）生產體系及勞動組織繼續發展的能力（第六點）。針對發展最令人滿意的職業繼續訓練的教學及學習方法，例如在工作位置的視聽教學的學習方法（audiodidaktische Lernmethoden）、遠距課程（Fernunterricht）、依賴媒體的學習等，應該予以支持（第七點）。失業者接觸使用職業繼續訓練的管道及其

---

[133] 但到底要免除多少天數的勞務，則由立法者自行訂定之。

[134] RL 76/207 ABl. 1976 Nr. L 39/40. 此號指令已被德國所轉換，成為德國民法第611a條之規定。另外，歐盟理事會在1989年12月9日史特拉斯堡會議中所通過的「歐體勞工基本社會權憲章」（Gemeinschaftscharta der sozialen Grundrechte der Arbeitnehmer）第15條，也是對於職業訓練的規定。依之，「歐盟每一位勞工均有接觸使用職業訓練之權，且在全部職業生涯中一直保有此權。接觸使用職業訓練之權，不得因國籍之不同而受到歧視待遇（第1項）。」

參與繼續訓練，應予以促成。尤其應注意的是，應致力於幫助未具有充分的或適當的資格能力的長期失業者（Langzeitarbeitlose），以促成其職業上的融入（Eingliederung）或再度融入。廠場對於失業者施以職業的繼續訓練，尤其適合助成其再度納入勞動市場（第九點）。

肆、身心障礙者訓練

身心障礙者（失能者）與年輕人、婦女、高齡者及長期失業者，共同構成勞動市場上特別不利的就業族群，國家應規劃特別的方案，協助這些族群就業。即對於身心障礙者，應給予特別的職業訓練，職業輔導與職業介紹，使其能就業或再就業，並融入社會與參與社區的生活。國家並應建立開放性的、彈性的與補充性的職業教育與職業訓練，以確保（包括身障者在內的）國民接受職業教育與職業訓練機會均等[135]。

有關身心障礙者之職業訓練，原本係規定在職業訓練法第21～23條。但在2011年11月9日予以修正刪除。目前，身心障礙者權益保障法第33條以下係身心障礙者就業權益規範之所在，並且將規範重點置於職業重建及適度加重地方勞工主管機關職業訓練或職業重建的責任（身心障礙者權益保障法第35條）。依據同法第33條規定，「各級勞工主管機關應參考身心障礙者之就業意願，由職業重建個案管理員評估其能力與需求，訂定適切之個別化職業重建服務計畫，並結合相關資源，提供職業重建服務，必要時得委託民間團體辦理（第1項）。前項所定職業重建服務，包括職業重建個案管理服務、職業輔導評量、職業訓練、就業服務、職務再設計、創業輔導及其他職業重建服務（第2項）。前項所定各項職業重建服務，得由身心障礙者本人或其監護人向各級勞工主管機關提出申請（第3項）。」

惟相較於一般勞工，身心障礙者的職業重建或職業訓練顯然牽涉較廣或者必須注意的事項較多，所以，除非原職業訓練法第21～23條違反身心障礙者權益保障法第33條以下的規定或者與身心障礙者權益保護的思想、理論不合，否則，各級勞工主管機關在進行身心障礙者職業重建時，仍得參酌引用之。亦即：依據修正前台灣職訓法第21條規定，「殘障者職業訓練，係為身體殘障者獲得就業所須之工作技能與知識，所實施之訓練。」此一規定，並未特別指明

---

[135] 林炫秋，就業政策與社會安全—由國際公約到憲法保障，收錄於：勞動基本權學術研討會論文集，行政院勞工委員會勞資關係處，2004年，頁574以下。

所進行之職業訓練是那一種訓練，理論上只要障礙的種類及程度允許，即可給予其技術生訓練、養成訓練、進修訓練及轉業訓練（修正前台灣職訓法第23條規定，「殘障者職業訓練設施，應符合殘障者之體能及安全需要。」）[136]。由第23條規定，可知得為之創設較為寬鬆的訓練規定[137]。此第21條（身心障礙者職業訓練的意義）及第23條以身心障礙者的身心狀況為準的訓練設施，在按照身心障礙者權益保障法所進行的職業重建或職業訓練，應該無何不同。另外，在訓練進行中，施訓者對於身障者負有特殊照扶之義務。而身障者則是應該在其體力與能力、以及考量身障的種類與程度下，努力完成契約所約定的目標。如有測驗或考試的要求，他也應該參加並通過之。至於訓練契約如是在事業單位內進行，其性質上屬於定期的契約[138]。

　　至於修正前職訓法第22條之規定，「殘障者職業訓練，由職業訓練機構、社會福利機構或醫療機構辦理。」是否在身心障礙者權益保障法所進行的職業重建或職業訓練，亦得繼續沿用下去？本書亦持肯定的態度。這表示訓練不一定要在事業單位內進行。其也可以在重建中心或專為身障者設立的工廠中（Werkstätte）進行之。惟無論其係技術生訓練或養成訓練，受訓的身障者與施訓的事業單位間並非勞動契約[139]。

---

[136] 與此一條文規定不同的是，德國職訓法第64條規定，身心障礙者（社會法典第九部第2條第1項第1句所列者）應接受被承認的養成訓練職類的訓練。

[137] 德國職訓法第65條第1項及第2項規定參照。反對說，MünchArbR/Natzel, § 178 Rn. 426.

[138] MünchArbR/Natzel, § 178 Rn. 430 f.

[139] 至於在身障者工廠中進行養成訓練，德國學者Natzel認為身障者的身分可以是職訓法第26條之其他契約關係，但也可以是特殊型態的勞動契約。MünchArbR/Natzel, § 178 Rn. 426.本書則是認為在台灣職訓法第22條的規定之下，應無成立特殊型態勞動契約之餘地。

第八章 │ 職業訓練的勞工法律問題

在職業訓練進行中，會發生各種不同的法律問題，雖然有些問題會在各種不同受訓者身上都發生，但也有一些問題只發生特定的受訓者身上。本書只關心勞工法律問題。以下即分別說明之：

第一節　技術生部分

壹、緒論

台灣有關技術生之規定，分別見之於職業訓練法第11條到第14條及勞動基準法第64條到第69條[1]。惟兩個法律規範的重點並不相同，從兩者的條文規定，可以得知前者係側重於技術生的「訓練」，而後者則是重在技術生的工作條件。另外，兩者定義的重點也不一樣，職訓法第11條第1項規定，「技術生訓練，係事業機構爲培養其基層技術人力，招收15歲以上或國民中學畢業之國民，所實施之訓練。」而勞基法第64條第2項則是規定，「稱技術生者，指依中央主管機關規定之技術生訓練職類中以學習技能爲目的，依本章之規定而接受雇主訓練之人。」由於職訓法第11條第1項並未就技術生加以定義，而是以之爲前提所作的「技術生訓練」定義。所以，理論上，技術生的定義必須回歸到勞基法第64條第2項之規定。

上述技術生規範分別見之於兩個法律的情形，固然有其立法的時代背景，也有其互補的立法用意。畢竟，技術生訓練市場及養成訓練市場的成效，關係到整體勞動市場的榮枯。而技術生在訓練期間的工作條件如何、技術生訓練結束後能否找到意想中的工作，不惟關係到青少年接受訓練的意願，也牽涉到我國勞工技術能力的升級及人力資源的提升[2]。因此，兩個法律應係互爲表裡、互補有無。然而，此種技術生訓練法制割裂的情況，是否會產生法律的漏洞？

---

[1] 整體來講，台灣的職業訓練法制採取割裂主義的立法方式，分別規定在職訓法、勞基法及身心障礙者權益保障法、原住民族工作權保障法、就業保險法及性別工作平等法等法令中。

[2] 同說，黃越欽，勞動法新論，2000年，頁165。

造成人民理解上一定的困擾？有無必要整合成一部技術生（訓練）保護法[3]？實在值得各界加以關注[4]。

　　另外一個問題是，技術生訓練市場固然有兩個主角：事業單位、技術生。但令人遺憾的是，現行實務上的技術生人數似乎不多，無法由官方的統計資料上查知，勞基法第65條規定的落實狀況（尤其是勞動條件）如何，亦難以窺知，顯示此一制度的推行困難重重。值得注意的是，相較於台灣的保守、甚至停滯不前，拜整體勞動市場繁榮之賜，德國這幾年來的養成訓練市場（Ausbildungsmarkt）則是呈現高度發展的現象，每年所簽訂定的養成訓練契約的數目都在50萬件以上[5]。

　　整體來看，假設在技術生訓練關係中，技術生有進入職業學校進行學科理論者，則其與其他兩個當事人（學校、事業單位）間，將會產生公法的法律關係及私法的契約關係，兩者各自獨立。其中，公法的關係涉及到教育主管機關掌管的教育法規及學校規章對於技術生的適用[6]。至於私法的關係部分，依據勞基法第65條第1項規定，雇主與技術生間有相當大的自由，自行約定技術生契約的內容。具體而言，在界定技術生的權義上，應該釐清技術生契約的屬性及內容、技術生的身分、生活／訓練津貼的法律性質、參加爭議行為的可行性、其他勞動契約上權益的歸屬、以及社會保險法上的保障等。此將於本書中逐項加以探討。

---

[3]　特別是針對最長訓練期限及最低（合適）訓練生活津貼等權義問題。

[4]　以德國而論，直到1969年職業訓練法制定施行前，德國並無完整的公法的職業訓練法及養成訓練契約法的規定。Knopp/Kraegeloh, Berufsbildungsgesetz, 5. Aufl., 2005, S. 1, Einleitung.

[5]　然而，另一方面，依據德國第二國家電視台ZDF2008年10月13日的報導，以2008年9月30日的統計數字來看，相較於來申請職業訓練者，預估養成訓練位置仍然有多出5,000個空缺沒人申請。這是七年來首次出現此種現象。

[6]　Leinemann/Taubert, Berufsbildungsgesetz, 2. Aufl., 2008, § 1 Rn. 3. 另外，廣義的公法關係，也包括勞工主管機關對於事業單位及技術生之要求與保護，此在職訓法及勞基法中加以規定。行政院勞工委員會為了落實技術生權益的保障，特別於民國98年7月6日以勞動3字第0980130542號函要求各極勞工行政主管機關作勞動條件的專案檢查。惟令人疑惑的是，其行文用語是請主管機關就轄區內辦理「建教合作」事業單位之訓練契約進行了解備案情形及是否符合勞動基準法技術生章規定。勞委會理應知道建教合作生與技術生兩者係不同性質的受訓者才對（在該次專案檢查中，經各縣市政府清查2,115家事業單位中，有844家備案，1,271家尚未備案，顯示違反法令規定者居多）。

貳、技術生訓練契約之定位

一、技術生契約之屬性（勞動契約？）

在此，首先欲提出者：技術生契約之訂立，是否限於書面形式？對此，似應採否定的見解。亦即勞基法第65條之技術生書面契約應非生效要件，該條文只具有宣示性的效力而已：口頭的契約亦屬有效，只是受訓者有權要求將重要的契約條件明定於書面契約而已[7]。其目的是基於法律明確性的要求，讓當事人雙方隨時可以明瞭其權利義務。一旦違反，只會受到行政罰鍰的不利制裁而已[8]。即民法第73條之「法律行為不依法定方式者，無效」之規定，並不適用於技術生訓練契約[9]。另外，勞基法第65條之事項，包括膳宿負擔及生活津貼等，應該只是最低限度的內容（Mindestinhalt）而已，當事人雙方可以再約定其他的事項[10]。在這裡，職業訓練「契約法」扮演最主要的角色，亦即由當事人雙方於技術生訓練契約中約定其權利義務事項。只不過，第69條規定之事項，則是無須約定，即當然準用之。

其次，在技術生訓練契約的屬性界定上，可否將之定位為勞動契約？台灣學者間有加以論述者並不多，其中，較具有代表性的，是已故黃越欽教授的大作「勞動法新論」中有一簡明扼要的說明[11]：「技術生在理論上應偏重於養成訓練，然而另一方面，這些技術生實際上仍屬在廠工作之勞工。」其似乎採取肯定的見解[12]。反之，德國學者則論述頗眾[13]。其中，在

---

[7] BAG AP Nr. 1 zu § 4 BBiG. Junker, Grundkurs Arbeitsrecht, 7. Aufl., 2008, Rn. 174: 勞工派遣法第11條第1項之借調／派遣勞動契約，其只具有宣示性的效力而已：口頭的契約亦屬有效，只是派遣勞工有權要求將重要的契約條件明定於書面契約而已。

[8] 在德國，欠缺書面之形式時，依據第102條第1項第1款之規定，必須受到秩序罰的制裁（Ordnungswidrigkeit）。

[9] 最起碼至少應該是適用該條之但書規定，「但法律另有規定者，不在此限。」而將勞基法第79條第1項規定，解釋為該但書所指之「法律另有規定者」。

[10] Knopp/Kraegeloh, Berufsbildungsgesetz, 5. Aufl., 2005, § 11 BBiG, Rn. 2; Leinemann/Taubert, a.a.O., § 10 Rn. 2.只不過，在德國如未能完整地將重要內容記載於書面，雖不會導致契約的無效，但卻無法申請登入養成訓練職類目錄（§ 35 BBiG），而一旦未將契約登記，即無法符合結業考試（Abschlußprüfung）的要件（§ 43 I 3 BBiG）。

[11] 黃越欽，前揭書，頁165。

[12] 有系統地探討技術生的相關勞工法律問題者，請參閱楊通軒，技術生法律地位及其權益保障之研究，東吳法律學報，第22期第4卷，2011年4月，頁65以下。

[13] LAG Düsseldorf/Köln, DB 1980, 1135; Hanau/Adomeit, Arbeitsrecht, 13. Aufl., 2005, Rn. 575;

討論其職業訓練法中養成訓練契約受訓者之地位時，有肯定養成訓練關係具有勞工法的性格，通常團體協約也會規範養成訓練關係。對於一個未受到團體協約拘束的受訓者，如其工資低於團體協約約定工資80%以下者，即已超出職訓法第17條第1項所稱的「適當的」範圍之外而無效[14]。論者間也有認為其係一「具有特殊性格的勞動契約／特殊的勞動關係」（Arbeitsvertrag besonderer Art）者[15]。也有稱之為「具有養成訓練法的及教養法的色彩」（mit ausbildungs- und erziehungsrechtlichen Einschlag）（混合性格Mischcharakter）的勞動契約[16]。但也有單純將之界定為職業的養成訓練關係及職業的教養關係（Berufserziehungsverhältnis）者[17]。不一而足。

至於德國聯邦勞工法院的見解，其在1962年1月19日的判決即已提到：在團體協約有效期間成立的養成訓練關係，之後始在餘後效力期間「轉換」（umgewandelt）為勞動關係者，並不意味其係新僱用的勞工，以至於團體協約餘後效力不適用之。相反地，在此係團體協約繼續適用於本來已經存在的「不同法律形式的」勞動關係而已[18]。另外，在2008年的判決中，認為：團體協約的餘後效力對於養成訓練關係後緊接著所訂立的勞動關係，亦有其適用，因其只是身分有所改變（Statuswechsel）而已[19]。

上述技術生契約性質之界定，涉及到接受訓練者訓練／生活津貼的法律性格、在勞資爭議中地位之評價、以及縮短工時工作／無薪假等法律問題[20]，不可不慎。其實，早在納粹執政時期，學者間對於學徒法律關係的評價即已有所

Knopp/Kraegeloh, a.a.O., § 10 BBiG, Rn. 6. 另外，依據通說，德國民法第113條（相當於台灣民法第85條）之規定，並不適用於職業的養成訓練關係。也就是說，法定代理人允許限制行為能力人的營業行為，不包括自行訂定技術生訓練契約。

[14] Kittner, Arbeits- und Sozialordnung, 32. Aufl., 2007, 367.

[15] Brox/Rüthers/Henssler, 16. Aufl., 2004, Rn. 71; Söllner, Grundriß des Arbeitsrechts, 11. Aufl., 1994, 311.

[16] Benecke/Hergenröder, a.a.O.,, § 10 Rn. 2; Zöllner/Loritz/Hergenröder, 6. Aufl., 2008, 54: 在養成訓練關係時，僱傭契約係被典型的形成。在此，一般契約的目的乃被養成訓練的目的所覆蓋，並且帶有極重的養成訓練色彩。

[17] MünchArbR/Natzel, § 177 Rn. 5 ff.

[18] MünchArbR/Natzel, § 177 Rn. 145謂：德國聯邦勞工法院的見解並不統一。

[19] BAG v. 7.5.2008, NZA 2008, 886 ff. So schon BAG [19.1.1962], BAGE 12, 194; BAG [28.1.1987], AP Nr. 16 zu § 4 TVG Nachwirkung; BAG AP Nr. 7 zu § 3 BBiG; Leinemann/Taubert, a.a.O., § 10 Rn. 5.

[20] 還有其他不大不小的問題，也會繫之於其契約性質的定位，例如技術生合計於大量解僱的人數當中嗎？技術生在例假日、國定假日及病假期間有無工資（繼續）請求權？

不同。Hueck、Nipperdey、Dietz認爲學徒係基於契約關係爲他人提供勞務，但卻不得將學徒關係作爲勞動關係的分枝（Unterart）加以看待。學徒契約具有一個特殊的法律性格，亦即是一個職業教育關係[21]。其後，在1950年代，德國學者Rohlfing在有限的資料下，得出如下的結論：學徒契約並非是一個具有教養法色彩的勞動契約，只是一個單純的職業的養成訓練關係而已。另外，當時所稱之教養津貼（Erziehungsbeihilfe）也只是生活津貼（Unterhaltszuschuss）而已，並非工資（Arbeitsentgelt）。此一見解也爲Nikisch所採[22]。之後，即使從1969年德國職訓法第10條第2項的用語「有關勞動契約之法規及原理原則，適用於職業的養成訓練契約」，也可知立法者了然於勞動契約與職業的養成訓練契約兩者的不同。假設沒有此一指示，勞動法對於職業的養成訓練關係根本不能適用[23]。

相較於德國的職業訓練法制，台灣勞基法第65條及第69條並無適用或準用勞動契約之規定。惟第65條有「契約生效與解除之條件及其他有關雙方權利、義務事項」之規定，即當事人雙方可以自由訂定技術生契約、以及約定其內容，只要其非勞基法第69條所規定之事項者，即可[24]。由於此一規定，遂使得技術生訓練關係與勞動關係具有一定程度的相似性。雖然如此，與勞動契約（一方提供勞務、他方給付工資）不同的是，事業單位少有會與技術生訂立一個「以學習工作技能」爲目的之勞動契約。所以說，原則上可以確定事業單位與技術生間並非成立勞動關係[25]。

承上的說明，可以得出技術生的身分並非勞工的結論[26]。技術生關係毋寧是一個職業教育關係，目的在使技術生習得一個被（勞工主管機關）承認職類的廣泛知識與能力。雖然其與勞動關係緊密相關（die nahe Verwandschaft

---

[21]　MünchArbR/Natzel, § 177 Rn. 15.

[22]　請參閱MünchArbR/Natzel, § 177 Rn. 149.

[23]　BT-Drucks, V/4260, S. 5 zu § 3; Leinemann/Taubert, a.a.O., § 10 Rn. 6.不同意見說，Schaub, Arbeitsrechts-Handbuch, 12. Aufl., 2007, § 174 Rn. 71: 將養成訓練契約視爲債法的交換契約，即受訓者以勞務交換訓練津貼，此係符合現代勞動法的趨勢的。

[24]　例如，勞基法第65條之技術生訓練契約可以約定試訓期，在該期間中，當事人雙方可以檢視受訓者所選擇的職業，是否確實符合受訓者需要。在試訓期中，技術生訓練關係可以隨時以書面加以終止，無須遵守任何期限（參照德國職訓法第22條第1項規定）。

[25]　依據德國職訓法第11條第3項規定，施訓者應將已簽名之書面契約同時交付予受訓者及其法定代理人。此種規定，在一般的勞工法也難以想像。

[26]　有關勞工概念的一般說明，請參閱楊通軒，個別勞工法—理論與實務，2019年7月，頁167以下。

beider），但終究仍有其特殊性，例如：1.契約的訂定（勞基法第65條規定，書面契約的要求）。2.契約的內容（特定的約定如過度地限制受訓者的職業自由時，無效。例如返還訓練費用條款）。至於團體協約可以納入技術生，給予其部分工作條件的保障，並不能反面推出技術生即為勞工的結論[27]。技術生終究不是基於勞動契約納入廠場的組織之中，為他人提供從屬性的、具有生產力的勞務。如從實務上來看，也存在不少的技術生於結訓後，並未被事業單位納入勞動關係者，蓋雇主本無留用技術生之義務（勞基法第67條規定參照）。最後，中央勞政機關在94年9月12日勞動4字第0940051015號函中，也明白地表示技術生，係指依中央主管機關規定之技術生訓練職類中以學習技能為目的者，其與事業單位並無僱傭關係。是以，勞動基準法第八章所稱技術生，並無勞工退休金條例之適用[28]。

有問題的是，相較於德國養成訓練本質具有教養義務（Erziehung）的色彩，且其為施訓者的主要義務[29]，在台灣，技術生訓練契約及養成訓練契約是否同樣具有此一內涵？是否同樣為事業單位或職業訓練機構的主要義務？對此，本書在前面已經提到，無論從勞基法第64以下之規定，或者職訓法第7條以下、第11條以下之規定，均看不出訓練機構或事業單位負有教養義務之規定。此從我國並無德國傳統的師徒制精神，亦可獲此結論。進一步言之。德國在師徒制下，師傅除了傳授專業的知識與技能外，更負有促成受訓者人格的養成[30]、教導遵守良好的風俗、避免縱欲（禁止給予酒精飲料與香煙）等義務，而學徒則負有努力學習、不縱欲及服從等義務。從德國職訓法第14條第1項第5款的規定觀之，施訓者也在實行部分的父母教養權（Erziehungsrecht），施

---

[27] 依據民國97年1月9日修正公布的團體協約法第12條第2項規定，「學徒關係與技術生、養成工、見習生、建教合作班之學生及其他與技術生性質相類之人，其前項各款事項，亦得於團體協約中約定。」反對說，Kittner, a.a.O., 367; Söllner, a.a.O., 311.

[28] 行政院勞工委員會94年9月12日勞動4字第0940051015號函，「查勞工退休金條例之適用對象為適用勞動基準法之本國籍勞工。所稱勞工，依勞動基準法第2條規定，謂受雇主僱用從事工作獲致工資者。另依該法第64條第2項規定，所稱技術生，係指依中央主管機關規定之技術生訓練職類中以學習技能為目的者，其與事業單位並無僱傭關係。是以，勞動基準法第八章所稱技術生，並無勞工退休金條例之適用。」

[29] 依據德國聯邦勞工法院的見解，施訓者給付訓練津貼，僅是其附隨義務而已，不得因此而認為雙方當事人間已成立勞動關係。BAG v. 10.2.1981, DB 1981, 1937.

[30] 惟依據德國職訓法第14條第1項第5款之規定，施訓者不得干預受訓者的私人生活，也不得試圖影響其政治信仰或工會的意識形成。

訓者成爲共同教養權人[31]。基本法第6條規定，並未將教養權完全歸屬父母實行[32]。

　　雖然如此，本書以爲技術生訓練契約及養成訓練契約同樣具有教養義務的內涵。而在含有教養義務的養成訓練關係下，難免地會導出一項結局：受訓者受到施訓者指示權的拘束，要比一般的勞工來得廣。蓋指示權，是受到施訓者之訓練義務及教養義務所形塑，其比一般勞動契約中雇主的指示權來得寬，而且具有其特殊性格。只有在與技術生訓練無關、且不在技術生訓練範圍內的工作，受訓者始無須遵循之。所以，這裡所產生的問題是，果眞是否與技術生訓練無關，則是需要謹愼地予以檢驗。通常，在一定的範圍內，打掃與清潔工作也是在技術生訓練範圍內。至於家務工作則不屬之[33]。又，依據德國職訓法第14條第2項規定，施訓者所交付予受訓者的任務，必須是爲達到養成訓練之目的且也是其體力所能負擔者。違反者，依據第102條第1項第3款規定，將會被科處最高5,000歐元罰鍰的秩序不法（Ordnungswidrigkeit）制裁[34]。

　　承上，也就是在教養關係內涵的技術生訓練契約下，有關縮短工時工作（Kurzarbeit）／無薪假之規定，並不適用於技術生。亦即技術生訓練雙方當事人之權利義務，並不受到廠場接單情形的影響。事業單位的訓練義務係其主要的義務。在訂單不足時，事業單位仍然要盡到技術生訓練之義務[35]，不可要求技術生減縮受訓時間或者完全中止訓練。

二、技術生訓練契約之內容與童工規定之適用

　　在事業單位對於技術生進行訓練之前，必須與之先簽訂一個私法的契約，並且約定一定之內容，以明確化雙方的權利義務關係。其內容，部分已在勞基法第65條以下有所規定，惟並不以此爲限，而是會牽涉到其他的事項，似有必

---

[31]　只是，施訓者教養權義的範圍，要比父母爲小。MünchArbR/Natzel, § 178 Rn. 102.

[32]　MünchArbR/Natzel, § 177 Rn. 158.

[33]　勞基法施行細則第35條規定，「雇主不得使技術生從事家事、雜役及其他非學習技能爲目的之工作。但從事事業場所內之清潔整頓，器具工具及機械之清理者，不在此限。」解釋上，如果雇主交付予技術生之工作，是與其訓練無關者，應該也可以依據勞基法第79條第1項第1款的行政罰鍰規定予以制裁。

[34]　台灣職訓法並無特別規定。其第39條規定之「職業訓練機構辦理不善」，應該不包括此種狀況。

[35]　同說，MünchArbR/Natzel, § 177 Rn. 195.由此看來，同理，台灣在2008年～2009年遭遇金融風暴時，很多廠商終止或中止建教生實習訓練之作法，已經違反建教生合作契約而無效。

要於此加以說明。只不過，除了技術生的身分已於上面有所論述外，技術生生活／訓練津貼的法律性質、參與爭議行為的可行性、職涯發展限制條款（尤其是留用條款）之效力、以及參加社會保險之能力等四項議題，涉及到技術生契約理論的根本問題，擬於以下再予以詳述。

另外，依據職訓法第11條第1項規定，技術生訓練係對於「15歲以上或國民中學畢業之國民」所實施之訓練。勞基法第64條第1項更規定，未滿15歲之人不得為技術生。由該等規定，可知解釋上技術生訓練並不以青少年為限，而是包括成年人在內。但是，其招收的對象畢竟仍以青少年為主，以符合我國初級人力及中級人力的須要、並與職業學校的教育相配合[36]。也因此，接受技術生訓練者，會有一部分落在15～16歲之間而與童工的年齡重疊。這乃會引發童工規定有無適用餘地之疑義，擬一併加以說明。

（一）技術生契約之內容

首先欲一言者，事業單位之簽訂技術生訓練契約，固然有相當程度的契約形成自由。即其不會被強迫訂立技術生訓練契約（締約強制），但是，其使用技術生（人數）之自由也不是漫無限制。依據勞基法第68條規定，「技術生人數，不得超過勞工人數四分之一。勞工人數不滿四人者，以四人計。[37]」其立法說明謂，「參照工廠法第六十三條、六十四條之規定，並將原訂三分之一比例酌予降低，以免濫收學徒之流弊。」又依據行政院勞工委員會83年9月29日台83勞動3字第81636號函：查勞動基準法第68條所稱「勞工人數」，係指招收技術生之雇主所僱用之勞工人數而言。這表示並不包含技術生在內。

在契約形式自由方面，基於明確化的要求，事業單位也受到些微的限制。按照職訓法第12條規定，「事業機構辦理技術生訓練，應先擬訂訓練計畫，並依有關法令規定，與技術生簽訂書面契約。」再依勞基法第65條第1項規定，「雇主招收技術生時，須與技術生簽訂書面訓練契約一式三份，……由當事人

---

[36] Leinemann/Taubert, a.a.O., § 10 Rn. 10.

[37] 與此不同的是，根據高級中等學校建教合作實施及建教生權益保障法第14條第1項規定，建教合作機構並非以所招收的建教生、而是連同勞動基準法所定技術生、養成工、見習生及其他與技術生性質相類之人，合計不得超過其所僱用勞工總數四分之一。此一規定的立法政策及技術，本書以爲誠屬可疑，蓋立法者即使有意將勞動基準法所定技術生、養成工、見習生及其他與技術生性質相類之人，與建教生均作爲非勞工看待，兩者的身分／性質仍然有些微的不同。立法者果真有加總計算四分之一的構想，也應在勞基法技術生章予以規定，而非將之置於性質特殊的建教生法規中。況且，既然是高級中等學校建教合作生的專法，則在規範對象上應不得擴張及於非建教生身分之人，即使將之規定在「附則」中，亦屬可疑。

分執，並送主管機關備案。」這表示技術生訓練契約的生效，並不須要獲得主管機關特別的承認或許可。事業單位違反第65條第1項規定時，依第79條第1項第1款規定處以2,000到20,000元的罰鍰。因此，由條文規定得知，技術生書面契約之訂定，只是在滿足法律明確性之要求，違反者，並不會影響其法律效力。亦即口頭契約也屬有效（先口頭的約定，而後不將之記載於書面亦同），只是會受到行政罰鍰的制裁而已[38]。雖然如此，事業單位仍有可能遭受民事上制裁的不利，也就是假設技術生因為事業單位未遵守書面契約而遭到損害時，可以請求損害賠償[39]。

　　在技術生訓練契約的期限方面，依照勞基法第65條規定，當事人雙方應約定「訓練期限」，以為遵循、並收訓練之效。按照修正前的職訓法第13條第1項規定，「技術生訓練期間不得少於二年。」（2011年11月9日修正公布刪除）至於其最長期限，則並未規定[40]。理論上，為免技術生遭受過長訓練期間的拘束與不利，立法者應該予以明定。惟在法未修正前，當事人雙方應可自由約定訓練的開始、期限與結束。惟其期限的長短，一經約定，當事人雙方即不得隨意延長或縮短[41]，也就是只有靜待「技術生訓練關係屆滿時結束」[42]。但這並不表示雙方係簽訂定期的勞動契約。在約定期限屆至時，技術生訓練契約即為結束，毋需再行通知或為終止之聲明。如上所述，訓練期間會超過二年以上，所以理論上也會發生特別休假的問題，依據勞基法第69條第1項規定，本法第四章休假、童工有關規定，於技術生準用之。惟由於勞基法並無童工特別休假之規定，故只要準用勞基法第38條之規定即可[43]。

---

[38] 同樣地，按照德國職訓法第11條之規定，養成訓練契約並不要求以書面的形式為限。只要在真正開始施訓之前，將重要的內容記載於書面即可。再依據第102條第1項第1款規定，違反第11條第1項第1句規定時，應處以秩序不法（Ordnungswidrigkeit）。另參照BAG v. 22.2.1972, DB 1972, 1731 = AP Nr. 1 zu § 15 BBiG 1969; Leinemann/Taubert, a.a.O., § 10 Rn. 18.

[39] 請參照BAG v. 21.8.1997, AP Nr. 4 zu § 4 BBiG.

[40] 按照德國職訓法第5條第1項第2款規定，養成訓練期限不得長於三年、短於二年。

[41] 德國職訓法第8條也是作如此之規定。

[42] 德國學者Junker認為：職訓法第21條第1項規定「職業的養成訓練關係在期限屆滿時結束」，係一以目的為準的定期養成訓練關係（Zweckbefristung）。其為一特殊的法律規定，依據部分時間及定期勞動契約法第23條之規定，具有優先適用的效力。Junker, a.a.O., Rn. 473.

[43] Vgl. MünchArbR/Natzel, § 178 Rn. 61.一個較大的問題是，假設技術生也有接受職業學校的學科教育時，其特別休假如何計算？對此，本文認為由於他／她可以在學期中學科課程及實習課程進行的空檔中休假，所以沒有特別休假請求權。採取同樣見解者，Hirdina, Rechtsfragen zur Kündigung eines Praktikumsvertrags, NZA 2008, 916 f.

　　上述技術生訓練契約之結束，其實會牽涉到一個更複雜的問題，即：依據勞基法第65條規定，技術生訓練契約中應約定生效與解除之條件。根據此一規定，是否賦予當事人一個一般解除／終止的理由或期限？對此，綜觀勞基法第69條，並無準用勞基法第11條以下之規定。因此，應該依據第65條規定「技術生訓練契約生效與解除之條件」處理。亦即當事人雙方應該可以自由約定訓練契約一般的解除條件，包括理由及預告期間在內。即當事人得合意終止契約及其他契約終止之原因。但這對於技術生的訓練，保護並不週到[44]。

　　在技術生訓練地點方面，理論上訓練地點可以在訓練的廠場內（或者是一個角落、或者是其中的辦公室）、也可以在廠場內的訓練場所進行生產過程中完成（所謂工作崗位上的訓練）。後者，可能是較為普遍的地點[45]。事業單位也可以到訓練場所外進行補充的訓練措施。這是事業單位基於組織的、技術的或其他的原因，無法進行一部的或全部的訓練時，考慮將之移至其他適當的場所或機構，諸如其他學術研究機構的實驗室、研究中心等。如將之移至各地之職業訓練中心進行訓練，應亦為法所允許。只不過，訓練地點的移動，也會牽涉到費用的負擔。勞基法第65條之「膳宿負擔」，是否包括交通費用在內？對此，本書持否定的態度[46]。又，原則上，事業單位必須負擔在訓練場所外之補充訓練措施所產生之費用，但此並不包括交通費用之負擔，除非當事人雙方另有約定[47]。

　　承上之費用負擔，其實最主要的問題是：訓練契約中可否約定技術生或其父母必須給付一定數額的訓練費用（Lehrgeld, Entschädigung）[48]？對此，考量事業單位並非以職業的訓練或技術生訓練作為其營利的手段，而且，技術生在廠場中的實務操作，實際上也會帶給事業單位一定的利潤，因此，似乎不應承認事業單位有要求技術生給付訓練費用的權利。為了呼應於此，勞基法第66條

---

[44] 相反地，德國職訓法第22條規定，施訓者並不得以一般的／普通的終止來解除養成訓練關係。第22條係一強制性的規定。MünchArbR/Natzel, § 178 Rn. 64; ErfK/Schlachter, § 11 BBiG Rn. 4; Söllner, a.a.O., 313.

[45] 為了順利在廠場內訓練，當事人可以約定技術生訓練的時間與廠場的工作時間脫鉤。

[46] 持肯定說者，MünchArbR/Natzel, § 178 Rn. 198.

[47] MünchArbR/Natzel, § 178 Rn. 24, 47. Zöllner/Loritz/Hergenröder, a.a.O., 314：企業提供養成訓練位置的意願，受到經濟的不景氣極大的影響。再加上法院的判決，認為雇主必須負擔受訓者到施行養成訓練廠場外的地方訓練時，也必須負擔膳食的費用，更是影響了雇主的意願。BAG SAE 1996, 244.

[48] 在這裡，訓練金，形式上也包括作為對價購買物品的費用。

乃規定，「雇主不得向技術生收取有關訓練費用。」目的也是在保護技術生免於費用負擔的壓力，以免其減低接受訓練的意願[49]。此處所免除的費用，也包括事業單位應該無償地提供工具、材料給受訓者使用、以及人事費用在內[50]。只不過，如果技術生在職業學校中接受學科訓練，則其學習所需要的書籍及其他技術生訓練的物質，事業單位並無提供之義務[51]。

最後，為確定技術生是否確實符合特定的職類，是否可以約定一定期間的試訓期間（Probezeit）？對此，台灣勞基法及職訓法均無試訓期間的強制規定。惟德國職訓法第20條規定，養成訓練關係自試訓期間起開始。該期間至少為一個月，最長則不得逾四個月。試訓期間的目的，是在給契約當事人徹底地檢視受訓者是否確實具有其所選擇職業的適性及其在逐漸增加知能中，是否仍然擁有選擇該職業的傾向。本書認為接受技術生訓練者，大多為青少年，對於職業適性的認知不深，理應給予其再次反省、並且選擇其他訓練職類的機會，因此，技術生訓練契約如有合理的試訓期間的約定（相較於正職勞工的試用期間，試訓期間應該適度的縮短，以不逾三個月為限），應該承認其效力。試訓期間係技術生訓練關係的一部分[52]。

（二）勞基法童工規定之適用

如上所述，技術生並不以青少年為限，也包括成年人在內[53]。但是，青少年畢竟居其多數。此處的問題為，假設技術生係15～16歲之人，即會與童工之年齡一致，則勞基法第44～48條童工之規定，是否即有適用的餘地？對此，依據勞基法第69條第1項規定「本法第五章童工之規定，於技術生準用之」，係

---

[49] 在德國法上，聯邦勞工法院早已創設一個「職業養成訓練免費原則」（Prinzip der Kostenfreiheit der Berufsausbildung）。依據職訓法第10條以下之規定，施訓者必須負擔養成訓練的費用。Hanau/Adomeit, a.a.O., Rn. 569; MünchArbR/Natzel, § 178 Rn. 12.

[50] 參照德國職訓法第14條第1項第3款規定。

[51] 同樣地，工作服及安全的裝置並非技術生訓練的物質。事業單位係基於其他的法律規定，尤其是職業災害防護規定，而負有提供之義務。MünchArbR/Natzel, § 178 Rn. 97. Vgl. auch BAGE 103, 41.

另外，ErfK/Schlachter, § 12 BBiG Rn. 4: 如果是針對受訓者參加學校的課程，施訓者提供其借貸，則該借貸契約有效。其並非職訓法第12條第2項第1款所欲禁止的費用。BAG AP Nr. 8 zu § 5 BBiG.

[52] MünchArbR/Natzel, § 178 Rn. 48, 49. 依據德國工作位置保障法第6條第3項（§ 6 Abs. 3 ArbPlSchG）規定，服役期間不得計入試用期間。

[53] 有問題的是，技術生訓練關係含有教養關係的本質，但是，如何對於成年技術生進行？成年技術生還須要教養嗎？

採取「準用」之立法設計，以凸顯出童工從事勞工的工作，而技術生是以學習知識與技能為目的，兩者間有所不同也。

雖然如此，技術生畢竟是在事業單位內從事實務操作的學習，技術生必須謹慎地完成事業單位在技術生訓練範圍內所交付的任務，其外表上也類似童工的從事生產性的工作，故將勞基法第44～48條之規定適用及之，在法理上應無不合之處。況且，觀勞基法的童工規定，主要在工作時間的限制及夜間工作的禁止，其範圍實際上相當有限（頗嫌單薄）。而且，其給予童工的保護，實際上也與給予成年工的保護，相去不遠[54]。吾人如再參考世界各國的先例，在19世紀後期，學徒多淪為廉價童工，形成非常不人道的工作環境，此乃各國立法者制定法律予以保護的濫觴[55]。實者，以法律保障青少年免於受到不合期待的工作條件的傷害，對於整部勞工法發展的歷史而言，具有特殊的重要性，蓋其係法定的勞工保護法的開端[56]。

此處，欲再一言者：技術生的訓練難免會在正常工作時間外進行，是否會受到童工夜間禁止工作的規定之適用？對此，依據勞基法第69條第1項規定「本法第五章童工之規定，於技術生準用之。」如同德國青少年勞工保護法（Jugendarbeitsschutzgesetz, JArbSchG）般，我國勞基法童工一章中，第47條規定「童工每日工作時間不得超過八小時，例假日不得工作。」又依據第77條規定，違反第47條之規定時，應受到六個月以下有期徒刑、拘役或科或併科2萬元以下罰金之刑事制裁。所以說，童工之加班行為係法律絕對禁止之行為。

惟針對加班之行為，德國青少年勞工保護法終究並非採取絕對禁止的態度。亦即德國青少年勞工保護法雖無加班（Mehrarbeit）的規定，任何加班行為均屬非法，雇主並不得以給予加班費而合法化。但針對逾時工作之情形，青少年勞工保護法第21條第1項及第2項係以在他日縮短工作時間或在其後三

---

[54] 相對於台灣，德國第二部的青少年勞工保護修正法於1997年3月1日起開始適用，自斯時起，兒童自13歲起，在具有教養權人同意下，即可從事「輕易的、適合兒童的工作」，這比之前只能從事特定的工作(例如送報)，已經放寬許多。至於具體的規定，則是在1998年6月23日的童工保護規則（Kinderarbeitsschutzverordnung）中。Brox/Rüthers/Henssler, a.a.O., Rn. 74; KindArbSchV, BGBl. 1998 I, 1508.

[55] 有關童工之一般說明，請參閱黃越欽，前揭書，頁162以下；楊通軒，前揭書，頁43；鄭津津，收錄於：勞動基準法釋義—施行二十年之回顧與展現，台灣勞動法學會編，2009年，頁431以下。

[56] 參閱普魯士1839年4月6日「工廠僱用青少年勞工條例」（Regulativ über die Beschäftigung jugendlicher Arbeiter in Fabriken）abgedruckt bei Kaufhold, AuR 1989, 225, 228。普魯士1839年的「工廠僱用青少年勞工條例」是最老的勞工法律之一。

週內補休,作為因應作法。如再參照德國職訓法第17條第3項規定,針對受訓者超出約定的養成訓練時間外的工作,應該給予特殊的訓練津貼(besondere Vergütung)或給予相同時間的補休。這表示施訓者並不一定要給予延時的訓練津貼,而是可以給予補休。而其一旦給予特殊的訓練津貼時,其性質亦與加班費有別,解釋上,是給予其超時工作的獎賞或彌補。

承上,所以在台灣,解釋上雇主亦不得以給予特殊的生活津貼,而欲使具有童工的加班合法化。惟,假使技術生延時接受訓練,是否要受到該等條文同等之適用?對此,由於勞基法第69條係規定「準用」,且技術生係以學習技能為目的,與一般的勞務有別,故如果雇主給予補休的機會,似乎不必要以勞基法第47條及第77條之規定禁絕其逾時工作之行為、並且科處其刑事責任[57]。

如從比較法來看,德國許多勞工法學者均主張青少年接受養成訓練時,即受到青少年勞工保護法的適用[58]。青少年勞工保護法第17條及第18條有關週六及週日休假之規定,亦適用於接受養成訓練的受訓者。同樣地,第31條有關禁止體罰(Züchtigungsverbot)之規定,亦適用到受訓者身上。雖然其間有參雜著將受訓者看成是勞工,所以得出該結論者[59]。惟撇開受訓者/技術生的身分定位不論,單從結論上來看,應屬正確可採。

至於德國最近有關青少年勞工保護法適用範圍之爭議,係集中在強調表現與成績之競技運動(Leistungssport)上,例如冰上舞蹈、藝術體操(Kunstturnen)、游泳等。對此,青少年勞工保護法存在嚴重的保護漏洞,蓋具有教養權的人(例如教練)常有不合理的要求或訓練[60]。

---

[57] 與延時訓練不同的是,假設技術生受訓中須艱苦(辛)的工作時,事業單位可以給予艱苦(辛)津貼。在這裡,艱苦/辛的工作的定義,可以參照勞基法第44條第2項及勞基法施行細則第25條規定之「繁重之工作」。惟其解釋上與一般勞工的艱苦(辛)的工作,在內容上及範圍上均有所不同。

[58] Hanau/Adomeit, a.a.O., Rn. 565; MünchArbR/Natzel, § 177 Rn. 86, 88; Schaub, a.a.O., § 174 Rn. 9; Zöllner/Loritz/Hergenröder, a.a.O., 314.配合青少年勞工保護法,青少年勞工健康檢查規則(VO über die ärztlichen Untersuchungen nach dem JArSchG v. 2.10.1961)當然亦有其適用。

[59] 例如Zöllner/Loritz/Hergenröder, a.a.O., 314.

[60] Brox/Rüthers/Henssler, a.a.O., Rn. 74. Vgl. auch Walker(Hrsg.), Kinder- und Jugendschutz im Sport, 2001.不過,本書倒是認為青少年運動選手的保護,畢竟已與青少年勞工保護法無關,由運動法加以規範似乎更為恰當。

參、技術生之勞工法律問題

一、生活津貼（訓練津貼）之法律性質

依據國際勞工組織（ILO）在1975年6月23日通過之1975年人力資源發展建議書（第150號建議書）之「肆、職業訓練」中的「甲、一般條款」，第二十三(一)規定，在某一企業內接受訓練之勞工應：1.領取合適之津貼或薪酬。相對於此，台灣勞基法第65條亦規定，技術生訓練契約訂明生活津貼，由當事人分執，並送主管機關備案[61]。此種生活津貼之給予，目的是在藉由技術生及其父母獲得一定的生活費（Unterhaltsbeitrag），以達到吸引技術生前來受訓的用意[62]。

有問題的是，生活／訓練津貼的法律性質為何？可否將之視為工資？對此，如係將技術生身分定位為勞工者，毋寧會採取肯定的見解。依之，技術生訓練關係是一個勞動關係，只是其具有特殊性，當事人間除了勞務與工資的交換關係外，還會加上訓練的目的。基於此，此一工資兼具有訓練的、社會保險的、以及勞工法的要素。也因為其具有工資的性格，所以訓練津貼可以由團體協約加以規定[63]。惟多數學者及實務界的看法，毋寧係採取折衷的態度，亦即訓練津貼係為支持受訓者生活所須的生活費（Unterhaltsbeitrag），但也是提供勞務的工資[64]。

承上，對於生活津貼的本質，本書認為：基於技術生訓練契約本非勞動契約之事實，要將生活津貼界定為工資，並且引用工資的法律規定及法理加以處理[65]，並不妥當。事業單位基於技術生訓練契約所為之生活津貼，並不是其

---

[61] 德國帝國勞工部長在1943年2月25日發布了「民營企業中學徒之教育補助（Erziehungsbeihilfe）及其他給付的統一命令」，以規範學徒的工資（Vergütung）。

[62] Vgl. BT-Dr. V/4260, S. 9; BAG v. 8.5.2003, AP Nr. 14 zu § 10 BBiG; BAG AP Nr. 15 zu § 10 BBiG. 在這裡，生活津貼的受領權人，應視技術生的年齡而定。如技術生已成年，當然由其自行受領。如其尚未成年，則由技術生的父母受領，但父母應可概括同意由該技術生自行受領。

[63] Knopp/Kraegeloh, a.a.O., § 17 BBiG, Rn. 2.惟，實者，這是兩回事。我們也不能從2009年1月7日公布的團體協約法第12條第2項規定，反面推出學徒關係或技術生關係是勞動關係的結論。團體協約法第12條第2項規定，充其量也只是表示學徒關係或技術生關係等族群是團體協約人的適用範圍而已。

[64] BAG AP Nr. 8, 10 zu § 10 BBiG. Knopp/Kraegeloh, a.a.O., § 17 BBiG, Rn. 2; ErfK/Schlachter, § 17 BBiG Rn. 2.

[65] 例如對於正常訓練時間外的訓練，事業單位是否應該給予「延時訓練津貼」？且其性質是

主要義務，而是其附隨義務而已[66]。技術生的主要義務也不是提供勞務，而是
努力地學習理論課程及實務操作。所以，生活津貼首先只具有鼓勵技術生努力
學習的性質。也可以說，生活津貼具有濃厚的獎／助學金的性質。惟不可諱言
地，生活津貼也具有經濟的意義，藉由給予技術生及其父母生活費用的補助，
滿足受訓者的生活所須，連帶地使得訓練能夠順利進行[67]。吾人如再從事業單
位除了負擔訓練津貼外，還要承擔膳宿費、社會保險費（必要時還加上職業訓
練師的部分）、教材與工作服費用、材料費、硬體設施設置與維護費等費用，
似乎更不宜將訓練津貼作爲工資看待。

其次，應說明者爲：勞基法第65條之生活津貼，固係一強制性的保護規
定，當事人雙方於訂約之時並不得約定技術生無償工作[68]，或者在事後拋棄
生活津貼請求權。所以，似乎也無法完全否定其具有一定程度勞務對價的本
質[69]。但是，另一方面，基於契約自由原則，當事人倒是可以自由約定生活津
貼的「額度」[70]。勞基法第65條並未要求生活津貼必須達到（有如國勞組織第

「加班費」？依據德國職訓法第17條第3項規定，針對受訓者超出每日正常工作時間外僱
用，施訓者應給予特殊的訓練津貼或給予相同時間的補休。其所謂特殊的津貼（besondere
Vergütung），並不表示施訓者一定要給加班費，而是表示施訓者不能只是依照第17條第1項
之訓練津貼額度，給付予受訓者而已。

[66] BAG v. 10.2.1981, DB 1981, 1937; BAG AP Nr. 26 zu § 5 BetrVG 1972; BAG AP Nr. 3 zu § 3
BBiG. Benecke/Hergenröder, a.a.O.,, § 17 Rn. 6 ff.; Leinemann/Taubert, a.a.O., § 10 Rn. 6; ErfK/
Schlachter, § 17 BBiG Rn. 1.

[67] BAG AP Nr. 1 zu § 84 HandwO. Hanau/Adomeit, a.a.O., Rn. 577. 反對說，MünchArbR/Natzel, §
177 Rn. 194.
由於生活津貼具有生活費的性格，所以依據台灣強制執行法第122條規定，必須酌留生活
所必須的額度。至於依據德國民事訴訟法第850a條第6款及民法第400條、第1274條第2項
之規定，訓練津貼不得強制執行、抵押或讓與。Knopp/Kraegeloh, a.a.O., § 17 BBiG, Rn. 2;
MünchArbR/Natzel, § 178 Rn. 196.

[68] 在此，可準用民法第483條第1項規定，「如依情形，非受報酬即不服勞務者，視爲允與報
酬」，所謂「有償契約」處理。
爲了確保訓練津貼的取得，德國職訓法第19條第1項第2款甚至規定，受訓者基於疾病或不可
歸責之職務妨害而無法履行義務時，仍有六個星期薪資繼續給付請求權。在台灣，勞基法第
69條第1項規定，「休假」之規定，於技術生準用之。此一「休假」似不應侷限於勞基法第
37條（休假）及第38條（特別休假）規定，而應及於勞基法第43條之請假規定。惟依據勞工
請假規則第4條之規定，普通傷病假的期間也只有三十日，且工資只給付半數。所以，技術
生也只能在三十日內，請求給付半數的生活津貼。

[69] 這在德國聯邦勞工法院也有採取同樣看法者。請參閱BAG v. 15.12.2005, AP Nr. 15 zu § 10
BBiG., NZA 2008, 828.

[70] 在這裡，難免會牽涉到另一個問題，亦即訓練津貼可否以實物（Sachleistungen）方式給付？
對此，我國勞基法第69條固無準用工資之規定（尤其是勞基法第22條第1項實物給付只能

150號建議書般）「合適」標準的要求。所以，理論上，並不需要高於基本工
資以上[71]。這與合於人性的工作環境或人性尊嚴似乎並無必然的關聯。雖然如
此，本書仍然以爲過低的生活津貼，不僅無法達到安置技術生及其父母生活所
須，無法鼓勵技術生努力學習，進而牴觸了事業單位應適當地保護照顧技術生
的本質，所以應認其違反善良風俗而無效。在此，應該採取一部無效之理論
（民法第111條規定），以一般進行同類或同種技術生訓練事業單位之生活津
貼額度取代之[72]。此處也應考量雙方利益的平衡及個案的特殊狀況。

　　承上，爲了符合此一「合適」標準，技術生之生活津貼理應浮動地調整。
也就是說，隨著物價指數的上漲、技術生年齡的成長，所帶來的精神上的及
物質上的須要，也會隨之增加。而，雖然其原意不是以提供勞務換取工資，但
是，技術生的生產收入直接歸廠場所有，其實務操作的純熟度（及不良率的下
降）所帶給廠場的經濟上的利益，也會不斷提高。在這樣的情況下，事業單位
調升技術生的生活津貼額度，也是自然之理。否則，技術生即有一調整生活津
貼的請求權。這裡要考慮的是：例外地，當技術生訓練的費用部分地或全部地
來自公務費用（öffentliche Gelder），以額外地增加技術生訓練位置（容納青少
年與成年人受訓[73]、以打擊失業）時，生活津貼的給付即無須遵循「合適」的
標準，即其可以較一般技術生的生活津貼爲低。另外，同樣地，也沒有被嚴格
要求調整的問題[74]。

「一部」的限制），但是，第65條卻有技術生契約訂明「膳宿負擔」之規定。而「膳宿負
擔」實際上即爲實物。所以，結論上應可採肯定的見解。有問題的是，實物給付可以占訓練
津貼的最高比例爲何？即能否完全以實物給付之？從比較法上來看，德國職訓法第17條第2
項規定，實物給付不得超過未稅津貼總額75%以上。其目的是希望技術生及其家庭保留一定
成數的現金使用，以購置所須要的物質。此一立法，應可供台灣參考。

與此相對的，吾人如將高級中等學校建教合作實施及建教生權益保障法第22條第2項與勞基
法第22條第1項加以比較，即會發現前者並無「一部實物給付」之規定，也就是說，建教生
的生活津貼不得以實物給付的方式爲之。

[71]　相較於台灣，在德國，低於團體協約所定訓練津貼80%以下之訓練津貼，即不再適當
　　（angemessen）。而不適當的訓練津貼，會導致整個養成訓練契約無效。BAG AP Nr. 8, 14 zu
　　§ 10 BBiG.

[72]　在此，可準用民法第483條第2項規定，「未定報酬額者，按照價目表所定給付之，無價目表
　　者，按照習慣給付。」只是，其係以技術生的生活津貼價目表或習慣爲對象。

[73]　也就是，政府可以採取此一技術生訓練手段，以打擊中高齡勞工的失業。這與台灣在2008
　　年～2009年面臨金融風暴時，政府採取「充電加值計畫」有異曲同工之妙。後者，係對
　　於採取無薪假之企業，給予訓練津貼的補貼，以達到僱用安定的目的。另請參閱BAG v.
　　11.10.1995, mit Anm. Natzel SAE 1997, 16 ff.; Benecke/Hergenröder, a.a.O., § 17 Rn. 16.

[74]　請參閱BAG v. 24.10.2002, BAGE 103, 171; BAGE 81, 139.

二、參加爭議行爲之可行性

　　依據2009年1月7日修正公布的團體協約法第12條第2項規定，學徒關係與技術生、養成工、見習生、建教合作班之學生及其他與技術生性質相類之人，其前項各款事項，亦得於團體協約中約定[75]。此即爲團體協約人的適用範圍。此表示團體協約可以將適用對象擴及於技術生等人，提供該等人員法規範效力等的保障。該等人員係以技術生等身分納入團體協約，而非以勞工的身分加入。又該等人員之納入團體協約，並不以加入工會爲前提[76]。據此，團體協約乃得以針對生活／訓練津貼的額度與方式（現金或實物）及其他工作條件加以規定。此與生活津貼的本質是否爲工資無關。

　　有問題的是，可否以技術生被納入團體協約規範，而承認其在團體協商未成時，可以共同參與罷工行爲？此在邏輯上有無必然性？或者說，技術生們認爲自己的生活津貼及其他工作條件太低，想要發動與事業單位協商，不成時再以罷工手段迫使事業單位退讓？

　　此種參加罷工（爭議）之行爲，學者如係將技術生契約看成勞動契約者，即會肯定生活津貼爲工資，並且隨之導出參加爭議行爲的合法性[77]。其理由，有認爲在一個含蓋整個工業部門的勞動鬥爭，實際上很難期待雇主在該段期間，繼續僱用學徒。如果不讓學徒參加罷工，那事業單位可能會要求學徒做一個破壞罷工的人（Streikbrecher）[78]。也有認爲應該依據不同狀況而定：在同一部門的勞工所發動的、合法的罷工時，受訓者應該有權參加。這是因爲：無法期待受訓者不採取協同一致行動（unsolidarisch）。由於在此一罷工期間，養成訓練本來就無法如期進行，因此參加罷工也並未牴觸養成訓練的目的。相反地，一個僅圍繞在受訓者本身所進行的罷工是違法的行動，這是因爲此一罷工的成功，與養成訓練目的的達成，並不合乎比例原則[79]。

---

[75]　有關團體協約對於技職院校學生的規範權限，請參閱Brecht-Heitzmann, Die Regelungsbefugnis der Tarifvertragsparteien für Studierende der Berufsakademien, RdA 2008, 276 ff.

[76]　何況，加入工會必須具有勞工的身分。技術生並非勞工，自然不得加入工會。另請參閱內政部63年9月17日台內勞字第600064號函，「建教合作之學生，與季節性工人性質不同，毋需加入工會爲會員。」

[77]　Benecke/Hergenröder, a.a.O., § 10 Rn. 33; Knopp/Kraegeloh, a.a.O., § 17 BBiG, Rn. 3.

[78]　Söllner, a.a.O., 109 f.其實，此一問題的反面思想是：在事業單位的勞工進行罷工時，基於社會連帶的思想（Gedanken der Solidarität），事業單位並不得要求受訓者進行直接的罷工替代（unmittelbare Streikarbeit）。

[79]　Zöllner/Loritz/Hergenröder, a.a.O., 314.

　　實者，此種技術生參與罷工的合法性問題，首先是繫之於技術生訓練契約的本質與目的。技術生正有如學生般，主要是在學習理論課程與實務操作。一旦其放下學習（即罷工），會有如學生放棄進入校園上課（即罷課）般，會讓人以爲是在進行抗議行動（或學生運動）[80]，其主要的受害者是自己。教師及事業單位或可享受一些無事可做的日子。進行抗爭的期間越長，技術生的受害越大。必要時，會牽動到訓練期間的延長。甚至，當事業單位具有基於企業經營因素時（勞基法第11條各款之事由），即可暫時停止訓練或者，必要時，永久終止之。

　　其次，還是要回歸到罷工的目的。罷工，係在追求改善勞工的生存條件。而技術生訓練關係並不是技術生的生存基礎。一般勞工罷工對於雇主造成的壓力，在技術生訓練關係只會發生一定的效力。也就是說，技術生的不願意盡到學習義務，雖會對於事業單位造成一定壓力[81]，但是，自己受到的損害實際上更大。如從法律上來看，技術生之參加「罷工」，表示原來的訓練契約已經中斷。其所爲者，並無法從集體勞工法上評價爲罷工。所以，事業單位基於技術生訓練契約，仍然得要求技術生進廠學習。惟假使在事業單位要求之後，技術生仍執意不停止非法的爭議行爲及盡到學習義務，則事業單位即可以此爲理由，解除或終止養成訓練關係[82]。

　　雖然如此，由於技術生實務操作仍然會帶給事業單位一定的經濟利益（獲利），訓練津貼仍然帶有些許對價的色彩。所以，技術生之放下學習，隨即會喪失訓練津貼。不寧唯此，如果是由技術生發動或僅圍繞在技術生本身的罷工，本應認定其係非法罷工。如是由工會所發動的長期性／不定期的罷工，技術生長期地參與其中，也屬非法。蓋長期罷工會危害到技術生訓練之目的。有問題的是，如果僅是工會爲爭取較佳的勞動條件，因而發動短暫的警告性罷工（Warnstreik）時，工會可否要求受訓者一同參加？或者技術生可以主動參加？對此，德國聯邦勞工法院在其1984年9月12日所做的警告性罷工的判決中[83]，表示：原則上受訓者也有罷工權，以影響養成訓練條件的改善。蓋其影

---

[80] 從另一個角度來看，憲法團結權之保障對象，並不包括大學生或中小學生在內。因爲團結體的目的，是在施加經濟性的壓力，而學生並不須要此種壓力。

[81] 反對説，MünchArbR/Natzel，§ 177 Rn. 183：一般勞工罷工對於雇主造成的壓力，在養成訓練關係並不會發生。

[82] MünchArbR/Natzel，§ 177 Rn. 184.另請參照德國職訓法第22條第2項規定。

[83] BAG v. 12.9.1984 AP Nr. 81 zu Art. 9 GG Arbeitskampf = BAGE 46, 322..明白採取同樣見解者，

響事業單位的權益較小，而受訓者也可能表達與一般勞工社會連帶之感[84]。惟值得注意的是，德國聯邦勞工法院1984年判決的見解，之後已被1988年6月21日的判決所推翻[85]。理由是警告性罷工因為違反最後手段原則。就此觀之，技術生／受訓者參加警告性罷工的合法性基礎，已然喪失。

承上：假設承認技術生可以參加警告性罷工，不可避免地，會引來如下之問題：基於武器對等的觀點，事業單位也有權對於參與罷工的受訓者，進行具有暫時停止勞動契約效力的防禦性鎖廠（suspendierende Aussperrung），因此而免於津貼給付義務[86]。只不過，一個具有永久終止勞動契約效力的攻擊性鎖廠，則是與訓練關係格格不入（且過度侵害受訓者的利益），所以事業單位不得發動。本書基於否定警告性罷工的立場，無論是防禦性鎖廠或攻擊性鎖廠，事業單位自然不得採取、也無採取的必要[87]。倒是，技術生參與爭議之行為如已符合勞基法第12條第1項各款事由之一時，事業單位即可行使特別終止權[88]。

三、技術生職涯發展限制條款之效力

在技術生訓練契約中，當事人雙方有可能約定競業禁止條款、返還費用條款、保密義務、違約金條款，要求技術生應為或不得為一定之行為，否則會遭受契約上的不利益。此類條款的法律效力為何？是否應該與一般勞動契約所約定者，作不同之處理？尤其是，技術生契約中能否約定留用義務？其限制為何？其均有待於以下加以說明。

ErfK/Schlachter, § 10 BBiG Rn. 8; Söllner, a.a.O., 110.另請參閱楊通軒，集體勞工法—理論與實務，第六版，2019年8月，頁398以下。

[84] 雖然如此，由於技術生未具有工會會員的身分，所以在技術生參加罷工時，帶頭的工會毋須給予罷工津貼（Streikunterstützung）。請參閱MünchArbR/Natzel, § 177 Rn. 191.

[85] BAG AP Nr. 108 zu Art. 9 GG Arbeitskampf.有關警告性罷工的一般性說明，另請參閱黃越欽，前揭書，頁442以下；彭常榮，勞動者爭議行為合法性研究—以醫師罷工為中心，中原大學財經法律研究所碩士論文，2004年，頁63。

[86] BVerfG v. 26.6.1991 EzA GG Art. 9 Nr. 97; BAG v. 11.8.1992 EzA GG Art. 9 GG Arbeitskampf Nr. 105.

[87] 採取同說者，Knopp/Kraegeloh, a.a.O., § 17 BBiG, Rn. 3; ErfK/Schlachter, § 10 BBiG Rn. 8.

[88] BAG RdA 1971, 185.「瓦解罷工本田從實習生下手」，中國時報，2010年5月31日，A 13版：報導記載：「本田汽車的主管級人員發信給佛山零件廠裡的實習生，要求他們不要參與罷工行動」。吾人如將實習生視同與技術生性質相類之人，則本田公司本有權作如此之要求。

（一）競業禁止條款、返還費用條款、保密義務、違約金條款

　　為使技術生在訓練結束後，得以自由地運用其所習得的知識與技能，俾能有益於國家經濟的發展，所有可能限制技術生運用其所習得的技能的約定，均應令其歸於無效[89]。此類約款不當地影響技術生的意思決定自由。一旦簽訂，即會造成間接的壓力，以致於不合比例地限制技術生的職業自由[90]。所以，禁止該類條款之適用，可以避免技術生無法深化或熟練化尚未成熟之職業的基礎知識。因此，原則上，返還訓練費用約款是無效的[91]。一個附加違約金條款的技術生訓練契約，其違約金條款亦屬無效[92]。

　　其次，如從技術生契約關係也是一個繼續性債的交換關係來看，在其存續期間內，也會不斷地產生諸如勞動關係之新的給付義務（Leistungspflicht）、附隨義務及保護義務。基於該債的關係所生的忠實義務，技術生必須維護廠場的及營業的秘密[93]。此處的秘密，包括顧客名單、零件廠商／運送人、價格表、存貨清單、資產負債表、廠場的發明、以及「know-how」等（參照營業秘密法第2條規定）。

　　同樣地，技術生基於忠實義務，在接受訓練關係中亦不得從事有害於事業單位營業之競爭業務行為（Wettbewerbsverbot）[94]。一旦接受技術生訓練者故意或過失違反此一義務時，即應負擔損害賠償責任。此種要求技術生負擔損害賠償責任的作法，原則上並不會與技術生訓練關係的特殊性有所牴觸，也未與職業訓練法所追求之訓練目的有所違背[95]。也就是說，其與一般勞動關係有效

---

[89]　請參閱BT-Drucks. V/4260, S. 6. BAG NZA 2002, 1396.

[90]　BVerfG v. 7.2.1990 EzA HGB § 90a Nr. 1; Knopp/Kraegeloh, a.a.O., § 12 BBiG, Rn. 2: 約定受訓者如在養成訓練結束後之特定日期前離開施訓者場所時，即應返還聖誕節獎金者，亦屬無效。

[91]　這個也是勞基法第66條的反面解釋，蓋既然不能要求技術生繳交訓練金，當然也不能要求技術生事後返還訓練費用。與此相反者，進修訓練中可以約定返還訓練費用條款。Leinemann/ Taubert, a.a.O., § 1 Rn. 42.

[92]　相反地，如果是針對已經簽訂勞動契約的受訓者、於其不願履約時，應該負擔違約金者，該款約定即為有效。BAG AP Nr. 4 zu § 5 BBiG.

[93]　德國職訓法第13條規定受訓者負有一系列義務，其中第6款為保守廠場的及營業的秘密義務。

[94]　Benecke/Hergenröder, BBiG, 2009, § 10 Rn. 30.

[95]　BAG v. 20.9.2006, NZA 2007, 977 ff.在該案中，被告並不是因為無經驗或不可信賴的（unzuverlässig），因而從事競業行為。相反地，他接受兩年的養成訓練，也知道原告的營業目的，是在藉由介紹保險案件以獲取佣金。施訓者本來就不用顧應受訓者會從事競業行為。因此，問題不在於原告必須明確地禁止被告不得競業，而是在被告要從事該等行為時，必須先

存續中，原則上勞工不得為任何不利於雇主的競爭業務行為者，無殊[96]。惟在接受訓練者係無經驗或年輕人時，事業單位負有較強的監督及指示義務，在其所聘職業訓練師（Ausbilder）（職訓法第24～26條規定）或其他負責訓練的人員違反該義務時，事業單位即應與之負擔共同過失責任（Mitverschulden）[97]。

不過，與職業訓練中不得有競爭業務行為不同的是，一旦技術生訓練結束後，為免限制其職業自由，事業單位與技術生約定訓練結束後不得為競業行為者，該約定無效[98]。蓋訓練結束後，技術生有可能未受到留用，而至其他事業單位工作。這時，如果技術生不能以所習得的專業技術謀生，那麼，其接受技術生訓練又有何意義？惟此處只是該約定無效，整個訓練契約仍然有效。

（二）繼續工作條款／留用義務條款

技術生訓練關係中，另一項極為爭議的問題是：事業單位在訓練關係結束後，有無定期或不定期留用勞工的權利或義務？反過來說，技術生有無留用之義務？或者，技術生有無一向事業單位請求繼續工作（留用）（Weiterarbeitsklausel）的權利？

針對留用的問題，我國勞基法第67條有如下之規定，「技術生訓練期滿，雇主得留用之，並應與同等工作之勞工享受同等之待遇。雇主如於技術生訓練契約內訂明留用期間，應不得超過其訓練期間。」從此一條文觀之，由於規定用語是雇主「得留用」為勞工，故技術生並無「自動轉換」（Automatik）為勞工之權[99]。此處的得留用，也是以事業單位在技術生結訓時，存有僱用機會

取得原告的同意始可。Vgl. BAG AP Nr. 6 zu § 60 HGB.

[96] 有關競業禁止條款之詳細論述，請參閱林更盛，論契約控制—從Rawls的正義理論到離職後競業禁止條款的控制，2009年，頁105以下。BAG v. 17.10.1969, AP Nr. 7 zu § 611 BGB Treuepflicht; BAG v. 21.10.1970, AP Nr. 13 zu § 242 BGB Auskunftspflicht; BAG v. 11.4.2000, BAGE 94, 199.就德國而言，此種由債的關係所導出的應該注意他方當事人的權利、標的物及利益的行為義務，目前已明定於該國民法第242條第2項規定中。惟就台灣民法而言，（與德國民法相近之）民法第199條並無類似的規定。

[97] BAG v. 20.9.2006, NZA 2007, 977.如從台灣民法的角度而言，職業訓練師係事業單位的履行輔助人（民法第224條），事業單位必須為職訓師的故意或過失負同一責任，受訓者可以引用之以減免損害賠償責任。

[98] 依據德國職訓法第12條第1項第1句之規定，施訓者不得與受訓者約定養成訓練關係結束後，不得為競業行為。反對說，Schaub, a.a.O., § 174 Rn. 77: 在養成訓練關係結束後之禁止競業之行為，只能以契約加以約定始為有效，而且也只能在例外的情形始能約定。

[99] 所以，當事人之任何一方並不得向法院提起確認勞動關係存在之訴。請參閱ArbG Offenbach v. 22.2.2006 – 5 Ga 2/06, AiB Newsletter 2006, Nr. 5, 6-7.

（職缺）為前提。否則，事業單位理論上不會提出繼續工作的要約。至於其上半句似可解釋為：為確保技術生訂定契約之自由，在技術生訓練期間，雇主原來不得與技術生訂立留用之約定。雙方只能在訓練期滿後，合意成立一個勞動契約[100]。違反者，除應依勞基法第79條第1項規定處以罰鍰外，該事先約定留用之條款亦無效。而自留用時起，該「勞工」始會受到勞動契約各種權利義務的適用與拘束，並且與同等工作之勞工獲得同等之待遇[101]。針對年資之免予合併計算，內政部及勞委會均有解釋在案[102]。由於訓練年資的不計入工作年資，當然也會影響解僱預告期間的長短（勞基法第16條規定）[103]。

至於勞基法第67條下半句規定「雇主如於技術生訓練契約內訂明留用期間，應不得超過其訓練期間」，應可稱為「有限度的留用條款」。這表示立法者並非完全禁止留用的作法[104]，但也不同意超出此一留用期限外的「最低服務年限」的約定。經由下半句之規定，乃修正了上半句原不得有留用條款之立法

---

[100] 採取此種解釋，也與德國職訓法第12條第1項下半段規定有異曲同工之妙。依之，「設如受訓者係在養成訓練關係結束前最後六個月內，始被要求在養成訓練關係結束後，應與施訓者成立一勞動關係者。該約定並非無效」。這表示受訓者擁有決定是否成立勞動契約的自主權，受訓者應可拒絕施訓者之要求。

在德國實務上，主管機關（zuständige Stellen）所提供的養成訓練契約的範本，也常常有繼續工作條款（Weiterarbeitsklausel），要求無意成立勞動關係之當事人之任何一方，在養成訓練關係到期前三個月，即應通知他方（此稱為「不承受／留用通知Nichtübernahmemitteilung」）。否則，即視為已成立一勞動關係。

[101] 這並不表示事業單位不可以調整技術生結訓後的工作條件、甚至比調整前更差的工作條件。這裡只是要求獲得留用之原技術生，應該獲得與其他勞工的平等待遇而已。

BAG v. 6.11.1996, AP Nr. 26 zu § 78a BetrVG 1972(auch BAG v. 16.8.1995, AP Nr. 25 zu § 78a BetrVG 1972), NZA 2007, 1381, 1386: 假設受訓者至少已經輔助性地（hilfsweise）宣稱願意接受修正的契約條件（作者按：此處應該是指較差的工作條件）時，則雇主即負有一個以與企業組織法第78a條第2項規定之不同的工作條件，繼續僱用受訓者之義務。又，假設雇主已經將其他的受訓者承受為勞動關係，則為了避免發生對於企業組織法第78a條之受訓者執行職務的歧視，一旦其提出繼續僱用的要求，雇主即應僱用之。Vgl. auch BAG AP Nr. 26 zu § 78a BetrVG 1972.

[102] 參照內政部75年4月22日台內勞字第392723號函、行政院勞工委員會78年7月7日台78勞動三字第16413號函。由該兩號解釋觀之，在技術生訓練期間，並不存在勞動關係。

[103] 與我國不同的是，在德國，原則上，養成訓練期間可以計入受訓者在施訓者處工作的年資。如果加總起來已符合六個月的期間，即使其主要是在接受養成訓練，也有解僱保護法之適用。BAG v. 5.11.1980, DB 1981, 802.

[104] 參照勞基法第67條規定之立法說明：「工廠法」第56條原訂學徒契約中不得限制學徒於學習期滿後之營業自由。惟工廠並非訓練機構，其招僱技術生加以訓練之目的，必作訓練期滿後自行留用之打算。為使勞雇雙方權利義務均等，特規定訓練期滿後得為留用，但以不超過原訓練期間為限，並保障其合理待遇。

意旨。目的在兼取事業單位及技術生的利益。在此種一開始即在技術生訓練契約訂明繼續工作時，雙方所簽訂的勞動契約，理論上一定是定期勞動契約[105]，並無可能訂立不定期的勞動契約[106]。一旦簽訂，技術生即有一留用請求權。只不過，由於訓練期間可能長達二～三年（職訓法第13條第2項規定「技術生訓練期間不得少於二年」，至於最長期間則未有限制。此種規定方式不妥，有可能造成雇主長期間地以技術生名義使用受訓人），甚至更長，要求技術生留用，仍然難免有侵害技術生工作權／擇業自由之虞，因此該句規定並不妥當，似應修正加以最長年限。又，如違反者（即留用期間超過訓練期間），除應依勞基法第79條第1項規定處以罰鍰外，該有限度留用之條款亦無效。

　　進一步言之。一旦雙方有最低留用期間的約定，則在最低留用期間屆滿之前，勞雇雙方的任何一方均不得任意終止契約[107]。尤其是，在最低僱用期間內之基於企業經營因素之解僱（勞基法第11條規定），係無效的。蓋此種最低留用期間的約定，也隱含著雙方默示合意排除普通／一般終止之適用。雖然如此，由於雙方係成立一定期的勞動契約，故在最低留用期間屆滿時，勞動關係即會自動結束[108]。又，如果勞工有勞基法第12條所規定事項之一時，事業單位仍然可以行使立即終止契約之權[109]。

　　如上所述，留用期間之約定，顯然會牽動到事業單位進行訓練的利益考量及技術生的擇業自由，必須平衡考量雙方的利益。在這裡，也不能忽略確實有一部分人希望在訓練結束後，能夠留在原訓練單位內繼續精進實務的操作能力者[110]。吾人如從比較法來看，德國實務上，團體協約當事人可以規定訓練機構與受訓者間，有成立一勞動關係的義務，其目的也是在確保僱用[111]。

---

[105] 只是，其是屬於勞基法第9條規定之臨時性、短期性、季節性及特定性工作中之那一種類型？仍有待釐清。

[106] 假設事業單位想要與技術生簽訂不定期勞動契約，則其只能等到技術生訓練契約結束後，在雙方所訂立的勞動契約中加以約定。

[107] BAG, NZA 2007, 167.

[108] 反對說，Schulze, Übernahmerverpflichtung von Auszubildenden nach Tarifvertrag, NZA 2007, 1333: 雇主只能在最低留用期間屆滿時、在遵照預告期間的前提下，終止勞動契約。這無形中會延長最低僱用期間的長度。

[109] 依據聯邦勞工法院的見解，不能以普通終止勞動關係，則即使勞工有人身的或行為上的事由時，同樣不能以普通程序終止之。BAG, NZA 2007, 167.

[110] 按照德國學者的見解，德國職訓法第12條第1項下半段之規定，係從法律安定性的考量，希望盡早確定僱用關係。Knopp/Kraegeloh, a.a.O., § 12 BBiG, Rn. 2.

[111] Vgl. BAG AP Nr. 2 zu § 1 TVG Ausbildungsverhältnis = NZA 1987, 818 = DB 1987, 2048; AP Nr.

也就是說，有不少的團體協約都有規定，雇主對於通過考試的受訓者，原則上應該與之訂立至少爲期十二個月的勞動關係【作者按：此姑且稱之爲「至少／最低留用期間」】[112]。德國聯邦勞工法院判決認爲：在該最低僱用期間，雇主不得進行一般的終止，這是因爲團體協約所規定者，係一個解僱排除（Kündigungsausschluss）條款[113]。爲了落實職業的養成訓練，在印刷工業裡，團體協約當事人呼籲廠場儘量地設立養成訓練位置。甚至進行超額（über Bedarf）的養成訓練。團體協約當事人一致認爲：「養成訓練優於留用」（Ausbildung hat Vorrang vor Übernahme）[114]。惟依據德國聯邦勞工法院的見解，無論團體協約中有無規定，一旦受訓者有解僱保護法（KSchG）第1條第2項規定之人身上事由（例如長期間的生病）或行爲上事由時，雇主即得拒絕留用之[115]。

上述團體協約所約定的最低留用期間條款，目的是希望藉由工會的介入簽約，以確保技術生結訓後之留／僱用請求權[116]。其與我國勞基法第67條「以技術生訓練契約訂明留用期間」，在手段上及效力上均有所不同。如從反面來說，假設團體協約中沒有該種條款的約定，自然也不會產生留／僱用請求權的問題。倒是，在德國法制上，針對擔任針對特定職務的勞工代表，例如青少年勞工代表及受訓者代表（Jugend- und Auszubildendenvertretung），賦予其一「在養成訓練關係後緊接著成立一不定期的勞動關係」的留用請求權（企業組織法第78a條規定）[117]。從結果上來看，企業組織法第78a條第2項規

---

16 zu § 4 TVG Nachwirkung.

[112] 假設團體協約規定雇主無留用義務，其原因可能來自於受訓者本身，也可能來自於廠場。

[113] BAG, NZA 2007, 167.

[114] Schulze, a.a.O., 1329.

[115] BAG v. 14.10.1997, NZA 1998, 775.德國解僱保護法第1條第2項規定之行爲上事由，有如我國勞基法第12條第1項各款所規定之事由。
依據德國聯邦勞工法院的見解，受訓者在三年養成訓練期間，總共遲到廠場二十五次，合計未受訓時間達三十八小時，此應可導出受訓者即使被接收爲勞工，也難以履行其勞動契約之義務。BAG v. 17.6.1998, NZA 1998, 1178.這裡較有問題的是，針對受訓者發生在職業學校（Berufsschule）的事由，是否可以將之歸類爲其人身上的及／或行爲上的事由，德國聯邦勞工法院至今並未有所表示。LAG Köln v. 1.10.2003, beckRS 2004, 40785.

[116] 如果雇主不願意遵照團體協約的約定僱用受訓者，則其必須負擔損害賠償責任，BAG v. 14.10.1997, EzA § 611 BGB Einstellungsanspruch Nr. 10.

[117] BAG v. 6.11.1996, AP Nr. 26 zu § 78a BetrVG 1972(auch BAG v. 16.8.1995, AP Nr. 25 zu § 78a BetrVG 1972), NZA 2007, 1381: 一個法定的不定期的全職的勞動關係（ein unbefristetes vollzeitiges Arbeitsverhältnis im Ausbildungsberuf）。

定，實際上會發生締約強制（Kontrahierungszwang）的法律效果：設如身爲青少年勞工代表或受訓者代表的成員，在養成訓練關係結束前三個月提出繼續僱用／留用的要求時，視爲養成訓練後緊接著成立一不定期的勞動關係。在這裡，青少年勞工代表或受訓者代表的成員有一單方成就勞動關係的形成權（Gestaltungsrecht）[118]。此種強制納入施訓者事業單位的立法，實際上隱含了兩個目的：一者，是在保護受訓者不必擔心會因爲執行代表人的職務，而受到不利益待遇。二者，也是在確保職務的連貫性（Ämterkontinuität）。這兩種保護目的比肩而立，由立法理由中也難以得知誰先誰後[119]。

四、參加社會保險之能力

依據國際勞工組織（ILO）在1975年6月23日通過之1975年人力資源發展建議書（第150號建議書）之「肆、職業訓練」，「甲、一般條款」，第二十三(一)規定，在某一企業內接受訓練之勞工應：2.受適用有關企業一般工場之社會安全措施之保障。基於此，在技術生參加訓練期間，得否參加勞工保險或就業保險？乃須要加以澄清。緣此在勞基法第65條中，固然有技術生訓練契約訂明「勞工保險」之規定[120]。而且，同法第69條第1項也規定，其他勞工

BAG v. 7.5.2008, NZA 2008, 886 ff.: 假設養成訓練關係係在團體協約餘後效力（Nachwirkung）期間結束，則該團體協約餘後效力對於養成訓練關係後緊接著所訂立的勞動關係，亦有其適用，因受訓者只是身分有所改／轉變（Statuswechsel）而已。So schon BAG [19.1.1962], BAGE 12, 194; BAG [28.1.1987], AP Nr. 16 zu § 4 TVG Nachwirkung.

[118] Junker, a.a.O., Rn. 181.惟相對於第2項規定，企業組織法第78a條第4項則是規定，在雇主具有無法期待（unzumutbar）繼續僱用時，可以向勞工法院請求解消（auflösen）該勞動關係。其所謂的無期待可能性，特別是指養成訓練關係在雇主的廠場（作者按：注意，是廠場be-triebsbezogen，而非企業）結束之時，廠場中並不存在一個可以永久僱用受訓者所學專材的空缺。BAG v. 6.11.1996, AP Nr. 26 zu § 78a BetrVG 1972(auch BAG v. 16.8.1995, AP Nr. 25 zu § 78a BetrVG 1972), NZA 2007, 1381.

針對無期待可能性，德國聯邦勞工法院認爲：雇主決定廠場中的工作，將來轉由派遣勞工完成時，並未改變原來工作位置的數目或工作量。經由使用派遣勞工，只是會減少對於居於勞動關係下的勞工的需求而已。這並不會致使企業組織法第78a條第4項所規定之無期待可能性（Unzumutbarkeit）情況的出現。雇主因企業組織法第78a條規定之留用（Übernahme）受訓者的義務，並不單因其決定廠場中的部分工作，將來轉由派遣勞工完成時，即變成無期待可能性。BAG v. 16.7.2008, NZA 2009, 202.

[119] BT-Dr. 7/1170, S. 3; BAG v. 15.11.2006, NZA 2008, 1383.由此看來，一般技術生／養成工的留用與否，並不會碰上這兩個問題／目的。

[120] 違反者將會受到行政罰鍰之處分（勞基法第79條規定）。

保險等有關規定，於技術生準用之[121]。此種技術生關係中之加保，也會影響到將來雙方簽訂勞動契約後，保險年資是否合併計算之問題，似有必要稍微加以說明。

首先欲一言者，上述分列於勞基法第65條及第69條勞工保險之規定，有無互相衝突？或者應作如何之解釋？對此，本書以為第69條之「其他勞工保險等有關規定」，係緊跟著「第七章災害保險」而來，故其應是指職業災害保險（傷病、醫療、失能及死亡）為限。其也可以擴充至傷病審查準則第4條第2項規定通勤災害之準用。至於第65條之「勞工保險」，應係指雇主與技術生約定適用勞工保險條例中之其他各種普通事故保險（生育、傷病、失能、老年及死亡）及全民健康保險條例中之醫療保險。

其次，無論是勞基法第65條之約定適用勞工保險，或是第69條之準用勞工保險，均是顧慮到技術生究非勞工之身分，因此採取非強制加保的立法方式。此一「自願加保」的方式，也為行政院勞工委員會所採[122]。依據行政院勞工委員會77年12月30日台77勞保2字第31239號函，「關於輪調式建教合作班技術生返校上課期間參加勞工保險問題，經協調教育部已修正『加強職業學校輪調式建教合作教育訓練實施要點』第22點之(四)規定為：『……技術生返校上課期間，得依合作工廠意願，以自願加保方式辦理。』」再依據行政院勞工委員會81年6月16日台81勞保2字第12861號函，「關於輪調式建教合作班已辦理參加勞工保險者，其因病休學期間，如徵得事業單位同意，得比照技術生返校上課期間，以自願加保方式，辦理繼續加保一年。」值得一提者，雖然是採取自願加保的方式，但是，本文認為在勞工保險部分，其保險年資應是繼續延續下

---

[121] 有問題的是，勞工安全衛生法、職業災害勞工保護法呢？是否亦應準用之？對此，德國學者Natzel採取肯定的見解。依之，勞工安全衛生及防止職業災害的法令規定，亦適用於養成訓練關係。MünchArbR/Natzel, § 177 Rn. 124.本書以為，勞工保護法是否準用或適用到技術生身上，應該視狀況而定，例如性騷擾的保護也適用、但是解僱保護法則不適用。至於勞工安全衛生法、職業災害勞工保護法也應該準用。

[122] 此種自願加保的模式，也適用於「雙軌訓練旗艦計畫」訓練生身上。依據行政院勞工委員會99年3月2日勞保2字第0990140025號函，該計畫係台德菁英計畫之延續。該計畫之訓練生與事業單位無勞動關係，採取工作崗位訓練，所付津貼性質屬生活補助，並非工資。其加保非依勞保投保薪資分級表第2項所稱「部分工時勞保被保險人之薪資報酬未達基本工資者」處理。而是依94年12月14日「台德菁英計畫」法令諮詢會議結論，依勞保投保薪資分級表第1級（17,280元）起，所適用之等級申報。本文認為應將該函釋，解釋為其係承認受訓者可以訓練生的身分（非勞工身分），與事業單位合意後，可以自願加保勞工保險。

惟與台灣立法不同的是，德國是採取強制加保的立法，亦即受訓者負有加保職業災害保險、老年保險及普通傷病保險之義務。§ 2 II Nr. 1 SGB IV. ErfK/Schlachter, § 10 BBiG Rn. 7.

去[123]。

　　再就勞基法第65條及第69條之勞工保險是否可以擴充至就業保險法之各種給付（尤其是失業給付）而言。即技術生訓練期滿後無法找到工作時，是否有權請領失業給付？吾人如觀就業保險法第5條第1項規定，年滿15歲以上，65歲以下之「受僱之本國籍勞工」，固應採否定見解[124]。惟參照勞基法第65條及第69條規定，解釋上，如果當事人雙方已經（針對加保）有所約定[125]，雇主即應為技術生參加就業保險，且在訓練期滿後未由雇主留用、且未能在他處找到工作時，即可申請失業給付[126]。在此，應以其所受領的生活津貼作為其認定的工資[127]。

　　最後，附帶一言者，技術生可否參加職工福利委員會、享受其福利？對此，針對建教合作生，行政院勞工委員會84年1月12日84台勞福1字第100157號函謂，「查職工福利金條例第2條第1項第3款規定，事業單位應於每月每位職員、工人薪津內扣收百分之○‧五為職工福利金。事業單位之建教合作生，如係屬僱用並投保勞工保險及給付薪津者，則應依前述規定扣提職工福利金，加入職工福利委員會。至其福利之享受，可由職工福利委員會訂定公平、合理之辦法辦理之。」本書則是以為建教合作生與事業單位間應非僱傭關係。其所受

---

[123] 此種保險年資的合併，並不代表事業單位如留用技術生時，其工作年資（及勞退條例或勞基法上之退休金年資）也應該合併計算。此兩者應該割裂處理。內政部75年4月22日台內勞字第392723號函、行政院勞工委員會78年7月7日台78勞動3字第16413號函也是同樣採取不計入的看法。

較有問題的是，既然是採取自願加保的方式，則在建教生訓練期間，事業單位如未依勞保條例辦理投保手續時，是否準用勞保條例第72條之規定處以罰鍰？對此，本文毋寧採取否定的見解。但是，行政院勞工委員會99年10月12日勞保1字第0990140433號函卻是採取肯定的見解。本書以為並不妥當，況且，基於罪刑法定原則的思想，「罰鍰」的規定可以「準用」嗎？

[124] 技術生即使介於15歲～16歲之間，也只是準用童工之規定而已。

[125] 即採取自願加保的模式。此種自願加保的模式，在之前勞委會有關輪調式建教合作班技術生參加勞工保險的解釋函中即已出現。請參閱行政院勞工委員會77年12月30日台(77)勞保2字第31239號函、行政院勞工委員會81年6月16日台81勞保2字第12861號函、行政院勞工委員會84年7月8日台84勞動3字第125667號函。

[126] 在這裡，本來依據就保法第11條第3項規定，申請失業給付以非自願性離職為前提。施訓者之不願留用受訓者，是否屬於非自願性離職之原因之一？並非無疑。但為達成保護技術生之目的，乃應採取有利於技術生的肯定解釋。

[127] 採取同樣見解者，Schulze, a.a.O., 1330: 針對依據社會法典第三部第130條及第131條之失業保險金，其對於通過養成訓練考試之受訓者之適用，自2005年1月1日起，即是以其所受領的養成訓練工資／訓練津貼（Ausbildungsgehalt）為其認定的工資。

領之給付，本質上亦非工資可言。在該期間，事業單位本無須為其加入勞工保險（所謂強制加保）。雖然如此，其應可以建教合作生的身分（即非以勞工身分）加入職工福利委員會，享受相關的福利。

肆、小結

技術生訓練市場的成效，關係到整體勞動市場的榮枯。技術生訓練期間的工作條件如何，則牽涉到青少年受訓的意願及人力資源的升級。台灣有關技術生之規定，分別見之於職業訓練法及勞動基準法，雖有其互補的立法用意，但也增加人民理解及法律運用上的困難。整體而言，我國技術生可能到職業學校中進行學科教育，所以也有德國雙軌制訓練的色彩。但技術生訓練市場則稍嫌保守。在技術生法律問題上，本書認為技術生契約並非勞動契約，而是一具有教養義務的雙務契約；技術生契約當事人擁有相當大的契約自由，約定其權利義務；勞基法有關童工之規定，原則上亦可適用於15～16歲的技術生身上；生活津貼的法律性質並非工資；技術生不得參加爭議行為；事業單位不得與技術生約定返還費用條款及受訓後禁止競爭業務條款；事業單位對於技術生，有一定期限的留用權限，技術生並無自動留用之權，但也無永久留用義務；最後，基於技術生的身分，技術生可以加入社會保險。

經由以上的討論，本書也謹做如下的建議以供參考：

(一)勞工主管機關應該參考產業發展的趨勢，適時地增加技術生訓練職類，以吸引青少年前來受訓。惟為期技術生訓練之成功落實，事業單位單位必須盡力提供訓練崗位。

(二)勞基法或職訓法中應考慮增訂教養義務的規定，以彰顯技術生契約非勞動契約的本質。

(三)勞基法或職訓法中應增訂最長訓練期限的規定，且以三年為度，以免技術生受到過長訓練期間的拘束，並且避免雇主將之作為廉價勞工使用。

(四)勞基法中應增訂最低（合適）生活津貼的規定，以滿足技術生及其父母之須要。

(五)勞基法中應明定技術生不得參加爭議行為（含警告性罷工），以免牴觸技術生訓練契約的本質。

(六)勞基法中應明定技術生訓練契約中不得有返還訓練費用條款及訓練結束後不競爭業務條款之約定，以免侵害技術生的職業自由及職涯發展。

(七)最後，建議中央教育主管機關及立法機關儘速制定通過「高級中等學校建教合作實施及建教生權益保障法」，以提供建教生完備的保障。

第二節　實習生部分

壹、緒論

就我國現行的勞工法令或教育法令觀之，固無對於實習生加以定義者[128]。惟顧名思義，實習生，應係指將學科理論運用於實務操作，以印證並熟練所學知識與技巧之人。實習生的種類／形式繁多，有基於技職院校或一般院校的術科要求而進行者（例如建教合作生、產學專班學生、或者大學要求學生在寒暑假期間進行短暫的實習者）、有公立職業訓練機構所開辦者（例如雙軌訓練旗艦計畫中的訓練生）[129]、有於離開學校後，基於促進就業的思想而由政府推動者（例如青年職場體驗計畫中的見習生及大專畢業生企業職場實習方案中的實習生），甚至也有補習班提供專業技能教學而附帶實習者（例如繪畫、刺繡、刺青穿孔技術）。其中，尤以自2003年底起，經建會、勞委會及青輔會三個單位所共同提出的「青年職場體驗計畫」及2009年中教育部提出的「大專畢業生企業職場實習方案」[130]受到各界極大的矚目，爭議也最大[131]。

上述實習生的訓練，有基於社會國或福利國的責任思想而來者，也有單純

---

[128] 即使勞基法第64條第3項有「見習生」準用技術生之規定，但也未對見習生加以定義。況且，理論上見習生與實習生即使性質相近，但仍然各有固有的內容與對象，似不宜混為一談。在法律處理上，見習生只能準用實習生的法律規定及原理原則而已。惟本書為了行文方便，文中有不少地方同時兼論實習生及見習生。

[129] 雙軌訓練旗艦計畫的前身是「台德菁英計畫」，由行政院勞工委員會於2003年所開辦，由合作的事業單位進行每週三至四天的工作崗位訓練，其餘時間則在職業訓練中心（泰山職業訓練中心）進行理論教學。

[130] 教育部在大專畢業生企業職場實習方案於2010年5月陸續到期後，接續推動「就業實習補助方案」，由教育部補助提供實習位置的事業單位每月1萬元，最長補助六個月。

[131] 對於正（支持者）反（反對者）兩方的評語，最具代表性的，可以參閱「禁玩開心農場22K實習生開除老板」，中國時報，2010年4月17日，A3版；「22K畢業後真正考驗才開始」，中國時報，2010年4月18日，A13版社論；「三振22K次該退場了別再加10K」，中國時報，2010年5月6日，A13版社論。另外，「政府埋單大畢生實習月領2萬2」，中國時報2009年1月25日，C4版：台大國家發展研究所副教授辛炳隆直言：「一定會發生排擠效應」，政策名為實習，卻不要求企業提出實習計畫，也不要求留用，「本身就很奇怪」、「企業幾乎沒有成本」。

出於賺取利潤的考量者，其背後的出發點並不一致。至於實習關係進行中，有可能只是兩造當事人（施訓者及受訓者），但也有可能牽涉到三方當事人（企業、學生、學校單位／主管機關）。如果是後者，那麼，其間的法律關係又可以區分為公法關係及私法契約關係兩部分。兩者間互相獨立、卻又環環相扣。惟無論是雙方關係或三方關係（其間有三個法律關係：一個存在於學生與企業間，一個存在於學生與學校間，另一個存在於學校與企業間），均涉及到實習生的身分、生活津貼（訓練津貼）的法律性質、契約上的權益（尤其是契約中／終止、無薪假）、留用權利[132]等法律問題，均有待於釐清。

此種釐清實習生勞工法律問題的必要性與急迫性，可以從近兩年來的實習訓練環境的急遽變惡，得到立論的依據。亦即，台灣在2008～2009年金融海嘯期間，為數不少的建教生、產學職專班學生的實習機會驟然失去。或者苦等不到實習廠商的通知、或者被突然通知中／終止實習、或者學校與廠商皆去留不得，只好淪落到各處打零工賺取微薄工資。在這樣渾沌的環境下，實習生究竟何去何從？企業有沒有繼續訓練的義務？還是職業學校有義務接回學生[133]？另一個問題是：雖然說，為數眾多的實習生經由職場的實務操作，為其本身創造就業的價值，其顯例為參與青年職場體驗計畫者，有高達87～88%被留用[134]。但是，另一方面，由教育部主政的大專畢業生企業職場實習方案的留用率，卻只有五成多一點。兩者皆是以全民的稅金支撐、但效果卻是相去甚遠。此其中除了應加以檢討及評估22K的缺失外[135]，還是會牽涉到實習生法律地位的保障不足及其具體的權利義務究竟為何等根本問題[136]。

如上所述，實習生訓練關係的種類繁多，其間的勞工法律問題固有許多

---

[132] 與留用問題直接相關的是，實習期間是否計入工作年資？這會牽動到解僱預告期間及特別休假日數等的計算問題。

[133] 「就學安全網教部給補助」，聯合報，2009年2月27日，A13版，其中記載：針對弱勢家庭建教生的困境，教育部啟動「就學安全網」，提供無法正常進場實習學生全額學費補助，讓他們回到校園。對此，本文認為根本的問題是，事業單位與建教生的實習契約的效力如何處理？永久終止？暫時中止？損害賠償？或者補償？

[134] 這裡引發的問題是，如果留用率這麼高，是否代表事業單位只在希望取得政府補助、降低人事成本？那麼，是否應該實質審查其是否為僱傭關係？

[135] 「三振22K次該退場了別再加10K」，中國時報，2010年5月6日，A13版社論：國家預算總額大略是固定的，22K的大專生實習預算究竟有沒有作用、該不該支出，卻該好好評估，切忌先決定要做，再四處找錢，最後又不明不白地砍掉一筆重要計畫做祭旗。

[136] 例如，以教育部「大專畢業生企業職場實習方案」為例，如果參與者都已經畢業了，其實習的法律性質是甚麼？與在校中的實習有無不同？是否為試用期間的性質？

共通者，但也有只發生在特定的實習生身上的問題者。與技術生相較，實務上較常見的勞工法律問題，反而較集中在建教生、實習生及產學職專班的學生身上。這種法律問題源源不絕的現象，卻與其法律規範的空洞成爲強烈的對比。試想，勞動基準法（以下簡稱勞基法）第64條以下及職業訓練法（以下簡稱職訓法）第11條以下均有技術生之相關規定，雖仍有其立法不足或須要學者進一步加以探討之處，但已較勞工法令中未明確規範實習生之狀況，完備許多。現行有關實習生之規定，主要見之於教育部所主管的「高級職業學校建教合作實施辦法」及2013年1月2日公布施行的「高級中等學校建教合作實施及建教生權益保障法」，惟其主要是針對建教生及其衍生所由的技術生而規定。理論上，其能否適用於其他種類的實習生身上，並非無疑。惟本書有鑑於實習生中多有進入學校進行理論課程，且其所引發的爭議每爲社會大眾關注的所在，因此，以下將以建教生及其他有進行理論學習的實習生作爲探討中心。至於企業界直接以實習生名義進用及以教導實務操作爲主、且理論課程並未進入學校學習者（例如刺青穿孔補習班或個人工作室），牽涉到雙方身分地位的界定，亦有必要一併加以說明。

　　實者，我國對於實習生訓練的施行，係植基於社會國或福利國的責任思想而來[137]。而於職業訓練的進行，則應遵守以下幾個指導原則：公平對待原則、契約自由原則、以及企業自行負擔原則[138]等。在這樣的國家政策及法令規範下，而後始會及於實習生身分的定位及其他各種勞工法律問題，這一切均將於書中加以敘述。

---

[137] 亦即任何人，於其未擁有合格的養成訓練或技術生訓練之前，不應該開始其職業生涯，國家有義務提供或促成職業訓練的機會。至於其他非實習生者（即已在職場的人或失業者），基於終身學習或繼續訓練的觀念，國家亦應提供訓練的機會或給予經費的補助。有關社會國、福利國的論述，請參閱陳新民，國家的法治主義—英國的法治（The rule of law）與德國的法治國家（Der Rechtstaat）之概念，台大法學論叢，第28卷第1期，頁111；洪淳琦，我國文化藝術補助機制之相關法律問題研究—以「財團法人國家文化藝術基金會」爲中心，台灣本土法學，第63期，2004年10月，頁19以下。Neumann, Sozialstaatsprinzip und Grundrechtsdogmatik, DVBl. 1997, 92 ff.

[138] 稍微有這樣的觀念者，參見「郭董：學生應早入職場」，聯合晚報，2009年3月29日，A1版；他說，除了政府補貼大學畢業生到企業，企業應應負起培訓責任；所以鴻海還將增加培訓三年，希望其他企業也能跟進。郭台銘也呼籲企業界要多負起培訓人才責任，因爲人才培訓不能單靠政府來做。另外，「郭台銘：經濟完全復甦起碼須三年」，工商時報，2009年3月30日，A2版。

貳、一般

首先欲指出者，實習生，是指短暫地在廠場中工作，以學得準備一個工作（含學術工作）所需要的知識與經驗之人[139]。實習課程的設計，是在學業進行中或結束後加入實務的課程[140]，將理論與實務結合，實習生經由廠場中實際的工作習得必要的知識與經驗，便於將來職場的發展。經由實習過程，也使得年輕人有機會在實務訓練中或學業中，得以一窺實務的現況，並且藉以確定選擇職業的方向（Berufswahlorientierung）。

雖然實習契約關係（Praktikantenvertrag）的種類／形式不一，但一般而言，其與技術生訓練關係或養成訓練關係並不完全相同。先就其相同者而言，三者的重點都是置於養成訓練／基礎訓練的目的[141]、且均有完成事業單位所交代之任務。至於其不同者，在養成訓練關係或技術生訓練關係中，都是在進行一項有體系的職業訓練。而在實習生關係中卻不進行一個有體系的職業訓練[142]，而是其實際操作的工作，通常只是一個整個技職教育或整體養成訓練（Gesamtausbildung）的一部分而已，例如是學校入學許可或畢業的條件或職業許可的先決條件[143]。惟如果是建教生在事業單位（建教合作機構）內的實習，且其符合技術生訓練職類之一者，則建教生即與技術生合而為一[144]。在此種情況下，當事人雙方之權利義務關係，即可依據技術生的相關規定處理之。較有問題的是，假使事業單位（含建教合作機構）係以實習生的名義直接聘僱

---

[139] BAG v. 5.8.1965, AP Nr. 2 zu § 21 KSchG.

[140] 理論上，實習生先與事業單位成立實習關係，然後再至職業學校進行學科教學，應亦無不可。德國的雙軌課程就是「先實務」、「後理論」，而且，廠場可以借貸、獎學金或其他的方式，幫助學生完成學業。請參閱Natzel, Duale Studiengänge – arbeitsrechtliches Neuland? NZA 2008, 567 ff.

[141] 所以，在三種關係下，工資額度的高低，主要視受訓者費用補償（Aufwandsentschädigung）或生活費用補助的需求而定。

[142] 同理，見習生契約（Volontariatsvertrag）也不是在做一個有系統的職業訓練。BAG v. 18.3.2008, NZA 2008, 1004 ff.台灣勞基法第64條第3項只有見習生的規定，而無實習生的規定，兩者並不相同，似有加以區分的必要。德國學者認為針對實習生所演變出來的原理原則，也可準用於見習生，此應可作為我國處理此一問題參考之用。請參閱Orlowski, Praktikantenverträge – transparente Regelung notwendig! RdA 2009, 39.Vgl. auch Erman/S. Edenfeld, 12. Aufl., 2008, § 611 Rn. 133.

[143] BAG AP Nr. 3 zu § 3 BAT.

[144] 如此看來，高級職業學校建教合作實施辦法第2條第2項規定，「參與建教合作之學生，在建教合作機構稱為技術生。」似乎即有問題，或者至少說不是那麼精確。

之，在一定期間內（短暫地）從事實習工作者，則其關係的重點是否尚在養成訓練的目的與學習的目的？如何界定雙方之法律關係？此將於下面加以說明。

　　其次，有關實習生契約關係的法律規範，如其屬於建教生之本質者，在2013年1月2日高級中等學校建教合作實施及建教生權益保障法公布施行前，其除了勞基法第64條第3項有準用技術生之規定，因此可以準用勞基法第65條以下規定外[145]，究竟還有那些法令規定？對此，由於職業訓練法中亦有技術生訓練規定，因此亦可準用於實習生。尤其重要的是，由於必須進行實習訓練者，大都集中在技職院校學生，所以，由教育部主管之職業學校法、高級職業學校建教合作實施辦法、建教合作實施辦法[146]、專科學校法等教育法令，自然是適用的主要規範所在。至於在2010年8月間為各界所討論之、由教育部所提出、並且在2013年1月2日公布施行之「高級中等學校建教合作實施及建教生權益保障法」，則是企圖將現行針對建教生之勞工法規及建教合作法規加以整合，落實以法律保障建教生權益之目的。其具有法律明確性及法律安定性的目的與功能，自不待言[147]。在其通過立法後，形成一個特別法的型式，排除勞基法及職訓法之適用[148]。對於該法關注的重點，應該集中在其與建教生權益有關的實質規定，例如第12條的建教生訓練契約、第13條之建教生訓練契約禁止約定事項等。此亦會在本書中加以探討。

　　其實，上述教育法規與勞工法規競合之現象，並無法以實習生／建教生外表有在為事業單位工作之表徵或者聽從事業單位所有有權責者（Verantwortlicher）的指揮命令，即認為勞工法規（尤其是勞基法）有其優先適用的餘地。而是，應將實習工作區分為是否為學習課程的一部分，而認定其有無職訓法的適用[149]。如否，則是適用職訓法規。如是，則在此種情況，由規

---

[145] 令人疑惑的是，勞基法第69條有技術生準用的規定。如將其與第64條第3項相對照，即會出現一個所謂「準用的準用」的立法模式。此種立法方式，從立法技巧上來看是否可取？是否會增添法律不確定之處？

[146] 一般性的介紹，請參閱黃越欽，前揭書，2000年，頁165以下。另參閱楊通軒，技術生法律地位及其權益保障之研究，頁65以下。

[147] 相關討論，請參閱「勞團質疑建教生專法保障不周延」，自由時報，2010年8月4日，A8版；「比外勞還不如3.5萬建教生拒當賤價生」，聯合報，2010年8月5日，A8版。須注意者，顧名思義，此一法律草案並不適用於公私立大專院校或技術學院學生的實習關係。

[148] 此一法律將建教生明確定位為非勞工，所以當然排除勞基法之適用。而且，該法中亦無準用勞基法之規定，全文中亦無準用技術生之規定，所以，顯然地，立法者確知建教生的獨特地位，而思在此專法中加以處理。

[149] 依據德國職訓法第3條第2項第1款規定，職業的技術學院的學生不受該法的適用。與德國不

範學習課程的法規（即教育法規）取代職訓法規[150]（即使實務訓練是大學的、或高等學校的、或專科學校的課程的一部分，亦不存在職訓法中所規定的職業的養成訓練）[151]。教育法規係以事業單位與學校的訓練的合作作爲出發點，切割雙方各自負擔的職責範圍。此種實習是被國家所承認的，且透過技職院校與事業單位簽約而完成。此處並不區分公立學校或私立學校，亦即當私校同樣實施國家所定的實習規定、且其職場學分的採認與考試的規定與公立學校的規定相當時，則其所進行的實習課程也適用教育法規、而非職訓法規[152]。

　　承上，即使在技職院校教育範圍內的實習契約不受勞工法之適用，但是，其契約條款（例如雙方所約定的終止實習契約條款）仍必須受到一般私法中——尤其是民法中的強制禁止規定的檢驗。即使是公法的學術規章規定要有一個學年的實習課程，也改變不了事業單位與實習生間的實習契約，必須受到民法檢驗的事實。雖然實習生契約／建教生訓練契約不一定限於書面的要式契約始爲有效[153]，但是，爲了獲得教育主管機關的備查，書面契約應該是最爲主要的方式。爲此，技職院校的實習可能透過定型化的契約進行，因此自然必須受到定型化契約條款的審查（AGB-Kontrolle）（民法第247條之1）。又，如果學校不只是協調建教生與建教合作機構簽約，而且也提供契約範本，此一契約仍然須要經過定型化契約條款的審查[154]。

　　三者，由於在實習訓練關係中，可能存在事業單位（建教合作機構）、學生、學校三方當事人，則其間的法律關係如何定位[155]？先就學生與學校的關係

同的是，台灣職訓法並無如此排除適用的規定。雖然如此，解釋上仍應採不適用說較爲妥當。

[150] 德國（2005年3月23日）最新修正的職業訓練法第3條第2項第1款，即是如此規定。聯邦勞工法院在一連串的判決中，認爲職業的技術學院的學生並不受到職訓法的適用。BAG v. 27.9.2006, EzB Nr. 7 zu § 5 ArbGG unter II. 1; BAG v. 16.10.2002, AP Nr. 181 zu § 1 TVG Tarifverträge: Metallindustrie, unter B. II.

[151] BAG v. 16.10.2002, AP Nr. 181 zu § 1 TVG Tarifverträge: Metallindustrie, unter B. II. 3. b) bb). 在這種情況，也可以反過來說：學生接受實習期間，並不受到勞工法的保障。尤其是沒有工資請求權及特別休假請求權。

[152] BAG v. 18.11.2008, NZA 2009, 437.

[153] 高級中等學校建教合作實施及建教生權益保障法第17條、第35條第1款參照。按照勞基法第64條以下規定之技術生（養成工、見習生）訓練契約，其書面契約之要求，也不是生效要件。雇主違反時，僅受到行政罰鍰的制裁而已。

[154] Hirdina, Rechtsfragen zur Kündigung eines Praktikumsvertrags, NZA 2008, 917.

[155] 「大學盼教部訂實習獎勵辦法」，中國時報，2010年3月21日，A3版：大專院校主張，爲避免與提供見習職缺企業，衍生權利義務糾紛，教育部應擬定校外實習與獎勵辦法。

而言，應該係一公法的關係，雙方必須受到教育法規、學術規章、以及校內規定的拘束。在學校與事業單位間，則是成立一私法性質的合作契約，事業單位既非受託人（Beliehene）亦非行政助手（Verwaltungshelfer），其並不行使公法上的權利。至於學生與事業單位間的實務訓練，雙方並不是在成立一個公法的僱傭關係（ein öffentlich-rechtliches Dienstverhältnis），毋寧係在成立一個私法性質的契約[156]。雙方因訓練契約的內容或執行所發生的爭議，應由民事法院管轄審理[157]。且由於建教生雖非勞工，但其實務訓練（操作）仍然帶有一定勞務的價值，所以準用勞資爭議處理法的規定，應亦具有相當程度的合理性。在本質上，此種學生與事業單位、學校同時存在兩種法律關係，其並無法切割獨立生存，但卻具有自我的意義。某種程度而言，該實習生同時具有學生與受訓者的雙重身分。在這裡，原則上學校與學生間法律關係的產生及繼續存在，是企業與學生間存在有效的法律關係的前提[158]。惟實習生訓練契約的結束，並不表示當然會使得學校與學生間法律關係自動瓦解。此顯示出：有兩個各自獨立的法律關係存在[159]。這意味著：當學生在學期中被開除學籍時，企業雖可終止訓練關係，但是，負責訓練的企業仍然必須做出一個意思表示，雙方的法律關係始會終止[160]。

---

[156] Brecht-Heitzmann, Die Regelungsbefugnis der Tarifvertragsparteien für Studierende der Berufsakademien, RdA 2008, 283 f.

[157] 依據2010年8月間教育部所提出之「高級中等學校建教合作實施及建教生權益保障法草案」第26條規定，是先由學校協助溝通，如無效，再向建教合作協調會申請協調。此種規定較為柔性，是否能發揮效果？頗堪憂慮。

[158] Brecht-Heitzmann, a.a.O., 284: 依據Baden-Württemberg聯邦高等學校法第88條第1項之規定，職業的技術學院給予申請入學許可的前提，是該學生已與一適當的養成訓練場所簽訂一個養成訓練契約。再依據該條第3項規定，假設學生的養成訓練關係結束、而在其後八週之內未再簽訂一新的養成訓練契約時，職業的技術學院應撤銷入學許可。這表示企業與受訓者間存在有效的法律關係，係職業的技術學院與學生間法律關係的產生及繼續存在的前提。

[159] Brecht-Heitzmann, a.a.O., 284: 從另一方面來說，養成訓練契約是屬於按照德國民法第158條第1項（作者按：相當於台灣民法第99條第1項）規定之附停止條件（aufschiebende Bedingung）的法律行為。亦即，只有在學生依據邦高等教育法第88條之規定取得入學許可的前提下，養成訓練契約始會生效。

[160] 這裡還會發生一個法律疑義，即當企業未作終止訓練的意思表示時，則企業與已經喪失學生身分的實習生往後的法律關係，究應如何處理？是否仍為實習生訓練契約？或者已質變為一般的勞動關係（例如變為助手契約或雜工契約）？對此，本書以為宜準用事實上的勞動關係處理，即將喪失學生身分後的工作期間，視同為一般勞動關係處理，但當事人雙方可隨時終止契約關係。

　　再者，建教生與建教合作機構之簽訂建教生訓練契約[161]，仍然有契約自由原則的適用。在此，事業單位並不會被強制一定要接受建教生的到廠實習。事業單位可以拒絕與學校成立一建教合作契約，也可以拒絕與建教生訂立一建教生訓練契約。同樣地，建教生也可以自由選擇想要實習的事業單位，學校並不能代替其決定實習單位[162]。至於事業單位之進用建教生，亦會受到一定人數或比例之限制，此在2013年1月2日高級中等學校建教合作實施及建教生權益保障法公布施行前，係依據勞基法第64條第3項之準用第68條規定，建教生亦受有「不得超過勞工人數四分之一」之限制。其目的是在避免雇主濫收建教生之流弊[163]。惟在制訂施行建教生專法後，由於高級中等學校建教合作實施及建教生權益保障法第14條第1項已經有「招收建教生與勞動基準法所定技術生、養成工、見習生及其他與技術生性質相類之人，合計不得超過其所僱用勞工總數四分之一」的規定，因此，如果勞基法的事業單位招收技術生、而且同時以建教合作機構的身分招收建教生時[164]，即應受到加總四分之一的限制。雖然如此，本書以為從立法政策及技術上，高級中等學校建教合作實施及建教生權益保障法第14條第1項的規定誠屬可疑。況且，如果台灣立法者以為採行加總四分之一的限制確實可行，也應該將之規定於具有勞動憲法性格的勞基法技術生章，將之夾雜於建教生法律中，凸顯出其立法的困窘與進退維谷[165]。在契約自由上，為了讓建教生及事業單位均能確定對方是進行實習關係的適當對手，並於其現對方不能達到實習之目的時可以立即脫身（終止實習契約），建教訓練契約中應可自由約定試訓期間也[166]。

---

[161] 德國學者Natzel稱此為「進行實務訓練契約」（Vertrag zur Durchführung eines Studienpraktikums）。Natzel, a.a.O., 569.

[162] 建教生為未成年人時，建教生訓練契約之簽訂，應得法定代理人之同意。且為了明確雙方之權利義務，除了法定代理人及事業單位各有一份契約範本外，建教生也應該要執有一份。

[163] 其實，此種人數的限制是否有必要，並非無疑。蓋只要資訊公開，學生即可在學校的協調下，自行選擇滿意的事業單位實習。學校如能事後盡到訪視事業單位及輔導學生解決實習所遭遇到的困難，應該可以儘量減低雇主濫用的流弊。如觀現行有效之高級職業學校建教合作實施辦法及建教合作實施辦法，亦無建教生人數之限制。因此，2010年8月間教育部所提出之「高級中等學校建教合作實施及建教生權益保障法草案」第7條第2項規定，有針對建教合作機構經營型態、管理制度、工作特性、季節性及地域或行業等因素，放寬建教生最多到勞工總數二分之一之人數，應屬正確之舉。

[164] 這是指建教合作機構與學校簽訂建教合作契約，而且也與建教生簽訂建教生訓練契約而言。

[165] 在立法上，至少應將勞基法第64條第3項之「建教合作班之學生」予以刪除。

[166] 反對說，Hirdina, a.a.O., 917.

　　契約自由原則於建教生訓練契約中之運用，最主要是顯現在契約內容的約定上。對此，參考2013年年1月2日公布施行之「高級中等學校建教合作實施及建教生權益保障法」第17條第1項規定，總共有六項的事項，分別是：1.建教生職業技能訓練計畫。2.勞工保險及團體保險。3.訓練證明之發給。4.終止契約之事由及程序。5.膳宿、交通、生活津貼與其調整、給付方式及計算基準。6.建教生權益之申訴或協調處理。對於這些事項，本書以為其僅是「重要內容」（wesentlicher Inhalt）的記載而已，也就是最低限度的保障。當事人雙方當得對於其他的事項加以約定，例如事業單位要求學生提出國中畢業證書、事假及其日數。另外，為確定技術生訓練契約與教育法規的連結，理應在第一項即明定實務訓練的進行應該依據學術規章的規定為之。契約中亦應訂明以傳授實務經驗為標的，至於在訓練期間是否保留給學生一定預習及複習學業的時間，似乎亦值得考慮納入[167]。較有爭議的是，訓練契約中得否約定諸如競業禁止條款、返還訓練費用條款、以及留用條款等有礙於建教生職涯發展的條款？此將於下面加以說明。

　　上述契約自由原則，對於不在建教生訓練契約或產學職專班或技職院校或專科學校實習契約內之訓練，例如公私立補習機構（專門訓練舞蹈教師的單位）或個人工作室（例如刺青與穿孔工作室），原則上亦有適用餘地。在此，這些單位與受訓者可以準用現行有效的法規（例如勞基法第64條以下規定、高級職業學校建教合作實施辦法、建教合作實施辦法等），或者參考2013年年1月2日公布施行之「高級中等學校建教合作實施及建教生權益保障法」第17條第1項規定[168]，擬定出雙方均可接受的契約條款。

參、身分

　　有關實習生之法律地位，應該區分成建教生／技術學院學生、青年職場體驗計畫／大專畢業生企業職場實習方案、以及補習機構／個人工作室之實習生，而分別加以定位。

---

[167] 但是，這在台灣做得到嗎？尤其是產學專班學生上班五天、學習一天、休息一天者。惟毋庸訂明的是，在學生到校學習時，廠場負有免除其勞務之義務。

[168] MünchArbR/Natzel, § 177 Rn. 141.

一、基於學術規章要求之實習生：建教生／技職院校學生

實習生關係如係基於建教生或技術學院（大專院校）所要求的義務實習而來，則其身分的界定，必須考量契約的本質而定。對此，德國學者間有認為此種實務訓練，與職訓法中的職業的養成訓練的構成要素相符者，故可以將之納入團體協約人的適用範圍，即其身分為勞工者[169]。也有學者將之歸類為「特殊的勞動關係」（besonderes Arbeitsverhältnis）[170]，蓋與一般的勞動關係相較，此處的訓練關係具有養成訓練的目的，而在權利義務上稍作修正。但是，當事人雙方的主要義務仍然在提供勞務與給付工資。即使技術學院的學生，其身分也是勞工法院法第5條第1項第1句所指之勞工。該學生雖不在職訓法的適用範圍之內，但他在接受廠場的養成訓練之時，也是屬於廠場的養成訓練。其必須在勞務的內容、時間及地點上，接受施訓者（事業單位）的指揮命令[171]。

針對職業的技術學院學生在養成訓練時之工作，是否即將之界定為勞工？德國有關勞工概念的論述，可以追溯至Hueck及Nipperdey時代[172]。聯邦勞工法院則是以人格從屬性的程度而定，並且將之具體化到幾個標準。此必須依據個案而定，並且按照個案的整體狀況加以評價。居關鍵地位的，是工作時實際上所受到的指揮命令[173]。惟如由從屬性來看，建教生或實習生受到事業單位的拘

---

[169] 請參閱Brecht-Heitzmann, a.a.O., 276 f.

[170] Thüsing, in: Wiedemann, TVG, 7. Aufl., 2007, § 1 Rn. 394. Natzel, a.a.O., 568: 由於接受實務訓練之學生的法律關係，無法將之歸類為受訓者、或是職訓法第26條之其他的契約關係、或是勞工，因此，正確而言，可以將之歸類為具有獨自／特性格的契約關係。蓋相較於其他的契約關係，此種契約最大的不同點，是其在學科課程之中加入實務的階段。學生必須在學期之中，將與學科不可分割的實務課程完成。

[171] Brecht-Heitzmann, a.a.O., 276 f.惟Brecht-Heitzmann主張聯邦勞工法院是認為職業的技術學院的學生，其身分是勞工。本文則認為Brecht-Heitzmann的見解錯誤，蓋BAG根本未提到勞工的概念問題。BAG v. 22.6.1972, AP Nr. 1 zu § 611 BGB Ausbildungsverhältnis.

[172] 請參閱Hueck/Nipperdey, Lehrb. des Arbeitsrecht, 1. Aufl., 1927, 37. 其實對於從屬性之定義，德國早在1920年代即有兩種學說的爭議，一種為Hueck所代表之通說，係以工作時受到指揮命令為準；另一種為Nikisch所主張，認為應以勞動者是否納入他人的生產組織、雇主的家庭生活或私人生活領域為準。惟今日兩種學說絕大部分已互相重疊，難以區分。另請參閱Nikisch, Arbeitsrecht, 1. Aufl., 1926, 6.

[173] BAG v. 14.3.2007, AP Nr. 13 zu § 611 BGB Arbeitnehmerähnlichkeit; BAG v. 15.11.2005, AP Nr. 12 zu § 611 BGB Arbeitnehmerähnlichkeit; BAG v. 25.5.2005, AP Nr. 117 zu § 611 BGB Abhängigkeit.我國有關勞工概念之論述，請參閱陳繼盛，我國勞動契約法制之研究，行政院勞工委員會委託研究，1989年，頁12以下、頁141以下；楊通軒，勞動者的概念與勞工法，中原財經法學，第6期，頁227以下。

束，其強度並不一定較一般勞工為弱[174]。換言之，職業的技術學院學生（建教生或實習生）的實務訓練，慣例是在廠場的不同部門進行，而且通常會在每個部門待上一個月或數個月的時間。當是時，學生固然可以表達想要到那些地方實務訓練的意願，但企業擁有最後的決定權，這常常已在實習訓練契約中訂明。甚至在經濟領域的雙軌課程中，其養成訓練契約規定：只要是達成養成訓練目的所必要時，養成訓練的場所即可將學生派往其他養成訓練場所或地方實習[175]。在將學生安置於養成訓練場所時，事業單位必須按照學習計畫取得職業的技術學院的同意、且訓練場所應及時地通知該學生。這表示受訓者有關勞務提供的地方，受到養成訓練場所指示權的拘束（已納入廠場的組織中）[176]。

如上所述，建教生及實習生在事業單位中，於其接受指揮命令而進行實務操作時，外表上與勞工並無軒輊。因此，在認定建教生或實習生是否為勞工身分或特殊的勞動者時，實際上還是必須以實習契約的目的為準。即其係以養成訓練目的及學習目的為契約的本質，而非在於以勞務換取工資[177]。至於受訓者／技術生／建教生之被納入團體協約，係以受訓者／技術生／建教生的身分加入，與其是否為勞工身分無必然關聯[178]。即使某些德國法律規定，本法的受僱人，係指……技術生／接受職業訓練的受僱人（zu ihrer Berufsbildung Beschäftigte）[179]，其也只是基於法律擴充適用的考量而已，目的並不在於將受訓者或技術生界定為勞工。

---

[174] 基於建教生或實習生訓練關係的特殊性，建教生或實習生所受到拘束的義務範圍，甚至可能要比一般勞工來得廣。

[175] 在台灣，這應該不必受到（適用於勞工的）調動五原則（勞基法第10條之1參照）的拘束。

[176] Brecht-Heitzmann, a.a.O., 279 f., 282: 所謂納入廠場的組織，係指從人事的方面來看，與企業內的其他同事合作，而從物質方面來看，企業提供工具與物質供使用。

[177] 假設學生係在提供具從屬性的勞務者，例如大學工讀生（Werkstudent），則其即與建教生或技術學院的學生不同。工讀生是在進行學業的同時，去接受一個有酬的工作，故該僱用關係受到一般勞工法令的規範。

相對地，從學習的目的出發，假設有一位博士生為了研究工作的須要而在企業內工作，而企業係以提供資助或生活費的補助，幫助科學新秀或助成其完成科學工作者，則該博士生並非勞工。Natzel, a.a.O., 568 f.

[178] 德國學者一般認為團體協約當事人的規範權限，會及於職訓法中的受訓者。Löwisch/Rieble, TVG, 2. Aufl., 2004, § 1 Rn. 26; Reim, in: Däubler, TVG, 2. Aufl., 2006, § 1 Rn. 263.

[179] 例如德國2006年8月14日的一般的平等待遇法（Allgemeines Gleichbehandlungsgesetz, AGG）第6條規定、1994年6月24日之工作場所性騷擾防治法（Beschäftigtenschutzgesetz）第1條規定。又，依據歐盟條約第141條之規定，男女從事同樣的工作時，應獲得同等的工資。……薪資平等原則也準用於技術生／為接受職業訓練的受僱人、類似勞工的法律關係。

　　這些實習生的身分本質上仍為學生，亦即其只具有學生實習員（Schülerpraktikant）的身分，並未被納入進行實習的廠場組織中負責特定業務的執行或完成[180]。在這種情況下，實習工作只是整體學習課程的一部分，其本無職訓法的適用。只是得基於建教生的身分，準用技術生的規定而已（勞基法第64條第3項規定）。就建教生訓練契約或實習生契約的主要義務而言，並非在提供勞務以換取工資，而是在努力的學習職業技術及用心教養學生專業能力與人格品德的形成。此種主要義務是教養義務的內涵，在2013年1月2日公布施行之「高級中等學校建教合作實施及建教生權益保障法」第21條規定中，即已表達相當清楚。該條文中臚列了建教合作機構的義務[181]，包括提供良好之訓練環境，安排建教生到相關部門學習職業技能[182]，並培養優良之工作態度及職業道德（第1項第1款）；訓練活動應與建教生所學職業科別有關，[183]並注意建教生之身心健康（第1項第2款）；建教合作機構應依訓練計畫，指派專人負責建教生之技能訓練及生活輔導（第1項第3款）[184]；建教合作機構安排訓練時，不得影響建教生到校上課（第1項第4款）等[185]。

　　承上，為了維護建教生的身心健康及人格的健全發展，「高級中等學校建教合作實施及建教生權益保障法」第24條並且規定了訓練時間及休息時間，包括每日訓練時間不得超過八小時，每二星期受訓總時數不得超過八十小時，且不得於午後十時至翌晨六時之時間內受訓（第1項）；建教生繼續受訓四小時，至少應有三十分鐘之休息（第2項）；建教生受訓期間，每七日至少應有一日之休息，作為例假（第3項）；建教生受訓期間，遇有勞動基準法規定應

---

[180] BAG v. 18.11.2008, NZA 2009, 437.

[181] 可惜的是，該法中並未規定建教生的義務。

[182] 所謂「相關部門」，係指與建教生科別有關之幾個部門，假設建教生只待在一個部門實習，會比較像是在提供勞務，也較有可能被認定或誤認為勞工。

[183] 原本教育部提出的草案係規定，「職業科別之內涵有關」，惟何謂「內涵」？外圍會不會太大？此處似可參考勞基法施行細則第35條規定之立法精神，對之予以限縮。依之，「雇主不得使技術生從事家事、雜役及其他非學習技能為目的之工作。但從事事業場所內之清潔整頓、器具工具及機械之清理者不在此限。」

[184] 此處的專人，是指「對話夥伴」，不必要一定是職訓法第24條規定以下之職業訓練師。但是，與我國不同的是，在德國，為了讓實務部分的養成訓練得以順利進行，特別是在一些大企業中存在著所謂的「職業的技術訓練小組」（BA-Team）。偶而，在這一小組中也有照顧者（Betreuer）的設置，作為受訓者的直接談話對象。

[185] 這表示事業單位負有敦促建教生去職業學校上課、免除勞務及必要時檢視學校報告（Berichtshefte）的義務。解釋上，此一規定與德國職訓法第14條第1項第4款及第15條規定相同。

放假之日，均應休息（第4項）。整體來看，此一規定應係參照勞基法第44條以下有關童工的規定而制定。本來，依據勞基法第64條第3項及第69條規定，建教生即可準用童工之規定[186]。所以，此一立法模式並無足怪者。只不過，須注意者，建教生並不以青少年為限，而是包括成年人在內。如果是成年建教生，則第24條第1項下半段之「且不得於午後十時至翌晨六時之時間內受訓」，是否有其必要性？並非無疑。其次，即使是針對未成年的建教生，其受訓時間不得超過八小時（類似加班），可否以輪班的方式行之？似非無疑[187]。同樣可疑的是，針對未成年的建教生，如果是繼續受訓四小時，至少應有三十分鐘之休息（第2項）、以及每七日至少應有一日之休息（第3項），則其與成年建教生或成年勞工相較，並無何優待之處，此顯然未考量到其身體及心靈發展的須要，仍然有改善的空間[188]。

　　綜上說明，建教生及實習生係在事業單位中學習職業技術，不應將之定位為勞工。我國勞工主管機關也從建教生非勞工的角度，認為建教生毋須加入工會[189]、以及事業單位無須為建教生扣提職工福利金[190]。雖然如此，既然是實習，事業單位即必須出具一經過規劃的訓練計畫，否則，假使事業單位並無一個實習計畫或者並未讓實習生到不同部門實際操作，而只是一直的或絕大部分時間待在同一部門工作、尤其是將在學校學得的理論直接運用到工作上，為事業單位賺取經濟上利益時，則例外地按照個案認定其為勞工，應該具有相當程度的正當性與合理性[191]。

---

[186] 當然，如果建教生已經成年了，即無童工規定之準用。

[187] 反對說，Brecht-Heitzmann, a.a.O., 282.

[188] 由此看來，該法第24條第6項第1款規定「建教生年滿十六歲」者，建教合作機構可以與之另行約定訓練及休息時間，擴大未成年建教生的不利益，更不足採。

[189] 內政部63年9月17日台內勞字第600064號函，「建教合作之學生，與季節性工人性質不同，毋需加入工會為會員。」

[190] 行政院勞工委員會84年1月12日84台勞福1字第100157號，「查職工福利金條例第2條第1項第3款規定，事業單位應於每月每位職員、工人薪津內扣收百分之○‧五為職工福利金。事業單位之建教合作生，如係屬僱用並投保勞工保險及給付薪津者，則應依前述規定扣提職工福利金，加入職工福利委員會。至其福利之享受，可由職工福利委員會訂定公平、合理之辦法辦理之。」

[191] 「比外勞還不如3.5萬建教生拒當賤價生」，聯合報，2010年8月5日，A8版，文中提到建教生與一般基層作業員一樣工作，成為廉價勞工，比外勞還不如。本文以為果然如此，那麼，即應實質地認定其是否為勞工。Maties, Generation Praktikum, RdA 2007, 138 f.; BAG v. 6.5.1998, AP Nr. 95 zu § 611 BGB.

二、非基於學術規章要求之實習生：青年職場體驗計畫／大專畢業生企業職場實習方案、補習機構之實習

　　除了上述建教生及技職院校學生係基於法令規定及學術規章要求，必須完成一定時數或一定學分數的實務訓練始能畢／結業外，還有一些實習措施是由政府機關或者廠商所自主發動者。前者，主要係出自於促進就業的想法，想藉由媒介實習生到廠商實習的經過，達到實習生留用之目的，並且達到降低失業率的施政目標；後者，則是廠商以實習生的名義進用已完成學業或已完成訓練的人，只給予少許的工資或者根本未給予工資。經過實習過程後，廠商可以自由（行）決定是否留用（除非契約明定廠商有留用之義務）。此兩種實習訓練，開啟了年輕畢業生（及成年人）進入職場之道。但是，卻也可能造成（廠商以較低的工資及勞動條件）取代長期的、固定的職工（尤其是中高齡勞工）的工作位置，而形成職場上僱用關係不穩定的後果[192]。此處，尤其須要釐清的是，這些非基於學術規章要求的實習關係，究竟與基於學術規章要求之實習關係有無不同？在法律地位及工作條件的界定上，是否應該作不同的處理？

　　首先欲一言者，就我國政府以實習生或見習生（Volontär）的名義，所採行的促進就業措施來看，近幾年所推動的青年職場體驗計畫及大專畢業生到企業職場實習方案可謂代表作。前者，是自2003年底起，由經建會、勞委會及青輔會三個單位共同提出，由政府按月（部分）補貼見習青年見習訓練津貼，並由事業單位提供三個月的見習機會，作為畢業青年從學校到職場的轉銜機制。此計畫有三大功能，分別是可以作為職業探索的過程、當作工作環境或職場環境的調適期、以及業者可以將職場實驗的三個月期間當成試用期，之後，如果其認為見習者合適，便可直接轉為正職員工[193]。後者，是由教育部在2009年提出施行，教育部協調企業釋出3萬5,000個工作機會[194]，給大學畢業生實習機會，月薪2萬2,000元由政府支付。希望企業能在一年後提供正職的工作機會給

---

[192] Sittard/Lampe, a.a.O., 249 ff.

[193] 請參閱李政青，青年職場體驗計畫成效豐，幫助青年縮短職業生涯探索期，台灣勞工季刊，第18期，2009年6月，頁29以下。事實上，這裡所謂的「直接轉為正職員工」，仍然須要先簽訂一個勞動契約，將法律關係由實／見習關係轉為勞動關係。又，由於此一見習計畫甚具代表性，而且我國政府機關似未區分見習與實習的不同，故本書以下並不嚴格區分實習生關係與見習生關係，而是兩者兼論之。

[194] 依據報載，在2009年到2010年間，總計有四萬六千多人參與這項計畫。「22K畢業後真正考驗才開始」，中國時報，2010年4月18日，A13版。

表現不錯的實習畢業生。政府並且負責支付勞、健保費及年終獎金。上述兩種見習及實習過程，都涉及到身分是否爲勞工的問題？也牽連到該段期間是否爲試用期？訓練津貼或補助是否爲工資？等問題。有待以下加以說明。

　　對於上述實／見習生勞工身分之問題，可否單純以其係在離開學校後，始進行實／見習訓練，即遽然採取肯定見解？對此，吾人以爲並不宜如此。蓋正如同基於學術規章的實習一樣，實／見習訓練本來就可以在學業進行中、學業開始前、甚至學業結束後，到廠場實施。目前，台灣的職業訓練法令或勞工法令或教育法令均無對於實／見習（生）加以定義者[195]，更遑論要求實／見習訓練必須在學業結束之前實施。所以，基於一定政策的考量，尤其是幫助青少年或中高齡等弱勢族群就業，政府本就可以適時地推動實習或見習計畫[196]。上述政府所推動的實／見習訓練，實／見習生均已自學校畢業。其是與事業單位間簽訂一實／見習訓練契約，以便學習或熟練實務的操作技巧。其是藉由實務過程，補充地造就其理論課程所無法提供的能力。理論上其不會再回到學校進行理論課程的學習，而其在廠場中並不進行一個具有體系的職業的養成訓練關係。這些都是與基於學術規章所進行的實習相同，因此，認定該實習生並非勞工的身分，並無何不妥。

　　不可否認地，上述廠商之所以樂用或配合政府使用實／見習生，有不少係基於這些（潛在的）職場新鮮人具有諸如以下的共同特徵：年輕、彈性、受過良好的教育訓練、提供高品質的勞務、以及可以到處工作[197]。企業可以將實習作爲招募潛在的職場新手的工具。而且，實／見習生所提供的勞務具有相當程度的經濟效益。相對地，這些實／見習生之所以投入廠商處工作，無非係基於冀望獲得永久僱用的心理。雖然實務的證明，並非所有的實／見習生均獲得留用，但仍然具有一定的比例[198]。尤其重要的是，實習過程讓年輕人有機會在

---

[195] 同樣地，德國已制定的勞工法也沒有實習生的概念（der Begriff des Praktikanten）。

[196] 當然，這最好有法律依據，以彰顯政府長久推動之意，並且也可祛除界定實／見習生關係是否爲勞動關係時，所產生的爭議。

[197] Orlowski稱實習生及見習生關係爲「困難的僱用關係」（prekäre Beschäftigungsverhältnis）。Orlowski, a.a.O., 38.

[198] 在青年職場體驗計畫實施六年後，平均留用率都維持在87～88%左右的水準。至於大專畢業生到企業實習方案約達到五成二的留用率。請分別參閱李政青，前揭文，頁29。「禁玩開心農場22K實習生開除老板」，中國時報，2010年4月17日，A3版。

　　附帶一言者，在2008年，一項由德國聯邦勞動暨社會部與勞動安全暨勞動醫學機構（Bundesanstalt für Arbeitsschutz und Arbeitsmedizin, BAuA）所共同委託的研究「甚麼是好工作？—由年輕世代的眼光看進入職場的要求」，得出介於18到34歲的人，每五個就有一個在職業的養

養成訓練中或學業中，得以一窺實務的現況，並且藉以確定選擇職業的方向
（Berufswahlorientierung）及習得實務的知識。這有利於其與他人競逐一個工
作位置。但是，爲了給予實／見習生再次確認所選擇的實務訓練是否確實符合
其興趣及專長，另外也給予廠商再次確定實／見習生是否符合其營業的需要，
雙方應該可以約定一合理的試訓期間。

　　如從學術的角度來看，上述政府機關所推動的實習生或見習生計畫，應該
將之限於在一個人（青少年、成年人）目的在習得特定的工作與養成訓練所需
要的實務的知識與經驗、任意地且短暫地在廠場或企業內從事職業性的實務操
作。這種實務訓練的關係，既不是學術規章所要求的訓練關係，也不是職訓法
的技術生訓練或養成訓練關係，更不是勞動關係[199]。企業殆皆會擬定一個實習
計畫照表操課[200]。從性質上來看，此種已完成學業的實習生或見習生，其所完
成的工作，經濟價值要比學術規章下的建教生或實習生所完成者爲高，或者說
更靠近一般勞工所提供勞務的價值、甚至難以分辨或無所軒輊[201]。其所接受指
揮命令的拘束，也不會弱於一般勞工[202]。也就是具有相當近似的從屬性。其與
一般勞工在組織上具有一定程度的連結，其並負有最低限度完成廠場目的之義
務（Ein Mindestmaß an Pflichtenbindung am Betriebszweck mitwirkt）[203]。而之所
以承認此種實習關係或見習關係的存在，毋寧係國家教育政策及勞動政策的選
擇，有意在一般勞動關係之前，再刻意創造或承認一個實習關係或見習關係的

成訓練結束後，至少接受過一項實習。如果以有完成學業的來算，則是每四個就有一個；以
有接受實習經驗的人來看，每二人就有一人陳述他們受僱的時間超過六個月。但是，整體來
講，每五個有接受實習的人中，只有一人達到他們所期望的永久僱用（Festanstellung）。更
值得注意的是，幾乎半數以上的實習生無薪、且超過四分之三以上的實習生陳述他們在實習
期間，至少有50%以上的時間被當成一般的勞工從事工作。Institut für empirische Sizialökono-
mie (inifes), www.inifes.de. "Publikationen."

[199] 在德國，職業訓練法第26條規定有「其他的契約關係」（andere Vertragsverhältnisse）。依據
通說的見解，由該條構成要件的特徵，可以得出其特別適用於實習生、見習生、以及經過一
兩年短期培訓的職工（Anlerlinge）（作者按：此一「經過一兩年短期培訓的職工」在台灣
雖未在法令上或學術上有所提及，但是，其性質應與實習生或見習生相近始可）。BAG AP
Nr. 3 zu § 3 BAT; Hess.LAG v. 25.1.2001–3 SA 1818/99 – juris; ErfK/Schlachter, § 26 BBiG Nr.1, 9.
Aufl. 2009.

[200] LAG Baden-Württemberg v. 8.2.2008 – 5 Sa 45/07, NZA 2008, 768 ff.

[201] BAG v. 18.3.2008, NZA 2008, 1005: 根據見習生契約，見習生必須提供無自主性的、職業性的
工作。被告因此應爲原告提供勞務。

[202] 依據德國職業訓練法第26條及第13條第2句第3款規定，眞正的實習生必須遵從施訓者的指
示。Hess.LAG v. 25.1.2001–3 SA 1818/99–juris.

[203] BAG v. 17.7.2007, NZA 2008, 417.

存在[204]。

　　無論如何，不問實習生或見習生外表上如何近似勞工，既然在法制上仍然要界定其爲「實務訓練關係」，而非勞動關係，則自然不應將勞動關係的權利義務原封不動地適用到實習生或見習生身上。畢竟，此處的實習關係或見習關係，其主要仍在養成訓練目的及學習目的[205]。即養成訓練目的及學習目的高過於經濟利益的目的。在實習關係或見習關係中，事業單位也可能要求實／見習生還要參加一定的課程及考試。因此，要在立法上作一些限縮或修正[206]，或者，行政機關及司法機關在處理個案的權利義務時，將學術規章下實習關係的特殊規定，予以適用或準用，例如訓練時間的限制、訓練津貼及書面實務訓練證明的給予等。此有賴於行政機關及司法機關逐項地具體化。

　　假設實習關係或見習關係的主要目的，不在於養成訓練或學習的目的。雇主是以提供勞務或賺取經濟利益的目的使用之。則即使雙方簽訂實習生契約，其亦僅是一「假象的實習」（Scheinpraktikum）或不眞正的實習關係（unechtes Praktikantenverhältnis）而已。此處主要是在接受雇主的指揮命令提供有酬的勞務、且其滿足勞工概念之要件者。雙方的法律關係可能是長期的、但也可能是短暫的。果如此，針對學術規章下實習關係的特殊規定，即無適用或準用的餘地。而是以其勞工的身分適用一般的勞工法令，包括勞基法、勞工安全衛生法及勞工保險條例等規定[207]。

---

[204] 爲此，教育主管機關及勞工主管機關必須有一共同的政治意志：亦即強化實習、防堵濫用、以及爲實習生及企業界創造出一個適當的利益平衡。

[205] Leinemann/Taubert, a.a.O., § 26 Rn. 2.這裡要附帶一言的是，教育部在2009～2010年所推動的22K大專畢業生赴企業實習方案，係採取全額定薪補助，隱含著強烈的政府政策及其貫徹的動機，可謂不計代價的納入勞動市場政策。相對地，緊接著22K大專畢業生赴企業實習方案所推動的就業實習補助方案，則是採取部分補助（1萬元），形式上較靠近勞工主管機關所推動的僱用獎（補）助（就業保險促進就業實施辦法第18條以下），理論上，後者更接進於眞正的勞動關係。相關的一般評論，請參閱「三振22次該退場了別再加10K」，中國時報，2010年5月6日，A23版。

[206] 德國聯邦眾議院在2008年3月協商了「實習生保護法」草案，但是沒有結果。各界的評擊紛至沓來，諸如「聯合政府讓實習生在雨中淋雨」、「對於年輕的進入職場者的安慰，其日子永遠不會到來」（auf den St. Nimmerleinstag vertröstet）。有人說，這是因爲前聯邦勞動暨社會部長Scholz與聯邦教育部長Schavan未能取得共同的看法使然。Schavan及德國工業與貿易總會共同認爲：立法規範實習的問題，將會導致企業界每年至少提供十萬個實習生位置。從台灣的角度來看，有關實習生及見習生的立法保護，也涉及到教育部與勞委會的共同協商取得一致的看法。請參閱Orlowski, a.a.O., 38.

[207] Orlowski, a.a.O., 39.不可晦言地，在台灣，企業界的某些部門存在著不少以實習生工作隱藏勞力濫用的情形，而且，不眞正的實習生常常不清楚自己的權利、或者不敢主張自己的權利或

　　因此，如何區分真正的及不真正的實習生關係？實際上才是真正問題的所在。蓋在定義上固然可以養成訓練目的及學習目的與提供勞務目的（經濟上的利益），作為兩者的區分。即雇主如果是要藉由實習生的工作達到最大的企業經營利益（提升廠場的生產率），那麼將會造成永久取代一個正職工作的後果。在這裡，雇主相當程度地考量藉由實習生的生產利益，以達到節省成本的目的。此種經濟上利益考量的利用工作的成果，與一般實習生之「學習目的及養成訓練目的」之交付工作，並不一樣。後者雖然與廠場的工作密切相關，對於雇主也是一個可以利用的（brauchbares）成果。但是，只要「學習目的及養成訓練目的」居於中心位置、且雇主並未持續地及有系統地獲得工作的果實者，那麼工作成果只是養成訓練的「反射」（Reflex）或附帶效應而已。相反地，相較於實習生的養成訓練利益及學習利益，雇主利用工作成果的利益居於中心位置時，即是一個真正的工作。可以說，這裡存在一個為滿足他人需要的工作。這也表示，在將「養成訓練目的」與「為企業提供勞務與創造產值」條列對照時，學習實務的知識與經驗，必須具有明顯超越的地位[208]。

　　但是，雇主的意圖通常都是隱晦不明的，想要以養成訓練目的及學習目的與經濟上的利益作為界定的標準，毋寧在廠場實務運作上是相當困難的。況且，兩者也有一些特徵是重疊的，例如可能都只是短暫的「實習關係」，所提供的勞務也都具有經濟價值，這代表其間存在著不少的灰色地帶。如從我國法律上尚乏此類規定，而學術文章及法院判決亦屬闕如，可以說，我國相當程度地欠缺可用的界定標準。雖然理論上實習生如能具體陳述及證明過去的實習生關係，實際上為勞動關係者，其即可獲得法院的救濟。但是，這並不容易。

　　雖然如此，從實務的操作上來看，應該可以由契約文件所得出的標準，再加上其他的輔助標準後整體評價而定。所謂由契約文件所得出的狀況，是指直接由文件得知雙方係在簽訂一真正的實習關係或不真正的實習關係。惟此可能會面臨並不存在一個書面的契約文件或者其與實際發生過的契約關係不一致的情況，此時，即無可能依據契約文件來認定其法律關係。一般認為契約文件所選取的名稱與實際的進行狀況不一致時，應以實際的狀況為準來認定其法律關係[209]。因此，即使當事人所取的契約名稱並非勞動契約，亦不影響勞動契約之

　　者遭遇舉證上的困難。這顯示出有必要加強此一法律的灰色地帶的保護。

[208] LAG Baden-Württemberg v. 8.2.2008 – 5 Sa 45/07, NZA 2008, 768 ff.

[209] BAG AP Nr. 21 zu § 5 ArbGG; BAG AP Nr. 122 zu § 611 BGB.

認定[210]。

　　至於其他的輔助標準，可以包括勞動義務的存在及其範圍（尤其是工作期限的長短及工作時間的長度）、訓練津貼額度的高低、以及其他典型的勞動契約的規定（例如兼職應獲得同意）。如果實習生長期間在一個固定職位工作[211]、或者其也有正常的工作時間、且也必須配合加班或輪班，則顯示出為一勞動關係。在訓練津貼額度的高低方面，如其約定與一般勞工無何差異或者頗高，則理論上亦可將之評價為雙方存在一勞動關係[212]。只是，相反的，當事人約定的工資不高，並不能當然即認定其性格為費用補償、且雙方存在一真正的實習生關係。上述幾個特徵並不必要全部存在，而是在綜合幾個特徵的連結、強度及出現的頻率後，如能得出實習生的工作通常是由一個可供比較的、正常的勞工所完成及具有可替代性（Austauschbarkeit）時，則可以得知雙方意在於成立一勞動關係，而非實習生關係[213]。

　　倒是，在契約典型特徵方面，所謂勞工的概念，「勞工，是依據私法契約為他人提供勞務之人。」以及從屬性的有無，並無法完全適用於此。這是因為真正的實習生也必須遵從廠商的指示工作。真正的實習生也有義務遵照廠場所定的時間到廠以及納入他人廠場組織之內[214]。所謂「實習生只是單純地看，跟

---

[210] 德國聯邦勞工法院至今有關本問題的唯一判決，係涉及一個被以管絃樂團實習生僱用的大提琴手（Kontrabassistin）的法律地位。聯邦勞工法院援引其一貫的見解，認為契約是否被界定為勞動契約，並不以當事人所取的契約名稱為準。因此，當事人即使將名稱取為管絃樂團實習生，也不影響其實際上契約為何的界定。BAG v. 13.3.2003, 6 AZR 564/01, juris.

[211] 誠然，在進行實習時，實習生通常被放置在企業中的某一部門，而沒有機會到每一個部門學習。但是，理論上，如果一個人須要跨部門實習、有上司或同事作為對話夥伴、且廠商提出一個（至少是粗糙的）實習計畫者，則大體上可以認定其為實習生關係。如此一來，跨越的部門越多，所需的實習及見習時間越長。所以，假設廠商只要實習生或見習生待在一兩個部門，則期間會相對地縮短。超出合理長度外，即有可能被認定為勞工。

[212] BAG v. 13.3.2003, 6 AZR 564/01, juris: 工資額度的高低，主要視受訓者費用補償（Aufwand-sentschädigung）或生活費用補助的需求而定。本案中，工資的額度可以作為勞動關係的證據評價。具有決定性的，是被告給付給原告的工資數額，遠遠地超過費用補償或生活費用補助的所須。因此雙方工資的約定，反而較像勞務的對價，而不像為達成養成訓練目的而給。至於將原告稱呼為「管絃樂團實習生」，在認定雙方屬於何種契約關係時，並不具有決定性。即在法律上評價一個契約是否為勞動契約時，並不用在意當事人對該契約的稱謂。另請參閱 BAG AP Nr. 1 zu § 611 BGB Freier Mitarbeiter.

[213] Orlowski, a.a.O., 42.為了解決雇主混淆使用實習生契約以達到勞動契約目的之不法現象，Orlowski在文章中也提出一個客觀地以外表圖像為準的量定標準。包括：1.工作的期間與種類／形式。2.為工作結果負責。3.進行加班。4.代理工作。5.對於其他實習生下達指揮命令。6.延長實習生契約。7.永久地作為實習生位置。

[214] 不同意見說，BAG v. 13.3.2003, 6 AZR 564/01, juris.

著跑，有時候自己試一下而已」的情況，實際上很少存在。因此，一個指示權並無法單純作爲區分眞正的及不眞正的實習生的適當證據[215]。至於雇主與勞工所約定的試用期，與不眞正的實習關係也不能等同運用。亦即雇主不得以畢業生或初入職場者欠缺必要的實務經驗，需要再學習或者必須先「被認識」，而合理化不眞正的實習關係[216]。況且，德國勞工法學者Richardi也曾說過：勞工的進入職場，目的是在使其養成訓練完成／美（vervollkommen）[217]。

綜合上面的契約文件及其他的輔助標準後，如果得出雙方關係爲勞動關係後，即必須回歸到勞動關係處理其權利義務，尤其是將前幾個月的實習期間直接認定爲試用勞動關係（Probearbeitsverhältnis）。又，例如訓練津貼過低時，即應以其違反善良風俗而認定無效。至於過低的訓練津貼／工資部分則應以民法第483條第2項規定的按價目表或按習慣的標準取代之[218]。更重要的是，雇主如欲否定之，即應舉證實習生關係之作業時間及整個實習過程，實際上重心是放在養成訓練目的及學習目的上。

由上面敘述觀之，實習生關係之運用，固然給予實習生熟練職業技術的機會，但似乎也帶著很高的風險性，對於不眞正的實習生造成權益的不保。爲此，不僅是司法機關應由個案認定的方式，逐案地確定假像實習生及見習生的權益。此外，立法者也有必要從法律安定性及明確性的角度，進一步明確化及細部化法令的規定，諸如將實習生及見習生關係限於書面的要式契約始爲有效[219]、明定實習生及見習生的定義、明定實習關係及見習關係的最長期限（例

---

[215] Hess.LAG v. 25.1.2001 – 3 SA 1818/99 – juris; BAG v. 18.12.1986 –2 AZR 717/85 –juris; BAG v. 5.12.2002 –6 AZR 216/01 –juris; Leinemann/Taubert, a.a.O., § 26 Rn. 3; Maties, a.a.O., 135, 139.

[216] ArbG Berlin v. 8.1.2003 –36 Ca 19390/02, AuR 2004, 74; LAG Württemberg v. 8.2.2008 –5 Sa 45/07, NZA 2008, 768; Maties, a.a.O., 135, 140; Orlowski, a.a.O., 41.

理論上，一個大專院校的畢業生或完成職業的養成訓練的人，殆皆接受過好幾年的訓練，在期間內習得特定職業的廣泛的理論及方法上的知識，有者尚且通過國家的考試。在這樣的基礎上，他可以很快地學得實務上所必要的知識與經驗。當他在熟悉工作的階段，同時會學得工作的過程及組織的過程（Arbeits- und Organisationsprozesse），這是一個自然而然的事，也與勞動關係的存在不相衝突。

[217] Staudinger-Richardi, BGB 2005, Vorbem. Zu §§ 611 ff. Rn. 322.

[218] 在德國，實習生契約所約定的訓練津貼／工資過低時，已經符合德國民法第138條第2項薪資重利（Lohnwucher）的構成要件，因此爲無效。該薪資重利會導致整個契約嗣後失效，至於過低的訓練津貼／工資則應以德國民法第612條第2項的一般的工資（übliche Vergütung）取代之。LAG Baden-Württemberg v. 8.2.2008 – 5 Sa 45/07, NZA 2008, 768 ff.

[219] 書面契約的要求，也有利於實習生在訴訟程序上權利的主張。

如以六個月爲限）[220]、甚至明定最低的訓練津貼或生活津貼[221]。

　　最後猶欲一言者，係越來越多的人短期地在補習機構／補習班或個人工作室中接受一定技術的傳授（例如在舞蹈學校接受舞蹈的訓練、在補習班中接受繪畫、刺繡或者刺青穿孔技術訓練）[222]、並且伴隨著理論教學，其身分究應如何界定？首先，對於此種補習期間所做的實習訓練，其雖未在技術生訓練職類範圍內，但基於營業自由或契約自由原則，雙方應可自由合意此種實務訓練。如約定部分地或全部地適用／準用職訓法或勞基法技術生的規定，應亦爲法所允許[223]。其次，此種補習期間所做的實習訓練，係由受訓者繳交一定的費用，學習理論課程、實務操作、甚至購買（紋身穿孔）機器等[224]。補習機構或個人工作室主要目的係在賺取一定的利潤，而非在僱用並教導受訓者知識、技能與經驗。雙方也不存在（如建教生訓練契約般的）教養關係（Erziehungsverhältnis）。至於受訓者在補習機構中，倒是有可能與其他受訓者居於類似提供勞務之地位，而受到雇主指揮命令權的拘束（例如擔任紋身工作助手Aushilfe的工作），因此，其有可能獲得一定數額的訓練津貼。只不過，其與上述政府機關基於促進就業的政策，所推動的實習或見習訓練關係，畢竟有所不同。其法律性質較像一個混合契約，結合了教導服務、使用借貸及

---

[220] Orlowski, a.a.O., 43 f.除此之外，爲了改善實習生無法舉證或難以舉證的現象，Orlowski也主張以分級的釋明與舉證責任（Grundsatz der abgestuften Darlegungs -und Beweislast）加以處理，她並不贊成以法律的推定或舉證責任倒置的訴訟法上的設計，解決此一問題。同樣地，本文也認爲台灣的性別工作平等法規定之舉證責任倒置，也是一個特例，無法全面適用於所有勞動關係所發生的爭議。台灣民事訴訟的舉證責任分配，係採取法律要件分類說之特別要件說。至於分級的釋明與舉證責任，台灣民事訴訟法似無類似之規定，雖然如此，應可依據第277條但書規定，「但法律別有規定，或依其情形顯失公平者，不在此限」，處理之。學者間的論著與分級的釋明與舉證責任較近者，有黃國昌，階段的舉證責任論—統合實體法政策下之裁判規範與訴訟法觀點下之行爲規範，東海大學法學研究，第22期，2005年6月，頁217以下、頁268以下。另請參閱沈冠伶，論民事訴訟法修正條文中法官之闡明義務與當事人之事案解明義務，萬國法律，第111期，2000年6月，頁40以下；鄭傑夫，勞動訴訟，收錄於：勞動基準法釋義—施行二十年之回顧與展望，2009年，頁607以下；王甲乙、楊建華、鄭健才，民事訴訟法新論，1983年，頁373以下。另請參閱BAG v. 25.4.2001 –5 AZR 360/99, NZA 2002, 87; Ascheid/Preis/Schmidt/Preis, 3. Aufl., 2007, Grundlagen J. Rn. 79.

[221] 反對說，Orlowski, a.a.O., 42: 撇開一個國家所定的最低工資會引發極大的疑慮不問，也不需要訂定一個特殊的實習生最低工資（ein spezieller Praktikantenmindestlohn）。

[222] 有關刺青的報導，可參閱「蝴蝶紋乳烙情傷鯨魚刺胸擁新歡」，中國時報，2009年12月20日，A12版。

[223] MünchArbR/Natzel, § 177 Rn. 141.

[224] BAG v. 17.7.2007, NZA 2008, 417 ff. 雙方也可以約定在訓練結束後，受訓者應該接受測驗，成績合格者始會由施訓者取得一證書（Zertifikat）。

買賣契約等內容。

承上，即使契約中明確地使用養成訓練關係、實習生或見習生關係、或者勞動關係一詞，惟仍應從內涵上其並未負有最低限度完成廠場目的之義務（亦即會共同完成廠場的勞動技術的目的）、以及契約中並未規定工作義務及特定的工作範圍，而推論出當事人雙方並非意在成立訓練契約或實習契約或勞動契約。在此種實習關係中，受訓者擁有的自由度（或者謂人格獨立性）顯然要比訓練契約或實習生契約或勞動契約中受訓者或勞工的範圍來得大。受訓者須要受到職訓法或勞基法或教育法規中相關職業訓練規定（技術生、建教生、實習生、見習生）的保護必要性，原則上也已經喪失。對於受訓者的保護，應該回歸到民法或／及消費者保護法等規定。就算契約中規定競業禁止條款，而這也是典型的勞動契約特徵之一，但在此種實習關係中，當事人為了避免受訓者結訓後從事競爭業務之行為，而與之訂定競業禁止條款，原則上應屬有效[225]。即其與勞動契約無必然的關聯。在法律處理上，其應與技術生、職業的養成訓練受訓者不得約定競爭禁止條款者，採取不同的對待。在混合契約的前提下，針對補習機構所賣出機器設備（例如刺青穿孔機器）的缺陷，受訓者應該尋求瑕疵擔保請求權（Gewährleistungsanspruch），解決其間之爭議[226]。

肆、訓練津貼及費用負擔與返還

從台灣實務運作的現況觀之，建教生在工廠實習期間，往往會由廠商獲得一定的津貼[227]。至於在青年職場體驗計畫中，政府亦按月補貼見習青年見習訓練津貼。而在大專畢業生企業職場實習方案中，政府也補助薪水、勞健保費、以及年終獎金等。似乎，給付訓練津貼係一必要之舉。惟，豈其然乎？亦即在各種不同的實習生訓練關係中，針對實習生在過程中的生活費用及其實際工作所產生的經濟價值，事業單位應否給予生活津貼／訓練津貼（對價）？該津貼

---

[225] 競業禁止條款運用於商場的實例是：在企業轉讓之情形，出賣人負有不得隨後、在原企業的附近，再開設一家新行號以與買受人競爭之義務，不僅應將個別的實物、更應將企業的接觸廠商及機會轉讓與買受人。亦即其負有讓買受人接收現有客戶的義務。請參閱 Buchner, Wettbewerbsverbote während und nach Beendigung des Arbeitsverhältnisses, 1995, Rn. A 7, 16.

[226] BAG v. 17.7.2007, NZA 2008, 419.

[227] 「高苑工商800學生未註冊裁員減薪滾雪球建教合作拉警報逾半廠商延後進廠實習」，聯合報，2009年2月17日，A4版：不少工廠裁員減薪、放無薪假，連帶減少建教合作的機會，也讓不少建教生繳不出學費。建教生到工廠實習，每月約有1萬8,000元薪水，對清寒家庭子弟是一筆重要收入。

的法律性質為何？與此相關的是，廠商可否以貸款的方式提供實習生學費等費用，而要求學生在未能與之成立勞動契約、並且為之至少工作一段期間者，即應返還各種費用（含訓練津貼）？

一、訓練津貼之給予及其性質

對此，首欲說明者，針對學術規章所要求之實務訓練，建教生及技職院校學生的實習，其身分本質上仍為學生而非勞工，其所進行的實習工作只是整體學習課程的一部分，並無職訓法的適用。只是在建教生的部分，其在「高級中等學校建教合作實施及建教生權益保障法」公布施行前，得以建教生的身分，準用技術生的規定（勞基法第64條第3項規定），而這也包括生活津貼的約定[228]。而在2013年1月2日「高級中等學校建教合作實施及建教生權益保障法」公布施行後，其即得直接依據第22條請求給付生活津貼。在此，無論是勞基法第65條或「高級中等學校建教合作實施及建教生權益保障法」之生活津貼，應係一強制性的保護規定，當事人雙方於訂約之時並不得約定技術生無償工作[229]、或者在事後拋棄生活津貼請求權。所以，似乎無法完全否定其具有一定程度勞務對價的本質[230]。但是，另一方面，在「高級中等學校建教合作實施及建教生權益保障法」施行前，基於契約自由原則，當事人倒是可以自由約定生活津貼的「額度」[231]。只不過，此種建教生的生活津貼，已在「高級中等學校

---

[228] 在高級職業學校建教合作實施辦法中，雖然有技術生訓練契約的規定（第4條第3項及第5條），但卻未規定訓練津貼。

[229] 在此，可準用民法第483條第1項規定，「如依情形，非受報酬即不服勞務者，視為允與報酬」，所謂「有償契約」處理。

為了確保訓練津貼的取得，德國職訓法第19條第1項第2款甚至規定，受訓者基於疾病或不可歸責之職務妨害而無法履行義務時，仍有六個星期薪資繼續給付請求權。在台灣，勞基法第69條第1項規定，「休假」之規定，於技術生準用之。此一「休假」似不應侷限於勞基法第37條（休假）及第38條（特別休假）規定，而應及於勞基法第43條之請假規定。惟依據勞工請假規則第4條之規定，普通傷病假的期間也只有三十日，且工資只給付半數。所以，技術生也只能在三十日內，請求給付半數的生活津貼。

[230] BAG v. 15.12.2005, AP Nr. 15 zu § 10 BBiG., NZA 2008, 828.

[231] 在這裡，難免會牽涉到另一個問題，即訓練津貼可否以實物（Sachleistungen）方式給付？對此，我國勞基法第69條固無準用工資之規定（尤其是勞基法第22條第1項實物給付只能「一部」的限制），但是，第65條卻有技術生契約訂明「膳宿負擔」之規定。而「膳宿負擔」實際上即為實物。所以，結論上應可採肯定的見解。有問題的是，實物給付可以占訓練津貼的最高比例為何？即能否完全以實物給付之？從比較法上來看，德國職訓法第17條第2項規定，實物給付不得超過未稅津貼總額75%以上。其目的是希望技術生及其家庭保留一定成數的現金使用，以購置所須要的物質。此一立法，應可供台灣參考。

建教合作實施及建教生權益保障法」第22條第2項規定,「前項生活津貼,不得低於勞動基準法所定基本工資,並應以法定通用貨幣給付之。」顯示出立法者給予最低生活津貼保障的決心[232]。所以,由第22條第1項,「建教合作機構應依建教合作訓練契約,給付建教生生活津貼,並提供其生活津貼明細表」,觀之,應係承繼勞基法第65條強制規定之性質,其最低額度必須在勞動基準法所定基本工資以上,至於上限為何,則是由當事人雙方自由約定[233]。

其次,針對技職院校(職業學校、大專院校)學生的實習,如其非建教生者,則其在教育法規及學術規章要求下[234],到事業單位實習的期間,是否亦有訓練津貼請求權?對此,是否宜以技職院校學生與建教生同為學生身分,而採取對於訓練津貼同樣的處理方式?為此,似應考量到此類學生的實習方式及期間更為多元,且法令規章更為不明。有長至逾年者,也有短至數個星期者。所謂藉由實習學得職業的技巧與能力,其效果遂顯得參差不齊。因此,在勞工法令及教育法令明文規定之前,從理論上而言,本書以為對於只進行一至三個月的實習課程,由於雙方大體上仍在摸索的階段,且受訓者實務工作的經濟效益尚不高,要求施訓單位負擔受訓者的生活費用,似乎並無必要,故雙方可約定不給訓練津貼。惟如果實習期間已超過三個月,甚至達到一整年,則受訓者因為接受訓練的生活費用將逐步增高,如不給予補貼,恐怕難以吸引青少年參加此種課程,影響我國人力資源品質的提升。況且,受訓者提供勞務的品質及其所帶給廠場的經濟效益,將逐日增加。因此,要求廠商給予此類技職院校學生實習期間的訓練津貼,遂具有相當程度的正當性與合理性。此處訓練津貼的給予,應該比照建教生的處理方式[235]。

再者,針對政府機關基於促進就業所推動的實/見習訓練、以及廠商基於網羅職場新鮮人所進行的真正實習訓練關係,該等實習生或見習生已經脫離學生的身分或者已經完成其他有系統的養成訓練,只是基於補足實務的操作經驗或者冀望經過實習後能夠留廠工作,而以實習生或見習生的身分進入廠場。

---

[232] 如果將第22條第2項與勞基法第22條第1項加以比較,會發現此處並無「一部實物給付」之規定,也就是說,建教生的生活津貼不得以實物給付的方式為之。

[233] 依據「高級中等學校建教合作實施及建教生權益保障法」第12條第1項第5款規定,建教生訓練契約內容應包括生活津貼與其調整、給付方式及計算基準。

[234] 相關的法規有建教合作實施辦法、專科學校法、專科學校規程等。

[235] 否定說,MünchArbR/Natzel, §177, Rn. 184: 一般而言,專科學生必須在工廠中完成一實習,但因其法律身分仍為學生,所以自然無訓練津貼請求權。同樣採取否定說者,Hirdina, a.a.O., 916 f.

由於該等人員大多已有完整的理論基礎，所以在實務經驗的吸取上，往往較建
教生及技職院校的學生來得快。其實務操作的經濟價值已經極爲靠近一般的勞
工，甚至與試用期間勞工不相上下。因此，此類人員理應獲得訓練津貼的給
付，且其額度應較建教生及技職院校的學生所獲得者，爲高[236]。此處，主要是
考量受訓者費用補償（Aufwandsentschädigung）或生活費用補助的需求，要較
建教生及技職院校的學生爲高所致[237]。

　　最後，較有問題的是，針對在補習機構或個人工作室接受一定技藝訓練
之人，是否亦有訓練津貼請求權？對此，似應視其在補習機構中，有無與其他
受訓者居於類似提供勞務之地位，而受到雇主指揮命令權的拘束而定。如其實
習訓練只涉及本身技藝的精進、且所完成的作品歸屬自己所有，例如繪畫與刺
繡，則因無類似提供勞務的經濟價值，自然無訓練津貼的給付問題。相反地，
如果其實習過程涉及到與第三人（顧客）的接觸，他是經由將作品完成於第三
人身上而逐漸精進技術者，無論其是獨立完成或擔任補習機構／個人工作室的
助手（例如擔任紋身工作助手的工作），則其應可獲得一定數額的訓練津貼。

　　針對上述各種實習生或見習生所獲得的生活／訓練津貼，其法律性質爲
何？可否將之視爲工資？對此，如係將上述人員的身分定位爲勞工者，毋寧會
採取肯定的見解。惟本書則是認爲：基於上述建教生訓練契約等本非勞動契約
之事實，要將生活津貼界定爲工資，並且引用工資的法律規定及法理加以處
理，並不妥當。事業單位基於技術生訓練契約所爲之生活津貼，並不是其主要
義務，而是其附隨義務而已[238]。建教生等實習生的主要義務也不是提供勞務，
而是努力地學習理論課程及實務操作。所以，生活津貼首先只具有鼓勵技術生
努力學習的性質。也可以說，生活津貼具有濃厚的獎／助學金的性質。惟不可

---

[236] 同說，MünchArbR/Natzel, § 177, Rn. 184.反對說，Söllner, Grundriß des Arbeitsrechts, 11. Aufl.,
1994, 312:（德國）職業訓練法第17條之訓練津貼請求權，並不適用於見習生（Volontär）。

[237] 依據德國聯邦勞工法院在「管絃樂團實習生」（Orchesterpraktikant）案件中的見解：「工資
的額度可以作爲勞動關係的證據評價。具有決定性的，是被告給付給原告的工資數額，遠遠
地超過費用補償或生活費用補助的所須。因此雙方工資的約定，反而較像勞務的對價，而不
像爲達成養成訓練目的而給。至於將原告稱呼爲「管絃樂團實習生」，在認定雙方屬於何種
契約關係時，並不具有決定性。即在法律上評價一個契約是否爲勞動契約時，並不庸在意
當事人對該契約的稱謂」。BAG v. 13.3.2003, 6 AZR 564/01, juris .另請參閱BAG AP Nr. 1 zu §
611 BGB Freier Mitarbeiter.

[238] BAG v. 10.2.1981, DB 1981, 1937; BAG AP Nr. 26 zu § 5 BetrVG 1972; BAG AP Nr. 3 zu § 3
BBiG. Benecke/Hergenröder, BBiG, 2009, § 17 Rn. 6 ff.; Leinemann/Taubert, a.a.O., § 10 Rn. 6;
ErfK/Schlachter, § 17 BBiG Rn. 1.

諱言地，生活津貼也具有經濟的意義，藉由給予技術生及其父母生活費用的補助，滿足受訓者的生活所需，連帶地使得訓練能夠順利進行[239]。

二、訓練費用之負擔及其返還

在各種不同的實習訓練關係中，可否約定由實／見習生或其父母必須給付一定數額的訓練費用（Lehrgeld, Entschädigung）[240]？對此，以技術生訓練為例，考量事業單位並非以職業的訓練或技術生訓練作為其營利的手段，而且，技術生在廠場中的實務操作，實際上也會帶給事業單位一定的利潤，因此，似乎不應承認事業單位有要求技術生給付訓練費用的權利。為了呼應於此，勞基法第66條乃規定，「雇主不得向技術生收取有關訓練費用」，目的也是在保護技術生免於費用負擔的壓力，以免其減低接受訓練的意願[241]。此處所免除的費用，也包括事業單位應該無償地提供工具、材料給受訓者使用、以及人事費用在內[242]。只不過，如果技術生在職業學校中接受學科訓練，則其學習所需要的書籍及其他技術生訓練的物質，事業單位並無提供之義務[243]。

承上，依據勞基法第64條第3項規定，技術生規定準用於建教合作生、見習生及其他性質相類之人。因此，勞基法第66條規定「雇主不得向技術生收取有關訓練費用」，亦準用於建教生，其並不負擔在廠實習的訓練費用。此一免費原則之思想，亦見之於2013年1月2日公布施行之「高級中等學校建教合作實

---

[239] BAG AP Nr. 1 zu § 84 HandwO. Hanau/Adomeit, a.a.O., Rn. 577. 反對說，MünchArbR/Natzel, § 177 Rn. 194.

　　由於生活津貼具有生活費的性格，所以依據台灣強制執行法第122條規定，必須酌留生活所必須的額度。至於依據德國民事訴訟法第850a條第6款及民法第400條、第1274條第2項之規定，訓練津貼不得強制執行、抵押或讓與。Knopp/Kraegeloh, a.a.O., § 17 BBiG, Rn. 2; MünchArbR/Natzel, § 178 Rn. 196.

[240] 在這裡，訓練金，形式上也包括作為對價購買物品的費用。

[241] 在德國法上，聯邦勞工法院早已創設一個「職業養成訓練免費原則」（Prinzip der Kostenfreiheit der Berufsausbildung）。依據職訓法第10條以下之規定，施訓者必須負擔養成訓練的費用。Hanau/Adomeit, a.a.O., Rn. 569; MünchArbR/Natzel, § 178 Rn. 12.

[242] 參照德國職訓法第14條第1項第3款規定。

[243] 同樣地，工作服及安全的裝置並非技術生訓練的物質。事業單位係基於其他的法律規定，尤其是職業災害防護規定，而負有提供之義務。MünchArbR/Natzel, § 178 Rn. 97. Vgl. auch BAGE 103, 41.

　　另外，ErfK/Schlachter, § 12 BBiG Rn. 4: 如果是針對受訓者參加學校的課程，施訓者提供其借貸，則該借貸契約有效。其並非職訓法第12條第2項第1款所欲禁止的費用。BAG AP Nr. 8 zu § 5 BBiG.

施及建教生權益保障法」第18條第1項第1款之規定，依之，「建教合作機構不得要求建教生應負擔任何訓練費用」；同條第2項並且規定，「建教生訓練契約有前項各款約定者，其約定無效[244]」。同理，技職院校的學生、政府機關基於促進就業所推動的實／見習訓練以及廠商基於網羅職場新鮮人所進行的眞正實習訓練關係，該等實習生應該亦不負擔訓練費用。有問題的是，針對在補習機構或個人工作室接受一定技藝訓練的人，得否要求其負擔實習訓練（及理論課程）的費用？對此，似應持肯定的態度，蓋此種補習機構係以提供實務課程及理論教學的服務，換取受訓者繳交一定的費用，其主要目的是在賺取一定的利潤，而非在僱用並教導受訓者知識、技能與經驗。雙方也不存在（如建教生訓練契約般的）教養關係。與其他實／見習訓練關係相較，受訓者在補習機構中，一般也不會有提供具一定經濟價值的工作，這都是與其他的實習訓練關係的不同所在。即使其係一綜合教導服務、使用借貸及買賣契約等內容的混合契約，也不會影響其收取訓練費用的權利。

承上而來的問題是，即使廠商不得要求實／見習生負擔訓練費用，但是，對於廠商本身爲訓練實／見習生所負擔的訓練津貼、學雜費、學生宿舍住宿費、電腦及使用電腦的相關費用等費用，可否要求受訓者在一定的條件下（特別是完成訓練後未與之成立勞動契約或在勞動契約下未服務一定的年限），應將費用（逐期／次）返還？對此，先以技術生訓練爲例。爲使技術生在訓練結束後，得以自由地運用其所習得的知識與技能，俾能有益於國家經濟的發展，所有可能限制技術生運用其所習得的技能的約定，均應令其歸於無效[245]。此類約款不當地影響技術生的意思決定自由。一旦簽訂，即會造成間接的壓力，以致於不合比例地限制技術生的職業自由[246]。所以，禁止該類條款之適用，可以避免技術生無法深化或熟練化尙未成熟之職業的基礎知識。因此，原則上，返還訓練費用約款是無效的[247]。

對於建教生及技職院校學生而言，依據勞基法第64條第3項及第66條規

---

[244] 有問題的是，此一條文係規定「強制」建教生負擔費用無效，但是，如果是雙方合意負擔或分攤費用呢？是否即爲有效？對此，本書以爲仍以採否定說爲妥。

[245] 請參閱BT-Drucks. V/4260, S. 6. BAG NZA 2002, 1396.

[246] BVerfG v. 7.2.1990 EzA HGB § 90a Nr. 1; Knopp/Kraegeloh, a.a.O., § 12 BBiG, Rn. 2: 約定受訓者如在養成訓練結束後之特定日期前離開施訓者場所時，即應返還聖誕節獎金者，亦屬無效。

[247] 這個也是勞基法第66條的反面解釋，蓋既然不能要求技術生繳交訓練金，當然也不能要求技術生事後返還訓練費用。與此相反者，進修訓練中可以約定返還訓練費用條款。Leinemann/Taubert, a.a.O., § 1 Rn. 42.

定，事業單位似乎亦不得與建教生約定返還訓練費用。然而，建教生與技術生究竟有所不同，建教生所接受的實務訓練必須屬於技術生訓練職類之一，始會等同於技術生。相對地，技術生也不一定會接受（如建教生及技職院校學生般的）有系統的學校的理論課程。而且，如上所述，如果技術生在職業學校中接受學科訓練，則其學習所需要的書籍及其他技術生訓練的物質，事業單位並無提供之義務。因此，針對建教生及技職院校學生的訓練費用，似應區分在學校中所產生者及在廠場中所產生者兩部分。在廠場中所發生的（工具、材料）費用，如係在「高級中等學校建教合作實施及建教生權益保障法」第18條第1項第1款施行前，固應準用或比照技術生的訓練，由廠商負擔之。惟之後，即依照第18條第1項第1款而定。至於在學校中所發生者（學雜費、學生宿舍住宿費／租金補貼、膳宿津貼、獎學金、電腦及使用電腦的相關費用等費用），如係由廠商先為之支付者，則其當有為自己栽培人才的用意（招募政策），希望在該學生達到一定條件的要求下，透過勞動契約要求其一定期限的留用[248]。如果建教生及技職院校學生未能依約留用，廠商應可要求返還費用（這與「高級中等學校建教合作實施及建教生權益保障法」第18條第1項第8款「限制建教生契約終止後之就業自由」，尚有不同）。這主要是立基於學校中所生的費用眾多，學生經過理論教學可以在勞動市場上獲得相當大的優勢，廠商的要求返還學雜費具有相當程度的正當性與合理性[249]。

　　進一步言之，廠商對於建教生及技職院校學生所做的訓練，如其已明顯地提高勞工在就業市場上的機會[250]，則雇主以經濟上適當的方式（in wirtschaftlich angemessener Weise）將該費用轉嫁給勞工負擔時，原則上並沒有甚麼疑慮[251]。此處，雇主投入於人力資源的利益保護，應該優先於勞工自由選擇職業的基本權。惟假設雇主先提出的訓練費用，依據事實判斷，其投資係為企業的利益者，亦即是企業人事政策的一環時，則雇主即不能當然要求勞工承擔該費用。在此種情況，雇主所投資的費用，是希望事後可以由勞工

---

[248] 依據勞基法第67條下半句規定，「雇主如於技術生訓練契約內訂明留用期間，應不得超過其訓練期間。」這表示我國係採取「有限度的留用條款」，立法者並非完全禁止留用。

[249] Natzel, a.a.O., 567 ff. 另請參閱 Hümmerich, Arbeitsrecht, 6. Aufl., 2007, 634. 依據德國聯邦勞工法院的見解，針對返還訓練費用條款的有效性的疑慮，雇主負有釋明及舉證的責任。BAG EzA Nr. 13 zu Art. 12 GG.

[250] 但是，問題是：這要如何判斷是否明顯呢？

[251] Vgl. BAGE 100, 13; ähnlich BAG AP Nr. 36 zu § 611 BGB Ausbildungsverhältnis.

所習得的知識，在企業經營上獲得好處[252]。亦即假設雇主所投資的費用係爲本身的利益，則只有在勞工有一經由廠場忠心／誠（Betriebstreu）避免返還費用的可能性時，返還費用條款始具有利益正當性（interessengerecht）[253]，或者說，才是一個經過利益衡量的整體規定（eine ausgewogene Gesamtregelung）。否則，即是一個違反誠信原則（die Gebote von Treu und Galuben）的、對於契約相對人重要權利予以限制的規定。即勞工必須有可能經由履行勞動契約而避免被追討訓練費用，否則，即是將雇主爲自己利益所做投資的風險，以不適當方式轉嫁給勞工負擔。此種處理方式，係爲了避免勞動關係完全來自於雇主的責任領域及風險領域（Verantwortungs-und Risikobereich）而終止時，勞工卻須要承擔訓練的費用。因此，在以下的情況，雇主均不得要求勞工返還訓練費用：雇主基於企業經營因素而終止契約時（勞基法第11條規定）[254]；雇主單方終止契約的原因，並非勞工具有行爲上的事由時[255]；勞工因雇主具有過錯的行爲（Fehlverhalten）而終止契約時（勞基法第14條規定）[256]；雇主沒有準備或沒有能力相應於（entsprechend）勞工的訓練而加以僱用時[257]。如果勞動關係的未成立，係因爲雇主沒有意願時，即不能要求潛在的勞工（potenzielle-Arbeitnehmer）返還訓練費用[258]。

其次，針對政府機關基於促進就業思想所推動的實／見習訓練以及廠商基於網羅職場新鮮人所進行的眞正實習訓練關係，廠商是否有可能自己再爲實務訓練支出費用？如是，則在一定的條件下，廠商可否要求受訓者返還訓練費用？在此，如是政府機關基於促進就業所推動的實／見習訓練，政府機關如係全額補助訓練費用時，理論上廠商即無再爲之支出訓練費用的空間與必要。但如果只是部分補助，則廠商即有可能再補貼不足的部分。至於廠商基於網羅職

---

[252] Vgl. BAGE 111, 157; BAGE 118, 36; BAG AP Nr. 12 zu §310 BGB.

[253] BAG v. 18.11.2008, NZA 2009, 438: BAG v. 18.3.2008, NZA 2008, 1004..這裡，相當程度上已承認學習者在學習時間結束後有一僱用請求權（Anspruch auf Beschäftigung）。反面言之，事業單位必須在學生完成學業後，予以繼續僱用／留用。

[254] BAGE 88, 340.

[255] BAGE 111, 157.

[256] Hümmerich, a.a.O., 635. BAGE 118, 36. LAG Bremen v. 25.2.1994, DB 1994, 2630.

[257] BAG AP Nr. 11 zu § 5 BBiG.例如雇主所願意提供的起薪過低、或者所提供的工作位置與學生所接受的訓練不相符合。

[258] Vgl. BAG AP Nr. 12 zu §310 BGB. BAG v. 11.4.2006, NZA 2006, 1042. LAG Bremen v. 25.2.1994, DB 1994, 2630.

場新鮮人所進行的真正實習訓練關係，亦有可能再為之支出訓練費用。在此種
有支出訓練費用的情況，廠商可否要求返還訓練費用，亦應依據上一段所敘述
的劃分方式處理之。但針對政府機關全額補助訓練費用之情形，廠商理應不得
要求受訓者返還訓練費用。蓋其既無費用的支出，解釋上即無損害可言[259]。

　　最後，針對在補習機構或個人工作室接受一定技藝訓練之人，可否與之
合意在一定條件下請求返還訓練費用？對此，如前所述，參加此種技藝訓練的
人，必須繳交一定數額的費用（學費），以換取補習機構的教學服務。在此種
訓練機構中，除了由政府機關透過施政計畫或措施給予訓練機構補助外，理論
上全部的費用是由參訓者負擔。補習機構或個人工作室也是營利機構，並非無
償地培養人才。所以，在此種實習關係中，當事人並不得約定返還訓練費用條
款。倒是，補習機構為了避免參訓者結訓後從事競爭業務之行為，可以與之約
定競業禁止條款，其中並可附加違約金條款。

　　在訓練費用負擔與返還的議題上，另一項極具爭議的問題是，廠商可否
以貸款（借貸）的方式提供實習生學費等費用，而要求學生在未能與之成立勞
動契約，並且為之至少工作一段期間者，即應返還各種費用（含訓練津貼）？
對此，首應說明者，雇主借貸（Arbeitgeberdarlehen）係一個普通的消費借貸契
約，其有關的權利義務關係應依據民法借貸契約的規定處理之[260]。此種借貸的
法律基礎（Rechtsgrund）並不在於勞動關係，因此並不受到勞工法的適用[261]。
即借貸不能視為來自於勞動關係的給付[262]，勞動關係結束時，借貸契約並不當
然隨即到期。在雇主屢次給予勞工小額的款項，但契約中卻未詳載其性質或用

---

[259] 「22K畢業後真正考驗才開始」，中國時報，2010年4月18日，A13版：企業也要承擔教導實
習生的人力時間、接受工作疏失導致損失的風險，主管或同事說不定還會為了白目天兵而血
壓飆高，即使不花錢，企業也是有看不見的付出。

[260] 依據德國民法第488條第2項規定（台灣民法第476條第1項規定亦同），除非契約約定貸與人
有利息請求權（Zinsanspruch），否則該契約係一無息的借貸契約。而在有利息約定時，雇
主所提供給勞工的利息，當然可以比資本市場的利益為優，在此種情況，優待的利息（Zins-
vorteile）實際上即為工資的一部分。對於此一優待利息，借貸契約中可以約定，勞工自行預
告離職時，優惠利息自勞動關係終止時停止，利息自動回復到資本市場的水準，該約款有
效。LAG v. 29.4.1987, NZA 1988, 164; BAG v. 23.2.1999, BB 1999, 1981. Hümmerich, a.a.O., 630,
632.

[261] BAG v. 23.9.1992, BB 1993, 1438; LAG Baden-Württemberg AP Nr. 3 zu §607 BGB.

[262] LAG Hamm v. 28.4.1995, LAGE Nr, 1 zu §794 ZPO Ausgleichsklausel. 然而，針對團體協約所約
定的返還借款的除斥期間，Niedersachsen邦勞工法院卻是認為：假設借貸契約的基礎（Grun-
dlage）係在於勞動關係時，即應有團體協約所約定的除斥期間之適用。LAG Niedersachsen v.
9.11.1999, NZA-RR 2000, 484.

意時，並不能斷然界定其性質為借貸，而是依據個案認定之。在此，應優先認定其係薪資的分期付款（Abschlagszahlungen）或預付（Vorschüsse）。前者，係勞工已經提供勞務了，雇主以分期付款的方式給付其工資；後者，則是在勞工尚未提供勞務之前，預先給予工資[263]。假設勞雇雙方原已有勞動契約，之後雙方再附加約定，給予勞工幾個月間一定數目的金錢，而後再於每月薪資中等額地扣除金額時，尚難斷定雙方確係成立一借貸契約[264]。惟如果勞雇間的契約已有典型的借貸契約的約款，例如利息、解約還款等約定，原則上即應該認定雙方有意成立一雇主借貸。在雙方成立一借貸契約時，原則上雙方可以自由約定還款的方式。惟無論如何，契約中必須明載返還借款的期限與額度[265]。

現在的問題是，針對實習生在學校中所發生的費用（例如學費／獎學金、學生宿舍住宿費、生活費用補助、電腦及使用電腦的相關費用）及在廠商處實習的訓練津貼，廠商與實習生成立一借貸契約，提供貸款給學生完成其學業。亦即將學習期間所給予的訓練工資及各種津貼（Zuschüsse）、費用等只是作為貸款（Darlehen）提供使用。實習生必須在學業完成後與之成立一勞動契約、並且服務一定的年限，否則即應負（逐期／次）返還貸款之義務[266]。則此一「消費借貸契約」的法律效力為何？在此，實應就該「消費借貸契約」加以定位。民法所指之消費借貸契約，係指貸與人（Dalehensgeber）應提供一定數目之款項供借用人（Dalehensnehmer）使用，而借用人負有返還之義務者（德國民法第488條第1項規定，台灣民法第474條規定）。至於個案中的約定是否確為借貸契約，必須綜合全部的契約文件及用語觀之。如果得出當事人本來就無意成立一消費借貸契約，而是廠商訂約的目的在於追回之前為實習生所支出的學費及其他各種費用，則當事人以消費借貸契約作為返還費用義務的根據，只是錯誤的表達而已（falsa demostratio）[267]。仍應以雙方真正成立的契約為準[268]。而一旦確定其並非消費借貸契約，則如前所述，應該回歸到實習生訓練

---

[263] Hümmerich, a.a.O., 629.

[264] LAG Düsseldorf AP Nr. 1 zu § 614 BGB; LAG Bremen v. 21.12.1960, DB 1961, 243.

[265] 假設性質上係一借貸，雇主僅得在不得扣押的範圍（Pfändungsfreigrenze）外行使抵銷權（Aufrechnung）。同樣地，如係一薪資的預付，雇主也必須保留不得扣押的工資部分給予勞工生活之用。BAG AP Nr. 1 zu § 394 BGB; BAG AP Nr. 11 zu § 850 ZPO.

[266] 相關案例事實，請參閱BAG v. 18.11.2008, NZA 2009, 435 ff.; BAG v. 18.3.2008, NZA 2008, 1004 ff.

[267] Vgl. BAG AP Nr. 14 zu § 611 BGB Ausbildungsbeihilfe.

[268] 其實，即使雙方係成立一消費借貸契約，有關的訓練津貼也不宜作為貸款看待，蓋其既然是

契約的返還費用條款的有效性處理之。換言之，如果所做的訓練，已經明顯地提高勞工在就業市場上的機會，則雇主以經濟上適當的方式將該費用轉嫁給勞工負擔時，原則上並無何疑慮。惟假設雇主所投資的費用係為本身的利益，則只有在勞工有一經由廠場忠心／誠避免返還費用的可能性時，返還費用條款始具有利益正當性。即勞工可以經由履行勞動契約而避免被追討訓練費用[269]。

伍、留用條款之效力

在實習生訓練關係中，另一項極為爭議的問題是：事業單位在訓練關係結束後，有無定期或不定期留用勞工的權利或義務？反過來說，實習生有無留用之義務？或者，實習生有無一向事業單位請求繼續工作（留用）（Weiterarbeitsklausel）的權利？此一問題除了與其他限制職涯發展的條款（例如返還費用條款）有一定的關聯性外，主要牽涉到實習生訓練結束後之擇業自由與雇主契約自由原則的平衡問題，以下即加以說明之。

一、基於建教關係之實習生的留用問題

首先一言者，無論是基於學術規章或非學術規章的實習關係，受訓者無不希望在結訓後能夠結合理論與實務的專長，自由地運用於職場上。當然，此處的職場，包括原來的事業單位及其他的事業單位。因此，為使實習生在訓練結束後，得以自由地運用其所習得的知識與技能，俾能有益於國家經濟的發展，

作為彌補實習生生活費用之用，即不宜再讓實習生返還之。

[269] 德國勞雇間所成立的借貸契約，向來即受到定型化契約條款規定之適用。BAG v. 23.9.1992, BB 1993, 1438.同樣地，在德國聯邦勞工法院2008年11月18日及2008年3月18日的兩個判決中，由於事業單位使用事先印好的定型化契約條款，所以法院乃引用德國民法第307條及第310條的規定，以其條款（包括契約關係的開始、僱用的種類與範圍、起薪的結構／組成Gehaltsfindung等）用語未達可以理解（verständlich）及清楚（klar）的地步，而認定其為無效。BAG v. 18.11.2008, NZA 2009, 435 ff.; BAG v. 18.3.2008, NZA 2008, 1004 ff.另請參閱BAG v. 11.4.2006, NZA 2006, 1042; BGH v. 14.7.2004, NJW 2004, 2961.至於台灣有關定型化契約條款的重要文獻，可參閱詹森林，定型化契約條款效力之規範，律師雜誌，第293期，1995年4月，頁21以下；詹森林，消費者保護法之定型化契約最新實務發展，月旦法學雜誌，第91期，2002年12月，頁28以下；詹森林，民法第247條之1與定型化契約法之發展，法學叢刊，第204期，2006年10月，頁195以下；陳聰富，契約自由與定型化契約的管制，月旦法學雜誌，第91期，2002年12月，頁51以下；楊淑文，消費者保護法關於定型化契約在實務上之適用與評析，政大法學評論，第60期，1998年12月，頁232以下；曾品傑，論附合契約—最高法院九十二年度台上字第九六三號判決評釋，東海大學法學研究，第23期，2005年12月，頁123以下。

所有可能限制實習生運用其所習得的技能的約定，均應令其歸於無效（依據「高級中等學校建教合作實施及建教生權益保障法」第18條第1項第8款規定，限制建教生契約終止後之就業自由，該約定無效）[270]。此類限制職涯發展條款不當地影響實習生的意思決定自由，過度地干預實習生的職業自由，而且會導致實習生無法深化或熟練化尚未成熟之職業的基礎知識。因此，原則上，返還訓練費用約款是無效的。一個附加違約金條款的實習生訓練契約，其違約金條款亦屬無效[271]。另外，如果當事人雙方約定訓練結束後不得為競業行為，則除了補習機構或個人工作室與實習生所約定者原則上有效外，其他的實習關係原則上會歸於無效。蓋訓練結束後，實習生有可能未受到留用，而至其他事業單位工作。這時，如果實習生不能以所習得的專業技術謀生，那麼，其接受實習生訓練又有何意義？

如上所述，針對禁止事業單位之收取訓練費用，在「高級中等學校建教合作實施及建教生權益保障法」第18條第1項第1款中，已經有所規定。另外，該條第8款亦規定，「建教合作機構限制契約終止後建教生之就業自由者，其約定無效。」基於此一確保工作自由的條款，建教合作機構遂不得與建教生約定結訓後禁止競爭業務之行為。

承上，那麼，社會大眾一再關注的實習生留用問題，無論是一開始事業單位即在實習生訓練關係中約定留用或者訓練結束後始約定留用，是否均會不當地限制實習生之擇業自由？或者說，這反而是在保障實習生的就業權利？對此，擬再就技術生的留用問題簡要說明如下[272]。緣依據勞基法第67條規定，雇主「得留用」訓練期滿的技術生為勞工，故技術生並無請求轉換為勞工之權。此處留用之約定，亦即雙方合意成立一個勞動契約，限於訓練期滿後始得為之，雙方不得在技術生訓練期間即成立留用約定。而自留用時起，該「勞工」始會受到勞動契約各種權利義務的適用與拘束，並且與同等工作之勞工獲得同等之待遇。訓練期間免予合併計算為工作年資。如觀勞基法第67條下半句規定，僅是「有限度的留用條款」。且雙方所簽訂的勞動契約，一定是定期勞動契約。至於最低留用期間屆滿前，勞雇雙方的任何一方均不得任意終止契約，

---

[270] 請參閱BT-Drucks. V/4260, S. 6. BAG NZA 2002, 1396.

[271] 相反地，如果是針對已經簽訂勞動契約的受訓者、於其不願履約時，應該負擔違約金者，該款約定即為有效。BAG AP Nr. 4 zu §5 BBiG.

[272] 詳參第428頁以下關於技術生留用問題之討論。

亦即此種最低留用期間的約定，隱含著雙方默示合意排除普通／一般終止之適用。

　　如上所述，有關技術生之留用，台灣勞基法第67條係採取有限度的留用條款，即兼顧技術生的工作權及雇主的經營利益考量。至於在建教生的留用部分，在「高級中等學校建教合作實施及建教生權益保障法」施行前，如依據勞基法第64條第3項準用第67條規定，雙方即可以合意一不超過訓練期間的留用期間。這裡隱含著任何一方都不會被強制與他方締結勞動契約的意義[273]。此種自由合意留用的立法思想，應該也可以從「高級中等學校建教合作實施及建教生權益保障法」第28條第3項，「建教生取得訓練證明且表現優良者，建教合作機構得優先僱用。」解釋得知。只不過，相較於勞基法第67條「不超過訓練期間的留用期間」的有限度留用，第28條第3項規定則無如此之限制，解釋上雙方合意的留用期間不受到任何限制。至於留用的工作及工作條件為何，第28條第3項並未有所規定。解釋上，建教生必是先獲有工作，然後才有工作條件可言。假設在建教生訓練契約中未有留用的約定，則在訓練結束、留用與否未定之際，受訓者固然無一僱用請求權、更談不上一個「留任在原來的受訓位置」的請求權。但是，假使事業單位要提供一個留用的要約，其也不能只是漫言「在將來一個不特定的時點」，會「提供某種工作」，而是必須具體提供一個與建教生所接受的訓練相符的職位、以及明定何時開始工作的勞動契約始可[274]。

　　更有問題的，是在工作條件方面，事業單位必須概要式地（rahmen-mäßig）確定以何種具體的工作條件繼續使用勞工，包括僱用的種類、時間範圍及工資額度等[275]。理論上而言，配合建教生結訓後係從事一與訓練相符的職

---

[273] 雖然勞基法第67條規定用語是「雇主得留用之」，但事實上留用與否仍須經過技術生的同意。一旦留用，建教生訓練契約期間的年資，並不合併到勞動關係計算。

[274] 有問題的是，事業單位所提供的留用，一定要勞動關係嗎？這在德國聯邦勞工法院2008年3月18日判決中，固然有「只要受訓者並無成立勞動關係或其他僱用關係的請求權，則其自然無經由廠場忠心／誠（Betriebstreu）逐期返還養成訓練費用的機會。」言下之意，似乎隱含著雙方成立承攬契約或委任契約的可能性。惟本書則是以為受訓者與施訓者成立承攬契約或委任契約，恐非其本意，況且其較為強調勞務的獨立性與自主性，與特別強調從屬性的勞動契約不同，故所謂的留用仍應以勞動契約或僱傭契約為限。請參閱BAG v. 18.3.2008, NZA 2008, 1007.

[275] BAG v. 18.3.2008, NZA 2008, 1007 f.在這裡，即使事業單位係在成立訓練契約之際，即以定型化契約條款約定繼續僱用受訓者，其契約條款也必須符合德國民法第307條第1項第2句透明性的要求（Transparenzgebot），否則，即是對於受訓者造成不適當的歧視。亦即必須具體地說明：要如何地及在那裡使用勞工。

位，而且從那時起是以勞工身分受薪，其工資額度及其他工作條件理應較建教生身分時爲佳。但是，這並不表示事業單位非得以較高的工資及較好的工作條件（繼續）僱用建教生不可。只要雇主是以「與訓練相符的職位」留用建教生，即代表有可能工作條件較好或較差。也因此，雙方可以合意調整原來的工資及其他工作條件，甚至比調整前更差的工作條件。這裡只是要求：建教生在考慮是否接受留用之前，必須有一大概地了解工資額度及其他工作條件的機會。如果太低或不符合建教生的期望，建教生當然可以拒絕留用，轉往他處工作。

承上，假設建教生訓練契約中一開始即約定留用的工作種類及工作條件，固然亦爲勞基法第64條第3項準用第67條規定及「高級中等學校建教合作實施及建教生權益保障法」第28條第3項規定原則上所允許，但是，其亦必須至少達到概要式地具體確定的程度始可[276]。

二、非基於建教關係之實習生的留用問題

如上所述之建教生自由合意留用之思想及工資與其他工作條件之解決途徑，對於居於技職院校學生之實習生訓練關係，原則上亦有適用之餘地。蓋技職院校學生與技術生、建教生的年齡相仿，所接受的理論及實務訓練，也與技術生、建教生的性質相類，且同具保障的必要性，故對於留用的工作及工作條件，宜採同樣的處理態度與標準。

其次，對於政府機關爲促進就業所推動的企業實習方案，例如青年職場體驗計畫及大專畢業生到企業職場實習方案，參加實習訓練者殆皆已完成大專學院的教育，只因其較爲欠缺職場的實務經驗，故能藉由此種實習方案補足學校教育所未能提供者。此種實習生近似於試用期間的勞工，實習期間近似於試用期間，其所提供工作的經濟價值也逐漸靠近勞工的勞務，再者，如前所述，從以往經驗中，得知參與青年職場體驗計畫的留用率接近九成，而大專畢業生到企業職場實習方案的留用率也有五成二[277]，表示事業單位與實／見習生均希望藉由實習認識對方、進而僱／留用對方，其期望也相當的高。事實上政府機關

---

[276] 雇主爲了避免所留非人，當然可以在建教生訓練契約中增加一些條件，包括成績等第及其他的表現。相對地，建教生爲了避免所託非人，亦可增加一些條件，尤其是最低工資或其他工作條件的要求。如此，始可避免超出自己意料（期待）之外的情事發生。

[277] 「禁玩開心農場22K實習生開除老板」，中國時報，2010年4月17日，A3版。

提供補助促進此種實習，雖然未規定強制／義務留用（全部或一定比例）[278]，但其盼望雙方成立一真正的勞動關係的政策目標，卻是一不言自明之事。雖然如此，對於此類實／見習生之留用條款，是否即採取與建教生、技職院校學生不同的處理態度與標準？本書以為仍以採否定為宜，蓋既然在國家政策上係將之刻意設計為一實／見習關係，實習生主要也是在藉由實／見習精進自己的技術能力，其留用與否，仍宜兼顧實／見習生的擇業自由與企業的經營利益。所以，應該準用勞基法第67條之規定，如是在實／見習生契約關係中即已約定留用，則應謹守「留用期間不得超過訓練期間」的原則；反之，如是在訓練期間結束後，雙方已合意成立不定期的勞動契約，即表示雙方已默示地不定期留用。此時如有留用期間的約定，理論上仍應遵守「留用期間不得超過訓練期間」的拘束。即此處不宜採取如同最低服務年限約款（勞動基準法第15條之1參照）的作法，審查其必要性與合理性[279]。

最後，就補習機構或個人工作室的實習關係而言，實習生係單純地繳交一定的費用，向補習機構或個人工作室學習一定的理論課程與特定技藝（繪畫、刺繡、刺青穿孔）的實務操作。受訓者在完成技藝後，理論上即會離開補習機構或個人工作室，自行開業或受僱於他人，此時通常較會發生約定競業禁止條款之問題，而沒有留用之問題。惟一旦補習機構或個人工作室將之留用為員工或助手，則其留用條款（含留用期間及工作條件），即應如同上述幾種不同實習生身分者的解決途徑處理之。

陸、訓練契約之終止

台灣在2008～2009年金融海嘯期間，為數不少的建教生[280]、產學職專班學生的實習機會驟然失去。或者苦等不到實習廠商的通知、或者被突然通知中／終止實習、或者學校與廠商皆去留不得，只好淪落到各處打零工賺取微薄工

---

[278] 趙志揚，「取消22K傷害技職生」，中國時報，2010年5月24日，A16版。另外，「補貼22K續辦？經建會：先找財源」、「拉低行情或促進就業反應不一」，中國時報，2010年5月4日，A3版。

[279] 有關最低服務年限的合法性問題，請參閱最高法院96年度台上字第1396號民事判決。學術論文部分，請參閱黃程貫，最低服務年限約定之問題，收錄於：勞動基準法釋義—施行二十年之回顧與展望，2009年，頁240以下。

[280] 在2008年底，台灣共有五十一所職校辦理建教合作班，共有近三萬六千名建教生。

資[281]。或者由教育部啓動「就學安全網」，針對弱勢家庭建教生的困境，提供無法正常進場實習學生全額學費補助，讓他們回到校園[282]。這一切，主要都是涉及實習生訓練契約的效力問題，亦即是暫時中止？或者永久終止？甚至還有可能因實習契約無法履行，而引起損害賠償或補償之問題，以下即加以說明之。

　　首先，考量訓練契約的終止事由，主要是訓練契約期限屆滿。依據勞基法第65條第3項規定，技術生的規定準用於建教生、見習生及其他與技術生性質相類之人。以技術生的訓練契約期限而言，依照勞基法第65條規定，當事人雙方應約定「訓練期限」，以爲遵循、並收訓練之效。按照台灣職訓法第13條第1項規定，「技術生訓練期間不得少於二年。」至於其最長期限，則並未規定[283]。理論上，爲免技術生遭受過長訓練期間的拘束與不利，立法者應該予以明定。惟在法未修正前，當事人雙方應可自由約定訓練的開始、期限與結束。惟其期限的長短，一經約定，當事人雙方即不得隨意延長或縮短[284]，也就是只有靜待「技術生訓練關係屆滿時結束」[285]。但這並不表示雙方係簽訂定期的勞動契約。在約定期限屆至時，技術生訓練契約即爲結束，毋需再行通知或爲終止之聲明。

　　上述技術生訓練契約之結束，其實會牽涉到一個更複雜的問題，亦即：依據勞基法第65條規定，技術生訓練契約中應約定生效與解除之條件。根據此一規定，是否賦予當事人一個一般解除／終止的理由或期限？對此，綜觀勞基法第69條，並無準用勞基法第11條以下之規定。因此，應該依據第65條規定「技術生訓練契約生效與解除之條件」處理。即當事人雙方應該可以自由約定訓練

---

[281] 相關報導，請參閱「工廠冷建教生急凍『那休學吧』」、「業者：總不能先裁正職員工」，聯合報，2008年12月8日，A3版；「不景氣建教生沒頭路—業者：自己都週休三日了哪還有缺？」，聯合晚報，2009年1月3日，A3版；「高苑工商800學生未註冊裁員減薪滾雪球建教合作拉警報逾半廠商延後進廠實習」，聯合報，2009年2月17日，A4版；「建教生去不了工廠回不了學校」，聯合報，2009年2月27日，A13版；「無預警幫打包旺宏裁建教生」，中國時報，2009年1月25日，C4版；「產學職訓班苦等實習機會」，自由時報，2009年12月6日，A11版。

[282] 「就學安全網教部給補助」，聯合報，2009年2月27日，A13版。

[283] 按照德國職訓法第5條第I項第2款規定，養成訓練期限不得長於三年、短於二年。

[284] 德國職訓法第8條也是作如此之規定。

[285] 德國學者Junker認爲：職訓法第21條第1項規定「職業的養成訓練關係在限期屆滿時結束」，係一以目的爲準的定期養成訓練關係（Zweckbefristung）。其爲一特殊的法律規定，依據部分時間及定期勞動契約法第23條之規定，具有優先適用的效力。Junker, Grundkurs Arbeitsrecht, 7. Aufl., 2008, Rn. 473.

契約一般的解除條件，包括理由及預告期間在內。亦即當事人得合意終止契約及其他契約終止之原因。理論上而言，甚至在廠商面對經營困境時（例如無定單），當事人雙方也可以合意暫時的中止實習。但這對於技術生的訓練，保護並不週到[286]。

　　承上，有關技術生訓練契約當事人得自由約定契約的生效及解除／終止原因，在「高級中等學校建教合作實施及建教生權益保障法」施行前，亦準用於建教生及技職院校的學生身上。惟此（同樣地）可能會不利於建教生及技職院校學生實習關係的穩定進行，連帶地，假設實習生未能如期完成實習，也就可能無法在規定的時間內畢業。此問題的源起是，由於實習生契約並非勞動契約，所以實習廠場對於實習生所進行的普通的終止，其有效性並不受到解僱保護法的檢驗（即無準用勞基法第11條以下之規定）。雖然如此，究不宜說提供實習訓練的廠場即可不受任何限制地、尤其是不須要任何理由的、及可以隨時隨地終止實習契約。而是應該回歸到一般私法中——尤其是民法中的強制禁止規定的檢驗。此其中，如果學校的實習係依據定型化的契約進行，則其自然應受到定型化契約條款的審查（AGB-Kontrolle）（民法第247條之1）。又，即使實習訓練廠場係使用學校所提供的契約範本，也難免於定型化契約條款的審查。如此，始能給予建教生、技職院校學生、以及技術生最低限度的契約終止保障。

　　再就建教生訓練契約的終止一言者，依據「高級中等學校建教合作實施及建教生權益保障法」第17條第1項第4款規定，「建教生訓練契約應包含終止契約之事由及程序。」再依據第19條規定，「建教生於建教合作機構受訓時，發生可歸責於建教生之終止契約事由者，建教合作機構應自知悉之日起算三日內，協調學校加強輔導該建教生；建教合作機構屆期未處理者，不得再以該項事由終止建教生訓練契約（第1項）。建教合作機構依前項規定協調學校加強輔導建教生，屆二星期仍未獲改善者，建教合作機構得終止建教生訓練契約，並報主管機關備查（第2項）。[287]」上述兩個條文，前者應係針對普通終止的情形，即當事人雙方得自由約定終止的事由及終止的程序，故其立法思想與勞

---

[286] 相反地，德國職訓法第22條規定，施訓者並不得以一般的／普通的終止來解除養成訓練關係。第22條係一強制性的規定。MünchArbR/Natzel，§178 Rn. 64; ErfK/Schlachter，§ 11 BBiG Rn. 4; Söllner, a.a.O., 313.

[287] 與勞基法第12條第2項規定的三十日除斥期間相較，此一條文的除斥期間只有二星期，顯然對於建教生較爲有利。

基法第65條相同，不利於建教生訓練契約的進行[288]。至於後者，則是屬於非常／立即終止的情形，立法者從保護建教生的受訓權考量，要求施訓單位必須先進行輔導，未獲改善時，始得於二週內終止契約。此種設計，正有如一般勞動關係中，可以約定一方在他方有（可以立即終止的）重大事由（aus wichtigem Grund）時，必須先進行警告（Abmahnung），待警告無效後始可進行立即終止。此一警告具有警示的及通知的效果。經由警告，一個基於重大事由之終止的基礎，始告確立。這是因爲警告後，如果當事人違約的行爲繼續，即表示已永久地摧毀雙方當事人的信賴基礎[289]。

　　而除了上述兩個條文外，依據高級中等學校建教合作實施及建教生權益保障法第18條第1項第6款規定，建教合作機構不得要求建教生提前終止契約應賠償違約金。此一規定的用意，係在免除建教生的損害賠償責任。其固然賦予建教生單方終止建教生訓練契約的權利，當然也不利於建教生訓練的穩定性。有問題的是，其是否適用第19條之「可歸責於建教生之終止契約事由」之情形？本書持否定的見解，蓋在建教生具有重大違反建教生訓練契約而應被終止契約之情事，似不應免除其賠償責任。。

　　而配合建教生訓練契約的終止，依據高級中等學校建教合作實施及建教生權益保障法第28條規定，「建教生訓練契約期間屆滿或因其他事由而終止時，建教合作機構應依第十七條第一項第三款規定，發給書面之訓練證明（第1項）。前項訓練證明，應包括建教生之訓練職類、訓練期間及訓練時數（第2項）。建教生取得訓練證明且表現優良者，建教合作機構得優先僱用（第3項）。」其中，較有問題的是，「因其他事由而終止」是否包括建教生單方提前終止建教生訓練契約及可歸責於建教生之終止契約事由？對此，本書持肯定見解，但建教合作機構當得在訓練證明中據實說明訓練的情況、以及訓練契約提前終止的事由。

　　再一言者，上述針對基於學術規章實習關係的契約終止，是否亦適用於政府基於促進就業所推動的實／見習關係及在補習機構或個人工作室中所進行的

---

[288] 雖然說，基於此一合意終止，建教生可以結束／斬斷與特定建教合作機構的實習關係、或者藉之再次思考所接受的實務訓練是否確實爲其所喜愛，並且決定是否脫離訓練關係。但是，這可能會回溯影響到建教生與學校間的公法法律關係，而終至不利於本身的權益，故並非可取之道。如果建教生擔心特定的建教合作機構無法滿足其實習須要或者將其當作廉價勞工使用，則其應透過試訓期間的約定，好好觀察建教合作機構的所作所爲。

[289] BGH, NJW 1992, 497.

實習關係？對此，本書以為基於促進就業所推動的實／見習關係，其契約的終止仍應採取同樣的處理態度。至於在補習機構或個人工作室中所進行的實習關係，其實務操作可以區分成單純接受指導練習、作／成品歸自己所有，或者經由實務操作為補習機構或個人工作室帶來一定的經濟利潤。如是前者，則雙方是單純以報酬交換技術學習的服務性契約，其契約的終止應尋商業契約終止的模式解決。至於後者，雖然雙方本質上仍為服務性契約，但因為其實務操作具有經濟價值，性質上接近於基於學術規章的實習關係或政府基於促進就業所推動的實／見習關係，故其契約終止應採取同樣的處理方式。如此，較能保障此處實習生的權益。

另外，無論是建教生及技職院校的學生，其均有三方當事人（企業、學生、學校）三個法律關係（企業與學生間的建教生訓練／實習生訓練契約、學生與學校間的公法法律關係、企業與學校間的合作契約），在此，除了企業與學校間的合作契約外，另兩個法律關係各自獨立存在，但又具有一定的連動關係。其中，某一實務訓練契約（基於普通終止或立即終止）的結束，並不會使得學校與學生間法律關係自動瓦解，而是學校可以在一直無法再尋獲實習單位時，撤銷或終止入學許可[290]。相對地，在試訓期間之後，當學生在學期中被開除學籍時，企業當可以立即終止實習訓練關係。在此時，負責養成訓練的企業必須做出一個意思表示，因為有兩個各自獨立的法律關係存在。

最後，另一個問題是，技術生、建教生及技職院校的學生，其在實習訓練期間，是否會有縮短工時工作／無薪假的適用？對此，如上所言，在廠商面對經營困境時（例如無定單），理論上當事人雙方也可以合意暫時的中止實習。雖然如此，本書以為技術生、建教生及技職院校的學生等實習生在事業單位內之工作，雖會為事業單位帶來一定的利潤，但雙方間終究不是勞動關係，而是一個職業教育關係或教養關係。也因此，有關（適用於勞動關係的）縮短工時工作（Kurzarbeit）／無薪假之規定，並不適用於該等實習生身上。即實習生訓練雙方當事人之權利義務，並不會受到廠場接單情形的影響。事業單位的訓練義務係其主要的義務。在定單不足時，事業單位仍然要盡到實習生訓練之義務[291]，不可要求實習生減縮受訓時間或者完全中止訓練。

---

[290] 「產學職訓班苦等實習機會」，自由時報，2009年12月6日，A11版：延長訓練時間學些與汽車維護無關的課程。

[291] 同說，MünchArbR/Natzel, §177 Rn. 195.由此看來，同理，台灣在2008年～2009年遭遇金融風暴時，很多廠商終止或中止建教生實習訓練之作法，已經違反建教生合作契約而無效。

　　雖然如此，依據高級中等學校建教合作實施及建教生權益保障法第16條第1項第8款規定，建教合作契約應約定「學校召回建教生之事由及程序」。其立法理由為，「為避免學校與建教合作機構發生爭議，並有效保障建教生之受訓權利，學校與建教合作機構應於建教合作契約中明確約定學校召回建教生之事由及程序，於不符合契約約定之情況下，學校不得召回建教生，爰於第一項第八款定明」言下之意，建教合作機構得與學校約定，在經營困境或獲利不佳時，學校必須召回建教生。

柒、小結

　　促進各種職業的教育訓練，係我國福利國家責任的表現。也是我國社會政策最重要的事項之一。為此，國家應為職業訓練備具各種規範條件及資源。其次，國家應在公平對待原則、契約自由原則、以及企業自行負擔原則的前提下，推動職業訓練的進行，讓每一個人都有接受職業訓練的機會、當事人雙方在自由意願下訂立職業訓練契約、以及原則上由進行職業訓練的事業單位負擔訓練費用（所謂「職業訓練免費原則」）。在實習生的勞工法律問題上，首先應知實習生，是指短暫地在廠場中工作，以學得準備一個工作（含學術工作）所須要的知識與經驗之人。實習生契約關係的種類不一，有基於學術規章要求所進行者（建教生／技職院校學生），也有非基於學術規章要求所進行者（青年職場體驗計畫／大專畢業生企業職場實習方案、補習機構之實習）。一般而言，其與技術生訓練關係或養成訓練關係並不完全相同。在實習生關係中並不進行一個有體系的職業訓練。在面對教育法規與勞工法規競合時，應將實習工作區分為是否為學習課程的一部分，而認定其有無職業訓練法的適用。為避免雇主濫收建教生之流弊，除了建教生訓練契約有最低限度的約定外，並應限制建教生在廠場中所占的最高人數。在實習生的法律地位上，原則上，各種形式的實習生均非勞工的身分，蓋此種實習關係，有者具有教養義務的本質、有者並不具有教養義務，但無論如何，訓練的目的及學習的目的都高過於經濟利益的目的。例外地，在「假象的實習」或不真正的實習關係時，實習生始為勞工。訓練津貼的法律性質並非工資。原則上，事業單位不得與實習生約定返還費用條款及受訓後禁止競業條款（但補習機構之實習可以約定禁止競業條款）。事業單位對於實習生，有一定期限的留用權限，實習生並無自動留用之權，但也無永久留用義務。事業單位必須概要式地確定以何種具體的工作條件

繼續留用勞工。實習生訓練契約當事人得自由約定契約的終止原因，惟其應受到私法中——尤其是民法中的強制禁止規定的檢驗。最後，有關（適用於勞動關係的）無薪假之規定，並不適用於實習生。

　　經由以上的討論，本書也謹做如下的建議以供參考：

　　(一)勞工法令或教育法令中應對於實習生加以定義，以釐清其是否具有勞工的身分。

　　(二)針對基於學術規章的實習關係（建教生、技職院校學生、產學職專班學生），建議教育主管機關與勞工主管機關共同研究整合現行的法規，提供實習生完整的保障。

　　(三)立法者應從法律安定性及明確性的角度，明確化及細部化法令的規定，諸如將實習生關係限於書面的要式契約始為有效、明定實習關係的最長期限（例如以六個月為限）、甚至明定最低的訓練津貼或生活津貼。

　　(四)立法者應考量實習期間及方式的多元性，明定短期的實習課程（只進行一至三個月），訓練契約當事人可約定免除訓練津貼。只有在實習期間超過三個月者，訓練單位始應給付訓練津貼。

　　(五)針對各種形式實習生的留用，建議準用或類推適用勞基法第67條之規定「留用期間不得超過訓練期間」的原則處理。

　　(六)立法者應明定實習生訓練契約中不得有返還訓練費用條款及訓練結束後不競爭業務條款之約定，以免侵害技術生的職業自由及職涯發展。惟例外地，補習機構之實習可以約定禁止競業條款。

第三節　進修訓練生部分

　　在進修訓練期間，雇主固應負擔進修訓練的各種費用，包括旅費、住宿費、膳食費、以及在廠場外其他處所接受訓練所生之費用。但是，有問題的是，其原來的工資請求權是否繼續存在？雇主是否應另外給付一份訓練津貼？對此，在附加上去勞動契約的進修訓練，勞工或者在工作崗位上進行訓練、或者在下班後進行進修訓練，在這種情形，其原來的工資請求權並不會受到影響，況且無論是工作崗位上訓練或下班後的進修訓練，雙方均可再自由地合意一份訓練津貼。至於雇主全部地或部分地免除勞工的勞務，以令勞工進行進修訓練，雙方亦可合意工資繼續給付或者免除給付工資。在訓練津貼方面，則是

依其自由合意而定。亦即，如果當事人雙方沒有明白約定時，雇主並無義務另外再給付一份訓練津貼。惟一般而言，假使進修訓練係出自於雇主的利益，通常會有另一份訓練津貼的約定[292]。

　　在另一種專訂進修訓練契約的情形，理論上，由於勞工的進修義務取代了提供勞務的義務，所以整個勞動契約的權利義務暫時中止，此也包括工資給付的停止。雙方的權義完全依照進修訓練契約及職訓法令的規定而定。在此，雇主的主要義務是施以進修訓練，其所提供的給付（訓練津貼）性質上只是補助（Beihilfe）而已[293]。既然不是工資，理論上也毋庸繳交所得稅。只不過，在實務上，即使是此種專訂進修訓練契約的情形，勞資雙方亦未暫時停止原來的勞動關係，而是採取如上增附於勞動契約的情形處理。也就是說，少有區隔兩者分別對待者。

　　承上之工資是否繼續給付、以及雇主是否給予額外的訓練津貼，事實上會牽動到一個更重要的問題，亦即是返還訓練費用或／及最低服務年限的約定。此種約款的存在，主要係立基於雇主為了獲取具有較佳資格能力的生力軍，並且期待其在完成進修訓練後一段期間留在事業單位裡，通常會支付進修訓練的費用及各種補助。也因此，為了避免受訓者完成進修訓練後不回到事業單位或在一定的期間到來前離開事業單位，雇主乃會與之約定返還訓練費用條款[294]。亦即，雇主之所以願意為進修訓練支出的費用，通常帶有勞工在往後的職涯中，分期償還（amortisieren）其費用的期望。假設勞工在一定時間前自

---

[292] MünchArbR/Natzel, §178 Rn. 395.但是，Schaub, a.a.O., 1470頁認為，「假設雇主另外給予受訓者進修訓練工資，則應該判斷：有那些是作為給付勞務的對價，另外有那些是作為促成進修訓練之用。」對此，本書認為理論上可行，惟實際上可能不容易。

[293] 反對說，Schaub, a.a.O., 1469，「雇主的工資給付義務是直接由職訓法而來。而且相較於養成訓練，進修訓練對於雇主更具有價值，因此，在養成訓練受訓者都有工資請求權的情況下，進修訓練受訓者更應該有工資請求權。」對此，本書認為在養成訓練之下，雇主只是給予訓練津貼而已。因此，雇主在勞工進修訓練期間所給予者，也是津貼或補助而已。

[294] 相較於養成訓練或技術生訓練的不得約定返還費用條款，進修訓練中得約定返還費用條款。又，依據德國聯邦勞工法院及學者的見解，返還訓練費用約款必須是在進修訓練進行前約定，而不是在進行中或結束後始約定。雇主不得施壓於勞工而迫使其簽訂此一約款。BAG AP Nr. 5 zu §611 BGB Ausbildungsverhältnis；Maier, Frank/Mosig, Tobias, Unwirksame Rückzahlungsklauseln bei arbeitgeberseitiger Übernahme der Ausbildungskosten, NZA 2008, 1168 ff.; Schaub, a.a.O., 1471.對此，本書以為該條款的簽訂，如果是在訓練結束後，不是對勞工更有利？因為他可以單純地拒絕？另外，Natzel則不區分訓練前後，一律認為：設如雇主欲與勞工約定此一分攤費用條款，則必須給予勞工一段適當時間的思考期，讓他在沒有任何費用風險的壓力下，自由決定是否繼續訓練或放棄訓練。BAG AP Nr. 2 zu §611 BGB Ausbildungsbeihilfe; ferner BAG AP Nr. 4 zu §611 BGB Ausbildungsbeihilfe.MünchArbR/Natzel, §178 Rn. 401.

行離職或因為有可歸責事由而被雇主解僱者，即應該返還全部的或部分的訓練費用[295]。由於在一般情況下，勞工係逐期地償還訓練費用，所以返還費用條款[296]，往往會與最低服務年限條款掛鉤。

針對返還費用條款的有效性審查，必須在契約自由原則、平衡雇主（預期利益）與勞工（自由離職）權益的考量下，思考其正當性。此處須平衡考量雇主投資於人力資源的利益保護與勞工自由選擇職業的基本權。針對勞工返還訓練費用的義務、所造成的受到雇主拘束，必須以誠信原則來檢驗是否已達到不可期待的程度[297]。即約定返還訓練費用的約款，必須是從理性的人的觀點、符合雇主公平合理的利益始可。即勞工的償還義務（Erstattungspflicht），必須是按照民法之誠實信用規定、對勞工具有期待可能性者[298]。要求勞工過長地留在雇主處工作、以及勞工無論任何理由離職均必須返還訓練費用（此尤其會見之於雇主事先擬好返還訓練費用約款的情形）[299]，甚至訓練結果只為雇主帶來利益時，該約款均因有違誠信原則造成歧視勞工的結果而無效。

---

[295] 理論上，雇主為了避免勞工在訓練後很快就離職，因此可能會思考以延長勞工終止契約的預告期間因應。但是，由於勞基法第16條法定預告期間之規定，對於勞工是最低限度的保障，因此，雇主並不得延長（提前）預告期間，以免造成勞工離職的不利。所以這一條路行不通。同樣意旨，請參閱行政院勞工委員會88年2月19日台88勞資2字第006099號函。

[296] 此處之返還訓練費用條款，可以納入學費、考試費用、租金補貼、以及旅費等。

[297] 最高法院96年度台上字第1396號民事判決。BAG v. 18.8.1976, EzA Art. 12 GG Nr. 13; Klaus Hümmerich, Arbeitsrecht, 6. Aufl., 2007, 631 f.

[298] 此一約款也要受到法令、團體協約或企業協定（Betriebsvereinbarung）的限制。例如，在德國醫療照護領域，即存在團體協約的約定，其規定如下：在第一年即離職時，應返還全部的訓練費用；在第二年離職時，返還三分之二的訓練費用；在第三年離職時，返還三分之一的訓練費用。聯邦勞工法院則是認為此種約定是有效的，即其給予團體協約當事人極大的運作空間。BAG v. 6.9.1995–5 AZR 172/94; 5 AZR 174/94; 5 AZR 618/94; 5 AZR 744/94.

[299] 反面言之，即使存在一返還訓練費用條款，但在雇主未具正當理由而提前終止勞動契約之情形，勞工即可不負償還義務。BAG AP Nr. 5 zu §611 BGB Ausbildungsbeihilfe. 同樣地，當勞工擁有立即終止契約之權利時，亦可不負返還費用之義務。LAGE Bremen v. 25.2.1994, AP Nr. 9 zu §611 BGB Ausbildungsbeihilfe. 又，在雇主基於企業經營因素而終止契約之情形，返還訓練費用約款無效。聯邦勞工法院認為此種約款違反衡平原則及誠信原則（§§138 Abs. 2, 242 BGB），蓋雇主已不準備（至少沒有能力），接受該具有資格能力的勞工在廠場工作。因此，要求勞工要分擔費用的事理基礎也不再存在。BAG v. 6.5.1998, NJW 1999, 443. 只有在勞工自行離職、以及出於勞工意願的雙方合意終止契約時，返還訓練費用約款始為有效。LAG Köln v. 10.9.1992, BB 1993, 223.

又，既然是定型化約款條款（格式化契約，Formulararbeitsvertrag），即須受到台灣民法第247條之1（德國民法第307條）之內容控制審查。例如要求勞工只要在一定期限前離開職位者，無論如何即應分期返還者，實屬過當而不合理。在這裡，由於該條款未考慮勞動契約終止的理由，因此無效。BAG v. 11.4.2006, NZA 2006, 1042.

同樣無效的是：雇主無法提供給受僱於一個具有期待可能的位置、以便其能經由廠場忠心償還養成訓練費用時，亦宜缺一個適當的利益平衡（angemessen Interessenausgleich）。這正有如雇主無法按照勞工的資格能力僱用之、或者雇主完全不知道如何使用該勞工，則要求勞工謹守勞動關係以避免返還訓練費用，雇主即欠缺正當的利益而不具有合法性[300]。

　　詳言之，最低服務年限約款適法性之判斷，應從該約款存在之「必要性」與「合理性」觀之。所謂「必要性」，係指雇主有以該約款保障其預期利益之必要性，如企業支出龐大費用培訓未來員工，或企業出資訓練勞工使其成為企業生產活動重要的人物等是[301]。所謂「合理性」，係指約定之服務年限長短是否適當？諸如以勞工所受進修訓練以金錢計算之價值、雇主所負擔之訓練成本、進修訓練期間之長短及事先約定之服務期間長短等項為其審查適當與否基準之類。

　　承上，無論如何，勞工之返還訓練費用的義務，必須因為接受進修訓練措施而獲有一個適當的相對給付（Gegenleistung）才可。亦即勞工之進修訓練是否以及在何種程度上帶給勞工改善職業的可能性（berufliche Möglichkeiten）、而其具有金錢價值衡量的好處／利益為準[302]。勞工獲得的此一好處，即為雇主可以返還費用義務加以拘束的、適當的相對給付[303]。對此，雇主負有釋明及舉證的義務[304]。如果進修訓練的結果，只為雇主帶來利益、或者進修訓練措施只在重溫或校整已有的知識時，則該約款無效[305]。費用之返還，必須綜合判斷受到拘束的期間、進修訓練措施的範圍、返還訓練費用的額度及其清算（Abwicklung）等。假設勞工因為進修訓練獲得的好處越大，即表示越可期待勞工要返還每一筆訓練費用。有問題的是，所謂經由繼續訓練措施所獲得的利益，實際上並不好界定，例如開啓勞工在就業市場上的可能性、或者勞工可

---

[300] BAG, NZA 2008, 1004.

[301] 台灣最高法院係使用「不可替代之關鍵人物」，惟此種要求對於雇主並不公平，也不需要。

[302] 對此，職業駕駛受訓而取得駕駛執照BAG AP Nr. 29 zu Art. 12 GG、客機駕駛受訓而取得飛行執照BAG v. 24.6.1999, NZA 1999, 1275，均屬受有職業上的利益。雇主提供費用給勞工完成高等學校教育（大專院校），通常有權要求返還訓練費用。BAG EzA Nr. 70 zu § 70 BAT.

[303] BAG EzA Nr. 13 zu Art. 12 GG.

[304] BAG v. 24.7.1991, AP Nr. 16 zu § 611 BGB Ausbildungsbeihilfe; Schaub, a.a.O., 1472.

[305] BAG v. 15.5.1985, AP Nr. 9 zu § 611 BGB Ausbildungsbeihilfe.

以將所習得的額外的知識與能力，運用於另一個勞動關係，均屬之[306]。在此，並不論勞工是否確實運用其進修訓練的利益。只要勞工確實改善其職業的可能性，即爲已足。如果雇主賦予較高的職位，即屬此處的改善了[307]。惟只是理論上會給予晉升的機會，尚無法作爲雇主以返還義務條款拘束勞工的相對給付[308]。

最後，返還費用條款既與最低服務年限條款掛鉤，則雇主爲訓練所支出的費用越少，所能夠拘束勞工的時間越短。一般而言，越爲特殊的技能或不是一般勞工都有辦法接受的進修訓練（例如機師訓練），雇主所支出的費用越高，其所返還的費用也就越多，連帶地，拘束勞工留用義務的期間也越長。惟，即使勞動基準法在2015年12月16日增訂最低服務年限條款規定（勞基法第15條之1），但是，到底最長留任期間是多長？對此，台灣最高法院在前述復興航空公司案件中，認爲十五年的最低服務年限有效。此一見解似乎有疑，蓋如依最高法院的看法，那無疑告訴涉案的機師只能終老於復興航空公司了。吾人再比較德國聯邦勞工法院的判決，其認爲最長的拘束期間爲五年[309]，甚至認爲勞工的進修訓練如只讓其能飛一種機型的飛機時，一般認爲留用義務期間不能超過一年[310]。即可知我國最高法院的見解實有過度而不當之嫌。其實，法院所擔心的訓練費用過高的問題，勞資雙方應可以約定勞工自始分攤訓練費用的方式解決。例如要求應徵飛行員工作的人必須自行負擔三分之一的訓練費用，該約款應爲有效[311]。

承上，德國聯邦勞工法院認爲在訓練期間達二個月時，拘束勞工留任期間可以長達一年[312]。在訓練期間介於六個月至十六個月時，拘束勞工留任期間可以達三年[313]。至於留用勞工期間超過三年以上時，僅於勞工的進修訓練帶給他

---

[306] BAG EzA Nr. 13 zu Art. 12 GG.

[307] BAG v. 16.3.1994, NZA 1994, 937.

[308] BAG EzA Nr. 3 zu §611 BGB Ausbildungsbeilhilfe.

[309] BAG AP Nr. 4 zu §611 BGB Ausbildungsbeihilfe.

[310] BAG AP Nr. 18 zu §611 BGB Ausbildungsbeilhilfe.

[311] BAG v. 21.11.2001, BB 2002, 628.

[312] BAG AP Nr. 17 zu §611 BGB Ausbildungsbeilhilfe.

[313] BAG AP Nr. 6 zu §611 BGB Ausbildungsbeilhilfe.在針對一個到國外就讀六個月語文課程的勞工，約定兩年的拘束期、並且返還費用的額度上限爲三分之一，聯邦勞工法院認爲係合理的。BAG v. 23.2.1983, DB 1983, 1210.

一個特殊的技能及擁有一個超過一般標準的利益時，始爲有效[314]。惟如果考量雇主爲進修訓練支出鉅額的費用，在極少數個案的情形實在可以放寬到五年之長，例如針對工程師的養成訓練契約[315]。假設拘束期間過長而對勞工不具期待可能性時，則在縮減的範圍內有效。如將五年期間縮減爲三年[316]。如果是不同的、前後銜接的訓練課程，則返還訓練費用約款可以個別計算[317]。

---

[314] BAG AP Nr. 8, 17 zu §611 BGB Ausbildungsbeilhilfe.

[315] BAG AP Nr. 1, 4 zu §611 BGB Ausbildungsbeilhilfe.又，由雇主支付所有費用給勞工參加高等學校課程（大專院校），以取得社政工作者（Sozialarbeiter）的資格。勞工已取得一個特殊高階的技術能力，並且因此爲他帶來高於一般標準的利益。BAG v. 12.12.1979, DB 1980, 1704.相關說明，請參閱Hümmerich, a.a.O., 635.

[316] BAG v. 6.9.1995, DB 1996, 532.惟依據聯邦勞工法院2006年4月11日判決，已不再採取維持效力的限縮解釋的方式，將拘束期間縮減到合法的界限內。在該判決中，法院認爲無效的條款，原則上不能回歸到與採取一般契約條款法（das Recht der Allgemeinen Geschäftsbedingungen）相一致的規範內容。德國民法第306條並未規定此種法律後果。除非契約文字明白地可以將不合法的部分切割出去，否則並不得將契約條款切分成合法的及非法的部分。BAG v. 11.4.2006, NZA 1006, 1045.

[317] BAG v. 23.4.1986, DB 1986, 2135.

索引

國家圖書館出版品預行編目資料

就業安全法理論與實務／楊通軒著. －－三
版. －－臺北市：五南，2020.09
　　面；　公分

ISBN 978-986-522-173-7（平裝）

1.勞動法規　2.勞工就業　3.論述分析

556.84　　　　　　　　　109011469

1R89

就業安全法理論與實務

作　　　者 ── 楊通軒（315.7）

發 行 人 ── 楊榮川

總 經 理 ── 楊士清

總 編 輯 ── 楊秀麗

副總編輯 ── 劉靜芬

責任編輯 ── 黃郁婷

封面設計 ── 姚孝慈

出 版 者 ── 五南圖書出版股份有限公司

地　　　址：106台北市大安區和平東路二段339號4樓

電　　　話：(02)2705-5066　　傳　　　真：(02)2706-6100

網　　　址：http://www.wunan.com.tw

電子郵件：wunan@wunan.com.tw

劃撥帳號：01068953

戶　　　名：五南圖書出版股份有限公司

法律顧問　林勝安律師事務所　林勝安律師

出版日期　2012年 1 月初版一刷
　　　　　2017年 9 月二版一刷
　　　　　2020年 9 月三版一刷

定　　　價　新臺幣580元

經典永恆・名著常在

五十週年的獻禮 — 經典名著文庫

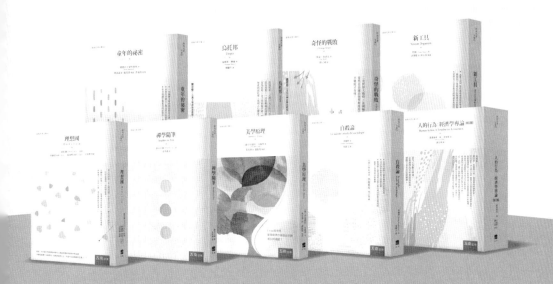

五南，五十年了，半個世紀，人生旅程的一大半，走過來了。

思索著，邁向百年的未來歷程，能為知識界、文化學術界作些什麼？

在速食文化的生態下，有什麼值得讓人雋永品味的？

歷代經典・當今名著，經過時間的洗禮，千錘百鍊，流傳至今，光芒耀人；

不僅使我們能領悟前人的智慧，同時也增深加廣我們思考的深度與視野。

我們決心投入巨資，有計畫的系統梳選，成立「經典名著文庫」，

希望收入古今中外思想性的、充滿睿智與獨見的經典、名著。

這是一項理想性的、永續性的巨大出版工程。

不在意讀者的眾寡，只考慮它的學術價值，力求完整展現先哲思想的軌跡；

為知識界開啟一片智慧之窗，營造一座百花綻放的世界文明公園，

任君遨遊、取菁吸蜜、嘉惠學子！